前言

Preface

2024年,中共上海市闵行区委宣传部启动"闵行历史名人雕塑项目",从籍贯或主要贡献在今闵行区境内的各领域历史人物中,根据社会贡献和历史影响,选出一些代表性历史名人,计划为其塑像。

这些代表性历史名人,其中有战国时代楚国大臣黄歇(春申君),元代纺织家黄道婆,明初被追封为"上海县城隍"的元末重臣秦裕伯,明代黄浦江治水功臣叶宗行、江南名臣蒋性中、文献学家王圻、上海杰出乡绅徐寿、华亭画派宗师董其昌、明末抗清英烈侯峒曾,清代康熙重臣施维翰、嘉庆史志名家李林松、浦东杰出乡绅秦荣光(字炳如)、上海地方教育家顾言、农科先驱黄宗坚,近现代上海名士秦锡田、七宝杰出乡绅杨光霖、辛亥革命先驱钮永建、上海解放之役功臣李显谟(字英石)、全国著名抗战英烈冯国华、七宝革命烈士赵瑞卿、全国著名民主人士张翼(字凤三)、中国医学泰斗秦之济(字伯未)、中国现代政治学奠基人钱端升、国际雕塑艺术大师张充仁。

闵行区拥有远古时代"马桥文化"、元末至1992年"上海县700年"的历史底蕴,地域人文资源丰富多彩,历代英才辈出,社会影响深远,是上海城市发展史中独具特色的组成部分。如今,在区内建筑类历史遗存大多已消逝的社会情景中,以代表性历史名人为切入点,呈现地域人文风情,梳理地方历史文脉,激励世人薪火相传,守正创新,其社会价值不可低估。闵行区如此规模化地为尊者塑像,引导大众学习传承优秀地域历史文化,是盛世壮举,更是认真践行习近平文化思想的实际行动。

代表性历史名人为后世留下了丰厚的精神财富,成为地方历史文脉的主旋律。尽管他们的社会身份不同,人生经历相异,但有些崇高的精神是他们共同拥有的,可谓一脉相承。其中,为官执政者“清正爱民、廉洁奉公”,例如黄歇、秦裕伯、蒋性中、施维翰、侯峒曾、徐寿等,他们修身齐家,门风清正,为官勤政,疾恶如仇,注重造福于民,惠泽乡土,因此受到百姓敬仰;各路先行者“开拓创新,求真务实”,例如黄道婆、叶宗行、王圻、董其昌、李林松、黄宗坚、秦锡田、秦之济、钱端升、张充仁,他们学有所长,经世致用,脚踏实地,在各自领域开拓新局面,成就卓越,影响深远,被乡人引以为傲;时代先驱者“追求理想,奋发图强”,例如秦荣光、顾言、钮永建、李显谟、杨光霖、张翼,他们勇于反帝反封建,投身时代风云,善于开发民智,竭力护乡图强,毕生奋发进取,为改造世界鞠躬尽瘁,推动了地方社会的变革和发展;革命先锋者“坚持真理,英勇斗争”,例如冯国华、赵瑞卿,他们信仰坚定,意志顽强,勇于在黑暗中播撒光明,为创造新世界英勇奋战,不惜牺牲生命。

代表性历史名人,犹如标尺,能够凸显区域文化软实力。闵行区位于上海版图的中心区域,由黄浦江和吴淞江南北环抱,汇聚八面来风,人文交流活跃,物阜民丰,人杰地灵。在这块土地上,这些代表性历史名人,为民造福,享誉天下,为后世留下了灿烂的精神文化财富。他们颇具传奇色彩的人生故事,印证这块土地是江南文化高地,也是独具特色的海派文化重地。

代表性历史名人,犹如地标指引今人找到“回家的路”。自古“一方土地养一方人”,不同的地域文化孕育出不同的历史人物,代表性历史名人就是地域文化的化身。自古“时势造英雄”,不同的历史时期拥有不同的历史人物,代表性历史名人就是时代特征的缩影。通过这些代表性历史名人鲜活的人生故事,今人可以深入了解今闵行区地域文化和历史发展的方方面面,有助于我们真正读懂闵行区的今天,规划建设闵行区的未来。

以史为鉴,察往知来。为代表性历史名人塑像立传,启智润民心,不仅是对历史人物的纪念,更是对民族精神、人文价值和地方特色的传承与弘扬。代表性历史名人留下的精神财富,必将激励今人,赋能今世,汇聚成新时代的“闵行精神”。展现文化自信自强,勇担新时代新的文化使命,闵行区的未来必将更加美好。

閔行文史

上海闵行地方文史丛书

（第三辑）

闵行历史名人传记

上

张乃清 著

中西書局

图书在版编目(CIP)数据

闵行历史名人传记 / 张乃清著. -- 上海 : 中西书局, 2025. --（上海闵行地方文史丛书）. -- ISBN 978-7-5475-2380-3

Ⅰ. K820.851.3

中国国家版本馆 CIP 数据核字第 2025K0D753 号

基金项目：上海市闵行区文化发展专项资金扶持项目

目录
Contents

黄　歇

黄歇，战国时期楚国大臣。楚考烈王元年（前262），被任命为令尹。考烈王十五年（前248），『献淮北十二县，请封于江东』，号『春申君』，对长三角地区产生深远影响。明代，上海乡绅借『春申理水』的传说，将其推上神坛，多处建庙祭祀，形成民俗，故『申』字成为这片土地的代名词。

黄歇与申城

史书记载

上海有一个古老的别称——申城，源于战国四君子之一的春申君。

春申君，姓黄名歇，战国时期楚国楚顷襄王、楚考烈王时期的两代重臣。《史记·卷七十八·春申君列传第十八》记载：

> 考烈王元年，以黄歇为相，封为春申君，赐淮北地十二县。后十五岁，黄歇言之楚王曰："淮北地边齐，其事急，请以为郡便。"因并献淮北十二县，请封于江东。考烈王许之。春申君因城故吴墟，以自为都邑。

楚考烈王元年（前262），黄歇因为对楚王的忠诚和杰出的才能，被楚王任命为令尹。考烈王十五年（前248），约67岁的黄歇向考烈王进言，认为淮北12县离齐国太近，应该划归军政一体的地方行政管辖，不便作为封地，"献淮北十二县，请封于江东"。考烈王采纳他的意见，并把江东封给了黄歇。于是，黄歇在江东重建了吴国故都，即后来的江苏苏州。

黄歇的家世不详，生卒年无确切记载，其籍贯也存在不同说法，至今争议不断。有专家推测其生于公元前314年前后，卒于公元前238年。当时楚考烈王病逝，黄歇前去奔丧时全家遇害。

黄歇担任楚国令尹 20 多年，明智忠信，清正爱民，养士三千，以礼贤下士、辅佐治国而闻名于世，在诸侯中颇具威望。在淮北地区，至今流传着不少关于黄歇生平的历史典故。黄歇的传奇故事，对长三角地区也产生了深远的影响。

历史遗存

黄歇治理“江东”仅 3 年，他在今闵行区境内曾经有何作为？虽然没有具体的史实记载，但在今闵行区境内至今还能够寻觅到“黄歇时代”的历史遗存，为后人想象当年的情景提供了佐证。

春秋战国时期，各地诸侯纷纷崛起，列国纷争，形成了群雄割据的局面，今上海一带地处吴越两国交界处，与周边地区同以稻作文化和水乡地貌为独特的人文特征。

当时，浦东地区还是一片海滩，今上海中西部地区已形成陆地，今闵行区境内已经垦荒开发，形成若干人文胜迹，至今仍可见到几处春秋时期的历史文化遗存，据此可以构想当时的经济社会风貌。

在马桥镇友好村和金星村靠近黄浦江的地方，曾有东西两处“黄泥墩大墓”，土墩高约 6 米，直径约 30 米，占地约 2667 平方米。1957 年，经上海市文物保管委员会组织清理，确认这是上海市至今发现的规模最大的春秋时期土墩墓。

另外，在华漕镇卫星村（原为纪王公社坞城庵大队）发现了坞城古迹。坞城是为上海地区最早见于典籍的地名。相传，坞城由春秋战国时吴王阖闾为防越国入侵所筑，泥土堆墙，周围达 6 千米，用以储粮。

民间传说

相传，黄歇曾经率领大军在“陆皎浦”（今黄渡镇东首）摆渡过江。后人将陆皎浦改称“黄歇渡”,历代相传,演变成“黄渡”。

长期以来,上海地区民间传说黄歇在吴地为治水减灾,亲临疏浚河道工程任指挥。其夫人捐出私蓄并筹募善款,还提出修建跨河桥,方便行人。后人为纪念这对夫妇,还建立祠庙,供奉其神像。

但是,现代科学研究证明,当时上海地区的海岸线(今称“古冈身”)在今奉贤南桥、闵行莘庄、嘉定城区南北一线,此线以东尽是“海上之洋”。“黄浦”作为水道名称,未见于汉、唐时期任何文献,也未载于北宋时各种专论水利的著作,直到南宋和元代才有人提及和记述。

如今的黄浦江流域中段,古称“东江”“瓜泾塘”,元末明初改称“黄浦”。明永乐年间,户部尚书夏元吉接受叶宗行等上海地方人士的建议,实施“江浦合流”治水工程,开凿、疏浚、贯通范家浜,引南来的大黄浦之水,与西来的吴淞江之水合流,向北直接出吴淞口从长江入海,形成新的黄浦江水系。

事出有因

黄歇“开凿黄浦”之说因缺乏史实依据而不可信,为何此说还会广为流传?

唐代以后,苏州一带将春申君黄歇奉为“姑苏城隍神”。明永乐年初,上海地区实现“江浦合流”后,广大民众从中获益,自然联想到本地区应当有一个像“大禹”那样为民治水、惠泽乡土的偶像人物。于是,永乐六年(1408)有唐姓乡绅献出上海县城北门外的土地建造“申侯祠”,假借“春申理水”的传说颂扬夏原吉治水的政绩。由此,“大黄浦”逐渐被称为“黄歇浦”“春申江”,有些文人墨客抒怀题咏,比兴寄托,一再戏说,终于把黄歇推上了神坛,多处建庙祭祀,形成民俗。从此,“申”字成为这片土地的代名词,上海也就有了“申城”的别称。

因此,我们可以确定的是,黄歇是春秋战国时期吴越之地的统治与管理者,在自然环境治理方面的功绩被后世广泛传扬。

春申塘西段的松江区新桥镇，今有春申村。2002 年 10 月，村里修建了一座春申君祠堂（金都西路 55 弄 105 号），还自称是黄歇开挖黄浦江时的“指挥所”，依据是当地流传的一首儿歌。其实，那首儿歌是 2002 年新创作的，原作者陆军已做说明：“歌词的内容当然是虚构的。”

2002 年 9 月，在上海申办世博会成功的欢庆晚会上，开场一首《告慰春申君》吸引世人关注：“乘长风兮开宇天，古往今来兮二千年。望浦江兮今犹在，跨潢川兮续根缘……长歌告慰春申君，你恩泽四海万民礼赞。”表达了上海人民对黄歇的纪念，世代相续。

人文情缘

在今闵行区境内，历代建成的春申塘、春申庙、春申道院、春申桥以及黄歇后裔聚集地黄家河圈，社会影响深远。近 30 年间，闵行区先后新建春申路、春申湖、春申文化广场、春申公园等公共设施和场所，以示对先贤的纪念。

在今闵行区境内，数百年来人们与黄歇之间的情缘在乡间深入人心，并通过纪念性的地名传扬天下。这里，似有一种“春申文化”历代传承，经久不绝，以致闵行人时常将脚下的土地自豪地称为“春申大地”。1987 年 5 月，上海县文化馆创办文化报纸时，特意取名《春申潮》，获得广泛认可。

基于安徽省淮南市建有“黄歇陵园”，闵行区拥有春申塘等历史遗存，两地人文情缘相通，2020 年 12 月闵行区与淮南市签订战略合作框架协议并结为友好市区。如今，闵行区将黄歇列为历史名人进行宣传，其中除了表达敬重先贤之情,更体现了闵行人具有“海纳百川、追求理想”的胸怀和雄心。

社会风情 时代风采

不看不知道,上海有张《春申潮》

民族风格 地方风韵

欢迎订阅

春申潮

春申潮

上海县文化馆编 1992年 第5期(总40期) 5月12日出版

'92上海艺术节开幕式分会

第三届上海县艺术节

开幕式特刊

展示近郊文化之特色 荟萃民间艺术之精华

领略今古娱乐之情趣 观赏中外游艺之风韵

第三届上海县艺术节今日隆重开幕

当天安排16项活动 各乡镇局艺术节将陆续举行

首届莘庄镇艺术节已拉开帷幕

近郊文化的荟萃

《艺术节剪影》摄影摄像大赛启事

上海县《春申潮》报

春申塘由来

春申塘是贯穿上海淀南水利大控制片的骨干河道，在闵行区境内长8千米。

1978年以前的春申塘并不像今天这样宽阔挺直，而是顺地形而流，弯弯曲曲，走向多变，如一条游龙蜿蜒曲折，贯穿梅家弄、朱家行、翁板桥等集镇及众多村宅，灌溉着周边大片农田，两岸稻谷飘香，成为产粮重地，呈现一派

1948年春申塘梅陇段走势

江南田园风光。其河面宽虽然不满20米,却是连通黄浦江的骨干河道,水上交通十分繁忙。跨春申塘,有敦义桥、翁板桥等古石桥,承载着众多历史风情。

长期以来,民间传说黄歇"开凿黄浦"。但此说缺乏史实依据,不符合当时上海地区的人文地理情况。而如果说黄歇曾"开浚春申塘",虽暂无史实证据,但似符合情理。2000多年前,古冈身地带海水泛滥成灾,乡人难以谋生,传说黄歇热衷为民治水,曾在这里率众开浚一条向东通达滨海的水道。当然,这水道仅是春申塘的前身,后人称"莘村塘"或"新村塘"。

"春申塘"作为水道地名,始于明末清初。清乾隆时期的《华亭县志》在附《水道图》和卷四"水利"中记载:"春申塘,一名莘村,一名新村。""在三十六保二十八、三十三图。"

明末清初,时人为树立为民治水的人物偶像,文人墨客抒怀题咏,将春申君黄歇推上神坛,将黄浦和吴淞江下游段改称"黄浦江",将"莘村塘"改称"春申塘"。

自明天启元年(1621)起,春申塘曾进行过11次记录在册的大规模整治。其中,明晚期天启、崇祯年间,13年内疏浚了3次。清代康熙、雍正年间各一次,同治、光绪年间各一次。这些时段,正是本地区经济社会建设成效显著的时期。民国时期整治2次,规模不大,成效有限。1964年,全线疏浚。

1978年,上海县进行大规模的河道整治。此后,梅陇地区放弃春申塘故道,实地开挖达2千米,将河床南移,全线裁弯取直,直通黄浦江。新开挖的春申塘宽50米,成为当时梅陇公社与曹行公社之间的界河。2000年10月,梅陇镇和曹行镇合并为新的梅陇镇,春申塘成了区域中心地带。就此,地区水网大变,生态环境改善,为日后的城市建设大发展奠定了基础。

1979年实地开挖的春申塘

闵行春申道院

上海地区最先出现的专奉春申君的庙宇是“春申侯祠”，又名“长人司庙”。据徐蔚南《春申君庙》考证，这是建于上海县城内专奉春申君的庙宇。而影响最大的供奉春申君的庙宇则在黄浦江中游闵行渡地段，地处横沥河东岸“十八保”，即黄浦江畔。

据清同治年间的《上海县志》记载：春申道院“在横沥东岸。奉春申君黄歇像”。这是黄浦江流域唯一以“春申”命名，供奉春申君黄歇的庙宇。始建于清雍正十二年(1734)，由上海县知县褚菊书(字荣九)主持建造。乾隆十年(1745)重修。嘉庆九年(1804)在闵行名士李林松(1770—1828，字仲熙，号心庵)的推动下，再次修缮扩容，增设一座显赫的神阁，取名“春申阁”，俗称“东阁”，成为滨江地带标志性建筑物。

在闵行地区，由于士人们的热情推动，崇尚春申君的风习日趋兴盛。嘉庆年间附贡生黄琮(原名琳，字昆发，号二多)在春申阁建成后，即作《春申阁题壁二首》。出生于闵行的清代著名书画家纪大复(1762—1831，字子初，号半樵)，特为春申阁撰联：“浦以姓名传，吾不为鱼终古赖；阁因封号建，居之肸蚃古今称。”春申道院因此身价日增，道院住持朱浤、潘蕴仁在上海滩也颇有名望。

清代，闵行老街也随之繁荣起来。春申阁面对东首黄浦江转折处的闸港,每逢八月十八日"潮头生日",潮势汹涌,此处为观潮胜地,又是每年端午节举办龙舟赛的场所。当年,本地文士才女经常在春申阁相聚唱和,留下了不少诗作。清道光年间,李媞(1805—1829,字安子,自号吏香,李林松之女)有《东阁观潮》诗曰:

欲借江波荡俗尘,登临我亦拜春申。
怒涛一派推山倒,可有乘风破浪人。

黄家锟也有《东阁观潮》诗曰:

歇浦秋涛滚滚来,春申高阁傍江隈。
凭栏但觉风成阵,隔岸遥看雪作堆。
芦子渡边悬落日,筑耶城外走轻雷。
登临有客时翘首,几度吟诗把酒杯。

黄家锟另撰《登春申阁》诗称:

春申浦上春申阁,社祭于今忆往年。
楚相距川才力大,吴儿踏浪颂声传。
上游泛溢归沧海,平野沟渠灌沃田。
踵事若无明太傅,沮洳仍复似从前。

1937年八一三事变后,侵华日军的飞机连续10多次在闵行镇上空侦察、轰炸。8月24日夜,日军飞机丢下数枚炸弹,使春申道院受损惨重,春申阁被毁,无奈而废。1958年起,道院旧址被改建成为豆制品合作加工厂。如今,此地为居民区。

莘庄春申君庙

建庙年代久远

上海闵行莘庄自古有“春申君庙”，俗称“春申庙”，位于闵行区莘庄镇南境春申塘畔，沪闵公路春申桥北堍西侧。相传，此庙始建于宋代，但此说无考。

康熙帝南巡至松江府，诏求名士，诗人高不骞(字槎客，一作查客)以布衣召试，授翰林院待诏。他嗜古最深，为学长于考订，有一首《莘庄谒春申君庙》云：

何年楚公子，有庙俯莘溪。
籍籍声名久，厌厌气象低。
鸣鸠出座右，行蚁上榱题。
不及吴趋里，雕楹春赛齐。

“有庙俯莘溪”，“莘溪”是莘庄的古称。从诗句来看，这座“春申君庙”年代已经久远，但名声气派不及姑苏的春申君庙。

乾隆年间的《华亭县志》卷二记载：“春申君庙，在莘庄镇。”说明在莘庄镇境内，清代早期就有民间建的“春申君庙”，列在“不列祀典坛庙祠”名单内。

凡是民间所建的庵庙，一般较为简陋，不及三四十年，又要重修，且常时建时圮，“春申君庙”也难幸免。据 1941 年 10 月杜镇球所整理的《云间金石志》，收有《重修春申庙记》和《重建春申庙碑记》简介。这些勒石碑刻，在民国时期仍完好无损，立在莘庄春申君庙内墙上，可惜今已流失。

“春申君庙”的香火最早应在明末清初时出现，正如乾隆十九年（1754）成书的《华亭县志》记载所证，也许最初此庙是在闵行黄浦江畔“春申庙”影响下建立的。此番重建，也是受闵行“春申庙”历年增建扩容的影响。

还有“春申庵”？

相传，此地还有“春申庵”。光绪三年（1877）成书的《重修华亭县志》二十二卷记载：“春申庵，在三十六保四十五图。在莘庄镇南。”并注称“相传宋时建”。

莘庄老镇南栅口之南的“施水庵”，俗呼“草庵”，明正德《华亭县志》和《松江府志》称“宋咸淳间僧奉建”。

清光绪三十四年（1908）建造沪杭铁路时，为设火车站，施水庵南迁与春申庵合并。按此说，这“春申庵”很有可能就是“春申君庙”。

一段红色印记

1937 年 9 月，有人借春申君庙的余屋创办松江县立春申庙小学（当时春申塘莘庄段一带属松江县，人称“松江城东”）。抗日战争全面爆发后，春申庙香火惨淡，小学堂坚持开课。1938 年，伪春申乡乡公所挤占小学教师办公室，从此春申庙门口挂上了两块牌子。1940 年，中共地下党员奚天然（1919—2015，松江县华阳桥人）从西李小学调到春申庙小学任校长，从此这里成为中共秘密联络站。

1941 年 3 月,中共青浦工委派黄自能在春申庙小学主持召开会议,宣布成立中共松东地区支部,属中共淞沪中心县委领导,由奚天然任书记。奚天然后来回忆称:“那天,在春申庙的庙堂背后挂上了自制的小党旗,举行了入党宣誓仪式。”从此,他们每个月召开一次党支部生活会。

据 1949 年前后的历史记录,春申庙占地 1.18 万平方米,房屋 13 间。又称,春申庵占地约 9467 平方米,房屋 8 间。此时,所有神佛像均集中在一处供奉,香火旺盛而更显威赫。

可惜因时局多变,人事沧桑,春申庙日渐衰败。到 1949 年上海解放时,庙内仅留下一人看守香火。及至 1958 年拓建沪闵公路,拆除所有庙产房屋,香火终于彻底断绝。

这里,2005 年改建为“春申府邸”住宅区(沪闵路 5366 弄),地貌巨变。

春申君庙遗址现状

春申君后裔集聚地

竹冈黄氏由来

本地区流行着一些关于春申君的传说，竹冈黄氏家族自称春申君的后裔。据1924年正式出版的《上海竹冈黄氏宗谱》称，竹冈黄氏裔孙源于楚相春申君黄歇的幼子黄穗。

南宋时，竹冈黄氏先祖自河南汴梁（今开封）迁入上海地区，始迁祖为黄文亮，三世孙分迁至竹冈和北桥等地。五世孙黄凤岗娶王氏，定居“竹冈西”。明嘉靖年间形成村落，因南、西、北三面都有河道，遂称“黄家河圈”。黄氏家族繁枝散叶，“黄家河圈”不断拓展，清代时拥有上百户人家。这里现为江川路街道红旗新村及周边地区，长期地属马桥镇友好村。

《上海竹冈黄氏宗谱》撰修者在序跋中认为：“今居云间者新安派、闽派，皆为商而入籍者。唯吾宗派，相传自汴梁从宋高宗南渡入籍云间……泊于申浦阳之竹冈西而卜居焉，今上海县十六保四十二图是也。”也就是说，先后徙居云间的黄氏，大多是唐代名相黄商的后裔支脉的裔孙，而徙居竹冈的黄氏，是春申君的直系裔孙。卷三《丛编》之《抄录浮梁勒功黄氏家谱序》记述，竹冈黄氏裔孙源于春申君幼子黄穗。

1924年朱朋寿（字锡百，号曼盒）《竹冈黄氏宗祠记》称：“吾邑闵行乡竹

黄家河圈位置图

冈黄氏，相传为楚春申君之裔，其源远矣。按其宗谱，春申君遭李园之祸，妾某氏归大梁母族，遗腹生子，遂占籍矣，是为汴梁派。”这支汴梁派后裔黄文亮者，曾随宋高宗南迁，而定居松江府。其后，子孙绵延，分徙为北桥派、竹冈派，以及竹冈河圈派、竹冈东派、竹冈西派、后五房派、东三房派等，迁上海者为上海派。

竹冈黄氏宗谱

清道光年前后，竹冈黄氏耕读传家，人才辈出，尤以黄家河圈“文蔚堂”“素安堂”“学古堂”子弟出众。

作为春申君的后裔，竹冈黄氏第十四世孙黄琮（原名琳，字昆发，号二乡）深感自豪。嘉庆九年（1804），黄浦江畔的春申阁落成后，黄琮即作《春申阁题壁二首》，深切感叹：

村落逶迤傍水滨，杰然高阁祀春申。
千秋史册应从实，百世香烟别有因。
不是安澜怀尔绩，如何盼蠁到兹辰。
问谁继体名尤显，江夏黄童第一人。
不出乡关得胜游，天然图画豁梦眸。
虽无远岫窗中列，却喜长江栏外流。
浪卷千层晴作雪，风来万里夏疑秋。
有时待月黄昏坐，几处歌声起钓舟。

乾隆十九年(1754)，十三世孙黄齐炎(字旭如，自号竹西耕叟)、黄明焯(字睿照，太学生)撰修《竹冈黄氏宗谱》。咸丰五年(1855)七月，十七世孙黄橙(1810—1886，字荫亭，号石君，授修职郎)续修，增记十四世至十七世为止。

在此基础上，黄橙的孙子黄宗麟(1875—1953，字蕴深)有志再续，参照北桥支谱、上海支谱，详加考核，并增加十七世至二十一世，汇集成《上海竹冈黄氏宗谱》三卷(卷一世系，卷二世表，卷三丛编)，于 1924 年正式出版石印本。

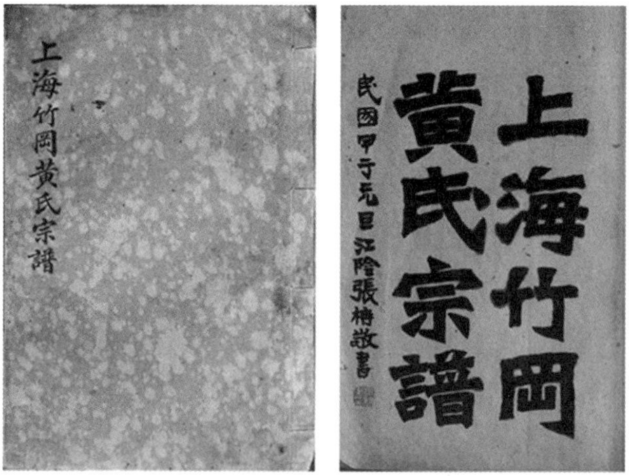

《上海竹冈黄昏宗谱》书影

黄道婆

《先棉图》程十发绘

黄道婆，元代上海县乌泥泾（今徐汇区华泾镇东湾村）人。流落崖州30余年，返回故里后，率乡民改革棉纺织工具，广泛传授『捍、弹、纺、织、染』棉纺织技艺。本地乡村家家使用机杼，棉布业兴盛，享其利达600余年，历代以『黄婆婆』『黄娘娘』『黄母』为名祭祀。

黄道婆身世之谜

最早的历史记载

黄道婆的生卒年史无记载,有专家推测其生于南宋淳祐五年(1245)前后,元至顺元年(1330)逝世,享年85岁左右。

关于黄道婆的身世,地方文献中最早的记载仅有两处。

黄道婆流落崖州30多年,公元1330年左右在上海县乌泥泾(今徐汇区华泾镇东湾村)逝世。元至元二年(1336),本地百姓为黄道婆立祠,岁时享祀。后因战乱,祠被毁。至正二十二年(1362),当地望族张守中重建黄道婆祠,并邀请诗人王逢(1319—1388,字原吉,江苏江阴人)到乌泥泾做客,请其作《黄道婆祠并序》,全文如下:

> 黄道婆,松之乌泾人。少沦落厓州,元贞间,始遇海舶以归。躬纺木棉花,织厓州被自给。教他姓妇,不少倦。未几,被更乌泾,名天下,仰食者千余家。及卒,乡长者赵如珪,为立祠香火庵,后兵毁。至正壬寅,张君守中迁祠于其祖都水公神道南隙地,俾复祀享,且征逢诗传将来。辞曰:
>
> 前闻黄四娘,后称宋五嫂。

道婆异流辈，不肯厓州老。
厓州布被五色缫，组雾紃云粲花草。
片帆鲸海得风归，千柚乌泾夺天造。
天孙漫司巧，仅解制牛衣。
邹母真乃贤，训儿喻断机。
道婆遗爱在桑梓，道婆有志覆赤子。
荒哉唐乘万乘君，终腼长衾共昆弟。
赵翁立祠兵久毁，张君慨然继绝祀。
我歌落叶秋声里，薄功厚飨当愧死。

元末明初文学家、史学家陶宗仪（1329—约1412，字九成，号南村）避乱松江华亭，客居泗泾南村，筑草堂以居，开馆授课，耕作之余，随手札记，元至正二十六年（1366）整理成《南村辍耕录》三十卷。其中第二十四卷二百九十七条《黄道婆》称：

闽广多种木棉，纺绩为布，名曰吉贝。松江府东去五十里许，曰乌泥泾。其地土田硗瘠，民食不给，因谋树艺，以资生业，遂觅种于彼。初无踏车椎弓之制，率用手剖去子，线弦竹弧置案间，振棹成剂，厥功甚艰。国初时，有一妪名黄道婆者，自厓州来，乃教以做造捍弹纺织之具。至于错纱配色，综线挈花，各有其法。以故织成被褥带帨，其上折技团凤，棋局字様，粲然若定。人即受教，竞相作为，转货它郡，家计就殷。未几妪卒，莫不感恩洒泣而共葬之，又为立祠，岁时享之。越三十年，祠毁，乡人赵愚轩重立。今祠复毁，无人为之创建。道婆之名，日渐泯灭无闻矣。

主要疑点

然而，王逢和陶宗仪的记载留下了许多未解之谜，学界争论不休，众说纷纭。

黄道婆是上海人还是崖州人？

在历史上，对黄道婆事迹的记载以及对她的纪念，一直以来都在上海地区。史上首次认定黄道婆是上海人的是王逢。至正二十二年（1362），他因张守中之约撰《黄道婆祠并序》，此时距黄道婆去世仅 32 年。至正二十六年（1366）三月，王逢移居乌泥泾宾贤里，辟建"最闲园"，歌咏自适，著有《梧溪集》七卷，《黄道婆祠并序》被收录其中，应当视为可信之言。清代《嘉庆上海县志》《同治上海县志》等均记载此说法。

而有一些学者依据陶宗仪称黄道婆"自崖州来"，直接认为黄道婆就是崖州人。清代海南官府纂修的地方志，也强调黄道婆为崖州人。

黄道婆为何名"道婆"？

"道婆"极可能不是黄道婆本名。按江南习俗，为人家诵经做佛事的妇女，人称"道姑""道婆"。"黄道婆"之名，始于王逢之口，也许可视为尊称。而历代本地人均俗称黄道婆为"黄婆婆""黄娘娘""黄母"。黄道婆祠，自古称"黄母祠"。

黄道婆是童养媳？为何流落崖州？

20 世纪 50 年代，本地有民间传说称，黄道婆幼时为童养媳，因不堪虐待，逃离家乡，流落崖州。这一说法，实无史证。

黄道婆何处学得棉纺织技术？

1958 年，张家驹在《学术月刊》第 8 期上发表了《黄道婆与上海棉纺织业》一文，将黄道婆塑造为带领家乡劳动人民改进纺织技艺、为中国棉纺织业做出贡献的先进带头人，以此歌颂劳动人民的智慧与创造力。1961 年，樊树志在《人民日报》发表《纺织家——黄道婆》，首次明确提出黄道婆"出生在一个贫苦的劳动人民家庭"。1983 年版《中国史稿》的说法则是"松江劳动妇女黄道婆……带回了黎族人民的先进经验"。至此，这一说法几成史学界的定论。然而，也有学者认为，元代时黎族人民的纺织机具和染色技术不见得很出色，否则无需"以吴绫越锦，拆取色丝"了。因此，有学者提出黄道婆是向"海南地区崖州福建汉族移民"学得的棉纺织技术。

人们在不断衍生的黄道婆叙事中,添加了许多关键性细节:她是劳动人民(出身贫苦,曾是童养媳,生活不幸福,受公婆虐待),富于反抗精神(逃婚抗婚,并由此才去海南岛),是从黎族人民手中学得纺织技术,在海南一住数十年,曾和黎族人民一起反抗压迫,返回故乡是为了造福百姓……如此等等。20 世纪 80 年代以来,海南涌现了许多关于黄道婆的研究,以致产生了众多民间传说,黄道婆叙事变得越来越“说不清楚”。

黄道婆身世之谜,也许会继续争论不休。

1980 年,我国邮电部发行的黄道婆邮票

传说中的纺织家

当年，黄道婆心灵手巧，学有所长，在崖州就掌握了整套棉纺织技术。返回故里后，她无私地向乡民传授技艺，又创新地制作捍、弹、纺、织、染的机具，有效地提升了本地区生产力，以致“衣被天下”。上海乃至整个江南地区的市镇经济能够走向繁荣，黄道婆所做出的历史贡献不言而喻。在李约瑟主编的《中国科学技术史》中，德国汉学家、中国纺织史专家库恩（Dieter Kuhn）撰写《纺织技术》专册时，用了一个专章来论述黄道婆，认为她所革新的三锭纺车是当时世界上最先进的纺纱工具，比西欧早了400多年。

黄道婆传授棉纺织技术

黄道婆如何传授棉纺织技术？20世纪50年代，上海县地区流传的民间故事描述了这样一些情景：

相传，黄道婆从海南返回乌泥泾时，还认得几条老路，幸喜隔壁三婶婶还在，不过人们已称其为“三阿婆”了。三阿婆见黄道婆擅长纺织，就说：“小姑啊！你想想，侃起早落夜用手剥棉籽也来不及,布怎会织得多呢?”黄道婆就同她商量如何改进轧棉纺纱的技术。崖州轧棉籽是用两根细长铁棍转动的,轧棉效率高。三阿婆的丈夫是个木匠,黄道婆画出图样,请他来帮忙按图加工。三天后,一部木制手摇轧棉车做好了,两人手摇,一人下棉籽,剥得又干净又省力,效率很高。后来,改进为一人手摇车,人称“搅车”。比美国人惠特尼发明的轧棉机早诞生了500多年。

接着,黄道婆又动脑筋,把原来30多厘米长的弹棉花的竹弓,改成1米多长的木制绳弦大弓,把“用手拨弦”改为用弹椎敲击绳弦,大大提高了弹棉效率,而且弹出的棉花既蓬松又洁净。她还把原来一只锭子的手摇纺纱车,改制成为三只锭子的脚踏纺纱车。经过多次试验,又从三锭增加到五锭。这一被传承600多年的“五锭脚踏棉纺车”,被称为黄道婆最伟大的发明创造。

工具改进后,黄道婆吸收黎族织锦技术“错色配纱”的优点,结合江南先进的丝麻织作技艺,让普通的棉布呈现出各种美丽的图案。结果织出了“错纱”“配色”“提花”等五光十色的棉布和“乌泥泾被”。

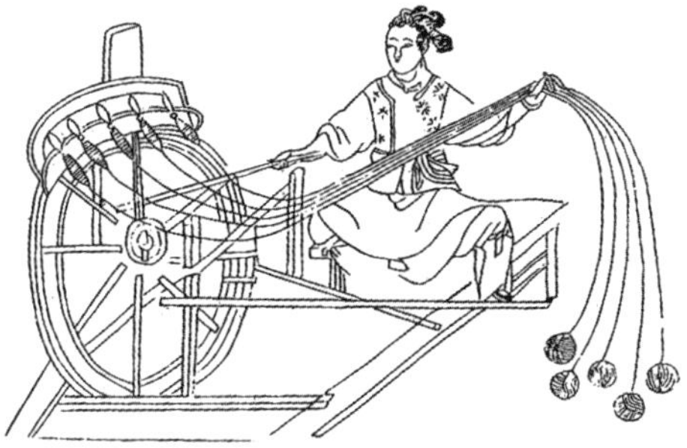
元代五锭脚踏小纺车

这些民间传说,并非史实记载,其中难免存在错误。例如,元皇庆二年(1313)雕版刊印的王祯《农书》中有《农器图谱》,介绍当时农业、棉纺织与丝纺织业的生产工具,绘图式306幅,并有说明,其中收录了落地式手摇轧棉搅车、三锭脚踏棉纺车和三锭、五锭脚踏麻纺车。当时,黄道婆还在世,正到处传艺,而王祯则在皖南旌德县、江西永丰县任县令,将自己所了解的纺织工具收录《农书》中,所描述手摇轧棉搅车时却未提到黄道婆传艺,可见他未必知道黄道婆其人。因此,手摇轧棉搅车不一定是黄道婆发明的。

道婆遗爱在桑梓

乌泥泾黄道婆祠

“黄道婆,黄道婆,教我纱,教我布,两只筒子两匹布。”本地农村家家使用机杼,享其利达600多年,历代乡人感恩在心,将黄道婆视为纺织女神。历史上,黄道婆祠庙在乌泥泾地区立毁重建有10次之多。

其一,黄道婆去世后,为了感念黄道婆传授技艺,使得原本贫瘠的土地“不蚕而棉,不麻而布,利被天下”(徐光启语),元至元二年(1336),乌泥泾百姓率先为黄道婆立祠,岁时享祀。

其二,后来祠像损毁。元顺帝后至元三年(1343),赵如圭(字愚轩)重立祠像。

其三,元末,祠又毁于兵灾。至正二十二年(1362),张守中主持重立祠,并请王逢题诗。

其四,明成化年初,祠又毁。据弘治年间的《上海志·祠祀志》上海县知县刘琬,应里人之请,重建祠,并规定春秋两季由知县亲临祭祀。

其五,嘉靖年间,倭寇入侵,祠又毁。万历四年(1576)前后,里人张之象(1508—1587,字月鹿,官至浙江按察司知事)捐地1333平方米,在张家湾听莺桥重立祠,并撰《黄道婆祠堂记》记述其事。

其六,天启六年(1626),里人张所望主持重修与龙华寺南北相望的宁国寺,捐资另立祠堂于宁国寺西偏殿内,并撰《移建黄道婆祠祠记》,又自题匾额,祠自此称为"黄母祠"。

其七,明末,黄母祠毁。清雍正六年(1728),乡人集资重建于钱粮庙附近,于雍正八年(1730)建成,里人陆瀛龄为张所望所题黄母祠匾加题跋记其事。光绪二十八年(1902)春重修。

其八,清康熙年间,黄母祠迁至黄浦江对岸三林塘地界。

其九,1949 年后,政府组织勘察黄道婆墓。1960 年,修葺龙华乡黄母祠。1962 年列为县级文物保护单位。"文化大革命"中塑像被毁,仅存残屋废墟。1987 年 11 月,黄母祠被列为上海市级文物保护单位。

其十,1991 年 12 月,上海市文物管理委员会、市园林局将黄母祠遗址翻建为黄道婆纪念堂,开"先棉圃",建"仰黄亭"。

相传,每年农历四月初六是黄道婆生日,旧时各乡均有纪念活动。本地妇女成群结队,前往黄道婆祠庙祭拜。

黄浦江畔乌泥泾庙

乌泥泾黄道婆祠毁于明嘉靖年间"倭患"。清康熙年间,由孙明海等迁建到黄浦江对岸夏家嘴东南(今华夏西路 399 号),称"乌泥泾庙",与佛寺紫竹庵为邻。道光二十五年(1845),徐麟(字鸣岗)筹资重建庙屋,重塑黄道婆像,三月立《乌泥泾庙迁移浦东缘始记略》碑。同治十二年(1873),徐载荣等又重修。1922 年,王振翔等再重修,并与紫竹庵合为一体,成为黄浦江边名刹。清人秦荣光《上海县竹枝词》有一首云:

乌泥泾镇亘东西,十里长街旧迹迷。
中被潮冲坍入浦,但留一庙浦东题。

"乌泥泾庙"黄道婆像香火旺盛,棉纺织技艺世代传承,三林塘地区成为

“标布之乡”。

2002 年,在“乌泥泾庙”遗址新建为法华学问寺。

县城创立先棉祠

道光五年(1825),李林松(1770—1827,字心庵,号易园,闵行镇人)等 14 名本地士绅以乌泥泾黄道婆庙在乡间,地方官不便祭祀为由,禀请上海县知县在县城之内建黄道婆专祠,以利官员出场主持岁祀,促进地方敬仰先贤。上海县知县许乃大(字榕皋)收到李林松的来函,极为重视,特遣名士徐谓仁(字文台,号紫珊)筹办此事。道光六年(1826)十月间,江苏巡抚陶澍来沪,李林松等士绅趁机游说推动,终于促成此事。于是,官府出资收购了上海老城厢吾园的一部分土地,黄道婆专祠在吾园内破土动工。道光七年(1827)三月,专祠内外设施全部建成,占地约 2667 平方米,建有大殿三楹,殿前还有一个戏台,正式取名为“先棉祠”。当年四月,在先棉祠举行首次祭祀之后,知县许乃大和李林松等士绅联名向朝廷递交了将官祀黄道婆列入祀典的

19 世纪末上海城墙边的布匹庙,供奉黄道婆

申请,“遵部议从先棉例,春秋崇祀,规制廓增”。道光十年(1830),朝廷正式将“黄母祠”祭纳入祀典。从此,每年春秋两季由地方官主持崇祀黄道婆的仪式。

光绪三十年(1904),吾园改建为龙门书院,祠屋由书院兼管。

1933年,龙门师范学校(上海中学前身)迁移吴家巷新校区(今上中路200号),辟一座3层教学楼,命名为“先棉堂”。

上海布业总公所

上海豫园内的“得月楼”,清康熙年间为沪上布业议事办公之所。光绪十七年(1891)起,上海布业同行团体集资整修,使门庭焕然一新。

上海县虹桥乡新桥王氏家族以布业发家,在上海棉布业界具有很高声望,推举王萃龢(原名王昌序,字子诜,举人)作为家族代表出任布业同行团体董事。于是,他客居在“得月楼”,钻研学问,求得清静。光绪二十年(1894),“绮藻堂”被改称为“上海布业总公所”,特邀王萃龢撰写《重建得月楼绮藻堂记》,并在此立碑。他还为“绮藻堂”手书联句:

大海实能容,且放过蛮布,来航蜃楼作市;
明月不常满,乃令见天孙,织锦神女凌波。

堂联所描述的是上海棉花种植和棉布纺织业盛况,至今悬挂在“绮藻堂”内。

光绪二十三年(1897)黄道婆诞辰纪念日,“得月楼”门厅正中悬挂对联:

姆教千秋,惠我生涯权子母;
婆心一片,得兹秘授说丁娘。

黄道婆墓园

历史上的黄道婆墓，建于乌泥泾古镇，后来不曾有过整修记载。1936 年 8 月，经上海市通志馆人员勘察，辨认出黄道婆墓的墓基。

1957 年，由上海市人民政府修复，加高坟台并立碑，添设石凳供桌，碑正面题“元代纺织家黄道婆之墓”。1962 年重修，立汉白玉石碑。1984 年再度重修，占地约 667 平方米。1987 年，被列为上海市级文物保护单位。2002 年，在墓园的基础上建黄道婆纪念馆。

如今，在徐梅路 700 号建有“黄道婆纪念公园”，由黄道婆墓、黄道婆纪念馆和乌泥泾手工棉纺织技艺实践基地三部分组成。2022 年 10 月，被评为 3A 级旅游景区。自 2023 年起，每逢 2 月“立春日”，在公园内举办“立春祭”游园活动。

黄道婆墓今貌

本地织女甘苦

黄道婆棉纺技艺的传播，释放了本地女性的生产力。当年，上海县三林塘、龙华、七宝、莘庄、梅陇等地几乎家家有机杼，民以此为生，得以丰衣足食。正如清代秦荣光《上海县竹枝词》中所称："布机声轧出茅檐，织妇双搀十指间。蓬首晨兴遥入市，归家手挈米和盐。"女孩七八岁学纺纱，十一二岁学织布，传承学习黄道婆纺织技术蔚然成风。本地农业原为"稻七棉三"，至明代中后期，棉花取代水稻成为主要作物，形成"棉七稻三"新格局。乡人擅长手工棉纺织技艺，盛产自制棉布（俗称"土布""老布"），带动了地方经济社会的发展。

明代吴会里董纪《西郊笑端集》中，有首《织布谣》真切地描述了当时本地区的农耕生产和生活状态。

朝拾园中花，暮作机上纱，
妇织不停手，姑纺不停车。
园中花有尽，虫蠹兼风损，
苟遇商贩来，腾踊价无准。
经多愁纬少，买花连夜造，
不惜斤两过，且要边幅好。

门前索租赋，催钱又催布，
细意织得成，犹恐监官怒。
年饥负私债，钱物无称贷，
拟尽纳官余，抱布城中卖。
城中布虽贱，得钱图得现，
不恨利轻微，但愿身常健。
举家忙不已，一丝难上体，
钱布汗血成，监官莫轻视。

清嘉庆年间，闵行名士李林松有一首赞美家乡物产丰富的《沪渎竹枝词》，首句就称“木棉曾庆闵行丰”。李林松的《申江竹枝词》，其中描绘“脱花”（棉田锄草）、“卖花”等农事极为生动：“黄梅雨后风萧萧，赤泥欲裂其欲焦。麦饭熟来日未午，遥唤脱花人过桥。”“一村红树起炊烟，冬至朝朝霜满天。要向城中卖花去，夜来趁上夜航船。”

清代塘湾乡儒王蔼如撰有《织布女》和《卖布叹》等诗作，生动地描述了本地妇女勤劳织布和出售时的艰辛。

织布女，首如飞蓬面如土。
轧轧千声梭若飞，手快心悲泪如雨。
农忙佐夫力田际，农暇机中织作苦。
贫家习苦自忘疲，积得余资期小补。
谁知秋获半输官，一半犹亏功本数。
算来私债布支当，布尽凭何谋二餔。
雪白绵柔好女功，来朝知属何人主。
停梭问天发浩叹，空际悲风自旋舞。

织成布匹夜将半，持易米盐供午爨。
抱布前行天未明，空腹挤排背流汗。

缕密丝光绝点瑕，才得青蚨逞心算。
稍有差池买无主，待哺嗷嗷愁日旰。
或时卖得不经意，恶少挪钱远奔窜。
小民生理信艰危，卖布犹虞动蒙难。
君不见东家无布成坐愁，有布可卖请勿忧。

清代中叶，蒲汇塘一带棉纺织业发达，促成此地经济迅速发展。乡人“比户织作，昼夜不辍，乡镇皆为之。暮成匹布，晨易钱米，以资日用”。农家专供出售而生产的主要是“稀布”（尖布），俗称“卖头布”，分“南门稀（又称西稀，产于西南乡镇如龙华、七宝，棉布业界则称之为‘清水布’）”“北门稀（又称东稀，产于上海东北乡间）”“龙稀”，龙华、七宝产，甚至远销关外。而农家自制自用不出售的是“单扣稀”。

《蒲溪小志》记载：清道光年间，蒲汇塘南岸的南东塘滩“自东栅外过小石桥向东至东圣堂，即南七宝寺，又东至安平桥止，曰东街”，这里作坊集聚，专制棉纺织工具，因此“又名纺车街，以此街中人多制纺车售卖也，其长约三百余步”。方圆十余里内，农家所产布纱均在此交易。

《上海纺织工业一百五十年（1861—2010年大事记）》表明，明万历年间，上海县30万城乡人口中有20万人从事手工棉纺织生产，整个上海地区年产棉布达3000万至3500万匹，其中包括紫花布、白棉布、黄纱布。清中叶，上海地区年产棉布4500万至5000万匹，大量销往东北、山东等地，紫花布等经广州口岸输送到西方各国。高峰年间，每年向国内外市场输出棉布达3500万至4000万匹，年贸易额达白银700万至800万两。

村民出售“卖头布”，全靠专事经营棉布交易的“布庄”“坐商”“行商”“牙行”“标客”等，多方联手才能形成地方棉布产业。清代，七宝老街、虹桥集镇开设布庄，各地行商依靠蒲汇塘水运之便而来，方圆十余里内的农家都会携布赶来交易。

生于明万历年间的新桥人王继鳌（字公绍），成年后即在虹桥集镇上经营布庄，毕生专事棉布业，由此致富。其子孙大多继承祖业，在虹桥集镇内外开设了数家布庄，与上海王大昌布号等业界翘楚建立了广泛的业务联系，并通过官衙争取了军需业务，收益可观。王氏家族靠布业成为望族，家境日益充裕。

曾矗立于沪闵公路莘庄段的黄道婆塑像

上海开埠后，外来洋布在上海盛行，售价与土布相当，门幅却宽了三倍，土布市场随之萎缩，威胁着农村土布生产。一向以植棉织布为生计的本地乡民、集镇布庄经营者面临着又一场灾害。

20 世纪初，莘庄地区还有六七家布庄，日购土布 2000 余匹，远销广东、辽宁、山西、浙江等省。1927 年，七宝镇有 7 家外地商号，坐庄收购土布，销苏北、安徽、浙江等地。1935 年《江苏省鉴》载：上海县“清代素以上市著名，继后各国机织棉布勃兴，土布一落千丈，产量大幅度下跌，上海县年产 47 万余匹”。其时，一匹土布市售价 1 元余(银圆)。40 年代，各棉布店大多倾销机织棉布，尚有部分土布上市。

秦裕伯

秦裕伯（1296—1373），字惟镜、景容，号蓉卿，别号葵斋。元末明初上海县人，原籍维扬（今江苏扬州），北宋著名词人秦观（字少游）八世孙。元大德年间（1297—1307），随父辈定居上海县长寿里（今闵行区浦江镇题桥）。至正五年（1345）中进士，历官湖广行省照磨、山东高密县尹、福建行省郎中、延平路总管兼管内劝农事、行台侍御史。元末，弃官返乡。明太祖朱元璋多次征召，不得已入朝。历官侍读学士、待制、治书侍御史，并与御史中丞刘基主持京畿考试。后出知陇州，以病辞官归里。明洪武六年（1373）七月二十日，病逝于家中。殁后，追封显佑伯，为上海邑城隍正堂，历明清两代不变。

籍贯上海县

元末明初的上海人秦裕伯，被明太祖朱元璋封为“上海邑城隍正堂”。明清两代数百年间，他被描绘成是“威灵显赫”保佑着上海民众的城隍神。上海神隍庙，随之香火旺盛，声名远扬。

于是，人们几乎忘了秦裕伯本是一个真实的历史人物。如今，已经很少有人能准确地讲述他的生平事迹，专家学者、方志史书也都说法不一。

在清张廷玉等编纂的《明史》卷二百八十五列传第一百七十三“文苑”中，称秦裕伯是“大名人”，连秦裕伯亲笔给朱元璋写的《上书丞相却聘书》也这样自称。身为上海人的秦裕伯为何成为“大名人”呢？

《上海陈行秦氏支谱》卷三等秦氏族谱明确记载：秦裕伯生于元元贞二年(1296)六月十二日。

秦裕伯的父亲秦良颢(1278—1355)，字信甫，号述斋。祖父秦知柔(1233—1306)，字以和，号节斋。原籍维扬(今江苏扬州)。秦裕伯为北宋龙图阁学士、著名词人秦观(少游)的八世孙。

秦氏《淮海宗谱》称，秦知柔“人品不凡，倜傥纯粹，襟怀洒落”。宋末咸淳年间(1265—1274)，“乘元兵渡江之时，挟其先世图像谱牒及所赐诰命，渡江来南”，率全家流落到黄浦江畔，后兄弟五人分地徙居。秦知柔选定松江府上海县的沪渎(据考应在今静安寺一带，静安寺始建于三国孙吴赤乌年

上海秦氏迁始祖秦柔知画像

间,初名沪渎重玄寺,当时是人气汇聚之地),“筑室治圃,深衣幅巾,以节斋自号,作菟裘之计,盖将终身”。元元贞二年(1296),曾担任过上海市舶提举司(即上海总管)的浙东宣慰使费寀(字子寿,号荣愍),以秦知柔是“宦室裔胄”,又“通儒书,长于律”,推荐他为江浙行省中书省傔使(录职试用),后兼任中书省廉访使(全称肃政廉访使,主管监察事务)。大德十年(1306),秦知柔去世后,“夫妇合葬于乌泥泾之阳,即今上海县之肇家浜右、淡井庙北。”安葬时,费寀的女婿、著名书法家赵孟頫也来吊唁,并题写墓碑“元处士节孝先生秦公之墓”。

淡井庙始建于宋代,当时这里还是乡村风貌,称为淡井村,元代又称淡井铺。这一带当时为上海县高昌乡二十七保六图。秦知柔在此生活了30年左右,其子秦良顒(1276—1333,字微甫,号懿斋)、秦良颢,其孙秦裕伯等均生养在这里。

梳理《淮海宗谱》所记事项即可发现:元贞元年(1295),18岁的秦良颢结婚,娶唐氏为妻。次年,秦家接连发生3件大事:一是年已63岁的秦知柔担任江浙行省中书省傔使,尽管年龄已高,又属录取试用,不可能有多大作为,但秦家在元代这样的社会中总算熬出了头;二是秦良颢生下了秦裕伯;三是送秦良颢赴大名府求学,盼其能走上仕途。

《淮海宗谱》称:秦良颢“资识粹敏,慎重寡言,善记忆,涉猎经史过目不忘;好议论,能言人所不能言,虽童幼时老成,人皆自以为不及也”。19岁为求学而离开父母,独自赴华北的文化中心大名府(今河北大名县)。当时,元廷为加强统治,强迫汉人学蒙古文,那些求仕途的汉人只能前去深造。秦良颢有幸师从萧氏,又十分勤奋,竟尽究精奥,搜集蒙古文史传故事及时务功要者300余条,编译成汉文的知识大全《纂通》;又掇拾师言,兼采别说,辑成《一贯》,并取蒙古及维吾尔问答之言,编成《吹万集》。于是,他成了极为难得的汉人出身的蒙古文专家。当时,汉人学蒙古文者无出其右,因此他年纪轻轻就出任国子监学录,而他"淡然无求进意,隐居教授,户外之屦至,无所容达。官大人至者,莫不晋谒,与之语,动中肯綮而适于事情,未尝不为之叹服也","其平时一言一动,无不揆乎道义,人皆称笃行君子焉"。大德年间(1297—1307),秦良颢经翰林寇学士推荐,进万言策,由国子监学录提升为浙西榷鹾使。于是,秦良颢举家南下返回上海地区。

而当时,秦裕伯尚年幼。所谓秦裕伯"幼侍父宦游京师",也只是他10岁之前的事。

那么,秦裕伯后来为何又自称大名人呢?

秦裕伯49岁时方中进士,其原因并非科场不利或学业欠佳,而是因为当时科举停办多年,直到元皇庆二年(1313),即元开国五十四年之后,才恢复科举制度。规定3年考试一次,中间又停过10年,而且分成"蒙古人、色目人、汉人、南人"四等配额选送,南人尤遭排斥。宋代250多年间,松江府华亭县中进士者有70人,而元代近100年间,华亭县中进士者仅赵庭芝一人。至正初年,秦裕伯的父亲已年过60岁,遂告老返乡。面对这种情势,他只得以父亲曾在华北大名府任职而报了"大名籍"参加科考(由四等南人升格为三等汉人,名额优先),成为大名府国子监生员,总算得中进士。因此,官场以为他是"大名人"。

今人若要明确秦裕伯的籍贯,应当称他是元代松江府上海县人。主纂嘉庆《上海县志》的李林松早在《秦氏重修家谱序》中已经做了分析:

> 秦氏先籍维扬,知柔始迁上海,殁即葬焉,今其墓可考,至待制已三世,为上海人无疑。其曰大名者,从父游北方,久以北籍胄监登至正甲申进士也。虽王逢《梧溪集》亦称"魏郡秦景容",然与逢周旋久则家在吾邑可知,此当从谱不从史者也。至待制之仕明也,史文确凿可据,而子孙讳言之谱,故深没其文,而又载县志"扈从拥翠亭,给笔札赋诗"一

则，则其弥缝之未尽者，此当从史不从谱也。

旧松江府志，上海、南汇志，均以裕伯入流寓，此由未考谱之误。乾隆五十八年所修《南汇志》以裕伯为邑人是矣，而又云入明不仕，此又信谱而未见史之误。

因此，清嘉庆年间的《上海县志》率先将秦裕伯和秦良颢列入上海志书人物篇，并做了说明。

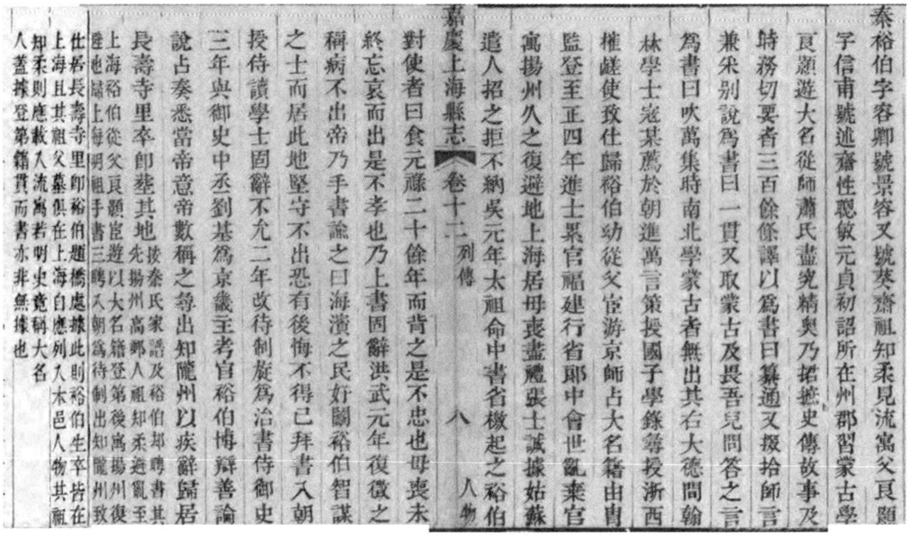
秦裕伯字容卿號景容又號葵齋祖知柔見流寓父良顯字信甫號遯齋性聰敏元貞初詔所在州郡習蒙古學良顯遊大名從師蕭氏盡究精奧乃捃摭史傳故事及時務切要者三百餘條譯以爲書曰纂通又掇拾師言兼釆别說爲書曰一貫又取蒙古及畏吾兒問答之言爲書曰吹萬集時南北學家古者無出其右大德間翰林學士寇某薦於朝進萬言策授國子學錄尋授浙西權鹺使致仕歸裕伯幼從父宦游京師占大名籍由胄監登至正四年進士累官福建行省郎中會世亂棄官寓揚州久之復避地上海居母喪盡禮張士誠據姑蘇遣人招之拒不納吳元年太祖命中書省檄起之裕伯

嘉慶上海縣志 卷十二 列傳 八 人物

對使者曰食元祿二十餘年而背之是不忠也母喪未終忘哀而出是不孝也乃上書固辭洪武元年復徵之稱病不出帝乃手書諭之曰海濱之民好鬬裕伯智謀之士而居此地堅守不出恐有後悔不得已拜書入朝授侍讀學士固辭不允二年改待制旋爲治書侍御史三年與御史中丞劉基爲京畿主考官裕伯博辯善論說占奏悉當帝意帝數稱之尋出知隴州以疾辭歸居長壽寺里卒即葬其地按秦氏家譜及裕伯邦贈書其先揚州高郵人祖知柔避亂至上海裕伯從父良顯宦遊以大名籍登第後寓揚州復徙也歸上海明祖手書三聘入朝爲待制出知隴州致仕居長壽寺里卽裕伯題橋處據此則裕伯生卒皆在上海且其祖父墓俱在上海自應列入本邑人物其祖知柔則應載入流寓若明史竟稱大名人蓋據登第籍貫而書亦非無據也

清嘉庆年间的《上海县志》书影

定居长寿里

初居秦家行

大德四年(1300)前后,秦氏良顒、良颢兄弟俩先后因所获官职而举家迁往上海浦东地区。历代史志文献在记载他们的定居地时,有"鹤沙""闸港北""长寿里""题桥""陈行"等不同的说法。其实,兄弟俩分居两地,而且前后时有变化。

《淮海宗谱》称,秦良顒"环玮刚直,端庄整肃,作气好侠"。娶妻诸葛氏,于大德十年(1306)生下儿子秦良佐。泰定年间(1324—1328),秦氏"田产富盛,充上海县长人乡里正"。里正,是乡级下的一"里"之长,是当地"课督赋税"的负责人。秦良顒是长人乡哪个"里"的里正呢?南宋绍熙《云间志》记载:"长人乡,在县东九十里,六保,十二村,管里三:长人、将军、高阳。"故可推测应当是长人乡的长人里,即当时正处大垦荒热潮中的浦东地区。

《淮海宗谱》又称,秦良顒当里正:"平心率扬,治民有方,争讼者质求判断,晓譬曲直,人皆退服而无怨言,相叹曰:'宁被刑罚所加,莫为秦君所短。'"

至顺二年(1331),秦良顒调任下沙盐运使司监税官,此时年已56岁。

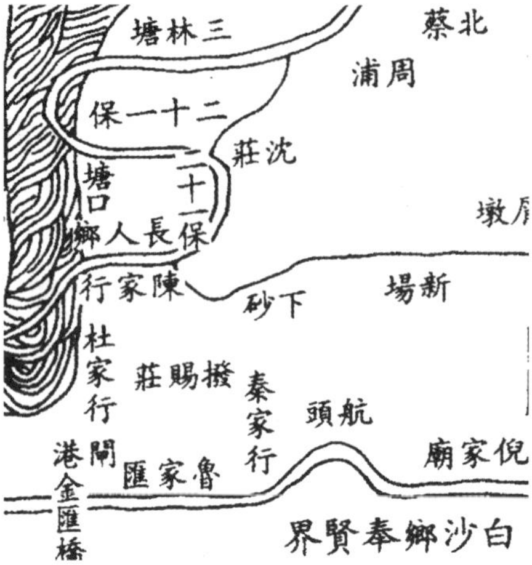

元末时期当地乡镇示意图

由此以“营邸为憩息所”，当时的徙居地应在上海县长人乡十九保六十图，距下沙盐场很近。秦良顕就地建宅后，子孙在此繁衍，遂形成村落，取名“秦家行”，俗称“秦家老宅”。具体位于今航头镇东南汇达村西（今浦东新区航头镇长达村12组），相邻今浦江镇汇东村。航头史称“行头”，清雍正年间划归南汇县，今地处闵行、奉贤、浦东3区交界处。

落脚秦家堰

大德年间（1297—1307），秦良颢因出任浙西道榷鹾使而南下。榷鹾使，为征收盐税的税官。自宋建炎年间起，两浙都转盐运使司就设在新场镇，因此可推断他一家先在离新场镇不远的秦家行落脚，后徙居上海县二十一保长寿寺附近。因为长寿寺始建于宋宝祐年间（1253—1258），此时已经建有100多年，正是黄浦江东岸人气聚集最盛之地。当时，名士赵孟頫专为长寿寺书额，又有杨载（字仲宏）撰写《长寿寺碑记》，隐居在乌泥泾镇的诗人王逢（字原吉）游长寿寺后题诗云：“老我愿为僧一日，尽招新鬼上慈航。”

秦良顕的儿子秦良佐，字俊卿，号纯斋，5岁丧母，27岁丧父，此后便离家外出，长年四处周游。至顺四年（1333），秦良顕去世后，安葬在淡井庙北墓地，与父亲秦知柔相伴。最终，秦良佐还是“遂安以归，耕牧鹤沙之右，晦匿南坡之阳”。他去世后，“葬王家港北”。后来，秦良佐的儿子秦世杰，明洪武八年（1375）走上仕途，生有四子三女，在普福禅院附近形成闸港秦氏集居地，史称“里秦”“外秦”宅，为长人乡十九保五十图（今浦江镇汇东村）。因此，秦良顕子孙大多葬在“闸港北”。

而秦良颢及儿子秦裕伯、秦亨伯都葬在“长寿寺西”，日后又在此建立秦氏墓园和秦公祠。说明秦良颢及秦裕伯一家最终的定居地是在长寿里,当时为长人乡二十一保二十八图。具体在何处呢?

秦公后人秦之济(字伯未)曾做过专题考证,并撰写《秦家堰考》一文,称:"题桥北半里遥,有秦家堰者,惟宁公兄弟墓在焉。余尝访之,屋宇遗迹甚广。退而思之,其殆吾陈行秦氏之故屋乎。"

"惟宁公兄弟墓",是指秦良顥十七世孙秦惟宁四兄弟之墓,他们生活在清代晚期。据当地老人回忆,在秦家堰宅中河堰旁,曾有两棵树龄数百年的银杏树,可见数百年前这里必是人丁兴旺之地。相传,当地还曾有一座太平庵,传为秦公宗祠。而且,秦裕伯晚年时,为附近长浜口上的大通桥题名,人们称之"裕伯题桥",并将"题桥"作为当地地名。这就更能说明,"题桥北半里遥"的秦家堰,应当是秦良颢及儿子秦裕伯、秦亨伯的居住地。

秦家堰这个村宅,今为浦江镇为民村二组。因此,秦裕伯故里应当在陈行题桥及周边地区,今属上海市闵行区浦江镇。

家境渐富盛

宋代末年,秦知柔这一代是避战乱而流落到黄浦江畔的,虽是"宦室裔胄",但已经落难。而过了 50 年左右,到元泰定年间(1324—1328),秦良顥出任上海县长人乡里正时,已称为"田产富盛"。这 50 年里,秦氏家境为何发生了巨大的变化?青年时代的秦裕伯是在怎样的家庭环境中成长的?

秦知柔任江浙行省中书省傔使之后,小儿子秦良颢赴大名府求学,任国子监学录,后调任浙西榷鹾使。而他的大儿子秦良顥在出任长人乡里正之前又在忙些什么呢?

当时,长人乡的社会经济环境正处在轰轰烈烈的"大开发"之中,一是盐业兴旺,二是大量垦荒。

上海县长人乡沿海地区,在唐代末钱镠建吴越国以后,即有了煮海制盐之业。南宋建炎年间(1127—1130),在下沙地区建有盐监后,这一带被辟为下沙盐场。而下沙以西地区,仍以农业为主。随着沿海成陆面积逐渐扩大,盐区亦随之东移。至元末明初,盐区已移至里护塘以东一带。塘内之地称漕田或有司地,属长人乡管辖,设保、图建置;塘外之地则称灶田或盐司地,属下沙盐场,设团、灶建置。

秦知柔、秦良颢当官,自有俸禄保障,加上身处盐业兴旺之地,收入必定不薄。而秦良顥定居在行头秦家行,忙的是带领子孙们垦荒屯田,扩建家园。

当时,朝廷为推进此地的"大开发",规定可以豆麦代替米粮缴纳田赋,后又可以棉花代替米粮纳赋。于是此地吸引了越来越多的移民,土地日趋熟化,农业生产迅猛发展,土地的主人们自然富盛起来。附近的拨赐庄,是元顺帝将妹妹百花公主下嫁给丞相脱脱之子时,拨赐了一座位于上海县长人乡盐铁塘畔(今建新村境内)的庄园作为陪嫁的"脂粉田",传说有上百万平方千米。这座由蒙古族人建造的庄园此时已颇具规模,还从黄浦江到下沙盐场专门开挖了运盐干河"盐铁塘"。

在如此"大开发"的历史机遇中,秦良顥及其子孙们,经过几代人的努力,竟然从几乎一无所有的"避难者",发展为田产富盛、深宅大院的大家族,以致世上有了"秦家行"这样一个被载入史书图籍的地名。

秦裕伯不足10岁就随父母定居长寿里,到至正五年(1345)中进士,出任湖广行省照磨而离乡,长达40年左右。

秦裕伯成年后,在此娶储氏为妻,她是周浦一带的望族之女。当时,周浦储姓家族颇具声望,祖辈是宋代词人储泳(约1101—1165,字文卿,号华谷),随宋室南迁而隐居在周浦一带,后人为纪念他,还倡议将当地称为"储里"或"华谷里"。然而,这个望族之女并没有给秦裕伯增添多少福音,夫妻俩生下儿子,取名世隆,可惜因病早殁。此后,夫妻俩没有再生养。

此时,秦裕伯的弟弟秦亨伯又在忙些什么呢?《秦氏宗谱》称:"亨伯,字惟通,号兰斋,喜读道家书,服食求仙,遍游天下名山。"想不到,他竟是个逍遥派。

细想一下,也许情有可原。尽管秦裕伯父亲和祖父均有官职,伯父成为"田产富盛"的地主,家境相当不错,但是当时上海县立县才不足10年,元廷科举又时断时续,政策上又歧视汉人,他要走“学而优则仕”的道路必不顺畅,但他还是梦想着、追求着。

长寿寺遗址现状地图

寻梦松江城

至治元年(1321),黄浦江对岸乌泥泾传来振奋人心的好消息,有个赵庭芝(字德瑞)考中了进士,元代南人登第自此开始了。

时年25岁的秦裕伯且耕且读,常年在家中以书为伴,时而到松江府城去转转,寻求出路,等待时机。

然而,元廷排斥南人的政策并未真正改变,秦裕伯无奈地徘徊了一年又一年。

自至元十四年(1277)十月华亭县升为松江府后,松江城沿市河向西发展,渐形成"十里长街"。至正二年(1342),松江府达鲁花赤哈只(阿里温氏)捐款重新翻建府学庙。秦裕伯赶到松江城里去寻梦,有幸与府学教授察罕不花有所交往。

当时,元政府重视推广教习蒙古文字。而秦裕伯父亲秦良颢是极为难得的汉人出身的蒙古文专家,年纪轻轻就出任国子监学录。秦裕伯"幼侍父宦游京师",自然熟悉蒙古文字。因此,察罕不花对秦裕伯尤为关切,很可能曾聘其担任蒙古字学助教。

可惜,察罕不花难以切实相助,秦裕伯只能到处寻梦。

至正四年(1344),松江府为推广教习蒙古文字,在普照寺西侧兴建了"蒙古字学"(因位于松江府治西,又称右庠),但是师资力量太弱,招生情况不佳，便由寺僧割田赡学，力求改观。为此，秦裕伯应察罕不花、王务道嘱托，撰写了一篇《学田记》，全文（刊崇祯《松江府志》卷二十四）如下：

世祖皇帝既平函夏，欲同天下之文。爰命师巴思八撰蒙古字，记载国语，用五音反切，以译六书之文。于以达王事，通天下之志。凡州郡置博士弟子员，例同儒学。列圣继志，思厥茂功，立庙以祀，如孔子仪。松江府废立不恒，以故学官之设独后。粢盛廪饩，视他郡最为贫乏，至饥其师，不能久处以去。至正四年，普照及证觉寺僧割田若干亩为学官永业。于是庙祀、学廪，赖以粗集。教授察罕不花、王君务道属予为记。

当年冬十一月，察罕不花亲自书《学田记》，勒石于普照寺西。

除此之外，秦裕伯似乎没有其他突出的作为。

松江府学训导王文泽，字伯雨，号梅泉，华亭枫泾人，学尤富却累试不第，著有《尚书制度图纂》三卷、《自立斋诗文稿》。秦裕伯与他及其父亲王京有所交往。后来，王文泽去世，葬于横云山，秦裕伯为其撰写墓志铭云："吁嗟王氏，世笃吾仁。绍树儒术，阙志弥敦。为善弗报，天道无闻。天匪无闻，享有后人。"

至正四年（1344）秦裕伯已经48岁，眼看守在松江城里很难有更好的前途，便无奈地离乡远涉大名府，依靠父亲旧友关照，以"大名籍汉人"的名义考入国子监，为考进士做最后一搏。

幸运的是，至正五年（1345）秦裕伯考中进士，走通仕途。

高密显身手

秦裕伯48岁以国子生释褐，出任湖广行省照磨（“照刷磨勘”的简称，正八品，负责对本部门的收支进行审计），做一些具体的文书工作。熬了6年之后，才得到提拔。

至正十年（1350）五月，秦裕伯赴文化发达的山东高密县，担任七品知县，终于得到充分施展的机会。秦裕伯能独当一面，又十分勤政。据《山东通志》《高密县志》等史书称，历史上的胶东半岛是地势低洼、盐碱严重、十年九不收的地方。当地民谣称“遥望西壕里，苍茫一片洼。人人拖黑腿，个个龇黄牙。有土都是碱，无田不养蛙。等到好年景，也学种地瓜”。秦裕伯指导民众“堑渠蓄雨，筑墉防潦”，从而形成独具特色的“台田沟”法，抵御了盐碱涝洼之灾。

秦裕伯在高密任知县的3年间，不仅没有增加农民的赋税负担，而且把盐民的负担按他们的产量、收益之多寡分成三等九品，废除了原来按统一标准收税的办法，做到了合理公平。地方上经常要有许多临时的或额外的开支，秦裕伯发动农民把原来公家抛荒的土地重新播种耕耘，每年可收获谷麦约3万千克，作为过往官员的接待费用，农民、市民不必再交纳额外赋税，不仅供给饮食住宿绰绰有余，而且还有余资可以购置一批新的马匹以供使用。

当时，社会时局很不稳定，朝廷让各地州县修筑城池，以利防守。在秦裕伯的规划领导之下，新建的高密县城墙周长1907米，高10米，阔4米，开辟东、南、西、北四门。城门均牢固而盖了砖瓦,能遮蔽风雨。城外开凿了宽阔的护城河,河上架设了吊桥,随时可以收起。要想进攻县城,就非越此防线不可。此外,“葺公廨,构牺凤堂,凿子午池,作濯缨亭,起谯楼,增广官厩,其为间又百三十有二”。还兴修了修广德渊圣龙王庙、汉代经学大师郑康成祠堂,买田以供祀事。

当时,元礼部尚书王思诚(1291—1357,字克修)奉旨到高密巡视农事,闻听知县秦裕伯的政绩,甚为感动,即撰《秦裕伯修学记》大加赞赏。高密城东南的孔子庙学年久失修,壁颓瓦倾,秦裕伯“下车庙谒,戚其卑陋,惧然惰焉。谋于僚佐,咸以财用不足为对。庙有学田五百亩,污不可治,第责民计亩虚承,岁输黍稷,供祭祀而已。尹乘间亲视其地,堑其周围为渠,以蓄大雨;渠外筑墉,以防野潦,集民力树之。连岁大熟,获麻禾菽麦若干斛,贸易为工食需,始庀工鸠匠为改图计。邑民乐尹政平不扰,愿为之助,输大木者成集,选邑士王耀先司其役,乃撤而新之。为殿前后八楹,楹皆用石。增两庑为十有八间。补塑圣容,暨七十二子,兴先儒之在从祀者,因旧增塑其像,莫可废也。创戟门四楹,外为泮池。又其外为棂星门,皆藻绘一新。殿后构讲堂及二斋房各三间,神庖一间,祭器库二间,创置祭器三百多,事补弟子员恒百人。弦诵之声,洋洋盈耳。经始于十一年之夏,落成于明年之秋”。尤其不易的是,在此期间秦裕伯“不欲速成以竭财,且耕且作,不恃官府威力”。高密百姓深受鼓舞,纷纷自行办学,“每社自治屋四楹为庠,复建屋以处其师。社凡四十,为室二百余间。一社之生,岁不下五六十”。

这一系列政绩是在两年多时间内取得的,而且“虽动大役而民不知扰”。秦裕伯精明能干,“听政不过日中,事至立决,吏无留牍”。因此百姓“威其之明,感其之德,不施鞭扑而习俗大变”。

清康熙四十九年(1710)《高密县志》中的“名宦”篇称秦裕伯“断狱明决,建城池,立坛陵,筑堤防,修学校。民德之立碑”。

高密向有8处胜迹,即长陵春色、东浦荷香、龙潭夜雨、古城晚照、晏家穹碑、郑祠古柏、潍河落雁、九穴栖鸳。秦裕伯对“高密八景”怀有深情,赋诗赞颂:

长陵佳气四阳新，东浦香风八月辰。
故垒霞铺千雉迹，深潭云锁五龙神。
康成庙柏真孤秀，平仲碑文最绝伦。
正玩鸳鸯栖九穴，俄闻鸿雁落淮滨。

明万历年间的《即墨志》记载，至正十二年(1352)，即墨(今属青岛市)知县董守中始建庙学和九贤祠，为当地历史上的九位名宦才俊塑像加以供奉，特请高密知县秦裕伯撰写《九贤祠颂》，勒碑刻石记之。

秦裕伯还曾应邀撰写《密州修学记》(密州，今山东省诸城市)，由黄翔书正书。《密州修学记》后被收入《四库全书存目》。可见，当时秦裕伯在山东地区是颇有声望的。

当秦裕伯离任时，高密百姓“老幼嗟惜，涕洟遮留，几不得行”，希望其留任而不能，为颂其勤政爱民之功德，特请在大都(今北京)任礼部郎中的明善写了《秦尹去思碑记》，详尽记载其政绩。

《秦尹去思碑记》后被收入《高密县志·艺文志》。

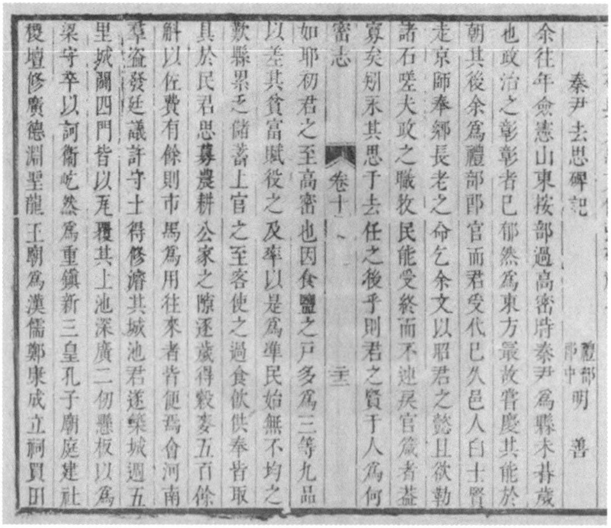
秦尹去思碑記　禮部郎中明善
余往年僉憲山東按部過高密時秦尹爲縣未朞歲
也政治之彰彰者已郁然爲東方最故嘗慶其能於
朝其後余爲禮部郎官而君受代已久邑人白士賢
走京師奉鄉長老之命乞余文以昭君之懿且欲勒
諸石嗟夫政之職教民能受終而不速戾官蔵者蓋
寡矣矧不其思于去任之後乎則君之賢于人爲何
密志　卷十　三
如耶初君之至高密也因食鹽之戶多爲三等九品
以差其貧富賦役之及率以是爲準民始無不均之
歎縣累乏儲蓄上官之至客使之過食飲供奉皆取
具於民君思募農耕公家之隙逐歲得穀麥五百餘
斛以佐費有餘則市馬爲用往來者皆便焉會河南
群盜發廷議許守土得修濬其城池君遂築城週五
里城闔四門皆以瓦甓其上池深廣二仞懸板以爲
梁守卒以訶衛屹然爲重鎮新三皇孔子廟庭建社
稷壇修廣德淵聖龍王廟爲漢儒鄭康成立祠買田

《高密县志》书影

福建做清官

元至正十三年(1353)春,秦裕伯被调往福建地区,出任福建行省郎中(正五品)。他为官恩威并施,曾规定盗匪首次捕获,发款嘱其自谋生活;再捕获则杖数十,令其归耕;第三次则数罪合科,加重罚,令“清白”而死,即将罪犯投入石灰坑毕命。以此告诫鸡鸣狗盗之徒,要行善事,清白为人。因此,秦裕伯为政期间盗贼匿迹,百姓称颂,赢得“公正干练”的美名。

秦裕伯任行省郎中一年后,即得到越级提拔,出任延平路总管兼管内劝农事(正三品,延平路为今福建南平市延平区、顺昌、三明市、永安、尤溪一带),后又调往朝廷御史台(监察机构),担任侍御史(从二品,相当于御史助理)。

然而,不久秦裕伯却“突然”提出辞职。《明史》说是“遭世乱”,其实是另有缘故。

元代晚期,确实世道纷乱。而更关键的原因是,秦裕伯为官多年,尽管十分勤政,但并没有得到朝廷的真正赏识。因行御史南台大夫达识帖睦迩“与江浙省臣有隙”,秦裕伯曾遭台臣“嗾臬司以飞语”中伤,自然甚为愤懑。尤其应当关注的是,秦裕伯身边有一位知己李士瞻,曾在诗文中说出了他们内心的真情。

李士瞻(1313—1367),字彦闻,湖北荆门人。至正年初(1341)中大都路进士,曾以户部尚书出督福建海漕。他比秦裕伯年轻17岁,与秦裕伯相识相知15年,结为好友。在他的《经济文集》六卷中有一首诗云:

故友坟前草不春,高风台上聚星辰。
翰林小记如冠冕,合老遗书绝后尘。
自愧不才难接武,多君高谊许为邻。
会须相伴朝京阙,更有秦郎最可亲。

李士瞻在诗后还特记:

秦景容(即秦裕伯)郎中昨日承歌谈笑,适诗酒相忘,有放浪形骸之意,以谓到闽以来无此一乐,但伤足下以特达之材,坎坷仕路走也,辱为知己之游,不能拔而出之,此安足为故人耶,诗以志怀,聊伸雅叹。

李士瞻推崇秦裕伯为文,称其逼近唐代韩愈,特赋《柬秦景容郎中》云:

昨阅高文,诵之亹亹不倦。沉着类子厚而不失之晦,痛快似退之而不失浮,恢恢乎与韩逼真,而与柳有所不屑也。予识景容十五年,颇谓相知,今殆不如远矣。敛衽再三,赋诗为谢。

锦缎裁来五色丝,千方制就欲谁衣。
自惭输与天孙巧,凡女从今不下机。

秦裕伯与福建监察御史郑潜(字彦昭,歙县人,后任泉州路总管)也有交往,曾同游浙江精严寺,迷恋佛道山水之情,当即赋诗抒怀。可惜,秦裕伯的诗作失传。郑潜和诗《寓精严寺次程伯来与秦景容郎中同游诗韵》(见《樗庵类稿》)云:

平生志湖海,亦复慕林泉。

驱车太行路，古道何盘盘。
北走穷乌恒，滦京俯长川。
南游涉交广，瓯越遂幽闻。
紫霞绕吾庐，寒玉鸣我前。
清净谐道心，空明契僧诠。
由来高世士，脱屣山水间。
先鞭愧吾友，入幕芙蕖鲜。
拂衣憩林下，似有三生缘。
程子雅高和，临风写烦悁。
不辞竟日留，翳景欲忘旋。
嗟我三载后，感慨犹千年。
卜庐事先陇，愿老浔湖边。

作为一名仕途坎坷的儒生，此时秦裕伯正从事监察工作，更深知官场的内幕，但他却无力回天，促使他逐渐对分崩离析的时势丧失信心，更为了照料年过八旬的父母，他最终拿定主意，于至正十四年(1354)毅然辞官，时年58岁。

归乡享清福

秦裕伯辞官后，先到祖籍地扬州小住，寻祖、探亲、访友。不久，返回故乡长寿里。

《淮海宗谱》称，秦裕伯返回长寿里时，"年既衰而耳目聪明。筋力不倦，高谈剧饮，手不释卷。平生所著意见及典籍格言，历代奏议，日取阅之，爱君爱国之念，耿耿不能忘也"。

长寿里乡人新建了一座横跨长浜两岸的大木桥，邀请秦裕伯题名。秦裕伯集中各方提议，当场挥笔题了"大通桥"三个字。

乡人以"裕伯题桥"自豪，俗称此桥为"题桥"，越叫越顺，越传越远，"题桥"竟成了当地地名。

至正十五年(1355)四月十八日，78 岁的父亲秦良颢在家逝世，"有诫子书，词甚真切"。

秦裕伯守孝期间，在长寿寺西建造秦氏墓园，将父亲安葬于二十一保二十八图 1017 号主穴。同时，将祖父秦知柔、伯父秦良顗墓从淡井庙北迁葬过来，合成秦氏祖墓。

从此，秦裕伯与老母亲又相依为命了 10 年。

秦裕伯年近 60，时常赴松江城邀好友相聚。他遇见了一位年轻的诗友袁凯。袁凯，字景文，号海叟，生于至大三年(1310)，华亭陶宅(今属奉贤区青村）人。早年好学，性诙谐，善戏谑。博学有才辩，意气风发，常折服同座。他曾邀友侍奉秦裕伯在吴淞江畔“看花吃酒唱歌”。袁凯与秦裕伯有心灵沟通，从他写的《马益之邀陈子山应奉秦景容县尹江上看花二公竹枝歌予亦作数首》可见一斑，诗云：

吴淞江上好春风，水上花枝处处同。
得似鸳鸯与鸂鶒，时时来往锦云中。
水上花枝日日开，行人头白不能来。
请看门外东流水，流向沧溟更不回。
江水东流更不回，行人白发苦相催。
只恐明朝风雨恶，深夜烧烛亦须来。
千株云锦照江沙，沙上青旗卖酒家。
莫怪狂夫狂得彻，吴姬玉手好琵琶。
吴姬玉手好琵琶，少小声名到处夸。
但使主人能爱客，年年来此看江花。
江花红白最堪怜，莫惜看花费酒钱。
他时白发三千丈，纵使频来不少年。
黄家渡西多好春，黄家渡上酒能醇。
看花吃酒唱歌去，如此风流有几人？
寒食清明正好春，看花须着少年人。
少年看花花自喜，白发看花花亦嗔。
松江水碧碧如天，水上行人坐画船。
记得吴儿《竹枝》调，为君高唱百花前。
日日花前金叵罗，百年能得几经过？
花开花谢人还老，狂客狂吟莫厌多。
寄语看花江上人，清明时节好来频。
清明节后多风雨，风雨颠狂恼杀人。

至正九年(1349),松江儒生钱衮、洪恕向官府建言,要求复建祭祀三国时期吴国忠臣陆逊、陆凯的镇西庙。在监郡哈散沙(字允中)、太守思诚(字则明)的支持下,镇西将军陆侯庙终于得以复建。秦裕伯对陆逊极为崇敬,回乡听闻此举,大加赞赏。至正十五年(1355)夏六月,他撰《吴辅国将军庙复庙记》,全文(刊正德《松江府志》卷十五)如下:

松江府治之东,古有镇西将军庙,祀吴丞相、华亭侯陆逊及其族子凯,以其皆仕镇西将军,故号镇西也。岁久,官不知知检,黄冠者据其庐,毁陆氏之主不祀,祀淫鬼于其中,屋且坏不治,乡大夫士以为言。监郡沙侯、太守崔侯咸曰:"忠臣烈士之祀,法所不宜废。"乃考郡《志》,得故实,遂革而新之。增广轩楹,翚飞轮奂,像华亭侯于堂中,列凯及侯子抗相向配食,命儒官主者相其事。即毕工,祀以中牢,庙号犹镇西,存故实也。将刻石,用告来者,以文来请。呜呼!汉室之衰,群雄角立,三分天下。使曹氏父子终身狼顾、不能一日安于篡夺之位者,此固昭烈、武侯之义,然吴之君臣,保江东之民,不为汉贼所污,亦可谓豪杰者矣。昔人谓曹氏取天下于群盗,予谓此语可独施于孙氏之君臣。观孔明斥曹氏为汉贼,而拳拳申好于江东者,义有在也。考陈寿书,孙氏之君臣与国相终始者,独陆氏父子、兄弟忠诚恳至,奕世载美。使抗不死,而独守西陵,则吴之青盖亦未入于洛也。记礼者曰:"以劳定国则祀之,能捍太患则祀之。"我国家以忠义诏天下,凡圣帝明王,忠臣烈士,祀有常典。二侯此举,所以重朝命、遵礼典也。华亭之名,在汉世无闻。其壤地属吴郡,华亭益陆氏故居,始以为封邑焉。机、云之死,思华亭鹤唳,则其世居此土无疑矣。此土由陆氏而名于世,至今陆氏之民比他姓犹多,陆氏之血食此土,比他所为尤宜也。监郡名哈散沙,字允中;太守名思诚,字则明。二侯之政,岂弟廉明,其忠义之心,与陆氏有相感者,故其庙祀久废,而今复焉。儒官主者,教授宣城施墉。举其事而言之者,儒生钱衮、洪恕。董其役者,府吏刘梓、直学许复也。昔昌黎韩子谓"《春秋》美君子乐道人之善,有宜牵联而书者",予故悉书其人为之记,以劝后之人德。至正十五年夏六月，国子释褐进士、从事郎、前益都路高密县尹、兼管诸军奥路劝农事魏郡秦裕伯撰。

不久，松江官员将秦裕伯此文立石于镇西庙内。

当时，秦裕伯与流寓乌泥泾镇的著名诗人王逢交往甚密。王逢（1319—1389），字原吉，号梧溪子，又号席帽山人，江阴人。少时聪慧，勤奋好学，颇有才气，因而闻名于乡里。为人正直，热爱故乡，关怀故乡百姓的疾苦。一直以布衣为荣，不愿为官。时有金陵台臣推荐他出仕，他则以患病为由婉拒。他一心作诗，才气横溢，多题咏孝义勇烈之事。他寓居乌泥泾镇长达17年，著有《梧溪集》。

王逢在乌泥泾修筑最闲园之后，常主持文友聚会。秦裕伯便跨过黄浦江，前往乌泥泾唱和。他比王逢年长24岁，两人结下了忘年交。王逢所作《长乐未央玉玺歌为秦景容总管赋》云：

赤龙衔日照赤子，白蛇横毙乌骓死。
东风吹冷咸阳灰，长乐未央连阙起。
昆吾宝刀截琼肪，阴文小篆云汉章。
盘螭作纽径二寸，历岁四百传天王。
黄星孛明铜爵舞，铜仙泪泣如丝雨。
盗将神器竟不归，玺亦漂沦频易主。
使君购得心良苦，君不见丰城有剑气上冲。
米船也贯沧江虹，陋歌先附苏卿鸿。

至正十七年（1357），秦裕伯为母亲操办80周年寿宴时，王逢专程赶去祝贺，并写下《登君堂奉陪秦景容郎中太夫人唐氏八十寿席》，诗中云：

登君堂，拜君母，坐君右，酌君酒，
君冠切云藻火绶，封腴割鲜会昆友。

霞觞载称载献寿，两行蛾眉小垂手。

鼓吏蹀躞进轩牖，清歌袅袅丝萦藕……

从这诗中，可见当时秦家的生活状况还是比较富足、安康的。然而，秦裕伯只享了两年清福，麻烦事又接连发生。

大通桥昔日风貌

再三拒征召

至正十六年(1356),起义军首领张士诚(1321—1367)占据苏州后,慕其学名,两次派人上门招贤。秦裕伯却固辞不允。

时有福建老友吴海(字朝宗,号鲁客),寄来《双谷序赠秦景容》,对其刚介的性情多有所称,并吐露隐居不仕的心声。来函称“海再拜景容征君足下,曩年行李去时,承惠字戒别,寻至河口追饯不及,沿流至下洞,意不得见而还。自后烟尘蔽隔,音问难通,遂有山河之异。闻太夫人捐馆,惊怛殊甚,奔慰莫由”。同时叮嘱,“凡今日有求退者,足下当力佑成之,勿夺其志。新朝苟欲倡名义、厚风俗,则何必一切招之使来呼”(《闻过斋集》卷一)。

为了避免是非,秦裕伯带母亲到松江的横泖隐居了一段时间。

在此期间,秦裕伯曾到干山(又名天马山)一游。干山有一处名胜“山舟”,赵孟頫题额,为宋周镛、周镐兄弟藏修地。因山居安,舟涉险,取“居安思危”之意,且舟、周同音,故名。周氏兄弟,家富藏书,读书友爱,著述甚富,宋末时屡征不出。其心境和怀抱,与当时的秦裕伯相似。因此,秦裕伯游干山后,即写了《山舟辞》一诗。此诗载旧本《干山志》,诗云:

干山之阳兮周氏二子,
结屋名舟兮喧讶闾里。

松云兮老人，
解嘲兮成文。
波澜荡兮送舟天津，
人知兮山不可为舟，
曾不思兮水载地游。
山有舟兮不可以济，
龙在野兮孰与治世。
呜呼！周生时不来，
怀抱利器兮将何为。
感灵均兮惆怅，
罩何为乎在上。

王逢读后深有感触，“因矫其意，复补一章”，也作《山舟辞》。王逢还写了首《奉赠秦郎中，时卜邻横泖》相赠。

至正二十年(1360)，朱元璋打败上海县王湖桥的钱鹤皋造反势力，占据了上海地区。相传，朱元璋猜疑心特别重，在南京处决钱鹤皋时，见其有白血喷出，因此他一直心神不安，生怕钱鹤皋变作厉鬼长久作祟。而就在这时，朱元璋征召了隐居在家乡的元廷老臣刘基(字伯温)，邀其担任谋臣，就此战果辉煌，既得到了有力辅佐，又获得了广泛赞誉。朱元璋发现利用前朝高官为己服务，是一条克敌制胜的捷径。于是，他决意要起用一位出身于上海地区的元廷高官，既可辅助自己，又可讨好当地百姓，冲抵钱鹤皋作祟之危。最终，他选中了秦裕伯，“命中书省檄起之”，拟起用他出任巡回御史或福建行省农田水利都监。

至正二十五年(1365)十月十八日，秦裕伯母亲去世，享年88岁，归葬长寿里秦氏墓园。

正当秦裕伯闭门守孝时，朱元璋于吴元年(1367)正月发出《聘裕伯公御书》，派人前来征召秦裕伯出山任职，并十分关切地说：“海滨之民好斗，裕伯居于此地恐有累焉”，即使不愿入朝，也要劝其移居别处。秦裕伯刚安葬母亲，正在家守孝，便对使者说："食元禄二十余年而背之，是不忠也；母丧未终忘哀出而拜命，是不孝也。"为此，他特撰《上中书相国却聘书》，并委托弟秦亨伯代他赶赴南京，拜谢丞相李善长，回应朱元璋。

不久，朱元璋击败了各路农民起义军，并扫平元廷残余势力，在南京称帝。但他却更加担心那些有影响的文人成为对立面，便命令中书省推进征召。明洪武元年(1368)四月，朱元璋发出《再聘裕伯御书》，一再甜言蜜语，又以历代应召实例劝其入朝。秦裕伯时年已72岁，坚持称病不起，撰《再上丞相却聘书》作为回应，还是苦苦推辞，书云：

> 秦裕伯者，昔臣有元，读书食禄，三十余年。今逢天数，礼宜弃捐。自放为民，钓水耕田。明帝远召，仁智兼全，仁而不杀，智而求贤。义弗敢往，服病相连，非惟服病，廉耻系焉。士无廉耻，弃君如荃。女无廉耻，弃夫如钿。廉耻道丧，国何用旃？惶恐上书，丞相之前。转告陛下，宽仁照怜。投鹿于山，放鱼于渊。不出范围，物遂其天。

可是，朱元璋仍不罢休，当月即给秦裕伯发出《三聘裕伯公御书》，严词追逼，紧咬不放。相传，传旨者言语颇具威慑性，质问秦裕伯："天下定，伏处不出，意欲何为？"甚至宣称："苟坚守不起，恐有后悔。"

面对不可抗拒的政治强权，秦裕伯生怕再不从命，会招致杀身之祸，甚至殃及桑梓。他叹曰："是皆已甚迫，斯可见矣。"于是，只得垂泪告别故里，随使者入朝。

秦裕伯如此选择，日后成了人们争议的焦点。而秦裕伯当时的心境，另有事实可考察：同年八月间，他应著名文学家杨维桢(1296—1370，字廉夫，号铁崖)之邀，手书明代上海首任知县祝挺撰写的《上海知县祝大夫碑》。几年前，豪杰钱鹤皋起兵，一度攻下上海县城。而祝挺是明太祖朱元璋指派收复上海县城，后任知县的。秦裕伯欣然为朱元璋的命官手书碑文，除了应对同为元臣、同拒张士诚征召的杨维祯之情义，更说明他当时的心情是不论前朝今世，但求天下太平。

秦裕伯入朝后，授翰林侍读学士，但他受事不受职。次年，朱元璋任命侍读学士秦裕伯和翰林直学士詹同（字同文）为待制（顾问）。不久，又为治书侍御史（专事办理文件）。洪武三年设科取士后，秦裕伯与御史中丞兼太史令刘基同为京畿主考官。

此时，秦裕伯具体有何作为？史书记载了一些零星的片段：

《明史》称：洪武二年（1369），朱元璋登钟山观赏山川形胜，秦裕伯和张以宁、朱升等扈从。行至拥翠亭，给笔札赋诗。因此“甚见宠待”。又称：“裕伯博辩善论说，占奏悉当帝意，帝数称之。”

三月初七日，朱元璋与秦裕伯讨论学术，他说：“为学之道，志不可满，量不可狭，意不可矜。志满则盈，量狭则骄，意矜则小。盈则损，骄则惰，小则卑陋。所以，圣人之学，以天为准；贤人之学，以圣为则。若局于小而苟于凡，岂能充广其学！”秦裕伯未应答。

《皇明典故纪闻》称，洪武四年（1371）七月，朱元璋与侍臣谈论用将时说：“秦裕伯曾言，古者帝王之用武臣，或使愚使贪。其说虽本于孙武，然其言非也。夫武臣，量敌制胜，智勇兼尽，岂可谓愚？攻城野战，捐躯殉国，岂可谓贪？若果贪愚之人，不可使也。”

有告谋反者勘问不实，刑部言当抵罪。朱元璋询问秦裕伯。秦裕伯说：“元时若此者罪止杖一百，盖以开来告之路也。”朱元璋说：“奸徒不抵，善人被诬者多矣。自今告谋反不实者，抵罪。”

洪武三年（1370），年已 60 岁的袁凯被举荐授监察御史，秦裕伯与他是同乡好友，唯有两人相见时谈谈真心话。不久，因受朱元璋憎恶，袁凯生怕遭到诛杀，只得佯装疯癫，才保全性命。返归故里后，长年背戴方巾，倒骑黑牛，以疯子形象游行九峰间。秦裕伯眼见好友遭如此命运，心里极为恐惧。

《明史》又称秦裕伯“出知陇州，卒于官”。此说有误。朱元璋要年已 75 岁的秦裕伯到西北地区出任陇州知州，实是贬官外放。秦裕伯因病辞官不就，返回故里。

对此，清雍正八年（1730）进士曹一士为上海城隍神作《颂序略》时，评价为“释主疑，明民智，不惜一身去就，为国人请命耳”。秦公后人秦荣光有诗赞云：

救万生灵一入朝，肯贪五斗折陶腰。
还山老铁衣仍白，信史千秋节未标。

明洪武六年(1373)七月二十日，秦裕伯在家中悄然去世。为了不祸及后人，他宁可绝传，始终未纳妾，决然息交绝游，以求销声匿迹。

弘治七年(1494)，名士唐寅(字伯虎)为秦裕伯题词："布衣致龙衮之勤，林下来朝廷之敕。生有奇功，死有遗泽。噫！斯人也，山水同风，万古不息者欤！"

被推上神坛

洪武三年(1370),朱元璋略定中原,大封功臣,分为王、公、侯、伯四等。除赐封开国功臣们不同的爵位之外,还敕封各地城隍神为“显佑伯”。明太祖此举之意,“以鉴察民之善恶而祸福之,俾幽明举不得幸免”。城隍就此由护卫神变为阴界监察系统,道教因之而称城隍神职司为剪除凶逆,领治亡魂等。

秦裕伯生前,朱元璋三次征召而不受职。上海地区又有钱鹤皋可能变作厉鬼,长久作祟。秦裕伯去世后,朱元璋一直心神不安,为了笼络江南名绅,他决意以“生不为我臣,死当卫我土”,亲自敕封秦裕伯为“显佑伯”,称“上海邑城隍正堂”。

朱元璋对秦裕伯生前未到陇州去任知州,“生不为我臣”,必定异常不满。因此在他死后封他为上海县城隍神,就不必担心他拒不赴任了。而且,县城隍的封号与陇州知州的品级相等同,不贬不褒,即“死当卫我土”。

与秦裕伯同为京畿主考官的御史中丞刘基,洪武三年被朱元璋任命为弘文馆学士,授“开国翊运守正文臣资善大夫上护军”称号,赐封为“诚意伯”。有趣的是,刘基去世后,也被不断神化为“神机妙算,料事如神”的太师。

因秦氏祖茔在淡井庙北，而且淡井庙曾为华亭县城隍行殿，秦裕伯被封为“上海邑城隍正堂”后，这里开始供奉秦裕伯。从此，农历二月二十一日被定为上海县城隍秦裕伯诞辰日，农历三月二十八日为“城隍娘娘”的生日。洪武三十年(1397)，上海知县张守约将霍光行祠(又名金山神庙)改建成县城隍庙后，“上海邑城隍正堂”被迁移到上海县城内的县城隍庙后殿。

明代上海城地处海隅，屡遭侵扰，尤其是嘉靖年间倭寇五次袭击，民众深受其害。于是，秦裕伯“显灵”的传说越说越奇。城隍庙香火日盛，庙舍不断扩建，人们盼望城隍老爷能保佑一切。

自嘉靖十四年(1535)起，在上海城隍庙的正门口，高悬起“保障海隅”匾额。清同治十一年(1872)，秦裕伯又被同治皇帝钦封为“护海公”。在巡道应宝时的号召下，上海城隍庙趁机又做大修，邑人曹一士又推出了《上海县城隍神颂序略》，使“城隍显灵避屠城”的故事越加成真，广泛传播。于是，上海地区掀起了新一轮的“城隍热”。

人们为了祈求平安，不仅将秦裕伯高高地供在神位上，还每年清明日、七月望、十月朔抬着神像闹“三巡会”。而且历明清两代数百年不变，后时断时续直到1947年。红脸正气的“城隍老爷”，确实给世人不少精神的安抚和寄托，因此上海城隍庙内的香火持续未灭。

顺治年间，本地秀才王憺(字士悦)的《吊元秦行省墓》一诗，代表了当时文士们的心声，诗曰：

山河故国重欷歔，万里逃名海畔居。
新主屡裁五色诏，逋臣不受两朝糈。
心驰塞北行台久，身老河南侍制余。
今古玉埋龙浦上，柏翳里后孰旌闾。

而唯有秦裕伯故里的民众，更多的还是将他视作一个真实的人，凡走到题桥一带就会想起他的故事，念叨他的过往事迹，直至今日。

上海城隍庙城隍殿

重见其真身

明清两代数百年间，世人若想了解上海县城隍秦裕伯的生平事迹，只有通过《上海县志》、曹一士（字谔廷，号济寰，雍正八年进士）的《四焉斋文集》、褚华（字文洲）《沪城备考》诸书有关篇章，粗略地看见他的身影，但无法看清他的真容。人们大多只知道他是个会显灵的神，也不追究他是个怎么样的人，而且为了保持神的神圣，谁也不想或不敢探究他的过去，以致历史遗留下来不少未明的悬案。

但是，当有人浓墨重彩地颂赞"城隍老爷"，有人神乎其神地描绘"城隍显灵"的时候，也会激发一些人的好奇心或责任感，他们不断探究秦裕伯的人生传奇。

明代晚期，著名文士陆深（1477—1544，初名荣，字子渊，号俨山）的《豫章漫抄》一书，摘录了明代皇家史料中有关秦裕伯事迹的几个片段，并对当时的《松江府志》《上海县志》所记相关内容做了分析。同时，对当时的秦公后裔竟不能详细讲述秦公事迹提出重重疑问。

秦裕伯于明洪武六年（1373）七月去世。在当时的秦公后人中，有些社会地位的是他的侄孙秦世杰。秦世杰（1330—1394），字国英，避忌改伯英。洪武八年（1375）举贤良时，授迪功郎，调尚书职方员外郎，试兵部主事，转福建汀州府武平县知县，赠文林郎。终年 65 岁。据记载，他晚年曾着手重修

《淮海宗谱》。也许，问题首先出在这次修谱，未能全面、如实地记载。因此，过了 100 多年，到嘉靖十三年(1534)再修《淮海宗谱》时，秦氏后人只收秦裕伯的《却聘书》，而讳入朝受职之事。秦裕伯没有亲生后裔传世，没有人编印相关文集，以致后人要想深入地了解他的生平事迹竟成了一件难事。

而到了明末清初，闸港地区有一册比较完整的《秦氏宗谱》流传，引起上海地方志编纂人员的关注。

清乾隆五十八年(1793)，《南汇县新志》首次将秦裕伯作为邑人写入上海地方志，并做特殊说明："其先维扬人(旧志称大名人，从秦氏谱改正)。""葬上海长寿里(《上海志》误载在淡井庙，乃其祖知柔墓也)。""子孙世居闸港，其地称内、外秦云。"

嘉庆十九年(1814)，上海县闵行镇的李林松(1770—1827，字仲熙，号心庵)参与编纂《上海县志》时，也将秦裕伯及其父亲作为上海人列入人物篇，简要而较完整地记载了他们的生平，如实记载了明初秦裕伯入朝受事之事，同时未有任何神化之词。他撰有《闸港秦氏重修家谱序》，考证上海地区秦氏的由来和分布。

清代晚期，秦公后人秦荣光(初名载瞻，字炳如，号月汀，陈行人)，博学能文，殚心书史，又重于求实。他再三追究秦公的生平事迹，于是撰写《上海县城隍说》。他首次宣称：

> 吾家《淮海宗谱 · 景容公传》曰："公卒于洪武六年，讣闻于朝，太祖震悼曰：生不为我臣，死当卫吾土，着即敕封为本邑城隍神。"

由此，人们看到了朱元璋敕封秦裕伯为城隍的依据，但是有不少文士对此说并不认可。

于是，秦荣光的儿子秦锡田(字君谷，号砚畦)继承父业，毕生注重地方文史研究，继续为传扬秦裕伯的生平事迹而努力。1933 年十月，他撰写了洋洋洒洒的《秦景容先生事迹考》，全书分为家世篇、仕履篇、遗事篇、遗著篇、遗迹篇。在他自撰的序文中，对秦裕伯的生平事迹提出了 6 个不可解，并博采群书,以作考证。书中摘录了大量地方文献,来判断对秦裕伯事迹记载的真伪和详略,并做出 24 处按语。尽管他只是在史料考证上做文章,但由此让世人对“上海县城隍”有了更清晰、准确的认识。也许,因为这是秦家人说秦家事,所以总有自夸之嫌,加上秦家办事谨慎,该书没有公开出版,印量很少,流传不广,因此没有引起广泛的社会反响和认同。

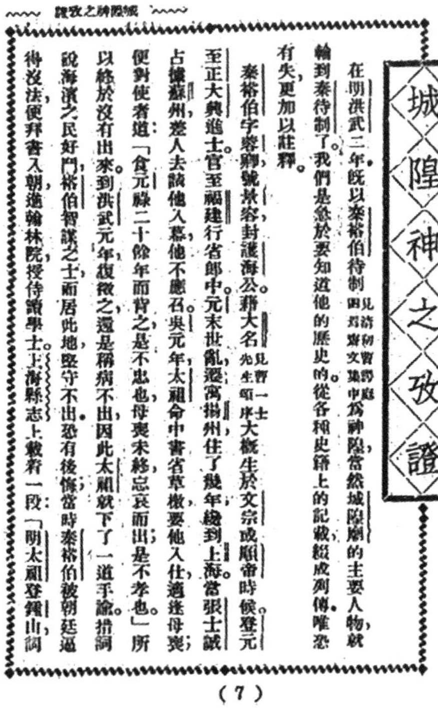

城隍神之攷證

城隍神之攷證

在明洪武二年，既以秦裕伯待制（見清初曹諤庭四焉齋文集中）爲神隍，當然城隍廟的主要人物，就輪到秦待制了。我們是急於要知道他的歷史的。從各種史籍上的記載，綴成列傳。唯恐有失，更加以註釋。

秦裕伯字容卿，號景容，封護海公。藉大名（見曹一士先生題序）大概生於文宗或順帝時候，登元至正大興進士。官至福建行省郎中。元末世亂，避寓揚州，住了幾年，纔到上海。當張士誠占據蘇州，差人去請他入幕，他不應召。吳元年，太祖命中書省草檄，要他入仕，適逢母喪；便對使者道：「食元祿二十餘年而背之，是不忠也，母喪未終，忘哀而出，是不孝也。」所以終於沒有出來。到洪武元年，復徵之，還是稱病不出，因此太祖就下了一道手諭，措詞說海濱之民好鬥，裕伯智謀之士而居此地，堅守不出，恐有後悔；當時秦裕伯被朝廷逼得沒法，便拜書入朝，進翰林院，授侍讀學士。上海縣志上載着一段：「明太祖登鍾山，詞

（7）

《城隍神之考证》内页书影

1928 年,出身陈行镇的上海滩知名文人火雪明(1905—1982),编写了通俗读物《上海城隍庙》一书(青春文学社出版),介绍了上海城隍庙的历史沿革、文献考证、习俗杂记等,其中《城隍神之考证》一文,对秦裕伯的生平做了介绍,产生了较大的社会影响。1936 年,大上海出版社出版《邑庙风光》一书,醒目地刊发了秦伯未的《上海县城隍神考》,以秦裕伯十九世孙的身份介绍秦公生平,并刊发了题桥秦公墓祠的 4 幅照片。

1947 年,《中央日报》副刊《文物周刊》刊发了时任上海市立博物馆干事和历史部、总务部主任的历史学家童书业(1908—1968,字丕绳,号庸安)的《上海县城隍神秦裕伯事迹考实》一文。次年,上海文献委员会编印《上海城隍庙》一书,又做了相似的宣传。

然而,上海城隍庙自 20 世纪 50 年代起断了香火,便无人再去探究“城隍老爷”的生平事迹了。

到了 20 世纪 80 年代,秦氏后裔中出了一位年轻有为的美籍华人秦家骢(Frank Ching)。1940 年 12 月,他生于香港,不足一岁即迁回上海,四年后重返香港。1960 年赴美进修,毕业于纽约福达姆大学(Fordham Univ.)英国文

学系,后入纽约大学哲学研究所就读。1970 年获福特基金会奖学金,在哥伦比亚大学东亚研究所学习一年,取得了高级国际新闻采访专业证书。60 年代末至 70 年代初,在《纽约时报》国外新闻部任中国地区专家。1976 年转《亚洲华尔街日报》负责采访工作,1979 年,出任《华尔街日报》首任驻北京特派员。他对自己家族的兴衰史产生了极强烈的兴趣,1983 年竟辞职,专门从事家族史的写作,历时 5 年,于 1988 年出版《宗族之恋·一个中国家族的九百年繁衍史》,该书以自己家族的兴衰来反映中国的历史,在美、英、法和其他国家畅销。书中对成为上海城隍的秦裕伯自然做了有很多描述,使秦裕伯的生平事迹有了更广泛的传播。可惜,限于史料和考察的不足,他对秦裕伯的研究并不深入。

改革开放以来,上海城隍庙是中外嘉宾必到的参观景点,游人对于秦裕伯其人其事必然产生兴趣,因此介绍秦裕伯的文章越来越多,尤其随着互联网的兴起和地方史志工作的发展,秦公的生平事迹有了广泛的传播。然而,其内容依然单薄,差错依然存在。

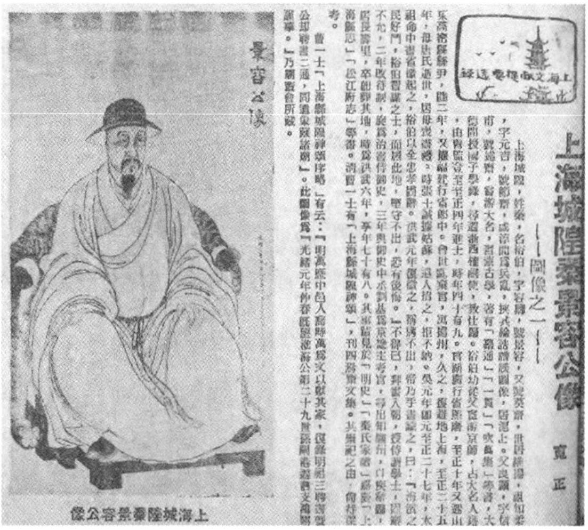

秦裕伯画像

1996 年,上海艺术研究所研究员蒋星煜先生,在研读《元史》《明实录》《诚意伯文集》《四焉斋文集》和明清两代《上海县志》《高密县志》等有关篇章之后,撰写了《秦裕伯生平事迹考:一位元末明初上海文人的遭遇》一文,在《上海师范大学学报》1996 年第 2 期上发表。该文对秦裕伯的生平事迹做了详尽的描述和分析,解答了一系列历史疑惑。

解析“不可解”

当年,热衷研究地方文史的秦公裔孙秦锡田,为研究秦裕伯,曾查阅了大量史料,却收获不大。因此,他百思难解,提出了6个“不可解”：一是郡邑新旧志乘所记为何那么简单;二是志书为何不书秦公为官有所建树;三是秦公故里为何几乎无迹可寻;四是秦公有文名而为何无篇章流传;五是秦氏宗谱为何仅称其无子;六是《淮海宗谱》问世距秦公去世仅百年,为何只记赞语而不书其生平事迹。

秦锡田研读再三,得出结论:

> 曾观察当时朝野之情势,颇疑公操心危虑患深,息交绝游,销声匿迹,毁其著作,减其事功,甚且绝其胤嗣,以泯身后之祸。盖公之用心苦矣,呜呼。

确实,秦裕伯是个谜。

要了解秦裕伯,必须“观察当时朝野之情势”,理解他身处“元明易代之际,上有猜暴之王,下有谗毁之人”。

明洪武年间,朱元璋发威,以致在秦裕伯周围发生了一系列令人心惊胆战的事件。

其一,下沙盐场瞿霆发(字声父)家族遭朝廷“籍没查抄”大劫。宋元时,瞿氏世掌盐业,聚集了大量财富,遂成松江府首族。洪武十二年(1379),朱元璋下诏族灭松江巨族,瞿氏位列榜首。诏令明文规定,仅留长子“以存宗祧,余皆抄没”。下沙瞿氏“其族数百家,歼之殆尽”,只有两仆人各抱一个幼儿逃出幸存。

其二,洪武三年(1370),袁凯由举人荐授监察御史,与秦裕伯既是松江同乡又同朝为官。不久,因受朱元璋憎恶,袁凯只得佯装疯癫,才保全性命返归故里。就此长年背戴方巾,倒骑黑牛,以疯子形象游行九峰间,方得寿终。

其三,洪武四年(1371),曾与秦裕伯同为京畿主考官的御史中丞刘基,主动辞去一切职务,告老还乡。但不久遭政敌诬告,朱元璋听信谗言,竟撤销了他的封赏和俸禄。刘基惶恐地进京谢罪,就此一病不起。

其四,上海地区的百姓曾拥戴张士诚,附和钱鹤皋谋反,与朱元璋对抗多年。因此,朱元璋一向认为“海滨之民好斗”,始终切齿腐心。

对于这一切,秦裕伯都已看到或预见到。他一向注重忠孝廉耻,却在《再上丞相却聘书》中强调不愿出仕的理由是“匪独服病,廉耻系焉。士无廉耻,弃君如荃,女无廉耻,弃夫如钿,廉耻道丧,国何用旃”。他明白,如此一再拒召,无奈入朝又很低调,还不愿去陇州任职,自然已经得罪了朱元璋。因此,秦锡田认为他不得不“操心危虑患深,息交绝游,销声匿迹,毁其著作,减其事功,甚且绝其胤嗣,以泯身后之祸”。

秦公“不愿以身后之名为乡里宗族贾祸,故毅然舍弃”。临终之前,他自毁生平实证,叮嘱亲友匿迹。尽管朱元璋敕封秦公为神,族人必定长期处于惊恐之中,既生怕皇上随意施恶,又生怕故里民众会谴责秦公“不守忠节”。

在南宋龙图阁学士秦观的众多后人中,出了不少入仕名垂史册的俊才,却只有这样一位被朝廷封为城隍的奇人。秦氏世家无不为之自豪,历代修谱时总会不厌其烦地渲染一番,各处建祠时必定不论远近亲疏都供奉在上。然而,谁也说不出这位先祖更多的故事,甚至谁也说不清诸多不可解的谜团。而自有某些好事者,或四处考证,或一再追问,或尽力神化。于是,有人说秦裕伯明初入朝去是：宁可一人受难，为朱元璋消除了上海人“好斗”的固有印象，从而使家乡免除了战争祸事，因此“城隍老爷”生前就是拯救百姓的英雄。也有人强调，秦裕伯入朝后受职不受事，保持着元臣的气节。更有人考证说，秦裕伯没有入朝去，而是隐居异乡了。“城隍老爷”的人生故事，如此真真假假，是是非非，弄得当时的秦公后裔“不能详细讲述”，秦氏修谱人有意忽略不写，以致这一历史悬案悬了400多年，始终争论不休，未有定论。

改朝换代之际，必然风云变幻且不可抗拒，社会环境骤变所产生的冲击力，往往无情地摆布着当事者的命运，也直接影响了其后几代人的命运。秦裕伯的人生遭遇，可谓又一个典型。

2010年8月，笔者所著《秦裕伯研究》由上海人民出版社出版。被神化了的“上海城隍老爷”的真身面目逐渐清晰，秦裕伯作为历史文化人物给今人留下的启迪也更加真切。

长寿里秦公墓祠

相传，宋干道年间（1165—1173），有如行、如飞两位游僧，一起自河南开封云游来到上海浦东，在周浦塘与鹤坡塘交汇处的南岸结芦为庵。后来，辞官回乡的忠翊郎、东南正将潘德刚，见两位僧人办事认真，就表示愿意捐资筹款，助寺僧建一座大型寺庙，可与浦西的宁国寺别苗头。经过几年的努力，在宝祐年间（1253—1258），颇具规模的长寿寺终于建成了，潘德刚亲手在庙里种了五棵银杏树。长寿寺的兴建聚集了人气，香火日盛，给周浦塘流域带来新的生机。元至正年间（1341—1368），长寿寺重修，杨仲宏有记。

秦裕伯病逝后，安葬在长寿寺西侧（位于今立跃路北，新骏北路东侧）。

明万历九年（1581），秦氏族人在长寿寺西侧正式建造了秦公墓园，占地1500平方米。主穴为秦裕伯夫妻合葬墓，一侧为其子秦世隆墓，左穴为其弟秦亨伯夫妻合葬墓。墓上黄茅如带，不生杂草，乡人称之"黄泥坟"。墓园受到礼遇，赦免税赋。为此，秦荣光《上海县竹枝词》称秦公墓为"寺河塘北峙高冈，俗唤黄泥坟向阳。万历九年科赦免，有灵不放卧牛羊"。

清同治十一年（1872），朝廷加封秦裕伯为"护海公"，族人即联名呈请上海知县重修秦公墓，并建秦公祠。而刚从上海知县任上退位的陈其元（1812—1882，字子庄），担任过南汇知县，熟悉秦裕伯故里的情况。因此接到秦公后裔的诉求后，即认为秦公"生为义士，殁作明神，而邱垄摧残，侵占不治，是有司之责也”。因此,率先捐出俸钱200缗作为倡导,诸绅士响应,共筹得钱三千余缗,及时赎回墓地约1.3万平方米,并决定在基侧建造秦公祠堂。

于是,陈行乡绅秦荣光每日前往墓园督工,并筹资在墓前立起石翁仲、石羊、石虎各一对。

当时,秦荣光之子秦锡田年已11岁,亲历这一过程,因此后来做了相关记载:“壬申(1872)夏日,先温毅公(即其父秦荣光)督工治墓道,锡田日往观之。启土三尺,见翁仲、羊、虎横列土中,其北忽露石板,启之则中有石匣,长约二尺余,宽约尺余,高约二尺,石质甚细洁。匣有盖,封固甚坚。以热醋石碎如粉,盖虽可启,然匣中之物恐难完善,因加土掩覆之。上中又得残砖,皆镌花纹,锡田曾携归藏之,今皆遗失矣。观石匣封固之严似不容后人开视者,殆中置殉葬之物欤。”

同治十二年(1873)秋,墓侧的秦公祠落成(位于今勤劳村十组)。祠内主奉秦裕伯,侧奉其父、其弟、其子。次年三月,苏松太兵备道沈秉成撰写的《重修长寿里秦公墓祠记》勒石于祠之西壁。

1933年10月27日(九月初九),题桥秦公祠举行建祠六十周年祭祀活动。1963年,墓地被平整成农田。幸存重立的青石墓碑和存放遗骨的青石函(今存闵行区博物馆)。

青石墓碑

秦裕伯骨匣

20 世纪 30 年代的长寿寺秦公墓道口，远处可见三墓，左为秦裕伯墓，中为秦良颢墓，右为秦亨伯墓。

秦公祠

名医秦昌遇

闸港秦氏家族中名医辈出，最出名的要数游走天下的秦昌遇，人称“仙医”。《淮海秦氏宗谱》记载，明万历四年（1576）四月二十七日，秦昌遇生于闸港，为秦观十六代孙。曾祖父秦璨，祖父秦金恩，父亲秦梦鱼。

秦昌遇（1576—1640），字景明，号广野道人，又号干干子。幼年多病，故读书之余，留心医学知识，专研病理。由于古文基础扎实，深奥的医学理论他也能读懂。成年后，他乐意为家人及乡邻看病，诊治儿科疾病出神入化，是当时著名的临床大家。每遇患者病重，他人束手无策，而秦昌遇投剂即能治好，因此享誉八方。尤其他医德出众，为世人称赞。

秦昌遇画像

民间至今流传着不少秦昌遇行医的故事，充满传奇色彩。

相传一天清晨，秦昌遇去邻乡出诊，船停在城外，看见一女子在桥下织布，就对身边的仆僮说：“你悄悄上去，抱着女子的腰，搅闹她一下。”仆僮说：“她的父兄都在，我这样做会挨打的啊！”秦昌遇笑着说：“有我在，怕什么？”

于是,仆僮蹑步潜往女子背后,用力将其按抱。那女子大骇,大声惊叫起来。村里人闻讯聚集过来,逮住仆僮要揍他。秦昌遇见状,站在船头,大声呼叫:"这是我指使的。"村民大多认识秦昌遇,连忙将他迎上岸。秦昌遇问那女子:"你还没有出天花吧?"女子回答说是。秦昌遇就对众人说:"人即将出天花,痘毒隐伏于肾,比较危险,药物也难根治,现在惊吓之下,使痘毒引升到肝,这样就可着手处置了。"村民们恍然大悟,对秦昌遇的医术更加信服了。

又传,秦昌遇喜欢弈棋,一旦进入局戏,必"天子呼来不上船"。南翔镇上有富家弟兄俩相继去世,妯娌俩共养育一子,一年,小孩子出痘症,其母遣人飞舟速去迎医,限以晷刻。可是,偏偏秦昌遇正在下棋,就推托潮水不顺,迟迟不肯动身。待他来到南翔,孩子已病入膏肓。秦昌遇正想拂衣而去,不料其母手执尖刀,一把将他拉住,说道:"我今快棹来迎,此间无长江大湖,何所潮汛?儿子前时身上还出现红色丘疹,现在却又隐了下去,如果这是绝症,都是由你而致,儿子不能生,我亦不欲生,你也不得生也!"秦昌遇满脸惭愧,说不出话来。妇人又复激曰:"大家都知道你医术高超,现在却不能治疗一个小孩,你这半生不是欺世盗名吗?"秦昌遇低头沉思说:"有一办法,姑且试试。"乃令掘一坑,铺条席子,小孩仰卧席上,用细黄土围遮全身,只留面目,煎药水洒之,再以席盖上。妇人将门锁住,与秦昌遇一起守护着。到了半夜,忽闻奇臭不可耐,秦昌遇欣然大喜:"好啦!"看那孩子,痘已复显,全身皮败肉腐,悉成通浆,已无性命之忧了。妇人喜出望外,愿奉千金为酬。第二天约来数人与秦昌遇对弈,秦昌遇也高兴得乐不思蜀。附近父老乡亲闻讯,纷纷前来就诊,于是酬金复倍。秦昌遇临走时,坚决不收酬金,可妇人强行把酬金放在船内。回家后,秦昌遇就用这笔钱在家乡清真观之左厢,造了一个痘神院。

秦昌遇与董其昌、陈继儒被同称为"云间三仙"。董其昌所绘《六逸图》中,他是松江逸士中最年轻者。清乾隆年间,又被列入《云间邦贤图》。明崇祯十三年(1640)十月初四,秦昌遇逝世,享年65岁。生前留下大量医案,著有《症因脉治》五卷、《脉法颔珠》四卷、《幼科折衷》二卷、《幼科金针》二卷、《痘科折衷》二卷以及《大方折衷》《病机提要》《大方医验大成》《伤寒总论》《女科秘方摘要》等,还撰有《澹香堂诗文集》传世,其影响至今不衰。

秦公后人集聚地

里秦外秦宅

闵行区浦江镇汇东村，位于闸港故道北岸，这里至今仍是秦氏家族后人集聚地，全村绝大多数住户为同宗秦姓。老村宅至今保留原有的规模、格局，有里秦宅（上海县长人乡十九保十二区四十七图，今浦江镇汇东村第四、六、十一组）、外秦宅（十九保十二区四十六图，今汇东村第二、三、七、九组）和柯家塘（第八、十二组）。清雍正四年（1726），从上海县划出长人乡与下沙盐场，新建南汇县。这里就此归属南汇，直至1957年9月重新划回上海县。

清光绪年间的《南汇县志》记载："里秦，在航头西，为秦裕伯别业，其族多聚此。今修建家祠于西偏。外秦在里秦西，从前廛肆较里秦为多，今俱无市。"

元大德四年（1300）前后，秦良颢出任浙西道榷鹾使而南下，在此落脚。秦裕伯不足10岁便随父亲徙居在二十一保长寿里。

秦裕伯的伯父秦良顗及子孙在此定居。泰定年间（1324—1328），秦良顗出任上海县长人乡里正。至顺二年（1331），任鹤沙盐运使监税官，年已56岁。由此以"营邸为憩息所"，子孙在此繁衍，遂形成"秦家行"。

秦良顗生有独子秦良佐。《淮海宗谱》称：秦良佐（1306—1362），字俊卿，号纯斋。5岁丧母，27岁丧父。但他胸襟豁达，慧识过人，曾"西游长安，过洛阳,吊汉晋之遗风,访周程之踪迹,北抵燕赵,过留高沙,而又南渡湘江,至会稽,经山阴,讲学于建德”,最终还是“遂安以归,耕牧鹤沙之右,晦匿南坡之阳,勤劳节俭,经营干蛊,赀产日饶,施予及于九族”。他关切同族孤老,又建土谷庄、连神祠等,使秦氏家族的聚居地沿老闸港河不断向西扩展。晚年时,他“性极冲淡,雅爱林泉之胜,辟亭馆,莳松竹,蓄古书名画,聚贤士大夫,觞咏于兹,谈弈于兹,朝而泮涣,暮而休息,深有古逸民之风,可谓达观之士”。至正二十二年(1362)去世,“葬王家港北”,这里当时为长人乡十九保五十图。

秦良佐生下一子一女。儿子秦世杰,是秦良颢唯一的孙儿。

秦世杰原配潘氏不育,纳夏氏、孔氏,孔氏生有四子三女,子名允恭、允中、允升、允益,秦家就此日趋人丁兴旺。秦允恭(1359—1427),字敬伯,号贞白,自号南耕野人。习医药,撰《南耕谱》,后出任浙江丽水县知县。子孙成家后,分枝散叶,使秦氏后人的住宅群又向西移到普福禅院附近。

明洪武二十七年(1394)秦世杰去世时,子孙将他“葬闸港北”(指闸港河北),“新溪北原之阳”,并将秦良佐的墓也迁到这里,逐渐形成了本地秦氏家族墓园,墓地约2000平方米,主栽柏树。这里当时为长人乡十九保五十图。清乾隆年间,在墓园南侧又建“护阴”(保护棺木的小房子)。因此,当地人称本地秦氏的始迁祖为秦世杰。

外秦宅,又名“旌表亭”。

这里的普福禅院,始建于宋代。元末明初时颇为兴旺。禅院在清同治元年(1862)被毁,后经乡人集资重修,20世纪初广仁禅师再度修缮。因位于蒋达港边上,习称“蒋达庙”。庙有三埭进深,两侧厢房共27间,庙内供神像1000多个,是浦东地区神像最全、数量最多的庙宇,故有“浦东第一庙”之称。庙界为十九保四十八图,有庙田约1.87万平方米。每年农历三月二十八举行庙会,一直持续到1957年。1958年3月为筹建鲁汇中学,庙被拆除,庙址改作农田。

当年,有秦氏两兄弟在小沟漕两边各自造起一排绞圈房子,两家各自在墙门间里供了佛像,俗称“望瓜阿太”。这里逐渐扩展为新村宅,人称“外秦宅”。

400 多年来，人丁日趋兴旺，如今的外秦宅已发展得颇具规模，纵深有 500 米。

外秦宅北边有一条东西走向的高泾沟，曾是水上交通要道。

柯家塘在普福禅院西北。柯家塘无柯姓，因方言“柯”“跨”同音，意为秦氏家族中一支跨过闸港在南岸定居，故人称柯家塘。

柯家塘与闸港河北岸的里秦宅、外秦宅形成一个“品”字。

陆深（1477—1544）《豫章漫抄》记载，“秦监生钿家收有裕伯上中书书草，云其闸港住宅即裕伯故居，初有敕书楼，被毁”。文中所提监生秦钿，应是明嘉靖年间秦公后人。

族人秦始基（字亮臣），清末民初颇具社会影响。

杜行东秦西秦宅

浦江镇的老盐铁塘畔，有东秦宅（今建岗村第十、十二组）和西秦宅（今联合村十一组）两大自然村落，至今为秦氏后人集居地。宅东南有座跨老盐铁塘的太平桥。这里的秦氏与长寿里、鲁汇里秦宅及行头秦家老宅的秦氏为同宗。

当地村宅示意图

东秦宅的绞圈里是秦氏宅子里最老的住宅,建于清晚期。河南滩也是较大的秦姓住宅群,今有秦姓 29 户,是当年由绞圈里秦姓分户扩建形成的。

西秦宅,是清末秀才秦利根从东秦宅分户过来始建的。秦利根曾任南汇县城积谷仓的保长,为人善良,生子秦梦庚。秦宅规模很大,在当地颇具影响。

陈行镇

明万历年间,有秦观(字少游)十四世孙、秦良顕七代孙秦钺入赘到陈家行附近的潘家宅,成为陈行秦氏的始迁祖。秦钺生一子,名清。再传五代后,子孙繁多,人才辈出,家族逐渐重新兴旺起来。

陈行秦氏从秦梦鹤起,读书成风,世代相传,由簪缨世家转变为一个青衿世家。秦氏后人称之"朱漆墙门六扇开,昔从吴世港迁来。青衿却比簪缨盛,百八十年廿秀才"。

《上海陈行秦氏支谱》由秦裕伯十八世孙秦荣光(1841—1904)创辑。1946 年,秦之济(1901—1970,字伯未,号谦斋)重修,陈行秦氏公益公产管理会刊印,仿宋体铅字印刷,封页以红色书面纸做成。内容分四卷。卷一,世系门。记述一世祖秦观至二十八世人名、字、号,父名,排行,官职等。卷二,传志门。选录族人传略二十二篇、墓志铭十篇。卷三,祠墓门。收有宗祠记、祝文、祭祀仪节等十三篇。卷四,文献门。其中著述类列出族人著作目录五十六条;还有金石类,列出碑记目录十七条;另为杂录类,收入与朝廷来往公文五篇、族人居住的地名考三篇。

1983 年 9 月,陈行公社编志组制作《上海陈行秦氏支谱》刻印本,并编绘秦氏世系表,附于谱后。

2018 年,秦大固等秦氏后人续修《上海陈行秦氏支谱》,并正式出版。《上海陈行秦氏支谱续稿》分四卷,卷一世系门,卷二传志门,卷三祠墓门,卷四文献门。

秦家祠堂

清乾隆年间，秦观二十世孙在里秦宅西端、老闸港北岸，始建秦家祠堂，称“绥禄堂”。建祠后，确立字辈，自二十一世起行辈为“自今以始，载锡之光，永世克孝，长发其祥”。

里秦秦家祠堂建筑为“鸳鸯绞圈”，东绞圈为正门。大门内为进厅，旁有侧室，往里是吹鼓亭、东厢房。后埭为正厅，中央神龛供秦氏祖先牌位，两旁侧屋安放寿器。西绞圈有墙门间，侧屋为守祠堂人住处。后埭为辅厅。东西绞圈之间有隔墙，两边为花圃。光绪三十三年(1907)，祠堂内创办里秦小学堂。1981 年，翻建校舍时祠堂被拆除。

闸港里秦秦家祠堂和长寿里秦公祠为同宗同族，每年三月初三、九月初九全族成员聚会，两边都很重视。据东秦宅秦荣祥老人回忆，从 1940 年他开始，他就跟着祖父按时赶去进香祭祖，直到 20 世纪 50 年代初。

同宗的九团秦氏建有“繁祉堂”。

作为陈行秦氏家族长房长孙的秦锡田，对以养真堂、诒谷堂、玉涵堂子弟为主的家族业绩并不满足，反而感到自己的家族正在日趋衰落，因此决意要重整旗鼓，希望通过修造秦氏宗祠来祭拜祖先，加强家族的凝聚力。1924 年冬天，秦锡田在陈行镇东首购地备下基址。次年 3 月，由秦锡芝主持，正式动工建造。至 7 月份建成祠屋五楹及两侧厢房，前绕墙垣，杂莳花木，其中大堂造得十分气派，可同时容纳 800 多人。祠屋定名为“秩祐堂”，特请时任上海市临时参议会秘书长的陈公瑶(字陶遗，号道一)题匾。堂柱悬联有民国国会参议院议员沈惟贤(字思齐，晚号逋翁、逋居士，华亭人)、教育部佥事沈彭年(字商耆，青浦人)、以诗文书法三绝而名噪江南的方还(字唯一，晚号螾庵，江苏昆山人)等名家之作。

1925 年 10 月，陈行秦氏家族在秩祐堂隆重举行首次祭礼仪式。从此，每年举行春秋两次祭祀。为此，秦锡田特作《陈行秦氏宗祠记》，称：“和气致祥，乖气致戾，治乱兴亡之几，皆伏于家庭骨肉之际。愿我族人，相亲相爱，相依相辅，毋忝前人，毋隳先业，斯则我祖我父建祠之微旨也。”

1949年后，秦氏宗祠由陈行仁昌花厂（后改名为陈行轧花厂）使用。不久，由秦之纲代表“上海陈行秦氏公益公产管理会”向陈行乡政府呈交《秦氏宗祠产权捐赠书》。1965年改建为陈行公社大礼堂，1974年拆除。

1933年题桥秦公祠举办建祠六十周年祭祀活动

泗泾秦氏后裔

明天启初年（1621），秦观十世孙秦逢尧（字悦羹，号悦耕）从闸港迁到华亭县泗泾镇（今松江区泗泾镇），为泗泾秦氏始迁祖。幸存有《华亭泗泾秦氏宗谱》四卷（民国秦钟骏纂修，1917年铅印本）。此谱首撰者为明天顺八年（1464）秦辅。

《华亭泗泾秦氏宗谱》载列祖像赞、谱序、诰敕、分迁地名录、家训、祠堂规条、世系、行传、行第等，还有秦裕伯画像和14世纪时他与明太祖朱元璋的往来信札。今收藏于上海图书馆。

秦逢尧九世孙秦鉴（1722—1792），字容照，号晓斋。自小聪慧好学，娄县县学庠生，后以附贡生被录用为州同知派往广东。布政司派署广州府前山寨担任澳门同知。后因年老力衰,告老还乡,享年71岁。生有两子,长子文浩,字孟亭;次子文瀚,字秀亭,号学静。

秦渊(1745—1836),字跃时,号季云,改号珠厓。从小丧父。清乾隆五十九年(1794)经乡试中举人。嘉庆元年(1796)登进士第,入翰林院选为庶吉士,专学满文。3年后,授湖广清吏司主事。不久改任刑部司行走,奉派监视行刑。见有冤狱,他必定力争,不获平反,宁可挂冠辞官也会争辩。后调职去长安,因气质素弱,怯于北地之寒冷,遂告假回归故里。日事吟咏,足迹不入城市。后有邗上(今属扬州)大府仰慕其才学,聘为扬州梅花书院讲席。其在授课之余,为当地士绅撰写墓志铭碑文等,不过数年又归里,效法谢大傅陶情于丝竹。在泗泾建有秦家花园,又称肯园。著有《谷春堂剩稿诗》《珠厓吟稿》。

秦鸿翔(1823—1895),字惠生,号伟生。娄县县学廪膳生,善诗能文,性极高雅,矢志著书。诗酒之余,精研绘事,并善花卉,又工隶篆。精于笔墨,名重一时。清末民初,长期担任泗泾镇镇董,曾创立保婴、辅善两堂等公益事业。

川沙九团坝秦氏家族

据《淮海宗谱》记载,宋咸淳年间,秦知柔携五兄弟南下避难时,帮助秦知微落户在川沙九团坝(今浦东新区龚路镇东北)谋生。而新编《川沙县志》等文献记载,落户九团坝的是秦知章(彰)。此说有误,当时秦知柔30多岁,秦知微是三弟,而秦知彰是五弟,还不足20岁,由二弟秦知刚带回了扬州。

《淮海宗谱》记载,"秦知微,字以渊,生子良启,良启生二子雯霖、雯世。"在九团坝生活了数十年后,也许是生存环境欠佳,全家迁到了长人乡秦家行,与同族合居。后来,其六世孙秦璞的长子日侃迁往青浦县,次子日华和孙子圣祥则重新迁回到九团坝。此时大约为明永乐年间。

九团坝秦氏家族至今已传二十余代,现大都聚居在龚路、孙桥、北蔡一带。秦氏家族当年在九团坝建有宗祠,名繁祉堂。明嘉靖年间,族人秦嘉楫将其改建为慈云庵,清乾隆四十四年(1779)又重修。而九团坝人称其为"城隍庙”，认为是秦公后裔为纪念上海城隍秦裕伯所建的宗祠。遗址在今龚路中学校址。

自明永乐年以后，九团坝秦氏除有为官为儒者，主要以伤科世传，以医术高超闻名，至今犹称九团坝秦氏伤科。嘉靖年间出了个秦君美，擅长伤科，又精武术，得少林真传。时遇倭寇流劫，遂偕同里季朝仁等三人截杀之。倭寇闻讯不敢来犯，一乡赖以安宁。

为官者有秦嘉楫，字少说，号凤楼。父亲是秦敕。嘉靖三十八年(1559)进士，授行人，历任浙江佥事、光州判官，官至南京工部主事。退职返乡后，潜心读书，精通书法，自幼即喜好抄书，因此家藏手抄书甚多。著有《凤楼集》。万历十五年(1587)，秦嘉楫倡议、出资在上海县城小东门一带(今丹凤路、人民路)的城墙万军台上，重建了被毁的丹凤楼，楼高三层，是当时最高的建筑，成为端午观龙舟、重阳登高的好去处，因此“丹凤远眺”被列为“沪城八景”之一。

万历元年，秦国士(字友善，号涵宇)中举人，任武进教谕、浏阳知县。清康熙《上海县志》记载遗事称：“秦国士，端恪自持，从父御史凤楼公无子，谋之，国士不应，食贫如故。后凤楼卒，族人争讼嗣子，以田宅券授，国士复笑而却之。苍头挈赀来，归者皆勿纳。后为武进教谕，迁知浏阳，民风为之肃清。”秦国士是秦嘉楫的侄儿。

上海各地秦观后人

上海地区秦姓者众多，据第三次全国人口普查统计，1994 年年底，上海地区有户籍的秦姓约有 5.35 万人，居全上海姓氏第 55 位。其中不少应当是秦观后人，因为宋元明三代，上海除上述浦东陈行、杜行、闸港和松江泗泾、川沙九团坝地区外，其他地区也有秦观后裔迁入，人称“江南无二秦”。

诸翟、纪王

北宋末年，秦观后裔从维扬避难到吴淞江畔时，有秦君瑞一家停船在蟠龙塘畔吃饭,洗碗时失手将碗落入水中,便认为"吾殆宜寄食于此土耶",就此落户在光字圩。

秦君瑞儿子秦殉、孙子秦钢,以耕读传家,形成后来的秦家桥村。书法家赵孟頫曾寓居秦宅,留下"为善最乐"题额,成为美谈。

族人在秦家桥南建秦氏宗祠,供奉祭祀宋元以来的列祖列宗。明万历年间,后裔秦可成被官府徭役逼得倾家荡产,率领全家避难。临行前到宗祠哭拜辞行,把神主牌悉数投入火中烧毁。

后有秦哲,子秦纯,孙秦渭、秦淮等,有的入赘朱家泾,其后子孙绵延。秦渭和儿子秦棠、秦栻、秦梁、秦楫及孙子秦士珪、秦士琦大多具有文名。朱家泾的秦氏后人,在明代也有秦羽鼎、秦羽秦、秦一骥等能文善诗,名扬乡里,均有著书传世。

清代,秦立(1660—1733),字舆参,号云津,又号芝斋。与弟秦雍同为补博士弟子员,自幼好学,尤精文史。殁后,私谥悫誉先生。著有《练川野乘》十六卷、《嘉定县志补编》五卷、康熙《淞南志》八卷、《芝斋文集》六卷、《诗集》六卷、《见闻杂志》十二卷,并参纂《紫隄村志》。

嘉定

嘉定秦氏始迁祖秦辅之为秦观七世孙,元末避乱,由无锡迁嘉定。秦辅之,字圣翼,号远山,行义博学,善诗文,其于元至治元年(1321)修纂的《练川志》为嘉定县首部县志。学者称其为文懿先生。入清后,秦倬首辑《练川秦氏宗谱》十二卷(秦惟堉补辑,清咸丰八年世善堂钞本,四册),该支族人居南门前涛阁、南门李家弄南首、张马弄、钱门塘等地。乾隆十三年(1748),秦倬(字纳庵)中进士;光绪九年(1883),秦绶章、秦夔扬兄弟俩同中进士;光绪二十四年(1898),秦曾潞又中进士。秦观二十四世孙秦瘦鸥(1908—1993),原名秦浩,著有通俗小说《秋海棠》。

秦辅之十三世孙秦荷,在乾隆年间购得小山园堂,改称秦园。其孙秦溯萱曾任兵部员外郎,又因海运致富,于1849年精心整修,蔚为一时之冠。

另有乾隆二十八年(1763)状元秦大成一支,即旗杆场一支,始迁祖为秦子才,明末由江苏句容迁居嘉定南门外冷浦桥。该支与秦荷联宗,因此谱系也进入《练川谱》。秦大成在为崇明秦氏宗谱作序时,自称十二世孙,并将世系列入崇明谱。秦大成后裔也是文化世家,已传十六世。

松江

据《松江秦氏溯源》(1998 年云间秦氏诒德堂谭西书屋铅印本,秦铨华等纂修)称:秦观十三世孙秦玮,字尧荣,于明成化年间因行医而徙居江苏吴县洞庭武峰。二十世孙秦世昌,一名玉上,字淇源,于清乾隆年间再徙奉贤县道院镇。秦世昌四子秦监琮,字云谷,于乾嘉年间始徙松江龙潭。谱载目录、序文、世系行传、系表、跋、附。

崇明

元代末,秦观七世孙秦约从盐城迁到崇明。秦约,字文仲,自号樵海道人。刻苦好学,博览群书,善于集诸家之长。其诗文风格豪放,意境开阔。元至正年间,秦为崇明德州学府教授。明洪武初,应博学科考试,任礼部侍郎。未久,因母亲年老请归故里。后又应召进京,被推举为代理县官。

清代秦士华所修《(崇明)秦氏宗谱》二十四卷(光绪元年木活字本)称,始迁祖为秦中立。元代自高邮先迁盐城,继迁娄东,明代迁至崇明。谱载谱序、祖训、凡例、传略、像赞、世系表。

奉贤

有秦公裔孙,从闸港迁居。知名人士有:

秦士醇,字静甫,后号退莽。清道光二十年(1840)举人。性友爱,课弟子如己出。善属文。著有《鲸鹤馆稿》。

秦端,字彦华,同治年间国子监生员,入龙门书院讲理学。

青浦

元代末,秦知柔胞弟秦知立徙居青浦白鹤镇西北赵屯村。

其他

《(上海)秦氏族谱》(1945年钞本,秦人良纂修)称:清初,秦根咸(字廷遇)举家由浦东沈家巷迁居浦西秦家石桥,具体地点待考。谱载序文、系图、系表、墓图。

叶宗行

叶宗行，字宗人，明代鲁汇叶家行（今浦江镇正义村五组）人。上海县学庠生，读书崇尚气节，关心民生。永乐元年（1403），以诸生身份上书户部尚书夏元吉，主张疏凿南北向的范家浜，接通大黄浦，汇入吴淞江，实现江浦合流。永乐二年（1404），随同夏元吉治水。经夏尚书推荐，出任杭州府钱塘县知县。为官正直，人称『钱塘一叶清』。

书生献策

叶宗行，明代鲁汇叶家行（今浦江镇正义村五组）人。《明史·循吏传》称其“宗人，字宗行”。上海方言“人”与“行”音相似，因此叶宗行的“行”字应读作 xíng。

明代初，叶家行已是个市镇，这一带为上海县长人乡十九保四十二、四十三图藏字圩，与四十五图的鲁家汇一带相邻。流经叶家行的南北港为运盐干河，通黄浦。

明永乐元年（1403），江南地区遍发大水。吴淞江入海处，潮来潮去，沙泥充斥，芦苇丛生，百余里河道不畅，河水四溢成灾，乡人怨恨不已。朝廷决定派户部尚书夏元吉（1366—1430，字维喆，号麓潜子）奔赴江南苏松地区治水，户部侍郎李文郁辅助。

在松江府巡视时，夏元吉征询治水方略，即收到上海县叶宗行和华亭县张昕（1367—1434，字宾旸，号西畴，洪武三十一年举人）等书生的建言函，他们主张放弃吴淞江入海故道，疏浚范家港，引浦水入海，并禁止沿海居民筑坝阻遏其流。

叶宗行为上海县学庠生，读书崇尚气节，通晓天象、农事，精于历算、测绘，关心民生，勇于直言。他家居住在“大黄浦”畔，连年饱受水患之苦，因此经常考察周边地形地貌，遍查典籍，琢磨治水方略。闻知夏原吉奉命前来治水，便以诸生身份上书提出建议，主张以导代堵，疏凿南北向的范家浜，接通大黄浦，汇入吴淞江，实现江浦合流，以增强水势，冲泻入海，消除隐患。

夏元吉接到叶宗行和张昕的治水建议，不由眼前一亮，便当即邀请叶宗行前去面议，还亲迎阶下说道：“诚如先生之言，受益多也。”

夏元吉认真采纳叶宗行和张昕的建议，向朝廷奏报治水具体方案，特别提及自己“与共事官属及谙晓水利者参考舆论，得其梗概”，并分析当时现状，称：“自下界浦抵上海县南跄浦口可百三十里，潮沙壅障，茭芦丛生，已成平陆。欲开浚，工程浩大。且滟沙淤泥，浮泛动荡，难以施工。”为此，计划从疏凿范家浜入手，“又松江大黄浦至南跄浦口，可迳达海，宜浚令深阔，上接大黄浦，以达泖湖之水。”还计划建石闸，以时启闭。每岁水涸之时，修筑围岸，以御暴流。“如此则事功有成，于民为便。”明成祖朱棣批准了夏元吉的方案，并指派苏州、松江、常州、嘉兴四府出动20多万民工，听候调遣。

上述史实，在明代王圻（1530—1615，字符翰，号洪洲，诸翟人）的《稗史汇编》和郎瑛的《七修类稿·事物四·忠靖二事》中均有记载，史称：

> 夏公尝治水，苏、松延儒讲求水利。有叶宗行者与焉，见公治水久未成功，潜奏于朝。有旨令公复奏。公大惊，即日邀宗行，亲迎阶下，曰：“诚如先生之言，受益多也。”未几，荐叶于朝。宗行得授钱塘知县。公后奏绩之日，曰：“是叶促成也。”

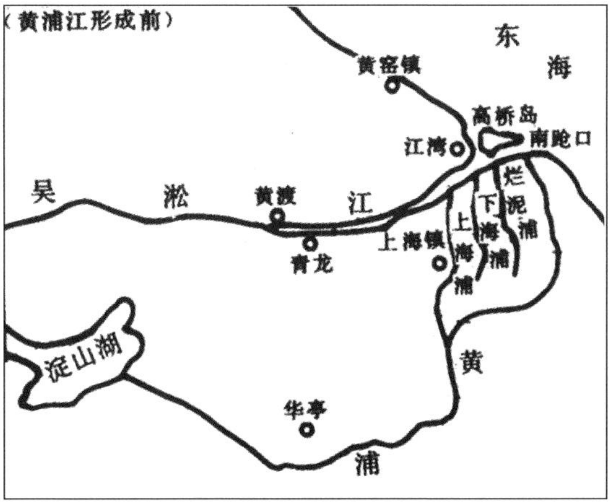

黄浦江形成前示意地图

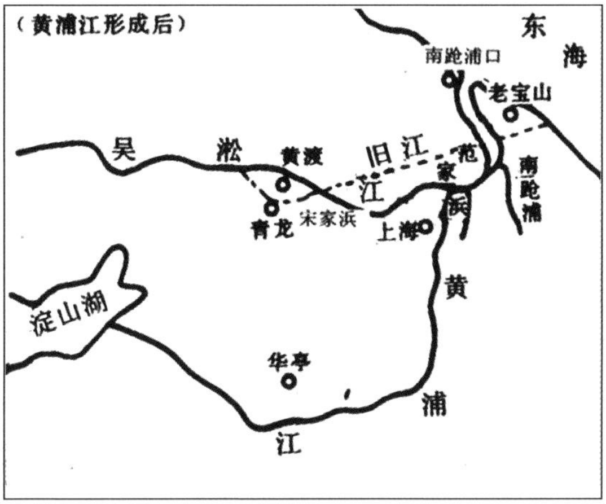

黄浦江形成后示意地图

参与治水

永乐二年(1404),夏元吉主持开凿范家浜等工程。他命叶宗行、张昕等随其奔波在治水工地上。

史书称,夏元吉“役兵民数万,抚恤之人人尽力,布衣徒步,日夜经划”。在治水工地上,他与民工们严寒不避冷,盛夏不张盖,奋战了一年多,终于引太湖水入刘家港、白茆港,疏浚吴淞江、大黄浦、赤雁浦,形成了新的入海通道,实现了“江浦合流”,造就了“以浦代淞”的局面。

随后,夏元吉亲自制定了河道管理制度,将当时用于测量水位的石标称作“忧欢石”(水位上涨为忧,水位正常为欢)。清代名士沈湛有一首《忧欢石》诗:

夏公曾驻节,胜迹在河干。
此地安沟洫,当年怨暑寒。
溪痕移上下,心事别忧欢。
旧石留官守,沉吟仔细看。

相传,“忧欢石”是叶宗行发明的,但无实证。

开凿范家浜时,总计开挖河道长 40 千米,河道拓宽达 100 多米。

自此，黄浦江替代吴淞江成为太湖泄洪的主要通道，不仅改善了上海西南部众水壅滞淀山湖、泖湖的局面，而且形成了“以浦代淞”的水系变化和浦东浦西的地理格局，为日后上海港的建立和上海地区的繁荣创造了条件。

为此，秦荣光《上海县竹枝词》诗云：

> 浦水原从闸港东，筑塘捍海口遭封。
> 北东流入吴淞口，江浦初凭一线通。

叶廷琯《浦西寓舍杂咏》诗专咏此事：

> 一条黄浦划西东，百里人烟指顾中。
> 略似岷江分两戒，波涛直接海天空。

从此，当地人将向北去的浦江称“东黄浦”，而将西来的浦江称“南黄浦”。

隆庆三年(1569)夏，刚担任应天府(今南京)巡抚的海瑞(1514—1587，字汝贤，号刚峰)来到这里，实地查察黄浦江水道后，顶着重重压力，推出以

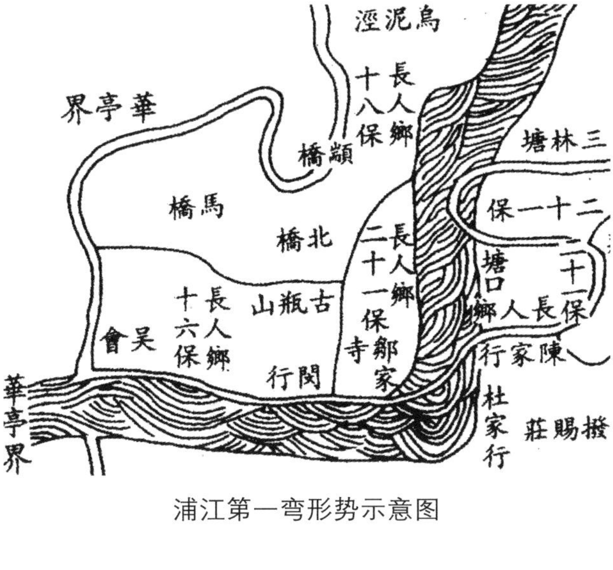

浦江第一弯形势示意图

工代赈治理河道的新方案,并亲自主持在金汇港东侧的古东江口筑起一道大坝,动工建造水闸,依靠此举调控东流水量,迫使黄浦水在此北折而去。后来,在邹家寺嘴和闸港口之间,由黄浦江与金汇塘、闸港河(今大治河)相交形成独特的“三水八岸、十字水系”格局,拥有长约40千米、天然稀缺的对称型岸线,气势不凡,今人称之为“浦江第一湾”。

钱塘执法

因叶宗行、张昕治水有功，经夏尚书推荐，叶宗行被提升为杭州府钱塘县知县，张昕被提升为户部员外郎。

当时，钱塘县是浙江首县，徭役繁重，财主豪门往往买通猾吏，将徭役转嫁于贫民，而百姓则备受徭役之苦，人们怨声载道。叶宗行上任后，便首先修订役法，将应服役之人编在册子上，按规定将人口分成甲、乙两批，依次分派，使徭役负担平均。徭役均衡后，不出数月，社会便安定了。钱塘百姓无不称赞，人称"钱塘一叶清"。

叶宗行在钱塘县为官正直，断案如神，《明史》中记载了两则传奇故事。有一天，知县叶宗行坐堂理事，见有条蛇探头探脑地游上堂来，似乎有话要说，便问道："你可有冤情？本官为你审理。"蛇点了点头，转身游出县衙。叶宗行步步紧随，来到一家烧饼铺。蛇一头钻到了烧饼炉下，叶宗人忙下令撤去炉子，赫然发现有一具死尸。他当场审案，查清了店主在数日前谋财害命、埋尸灭迹的勾当，遂将凶犯捉拿伏法。又有一天，叶宗行坐船外出，忽然船被阻在江中，到船尾一看，见一死尸挂在舵腰，还系了块石头。他立即查探，很快就缉拿了凶犯。

朝廷得知叶宗行的政绩后，将信将疑。时有浙江按察使周新（初名周志新，字日新，广东南海人，逝世后被封为杭州城隍），官风严峻，疾恶如仇，外号“冷面寒铁公”。他听说钱塘县令廉洁奉公,心中存疑,便微服前去调查。在钱塘县境内,他听到的都是百姓对叶宗行的赞誉,仍不罢休。趁叶宗行离家外出,他悄悄上门查看,可查了半天,见叶家清贫如洗,只在竹箱内发现一包太湖银鱼干。周新深为其清廉所感动,走时拿了一些鱼干。次日,周新特意设宴款待叶宗行。见叶宗行不敢领受,周新便说:“桌上摆的只有你家的鱼脯呀。”于是,两位知己开怀痛饮,一醉方休。当晚,周新下令动用三品仪仗为他送行。叶宗行再三推辞,周新决意要如此,说道:“你为官这样清廉,理当受这三品的待遇,还客气什么!”他硬是隆重地为叶宗行送行。叶宗行感念周新的知遇之恩,更加勤政爱民。

永乐十五年(1417),为营建北京城宫殿,朝廷紧急征召天下工匠。叶宗行奉命召集当地能工巧匠,并亲自督送北上。不料在赴京途中,他不幸染病,不治身亡。

周新闻讯悲痛异常,著文祭奠,赞颂曰:“唯钱塘之江水,与君万古而俱清。”钱塘百姓闻丧奔哭者,数月不绝。

故土遗存

叶家行

叶宗行不幸遇难身亡时，年仅40多岁。

清光绪年间的《南汇县志》记载：叶宗行子叶璪，孝友，工诗。

光绪年间的《重修华亭县志》卷十八列女传有记载：叶宗行有一女嫁给陈询之子陈轩。陈轩在国子监肄业，急病暴毙于京城，而妻子年方24岁，闻噩耗，“毁容截发，屏去膏沐，抚孤子”。享年76岁。

当年的叶家行市镇，本地人称“叶港镇”，东西街长100多米。南北港为运盐干河，直通大黄浦。同治年间的《南汇县新志稿》称：叶家行“明钱塘令叶宗行故里，市心南北港即运盐河，南岸属奉贤，今无市”。

叶家行村西头有一条叶河，蜿蜒曲折，人称“百曲港”，为上海、奉贤、南汇三县界河。东西向跨叶河有一座平板石桥，桥宽约3米，桥身3块青石上刻有龙纹图案，两面有护栏，南面刻有桥名“发扬桥”，桥墩用石头砌成，东西两侧各有10步石台阶，高出路面1米多。北侧有水桥为停船之地，由10块青石叠砌，横阔2米，每阶宽30厘米，派头不小。20世纪70年代初，因拖拉机进出不便，“发扬桥”被翻建成水泥平板桥，桥面拓宽至4米。桥上的栏板在拆除时，大多破碎散失，而镌刻有“发扬桥”三个大字的一块石板，由一村

叶家行拆迁之前的景象

民移至自家屋前，埋在阶下。

叶家行村东南有“灶山坟”，高10米，东西长40米，南北20米，相传是叶家祖传墓地。周围有几棵柏树。20世纪60年代，“灶山坟”在平整土地时挑平。

正义村七组的叶家塘，相传也是叶宗行后裔所建。村后有一条叶家宅河。跨过“发扬桥”，即大场浪（今奉贤区金汇镇东风村十组），是叶氏后裔另一个集聚地。

因为这里地处“高压线”下，2022年村宅居民大动迁“上楼”，“叶家行”遗存随之消逝。

叶氏世家

有史料记载，叶宗行是宋代名臣叶梦得（字少蕴，号石林，江苏吴县人）后裔。据清康熙年间的《松江府志》记载：叶梦得之孙叶李，为宋末太学生，入赘居莘庄镇，官至中书省左丞。叶宗行为其后人。

最早介绍叶宗行生平和事迹的是明正德年间的《华亭县志》，其卷十五人物·名臣传记载：“叶宗行，宋太学生叶李之后。读书尚气节。永乐中，东吴大水，松江尤甚。盖黄浦下游壅塞，水无所归。宗行上书请弃其故道，浚范家浜，引黄浦水以归于海，示近海民无私作坝，以遏其流。佥议是之，命从夏元吉来治之。水患息，特荐其才，擢钱塘知县。”

据《元史》记载：叶李（1242—1292），字太白，一字舜生，号亦愚，杭州人。少聪慧，性耿直。20岁入京城国子监读书。宋景帝五年（1264），因反对贾似道投降主张，被流放漳州。宋亡后获赦，归隐于富春山中。元至元十四年（1277），元世祖命御史大夫相威求贤于江南而出仕，官至中书省左丞。至元二十九年(1292)逝世,年51岁。

按此说法,叶宗行祖籍在杭州。叶李去世70多年之后,叶宗行才出生,彼此是何种血脉关系还有待考证。至于叶李如何“入赘居莘庄镇”,也有待深入考证。

清乾隆年间的《华亭县志》记载:叶宗行墓“在莘庄镇春申桥南”。光绪年间的《重修华亭县志》补充称“在三十六保四十二图”。这说明,叶宗行在莘庄地区有血脉关系。

蒋性中

蒋性中（1396—1482），字用和，号检庵，明代上海县莺窦湖（今属闵行区吴泾镇）人。宣德二年（1427）进士，用御赐建坊钱财建尚义桥。在京奉母设勤织堂，为官40余年修身倡廉。告老返乡自称『乐耕公』，每月邀集长者欢聚，被誉为『莺湖九老会』，历代传为佳话。

耕读莺窦湖

莺窦湖，北起俞塘河，南讫黄浦江，北宋时湖面约有200万平方米，气势不凡。最值得关注的是，北宋元丰五年（1082）初春时节，时任青龙镇监镇的著名书画家米芾（1051—1107，字元章），乘船路过莺窦湖，感慨良多，留下了行草大作《吴江舟中作》诗卷（现珍藏于美国梅多鲍利坦美术馆）。诗中有“傍观莺窦湖，渺渺无涯岸。一滴不可汲，况彼西江远”句，感叹莺窦湖浩瀚无边，无法越渡。

元代时，被后人称为“词林英杰”的宋子正（号方壶）就隐居莺窦湖畔。宋子正安贫乐道，在湖西“辟室若干楹，方疏四启，昼夜长明，如洞天状，有石焉，崭然而献秀，有木焉，郁然而交荫”，取名“方壶”。为此，人们称其为“宋方壶”。他在这里独享田野隐居之趣，无心功名，潜心创作散曲，现存其所作小令13首，套曲5套。

莺窦湖畔有个蒋家老宅（今闵行区吴泾镇幸福村7组），自古闻名遐迩。当地有众多风物轶闻，均与蒋家老宅最初的主人相关。他就是明代名臣蒋性中。

蒋性中（1396—1482），字用和，号检庵。蒋氏先祖为三国时期蜀汉宰相蒋琬（字公琰），其后人迁入江西，宋元之际又流徙江苏宜兴地区。据清道光十八年（1838）蒋人涎等纂修的《南汇蒋氏族谱》记载，南宋末，始迁祖蒋庆（字庆远）从宜兴迁居松江府黄坟湾，二世祖蒋毅（字腾毅）转徙到浦南十六保（清雍正年之前属上海县,后属南汇县,今属奉贤区)。明代初,四世祖蒋荣迁到黄浦江北岸二十一保莺窦湖淡溪(今淡水河)定居,“以耕植为事”,繁衍子孙。

蒋荣(1365—1421)是蒋性中的父亲。《南汇蒋氏族谱》称:“际明兴而兵祸倥偬,不乐仕进。自浦南十六保,徙浦北二十一保,其湖邢窦,其县则上海。邢窦广不逾带,而引长流以灌两涯,田肥美,民稠密,躬耕而乐之。”蒋氏家人靠辛勤垦荒,种粮致富。然而,明代初期朝廷猛力打压江南豪强富户,蒋家没能幸免。蒋荣未满 20 岁,眼见父亲要被流放到河南,只得代替父亲去服役。他历尽艰辛,数度寒暑,终获赦免回家。《南汇蒋氏族谱》录有蒋性中所撰《乞挽启》,说父亲被迫充当粮长,负责运粮到京师。正巧遇上皇室争权之战,“时兵兴,路阻,同伴无不股栗,公毅请行,曰:趋役分也,祸福命也,可违分不顺命乎。虽履险,一以恩义得心”。

明洪武二十九年(1396)正月初七,蒋性中生于老宅。他自幼端正恭谨,尽管家境时兴时衰,坚持且耕且读,十分奋发。永乐十八年(1420),24 岁的蒋性中以《诗经》举乡荐第 9 名。第二年,他父亲积劳成疾,突然去世,年 57 岁。母亲吴氏靠纺纱织布,支撑儿子继续读书应试。

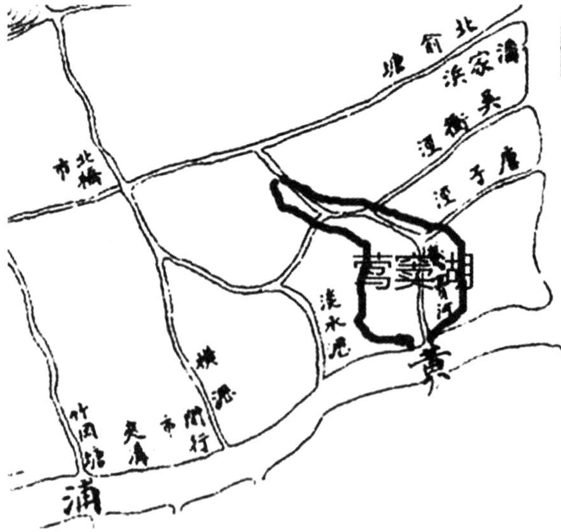

莺窦湖示意地图

为官不忘本

倡建尚义桥

宣德二年(1427)三月,蒋性中31岁赴京参加丁未科会试,殿试时获三甲第15名。中进士后,他以疾乞归,在家侍母10年。

蒋性中荣登进士榜,朝廷有关部门按例拨款,要求在莺窦湖畔为其建立牌坊,以资表彰。蒋性中闻讯当即阻止,说:"莺窦湖水溢,民方病涉,与其荣我家,毋宁以吾乡父老。"据何三畏《蒋少参检庵传》称:他主张"与其建坊以荣吾门,不若建桥以便吾里"。于是,乡人就用御赐蒋性中建坊的钱财,在莺窦湖畔建造了一座石拱桥,跨度约33米,宽约3米,取名尚义桥,又名莺窦湖桥,俗称"环龙桥",乡人还习称"蒋公桥"。

正统三年(1438),蒋性中出任兵科给事中,清廉耿介,曾如实上疏,弹劾专权的太监王振(字美旭)。他善于管理,曾清理出节阉寺锦衣卫中坐吃闲饭的人员,转为养马的骁勇。晚清上海乡绅秦荣光的《上海县竹枝词》赞曰:

一代畸人蒋检庵,劾珰疏上罪拼担。
节阉寺养兵骁勇,侃侃谁将国计谈。

尚义桥今貌

《蒋性中建尚义桥》徐有武绘

蒋性中为官十分低调。相传,一天他外出办完事,乘船还城时,恰逢落潮,船难以前行,便由两个仆人上岸拉纤,自己头戴斗笠坐在船尾以橹代舵。但他毕竟不是船夫,尽管手脚并用,船还是摇摆不定。船上的其他人见到他狼狈不堪的模样,百般嘲笑羞辱。两个仆人不由厉声喝道:“撑船的是给事中蒋大人,你们休得无理!”蒋性中却大声笑道:“他们怎么会被你们哄骗呢?这里没有蒋大人!”

京城勤织堂

正统四年(1439),蒋性中将母亲吴氏接到京城来养老,特意将官邸精心布置了一番。

可是,吴氏却随身带来了纺车和织布机,说:“吾昔壮时勤于纺织,助汝父以兴其家。汝父弃遗,而汝孑立无厚资。吾纺织愈勤,朝而丝缕,暮而布帛,凡家用悉赖焉。今幸汝读书成立,而吾已七十八矣,不复能有为。汝宜记吾勤苦,以劝示子孙,吾志足矣。”蒋性中便将官邸厅堂改名为“勤织之堂”。为此,皇帝亲赐“勤织勤耕”匾额。好友纷纷赋诗赞美,其中刘溥(字原博,号草窗)《勤织堂为云间蒋黄门用和赋》云:

三代去已远,女职火复闲。
汲汲鲁敬姜,谆谆有遗言。
贤哉舍骄习,供事不少难。
惟此闺中勤,衣裳乃其端。
晨兴月在户,宵作霜露寒。
寒螿烈烈咈,络纬吟灯前。
虚檐应伊干,既断还复连。
寻尺累至文,乃复一匹宽。
四体固云劳,中怀郁以烦。
千载孟母心,于此实相关。
令子今登庸,赫赫黄门官。
筑堂表慈训,昕夕愉其颜。
昆山何岧嶤,泖水增波澜。
报封有卹典,拭目当盛观。

另有王直(字行俭,号抑庵)撰《勤织堂记》、陈循撰《勤织堂为给事中蒋性中母赋》。

正统十二年(1447),蒋性中母亲去世,享年83岁。为此,蒋性中丁忧归乡三载。

家事见美德

景泰二年(1451)一月,蒋性中升任江西省右参议。他提出减免税赋应当"均及一方,不能私一邑",得到时人积极响应。

蒋性中与忠臣于谦(1398—1457,字廷益,号节庵,浙江钱塘人)结为好友,两家住处相邻。

正统十四年(1449)六月,明英宗不顾群臣劝阻,北征瓦剌,结果发生土木堡兵败事变。北京城危急,于谦力排南迁之议,坚请固守,出任兵部尚书,率师22万,列阵北京九门外,破瓦剌军。

正巧此时,蒋性中喜得贵子,有心设下"满月酒",借机邀请好友们前来赴宴,同庆北京保卫战胜利。他兴冲冲走进隔壁于谦家中相邀,却看见于谦正忙着筹办母亲的丧事,便急忙转身回了家,并下令立即撤销家宴,派人通知所有宾客改日再聚。他生怕自家的欢乐,会加剧于谦的伤心。如此君子之德,获得好友盛赞。

蒋性中为官40年,年过七旬还在任上。成化四年(1468),他因病告归,4次上书,才获准回乡。

神奇的传闻

蒋性中《墓碑》中有一段记载:"既而以病归,江风飓作,舟覆者众,独公会与神奕,获免。"这段记载虽然没有细述蒋性中遇见神明的情况,却引人入胜,由此文士们大做文章,隆庆年间何良俊(字元朗,号柘湖居士)的《四友斋丛说》、万历年间冯时可(字文成,又号元敏,号敏卿,又号文所)的《宝善编》、天启年间张师绎的《蒋参议公传》都有所描述,以致情节越说越神奇。

至何三畏（号士抑）晚年所辑《云间志略》记载，故事情节如下：

某日，蒋性中乘船出差在外，傍晚时停泊江畔。正巧，旁边有一艘官船同泊，船上官长邀请他过去下棋解闷。蒋性中欣然前往，两人玩了几盘棋，不甚胜，亦不甚负，正要告别时，突然看见船头有个铁笼子，里面竟然关押着一个年轻女子，不由询问："此女犯了何罪？"官长解释说："这个女人胆敢在江中洗刷马桶，污溅江流，因此被我抓来囚禁在此。"蒋性中于心不忍，即为那女子说情，希望官长宽恕她。官长却下令将铁笼投入江中，算是已释放那女人了。蒋性中眼看那女子沉入江中，心头愤然，扭身走了。正当他准备开船告辞时，那官长却抛过来一句话："等一会儿，必将有大风大浪扑来，今日你就不要再开船渡河了吧。"说罢，官长起锚扬长而去，只见其船头缓缓扬起一面旗帜。蒋性中定神仔细一看，旗帜上写的竟然是"江湖金七总管神"。于是，蒋性中未曾起锚开船，有心避开一场大风波。为了解闷，他登岸散步，却突然听到居民家中传有哭声。他急忙前去询问，那户人家说："我家媳妇以血衣洗浣江滨，猝然暴病气断。"蒋性中慌忙解救，那女子方才苏醒过来。她在昏迷之中，一再叮嘱家人说："小女子全靠蒋大人解救啊！"而蒋性中闻

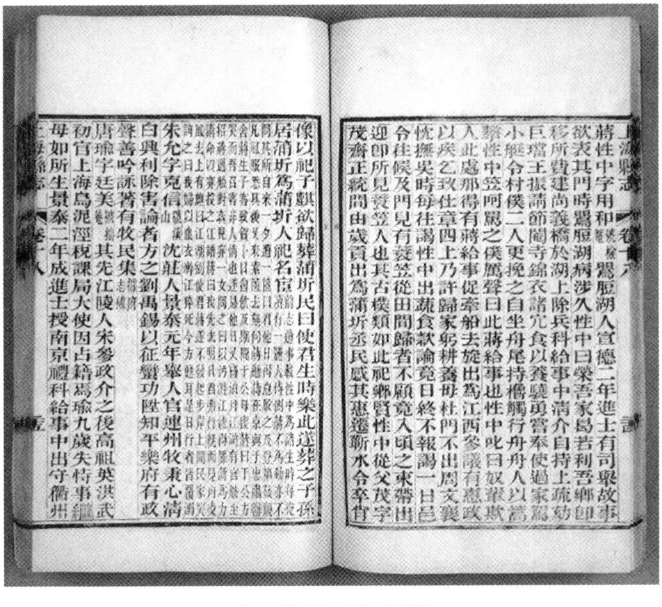

《上海县志》书影

之，不由愕然，难道真的遇见神明了？事后，他经常说起此番奇遇，以致广为流传。

这个传闻不可能是真实史事，然而其表现出了蒋性中尚义、仁恕的人格魅力，以及高尚的士人形象。虽然有所增饰虚构，甚或加以神化，但是契合了百姓理想中权威人物的认同准则，因此被乡人历代传颂。

返乡天伦乐

自称“乐耕公”

景泰三年(1452),蒋性中告老返乡。

蒋性中的私邸,乡人称“蒋家老宅”。他带回一块“勤织勤耕”匾额,重建四进式新宅院,正厅为“勤织堂”,以示传承母亲美德,并建“乐耕堂”自住。因此,人们称他为“乐耕公”。清末名士秦荣光《上海县竹枝词》赞颂曰:“堂开勤织举慈亲,富贵难忘昔苦辛。”“乐耕勤织堂题榜,恪守家风百世宜。”闵行诗人黄家锟《勤织堂》诗赞云:

机杼真教孟母同,相夫翼子溯闺中。
数团经纬棉纱白,半夜勤劳篝火红。
名显诗书光奕奕,家承祖父日隆隆。
莺湖遗苑千秋在,要示儿孙克俭风。

蒋性中保持着俭朴的生活习惯。一天,上海县知县赶来拜访蒋性中,见蒋府大门紧闭,忙差人寻找。转眼,从田头匆匆赶来一位穿蓑戴笠的老者,开门入内即将门关紧了。知县不由发呆,等到大门重开,主人束带整齐,笑脸出迎，他方才大悟，刚才戴蓑笠者即蒋老。见蒋性中如此俭朴乐耕，知县不禁肃然起敬。

又一日，江苏巡抚周忱(1380—1453，字恂如)前来拜访，蒋性中设宴招待，可席间只摆出两道主菜。周忱一尝，只觉风味独特，忙问菜名。蒋老笑答："金花菜与鹦哥嘴也。"巡抚为此兴致勃勃，边吃边聊，竟长谈而忘归。后来，周忱派人向蒋府仆人咨询，方知那只是用当地普普通通的盘歧头与蟛蜞螯烧成的菜。

莺湖九老会

蒋性中与乡民情同手足，不论富贫贵贱，均以乡情为重。他邀集当地8位高年有行谊者，每逢月初来家中作画赋诗，共饮同欢，人称"莺湖九老会"。据记载，其中郭竹深77岁、何守愚69岁、王惟静78岁、唐古庵71岁、陆耕云74岁、沈孟温70岁、李安耕72岁、郭悦桂68岁。

历代文人赋诗赞颂"莺湖九老会"，后人一再仿效，以致莺窦湖畔的敬老风俗流传至今。

明成化十八年(1482)十二月二十六日，蒋性中在家逝世，享年87岁。相传，他有6个儿子、24个孙子、14个曾孙、5个玄孙。晚年五代同堂，全家有100余人。

分枝散叶

蒋性中现存传记有李清《明故朝列大夫江西布政司右参议晋阶中宪大夫蒋公墓碑》、张师绎《蒋参议公传》、冯时可《参议公传》、蒋柱《蒋氏世传》、何三畏《蒋少参检庵公传》等，均收入《南汇蒋氏族谱》中。

明末，蒋公后人在老宅东南建造蒋氏宗祠，坐北朝南，前后三进，最北三间为正厅，两边侧厅供奉前辈族人牌位，整个建筑占地约2667平方米。

清初，蒋氏宗祠遭遇兵灾被毁。清乾隆六年(1741)，蒋映日等重建。

乾隆二十年(1755),添建门厅和厢房11间。道光二十三年(1843),又建后院。据《幸福村志》记载,祠堂正南门进口处曾立有乾隆三十八年(1773)大小两通碑石(1958年被人移作界沿石,近年动迁前被人收购,下落不明)。

蒋氏家族枝繁叶茂,子孙们纷纷分户迁居,从“蒋家老宅”向外扩散,形成“花园里”“天字号”“南木桥”等新宅,以致在塘湾镇、北桥镇等地区蒋氏后裔众多,繁衍至今。

有一支蒋公后裔迁居到今友爱村三组的地界内,在秦家港河畔建造三进绞圈式宅院。因其子弟出挑为官,宅院大门口设两只张口吞球的石狮,宅前竖有两根高大挺拔的旗杆,成为当地地标,乡人称这蒋氏宅院为“蒋家旗杆”。蒋家老宅的“乐耕勤织”金匾被移到这里的东房厅内悬挂(相传由董其昌题写,毁于“文化大革命”期间)。据《友爱村志》记载,部分建筑保存到20世纪80年代。

据1993年《上海县志》记载,1949年时,蒋氏“勤织堂”宅院尚有房屋29间,占地1440平方米。自1978年起,后人在旧址翻建楼房,老屋风貌消失。

高风千古传

自有后来人

蒋公后裔大多安逸于莺窦湖畔的田园生活，一心守望乡土，极少有人外出投奔仕途。

明正统年间，蒋性中的叔父蒋茂，字茂斋，由岁贡生出任湖北省蒲圻（今赤壁市）县丞，百姓深感其惠。调任蕲水（今湖北浠水）县令，因病逝于任上。其子蒋麟欲送父归葬故乡，蒲圻百姓恳求挽留："使君生时乐此。"于是，蒋麟将父亲安葬在蒲圻，并率子孙成了蒲圻人。

成化年间，这里有蒋坚，字宗实，增贡生，任福建沙县知县。

嘉靖年间，蒋继祯，字世瑞，号思闲，出任广东东莞县盐吏大使；蒋传道，字汝行，号婴宾，出任威海卫经历（职掌出纳文书）；蒋永澄，字定川，增贡生，任大名府清丰县县丞；蒋云，字从龙，嘉靖七年（1528）中举人，历任山东蒲台县、江西会昌县县丞。享年 81 岁。

清代南汇县蒋人諲等纂修《南汇蒋氏族谱》。清道光十八年（1838）稿本今存上海图书馆。谱存传记、墓志铭、行状等，其中有蒋性中《乞挽启》和沈粲《故蒋处士行状》《蒋参议性中墓志》等。

另有记载，明万历年间莺窦湖东岸蒋柱，字叔承，为上海县学庠生，曾纂修《南汇蒋氏族谱》。清乾隆年间，蒋堉（字郢高，别号岂匏，京城国子监生员）曾纂修《南汇蒋氏宗谱》。可惜均已流失。

蒋堉还撰有《咏莺湖十景》诗，列出“自卑闻磬”“尚义落虹”“双杏垂荫”“重坊旌节”“乐勤遗构”“邢窦故墟”“蒋氏弦诵”“屠墓樵吟”“南浦归帆”“东皋采药”等10项历史遗存，企望家乡重振蒋公风范。

清道光、咸丰年间，这里有一位女诗人蒋淑英（1830—1864，字绣余），为蒋性中十三世孙女。她嫁给竹冈黄氏十八世孙黄兆勋（1823—1867，字寅伯，号杏园）为妻，居闵行老镇文蔚堂。侍候翁姑极诚敬，家务之余不废文史，诗词婉约，书法娟秀，著有《绣余漫草诗稿》，可惜35岁即因病去世。其儿子黄宗坚（1854—1943，字冰如）为近代农科先驱。

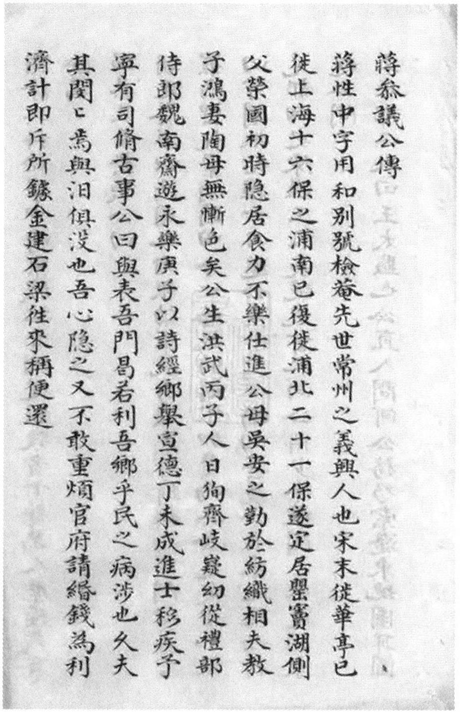
蔣叅議公傳
蔣性中字用和別號檢菴先世常州之義興人也宋末徙華亭已
徙上海十六保之浦南已復徙浦北二十一保遂定居罌竇湖側
父榮國初時隱居食力不樂仕進公母吳安之勤於紡織相夫教
子鴻妻陶母無慚色矣公生洪武丙子人日狥齊岐嶷幼從禮部
侍郎魏南齋遊永樂庚子以詩經鄉舉宣德丁未成進士移疾予
寧有司脩古事公曰與表吾門曷若利吾鄉乎民之病涉也久夫
其閔〻焉與汨俱沒也吾心隱之又不敢重煩官府請緡錢為利
濟計即斥所餘金建石梁往來稱便還

《南汇蒋氏族谱》书影

清晚时期，这里的蒋庆和（1838—1916），字静园，性豪爽，有胆识，谈吐风生，好为人排难解纷，凡钱债纠葛、土地争执之事，经其劝导，大多握手言和。光绪十六年（1890），疏浚横沥（闵行镇至春申塘段）和母子泾时，与顾言、李祖锡、夏其钊等往返任事，依限竣工。历浚淡水河、千步泾，寒暑奔走，口不言劳。见闵行老街跨横沥的启秀桥年久失修，募集资金更以洋檀木，并加装铁护栏，行人称赞方便。光绪三十一年（1905），创办莺湖小学堂。1916年去世，享年78岁。

光绪年间，这里的“湖滨名人”还有蒋忠仁（字心香），上海县学庠生，博通经史，文章宽宏儒雅，师从进士顾莲（字香远，号复斋）、蒋承诩（字淡香），恩贡生，晚年课徒自给以终。

高风千古传

随着岁月流逝,莺窦湖“沧海成桑田”。

由于蒋性中事迹深入人心,历代留下不少纪念尚义桥的诗文。同治时期的《上海县志》记载:尚义桥于明万历二十六年(1598),由蒋公裔孙蒋光绅募修。清道光二十四年(1844)由裔孙蒋椿重修。民国时一度改称“永宁桥”。“尚义落虹”成为地方一景,历经500年沧桑,至今幸存,古风未失。为此,人们赞叹其“偏移坊费将桥建,尚义高风世所无”。

2002年,华东师范大学启动闵行校区规划建设,尚义桥及周边地区被划入其间。2003年12月3日,闵行区政府将尚义桥列为文物保护单位,并于2004年进行全面修缮,补筑了青石栏杆。

2006年,华东师范大学主体搬迁到闵行校区后,尚义桥周边环境进一步优化,成为校园西南角的一大景观。如今的尚义桥,桥面为花岗石质,桥身为青石质,单孔拱桥,东西向跨樱桃河(已断流)。顶心石刻有灵芝漩涡纹浮雕,两侧桥额均刻阳文楷书桥名。

尚义桥今貌

王　圻

王圻（1530—1615），字元翰，号洪洲，明代高昌乡三十保（今属闵行区华漕镇许浦村）人。著名文献学家、藏书家。嘉靖四十四年（1565）进士，官至陕西布政参议。返乡筑室『梅花源』，著书20多种800余卷，其中两种收入《四库全书》。所著《三才图会》被誉为我国第一部图文并茂的百科式图录类书。

王氏家族

王圻(1530—1615),字元翰,号洪洲(初名堰,字公石,后为宗师改名),明嘉靖九年(1530)正月二十一日生于上海县高昌乡三十保十图(王家庵东南为十图)。父亲王熠,字怡朴,以王圻贵,封奉政大夫、湖广按察使司佥事。母亲马氏,以王圻贵,封赠宜人。其先祖为避难自嘉定县迁到上海县西北境吴淞江许浦渡口附近(今闵行区华漕镇许浦村),始迁祖为王士衡,其中自有一番曲折过程。王圻晚年自撰《王侍御类稿卷五·家乘序》记载了这段史实:

> 余家自嘉定迁上海,盖九世矣。始祖士衡公之父姓陈,以资称雄嘉定。嘉定在胜国时尚为州,故邑人呼为半州公,言其产居州之半也。高皇帝定鼎金陵,籍富民以实云贵,而半州名在籍中。全家远徙,独士衡以幼子抱养于母族王仲华氏,得免于行,遂从王姓,而占籍于上海邑西之三十保。自始祖承王之后而仲华竟绝嗣。岂天将借王氏以启予族耶。始祖生高祖孟璇府君,家渐充拓,人咸称其有半州风。孟璇生曾祖守忠府君,则又倜傥,好修信义,表于乡邑,然孟璇之业稍衰矣。守忠生祖石泉府君,业儒不就,则以勤苦恢复旧业,且又以诗书课子若孙,而余得面受祖训。既兼怡朴府君朝夕督课,始克从科第起家。

王圻称其家族本姓陈,居于嘉定县城,为嘉定富户,当时嘉定为嘉定州,故有“半州公”之称。明太祖朱元璋定鼎南京时迁富民以充实云贵地区,“半州公”遂全家远徙,只有士衡因幼养于母亲族人王仲华处而得以免徙,于是改从王姓,同时改籍上海县,迁居于三十保十图。

王圻高祖父王孟璇,曾祖父王铁,号守忠,祖父王槐,号石泉。而浦东地区有王圻为“鹤沙王氏支系”之说,显然有误。

据清乾隆年间的《上海县志》卷七记载,五世祖王士衡在上海县三十保十图“梅花源”建有读书楼,王圻幼年时即在此就读。

王圻在家中为长子,无兄弟,有 4 个妹妹。他自幼聪颖,4 岁即善读书,祖父曾抚摸其头顶说:“是儿定科甲中人,若不类外氏台鼎何难哉。”王析 7 岁始习礼,10 岁负笈百里,拜师于盛如川先生。14 岁入上海县学,补邑庠生。16 岁既廪学宫。王圻“少务实学”,读书十分刻苦,据王圻表侄婿何尔复所撰《明故朝列大夫陕西布政使司右参议洪州王公暨配诰封宜人陈氏行实》记载:公少务实学,凡性理大全、紫阳纲目、诸子百家,经生学士白首所未尝

明嘉靖年间上海县地图

窥者,公皆淹贯,以故试辄魁,其曹耦守令皆倾心慕之……石泉公家号素封,岁有里徭,公以诸生往役,去邑四十里,还往必拈三题,且行且构,比到而文亦成,其攻苦若此。”

嘉靖二十九年(1550),21岁的王析娶陈氏为妻。陈氏(1528—1608),享年74岁,生王思忠、王思义、王思孝,第4子夭折。

嘉靖四十三年(1564),王圻考中举人。

宦海沉浮

王圻《王侍御类稿卷五·家乘序》和何尔复《明故朝列大夫陕西布政使司右参议洪州王公暨配诰封宜人陈氏行实》,具体记载了王圻曲折坎坷的仕途生涯。

嘉靖四十四年(1565),王圻35岁时参加殿试中进士。

嘉靖四十五年(1566),王圻出任江西省清江县知县,他为民精刻度,辑《精选绳尺论》,“未几有度田之事,公循行阡陌间,摘其一,从舆中屈指计之,盈缩立见。人咸谓公指掌中有勾股法,毫发不敢欺。万历初,复下度田之令,诸邑纷纷……谓已经王公度,尺寸不能增损,一仍旧贯,第移文报成事而已。”他还化解清江与邻邑的田地之争,民众皆赞。

隆庆元年(1567),王圻调任万安县知县,编刻《精选绳尺论》。他查明屠户杀人和徽商失窃两案,被邑民称为“神君”。他明察秋毫,消除不良之俗,被工部尚书朱衡(1512—1584,字士南)指为“循良第一,事比于西门豹之投巫以治行”。

隆庆二年(1568)夏季,王圻以政绩升迁云南道监察御史。其间,王圻弹劾不避权贵,多次上疏。当时,赵贞吉执掌都察院,见王圻敢于上疏直言,极其看重。因张居正与赵贞吉不和,令王圻攻击赵贞吉。而王圻不愿媚人,被张居正记恨。高拱是王圻的座师(主考官),但与前首辅徐阶结怨。王圻曾写《上座师高中玄相公》,望高拱弃前嫌。高拱表面赞扬王圻,而实则认为他与徐阶是同乡人,不肯助己,遂生憎恨。

隆庆四年(1570),王圻40岁,二月间欲出巡视长芦盐区,未及往,被任命为福建按察佥事。当时,所辖汀州之连城县有朗村村民张文钦、陈文岱等人聚众数千,抢劫乡里。王圻设计擒获千余人,念其赤子之心而放归于田间,使其复为良民。经此一役,王圻本应受到嘉奖,但因高拱心怀不满,仅有白金之赏。十月,以御史原职,将王圻谪为四川邛州(辖大邑、蒲江两县)判官。

隆庆六年(1572),因母亲逝世,王圻匆匆归乡奔丧。

万历三年(1575),王圻守孝期满,即重返官场,暂补山东省曹县知县。"在曹平徭役、均赋税,曹人至今蒙公利,已擢守开州,曹人思公生祠。"

万历四年(1576)十二月,王圻调任四川开州(今重庆市开州区)知州。在开州,积极推行"一条鞭法",为百姓减轻赋税;大力兴学,"士有贫者则养之学宫",让家中贫寒的读书人得到官方资助,深得民心。后调去青州,开州人苦留不得,为其建立生祠。晋江庄履丰所撰《开州知州上海王公生祠记》云:"上海王公之为开州守也,盖仅仅一年所而擢拜青州丞以去。命下,开父老子弟惶惶奔走相告曰:吾父母也!独奈何骤得而骤失之哉。谋所枳其车者,而是时青州民已迎之界上关,则聚识界上……"嘉庆年间《上海县志》"遗事"称:"王圻守开州,多惠政,去后士民立生祠肖圻像。越三十年后修祠,见像腰间微有损处,即为整饬完好,而圻家居适患腰廊,旋愈。"

万历五年(1577)十二月,王圻转任青州同知。

万历七年(1579),王圻在青州主持乙卯科山东武举,作《乙卯科山东武举程策》。

这一年,王圻为嘉定、上海、青浦三县申请减折征收漕粮。结果,三十四、三十五保获准全折,三十三、三十八保也间有折漕之地,永为定例。据崇祯《松江府志》卷十三《荒政》篇所刊《学宪洪州王公圻议》一文中有平粜议、发仓议、倡义议、煮粥议、给粟议等内容。

万历九年(1581),王圻擢佥楚臬,备兵武昌,不久改湖广提学佥事。后因张居正败宦,楚人皆去官,王圻受到牵连。知情人为王圻扼腕,而王圻则怡然。

万历十年(1582),王圻以督学政主持壬午科湖广武举。

不久,王圻任中顺大夫资治尹,又授大宗宪(宗正寺卿,掌管皇族事务),还曾一度担任神宗皇帝朱翊钧的傅师。

万历十三年(1585),王圻调任陕西布政司参议。而这时父亲患重病,他不再留恋官场,决意归乡,称"古人尝恨忠孝不能两全,吾独得侍太公七箸,抑又何憾"。

万历十四年(1586),王圻终于获准归乡,此时已 57 岁。相传,朝廷赐建十进九院府第以及"文宗柱史"牌坊。

王圻与海瑞个性相似,十分投缘。海瑞被嘉靖帝关进大牢,王圻为其抱不平。嘉靖帝死后,经王圻举荐,海瑞被任命为右通政使。万历十五年(1587)十月,73 岁的海瑞病死于住所,王圻闻讯赶到南京帮助料理后事。

王圻所题写的《兰亭遗迹》石刻,保存至今,现存于闵行区浦江镇一户李姓人家的家中。石刻起首"兰亭遗迹"4 字,由王圻题写,自署"云间王圻"。

《兰亭遗迹》石刻拓片

归乡隐居

“梅花源”由来

王圻归乡后，“筑室淞江之滨”，修葺祖传读书楼，在西侧建侣欧池，架石桥，垒土山，并植梅几千株，引水环绕，花开时节香飘数里，谓之“梅花源”，王圻自号“梅源居士”。

其实，在王圻归乡之前，王家已有数亩梅园，植梅二三百株。王圻在为儿子王思义《香雪园集》作序中写道：

> 余先王父（祖父）石泉公嗜梅，尝栽梅数木于庭除娱弄朝夕。先大父怡朴公复承先志，于居第后辟园数亩，栽可二三百本，不数年蔚然成林。

可见王圻之前，“梅花源”已蔚然成林，初具规模。

万历十八年（1590），王圻父亲逝世，享年80岁。

著书为事

王圻仕途坎坷，却心忧天下，归里以后仍然关心时政，致力于经世致用之学。他由子孙相伴，在此“以著书为事，年逾耄耋，犹篝灯帐中，丙夜不辍”，从而诞生了一部又一部鸿篇巨制。个人收藏图书甚富，被称为万历年间上海四大藏书家之一。

万历二十年（1592），福建沙县人卓钿就任青浦知县，见县域内“案无留牍，庭无滞狱，四郊之内，政通人和”，就邀请王圻主纂青浦县第一部县志。王圻按“搜罗放失，期于必尽；剔抉显幽，期于必真”的原则，与共事者“征文献于庠序，征簿牒于六曹，征残碑断碣诸佚事于乡老”，殚智毕力，不辞辛劳。历时5年，《青浦县志》八卷于万历二十五年（1597）始告修成，翌年刻竣。

万历三十年（1602），王圻完成《续文献通考》二百五十四卷，时年73岁。次年，《续文献通考》刊行。

万历三十二年（1604），王圻整理刊行陶宗仪《增图本辍耕录》。

万历三十五年（1607），王圻与儿子王思义（字允明，太学生）合力完成《三才图会》初稿。因风雨侵袭，紫隄关帝庙墙檐渐显颓落。侯孔鹤、侯孔龄便捐资组织大修，自八月十五至九月初九，近一个月竣工。王圻为此撰写《关帝庙记碑》，由侯孔鹤书，侯孔龄立石。

无疾而终

万历三十七年（1609）元月，王圻撰《王氏家乘》并序，且有《八十自述诗》云：

揽镜其如知发何，从衰入白更无多。
驻颜空泛宜春酒，拨闷高吟子夜歌。
岐伯不传医老药，鲁阳曾有挽天戈。
一觞珍重蓬瀛侣，管领东风到薜萝。

王圻晚年虽有痰疾，但步履视听不衰，精力充沛，每逢重阳佳节与儿孙相伴游览梅花源，吟诗尽欢。万历四十三年（1615）八月，自序《东吴水利考》,为绝笔之作。

当年闰八月十四日,孙子王昌会中乡试,王圻出门拜会道贺的宾客,没想到入房后就仙逝了,享年85岁。乡人闻讯无不痛心,感叹上天“何不令公百岁乎?”神宗皇帝闻讯后,即派员前来御祭。据乾隆年间《上海县志》卷七记载:王圻以及父亲、儿子的墓葬在三十保十图东沙洪九曲口。有资料称,墓葬在十都腾圩(今嘉定区江桥镇高潮村七队)。

王圻墓葬遗照

王公祠祀

王圻逝世后,孙儿王谟在福田庵的问梅堂为其设“长生位”,由侯峒曾题额,黄淳耀书联,人称“王公祠”。

清同治年间的《上海县志》卷十记载:“福田庵,元至正间僧寿建,后燬。明嘉靖间王熠重建,子圻书额,万历王圻又葺之。”“王公祠,在梅源,祀圻。圻以折粮事,邑人德之,供长生位于福田庵之问梅堂。其宗祠在居第东,著作已梓者皆藏于祠。明季毁,清季重建。道光间,圻子侄改建。咸丰十一年,贼犯境,屡火而不毁,今存。”

除“王公祠”外，在王圻宅第东首有“王氏宗祠”，收藏着王圻著作的刻印梓板，俗称“王家庵”“王庵”，可惜明末被毁，清代先后两次改建，同治年间还幸存。

有人认为，吴淞江对岸江桥镇五四村旧名“大宅”“大宅里”，“王家庵”在那里，因此认定王圻是江桥人。其实，“大宅里”并不在吴淞江畔，当时王家庵东南为三十保十图，而杠栅桥为三十保十二图。

今人应当关注的是，在今许浦村的许浦入吴淞江处，自古设有手摇船摆渡口，人称“王家渡”“王家庵渡”，这里属三十保十图。

梅花源地理位置

鸿篇巨制

王圻学问渊博，精于史事，谙悉典故，又勤于笔耕，一生纂辑著述达 20 多种，八百余卷。主要著作有《洪洲类稿》四卷、《三才图会》一百零八卷、《两浙盐志》、《续文献通考》二百五十四卷、《谥法通考》十八卷、《稗史会编》一百七十五卷、《云间海防志》、《重修两浙鹾法志》二十四卷、《武学经传句解》十卷、《东吴水利考》十卷、《明农稿》八卷、《古今考》二十二卷、《吴淞江议》、《洗冤习览》等，并主纂万历年间的《青浦县志》。所注有《周礼》《武经》。

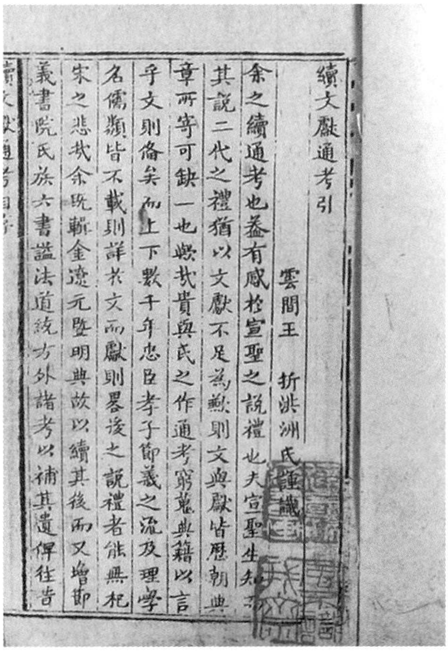
續文獻通考引
雲間王　圻洪洲氏謹識
余之續通考也蓋有感於宣聖之說禮也夫宣聖生知
其說二代之禮猶以文獻不足為歎則文與獻皆歷朝典
章所寄可缺一也歟我貴與氏之作通考窮蒐典籍以言
乎文則備矣而上下數千年忠臣孝子節義之流及理學
名儒類皆不載則詳於文而獻則畧後之說禮者能無杞
宋之悲哉余既輯金遼元暨明典故以續其後而又增節
義書院氏族六書謚法道統方外諸考以補其遺俾往昔

《续文献通考》书影

《洪洲类稿》四卷，凡诗一卷，文三卷，王圻提学湖广时自编刊行，其孙王谟又重刻。

隆庆二年（1568）夏季，王圻出任云南道监察御史后，开始纂辑《续文献通考》。在公务之余，搜罗了大批辽金元和明代文献。在宋代历史学家马端临（号竹洲）所著《文献通考》的基础上，倾注 35 年的精力，于万历三十年

(1602)编成二百五十四卷。《续文献通考》多分出节义、谥法、六书、道统、氏族六门,计30门,年代与《文献通考》相接,上起南宋嘉定年间,至明万历初年止,长达420多年。虽然记载较杂乱,但据事节录,资料尤为丰富。

被盛誉为我国第一部图文并茂的百科式图录类书的《三才图会》,又名《三才图说》,是王圻与其子王思义联手撰写的,成书于万历三十五年(1607),共一百零八卷。"三才"是指天、地、人。王圻"少年从事铅椠,即艳羡图史之学。凡玑衡、地域、人物诸象绘,靡不兼收,而季儿思义颇亦接心往牒,广加搜辑,图益大备"。此书内容上自天文,下至地理,中及人物,分天文、地理、人物、时令、宫室、器用、身体、衣服、人事、仪制、珍宝、文史、鸟兽、草木等14门,精而礼乐经史,粗而宫室舟车,幻而神仙鬼怪,远而卉服鸟章,重而珍奇玩好,细而飞潜动植。时令以下十一门为王思义所撰,全书又经王思义以十年之力加以详核,始成就绪。每门之下分卷,条记事物,取材广泛,所记事物,先有绘图,后有论说,图文并茂,相为印证。版画图像逾4000幅,其中人物画像596幅,从传说中的神农、伏羲等神话人物,到历代帝王重臣和文人义士,再到佛道两教、边远夷人乃至《山海经》中的神怪。

《三才图会》

当今学校各种文史哲课本中的古人头像,大多来自《三才图会》。因书中图谱多取之于他书,间有冗杂、虚构之弊。有些地图改编自传教士带来的世界地图。

王圻晚年致力水利研究,主张治水先治要害,事疏导,利宣泄。以为"修水利者欲先要害,惟先治长桥等处,导太湖之水入阳城(今称阳澄湖)、昆城(今称昆承湖,又名东湖,位于常熟)、三泖(又称'华亭谷水')等湖,而疏浚吴淞、娄江并大石、赵屯等数十大浦,泄淀山之水以入海,浚白泖、福山等港以泄阳城诸水，注江达海”。并以为“导田间之水悉入小浦，导小浦之水悉入大浦，则潴泄而无阻塞，而农田国库永有利赖矣”。

《东吴水利考》十卷，共八册，撰于明万历年间。本书首列《东吴七郡水利总图》，书中所载详述了太湖地区苏州、松江、常州、镇江四郡水利情况，嘉兴、湖州则稍简略，而杭州郡未涉及。前九卷为《图考》，图并附说。后一卷为《历代名臣奏议》。

《东吴水利考》明万历年间刻本（浙江巡抚采进本，现有北京图书馆藏）被列入《景印文渊阁四库全书》史部。2006 年，收入广陵书社《中国水利志丛刊》。

王圻画像（徐有武绘）

蒙训子孙

王圻是个大孝子，展现了“百善孝为先”的美德。隆庆六年（1572），母亲病逝，他即回乡守孝3年。万历十三年（1585），调任陕西布政司参议不久，为了照顾身患重病的父亲，毅然辞官回乡。

在梅花源，王圻一边读书著述，一边“草履布衣事农圃”。他对子孙立下《蒙训》称：

> 子孙才份有限，无如之何，然不可不使读书。贫则训蒙以给衣食，但书种不绝足矣。若能草履布衣事农圃，足不至城市，大是佳事。关中村落有郑魏公庄，诸孙皆为农，张浮邱过之，题诗曰：“儿童不识字，耕凿魏公庄。”夫仕宦岂能常哉？不仕，则农业可安也，不可以迫于衣食，为市井衡门之事。

王圻娶陈氏，生有3男2女，长子王思忠，任南京鸿胪寺鸣赞；次子王思义，字允明，著有《宋史纂要》《香雪林集》《故事选要》等；三子王思孝。孙辈有7男12女。

王思义所撰《宋史纂要》二十卷（江苏巡抚采进本），被收入《景印文渊阁四库全书》。

孙子辈中，王昌会、王昌纪苦读成才，闻名遐迩，时称“王氏二龙”。

王昌会，字嘉侯。万历四十三年（1615）中举人。后屡试不第，遂不再进取，杜门读书。读书处称东园，内有藤龙阁、墨君堂等。松江知府方岳贡钦其风，聘修郡志，王昌会固辞。陈继儒作书劝驾，乃就。志中“赋役”“盐榷”诸条俱出其手。晚年筑室吴淞江畔，门无杂宾。广堂宏厂，前列图书，后陈女乐，每花晨月夕，即开樽宴赏，萧然物外，时论贤之。终年58岁。著有《金史详要》、《诗话类编》三十二卷。子王灏，亦以文名，清康熙二十二年参与修县志。

《诗话类编》共有三十二卷，卷首有吴之甲（字符秉，号兹勉，万历三十八年进士，时任松江府推官）题词。凡例说明编辑宗旨、内容、体例。本书重在掇拾古今诗坛嘉语，加以分类，凡二十九目。收录较广，然不注出处，又不分人言己言。清宋徵璧《抱真堂诗话》谓“文芜而浅，其失也俗”。《四库全书总目提要》亦谓“摭拾诸诗话，参以小说，裒合成书”，为“博而不精之学”。《四库全书总目》著录于诗文评类存目，作“诗话类编”。今存万历四十四年序刊本。

王昌纪，字永侯，清康熙年间诸生。领康熙十四年（1675）乡荐。孝友纯诚，缵言励行。抚梅莳竹，以训其子。继承祖父遗书，复又手辑藏书万卷。坚持蝇头细书考校，至老不衰，手辑《十七史》40余年。申酉以后，足迹不履城市。建有别业葆真园，内有芸章阁。终年86岁。著有《诗经大全注疏合参》（嘉庆年间《松江府志》作《诗经大全注疏全参》）20卷、《易经大全注疏合参》二十卷、《类海》一百卷、《阅古抡珠》、《读史抡珠》、《增补甲子会记》。子王颖。

王昌明，字良仲，诸生。其子王世奇，顺治十七年（1660）副贡生。

王圻的妹妹嫁给了紫隄村侯氏西族的侯士方（号盂田）。侯士方为“乡饮宾”，生3子。

长子侯孔学，字中寰，上海县学廪生。深受舅父王圻的关爱，明万历二十八年（1600）为贡生。可惜，在随王圻入襄阳试院阅卷时，因遇火灾而不幸身亡。他留下儿子侯万里。

次子侯孔时，字汝成，号涞水，上海县学庠生。个性耿直，仗义助人，享年84岁。

三子侯孔中，字云树，嘉定县学庠生。奉养双亲尽孝尽责。代兄抚养侯万里。生有六子，长子侯万钟，字仲容，14岁为秀才，极有孝心。万历三十七年（1609）乡试中举人，次年春季会试名列通榜，授盐城教谕。万历四十八年（1620）冬，出城参加迎神会，受寒得病而亡，年仅36岁。侯万钟生侯泰源（字彦逢）、侯永源（后名世闻，字圣逢），均为乡间塾师，行为端正。

《三才图会》书中刊有侯孔鹤所抄写的《三才图会引》，署“孙婿靳州侯孔鹤书”。侯孔鹤，字白仙，号五弗，侯尧封五子，娶王圻的孙女为妻。年轻时丧父，便放弃学业，玩世不恭，独来独往。因曾经梦见一位身穿白衣骑白鹤的老翁，侯孔鹤便以“白鹤”自居，醉心于神仙之术。他沉潜书法，醉情图画，流连诗酒，精通风水。在旁人眼里，侯孔鹤无整缮之衣，无济楚之冠，放浪形骸。不善操持家业，家中门多脱楹，窗多断棂，上无完好之瓦，下无圆润之板，雨不崇朝，泥能没屐，是侯氏家族中最贫寒的人家。他爱饮酒，家中却不藏酒，时常在外喝得大醉。有人说他是“活神仙”，也有人称他是“狂生”。其实，他是乐天知命者，享年74岁。

侯孔鹤工诗，善草书，而画尤精美，有《白村堂帖》传世，为明清书坛著名法帖。其子侯艮旸（1620—1703，字兼山）工书法，草书苍劲有力，善画驴。画用草书法，别出新意，跃跃欲动，画山水亦苍秀。曾作《紫薇江图》，装为手卷珍藏，不轻易示人，后意外损坏，使其茫然终岁。

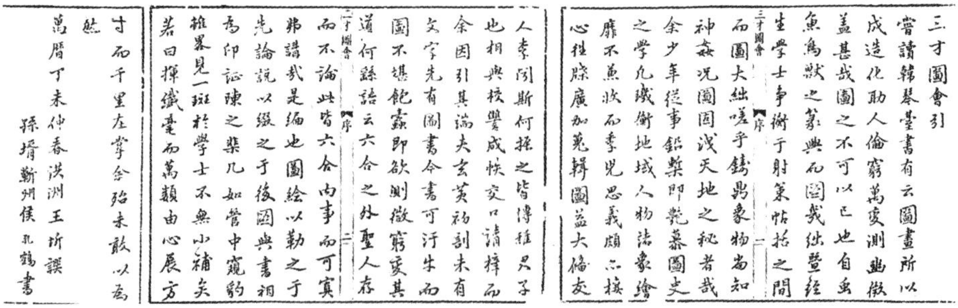
三才圖會引
嘗讀韓琴堂書有云圖畫所以成造化助人倫窮萬變測幽微蓋甚哉圖之不可以已也自虫魚鳥獸之類興而圖幾熄豈經生學士爭騖于射策帖括之間而圖大熄嗟乎鑄鼎象物尚知神姦況圖囿[illegible]天地之秘者哉余少年從事鉛槧即艷慕圖史之學凡璣衡地域人物諸彙繪靡不兼收而季兒思義頗亦摭心性綜廣加蒐輯圖益大備友人李闇斯何探之皆博雅君子也相與校讐成帙交口請梓而余因引其端夫玄黃初剖未有文字先有圖書今書可汗牛而圖不堪飽蠹即欲測微窮變其道何繇語云六合之外聖人存而不論此皆六合內事而可寘弗講哉是編也圖繪以勒之于先論說以綴之于後圖與書相為印證陳之棐几如管中窺豹雖略見一斑於學士不無小補矣若曰握纖毫而萬類由心展方寸而千里在掌余殆未敢以為然
萬曆丁未仲春洪洲王圻譔
孫壻蘄州侯孔鶴書

侯孔鹤《三才图会引》书影

梅林余香

明代晚期，每年花开季节八方游客驾舟到梅花源来赏梅，胜似“小邓尉”，至形成小集市，称“梅源市”，乡民称“王庵”。清嘉庆年间《上海县志》称之“花时香闻数里，游者有画船箫管之乐”。

步入清代，经历社会动荡，“梅花源”逐渐破败。

明末清初著名诗人吴伟业（1609—1672，字骏公，号梅村，江苏太仓人）来到王圻著书地“王庵”，称“春日过其废圃，学宪所著数种，其版籍尚存”，特作《过王庵看梅感兴》诗，称颂王圻的治学精神：

地僻幽人赏，名高拙宦居。
客来惟老树，花发为残书。
斜日空林鸟，微风曲沼鱼。
平生贪著述，零落意如何。

清康熙年间，时有上海城区书画名家沈白（字涛思，号贲园，晚署天庸子）悄悄到梅花源隐居下来，并在此终老，享年80岁。

其兄沈荃（1624—1684），字贞蕤，号绎堂，别号充斋。顺治九年（1652）进士及第为探花，授编修，累官至翰林院侍读学士、礼部侍郎。书法得家传，是康熙年间松江府最重要的书法家之一。

沈白受兄长影响，颇具才气，“年十一童试，卫学首拔，父不欲其与试，遂以布衣终”。他见兄长敢于直谏，“于民生利弊，人才得失，剀切详言”，却在康熙帝手下受尽折腾，便厌恶官场，不愿出仕，耿介不妄交游，绝意进取，便隐居到“梅花源”筑室“结绳书屋”，歌啸其中。

后来，父亲沈求（字舆可）也迁居梅花源，以诗文自娱，康熙十五年逝世，享年 75 岁，私谥寅愍。著有《梅源草堂集》《杜诗肄考》，辑《梅花集句》二卷、《箴言》十六卷。

沈白家悬父亲画像，晨起必拜，饮食必祝，终身如一日。

沈白书法清逸，诗有奇致。工真行草书，画山水纵横疏快，笔有情趣。著有《贲园文存》《吴淞江考略》《樗亭稿》等，辑《临江唱和集》，吴伟业称其所撰《吴淞江考略》“皆经世之业”。

王韬在光绪元年（1875）刊印的《瀛壖杂志》中称：“邑西北向有梅源市，环植千百株，花时晴雪千村，暗香十里，游者谓不减苏台邓尉。夏首春余，结实繁盛，邑人取以贩诸远方。今园林已废，梅实亦变，多属寻常风味。”由此可见，至清末“梅花源”的梅林依然存在。秦荣光在 1903 年撰写的《上海县竹枝词》云：“王氏梅源数里花，树多成市水之涯。冷香雪浪春初盛，邑旧人人胜境夸。”

王圻故里今貌

徐　寿

徐寿（1493—1569），字永龄，号鹤田，明代七宝镇北镇人。先辈勤于耕织，乡称『著姓德门』。为人仗义，不惜耗尽家财募建蒲汇塘桥，严谨治家，门风清正，四代流芳。其孙徐三重（1543—1621），字伯同，号鸿洲。万历五年（1577）进士，授刑部主事。独持平恕，甫满三载，以病告归。操行端洁，门庭肃穆，坐无杂宾，精研理学，栖真习静，自称『崇晦老人』，名重江南。享年78岁。著有《徐氏家则》《采芹录》等收入《四库全书》。

徐寿造桥

蒲汇塘桥

明正德年间，七宝北镇的街市依托七宝教寺的香火，日益繁荣。而要想继续向南拓展，与塘南的街市连成一片，就必须在蒲汇塘上建造一座跨塘大石桥。

此时，镇上有个叫徐寿的善人，就与两岸的开明富绅相商，想联合发起在蒲汇塘上建造几座石桥。徐寿的倡议得到众人赞同，大家好不容易筹足资金，便派人到江西邀集工匠，到福建采伐桩木，从常熟、无锡运来石料。货到人齐，选了个吉日良辰就动工了。

但没想到由于水急浪高，这桥桩就是打不牢靠，好不容易竖起的桥墩，没几天就被冲塌了。徐寿他们不罢休，塌了又建，建了又塌，弄得精疲力竭，仍无良策。

这一天，阴雨绵绵，河水急涨，无法再施工。徐寿正吩咐工匠们收工，忽见一条小船从东面疾驰而来。船到渡口，走下来一位银须白眉的老头。徐寿感到来者非同一般，忙上前讨教解难之策。老头笑笑，点头说愿助一臂之力。只见他不慌不忙地兜了一转，到肉庄上借了一把斩肉斧头回来。众人好不奇怪，又不便多问，争相探身观望。

老头上了小船，来到桥桩边，口念咒语，挥起斧头，对准木桩，每根猛敲了三下。霎时间，整个渡口似地动山摇，而河水却突然静了下来，一根根木桩也都乖乖地缩进了水面。

众人见此情景，连声欢呼。

徐寿上前向老头作揖道谢："师傅神功，多谢相助！"

老头却说，桩虽打好，但造桥还会有重重难关，大家唯有齐心协力，才能按时完工。说罢，他随手将手中的斧头往桥桩缝里一抛。

徐寿忙率众齐声应答："多谢师傅指点！"

转眼间，那老头已撑着小船往西飘然而去了。

桥墩就此竖牢，塘桥顺利造好，日后无论天灾人祸，塘桥从没有塌过一块石板，人们都说"全靠玉斧垫了塘桥"。此事越传越奇，老头抛在水中的肉斧，被传为"玉斧"。七宝人信以为真，将这玉斧称作"七宝之一宝"。

这"玉斧垫塘桥"的故事虽说是一则民间传说，倡建蒲汇塘桥的徐寿的确是一个真实的历史人物。

史料记载：徐寿(1493—1569)，字永龄，号鹤田。为人仗义，决心不惜耗尽家财，与本镇好友张勋(字启龙)一起募建塘桥。

徐氏门风

徐寿的先辈世居嘉定地区(今上海市嘉定区)，始迁祖徐庄入赘七宝地区张氏人家，遂为华亭籍。徐庄及子女勤于耕织，"又务长者"，被乡人推为"著姓德门"。

徐庄的四世孙徐奎，号西郊，为人"性孤直，不能下人"。"孤"则不合众，"直"则不知变，于是"嫉者数乘之，业稍稍落"。但他坚持操行清廉，明断是非，以德报怨，乐善好施，曾捐资建造杨港浜石桥，深受乡人好评。徐奎家4年间生养了3个儿子，徐寿为长子。

徐寿少年时也有父亲那样的个性，意气壮盛，志向不凡。明正德八年(1513)，父亲遭受诬告，蒙冤入狱，徐寿年仅20岁，即勇赴京城，直接向皇帝上书，替父亲申冤。父亲终以清白得释，徐寿始悟人生如舟必遇风浪。于是，他“始理家事，英资大度，并济弛张，以清白励操行，以勤约聚生计，以明决酬世纷，以敏谨给官府，以公平宽大抚乡闾，以沉退缜密备外务，视微如大，持坦如岖”。“平生务仁厚，嗜施予，内外亲戚待以举火者数十家，交游故旧绝而复起者无虑百数。即最仇怨者，公结以恩义，更为亲信。前后郡县吏到部，辄知公长，以父老目公，雅敬公。公虽居田，而乡曲之誉，即缙绅弗加也。年长未举子，公曰：‘予未德耳。’乃益务行义。”（出自明徐三重《九桥记》）

正德十三年（1518），徐寿耗尽家财，与本镇好友张勋一起募建蒲汇塘桥。

经数年努力，终于把桥建成。就此，塘南形成南大街，长 200 步，塘北形成北大街，长 300 多步，塘桥连接南北大街成为镇区中轴线，从而奠定了七宝老镇的基础形制。

九桥义举

七宝镇郊因蒲汇塘支流众多，到处被水网阻隔，出门无船难行，加上地处三县交界，官府少有资助建桥，以致交通不便，更显闭塞，严重影响人际交往和经贸活动。

相传有一日，徐寿的妻子杨氏从泗泾龙珠庵烧香还愿回家，走到横泾竹桥头，正巧遇到竹裂桥塌，走在桥上的一老一少顿时跌落河中，幸有乡人相救，方才脱险。杨氏慌忙赶回家中，将此事告诉了徐寿。

徐寿想到，从七宝到泗泾走旱路，虽说只有 10 千米左右，可是途中有 10 多条河道间隔，大多既无便桥，又无滩渡，来去非得动用船只，实在不便。夫妻俩一商量，决定再造几座石桥，行善乡里。

于是，徐寿动用积蓄的钱财，独力购石募工，在蒲汇塘北岸建成了一座又一座石桥。

谁料想，建造朱真桥时，徐寿遇到了大麻烦。此桥正巧对着宋姓财主家的坟山地。宋财主说：桥头挡住了他家“斗鸡活水”的好风水，硬是要求拆桥易地。徐寿不理睬他,决意坚持施工。宋财主又逼徐寿在他坟山地中雕一座石虎,解除对他家风水的冲撞,不然就上告官衙。徐寿知道不依不成,就同意了他的要求。不过,他有意将石虎雕得似条狗,以致乡人称宋家坟山是“石狗地”。

徐寿一鼓作气,数年内先后在蒲汇塘北岸建造了九座石桥。从七宝镇中蒲汇塘桥往西数,新建有新沟桥、东黄泥泾桥、西黄泥泾桥、徐家庄桥、和尚浜桥、朱真桥、朱家滨桥、马婆浜桥、新漕泾桥。这九座桥建造之后,七宝与泗泾之间水陆交通两便,社会发展紧密相依,四乡百姓交口称颂。

也许,徐寿个性过于耿直,“少负意气,人多中伤之”,他的造桥义举遭到了某些小人的恶意中伤。

一天,有人得知一位巡按大人经过七宝地区,就恶人先告状,拦轿鸣冤,诬告徐寿以造桥为名骗取钱财。这位巡按大人过于自负,立时被激怒,匆匆赶到七宝镇北大街,将徐寿抓捕归案。杨氏慌忙跪求开恩,乡人争相为徐寿说情。巡按大人以为百姓起哄,吩咐将徐寿押回法办。而当他一路走过那九座石桥,见每座石桥上都刻有“徐寿同妻杨氏一力建造”的字样,方才明白真伪,情不自禁地连声感叹:“此义士也!”他立即下令将徐寿释放了。

嘉靖三年(1524)六月,时任浙江副使的陆深(1477—1544,字子渊,号俨山)慕名到七宝教寺一游,欣赏了七宝人张璞(号友山)的诗卷,喜作《题七宝僧诗卷》。游览途中,他目睹蒲汇塘桥和北岸九座石桥的盛况,深受感触,特赋《赠徐寿建桥》长诗,赞叹不已。诗云:

江头风雨愁人涉,野鸟频呼泥滑滑。
桥梁特立恐危途,三更醉叟坦然过。
嗟哉世人逞奸富,栋宇巍峨千万户。
闭门箫鼓炰醴鲜,道路沉沦那谁顾。
泳游无计群号呼,踟蹰进退将奈何。
唯有君心泣杨子,倾囊架石行人徂。
填鹊牵牛谐七夕,文人浪语成河泽。

不作乘舆仅洧溱，万古千秋颂恩德。

君不见大宋编竹渡蚁时，灵台片念苍穹知。

又不见蔡公海口洛阳建，青潮隐伏神龙现。

巨细功垂电目燃，徐君此事超尘诠。

他年驷马高题笔，始信相如赋谁及。

徐寿的孙子徐三重《九桥记》一文，也记述了这段史实，他感叹道："然公志未已，但苦无一旦之力，欲岁岁次第图之，使百里无蹇裳者。而天遽不禄，卒未竟其志。惜哉！三重少时，往来九石梁下，家君指示题刻岁日，语公生前事，泫然久之。且曰：'而小子毋忘也。'故谨借其言，而志作桥之事。"

嘉靖十二年(1533)，徐寿率众捐资营建七宝教寺殿宇，绘塑圣像，并点燃一盏长明灯，从此昼夜不绝。

嘉靖二十三年(1544)，松江府一带遭遇大灾荒，民不聊生。已年过花甲的徐寿以课徒耕作所得，减值粜米约 227 千克，救济当地灾民。徐寿的义举，再次震动八方。后获朝廷赏赐冠服，封赠保定衔。七宝乡人公认徐寿为德高望重的"祭酒"。

蒲汇塘桥今貌

徐寿疾恶如仇，且为人真诚，还"善喻人"，即善于开导人家，做到"亲交有过勿绝也，必规而道之。臧获有罪勿弃也，必诚而训之"。他认为：开导人家，人家却不听从你开导，其中的原因有两条：自身不端正，不足以使人信服；言语不诚实，不能够使人感动。

徐泮与“飞来佛”

徐寿长子徐泮，字文卿。学业初成，不想远行，甘于清贫，渐成为虔诚的佛教徒。他虽无功名，却心地清净，也有非凡之举。

徐寿次子徐沛，字泽卿，号方壶。未投身仕途，独自在家读古书，亦涉猎《内经》，用以诊疾，解救病人。他家与蒋家的菜圃相邻。蒋家因琐事与人结怨，闹到县衙诉讼。为了打官司，蒋家将菜圃转让给徐家。徐沛按市值接收，帮他们应急。数年之后，则以“计租所入已足相当”，将菜圃全部归还蒋家。

七宝南镇东圣堂内有一座“飞来佛”，因此东圣堂俗称“铁佛寺”。“飞来佛”来得神奇，自古被乡人传为“七宝之一宝”。民间相传，早在七宝教寺建寺之初，本地区曾经连续落了七天七夜暴雨，导致河水猛涨，天昏地暗。第七天午夜时分，突然轰隆隆惊雷滚滚，一道金光划破夜空，天上一物随之飞降而下，同时，护寺河中浮起一物，氽到香花桥畔。清晨时，雨霁天晴，百鸟欢唱，乡民们纷纷赶来观看。只见七宝教寺广场上多了一尊高达丈余的铁佛，人们惊呼“飞来佛”，又见护寺河中多了一只巨钟，人们惊叹“氽来钟”。于是，人们将“氽来钟”安放在七宝寺内，“飞来佛”安放在南镇东圣堂内。

这是美妙的传说，但也是事出有因。七宝寺内的巨钟，当年是用船只经水道运来安放的，自然可称“氽来钟”。那东圣堂的铁佛，是如何“飞”来安放

的呢？

东圣堂在南东街，与七宝教寺南北相望，故又名“南七宝寺”。《松江府志》称其始建于元至正年间，而清光绪年间《青浦县志》称其始建于宋大中祥符元年（1008）。

明万历二十三年（1595），徐泮等信众合力用铁铸造了一尊如来佛像，高有三四米，重达千斤。可是，铁佛铸成之后，因重量太大，一时搬不动，难以安放进现有佛堂。为此，只能就地再建造一座佛殿。动工之前，先用木板将铁佛封围保护起来，待佛殿造好之后再拆围亮相。乡人不知其中奥妙，眼看佛殿平地而起，匆匆竣工，却从未见到迎送佛像的举动，而等到佛殿开门迎客时，发现铁佛在一夜之间已经端坐在位，都以为那是昨夜天外飞来的。于是，人人都称这座铁佛是“飞来佛”，因此香火特别旺盛。

万历二十五年（1597）七月，徐泮看到父亲于嘉靖十二年（1533）资助营建的七宝教寺殿宇内，长明灯火昼夜不绝已有60多年，感到十分欣慰。同时，他又生怕往后因灯火无资，后人难继，便自愿捐献自家田租，供奉佛灯长明，为此，他还在七宝教寺内勒石设立《灯油记略碑》。碑文如下：

本镇信民徐泮，有先父敕赠保定左卫经历徐寿，存日念三官大殿荫功庇世，于嘉靖十二年间，发心营建殿宇，绘塑圣像，随点长明灯一盏，昼夜不绝。嗣泮缵绪，言念先德，不敢隳弃，遵行如故，盖六十余载矣。窃恐灯火无资，后人难继，今愿舍自置本区七图原额田七亩，该租米六石；又五图原额田一十五亩七分，该租米一十一石七斗六升。通二处，共名田二十二亩七分，共租十七石七斗六升，完粮之外，岁供庙用。尚有余资，供真武神前灯油每月六斤，三茅真君灯油每月二斤，武圣灯油每月二斤，又岁给僧道点灯米一石。年荒量减，余供差使。立碑勒石，永垂不朽。祖创孙承,长守勿替。祈求一念精诚,潜通元造,躬荷胡考之休,代膺昌炽之福。

万历二十五年七月　保定左卫经历徐泮记

东圣堂旧貌

徐三重守望家园

湘竹文运

嘉靖二十二年(1543),徐沛生下儿子徐三重(1543—1621),字伯同,号鸿洲。

在徐三重少年时期,七宝镇上先后有王会、金定等才子奔赴京城参加会试,高中进士。乡间学子投身科举走通仕途的实例,一次次轰动七宝四乡,自然也影响着徐氏家族。

当时,徐寿年已50多岁,只因这些年为造桥掏空了家底,以致家业中落,总难免会遭遇急需用钱的关头,便开口向族人求助。可是没想到,族人往往找借口或不做回应,徐寿无奈之中只得含泪变卖部分田产应急。为此,他决意要将孙儿培育成一名进士,指望他能光宗耀祖,改善徐家的处境。

于是,徐寿在家宅宝善堂内自行创立"徐氏义塾",延请儒士,绛帐授徒,以课徐氏子孙及乡里的贫寒弟子。因此,徐三重自幼能在自家私塾中入学发蒙,得到了良好的早期教育。

徐寿见孙儿十分好学,极为放心,而徐沛总是不放心,亲自督学,管教甚严。后来,名士陆深特意为此撰写《徐氏义塾记》,大加赞赏。

徐沛曾经师从龚情(字善甫,号方川,上海县马桥人,嘉靖三十二年进士）,深切领受过恩师课教子弟之严。他经常听到恩师感叹:“宇宙间所并尊者,天地君亲师。天地有覆载恩,君王有平治恩,父母有生育恩,如何深重,而师亦与焉,何可不思参配其恩?且以他人之子弟而尊事我,等于父母终其身,我苟无恩,而偃然当尊,岂不厚愧?故我必欲成人子弟,是以严也。”恩师在讲堂上一再强调:“误人之子弟,何异杀人之父兄?”徐沛对恩师的严训时刻铭记在心,如今面对儿子入学,他岂敢掉以轻心。

在父亲的严管之下,徐三重倍加勤读,终以幼年聪慧,才能出众,学绩超伦,被同辈人赞为“神童”。参加童子试,他名列榜首。年未弱冠,他成为县学庠生。进入县学,他更加刻苦益进。

徐家北庄植有一片湘竹林,相传那是徐氏文运之端。

嘉靖四十五年（1566）,有周姓佃户人家到竹林里去斫取几竿湘竹,用其插引扁豆,谁知“逾岁发,枝叶成丛”,乡人称奇。

令乡人更为惊喜的是,这一年即隆庆元年（1567）,二十四岁的徐三重首次参加乡试,便考中举人。此时,在东庄池畔冒出一片小篾竹,足有百余根。佃户看到之后,忙去斫取几竿,编为樊圃,结果有两株大发枝叶,次年竹竿成行,延及数丈。乡人闻之,惊呼神奇。

隆庆三年（1569）,徐寿亲眼看到孙儿中举,也看到北庄湘竹成林,深感徐家又有了勃勃生机,前程必然锦绣。于是,他心满意足地离开了人世,享年 76 岁。其墓葬在七保一区五图。

徐三重果然不负祖父的期望,学识日益广博,诗文不断长进,深得师友赞赏。

万历二年（1574）春,徐三重满怀信心地赶赴京城参加会试,一举考中贡士。

万历三年（1575）,徐三重之子徐祯稷出生。

万历五年（1577）,徐三重有幸赴京参加殿试,终于以三甲第 156 名中进士。父亲徐沛以子贵,获得封赠。徐氏家族随之扬眉吐气,七宝乡人大多引以自豪。

京城为官

徐三重在京担任刑部江西清吏司主事，官衔正六品。

江西清吏司是刑部所属内部机构，设郎中一人，员外郎一人，主事一人，经承三人。职掌审核江西省的刑名案件，凡该省徒以上刑案题咨到部，由该司凭其供勘审核证据是否确实、引用律例是否准确、所拟罪名及量刑是否恰当，具稿呈堂，以定准驳。同时收办江西道御史、中城御史、正黄旗及西直门的来往文书。

徐三重身居要职，却依然低调做人。有识之士喜欢与他交往，称其“广额白皙，端重寡言，识者目为远器”。“远器”是指有才能、能担当大事的人。“主政爽鸠冷曹，迹涉吏隐，似可优悠养廉。”刑部主事的职位，执掌他人生死大权，令人敬畏，且犹如隐者，当官当得清闲自在。人们都认为他十分幸运。

然而，徐三重清醒地认识到，自己有幸步入仕途，“当以国事为家事，民心为己心。不得但蜡荣名，苟图身利。毋苛刻以博能声，毋卑屈以媚贵要，毋费民以奉所临，毋枉法以狗所畏。昭昭国典，奉以公平。暗暗下情，体以忠恕。念吏国家给俸，本足资官。独以食费自浮，乃若不追，于是乎苟且以充用，则不惟轻昧国恩。而生平名节扫地矣。当思此亦国计民脂，身口之外，不得一毫浪费，则用度有余，自然不必分外，夫分外一毫即贪也。贪之一字，古今大戒，不惟终身不齿，子孙亦且羞之。已为士大夫，何可不严戒而痛绝也”。

因此，徐三重坚持办事公平正义，为人宽厚仁慈，获得了同僚们的称赞。在审案中，徐三重发现有一豪门作恶杀人之后，竟然作假，以家奴抵偿而脱罪。他决意严查深究，法办真凶。谁知，宰相张居正却派人竭力阻止，硬要他以处死家奴销案。徐三重心头不平，但是无法直接违抗宰相的命令，深为自己难以主持正义而遗憾。

办案时，徐三重也发现了一些冤案，他坚持冷静查究，注重证据，决不随意枉断。幸有刑部尚书严清（字公直，云南后卫人）十分赏识徐三重的“独持平恕”，知其办事周详审慎，便让他掌管秘密要案。每有疑难案件，必定向他咨询，一起商酌才做定论。他们将长期积压的冤假错案都一一理清，深得多方赞赏。

严清坚持为官“公廉恤民”，徐三重对他十分敬重。尽管张居正当政，权威显赫，但各部尚书中依然有严清始终不愿攀附，敢于坚持正义。

于是，徐三重自觉地追随严清。因此，他在处事和办案中，自然时常会与张居正“得盗即斩”的极刑政策相左，从而深切感受到朝廷政治的腐败。没想到，徐三重担任刑部主事刚满 3 年，连张居正也看中了他的才能，计划将他调到吏部任用。可是，徐三重不愿意调职，却又生怕因此招来是非，处境顿时十分尴尬。也许因积劳成疾，徐三重病倒了，徐三重生怕因此耽误公事，便主动申请退位让职，静心养病。

数月之后，眼看这里的情况一时难有定论，徐三重决定暂时离开京城，返乡养病，这样既能与父母双亲相伴尽孝道，又可躲过京城内的官场之争。

显而不贵

据清康熙《松江府志》记载，徐三重之父徐沛“生平不为奇节，而清襟旷度，皭然不可干以私，真笃行君子也”。

因儿子在京当官，徐沛获得封赠保定左卫经历。虽说只是个虚职，但在乡间这无疑是一个显达尊贵的称号，足以令普通乡人刮目相看。然而，徐沛及家人并没有以名门望族自居。他依然布袍角巾，闭门吟咏，似乎一切如旧。

知县按照惯例，多次延请徐沛前去参加庆典活动。可是，徐沛始终不愿出席，也不想去拜访交际，弄得知县常失脸面。有人不解其意，前去询问徐沛："你这样做，人家不会怀疑你过于自傲吗？"徐沛不以为然，笑道："我只是一个乡间野老，理当如此。"

确实，徐沛并非自傲，不论儿子是否为官，他自有做人处世的准则，一向认为："为人日多暇，其生平当无过人者；为人日无暇，其生平当无过人者。""士贫以当贵，俭以当富，或未达。曰：士处今之俗，而免于侵朘耻辱者，其贵乎。不然，其贫乎。而免于窘迫求贷者，其富乎，不然，其俭乎。"

一天，有个朋友上门来做客，他对徐沛说："你家富贵了，多好啊！能不能帮我家也富贵起来？"徐沛以为他开玩笑，便说："你何必这样求我，我家有什么富贵呀？"那朋友不罢休，真诚地向他请教富贵之诀窍。徐沛坦然相告："我看你家饭蔬不错，裘布不缺，饱暖无忧。饱暖之外，为什么非要披锦列鼎？我的生活不如你安逸，内心不如你悠闲，而你还想要富贵，那不是多余了吗？我看，还是反求你帮帮我吧。"那个朋友依旧茫然，但觉失言，急忙点头称是。

除了读书吟诗，徐沛乐于潜心钻研医学，尤精《内经》，以精湛的医术饮誉乡里。但他"不荐师医，亦不轻听人荐"，认为"师医者，兴替死生之所系也"。他著有《医学决疑》《方壶山人稿》。

徐沛以自己的方式传承着徐氏家族的门风，从而深刻地影响了子孙的人生。

徐三重对父亲的为人感同身受，又真切理解父亲自幼严训的苦衷，眼看父亲年迈多病，更觉得自己责任重大。

不惑之年

万历十年(1582)，张居正去世，严清担任吏部尚书，京城风气大为改善。而此时正在家中养病的徐三重，摆脱了官场的纷扰，身体养好了，但眼见父母双亲已年老体弱，再远走高飞，就难以尽孝。为此，徐三重进退两难。考虑再三，徐三重决定还是以尽孝为重，守望七宝故土，不再赴京述职。

然而，历任江苏巡抚、按察司要员都敬重徐三重，一再推荐他重新出山，可是徐三重坚持不愿出任官职。一时盛情难却，勉强趁岁时庆贺之际，偶尔前去应酬一二。不久，他又闭门隐居，如入幽谷深山，看不到踪迹。上海道台、按察司派出专人前来请教，他不愿接见。松江知府亲自登门拜谒咨询，他亦不出面接见。本地官员们不由感叹：“以至宾筵秩秩，几得公一赴以光大典，公亦不见。”

徐三重(徐有武绘)

万历十一年(1583)，徐三重已年满40岁。在京为官虽仅有3年，但是令徐三重对人生有了更深刻的认识，对其今后的人生也产生了极大的影响。

步入不惑之年，徐三重越加清醒地规划自己今后的人生之路。他看到，当年祖父徐寿面对三难，“勤施多济，而无德色；里仇侵之，讼则克，而未尝先发一难；不习诗书，而秉礼裁义，揆诸古，则斤斤如也”，但他仍坚持好德行惠，利泽一方，其价值并不低于达官贵人，值得继承光大。而伯父徐泮是个虔诚的佛教徒，不问世俗，甘于清贫，洁身自好，但是无所作为，过于狭隘。父亲徐沛个性清高，放弃科考仕途，自尊自重，但是远不及祖父热衷造福于民。

徐三重敬重祖父，独尊儒学。为此，他决定今后的人生不随波逐流，要坚持先辈敦厚之德。

当时，七宝镇上经贸活跃，居民们争相开店经商，力图争利。而徐三重未曾动心，他叮嘱家人：“窃念贾其业，不无贾其心，贾其心而欲自振濯，亦难矣。四氏之中，耕读之外，彼善于此，宁工不商者，盖永以警吾后人也。”

在家乡,徐三重结交的朋友并不是很多,但他对朋友个个真诚以待,人称高谊。他有一位挚友老儒,名叫褚中泉。徐三重对其尤为尊重,每次相见,他必定侍奉而坐。而褚中泉居然亦乐于享受,不以为嫌。褚中泉去世后,其女孙少孤,徐三重便为之抚育,直至择婿出嫁,如同视为自己亲生的女儿。

若是某个朋友有出格行为,徐三重则不讲情面,必会谴责。浙中巡抚甘紫宁与他同籍交厚,他手下有个武弁欲谋掌戎政,以五百金前来登门求情,希望徐三重出面为其疏通关节。徐三重当即严词拒绝:"彼欲得此职,必有失此职矣。吾不为也。"

重修七宝教寺

徐三重返乡之后,在七宝镇上又守望了 38 年。彼时,虽说已显示"巨镇"风貌,其实并不尽如人意,何况贫富不均,新旧交杂,公益缺失。因此,徐三重未曾为故乡高唱赞歌,而是默默地关注着家园的不尽如人意之处。

徐三重一家,居住在北镇北大街徐家弄内。他用心复兴祖父创办的徐氏义塾,延请馆师,让族中子女和乡邻贫寒子弟能就近读书。

北镇东街中市蒲汇塘北岸跨北横沥口,有一座兴圣桥,俗称"庙桥",始建于天启年间,桥面上建有一座关帝庙,庙底临河,俗称"无底关王庙",此时已经残破,徐三重便率众捐资,主持重修。

七宝教寺于成化十九年(1483)重修后,历经百年岁月,也已经显露出破旧的模样。

万历十三年(1585),徐三重动员乡人筹资修建七宝教寺,使古刹重现辉煌。在徐三重的推动下,首先重建教寺山门,并正对北大街,令人耳目一新。

同年,寺僧承业又募修教寺大殿,并于寺前开挖香花浜,引横沥水绕寺,建东、中、西三座"香花桥"。

万历十八年(1590),寺僧惠能倡议,镇民捐资千金,重修大雄宝殿。大雄宝殿东西匾额为"蓬莱仙境"(赵孟頫书)和"西天真域"(董其昌书)。

就此，七宝教寺占地达到2.6万平方米，另有寺河约4000平方米，有各种建筑千余间，有大雄宝殿、弥陀殿、财神殿、钟鼓楼、山门等，辟有荷花池、竹林、梅园以及五代桧、罗汉松等名贵树木。这一番建设，使七宝镇的格局展现出一派新气象。

潜心学问

徐三重长年在家，闭门简出，潜心著述。此后的近40年间，他始终不入公府之门。然而，他身居乡间，却依然胸怀天下，正气未衰，始终保持着古大臣之风。

得知皇太后丧病，徐三重不能前去吊唁，便在家中设座，遥向北阙跪拜，泣泪不止。虽已退离官场，但他时时胸怀忠君爱国之志，爱憎分明，每当闻知朝廷施行一项有效善政，起用一名出色清官，他就会喜动颜色，而每当闻知恶政害民、贪官当道的消息，他就会咨嗟罢食。每当听闻全国各地频发水旱之灾的信息，徐三重就会茶饭不思，寝不安枕。

遭遇灾荒，人命关天，涉及千家万户，影响经济社会。救荒是当政者第一要务，而实施时却又极为艰难复杂，一向成为有识之士献策的热门话题。对此难题，徐三重自然十分关注，主张实行均田限田政策，多次撰文论述。

后来，徐三重在《采芹录》第一卷有关养民教民论述的基础上，强化要点，撰写《救荒议》一文，提出“长淮以北，赈急于蠲；大江以南，蠲急于赈”的主张和免除租税、救济饥贫的有效方法，使其成为比较成熟的救荒备荒工作指南。

在七宝老家，徐三重每日里手执一编，自以为乐，潜心儒家“天人性命之学”，钻研人心世道。稍有闲暇，他则“理药囊，列茶鼎”，而绝不过问他人得失。晚年他更加注重精研理学，以朱子为宗，栖真习静，俨然如对圣贤，因此自称“崇晦老人”。

经过多年的积累，徐三重搜集整理出一系列古人“轻世遗荣”的故事，并加上了自己的评价和心得，最终编著成《兰芳录》二卷。

历代官方施政得失和理政要害，也是徐三重长期关注的课题，并有不少重要论述，他最终合编成《采芹录》四卷。

自古有学者称，北人做学问如显处视月（渊深广阔而博杂），而南人做学问如牖中窥日（清明通达而简洁扼要）。徐三重取其意，将自己研读过程中的论述要点汇编成《牖景录》二卷，上卷论述孔子，下卷论述士人世事。

徐三重在讲学中，还注重点评古人为人处世之得失，将相关讲学语录编辑成《读史余言》二卷。

徐家弄今貌

由于徐三重毕生勤于笔耕，又善于汇编，因此著作颇丰，流传广泛，影响深远。据史料记载，他先后著有《家则》四卷、《野志》十六篇、《兰芳录》二卷、《采芹录》四卷、《牖景录》二卷、《读史余言》二卷、《言古余论》（一作《信古余论》或《别录》）八卷、《鸿州杂著》八卷、《史记通表》二卷、《历代甲子》二卷、《灌园谱》二卷，以及《易义》《陷阱篇》《天真斋草》《山斋幽事》《卫生录》《庸斋日记》《斋居寤志》《郡杂摘》《杂志》《刑诫》《政要》等各一卷，合计有二十多种四十六卷。其中，《家则》一卷、《野志》一卷、《采芹录》、《兰芳录》、《牖景录》、《读史余言》被收入《景印文渊阁四库全书》，《言古余论》被收入《续修四库全书》。为此，人们都称他为"江南大儒"，学界则以"鸿洲先生"尊称。

薪火相传

徐三重治家严整，认为气节正直，品德清廉，是为人处世的根本。他以孝行善待年迈双亲，以睦邻仁德垂范于世。日常身无鲜衣，床无重褥，食无美味，饮无醇醪，暑无扇，冬无炉，出无舆，张无盖。居室悬挂“八语自识”为座右铭：

室无美姬，堂无俊仆，案无戏具，门无杂宾；宅取安人，田取给食，书取明道，器取适用。

徐三重立下《家训》：

子弟智愚贤不肖虽有天命，然父兄须教以读书，皆不可令废弃。纵痴蠢顽悍，若少知理义，亦不敢肆然为非至不可理论也。蒙养不端，待习惯成性，始思补救，晚矣。端蒙养，是家庭第一关系事。士大夫教诫子弟，是第一要紧事。子弟不成人，富贵适以益其恶，子弟能自立，贫贱益以固其节。

徐三重诫勉子弟，不得随意借其名义行事。即使子弟应试赴考，也不会去疏通关系。一次,松江知府派人到徐家,说是请教其儿子的仕途安排。徐三重当即回绝:“无使儿曹有幸途于进者。”有人为其弟书写推荐信,徐三重闻之怒形于色,立即追索信函,当场毁之。

徐三重结合本地传统风俗,整理出一整套居家行为规范,辑成《家则》《野志》。其书富有地方特色,针对性极强,被收入《景印文渊阁四库全书》,流传甚广。

徐三重之子徐祯稷(1575—1645),字叔开,号厚源。万历二十八年(1600)中举,次年中进士,出任夔州知守。徐三重特意撰写《政要二十四条》作为训诫:

端身范以示表仪,
励廉隅以保名检。
重伦常以彰教化,
笃恩义以厚风俗。
精听理以通冤抑,
询利弊以救疾苦。
慎刑狱以恤元元,
轻赋敛以宽民力。
重农桑以阜民生,
训文行以兴士学。
矜孤独以惠困穷,
简词讼以安生理。
禁浮薄以挽薄俗,
尚俭素以节财用。
谨薄书以核吏奸,
慎文移以通上下。
致诚敬以重祀典,
豫蓄积以备灾荒。

访耆德以示意向,
惩奸横以伸善良。
守法度以维风纪,
习武备以防事变。
明出纳以远嫌疑,
体人情以布慈恕。

徐祯稷与父亲一样被朝廷任命为刑部主事,视之为言行准则,认真践行。万历四十三年(1615)六月,经多次升迁,出任四川按察使副使。在四川为官多年,为官清廉,主持正义,蜀人以“如雪肝肠羊叔子”称颂。他即以“叔开”为号,加勉自警。在四川任职12年,百姓称赞其施政如清风宜人,雅称其为“徐公风”。

天启元年(1621),徐三重因病去世。不久,徐祯稷不满朝政黑暗,以病为由,辞官返乡隐居,以名德重于江南,享年70岁。他讲究家训教育,日常积累了大量训言,晚年将治家心得汇辑成《耻言》两卷,开篇即称:“耻言者,家居谈说偶识之简者也。言之未克行焉。庸无耻乎?存以备自省。亦以示后人。犹冀有能释予耻者。”一生好诗,吟咏明志或关心民情,或咏蜀中风物山水,诗作数以千计。著有《明善堂诗稿》等流传于世。

董其昌

董其昌（1555—1636），字玄宰，号思白、香光居士，明代上海县吴会里董家老宅（今闵行区马桥镇友好村）人。明万历十七年（1589）进士，授翰林院编修，官至南京礼部尚书。一生创作书画作品不可胜数，明末《画史绘要》称其『山水树石，烟云流润，神气俱足，而出于儒雅之笔，风流蕴藉，为本朝第一』。倡『南北宗』之说，创中国文人画理论史上又一高峰。

董家老宅，科甲之乡

源远流长

元初，竹冈董氏的始迁祖董官一，在“吴会里竹冈洪桥东”定居。明初，董氏后人董成的子孙枝繁叶茂，分头拓地建宅，并为祖辈设立墓园。至明代中叶，董氏宅院成群，散布在沙冈至竹冈之间，绵延数里，乡人称之为“董家汇”。而最初的“释耕所”“东野草堂”“西郊草堂”等所在地（今友好村八组、九组地界），人称“董家老宅”。清初，在石桥头分建“董家宅”（今友好村十组）。

《董氏族谱》记载：董官一生下儿子董仲庄。董仲庄“隐德弗耀”，入赘当地韩氏人家，“居吴会里东沙冈上”，生有2个儿子，均为且耕且读的处士。

董仲庄长子董中（1380—1442），字思忠，号遗安。据当地出土的《明故处士董公（董中）圹志》记载：“自曾祖以上世居松之上海，考仲庄，隐德弗耀，妣韩氏。先考幼孤，赘于外氏，弱冠归守先业，勤俭经营，大其门阀。永乐间，乡里推为万石长。凡应事接物，敬亲睦族，所著有能声平音，训子孙以读书闻礼，课童奴以耕垦为业，故以遗安名其堂。寻往松城，得中风疾，遽然卒。”（《圹志》石今存闵行区博物馆）董中以经营贸易起家，并负责乡里赋税征收，为董氏家族奠定了经济基础。

董中娶宋氏为妻,生有3个儿子,长子董和,娶江氏;次子董平;三子董弘。孙儿有三,董经、董纶、董震。孙女董重阳,其女名妙真,嫁给龚士俊。

董中曾经“寻往松城”,企望在松江府城内谋求发展。63岁时,他得中风疾,遽然去世。明正统八年(1443)四月初,董中安葬于上海县十六保师字围先垅之侧。

董仲庄次子董思贤,入赘当地钱氏人家,改为钱姓。三传至董冕,即董其昌高祖,才恢复董姓。董思贤36岁逝世,葬在竹冈西车墩俞塘北原。思贤一支四代单传,人丁单薄,所以一直以来比较拮据。

董纪兄弟

明初,社会动荡逐渐平息,百姓生活重新得以安宁。在董家老宅,当时有董成在此耕读传家,因能诗而闻名,生有三子一女。

长子董佐才,字良用,颇具文才,在沙冈拥有“百亩私田十尺庐”,以耕读为乐,不就朝廷征辟,甘为乡间隐士。寓居乌泥泾的元末诗人王逢撰有《题董良用征士释耕所》,描述董氏当时的家境,诗云:

百亩私田十尺庐,释耕为乐野人如。
陇牛瀼卧春犁后,水鸟低飞午馌余。
殷丧蕨薇元可食,秦炎种树独存书。
老予拟就庞公隐,岁暮相看两鬓疏。

董佐才的兄弟董纪,字良史,也以文才出名。

洪武三年(1370)秋,朝廷在各地推举“贤良方正”,召集人才。董纪应召,殿试时以对策胜出。次年初春,董纪赴任江西按察使佥事。

然而,董纪本性刚直,并不适应官场生态,无心走通仕途。两年后,他以奉养父母为由,索性要求“乌纱换角巾”,辞官归乡。

洪武六年(1373),董纪返回董家老宅后,隐居在其兄董佐才“释耕所之西轩”,屋小亦雅,自得其乐,称之“东野草堂”。

同年十一月,董佐才也因乡荐进京为官,授广东茂名县知县。次年四月,在京起行。洪武八年正月,始得到任。六月,由茂名调任广西柳州雒容县知县。《元诗集·癸集》收录了董佐才的《题华亭朱孟辩篆冢诗卷》《方寸铁为卢丹》等8首诗。

洪武九年(1376),董佐才在广西柳州雒容县任上突然病故,卒年53岁。留下两个儿子,长子董泽,字时雨,在福建延平(今福建省南平市延平区)西芹河泊所任职。董纪曾赋诗10首赠给侄儿,《寄延平西芹河泊所官侄时雨十首》成为传世名作。

董纪先后失去姐弟,如今又失兄长,而父亲年已81岁。兄长突然客死他乡,且尸骨一时难以运回,他闻讯极为悲伤。

于是,董纪择地自建新居,称“西郊草堂”,新凿池塘养鱼,新置笔床茶灶。在此且耕且读,教授子孙,超然避世,在“西郊草堂”隐逸终老,晚年自署“真率道人”,还将自己的作品辑成《西郊笑端集》二卷。

耕读人家

董纪《西郊笑端集》中有一首《六有斋》诗,董纪称“沙冈俞子诚氏,名其斋,曰六有,盖取横渠张先生告其门人尹氏之语,谓言有教,动有法,昼有为,宵有得,息有养,瞬有存也。学士大夫咸咏歌之,求余品题为作诗一首”。沙冈这位俞子诚的“六有”,反映了当时隐居在这里的文士的精神追求。

《西郊笑端集》有散文《闲处光阴记》,记载了文士章文浩隐居在此的情境,其文如下:

上海之沙冈,有隐居为章文浩氏,于其墅之西,偏外斋之后,凿地为池,垒石为坛。树以松桂,旁有古梅碧桃,柏夹拱池中,畜金鱼,植嘉莲,池之上又作小轩,通外斋以为游息之所,其广三闲,袤则不逾寻丈,花香竹色,熏染几席,云影天光,出没栏槛,幽阒寥敻,不知有尘世之胶胶扰

书香人家

扰也。因取少游词中语,名之曰闲处光阴,而求予为之记。予谓少游雪月中人,咳唾珠玉,故其言虽浅近而意味无穷,登是轩者睹其名而思其实,一轩之义尽矣备矣。虽然光阴一也,岂有闲不闲之谓哉,闲不闲此天之所,以予夺于人而人不能自必者,光阴不知也,人得其闲不得其处,则徒有其闲而为虚度矣。虽得其处不得其闲,则徒有其处而为虚设矣,既得其闲又得其处,光阴岂有不假乎人者哉。文浩好尚高洁,胸次潇洒,上勤赋税之供,下尽事育之责,退而休偃于此,避喧乐静,此岂非有得于闲处光阴之所者乎。至风日佳时,窗户洞启,与夫二三郡人谈名理,讨论往事,或觞或咏,或琴或弈,或焚香读书,或啜茶观画,无一不适其宜,此岂非有得于闲处光阴之时者乎。且夫光阴者,百代之过客也,其在天地则无穷。在乎人则有限,以有限而言之,古无今之日,今无古之时。文浩有鉴于此得所与时矣,闲处勿虚设也,光阴勿虚度也,如此则于少游之言为无愧,命轩之意为无负矣。视朝暮运甓,恐不堪事者今亦何在,又安能以彼而易此哉。文浩作而曰某虽不敏,请事斯语矣。遂书为之记。

云间三凤

竹冈董氏家族坚持耕读传家,天顺八年(1464),终有董纶(1427—1480,字诚之,号介轩)脱颖而出,考中进士。

董纶官至南京都察院河南道监察御史,生有6个儿子,其中董恬(1454—1527,字世良,号中冈)和董忱(字世行,号宜庵)成化二十二年(1486)同榜中举人,弘治九年(1496)又同榜中进士,一举轰动松江府。弘治十四年(1501),董怿(字世康,号守庵)中举人。董家之子出类拔萃,被松江府传为文坛佳话。为此,弘治皇帝钦赐“云间三凤”题额(“云间”是松江的别称),松江府特意在“董宅老宅”村口立起牌坊以示表彰,使这里更加风光无限。

董恬先后在工部3年、刑部8年,广受好评。正德三年(1508)任大理寺丞。后任大理寺少卿。然而,因不肯依附逆臣刘瑾窃权,遭遇诸多迫害。正德八年(1513),年近60岁,即请辞归乡,并要求洗清冤屈。嘉靖皇帝即位,下诏请董恬复职,而他不愿再返官场,将住所取名“紫冈草堂”,自号“中冈居士”,著《中冈集》。嘉靖六年(1527)八月九日在家去世,享年73岁。

科甲之乡

从明天顺八年(1464)董纶中进士至清顺治十八年(1661)董含中进士的197年间,吴会里先后高中进士的有16人,计有50多人通过科举考试走上仕途。仅嘉靖年间,吴会里就有戴邦正、董子仪、龚恺、董传策、龚情5人考中进士。

从明代初期开始至清代康熙元年,竹冈董氏家族的繁盛长达近260年。据《董氏族谱》记载,董氏家族历代人才辈出,其中有甲科进士9人,另有乡科举人7人,贡士19人,出仕太学生15人,太学生28人,府县学庠生150人,此外还有官生、奉祀生各4人。这在繁盛的明清时期的松江府也是罕见的。董其昌家族的兴衰反映了由明至清江南的时情和世风。

惨遭倭患

谁料想,到了明嘉靖三十二年(1553),黄浦江沿岸突然遭遇“倭患”,一场空前大难临头而降。

自嘉靖三十年(1551)起,我国沿海遭到倭寇的大肆骚扰,上海地区也未能幸免。嘉靖三十二年四月至六月,倭寇5次入侵上海县境,大肆抢掠。为此,上海县城军民紧急修筑起城墙,自卫反击。倭寇围城40多天没能攻破,顿时恼羞成怒,沿黄浦江而下,疯狂作恶报复。

倭寇几次闯进吴会里地区,疯狂劫掠,无恶不作。最终,整个吴会街以及仁济道院等周边佛寺道院惨遭劫掠焚毁。当地人只得四处逃难,繁荣的市面顿时消失。

嘉靖三十三年(1554),倭寇再次冲入吴淞江,又会集于黄浦江沿岸大肆劫掠,浦东周浦镇、三林塘镇遭劫。三月十一日,倭寇麻叶部800余人自闵行镇直抵松江城西仓,船泊黄浦江边,一路洗劫了东自松江县车墩至金山县吕港,西自青浦县章练塘至杨扇一带的村落。

六月二十日,倭寇千余人,从浙江嘉兴分乘57条船,经过沙冈、竹冈、闵行镇等地,一路大肆焚掠。沙港河、竹港河两岸村落遭劫,闵行镇上的度门寺被毁。

九月间,由于上海县城已筑起城墙,倭寇攻城不克,便在城郊地区作恶,闯入吴会里地区,见十室九空、无物可掠,便大肆纵火泄愤,使这里几乎成为一片焦土。

嘉靖三十四年(1555),倭寇之乱终于结束了。但是,整个吴会街就此一蹶不振,长期衰落。戴氏、董氏、龚氏家族后人,纷纷跑到松江府城去了,留在本地的大多为平民。

年少有志，离乡寻梦

生不逢时

嘉靖三十四年(1555)一月十九日,董其昌在董家老宅出生了。

可惜,他生不逢时。在经历一番“倭患”后,已经家道中落,家中只有10多亩薄田。父亲董汉儒自幼耿介力学,被远送到金山卫镇的“金山卫学”就读,但那里的教学水平平庸,他屡试无果,只得以乡中塾师为业谋生。《董氏族谱》称董汉儒“质颖学邃,屡试不售,而家益贫,以砚舌耕。人高其学行,争延之。”

董汉儒“为里中儿师,熟诵《通鉴》数叶,晚从枕上口授”。董其昌“悉能诵记”,勤奋力学。母亲沈氏,娘家在华亭县浦南叶榭镇,亦出自名门。董其昌7岁起跟随母亲沈氏到叶榭镇上外祖家居住,并就读于水月庵私塾。水月庵,本名水月禅院,位于叶榭镇中市街,始建于元至正八年(1348),历代香火旺盛,声名远播。明万历年间,水月庵始设私塾,延聘名儒执教。当时,在水月庵执教的是正德年间进士杨秉义的儿子,其诗词书画俱佳,颇具声誉。董汉儒是慕名将儿子送来就读的。

有志成才

隆庆元年(1567),13岁的董其昌参加童生试,得到松江知府袁贞吉、督学耿定向(字左伦,号楚侗,又号天台)的赏识,成为松江府学庠生。《董氏族谱》称赞董其昌,“公之过目成诵,出口成章,绪余所及,俱为世宝。”

隆庆五年(1571),17岁的董其昌与侄子董传绪结伴,同赴松江府城参加乡考。他写了一篇八股文,自以为准可夺魁,谁知发榜时竟屈居侄子董传绪之下。原因是松江知府嫌他试卷上的字写得差,文章虽好,也只能屈居第二。此事令董其昌深受刺激,终生难忘。董传绪是董志学(号廷评)的长子,辈分比董其昌小,但董其昌却视这位堂侄为兄长,礼敬有加。

董其昌由此想到,沙冈西首俞庄(今金星村五组俞家里)的俞宗大(字养拙)喜工行楷,明初时以善楷书而荐授中书舍人。由此他醒悟到,字写得好也能进宫做官,决不能因字写得差而落伍。

隆庆六年(1572),董其昌拜莫如忠(1508—1588,字子良,号中江,嘉靖十七年进士,官至浙江布政使)为师,与莫如忠之子莫是龙(1537—1587,字云卿,号秋水)共读于莫家私塾。

莫是龙比董其昌年长18岁,人称“神童”,董其昌拜其为兄。次年二月,

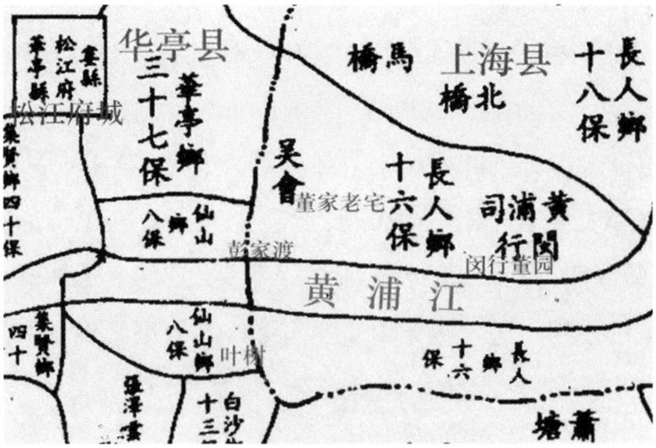

董其昌少年时期活动区域

他以《金刚经》为帖摹写，真正感受到了书法的乐趣。万历四年（1576），他21岁开始学画，对山水画渐渐入门。

离乡寻梦

经过10多年的刻苦努力，董其昌的书画有了很大的进步。一次，他认真作了一幅《万里书》，拿到市面上去想换几个钱，可是人们都认为是件赝品，没人出手。为此，他深受感触，更加奋发，时常弄得衣袍、床帐上尽是墨迹，但仍乐此不疲。

可惜，因家境比较贫寒，董其昌深感不安，若是全家苦守在董家老宅，既难以应对政府名目繁多的捐纳，又生怕难以抗拒各种徭役摊派，更缺乏供养自己继续读书应试的财力。他只得恳求父亲另谋出路，以求改变命运。董汉儒也深有同感，打算外出寻梦。

于是，董汉儒率全家悄悄地离开董家老宅，“弃家远循”，迁居到人文荟萃的华亭县天马山西的姚家浜（今属小昆山镇）。

冒籍应试

万历五年（1577）四月，礼部尚书陆树声（字与吉，号平泉，祖籍朱家角人）辞官返乡，董其昌与好友一起赋诗相迎。爱才的陆树声发现了董其昌的才华，延请他到家中教授其儿子陆彦章（字伯达，号紫阳）。董其昌因此得以从学于陆树声，尊其为恩师，也由此跨入了松江文人圈。

万历七年（1579）秋，董其昌赴南京参加会试，结果落第而归。他没有消沉，但是有一件心事越加沉重。他总生怕因自己出身贫困而遭受冷落，考虑再三后，决定从此对外自称为华亭县籍，以“松江城里人”的身份报考应试。

万历十三年（1585）秋，董其昌又赴南京参加会试，可惜再次落第而归。

万历十六年（1588），董其昌得到国子监好友范尔孚的资助，再赴南京参加会试，终于获第3名中举人。

次年二月,董其昌与好友陆彦章、袁可立(字礼卿,号节寰)相伴赴北京参加己丑科会试,3 人竟一起进入殿试,同时获得进士。董其昌获殿试二甲第一名,被选为庶吉士。

应试得中,董其昌有了体面的身份,但他内心既喜又慌,怕的是被追究其“冒籍应试”之罪。为此,他平日不再提及“吴会里董家老宅”,一向自称是“华亭董氏”,有意隐匿出生地。好友们在嘻嘻哈哈中,帮他混了过去。

逍遥为官，荣辱之间

逍遥为官

万历二十四年(1596),42 岁的董其昌在湖南收到两封来自皇帝的诰封,分别给他和他的父母封官。一赐他的父亲董汉儒为文林郎,母亲沈氏为孺人;二赐董其昌本人为文林郎,妻龚氏为孺人。董其昌即用大字楷书把皇上的诰封完整抄写了一遍,书法工整,用笔庄敬,行笔不苟。笔力遒劲,肥瘦得中,是其楷书的典范之作。

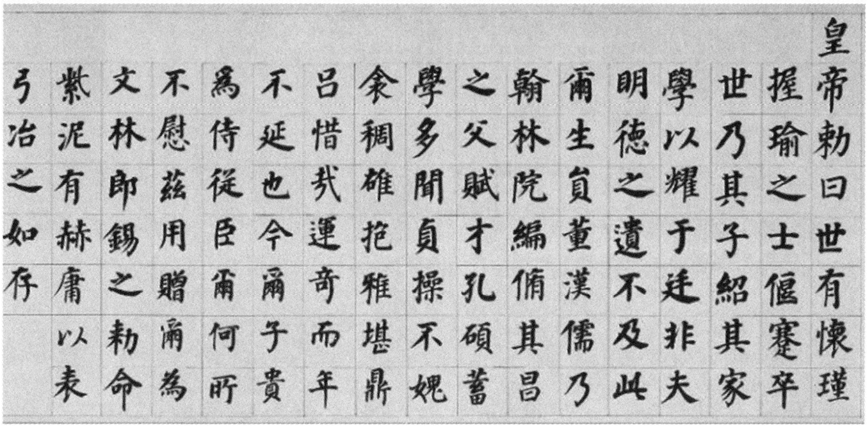
皇帝敕曰世有懷瑾
握瑜之士偃蹇卒
世乃其子紹其家
學以耀于廷非夫
明德之遺不及此
爾生員董漢儒乃
翰林院編脩其昌
之父賦才孔碩蓄
學多聞負操不媿
余稠雄抱雅堪鼎
呂惜哉運奇而年
不延也今爾子貴
爲侍從臣爾何所
不慰茲用贈爾為
文林郎錫之敕命
紫泥有赫庸以表
弓冶之如存

《自诰身帖》(局部)

董其昌进入翰林院后，处事一直保持低调，加上并不喜欢从政，便醉心于书画。一年之后，他索性请假回家养病，只是每年奉召出任南宫同考官。并正式迁居松江府城娄县坐化庵侧，在龙门寺西建起自家的宅院。

万历二十七年（1599）春，董其昌以翰林院编修的身份正式还乡养病，就此居然“家食二十余年”。

董其昌在松江城内先后筑“来仲楼”“宝鼎斋”“戏鸿堂”“画禅室”“香光室”等，并趁赴各地巡游之机收集名家书画，以致家中拥有牙签玉轴之精藏，左图右史之丰富，令人惊叹。他终日置身其中，著书立说，潜心探究古今书画艺术，使其书画取得了超越古人的艺术成就。

幸有贤妻

董其昌夫人龚婉琰，嘉靖三十六年（1557）生于韩仓龚家宅（今马桥镇彭渡村12组）。

董其昌应试之途曲曲折折，进出官场起起伏伏，而龚婉琰端正沉静，毫无愁言，喜爱女红，善于刺绣，屏处小楼，静翳无声，一心让丈夫静心读书。后来，尽管被封为一品诰命夫人，她仍亲自在家料理家务，哺育子女，照料老人，从不贪图特权。董其昌辞官归乡，龚婉琰十分理解，笑称：“倦鸟先还，知几其神乎。家居八载，幸免逆魏网罗。”

为此，董其昌时常对友人称道：“糟糠妇，则夫人是吾良友也。”“非夫人，其昌焉有今日！”

招惹民怨

万历四十三年（1615）秋，董其昌的儿子董祖常带人强抢佃户之女绿英，激起众怒。时有好事者作《黑白传》，在董家门前笑骂，绅民同愤。次年春，松江城内爆发“民抄董宦”事件，董家书园楼居遭毁。董其昌惶惶然外出避难，直到半年后事件平息才回来。

董其昌饱受非议，董氏家族的名声随之一落千丈。

天启五年(1625)，董其昌任南京礼部尚书。一年后退隐。

崇祯九年(1636)九月二十八日戌时，董其昌在松江寓所逝世，享年82岁。董其昌与夫人龚氏合葬于松江俞塘北。后赐葬苏州太湖边的渔洋山梅家园董氏坟茔，谥号“文敏”。

当年，董其昌离开董家老宅之后，几乎忘却了出生地，而吴会里的董氏族人却一直关注着他的荣辱人生。

2009年第三次全国文物普查时，在马桥镇董姓人家家中发现保存至今的明代手抄本《民抄董宦警示录》一书，共74页，略有残缺。这本手抄本收集了松江各府县机构的公文及地方人士的呈文，所述与野史截然不同，说明董其昌在故乡族人心中还是清正的。

多难之秋，紫藤寄情

董宜阳多灾多难

董宜阳，董纶之孙、董恬之子，明嘉靖年间著名的诗人、书法家。

董恬有福，57岁时继室唐氏为董家生养了董宜阳（1511—1572，字子元，别号七休居士、紫冈山樵）。董宜阳在唐氏的悉心照料下，7岁启蒙，聪颖脱俗，9岁能文，无书不读。他尤其喜欢钻研当代典故，好学勤奋。董恬为此很满意，认定他必有锦绣前程。然而，明嘉靖七年（1528），董宜阳年仅17岁时，董恬突然因病离世。嘉靖十二年（1533）八月十日，唐氏在家中抱憾离世，时年仅41岁。

多灾多难的董宜阳有幸娶了个贤妻。妻子杨令，出自华亭名门之家。董宜阳想到松江城里去游学，担心开销太大，一再迟疑。杨氏对他说："大丈夫立身，当进退有据，子能得时而驾，则宜以功名自见于世，不然，犹当强志力行，后世称为善士，何但以官阀语人耶？"于是，她收起随嫁的金翠首饰和纨绮衣装，坦然面对清贫生活，筹集资金交给丈夫做游学费用。董宜阳深感不安，杨氏劝说："这是新妇应做的事。子弟勤苦绩学，能无愧梁伯鸾，我胡讵不为孟光乎？"此后，她勤于纺织，积聚零钱，量节米盐，一心一意让丈夫专志于学业，有所作为。

董宜阳初学既成，能为古文辞，考入京城国子监，成为例贡生。随后，他一路游学，经苏州，过齐鲁，抵达京都，广泛求教海内知名之士。曾拜见南京国子监祭酒黄佐（字才伯，号希斋），求其撰写了《董大理怡传》，为父亲洗清冤屈，以正视听。

董宜阳远赴京师，奔波数月，而杨氏在家中日夜思念，不由抑郁得病，梦中唯有丈夫身影。

一天，董宜阳在梦中听到妻子的呼唤。于是，他抽空赶回家，打算将妻子接到京城去。然而，当董宜阳回到家中时，杨氏竟然已经去世。董宜阳悲痛万分，决意不再远行，宁可终身不仕。他扩建了父亲留下的“紫冈草堂”，在沙港河边静心读书，特意自号“七休居士”“紫冈山樵”，因此人称“紫冈先生”。

年近50岁时，世态动荡不安，董宜阳毅然离开董家老宅，悄悄在松竹秀郁的黄浦江沙港河入口处东侧（沙港河西侧为沙港渡口）自建茅屋三间隐居，周边有曲水绕村，自称“曲水园”。他决意避开人烟红尘，逍遥自在地在此安度晚年，追寻自己向往的精神世界。

上海博物馆收藏着明代画家文嘉（文徵明次子）的名作《曲水园图》，所绘的即董宜阳居住地曲水园的景观。此画绘于嘉靖三十八年（1559），当时文嘉59岁，董宜阳50岁，两人交往密切。

明代文嘉《曲水园图》（局部）

董宜阳勤于笔耕,有心收集整理乡邦文献,著有《近代人物志》《名臣琬琰录》《中园记》《上海纪变》《松志补遗》《先哲金石录》《金石林》《紫冈集》《兰金集》《云间诗文选略》《唱和集》等,还纂修《董氏族谱》十卷。

隆庆六年(1572),董宜阳在家中去世,年61岁。安葬在竹冈西原。

董氏家道中落

清初改朝换代之际,江南连年遭难,社会动荡不宁。随着董其昌、董羽宸、董象恒之辈相继去世,董氏门第日趋衰落,难以振兴。

第十一世孙董含(1626—1697),字阆石,一字榕城。26岁起,他一再参加乡试,可惜时运多舛,屡试不中。顺治十八年(1661)春,37岁时第三次进京赶考,终于考中进士,授吏部主事,董氏家族复兴的希望就落在他身上了。

不料,董含赴京正要上任,偏偏遇上了"江南奏销案",董含被除去进士功名,斥黜放归乡里。兄弟董俞(1631—1688)刚考中举人走通仕途,也是一夜之间功名被毁。

董含隐居在"东冈之艺葵草堂",自号"莼乡赘客"。他性格耿直,不随流俗,不擅长和陌生人打交道。最终,将居乡所著笔记汇编书,凡五年为一卷,以月系岁,以日系月,天道将周,积成十卷,取名《三冈识略》,给后人留下了一笔珍贵的文化遗产。康熙三十六年(1697),董含去世,享年73岁。

董俞隐居在董家老宅,专心"风雅正变",甘为田园诗人。在南村建造"灌园",自娱待客,自号"莼乡钓客"。康熙二十七年(1688),因病在家去世,年57岁。

董氏家族日趋衰落,董氏子弟大多不愿留居故土而投奔到松江城内,期盼某日能借助祖辈遗产东山再起。可惜,董氏家族再无杰出人才问世。就此,董家老宅渐渐凋零。

董氏墓园

在董其昌故里(今友好村),先后发现了一系列明代董氏墓志碑刻。这里自古设有董氏墓园,人称“金钩钓月”。相传,由江西“厉布衣”在此定穴,墓园内栽有漆柿一株,从此“每结一果,获隽(科举考试得中)一人”,乡人称奇。

明正统七年(1442)《明故处士董公之圹志》(董和撰),是迄今为止发现的董其昌家族墓中年代最早的石刻资料。圹志记载了董氏三世董思忠的生平、交往、姻亲、家族世序等情况。今由闵行区博物馆收藏。

董纶、董恬逝世后,安葬在董家老宅正东400米处的竹港河边(今碧江路159弄58号门前)。墓园俗称“御史坟”,原占地面积近1.3万平方米,墓道两旁置有石象、石马等,墓冢封土高约6米。1952年建造电机新村时平除,清理砖室墓4座,盖有大石板,糯米灰浆浇筑外椁,砖墓室内出土的董纶墓志、《明故中顺大夫大理寺少卿董恬墓志》及《董恬继室唐氏夫人墓志》(文徵明撰),今由上海博物馆收藏。1958年修建水渠时,又发现墓志铭两方、装饰品及陶瓷品若干,《明故嵩明州同知董文美墓志》盖今存闵行区博物馆。据《董恬继室唐夫人墓志铭》称,在董纶、董恬父子墓前,原立有介绍董氏世系的“竹冈阡碑”。

1964年,在竹冈西江川路819号附近发现董传策墓葬,为砖室墓,一墓三室,出土有《通议大夫南京礼部右侍郎幼海董公墓志》(徐阶撰)、《亡儿高明祔葬墓志》以及铜镜、铜勺等。今均存上海博物馆。

紫藤繁花

董宜阳在紫冈草堂附近的沙冈桥一侧手植了几株紫藤。他去世后,乡人对紫藤倾心呵护,以示缅怀。就此,每年四月,竹港河畔紫藤花盛开,满园飘香。紫藤逐步成荫,成为地方胜景。

后来,乡人为紫藤搭起廊桥棚顶,逐渐有人在此开店,有人迁来聚居,形成了一个乡间集镇,取名“紫藤棚”(紫藤棚东街属今友好村10组,西街属紫藤村)。可惜,“前人栽树,后人只知乘凉”,紫藤棚街市未曾有所拓展,难以形成规模,小镇功能逐渐消亡。

1996年,“古藤园”建设征地,东街10户村民在陈家宅南面易地建房。1999年12月,有关部门就地(临沧路148号)建成园林,取名“古藤园”。2004年,上海航天电源研究所征地,东街有村民8户、30人动迁。

如今,紫藤棚小镇已经消逝,而古紫藤依然枝繁叶茂,其形如蟠虬,藤围达163厘米,实属沪上罕见,已被列为上海古树名木保护单位。每年紫藤花开时节,“古藤园”内游人如织。

侯峒曾

侯峒曾（1591—1645），字豫瞻，号广成，谥号忠节，明代紫隄村（今属闵行区华漕镇）人。明天启五年（1625）进士，历官兵部主事、通政使左通政。清顺治二年（1645），以民族气节和人格尊严为重，率全家共赴国难，誓死守卫嘉定城，满门蒙难而坚守忠节。曾祖父侯尧封为明隆庆五年（1571）进士，父亲侯震旸为明万历三十八年（1610）进士，人称『百年清白，三世英名，满门忠节』。

據練川名人畫象

缘起关帝庙

耕读人家

紫隄村，是个江南苏松地区古村落，东西约500米，南北约250米。位于上海、嘉定、青浦的交界处，距苏州府治（今苏州市）90千米，距松江府治（今松江区老城厢）30千米，距嘉定县城（今嘉定区老城厢）、上海县城（今黄浦区城隍庙地段）、青浦县城（今青浦区老城厢）均为25千米。紫隄村及周边地区大部分曾隶属上海县，部分曾属嘉定县或青浦县。

数百年来，这里长期保持着农耕文化和乡村集镇的社会概貌。一首《紫隄村赋》生动地描绘了这里的人文地理特征：

> 古吴东鄙，大江南偏，介两郡以得聚，总三邑而增廛。横川委折，矗宇缠绵。岸以紫薇而荻悴，沼以芙蓉而香联。浦则飞鹤杳渺，塘则蟠龙蜿蜒。东寺西观，闾井回旋，花红树绿，景物鲜妍。非盘谷而弥聚茂，似曲水而可流连……

紫隄侯氏先世姓杨，原籍上谷郡，祖上历代为官。宋代遭靖康之难时，随康王南渡，初寓临安，后转徙乌泥泾镇，又到真如镇，最终隐居在紫隄村小泾河西侧。传到明初杨文昌时,有中表兄弟侯守常,因未生儿子,就嗣杨文昌之子彦升,并改姓侯。此前,侯守常曾抚甥徐瑞如己出,承侯姓,可惜不幸早逝。侯守常只得再嗣彦升,侯氏就此代代相承。侯彦升(号弘农)之子为侯璞(号东轩),侯璞之子为侯论(号乐耕),侯论之子为侯廷用、侯廷器。三代始终以“弘农”“乐耕”为生,自给自足。

紫隄侯氏家境一般,仰慕方亭里沈氏家族的兴旺,因此主动攀亲,希望借力改变现状。明嘉靖年间,侯廷用将女儿嫁到方亭里沈家,女婿沈允中(字守吾),是嘉定县学庠生。后来,又为儿子迎娶沈家女儿。

侯廷用,字汝舟,号白村。从小农耕持家,奉养父母。明太祖朱元璋明令建关帝庙拜关公,侯廷用也崇尚其“一生忠义仁勇,诚信名冠天下”,家中供奉关帝圣君像,行事谨慎,乐善尚义,有古君子之风。娶妻朱氏,生侯尧封、侯尧启等。当时,侯氏家业衰微,仅有50亩田地,里中豪强对其颇为蔑视。侯廷用不甘清贫,奉父命教子读书,家教极严,盼望他们奋发,以求博取功名,光耀门楣。

侯廷用的儿子侯尧封(1515—1598),初名栋,字士隆,号龙泉,改名后字钦之,号复吾。生于正德十年(1515)十月初一。他读书十分勤奋,每当春季油菜花开时节,必与亲友相约到田间举行文社活动,尽兴吟诗作文,直至月上树梢才回家,被乡人称为“狂生”。

侯尧封为上海县庠生,妹婿沈允中为嘉定县庠生,志趣相投,时常交往互勉。

嘉靖二十五年(1546),方亭里沈氏七世孙沈允济(字汝辑,号双溪)应试,一举成为副贡生。而侯尧封苦读到40岁出头,仍屡试不举。

侯廷用为儿子前程和侯家未来焦虑万分。

惨遭倭患

自明代嘉靖年间起,朝廷政治日趋腐败,海防松弛,边境虚弱,致使倭寇猖獗,有恃无恐,侵扰日甚。这年夏天,倭寇竟5次焚掠上海县城。上海县城为防倭患,在两个多月时间内,迅速筑起了护卫城墙。嘉靖三十三年(1554)正月,数千倭寇来犯,围城十八天猛攻不已,终未得手,撤到上海四郊大肆抢掠。繁华的吴会镇、乌泥泾镇、蟠龙镇、青龙镇等地被毁,尽成瓦砾。

这一年的四月至六月间,倭寇窜犯紫隄村,烧杀抢掠,无恶不作。清康熙年间的《紫隄村小志》记载了当年倭寇杀人的凶残场景:"里老云:倭杀人甚多,小忤其意即死,或绑仗露立,掷刀于空,自高劈下,顶及胯俱肉骨平剖,而芒不钝。"

紫隄村内外,遭受损失最惨重的是玄寿观和方亭里沈氏宅院。建于元至正年间的王母阁,也遭焚毁。

玄寿观在镇东北单家浦(今洪泾港)畔,始建于元延祐年间,相传初建时就有九殿,规模甚大。至正初年(1341),由钱鹤皋捐资重建,大殿正脊高达27米,道观地基扩至20万平方米。观内的炼丹师年高有术,深受钱氏敬重。钱鹤皋起兵造反失败后,自知难免一死,便挟法器投入殿东井中自尽。大殿随后被焚毁,但尚有不少房廓,为当地第一胜境。可惜,倭寇一来,将道观全部毁尽,遂成墟地。

倭寇冲到方亭里,将沈氏宅院的厅堂、庑廊、松柏、泉石都烧为灰烬,学宫门前两株百余年的丹桂树也难免一劫。

倭寇在紫隄村驻扎了100多天,无恶不作。沈家每座住宅内都有一口井,东宅长子家的那口井栏还是用平滑坚硬的青石琢成的。倭寇偏偏在此寻衅闹事,有个家伙吃醉酒后蹲在井边磨刀,且磨且砍,竟将井圈石砍成锯齿状。临走时,还一把火烧了井旁的房屋。

倭寇的恶行,使一时惊恐而逃的村民们燃起斗志,与倭寇展开了英勇机智的斗争。《紫隄村志》记载:"倭寇至方亭,居民悉奔窜。场圃多数石缸,贼以为奇,覆之而寝其,一夕并醉卧。里人乘暗掩至,以计压之,围薪纵火,贼死者十数。"

紫隄村东首有永福禅院,初名"永福庵",俗称"大涞庙",始建于元代。庙前有双井,左井相传为钱鹤皋兵败后沉兵书战图之处。明代多次修葺,又屡遭兵燹,至明末被废,神像移寄小涞庙。

倭寇焚掠紫隄村时，居民奋起抗击，在永福禅院西南檐角下，有一处高一米、长一米多的土墩，人称倭墩，因“倭寇数人突至剽掠，村人杀而焚之，埋骨于此”而得名。

传说关帝显灵

这一场灾害平息以后，人们更加祈求平安。

方亭里的亲家沈氏突然没落了，侯廷用只得将希望全部寄托在儿子侯尧封身上。明嘉靖三十四年（1555）春季，他一再求告关帝圣君：“吾儿幸歌鹿鸣，必建侯祠，奉香火矣。”

眼看临近乡试，已40出头的侯尧封因家境困难，对继续应试有所顾虑。幸有同村的国子监例贡生秦渭（字汝清，号菊窗）一再鼓励他，并资助了赶考的盘缠。

当年八月，41岁的侯尧封终于在乡试中考上举人。

为此，侯廷用欣喜万分，以为是关帝显灵，因此信守诺言，急忙筹资家宅左侧建造家祠，并恭恭敬敬地设立关帝圣君神位。因关羽敕封为“义勇武安王”，所以侯氏家祠取名为“关武安祠”。

侯家就此扬眉吐气，在紫隄村内备受尊重。紫隄人引以为荣，读书风气随之兴起。侯尧封没有充足的经济来源，也没有显赫的家族背景，却有远大的志向，只能靠自己潜心且耕且读，拼凑资金，一次次地赴京应试。

岁月匆匆，又过去了16年。

明隆庆五年（1571），年已57岁的侯尧封第6次进京，参加辛未科殿试，有幸荣获二甲第74名。他前后花费40年心血，终于考中进士。消息传来，侯氏父子异常兴奋，更加认为这一切全是关圣帝君显灵之效，为此感恩不尽。

侯尧封出任湖广按察使司佥事之后，特意塑制了一尊关帝彩像运回家乡。这一尊关帝圣君彩像塑制得端严华灿，黝漆糁金。关公身披金袍，英姿勃发的形象，令人肃然起敬。

侯廷用决定择地扩建关武安祠，安置关帝彩像，以利壮大声势，让“神一家”扩展为“神一乡”，造福于大众。

新建的侯氏关武安祠，令人刮目相看。大殿内，高高地悬挂起四方匾额，均用颜体恭恭敬敬地书写，分别为“德配尼山”“志在春秋”“道冠古今”“忠昭日月”。

侯氏将家祠转化为可能“神一乡”的关武安祠，义举惊人，远近莫比。信息一传开，顿时轰动四面八方。从此，当地凡遇水旱、疾疫，四乡民众必定要前来祈愿，每逢农历五月十二日更是香火旺盛。乡人称之为“紫隄武庙”或“紫隄关帝庙”。

侯廷用晚年专习道学，知养生术，自号白村道人，以示所居地本名“白鹤村”。夫妻俩均高寿，时有名士文徵明撰《祝侯白村七十双寿时》，乡高士王翘（字时羽，号小竹）撰《寿侯白村诗》。

诸翟关帝庙今貌

紫隄村滋养了侯氏全家，耕读人家和谐安逸。侯廷用享年 77 岁，以子贵封赠奉政大夫，显赫一方。其妻朱氏享年 93 岁，也受到乡人尊重。

兄弟侯廷器受其影响，也注重教子，终有成果。儿子侯孔学于万历二十八年（1600）入京师国子监成为副贡生、侯孔昭于万历三十七年（1609）成为岁贡生。

侯尧封为官清正

侯尧封历经曲折，57 岁终于踏上了仕途。然而，前程并不顺畅，起起落落，充满了艰辛。

侯尧封先担任刑部主事,再赴都察院所属四川道,任监察御史(正七品),负责江西军务。刚开始时,他做事过于急躁,几经历练后,处事公平正义,又显宽厚仁慈,意气风发。先后主持修建上饶鹅湖书院和庐山白鹿洞书院,为明建文年间的诸臣立大节祠,最为显著的政绩是主持修筑九江湖堤。

随后,侯尧封继任福建巡抚使。在查办一件弑父案时,遭遇了一场严峻的人格考验。他发现建宁县知县受贿出卖官爵,便将其弹劾。而这个知县背后有吏部侍郎为靠山,转眼调往江陵任职去了。为此,侯尧封愤愤不平,坚持己见。结果,他遭到排挤,被派到了辽东审案。后来,又被降任湖广佥事,分巡于蕲州(治所在齐昌,今湖北省蕲春县)。

侯尧封依然以诚实正直的作风处理政务。蕲州盗贼猖獗,既有水盗,又有山贼。水盗在江中出没,侯尧封建造舰船,安插卧底,扼守要害,最后一举捣毁了水盗的巢穴。大同山中的山民,倚仗天险,藏匿亡命之徒,逃避朝廷赋税。同僚意欲派大军将其剿灭,而侯尧封力排众议,派遣能吏与山民谈判,约定对他们减税减负,并安排他们的子弟出山接受教育。山民们便不再与官府为敌,安分守己。

两年后,侯尧封改任布政使参议,分守湖南,适有衡永一带(衡州府)与相邻地区纠纷不断。他主持丈量之役,划清地界。后又调到襄阳,分巡湖北下荆南道,兼任郧阳(今十堰地区)兵备道。初上任,天旱祷雨即来雨水,人称"侯公雨"。可是,不久连降暴雨,城镇临近汉水,十分危险,侯尧封忙亲率民众鸠工筑堤。后调到大名府时,正值大灾之年,他劝谕救济灾民,并主持修筑约150千米的阳平堤。

时近70岁前后,侯尧封出任福建代理布政使,官至福建参政(副省级)。时有库吏向其献媚,说:"库中有羡金数万两,大人可随意支用。"侯尧封厉声呵斥之,丝毫不为所动。

侯尧封的诗词豪纵雅淡,畅所欲言,自成品格。他有一首《送刘筠乔山人还楚》诗云:"龙蟠江上新月明,龙蟠江中新水生。自怜赠别无他物,醉把清光送尔行。"虽只四句,却诗风尽显。在福建时,撰有一首《题浮盖山卧牛石》诗云:"田入乡间少,时将孟夏终。如何尚高卧,不起助农工。"浮盖山,在浦城(今福建省南平市辖县,位于福建省最北端、闽浙赣三省交界处,当时称吴兴)县北四十五千米。浮盖山上有一方形如卧牛的石头,叫卧牛石。这首小诗写得清新活泼,令人读后过目难忘。

侯尧封在官场挣扎了20多年,始终两袖清风。万历十八年(1590),乞老归里,时年74岁。因曾经寓居在京城铁匠庵中,晚年改号“铁庵”。

返乡后,眼见沉重的税赋压得老百姓喘不过气来,侯尧封立即写信给户部尚书及松江知府、嘉定知县,提出“岁漕永改”的建议。“岁漕永改”的意思是:农民每年上缴的皇粮,应该永远保持在一个相对稳定的层面上。信中写道:我嘉定县土地贫瘠,不宜种植水稻,农民收入有限,而田赋反比邻县要高,这是没有道理的。正因为不宜种水稻,所以即使种了水稻其产量也低。老百姓吃的米、缴的粮还得到邻县乡镇上去购买,令粮市米价暴涨。可差役们还要上门强行逼租,迫使农民破产,毁家四处逃亡,甚至被逼投河自尽。百姓们年年请求官府减少税收以图生计,谁知即便今年获准减少征收税额,明年又立即涨上去,这让老百姓如何再生存下去!各位当官为吏的,享受爵禄,穿红戴绿,要为朝廷效忠,又要为皇上分忧,同时也要关心民间疾苦,替百姓着想。各位身为父母官,天下哪有做父母不疼爱自己孩子的道理。各位饱读诗书,应该知道先贤所言“天下事,成之固难,败之亦易”的至理名言。这税赋的事关系到国家的安定和百姓的生计,请各位慎重对待。我建议嘉定县的田赋要减下来,之后永远不要再朝令夕改,使老百姓不要常年生活在忧虑之中。

万历皇帝根据户部尚书的奏本,恩准嘉定县减少田赋的税额。为此,嘉定人对侯尧封极为推崇。

侯尧封信奉道教,除倾心呵护关帝庙外,还在山池东北岸建了一座观音堂,供观音大士神像。有奚道人夫妇驻守庙中,后更名青莲庵,改为僧人住持,指定儿子侯孔释负责管理。

侯孔诏替父持家

侯尧封生性豪放,不拘小节,也不过问家中经济往来,持家琐事均由长子侯孔诏操劳。

侯孔诏(1545—1604),字孟宣,号一贞。生于嘉靖二十四年(1545)正月初八。五岁时母亲沈氏难产亡故,父亲即娶继室郁氏,全家苦心照料。其少年好学,不负众望。23岁入府学之后,却因长期为独撑侯家的“门头”而未能专心读书应试。

侯孔诏娶张氏为妻,可是一直未生养,令侯氏全家为此忧虑。嘉靖四十五年(1566),又娶本地厂头镇的陈氏(1550—1630)为妾。

陈氏嫁到侯家时年仅16岁,婚后四年,陈氏头胎生侯裳旸,可惜三年后夭折,次年又生次子侯震旸。此时虽说侯尧封终于考中了进士,但家境依然贫困。侯孔诏与陈氏吃苦耐劳,主持家务。好在陈氏的娘家有些田产,时常接济侯孔诏。侯尧封在厂头里白塔之西有别业,并建桥,人称枝杨桥。侯孔诏在这里居住多年,带子孙读书,并启蒙几个外甥。岳父去世前,将镇北“白塔”的部分田产留给了侯孔诏夫妇。侯震旸自幼喜欢在娘舅家生活,还在横塘北岸专建“水阁”以避暑。因此,后来“厂头恭寿庄”便成了侯氏家人的一处“避风港”。

侯孔诏替父持家,以“修于家德最高”而闻世。时有华亭名士陈继儒(1558—1639,字仲醇)为之撰有《卓行传》,记述其高尚的德行。

父亲中举后,亲友们都来庆贺。而家中依然贫困,侯孔诏只得先拿出自己准备办婚事的积蓄,置办酒席,招待亲友。

后来,父亲中了进士,赴京当官,侯家却并未因此大富大贵。而各方以为侯尧封做了京官,家中必定富裕,于是争相上门来“打秋风”。侯孔诏苦于应付,又不愿让父亲知道实情,熬过了一年又一年。

父亲退职返乡时两袖清风,而依然豪饮于酒,有时从早吃到晚,有时从深夜吃到清晨。一次,侯孔诏手头无钱,情急之下,只得将灶间烧火丫鬟的压发簪拿出去换了几斗米,一家人才饱食了几天。父亲的亲朋好友时常来拜见,侯孔诏为撑“门面”,总是设法使饭桌上有酒有肉,决不暴露家中窘境。父亲为此捧腹大笑:“儿善事我也。”

侯孔诏顾不及自己的仕途,一心一意关注着儿子的读书和成长。万历二十二年(1594),儿子侯震旸在乡试中了举人,他才松了一口气。

然而两年后,父亲患上黄疸病,半身瘫痪,卧床数月,不治身故。此时,侯孔诏上有祖父母,下有弟妹 12 人,全凭他勤俭持家,口腹节约,全从“竹头木屑”中一点一滴地积蓄钱财,终于逐步使侯家置办起像样的家产,确保子孙有所作为。

侯孔诏的文章“飘秀飞英”,著有《龙江剩笔》,却直到“年垂耳顺”之年才赴京赶考,被录为岁贡生。

可惜,因积劳成疾,侯孔诏于万历三十二年(1604)闰九月初八去世,年 60 岁。

后来,因儿子侯震旸显贵,侯孔诏初赠修职郎行人司行人,累赠至征仕郎吏科给事中。万历四十七年(1619)十二月二十四日,其安葬于圆沙新筑的墓茔,由文震孟撰墓志铭,陈继儒立传。侯峒曾代父撰《祖考贡生累赠征仕郎吏科给事中一贞府君行状》,悲情四溢。

为此,陈继儒在《卓行传》中感叹不已:“公所尤难者,视继母为亲母,视诸妹为弟,视三姑之子婿如子,而一一引之以为己责,孝哉公乎。其事苛碎而细,其心综核而密,其岁月崎岖盘错而长。即大参公(指侯尧封)有不暇咨禀,子侄辈有不及更相筹策者,公惟甘苦自茹,冷暖自知,毕生于六亲眷族笑啼之场,呕心于半生功名菀枯之会,而究且付之抟沙绘空,享年仅六十而已。悲夫!”

情系紫隐村

侯氏创家风

侯尧封原配夫人是方亭里的沈氏。沈氏去世较早，后继配郁氏，再配张氏，一妻两妾先后各生8个子女，总计达24个（顺利长大成人的不足20个）。侯氏人丁逐渐兴旺，家族名望鹊起，但是家境并没有迅速富裕起来。侯尧封教诲子女说："不愿尔等为第一流官，但愿尔等作第一流人。"

长子侯孔诏。娶陈氏，头胎为儿子，可惜幼年夭折，再生侯震旸。

次子侯孔诰。

三子侯孔表，字叔闻，号三新，上海县学庠生。老实本分，不苟言笑。

四子侯孔释，字季如，号四未。上海县学庠生。擅长书法，精通风水，又喜佛学。生侯履旸。

五子侯孔鹤。上海县学庠生。年轻时丧父，便放弃学业。生侯鼎旸、侯艮旸。

六子侯孔龄，字延之，号六好，又号思庵。侯尧封67岁时所生，因生母张氏随父亲在外，由长嫂陈氏抚养。8岁时患痘症，双眼几乎失明，幸亏陈氏用舌舐去眼中毒脓，双眼才得以复明。成家后，居紫隐村北巷中，称"四知堂"，堂匾由松江名士董其昌书写。生侯豫旸、侯兑旸（字公羊，号石墨），均有文名。

随着家庭成员的增加，侯尧封以身作则，严明家风，希望建立一个正统规范的侯氏大家族。他从小品行端正，少年读书时，私塾隔壁有位美貌少女，同学每次经过总要去偷看几眼，唯独他经过时故意低头快步而行。在此读书 3 年，他天天如此，以致那少女告诉家人：“侯家郎目不斜视，他日必贵。”

侯尧封天性纯孝，在祖父母、父母面前总是和颜悦色。在襄阳为官时，他将母亲朱氏接到官府赡养。一天，他在外公干，回家见母亲因丫鬟冒犯而生气卧床，他责罚丫鬟后，穿戴整齐地跪在母亲床前自罚谢罪，直至母亲气消言欢才起身。他这一跪足有两个时辰，家人为之深受感触。

侯尧封讲究家法严肃。他每次在外应酬，家人必须肃然以待，回到家便面南端坐，家人必送上茶水，并躬身待命，未见吩咐则不敢退下。一天，媳妇华氏与孙媳妇龚氏在楼上以剪寸草为筹，玩“叶子戏”为乐。谁料，侯尧封突然登楼，她俩仓皇躲避，将草叶散落一地。侯尧封见了，立即叫来儿子、孙子，命他们跪地受训。10 天后，侯尧封要因公外出，家人列队送行，他还生气地将华氏、龚氏训了一通。数年后，龚氏还经常反省，以此教育子女说：“每想起这件事，我毛骨悚然啊。”

在侯尧封的眼里，容不得半点不良行为。一次，他看到学生陈少冲盥洗时，叫书童帮助挽袖口，就当场斥责：“这是骄奢逸侈的开始，小子你为什么要这样做？”他告老返乡后，嘉定县王知县到侯家来拜访。宴席时，他看到王知县老是坐姿不正，实在有欠礼仪，便故意起身高谈阔论，而身体始终屹立。旁人劝其坐下吃酒，他厉声说：“我还有如何做人的正经话要讲呢。”王知县见之十分窘迫，羞红了脸。

侯氏宗祠

当时，流行传统的宗族观念，大家族必建宗族祠堂，为的是追思先祖恩泽，增进族人情谊，对子孙开展孝道教育。紫隄侯氏日趋兴旺，建造祠堂便成为一件头等大事。

经过几代人的努力，明嘉靖年间侯家在蟠龙塘之北建造新宅院，设太初堂、白村堂、偕老堂等，屋后有山池，称芙蓉池。庭前大门有镇石，十米见方，人称“大青石”。在西厢房设侯氏家塾，东厢房供侯氏历世神主牌。院内广植翠竹。

太初堂落成时，侯尧封亲撰堂联曰：“三亩宅中新竹径，百年江上旧茅堂。”太初堂取不忘本之意，供有祖父母画像，作为侯氏祖祠，俗称家庙。尊祖敬宗，成为侯氏家族历代承续的家规家风。

侯尧封进京当官之后，侯氏宅院进行了扩建。当时，其父已有72岁，其母也已69岁，因此他专为父母建造偕老堂做住房，门匾为“凝和”，取白头偕老之意。侯尧封又题楹联“一代文明承上谷，百年清白自弘农”（上谷，即原籍上谷郡。弘农，即杨彦升，号弘农，嗣侯氏），并将太初堂移至后园，设山池，有土山、亭榭、修竹、丛桂等，堂中塑祖父母像，朝夜香火不断，人称太初园。侯尧封时常陶醉其间，曾撰《夜坐竹亭诗》。

侯鼎旸认真地继承家风，曾撰《太初园赏桂次韵》表达自己的情怀：

香发幽岩秋气清，客来鸟惯不知惊。
幻看雪布同云色，闲想金摇掷地声。
酒力却随芳草软，吟魂欲趁野烟轻。
此中丘壑谁堪置，好问淮南隐友生。

侯尧封的同科进士归有光（字熙甫，昆山人）是这里的常客，对紫隄侯氏颇具情感，特意撰写《偕老堂记》表示敬重。

万历二十六年（1598）正月十三日，侯尧封在紫隄村安然去世，享年84岁。后辈称其“一生志节，豪隽近狂，强直近狷，团施利济”。门人私谥“贞孝先生”。其墓葬在圆沙，由南京礼部尚书董其昌（字玄宰，号思白）撰墓志铭，南京翰林院姚希孟（字孟长，号现闻）立传。

侯汪两家比邻相善

此时，龙蟠桥东小泾河畔有徽商后裔汪氏人家崛起。

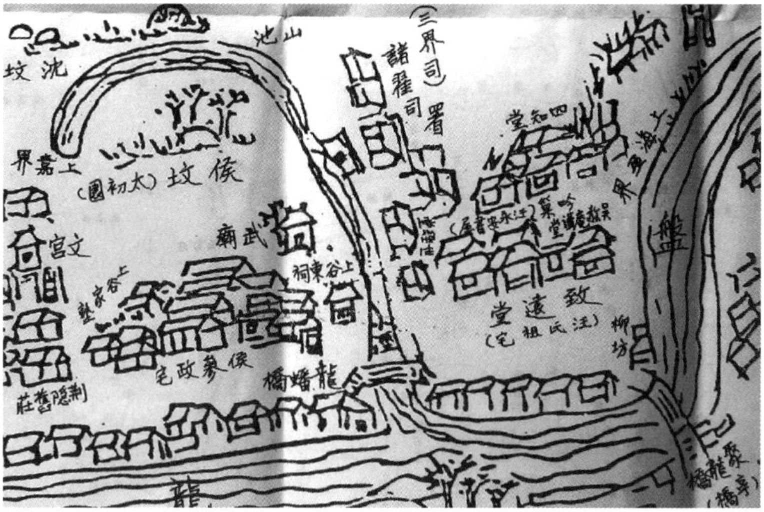

紫隄村核心区域示意地图

明万历年间，安徽省休宁县石田村的汪文明在这里游寓数月，与侯氏家族及紫隄村之贤父老结下友情，他决意带着儿子汪世仁、汪世儒(字学所)、汪世美寓居蟠龙江畔。汪世儒之子汪日濬头脑灵活，经商有方，家业渐盛。于是，汪家在小泾河畔起屋建宅，取名“致远堂”。

龙江汪氏四世孙汪之鲲，字溟卿，号扶风，继承父亲做派，在紫隄村经商40余年，业绩显著。经商之余，他“喜艺菊，每花时与客饮酒赋诗，流连不倦”。

汪氏、侯氏两家子弟隔河相望，朝夕相处，亲密无间。住在小泾河对岸的侯鼎旸时常应邀前去做客。

汪之蛟守店时，偶尔收来一些残书作为售货包装纸。侯家的侯鼎旸、侯兑旸看到他所收残书多为古今诗文集，便叮嘱他勿滥用。于是，汪之蛟检出尚可诵习的残书，重新包上书皮，细心收藏，朝夕探研，诵习久之，遂有诗名。步入中年后，他“以贸布寄迹吴门(苏州)”，在经商途中，书无所不读，人无所不交,物无所不格,还有心收买法书名帖及名人书画,雅兴十足。

在苏州,汪之蛟巧遇同乡歙县人吴曰慎(字徽仲,号敬庵,诸生,初游无锡,讲学东林书院),一见定交,即命儿子汪过、汪逊前去从学。

数年后,汪之蛟索性邀吴曰慎到紫隄村设立“敬庵讲堂”,乡人争相叮嘱子弟前去从学。

侯、汪两家比邻相善,子弟之间以文会友,以致紫隄村里形成了且耕且读的好风尚。随着侯氏家族在嘉定城内立足,逐步淡出紫隄村,汪氏家族慢慢枝繁叶茂,明末时成为本地望族。

三兄弟不入城

随着紫隄侯氏家族人丁兴旺,声名飞扬,族人们感到紫隄村的天地太小了,应当到嘉定县城去闯荡置业、享受荣华、寻求发展。侯尧封、侯震旸在子孙的鼓动下,到嘉定县城内建造别业,称侯氏东园,也设仍贻堂。部分侯氏子孙开始在嘉定地区谋生,后来索性将侯氏宗祠也移到了嘉定城中。

然而,侯家的侯孔释、侯孔鹤、侯孔龄三个兄弟却成了另类。他们对紫隄的一草一木情有独钟,扎根乡土,“不愿强所不欲”,始终没有离乡入城的念头。

侯孔释在朱家泾建有别业,自称壶春草堂。其子为侯履旸,其孙为侯岘曾,后辈世居在此。

侯孔鹤玩世不恭,独来独往。在侯氏老宅院的西侧,建有岁寒亭,因种有桂花树而雅称“桂林深处”,是侯孔鹤与儿子侯鼎旸、侯艮旸潜心读书的地方。园内四季名花不绝,四周栽有众多柳树,故又称柳庄。嘉定县文士唐士奇曾来一游,特撰《访上谷先生桂林森处记》。侯孔鹤擅长诗词书画,其作《白村党帖》后来成为明清书坛著名的书法作品。

侯孔龄自幼受长兄启蒙,喜爱诗文,不乐时艺,因此独居在紫隄村西三里路外、蟠龙港与虬港入口处的李厍里。这里的房子曾因家中经济困难变卖了,是他父亲当官之后重新赎回的。他在此增建了5间简屋,并自撰《梅雪村记》称:“左翼二楹为纺织处,右二楹为庖厨。工未竣,而囊已空。居二年，又移别屋，改饰五楹于前，半为书斋，半为宾塾。四周筑土为墙垣，编篱插棘为门径。门外植以榆柳，庭内莳以杂卉。屋后植竹一林，栽梅数株，间以橙、桔、柿、杏之类。后环小池，池内栽芙蕖。上为小桥，以通出入。面临龙江，风帆时过于树杪之间，九峰、青龙、浮屠、古刹隐现于残霞落照，此则村居之大略也。”这是经典的乡居隐士生活环境。

侯孔龄在此地悠然自得，不交宾客，连亲戚家也不走动，只知耕田、钓鱼。自建“明霞阁”“丛桂轩”埋头读书，抄录古今佳话故事，还周游苏浙地区名胜，赋诗记序。他自知：“予不耐交流，不喜庆吊，世人不以怪民目之，即以愚公呼之，予亦安于为怪、为愚，故退而耕钓其地，尚不失为太平之逸民耳。”

村中好事者争相仿效，纷纷隙地植梅。因此，虽说“村不数家，家不数人”，却以爱种梅树而远近闻名。每当梅花绽放，观者不绝，李厍里也被乡人称作“梅雪村”。

万历四十八年(1620)时，侯氏老宅的家祠成了集市的货场。春露秋霜，时过境迁，侯孔龄为之伤感地作了一首《忆宗祠》诗。他年逾六十，著作有《山林纪载》《博笑编》《仲与集》《避岁余谈》《明霞阁杂著》等。

西族侯氏人家

紫隄村内，侯氏人家时有东、西两支族，侯尧封为东族。

侯氏西族另有渊源，始迁祖为童烈，其父亲童铁，为唐行镇(今青浦镇)人，其母亲是紫隄村侯氏东族人。因舅父侯伯权无子，抚童烈为嗣子。舅父早逝，童烈尚年少，迁到紫隄村之后便承侯姓，与东族的侯廷用、侯尧封以同里称叔侄兄弟。

当时，西族侯氏家境尚贫困，童(侯)烈娶方亭里沈璜之女为妻。两人勤俭持家，不辞辛劳，每日将公鸡缚在床头，闻听鸡鸣即起。除下田劳作外，唯有对客谈诗、教儿读书。生下了儿子侯卓(字惟立，号龙田)、孙儿侯士方、侯士鹏等。

侯士方，号盂田，天性纯孝。倭寇来犯时，侯士方身背母亲逃难。二弟双目失明，他就独自赡养母亲，数十年不懈。因此，他与父亲被乡亲们推举为乡里酒礼时的“乡饮宾”,颇受尊重。

明万历二十三年(1595),侯士方娶御史王圻的妹妹为妻,生侯孔学、侯孔时、侯孔中。

长子侯孔学,字中寰,上海县学廪生。深受舅父王圻的关爱,于万历二十八年(1600)为贡生。可惜,在随王圻入襄阳试院阅卷时,因遇火灾不幸身亡。他留下了儿子侯万里。

次子侯孔时,字汝成,号涞水,上海县学庠生。个性耿直,仗义助人,享年84岁。

三子侯孔中,字云树,嘉定县学庠生。奉养双亲尽孝尽责。代兄抚养侯万里,生有六子。

从此,侯氏西支族也逐渐兴旺起来。

嘉定结亲

紫隄侯氏家族在嘉定城内立足后,逐步枝繁叶茂,关键是结交了两门颇具声望的亲家。

侯尧封的长孙、侯孔诏的长子侯震旸(1569—1627),字得一,又字起东,号吴观。生于隆庆三年(1569)十二月初八。少年时随祖父在湖南、湖北等地生活。归来后,于万历十二年(1584)为上海县补博士弟子,时年16岁,埋头好学。家人称其“生而纯白宁静,未识人间禄爵名誉为何物。每试则橐笔以入,未曾问主司姓名,试毕又键户以读,不问某某殿最也”。万历二十二年(1594),乡试中举人。

万历三十八年(1610),侯震旸参加庚戌科殿试,获三甲第230名进士,授职行人。他个性活跃,曾独自周游福建、浙江、湖南、湖北、广东、海南诸地,考察山川形胜,大开眼界,并辄记囊中,以备日后顾问建议。

侯震旸的原配夫人龚氏是嘉定名门闺秀。龚家是嘉定城著名的书香世家,自宋代端拱元年(988)龚识中进士,到明万历二年(1574),龚家先后有中式进士13名,有“江南无二”之称。正德年间,龚弘(字符之,号蒲川)官至工部尚书,其宅第后园人称“龚氏园”,为嘉定名胜(今为秋霞圃一部分)。侯震旸的岳父龚锡爵(1550—1617),字汝修,号石岩,为龚家二十世孙。万历元年(1573)年仅24岁考中举人,次年又中进士。出任江西永新知县,官至广东按察使、广西布政使。致仕返乡后,购下城南公孙泾北的石冈园,辟建石冈草堂、溪山堂、西爽亭、木樨坞等。

龚氏是龚弘的孙女,出自名门望族,极为知书达理,办事干练。18岁嫁入侯家,“遇事明快又如合水乳”,因此得到个性严正的婆母陈孺人的赏识。“教子孙恩不掩义,暇即令杂诵文史自娱”,因此又备受侯氏族人和小辈的尊重。侯震旸去世后,她成为侯家的主心骨。

后来,侯峒曾的原配夫人李氏也是嘉定名门闺秀。李家祖辈原籍安徽歙县南丰,徙居嘉定县南翔镇,后在嘉定县城发家。岳父李野之,字受伯,是出名的孝子。其父亲李先芳(字茂实),万历十七年(1589)进士,官至四川布政使司参议,不幸病死在任上。李野之千里扶柩归葬,在南翔方家湾白学圩建祠,庐墓三年,被传为佳话。其叔父李流芳(1575—1629),字长蘅,号檀园,是著名诗人、书画家。少年时潜身东林庵中,认真读书,企望科举入仕。万历三十四年(1606),32岁的李流芳中举后,曾两度赴京应试,可是耳闻目睹朝政腐败,愤而弃考南归,从此绝意仕途,以诗文自娱,晚号慎娱居士。其诗、书、画、印俱佳,人称“嘉定四先生”之一。

李流芳与侯震旸是至交。据李流芳《檀园集》记载,万历三十六年(1608)秋,他与侯震暘、侯岷曾和侯岐曾一起登临苏州灵岩山。李流芳时常做客侯家,并写下不少描述侯氏宅院风光的诗篇,其中《将归白下留题侯豫瞻画壁》云:“酒中别意画中花,梅半残时柳半芽。我欲桥边添个客,醉眠芳草不思家。”

侯震旸的妹妹嫁到苏州,丈夫杨大渫是南京兵部尚书庄简公杨成之子。

江南三凤

侯震旸率家人在嘉定城内购地建屋居住,享受着“城里人”的生活乐趣。

就此,紫隄侯氏迎来了一个英才辈出的兴旺期。

侯震旸娶龚氏为妻之后,生侯峒曾、侯岷曾、侯岐曾3个儿子,老大、老二为孪生兄弟。生4个女儿,分别嫁给丁汝翰、须世征、金德开、张肇楫。

侯峒曾(1591—1645),字豫瞻,号广成,生于万历十九年(1591)八月十五日。长期由祖母陈氏抚育,彼此尤亲近。他身材瘦削,却是秀目紫眉,声若清磬。幼年多病,但自幼天资聪颖,酷爱读书。万历二十二年(1594),侯峒曾4岁时,父亲乡试中了举人。次年,侯家又生了第3个儿子侯岐曾,阖家欢乐。

侯氏私塾(又称上谷家塾)设在侯尧封家宅的西厢房。万历二十四年(1596),侯峒曾6岁,就读于蟠龙塘畔的家塾,每日里闭门简出,正襟危坐,将课文反复吟诵数十遍。他天资颖异,华亭县林太夫子(号思术)爱之如子。有一次,林太夫子临别时说了一句:"师生话别情难舍。"侯峒曾脱口而出:"朋友相孚谊共敦。"意为朋友之间唯有互相信任,才显得敦厚,相交才会长久。林太夫子连声赞许称奇。

侯峒曾9岁读家塾时,一天老师布置作文后外出,同学们嬉闹"办丧事",拖他躺在门板上装尸体。正闹得开心,老师突然返回,同学惊呆了。老师称:"文毕者免责。"侯峒曾答:"草稿已讫。"老师令当即誊清。侯峒曾挥笔成章,老师赞不绝口,而其他同学只得认罚。其实,侯峒曾在装尸体时,静心遣词造句打了腹稿,面对老师镇静以待,才免遭责难。

二弟侯岷曾(1591—1611),字梁瞻。县学庠生。聘俞氏,未婚即夭亡。

三弟侯岐曾(1595—1647),字雍瞻,号广维。11岁为县学生员,夜深仍在灯下苦读不辍,兄长叮嘱不宜过于刻苦,其回答:"弟即使阅读不已,恐怕总追不上你。"兄又说:"我不过年长你3岁罢了。"其答道:"人生能活多少岁,岂能相差两三年时间的学习啊!"

万历三十三年(1605)冬,侯峒曾15岁,侯氏三兄弟同取秀才,被江苏学使誉为"江南三凤"。可惜,祖父侯孔诏在去年已经逝世,未能亲眼见到这荣耀时刻。

万历三十五年(1607),侯孔鹤、侯孔龄捐资大修紫隄关帝庙,名士王圻撰写了《重修紫隄关帝庙记》记录此事。

万历三十六年(1608),侯峒曾首次远离家门,跟随父亲游览杭州山水。他登上五云岭,行走于九溪十八涧,还扪萝攀树,以达云楼,谒拜云栖寺高僧莲池大师(沈袾宏,字佛慧)。难得登高望远,他顿时觉得心胸开阔了许多。

万历三十七年(1609),侯峒曾、侯岷曾兄弟俩12岁,随父亲到苏州虎丘铁花庵尚元堂读书。

万历三十八年(1610)春,喜事接连而来,父亲侯震旸中了进士,侯峒曾时年20岁,将嘉定名门闺秀李氏娶进家门。

谁料想,不久却接连出了倒霉事,妻子患病,父亲也病倒了。侯峒曾悉心照料他们,结果耽误了学业。

十月,老二侯岷曾也病倒了,且一病不起。离世时,年仅20岁。父亲为之形神俱伤。

万历四十二年(1614),侯峒曾的妻子李氏几次病危,全家深感担忧。次年秋试,侯峒曾应试不利,心中更加焦虑。妻子李氏患病难有子嗣,而侯峒曾拒绝以此为由纳妾,称"得吾弟有子足矣"。

面对重重压力,28岁的侯峒曾坚韧奋发。万历四十六年(1618)八月举行南直隶乡试,考生有5000多人。侯峒曾忍着疟疾走进考场号房,只觉身体忽冷忽热,难以集中精力,在号房内苦熬3个昼夜,心力交瘁,几度担心自己会走不出考场。

侯峒曾总算完成了3场考试,结果竟以第3名的成绩考中了举人,名震江南。

同时,其妻李氏的病体终于康复,生下了第一个儿子。

"上谷六龙"与女诗群

侯峒曾与夫人李氏生有4个儿子:侯玄淙(幼年夭折)、侯玄演、侯玄洁、侯玄瀞。有女儿侯辅义,嫁给昆山徐开度。

侯岐曾娶金氏,未生育,又娶刘氏,也生有3个儿子:侯玄汸、侯玄洵、侯玄泓。

6位侯门子弟，自幼出众，整齐端正，都娶了个好媳妇。为此，被乡人尊称为“上谷六龙”“侯氏六俊”。

侯玄演(1620—1645)，字几道。13岁以第一名成绩成为松江府学廪膳生员。

侯玄洁(1621—1645)，字云俱。苏州府学增生。文笔飘逸，尤擅长书法。

侯玄瀞(1624—1651)，又名玄简，字智含。11岁补松江府庠生。

侯玄汸(1614—1678)，字记原，号秬园，又号甲寅再来人、月蝉、潜确。明崇祯五年(1632)诸生。崇祯十五年(1642)中应天府乡试副榜。博览群书，究心经术，擅长诗文。

侯玄洵(1617—1638)，字文中，号确斋。四五岁时身体肥胖，从小多病。嘉定县学庠生。崇祯十一年(1638)，因病去世。著有《病中记》，侯峒曾为之作序，曰：“其言皆鞭策身心、刻励学问，而悲来悼往、齐物达生之旨什亦居一。”

侯玄泓(1620—1674)，字研德，号掌亭。嘉定县学庠生，师从黄淳耀，工诗文。博闻强记，熟悉经史百家、天文、地理。

侯岐曾娶俞氏，生四女。长女嫁昆山王志峻。次女侯怀贞，嫁昆山顾天逵。三女侯蓁宜，字俪南，嫁诸生龚元侃(字得和，号南溟)，家甚贫，闭门织麻，有偕隐之志。长于诗词。

侯玄演之妻姚妫俞，字灵修，长洲(今苏州)人，万历四十七年(1619)进士姚希孟(字孟长，号现闻)的孙女。有诗才，其《仲春十五夜大人言旋即别写怀》诗云：“白云天末和愁低，无限情怀怨曙鸡。烟柳河桥残月小，疏钟古寺晓风凄。百年幻影花枝老，廿载浮生草路迷。一苇江头如可折，竺干西去待相携。”

侯玄洁之妻龚宛琼，是龚老夫人的侄孙女。

侯玄瀞的原配夫人张氏，未生育。后结识夏淑吉的表妹盛韫贞(字静维，华亭人)，见其个性爽快活泼，十分中意。后由父母出面订下婚约。

侯玄汸的原配夫人杜氏（崇祯四年进士、“畿社六子”之一杜麟徵之女），未生育。后又娶宁若生，字璀如，吴江人，明大理寺评事宁绳武的孙女，颇具文才。生下二子二女，儿子侯棨、侯来宜。

侯玄洵妻夏淑吉（1618—1661），字美南，号荆影，松江名士夏允彝（字彝仲，号瑗公）的长女。她自幼读书通大义，善琴弈，工辞赋，极富文采，人称才女。侯夏两家是世交，侯玄洵与夏淑吉从小就订了娃娃亲，苦于玄洵身体不好，拖到崇祯九年（1636）才成亲。谁料想，新娘过门才数月，侯玄洵旧病复发，一年后即去世了。时年 21 岁的夏淑吉就此守了寡，幸有个儿子侯檠（字武功）。她含悲写下《悼亡》诗云：“萧萧鉴玄夜，幽室生微凉。眷言念君子，沉痛迫中肠。音徽日以杳，翰墨犹芬芳。灵帷空萧条，斋奠直荒唐。举声百忧集，泣涕不成章。”

侯玄泓的原配夫人孙俪箫，为明末杰出的科学家、军事家孙元化（字初阳，号火东）之女。后又娶章有渭，字玉潢，华亭人，罗源知县章简（字坤能）之三女。章家有六姐妹，人称“六朵金花”，章有渭与妹妹章有淑、章有湘并

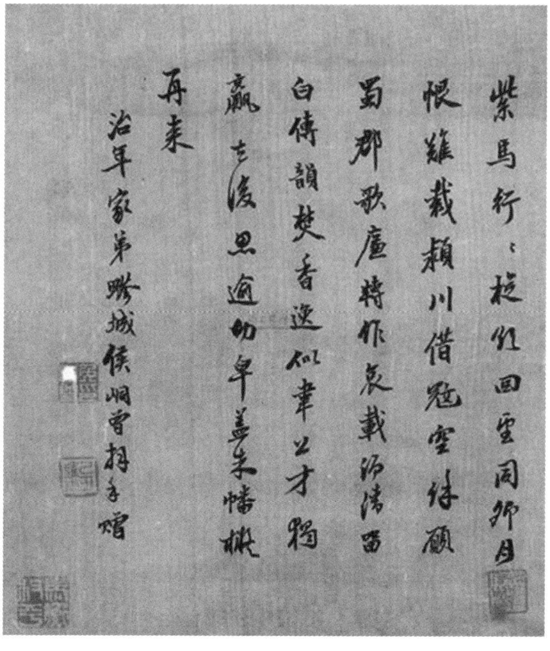

侯峒曾手迹

擅诗名。其诗高旷神远，如《行园》诗云："烂漫花如绣，闲行碧沼边。浴凫还泛泛，无蝶自跹跹。罗袂香风袭，纱窗翠篆连。徘徊看落日，彩雾绚青天。"其父章简为抗清殉难。侯玄泓后又娶莫氏为继室，生侯开国（字大年，号凤阿）、侯棠（字说舟）、侯莱（字准树）。

侯家这些媳妇大多为才女，时以清丽的诗词相赠答，或讨论经史，形成罕见的女诗群。可以想象，这个大家庭的男女老少团聚一起，吟风弄月，是何等其乐融融。

惜别明王朝

京城历练

万历四十六年(1618)八月,侯峒曾乡试中举后,即随同父亲侯震旸来到京城就读,参加会试。

次年二月春试,侯峒曾不第。为排遣郁闷,父子俩在京游览宫阙和西山。后来与几位同在京城迎考的苏州府老乡结为知己。其中有文震孟(1574—1636,字文起,号湛持,文徵明曾孙。10次会试失利,46岁时终于状元及第,授翰林院修撰,谥号"文肃公")、姚希孟(1579—1636,字孟长,号现闻。文震孟外甥。万历己未进士,为翰林院检讨,谥号"文毅公")、周顺昌(字蓼州,号忠介,后在吏部任职)、周宗建(1582—1627,字季侯,号来玉。万历癸丑进士,后为侍卿)、张世伟(字异度,自号泌园叟)等。他们志同道合,时有来往,相处甚欢。他们政见相近,因此每当见侯震旸议出奏章,阅后无不击节振奋。后来,他们大多成为"东林党人"。

侯峒曾的知己好友,有太学生、山西崞县知县的冯梦熊,江苏吴县人。极富才气,与冯梦桂(画家)、冯梦龙(文学家、戏曲家)兄弟三人被时称"吴下三冯"。冯梦熊喜欢改名更字,也许是想以此改变厄运。侯峒曾撰《友人冯杜陵集序》:"君初名梦熊,字非熊,中岁以字行,别字孝当,自号杜陵居士。

晚更名师之,字少璜。今友人无问知与不知,多尚呼'非熊',或间称'杜陵',其称'少璜'者益少,故予衷而称之曰'杜陵'。"冯梦熊"为人率略似狂,癖狭似狷,谭谐舞笑,动与俗疏。时时有所激昂诋讥,皆附会书史,以发其诧傺无聊不平之气。自予辈交知十数子,临觞接席,非君不欢"。可惜死于"奇穷"。万历四十年(1612)时,冯家非常贫困,甚至到"绝粮"的地步。年仅30多岁的冯梦熊"为诸生蹶者屡矣,竟以穷死。死且无子,殡于萧寺"。冯梦熊的文集生前即编成,侯峒曾在其卒后特撰序言推崇,但未能刊行。

不久,侯岐曾也来到京城就读。侯震旸的母亲陈氏已70岁,继祖母张氏已80岁,家中子孙满堂,但侯震旸认为紫隄村毕竟太小,期望两个儿子在京城拓宽视野,得名师指点,早日通过科场走上仕途,为侯氏家族争得更大的荣耀。

万历四十八年(1620),侯峒曾长子侯玄淙不幸患病夭折。同年,侯峒曾生下侯玄演。次年,又生侯玄洁。

天启元年(1621),侯峒曾在京城有幸看到万历皇帝大丧礼仪盛况。同时目睹时政日非,感触颇深,因而常同父亲扼腕叹息,议论政务。还有心将所亲历见闻的陵园、宫禁、朝廷、封疆等事项及时记录,整理成一册《都下纪闻》,以备日后当作理政参考。

次年正月,东北辽河以东的广宁地区被后金攻陷,朝廷震惊。京城内顿时一片慌乱,有些官员闻风丧胆,携财南逃。

侯峒曾见之,认为可耻之极,愤然斥道:"怎能指望这样的人吃了俸禄而不逃国难呢?"

然而,时局越来越动荡,一发而不可收拾。四月,侯氏父子只得暂别京城,一起回到家乡。

在嘉定城东,侯氏父子建了一座私塾,潜心培养家族子弟,同时延请"东林八君子"叶茂才的门生马世奇(字君常,号素修,无锡人)为座上宾,并结交了府试名列第一的黄淳耀(字蕴生,号陶庵,嘉定人),酝酿着建立自己的士人社团。

直谏被贬

天启四年(1624),侯震旸返京,被提拔为吏科给事中。他耿直正义,参与东林党之列。

当时,年仅15岁的小皇帝朱由校刚登基,受宠幸的乳母“奉圣夫人”客氏与“司礼监秉笔太监”魏忠贤(字完吾)相勾结,控制朝廷。又密结大学士沈㴶为援,气焰极为嚣张。六月,都察院左都副御史杨琏首先上疏,弹劾魏忠贤。侯震旸与70多名官员随之上疏,挺身直言,奏折云:

《礼》有“慈母,君命所使教子也”。鲁昭公慈母死,欲为练冠。有司执论,乃止。夫慈母职兼教养,犹恩以义绝。况幺幺里妇,可数昵至尊哉?陛下即为客氏富贵计,亦当蚤加裁抑,曲示保全,不宜异数,隆恩宠而益之毒。且陛下始而徘徊眷注,稍迟其出可也,出而再入不可,时出时入尤不可。宫闱禁地,奸珰群小,内外勾连,借丛炀灶,有不忍言者。昔王圣宠而煽江京、李闰之奸,赵娆宠而构曹节、王甫之变,祸贻宗社,良可寒心,此陛下殷鉴也。

此本一奏,朝野震动,侯震旸名声大振。有人劝他不要引火烧身,但其明知奸臣当道,前途凶险,却不愿缩头却步。

此时辽东战事危急,经略熊廷弼与巡抚王化贞之间有矛盾,对后金作战的主张争执不休,延误战机,造成广宁失守。兵部尚书张鹤鸣袒护王化贞,于是有人想把熊廷弼调往别处。侯震旸预料此战事必败无疑,又上疏力主换将以挽回局面:事到如今,皇上应该派使者问经略,如果还能认真训练,那么进退的快慢不受宫廷管制,即使撤销巡抚,一切权力交给经略,也不是不可以的。如果不是这样的话,那么就督促逐条陈奏,听凭朝臣讨论安排,把收拾残局的职责交给王化贞。不然就把熊廷弼调到密云,另外委任经略。张鹤鸣一向慷慨激昂,与其等战事失败一同受罚,不如让其挺身报国。或将经略的职位授给王化贞，选择一位深沉有谋略者出任巡抚。抑或把熊廷弼调往登州、莱州，完成其三方布置防御的策略，跟王化贞互成犄角之势。假若此时还犹豫不决，一定会耽误国家大事的。小皇帝听不进这一忠告，反而安慰逃回京城的官员。

为此，侯震旸极为愤懑，再次上疏直谏：微臣不幸言中。为今后打算，不能感情用事。以前，朝中大多爱惜王化贞，现在不能爱惜了。河西失败之后，朝中都在宽免熊廷弼，现在也不能宽免了。鞭策巡抚的，说应该责令回到广宁，将西部防线连成一体。然而军营粮草已用完，能够赤手空拳效法申包胥吗？鞭策经略的，说应该仍旧要求防守山海关。然而所谓防守，将如同熊廷弼前面建议的三十万兵数十万饷，来为以后打算吗？抑或只是命令率领残兵开到关外，姑且表示还没有杀死吧！凡此种种，没有一个是可行的。现在还不判决逃臣的罪行，国家残破的疆土将如何保护啊！

小皇帝为此言论动怒了。

不久，魏忠贤传旨说要将侯震旸流放。

此时，紫隄村传来信息，继祖母张宜人病危。侯震旸决意趁机返乡。

侯震旸向皇帝辞行时，又呈上有关田赋、河渠的两项建议。然而，他还是被降了二级官职。于是，索性称病辞职返回家乡。

侯震旸在担任吏科给事中的 8 个月内，先后向皇帝上奏章竟达 30 多次。其刚直之名，惊动四方。因此，他所撰《天垣疏略》一卷，传世甚广。

进退官场

天启五年(1625)二月，35 岁的侯峒曾再次赴北京，参加会试。

四月，殿试对策时，侯峒曾议论精详，且书法遒劲清丽，得到了阅卷官员的赏识。

可是，专擅朝政的佞臣魏忠贤等畏忌其才能，竟然大做手脚。侯峒曾考中进士，但名次被压到二甲第 24 名。不久，翰林院从新科进士中挑选庶吉士，侯峒曾应是众望所归的人选，却又被挤压出局。

魏忠贤如此作恶，是因他忌恨在心。这两年，侯峒曾随同父亲在京城内走动，魏忠贤见其谈吐儒雅，举止非凡，料想日后必是栋梁之材。为了网罗英才为之效命，故有意放话称，欲认侯峒曾为义子，还私下许诺可鼎助进阶状元。

侯氏父子闻此传言，当即一口拒绝。因此，魏忠贤与侯氏积怨益深。

这时，首辅顾秉谦也想笼络人，特遣子弟致意，派出亲信上门说项，欲相结交。侯峒曾却回应说：即使给我堆起高及北斗的黄金，我也不干！

天启五年(1625)，魏忠贤大兴冤狱，首先制造“六君子之狱”，逮捕了杨琏、左光斗等6位正直官员。次年春季，又假传圣旨，命宫廷锦衣卫到苏州逮捕了东林党人周顺昌、周宗建等，制造“七君子之狱”。苏州为之发生民变。

侯峒曾闻讯，奉侯震旸之命毅然赶到丁香书院，送别老友，并赠银两备用。后周顺昌在狱中惨死。

不久，侯峒曾被授予南京兵部主事。

侯震旸遭官场挤压，积郁成病，患“婴末疾”(四肢患病)，纳侍女朱氏贴身照料。朱氏，字桂姊，其祖父世为侯家仆。

侯峒曾得知父亲在家中卧床不起，匆匆返乡侍父。在整个严冬季节里，侯峒曾内侍汤药，外祷族众，但父亲病情却不见好转。

天启七年(1627)正月二十九日，侯震旸饱含愤恨离世，年59岁。临终对儿子留下遗训：“世受国恩，涓涘未报。沧海横流，义难远引。虽然明哲保身，吾子其行之。”

侯峒曾痛泣而受教，终身铭记。

侯震旸离世，朱氏年仅27岁，陈太孺人、龚太恭人认为她并非族氏，又非姬妾，决意帮她嫁人。而朱氏泣涕，表示自己入了侯家门，今后誓无二心。令侯家人极为感动，后来朱氏逝世后，侯峒曾为其亲撰墓志铭，深表敬意。

天启七年(1627)八月二十二日，朱由检即位，标志着魏忠贤专政的结束。这位刚刚即位的崇祯皇帝，匆匆征召，要恢复侯震旸官职，遗憾的是这一切都已迟了。

侯峒曾葬父后居家守孝。谁料想，他在此后的几年里遭遇了一系列令人忧伤的事。

崇祯二年(1629)闰四月三日,被人们尊为“嘉定四先生”的李流芳因病谢世,年55岁。侯峒曾含悲撰《祭李长蘅先生文》,句句泣血。

七月初八,侯峒曾为胜过生母的祖母陈氏举办寿宴,庆贺八十大寿。次年正月二十五日,陈氏匆匆离世。侯峒曾又以长孙之责,隆重地为其操办丧事,并撰《先祖妣敕封太孺人陈氏行状》,洋洋洒洒,寄托无尽哀思。

连接不断地送别长辈,使步入不惑之年的侯峒曾心中无限伤感。崇祯三年(1630)元日,他写下两首感怀诗,其中一首云:

如水流光不暇惊,半生哀乐几多更。
闲居且拟潘安赋,侍药还深李密情。
亲健始伸乌哺乐,时清方隐鹿门耕。
心知四十无闻矣,眼底英英畏后生。

这一年,侯岐曾赴京应试。侯峒曾特赋一首长诗相赠,对兄弟寄托厚望。可惜,侯岐曾没有如愿。

经侯峒曾的请求,崇祯皇帝批准追封侯震旸为太常寺少卿,名列嘉定乡贤祠。

崇祯四年(1631),侯峒曾隆重地将父亲和祖母安葬到圆沙的侯氏祖茔墓园内,并邀请礼部侍郎钱谦益(字受之,号牧斋)为侯震旸撰写墓志铭,请“嘉定四先生”唐时升(字叔达,号灌园叟)立传,自己亲撰《侯氏三世葬录》。

次年六月十八日,侯峒曾在宗祠主持祭祀仪式后,着手续修《侯氏家谱》,并作序,称:“吾东轩公(侯璞)后,四世单传,至大参公(侯尧封)一举六子,今有孙十二人,曾孙十一人,元孙六人。”此时,侯氏家族已经枝繁叶茂,且各自处境差异较大,侯峒曾一时无力续修族谱,也无心广泛联络旁支族亲,因此仅为自家一支做了梳理,深感扬眉吐气,豪情满怀。

同时,侯峒曾还帮助母舅家中整理出嘉定龚氏祖辈遗稿,并亲撰《龚司空玉书楼遗稿序》。

崇祯六年(1633),侯峒曾依旧赋闲在家,绝意世事,足迹不入公府,以伴儿子、侄子读书为乐。侯玄演、侯玄洁已十三四岁,已负才志。侯玄瀞已10岁,开始学写文章。侯玄汸、侯玄洵年近20,先后补博士弟子。侯峒曾还约请好友黄淳耀(字蕴生,号陶庵)、夏云蛟、陈俶等诸名士为儿子、侄子授课。他返京后,这些好友便成为侯氏子弟最贴心的师长。

侯峒曾眼看居家守孝已达5年,母亲龚夫人几番叮嘱,身为朝廷命官,家事办妥,理应该去报国理政了。但是,侯峒曾厌倦官场纷争,迟迟没有启程。

这时,乡人正在酝酿重建紫隄村北面的纪王庙。纪王庙始建于元代,因吴淞江潮汛肆虐,其势如项羽称霸,俗称"霸王潮"。为此,乡民在沿江建立了一批寺庙,冠名祀18位功高望重的汉代将军,企望能镇住作恶多端的吴淞江潮汛。纪王庙即祀纪信,为是其中之一。时有乡里父老沈继周、张正中等见庙屋破落,筹资合力重建。侯峒曾对此十分关切,欣然应邀撰写《重建纪王庙碑记》,陈述纪王庙之由来,赞扬先辈抗霸精神,为后人留下了一份珍贵史料。

多事之秋

崇祯皇帝继承的明王朝,是一个充满矛盾和危机,行将灭亡的"烂摊子"。东北战事接连告急,西北饥民四处造反,江南赋税征收激起民怨,文官集团之间因党争而造成分裂,崇祯皇帝虽锐意求治,奋斗不息,企图挽救颓运,但始终未能奏效。

崇祯七年(1634),侯峒曾进京述职。临行时,侨居嘉定的名士程嘉燧(字孟阳)特赠诗送行,诗云:

十见家园春草芳,才看通籍谒明光。
骅骝道路争年少,乌鸟庭帏恋日长。
衣上不劳慈母线,禁中犹惮直臣章。
欲知世美承颜在,图史从来许范滂。

侯峒曾胸怀壮志。兵部尚书张凤翼推荐其为职方武选清吏司郎中(正五品),而他力辞不就。

在京城,侯峒曾风华正茂,才能出众,与徐石麒、陈洪谧被并称为“南部三清”。徐石麒(1577—1645),初名文治,字宝摩,号虞求,浙江嘉兴人。天启二年(1622)进士,授工部营缮主事。因得罪魏忠贤,被削籍,崇祯年初官复原职,补南京礼部祠祭主事,历吏部考功郎中。陈洪谧(1600—1668),字龙甫,号默庵,福建晋江人。崇祯四年(1631)进士,授南京户部主事。为官清廉,称道朝野。

在翰林圈子内,侯峒曾有好几位结交10多年的昔日好友,时常相聚。其中文震孟天启二年(1622)中状元,却历经磨难,时任右庶子;姚希孟时任庶吉士,已与侯峒曾结为儿女亲家。还有马世奇于崇祯四年(1631)中进士,时任左庶子。他们都希望侯峒曾在京城任职。

时任户部郎中的史可法(1601—1645,字宪之,又字道邻)咨询好友文震孟:“谁是吴地杰出人才?”文震孟立即说是侯峒曾。侯峒曾也曾问文震孟:“谁是北方豪杰之士?”文震孟则推崇史可法。一次,史可法与侯峒曾两人在途中相遇,一见如故,互述情怀,结为知己,被传为佳话。

然而,侯峒曾选了离家乡近一点的南京。当年八月,侯峒曾南归。闰八月至淮上,已逾莅任之限,故有“吏情真共沧州远,已觉耽延画省违”之句。

九月,侯峒曾担任南京兵部武选清吏司主事(正六品)。他大胆地呈上了《乞补南曹疏》,陈述家族状况,表达自己守丧期满亟待得到重任的心情。

随后,侯峒曾出任南京吏部文选清吏司主事。

崇祯八年(1635),闻知朝廷计划减少嘉定县的科举名额,侯峒曾立即上书苏松提学御史倪元珙(字赋汝,号三兰),据理陈情,终于争取到上等县的待遇。

九月,侯峒曾返乡休假。

当时,儿子侯玄演、侯玄洁也补博士弟子,亲朋好友纷纷前来索阅他俩的试卷。入冬后,侯玄汸、侯玄演应科试获甲等,侯玄泓、侯玄瀞应童子试也很出彩。侯峒曾不由欣喜万分,索性将“上谷六子试卷”汇编成册,并撰写序言，畅述育儿心得。

侯玄洁文采出众，一首七律《春江泛舟》对仗工稳，用词贴切，令侯峒曾刮目相看。诗云：

江放新流绕曲汀，扁舟重系短长亭。
林含宿雨莺微重，人带轻寒酒易醒。
入夜月将遥寺见，隔江风送乱潮听。
不知归路堪骑马，春恨从来怕踏青。

是年，侯峒曾撰《重建闻思禅院记碑》，碑立嘉定娄塘镇。

次年三月，侯峒曾携母亲同赴南京，随身奉养。后改任吏部稽勋清吏司郎中，掌文职官之勋级、名籍、守制、终养等事。

这一年，侯峒曾还出资修缮嘉定县学的启圣祠、尊经阁、敬一亭以及泮池的石栏。

侯峒曾善文能诗，精于经学。在官场，继承父亲遗风，为人宜道耿介，不随波逐流，又忧国忧民，不做愚忠之臣。今存《侯氏年谱》中，收录侯峒曾撰写的《上南太宰建德郑公书》《与倪三兰督学书》《与万明府书》《与程我旋大司农书》《与徐虞求同上史道邻开府书》《上司寇建德公书》《与夏彝仲进士书》《与陈卧子进士书》《与姚文初书》《与张二无书》《与杨维斗表弟书》《与马素修书》《答徐虞求纳言书》《与张受先书》《上李懋明先生书》《答成元升兵部书》《答江西吴学宪书》等文献。

为民请命

嘉定地区乡村的土地大多贫瘠，不宜种植水稻，明代时依靠植棉和棉纺织技术给农业经济带来发展机遇。但是，随着棉花种植和棉布生产的发展，乡民乐于种棉而减少稻作，以致口粮不能自给，需从邻县购买。而朝廷规定南方各省均以粮食为田赋，而且嘉定的田赋比其他县高。嘉靖年间，嘉定的漕粮田赋平均每亩为大米 40 斤,外加长途解运费每亩 22 斤,因需购粮赋税又遭中间商盘剥,以致“田赋如山重”,不少乡民逃往异地或沦为渔民。

有鉴于此,有识之士提出“折粮为银”的改革倡议,主张将实物赋税改为货币赋税。本地志士仁人纷纷上书朝廷,为民请命。侯尧封、侯震旸、侯峒曾等侯氏三代置个人安危于不顾,一再上书言事,倡言赋税改革和合理减税。

侯尧封曾上书户部尚书,提出“岁漕永改”的请求,即建议农民每年上交皇粮的数量,始终保持稳定,不应随意增加。因此,嘉定地区的田赋在万历年间有所减免。

万历十五年(1587),嘉定乡人在城西门西大街建造折漕报功祠,祀嘉定折漕官绅 30 余人,侯震旸所撰《嘉定县改折漕粮本末记》在此立碑,流传至今。

据侯峒曾《与朝士论复漕书略》记载:崇祯十年(1637),为了减轻嘉定地区的税赋,他在请愿书中明确地提出自己的主张:

> 今天子视民如伤,敝邑之事,发于朝论,非天子之意,虽在执事,亦当有不得已者。然窃闻忠臣之谋国,惟其信而已,信于君而不信于民。虽甚利,勿举信于民而不信于君;虽无利,犹将行之。今也,取五六十年永折之规而骤革焉,其不信于民也大矣。且使天子之意,谓计臣多才能,致粮五万余石,而令下未几,遂有号呼以干天听者。此非所以信于君之义也,于君无更张之利,而民有害。

侯峒曾先后两次秉笔直书,呈户部尚书程国祥(字仲若,号我旋),有理有据,慷慨陈词。结果,其部分主张得以采纳,嘉定民众获准减免漕粮三分之一。

崇祯十五年(1642),朝廷恢复嘉定征漕,“今输米五万石”,士民再次惶恐万状。侯峒曾立即上书,主张“得照旧永折”,并撰写《壬午复折奏疏序》,后又撰《嘉定折漕报功祠记》,全面阐述嘉定征漕的历史沿革和目前事实,反映民众呼声。当时,侯岐曾长子侯玄汸刚中顺天府副榜,也慨然与本地文人一起上书,反映民意。

嘉定民众终于争取到了自己应有的权益。

为此,嘉定名士程嘉燧(字孟阳,号松圆)赋诗赞叹侯峒曾:

乍展贤书觉眼明,传观鸿笔使人惊。
横空自夹风霜气,掷地惧腾金石声。

真容画像

据《侯氏年谱》记载,侯峒曾的容颜为"丰骨成削,颀然以长,有海鹤之姿。面白皙,头颅圆如规,秀目紫髯,声清若磬。少年时即多病,曾自言吾年过三十即为上寿矣。三十后,无时不病,常见衣表,然神气自若,虽当困惫,而质劲不改,于素处众中若松柏,见者莫不以为神人也"。

侯峒曾画像

崇祯十年(1637),侯峒曾邀请著名肖像画家曾鲸(1568—1650,字波臣,福建莆田人)为自己绘制了一幅画像。入秋,又请南京画家张翀(字子羽,号图南)补充绘景,并在画像上作款记。这幅形象逼真的《侯峒曾像》,绢本设色,高 121.3 厘米,宽 62.1 厘米。画面上,侯峒曾坐在罗汉床上,前有一桌,上有彝器若干。背景配巨石,以表现侯峒曾坚定的性格,而画梧桐则是隐喻他善悟的特点。人物衣衫采用铁线描,富有质感。画中家具、器皿描绘得极为精工,或许正是其收藏品的实景写生。

时任武英殿中书舍人的文震亨(字启美)见此画像后,题写一首《侯峒曾像赞》诗:

旧都车马如流水,一人独坐冰壶里。
寒厅萧然无杂宾,回环惟见图与史。
偶然写炤成丹青,高梧修竹如有声。
临流凝思俱远情,角巾广袖清风生。
问君何不图组绶,君谓何与三不朽。
灵心寸许七尺躯,幻非幻中吾自有。
当君少小推国华,万言笔底腹五车。
国门悬金购高价,一时直欲无班马。
三侯之名天下闻,君也一骋空其群。
宁惟蝉联征世德,忠孝亦是传家物。
为郎虽云鉴九流,自公退食何悠忧。
纵然冀北求高足,独向周南甘滞留。
起家屈指逾一纪,始易银青赐金紫。
江右从来节义邦,特敕绛纱收弟子。
知君此行道愈尊,繁桃秾李盈其门。
结网已知麟凤存,诗书弥见夙好敦。
时危公辅宁虚拟,三公论道从此始。
他年凌烟图姓名,是即图中之人耳。

真实的画像,好友的赞语,为侯峒曾塑造了生动的形象,也为世人了解侯峒曾提供了一个窗口。这一幅侯峒曾画像长期收藏于侯家,后虽经丧乱,失而复得。今由上海博物馆收藏。

复社结盟

明末,江南地区的社会正在发生新的变化。

崇祯二年(1629),与上海县、嘉定县相邻的太仓县,时有名士张溥(1602—1641,初字干度,后字天如,号西铭)、张采(1596—1648,字受先,号南郭),以"复兴古学"为旗帜,团结一批有气节有学问有抱负的文人,创办了"复社",形成继东林党之后具有政治影响的文学社团,其成员遍及国内各地。张溥与张采同为崇祯进士,又是同乡人,合称"娄东二张"。

有人诬陷张溥,侯峒曾为他辩解。崇祯七年(1634),侯峒曾赴京城前夕,张溥特作《送侯豫瞻北上》。

"复社"领袖人物之一杨廷枢(1595—1647),字维斗,号复庵,苏州府长洲人,崇祯三年(1630)乡试高中解元。侯峒曾的姑妈嫁给其父杨大溁,因此与其关系十分密切,向以表弟相称。他俩时有书信往来,互相探讨政见和学术问题。侯峒曾的《送表弟杨维斗解元上公车》诗云:

赴陇征书有旷恩,仍偕计吏谒金门。
时危渐觉科名薄,道在还知礼乐尊。
老子甲兵今孰仗,嗣宗臧否不轻论。
冰霜岁晚孤征夜,幞被应知手线温。

侯峒曾的弟弟侯岐曾是复社的中坚成员之一。

侯岐曾继承家学,尤其喜爱古学,擅长文章,撰有《史记偶笔》。他十分注重朋友间的义气和情谊。通过复社活动,他与松江陈子龙、夏允彝等相识相知,结为密友,交往日深。

陈子龙(1608—1647),初名介,字卧子,号轶符,晚年又号大樽,华亭县人。他比侯岐曾小十四岁,却是忘年之交。

陈子龙是夏完淳的老师,与其父夏允彝是同科进士,一起在松江创建

“畿社”(复社的分支社团)。为“云间派”盟主,诗歌成就较高,有明代“第一词人”之誉。且风流倜傥,“秦淮八绝”之一柳如是为其早年情人,两人缠绵悱恻的爱情故事,向为世人乐道。

崇祯十年(1637),陈子龙考中进士,授广东惠州府司理,未赴任而得知继母病故的消息,即回家治丧。崇祯十三年(1640)六月,任浙江绍兴府司理,不久兼代理诸暨知县。崇祯十七年(1644)初,陈子龙因招抚浙江东阳县诸生许都暴动有功,授兵科给事中。不久,他闻听祖母病笃,便未去赴任,于三月间乞归故里。

崇祯十五年(1642)举行乡试,年已48岁的侯岐曾有幸考中副榜,可入国子监肄业。

又一个侯氏子弟仕途有望,全家为之兴奋不已。

壮志难酬

崇祯十一年(1638),侯峒曾获得升迁机会,出任提督学政江西布政司右参议(简称“提学道”)兼按察司佥事。

侯峒曾的仕途前景得以好转,但依然保持着个性。皇帝近臣耿始然时任给事中,负责监察六部诸司,弹劾百官,与御史互为补充,颇有权势。他到江西督查税赋时,百官纷纷以下属之礼拜见,唯有侯峒曾不卑不亢,令人肃然起敬。

在任上,侯峒曾编定《江西学政申约》《申明敕谕条款》《申明钦定教条》等,提出实施十章,改变了江南文风。

为整顿科考规则,侯峒曾将两名违章的皇族宗亲考生予以除名,此事引起朱益王的不满,以皇族身份当面施压。

面对强势者,侯峒曾坦然不屈,答道:“秉公执法,即使皇上也不能改变我,何况你是殿下。”他严正表示“守法无二”,拂衣而去。朝野闻之,均称赞“真丈夫”。

崇祯十三年(1640)春,为庆贺龚老夫人七十大寿,侯家举行了盛大的家族聚会,侯峒曾特意带了一对白兔从江西赶回家贺寿。当时,侯家四世同堂,在嘉定城内的宅院由3进扩建到8进,龚老夫人是总管家,因此这次盛会可称为侯氏家族最鼎盛的时刻。

然而,这几年气候异常,天灾频发。据《上海县志》记载:崇祯十三年,“饥荒严重,米贵至每石银二两八钱”。次年三至七月,“无雨,庄稼被蝗虫食尽,饿殍载道,弃儿多为人食”。大旱高温引来北方铺天盖地的蝗虫,将所有田间水稻、村里竹叶席卷而空。官府贴出布告,要百姓紧急捕捉蝗虫,并有赏金。而乡人剥榆树皮为饼,以糠皮为粥,饿死者随处可见,惨不忍睹。

侯峒曾《复折奏疏序》记载:“崇祯十五年(1642),国家下数万艘,以转漕江南,惟嘉定得免。盖其地无一粒之产,无大河之通,故终弗可以漕。漕之敝而民皆流亡。”

侯峒曾在江西任职近5年,后奉旨调任广东按察司副使(正四品),可未及赴任,又被吏部举荐为浙江按察使司左参政,分守嘉(兴)湖(州)地区。

崇祯十六年(1643)正月,侯峒曾赶到嘉兴上任。不久得知,当地有几个运送漕粮的士兵极为狂妄,竟然寻衅击伤秀水县知县李向中(字豹韦,号立斋,崇祯庚辰进士)。他即前去查明真相,请示抚按之后,秉公捕戮首恶者。官衙上下为此惊叹,从此法纪肃然。

当时,吏部尚书郑三俊(字用章,号元岳),为人端严清亮,拥有首辅之权,人称“郑天官”。他经长期考察,推举5位贤能者担任监司,侯峒曾是其中之一。

十一月,侯峒曾未等被录用,已称病请求辞官,决意回乡。虽时年仅54岁,但在官场奔波折腾,已感到筋疲力尽。再三呈报“谢病”“乞养”“告病”文后,终于获得批准返乡休养。

在家休养期间,侯峒曾乐于奖掖后进,经常考查家乡小辈的学业,并邀请挚友黄淳耀(字蕴生)一起给他们评定等第,分别赠送文房四宝、古董玩物,以资鼓励。组织当地少年在太初堂以《童子见》三字会文,收卷后一一评点。

十二月,京城危难之际,朝廷下旨到侯家,任命侯峒曾为顺天府丞(府尹副职，秩正四品，掌学校政令，乡试充提调官）。

然而，侯峒曾毫不动心，称病婉拒不受。

除夕，侯峒曾写下了《甲申除夕感怀二首》，诗云："此夜真除异往年，历头简尽泪如泉。"

乙酉元旦日，侯峒曾又撰诗连发感叹之声，惦念的是崇祯元年的元旦是立春日，而如今竟已是清顺治二年（1645），"未觐新朝尺五天，虚惭名姓缀班联"。

于是，侯峒曾当即给老友黄淳耀发出诗函《陶庵杠和除夕诗叠韵再呈》，表明心迹：

顾此茫茫集百端，水穷山尽又年残。
枯蜗只合终粘壁，威风何当亦敛翰。
此夜送穷文字懒，常年饯腊酒杯宽。
天公亟报阳和转，预有东风散晓寒。

侯峒曾七言行草书

血战嘉定城

死里逃生

崇祯十七年(1644)春,农民起义军以星火燎原之势,一举攻占北京城,闯王李自成称帝,定国号“大顺”。崇祯皇帝自缢在万岁山(俗称煤山),明王朝从此崩溃。明宗室后裔逃到江南,寻机反击。

在这风雷激荡的关键时刻,明将吴三桂投靠清军,联合清军在山海关一带与农民军决战。结果农民军战败,占领皇宫仅 40 天的李自成无奈撤离北京城。清军趁机入主中原,定北京为“大清”新都城。

侯峒曾正在紫隄村祖宅休养,闻知北京的消息,心中极为焦虑。尤其得知好友马世奇在北京城破时,带着妻妾自缢身亡,他连声哀叹。

侯峒曾多么想赶到前方去尽职,却不忍心再次离别老母亲。

深明大义的龚太恭人知晓后,对他说:“汝父子受国恩,当以身许国,勿以我为念。”

侯峒曾认为母亲说得在理。

当年 6 月 9 日,正巧是五月初五端午节,侯峒曾接到史可法的求援信,便急忙筹集数百两银子,带上家仆李宾雇船北上,奔赴镇江。

不料,船行 10 多里路,途经嘉定县葛隆一带时,突遭水上匪徒拦截。李宾奋勇搏斗,而匪徒拼命抢夺银两。侯峒曾不慎落水,李宾急忙营救。结果,人是保住了,而银两被洗劫一空,只得连夜返回紫隄村。

侯峒曾死里逃生,就此卧病不起。困在病床上,他含泪对家人说:“我若在京城,哪怕血溅皇宫也必定会拼一拼,可如今连拼命的机会也没有了。”他还撰写了一首《梅花》诗,有“五年庾岭空回首,此日扬州亦断魂”,“忽思关陇今全断,岂管凄清何处家”之句,以寄焦虑之情。

三拒福王

南京是明朝的第二政治中心,北京的中央政权被推翻以后,明朝残余势力迅速在这里结集,割据称雄,要拥立新皇帝。

崇祯十七年(1644)五月初五这一天,明神宗朱翊钧之孙、福王朱由崧逃到南京。南京文武大臣商议拥其为新君,建立新政权,改元“弘光”,史称“南明弘光朝”。福王就职监国后,下令委任史可法、马士英为兵部尚书。尽管侯峒曾在家养病,也被福王委任为通政使司左通政。

专员快马赶到紫隄村,宣告任命。然而,侯峒曾仍愤于朝中有奸臣当道,也不认同福王的战略决策,当即以《谢病第一疏》拒绝就任。

福王却不罢休,一再催促。侯峒曾只得以病重为由,连发《谢病第二疏》《谢病第三疏》。

侯峒曾在友人通信中,已宣告自己将永不入仕。甚至称若福王强迫其出任新朝官职,则以绝食抵抗。有人问他,是何缘故?他说:“我为避辱,不为避难。”

就在此时,侯岐曾响应松江名士陈子龙、徐孚远等的号召,奔赴泖湖地区准备起兵。他写信劝兄长前去助阵。

侯峒曾回信谢拒,同时提醒兄弟:“嘉定形势危急,宜在切近处出力。”

年已55岁的侯峒曾,数月来患病卧床。时常反思前尘往事,不由五味杂陈,决心看破红尘,隐居度余生,在紫隄村养老了。然而,国难民危的局势打碎了他的隐居梦。

有友人来信，询问侯峒曾面对鼎革，如何处置自己。

侯峒曾回复说，我虽不是有守土卫民之责的地方官，但也任过小官，今抗击清兵既无力量，又未遇死难之机，只有藏身祖先坟地，守墓度过余年。假如强迫我出任新朝官职，那么有龚君宾和谢叠山的先例在。龚君宾指汉代龚胜（字君宾），谢叠山指宋末谢枋得（字君直，人称叠山先生），均是为恪守气节绝食而死的义士。

这时，坐镇在扬州的史可法再次来信，诚邀侯峒曾前去共谋抗清大计。侯峒曾撰《答史大司马（可法）书》做回应，表明自己的信仰和立场：

> 地坼天崩，骨惊肠裂，某在告之身，赊死阙下。端午闻变，恸哭辞家，孤舟半程，四鼓被劫，赴水死矣。良久得援，魂魄未还，喘息才属。乃余生逢难之日，正义檄下颁之辰，伏枕诵之，长号欲绝，一息尚存，矢奉明命，激发义勇，泣劝委输，共纾率土之忧，以雪戴天之恨，但某水入其腹，伤绝其筋，赴阙未期，呼天徒切，前者从徐大司寇（即徐石麒）拜明公勤王之书，辄悉索敝赋以行，遂入盗手，然犹将毁家纾难，以为众先。泣血之中，不能长语。

可见，侯峒曾已经抱定毁家纾难、舍身殉节的决心。

嘉定告急

清王朝建立后，清军向江南攻城略地，却意外地遭到江南民众强有力的抵抗。朝代鼎革对于士大夫群体无疑是残酷的，他们无法逃避三种选择：一是求荣变节，二是退隐守节，三是舍身殉节。

清顺治二年（1645），在爆发了“扬州十日”“江阴八十一日”事件之后，清军先后攻克南京、苏州，摧毁南明弘光政权，直逼上海地区。嘉定县城首当其冲。

嘉定城，顾名思义，始于南宋嘉定年间设县时。这里扼守松江，是浙江、福建往来南京的要冲,易攻难守,是兵家必争之地。自元朝始,此地用砖石重筑城墙,明代多次增筑。有东、南、西、北4座城门及4座水关。

扬州沦陷的消息传到嘉定后,知县钱默(字不识)是嘉善人,两年前考中进士后即到嘉定任职,束手无措,只想乘夜逃跑,被城中百姓堵住。嘉定士民主张按籍抽丁,建立团练,以备事变,并公推太学生须明征为首领。于是,须明征趁势招募壮士数千人,组建队伍每夜巡逻,并四处征集钱粮。然而,钱默无心履行职守,仍在观望。

五月二十九日,驻守嘉定县的明朝都司许龙率部出击抵抗清军,不幸阵亡。次日黎明,钱默闻风出逃,后削发为僧。须明征的团练无奈散伙,嘉定城内随之大乱。

侯峒曾闻讯,赋诗嘲讽:“狐妖鼠怪总攘攘,谁使元戎缺斧斨。”次日,他独居家中,心潮起伏,又赋诗感叹:

斜日凉风满北窗,疏花翠竹使愁降。
屋边乳鸽飞犹涩,池面流萤影必双。
似报常山新抗敌,可能江左再兴邦。
升平雅会今还否,独对空庭浊酒缸。

六月二十四日,张维熙被清廷委任为嘉定知县,赶到城内来赴任。而已投靠清廷的团练首领须明征不愿配合,企图独霸县城。

明朝吴淞总兵吴志葵闻讯,即率领百人,白布裹头,昼伏东门外的时家坟,晚间持火把逼近县城,扬言要捉拿张维熙。

张维熙闻讯,急忙逃之夭夭。

三天后,吴志葵率队再次逼临县城。嘉定士民手执香棒,夹道迎接这支正义之师。

可惜,闰六月初二(7月24日),吴志葵与清军狭路相逢,不幸战败被擒。嘉定时局随之恶化。

闰六月初六,张维熙重返嘉定县城。次日,召见本地缙绅,却无有应者。

清军副将李成栋率三百兵马闯进嘉定城中，耀武扬威地逛了一圈后，暮宿城东。张维熙、须明征之辈为其置酒菜，征歌伎。

剃发引发暴乱

在这紧急时刻，清廷颁布的《剃发令》突然下达到江南各地。剃发，本属女真人即满族的习俗，此刻却当作验证对“大清”是否忠诚的试金石。被胜利冲昏头脑的清军残暴地推行剃发政策，定罪标准为“一寸免罪；二寸打罪；三寸成罪；留鬓不留耳，留发不留头；又顶大者与留发者同罪”，甚至以“留头不留发，留发不留头”为口号大开杀戒。这种严厉的高压政策空前罕见，与汉族“身体发肤，受之父母，不可毁伤”的传统相违，顿时激化了社会矛盾。江南地区文风兴盛，民众知书达理，保护传统文化的精神和气概是绝非仅凭武力可征服的。于是，各地的抗暴反清斗争此起彼伏，风起云涌。

顺治二年(1645)闰六月十日，松江城内的沈犹龙(字云升)、李待问(字存我，号远峰)与侯岐曾的亲家夏允彝、好友陈子龙、徐孚远等挺身而出，率领民众守卫松江城，抵御来势汹汹的清军兵马。

闰六月十二日，清廷《剃发令》下达到嘉定全县。

嘉定士子与民众反抗暴政的起义随即爆发。城东王家庄的举人王霖汝、秀才王揖汝兄弟俩以强烈的爱国心和保境安民的意识，率先聚集乡勇，与清军展开武装斗争。四乡民众揭竿而起，迎战清兵。

清军副将李成栋、梁德胜率 100 多条兵船和 2000 多名骑兵从水路、陆路突进，进驻吴淞镇(时属嘉定县)，准备大举进攻嘉定城。

四乡义勇奋起拦截，与清兵展开游击战。闰六月十四日夜，嘉定城中壮士出东门，偷袭清军兵营，举火焚烧梁德胜的兵船 40 余艘。驻扎在吴淞的李成栋闻讯后，再三遣兵赶来攻城，仍未克。清军恼羞成怒，准备大举进攻。

各路消息传到紫隄村，在病床上的侯峒曾为之振奋不已。他强撑病体告诉家人：明嘉靖年间倭寇侵犯紫隄村，无恶不作，乡亲们历经灾难，如今清军来犯，侯氏族人应投身抵抗，保卫家园。

侯峒曾告诫侯氏子孙:“四郊多垒,乡大夫之耻也。吾家世受国恩,余虽儒生,不能荷戈先驱,然捐身报主,实为素心也。区区桑梓之地,夫复何辞?”

侯峒曾连夜拟定计策,并派人转告住在嘉定县城的儿子侯玄演与侯玄洁,要求兄弟俩速将手书的战书张贴到各个城门口,激励嘉定民众,并捐钱犒劳焚船壮士。

侯峒曾再也无法安心休养了。闰六月十六日,清军骑兵出动杀掠,逼近嘉定城门。侯玄演、侯玄洁率众登上城楼,挥旗击鼓,激励数十支民间武装出城迎战。结果惨败,仅有七人返回城中。

侯峒曾闻听战况,感到形势已到极为严峻的关头,急忙给隐居在嘉定西林寺的挚友黄淳耀写信,请其从戎应战,挽救败局,并表示将一起抗争到底。

闰六月十八日,嘉定城中百姓怒杀奸贼须明征,并毁其室。随后,驱逐清廷知县张维熙,推举前任儒学训导万逵(字羽仪)主持县事、巡司俞尚德担任捕官。

此时,嘉定县城内陷入一片混乱。民众公推黄淳耀及其弟黄渊耀出面领导抗争。黄氏兄弟就以全城民众的名义,派人前往紫隄村,请求侯峒曾出山担当“盟主”。

慷慨出征

闰六月十七日,侯峒曾闻听苏州友人、明太史徐研不忍受剃发之辱而自杀的噩耗,又得知嘉定告急的情况,悲恸之余,热血沸腾,不由呼喊:“惜哉!吾友既能死,曷不奋大义,天下事何遂不可为?”

当天,黄淳耀兄弟赶到嘉定县城。

侯峒曾即命侯岐曾先行奔赴县城,支援黄氏兄弟,同时动员侯氏子孙做好出战准备。期间,他写下两首《夏日郊居怆怀》诗:

忽传丰镐满烽尘,旋报銮舆狩武林。
未暇周防乡井乱,谁能匡坐屋庐深。

柴门背郭缘江路，草塌孤臣独夜心。
彻夜蛙鸣兼雨闹，欲歌当哭不成吟。

闰六月廿二日清晨，侯峒曾率领家人冲出紫隄村。

侯玄演、侯玄洁和侄儿侯玄汸、侯玄泓等汇集在祖坟墓园，宣誓出征。

母亲龚太恭人深明大义，率媳妇们取出所有首饰，递交给侯峒曾，并亮着嗓门说："给吾儿犒军了！"

众人为之精神大振。

侯氏一门列队出发，奔赴嘉定县城。

沿途百姓闻讯纷纷出门迎送，列队相随。

队伍抵达南翔镇时，侯峒曾与先行打探的侯岐曾等汇合。黄淳耀委派的弟子张懿实（紫隄村人）也在此等候。他们将侯峒曾一行拥入白鹤寺，共谋进军县城计划。

随后，侯峒曾整队从南翔直奔县城。一路上，数万人举旗簇拥，欢声雷动，下拜者连绵不绝。

这一天，嘉定城楼上高竖起了"嘉定恢剿义师"的大旗，守城义兵有十万之众。侯峒曾与黄淳耀被公推为义师首领。

侯峒曾公开发布《告谕义师》，宣称：

王师丧败，国命倾移，吾等身不能坐视，力不能反正，是以遁荒待死，私冀天，心悔祸。兹幸义旅奋扬，乡兵克捷，敌锋首挫，奸党继除，此皆父老子弟忠勇之效，吾等与有愧焉。

黄氏兄弟

在侯峒曾主持下，各路义兵首领相聚在城楼上，集中公议，决定"划地分守"，分班上城。城内按"挨户出丁法"，增加了守城兵力。发动县内士绅，募集粮饷，准备长期作战。

侯峒曾亲自把守首县城东门和北门，时年仅26岁的侯玄演和25岁的侯玄洁为左右手。侯玄洁文笔飘逸，书法出众，挥笔书写的抗清檄文贴在城墙上，人们连声叫好。

侯峒曾娘舅家的龚孙玹（字尔韬）、龚用圆（字智渊）、龚用广（字俭化）等赶来相助。龚孙玹和朱长祚、朱元亮、金起士等秀才担当镇守东门的干将。

分守嘉定城西门的，是嘉定名士黄淳耀、黄渊耀兄弟俩。

黄淳耀（1605—1645），初名金耀，字蕴生，一字松厓，号陶庵，又号水镜居士。黄氏家住杨行镇，家世清贫，出身宦官之家。天资聪颖，自幼敏而好学，17岁补博学弟子，人称“黄家千里驹”。26岁时撰写《自监录》，注重自我反省，检验人生思考，修身养性，克制焦躁。崇祯十五年（1642）秋，乡试中举人，但未受官职，宁可居家潜心研读经籍。崇祯十六年（1643）春，赴京会试高中进士，但发现共登金榜的同年们毫无修养，决意急流勇退，未接任命即返回了家乡。因其生性耿直，不满朝廷黑暗，不愿做官，宁愿返乡教书，淡泊一生，被邑人誉为“人伦楷模，理学正宗”。

黄淳耀的弟弟黄渊耀（1624—1645），字伟恭。自幼颖异，15岁即补诸生。后来受业于兄长，平常谈论道理、论说道德时，还常常能提出兄长所未及的新观点。性格洁好耿直，平时不随意与人交往。

侯峒曾与黄淳耀、黄渊耀是莫逆之交，曾一起参加“复社”活动，黄淳耀又是侯家子弟的塾师。他们以气节相砥砺，情义深厚。如今，他们并肩出战，承担道义。

绝缨家书

在闰六月的酷暑之中，侯氏父子捐尽资财，置备守城器材，疏通粮草来源，制定防御条约，统管全城军民。侯峒曾的胃病不时发作，只能吃些薄粥汤维持体力，但依然每日白天身先士卒搬石运粮，晚间骑马巡行抚勉部众。

清军每天派骑兵前来冲杀袭击，而嘉定城内严阵以待，分道出击，还将清军副将李成栋(字廷贞,宁夏人)的弟弟李成林杀了,致使清军上下惊恐诧异:“攻破扬州不过3天,渡过长江后也未曾遭遇抗拒,不料这小小的嘉定县城,竟然如此勇猛。”

清军重重围困嘉定城,不时鼓噪攻城。李成栋决意要为自家兄弟报仇。

嘉定守城义兵孤军作战,面临弹尽粮绝,日趋危急的形势。

闰六月二十六日,侯峒曾、黄淳耀等登上城墙,攀堞而望,只见城外,天地间空空荡荡,终日不见乡民踪影,每近黄昏更是风雨如晦。然而,义勇们依旧知其不可为而为之,以威武不屈的精神坚守着自己的家园和气节。

侯峒曾与黄淳耀不由恸哭声声。回到房中,侯峒曾即取来笔墨,致信侯玄汸、侯玄涵,令紧急筹款,以济军需。这封书简,有幸被后人保存至今,名《与侄书》(又称《绝缨书》)。书简略同横卷,全文323个字,虽仓促间走笔,但仍行款齐整,书法遒劲。全文如下:

> 到家五日,睫未交,臀未坐,手口未顷停也。视廿一日舟次景象,又不啻兜率天矣。皮尽骨穿,眼枯肠断,仅得吴帅(即吴志葵大营)有王、蔡一旅之遣。义阳营有黄督之来,虽事未可知,聊慰众志,徐酌机宜,否则势将汹汹。盖城守之具、城守之法,从来未有,而薪米旦尽,不乱何为?真刻刻从干锋万镝中过也。惟是一毫之事,必须金钱,数百金已随手而尽,势在烧眉。欲遣七儿(即侯玄汸)到虬江措置,并代九儿(即侯玄瀞)暂归问媳妇下落,而百绪方繁,渠兄弟刻不可少,且渠疖未平,不得已止寄此纸于吾侄,幸作速传至九儿,要多方设处二百金,令潘成(即侯家佣人)赍进,或再觅一人佐之。欲另寄一字于九儿,不可得矣。祖母不甚惫乎?昨夕闻姑侄徒步入城,不禁泪雨,顷欲驰晤,未可得。具公票五张,凡遣人入城,用此免南翔盘诘,已先与陆长卿知会。侄留其三,以其二付九儿,即可赍银而入。不一不一。又六月廿六巳时,伯父字。二侄知义举,亦快亦危,小心小心!

当时,侯峒曾考虑派专司传令的侯玄洁,赶回紫隄村去措置。可是,侯玄洁已在战斗中受了伤，左股痈疮，血水流到脚后跟。不得已，侯峒曾另派家仆速回紫隄村送去此信，令避居紫隄村奉养龚太恭人的儿子侯玄瀞，立即设法筹款，送嘉定城救急。同时，想起近日侯岐曾力劝年近八旬的老母亲避居紫隄村旧宅时，龚太恭人曾说："我老而不死，倒能看到儿孙为国牺牲！我不久将继至，我儿，加勉！"因此，在信末特意叮咛侯玄瀞要全力照顾好龚太恭人。

壮烈殉难

面对危局，侯峒曾四处联络，盼望有援军前来解围，可终日不见可靠信息。

闰六月二十九日，侯峒曾、黄淳耀等全城巡查，与义勇们勉以忠义，言与泪俱，人皆感奋。

七月初一，李成栋率兵倾巢而出，用火炮猛烈地轰炸嘉定城的东北角城头。

侯峒曾沉着地整饬乡勇，悄然无动，而当清兵有半数渡过北门护城河仓桥时，他令城门下安置的"大将军炮"伺机反击。清军顿时乱了阵脚，落水者不计其数。

李成栋见一时无法破城，就令部下转身北取娄塘，企图打通往太仓的道路。

七月初三，清军从太仓调来了援兵，便大举攻打东门，炮声轰轰不绝，却仍久攻难破。于是，动手挖掘地道，企图穿越城墙。

侯峒曾忙率众浇热油，运人粪，灌入被掘开的地道，用长矛刺向洞口，奋力阻挡，又将清军击退。

七月初四五更时分，忽降暴风骤雨，转眼嘉定城内积水盈尺。守城乡勇手中的弓箭用完，只有用砖头、石块投击来犯之敌。

侯峒曾持剑挺立在暴雨中，吩咐饥冻不支者退下休息。

暴雨刚止，清军又发动炮击，密如雨下，同时大批清兵踩着云梯开始攻城了。

守城者已无利箭,只得砸砖石抗击。攀爬者用桌子顶在头上抵挡砖石,步步紧逼。

城东的一角城墙不堪水冲和炮击,突然间崩塌了。清兵们趁机破城,争相蜂拥而入。

侯峒曾眼看娘舅家的龚孙玹身受7处重伤,力竭阵亡。顿时怒火中烧,拔剑呐喊。

侯玄演、侯玄洁匆匆奔来,急问父亲:"如何是好?"

侯峒曾答道:"与城共存亡,一死而已。还用问吗!"他命两个儿子先撤下。侯氏兄弟俩却誓死不从。

侯峒曾不由长叹:"嘉定城亡,我何忍独存。所痛者是全城百姓啊,要遭殃了!"挥手驱散众人,匆匆返回城内自家宅院。

侯玄演和侯玄洁急步追赶上去,劝说父亲:"你非守土之臣,暂且忍一忍,以图再举。"

侯峒曾不应,径直走进"侯氏祖祠",恭敬拜辞。两个儿子相随礼拜后,恳求父亲赶快出走。

侯峒曾几乎喊着说:"我死志已决,不必多言了。祖母健在,你们应代我好好侍奉,为何光恋我?"两个儿子忙跪下,恳求同死。

侯峒曾神情激昂,说道:"你们随我而死,并非尽孝。走吧!"说罢,大步走向后园的叶池,仰天长叹高呼:"吾头尽可断,吾节不可移。"纵身跃入叶池。

耳闻父亲誓言震天,侯玄演悲痛欲绝,对侯玄洁说:"我是长子,从义是分内事,兄弟你快走!"

侯玄洁争辩:"兄长!你是长房长孙,要恪守宗祠,传承家族。由我从义才适当啊!"

兄弟俩争执不下,慨然相抱,同呼:"我等头尽可断,节不可移!"一转身,竞相继投水。

谁料,因叶池的水太浅,侯氏父子一时气未绝。

轿夫龚元，原是顺天府的差役，曾奉命到紫隄村接侯峒曾出任顺天府丞。因侯峒曾不肯赴任，而又极为善待他，见京城难回，便滞留在侯峒曾身边。今日目睹如此悲壮场面，守在叶池边痛哭不已。

侯峒曾急喊龚元，要他将其头部按入水中。龚元悲泣声声，怎么也不忍下手。侯峒曾不由悲愤地呼喊："人死也这么难吗！"

追杀前来的一群清兵将侯氏父子从池中拉起，一阵乱刀砍杀。龚元也被清兵乱刀砍杀身亡。池水顿时被染红了。

侯家门童杨恕匆匆奔到叶池畔，眼见主人壮烈身亡，悲愤不已，横刀自刎。侯峒曾的女儿侯辅义、孙女侯异来等家眷，不甘受辱，也相继自尽。

清兵们残忍地将侯峒曾枭首以后，用竹竿挑起，悬于侯氏东园的高檐上，示众9天。

清军在侯家宅院内未搜到什么财宝，只觅得侯氏先世留下的图书典籍、寻常笔砚、衣服之类。

与此同时，分守西门的黄淳耀、黄渊耀及家人自缢于真济寺（又称西林庵），分守南门的举人张锡眉（号介兹）自缢于文庙，龚用圆、龚用广等也相继不屈殉难。黄淳耀在绝命书中悲叹："遗臣黄淳耀于弘光元年七月初四日自裁于西塘僧舍。呜呼！进不能宣力皇朝，退不能洁身自隐。读书寡益，学道无成。耿耿不寐，此心而已。异日寇氛复靖，中华士庶再见天日，论其世者，尚知予心。"

李成栋骑着马冲进城，高声下达屠杀令。清军争先恐后地冲入城内，疯狂地纵火、抢掠、屠杀。目睹者记载了这一个个惊心动魄的场面："下令屠城，约闻一炮，兵丁遂得肆其杀戮。家至户到，小街僻巷，无不穷搜，乱苇丛棘，必用枪乱搅，知无人，然后已。兵丁每遇一人，辄呼蛮子献宝，其人悉取腰缠奉之，意满方释。遇他兵，勒取如前，所献不多，辄砍三刀；至物尽则杀，故僵尸满路，皆伤痕遍体，此屡砍使然，非一人所致也。予邻人偶匿丛筱中得免，亲见杀人情状：初砍一刀，大呼都老爷饶命；至第二刀，其声渐微；已后虽乱砍，寂然不动。刀声砉然，遍于远近，乞命之声，嘈杂如市，所杀不可计数。其悬梁者、投井者、断肢者、血面者、被砍未死手足犹动者，骨肉狼藉，弥望皆是。投河死者,亦不下数千人。三日后,自西关至葛隆镇,浮尸满河,舟行无下篙处,白骨浮于水面,坌起数分。妇女寝陋者,一见辄杀;大家闺彦及民间妇女有美色者,皆生掳,白昼于街坊当众奸淫,毫不知愧,有不从者,用长钉钉其两手于板,仍逼淫之。……"

守城壮士们慷慨殉难。大屠杀持续了一整天。嘉定城内外,血流成河,尸肉横陈。

直至七月初六,清军才退出被杀掠一空的嘉定城。此为史称"嘉定三屠"之首屠。

抗清斗争仍在嘉定四乡继续着。

七月二十三日,义勇们攻入县城,与清军激战。随后,清军再次疯狂屠城,进行了第二次和第三次屠城。

嘉定县城就此几乎成了一座空城。

悲怆鼎革时

侯玄瀞死里逃生

嘉定城破以后，幸存的侯峒曾家人和侯氏家族族人一夜之间成了新政权治下的罪犯家属，遭到追捕。

嘉定城破之时，侯峒曾幼子玄瀞正巧不在嘉定城内，幸免于难。但清廷已下令搜捕侯玄瀞，紫隄村内外极不安宁，杀机四伏。

清顺治三年(1646)三月，侯玄瀞避居在侯氏老宅院西侧的岁寒亭，这里曾是祖辈潜心读书的地方，雅称“桂林深处”，此时遍栽柳树，人称“柳庄”。在这盘龙港畔，侯玄瀞昼夜奋笔疾书，回顾父亲生平事迹，泣血编写出《年谱》，分上中下三卷。

一天，有传闻说，清兵正在赶往紫隄村搜捕的路上。

正独撑家门的侯玄汸无暇顾及自家安危，含泪丢下病危的妻子杜氏，赶紧找到堂弟侯玄瀞，催逼其赶快逃亡。

而侯玄瀞乱了方寸，觉得无论躲到哪里都难免一死。

侯玄汸发急了，流着泪哀求：“你若死了，伯父必定难瞑目啊！快走吧，由我代你去死。”他一心以自己生命掩护玄瀞，保住伯父家唯一的血脉，于是登上一艘小舟，顺水行去，并暗中在自己衣襟上写下侯玄瀞的姓名。

小舟漂行至蟠龙港附近。侯玄汸选择一个罕有人迹的地方，毅然纵身跃入水中。

然而，侯玄汸被河水冲出几千米之后，却被几个乡民救了上来。他们得知原委后，深为感动，叹曰："此忠义也。"建议侯玄汸将那件衣服留在岸边，如果追兵赶到，也许会误以为侯玄瀞已淹死了。

侯玄汸听从乡民的忠告，换下衣服，连夜逃往杭州吴山方向躲避。

途中，侯玄汸遇见一位老僧。老僧见其一头长发，说，"君如此毵毵，保无有执汝，以求利者乎？"侯玄汸答道："身可死，不可辱也。"老僧建议："既不削发，为僧可乎？"

此言提醒了侯玄汸，急忙回头找到侯玄瀞，拉着一起转身逃往吴中支硎山。后来，他们到扬州城北的天宁寺，削发为僧。侯玄瀞取法名"照宗"，字"圆鉴"。侯玄汸取法名"一正"。

与此同时，清廷依旧一再下令追捕。嘉定县官府抓不到侯玄瀞，就将其幼弟侯玄泓抓走。时而好言诱劝，时而严刑逼问，软硬兼施后均无果，无奈释放侯玄泓。

侯玄泓在得知侯玄汸落脚地的信息后，急忙发信劝归。

侯玄汸极为谨慎，设法将侯玄瀞转移到了杭州灵隐寺守戒。又怕走漏风声，自己则改名换姓，继续流浪在昆山、常熟一带。他时常感叹时局的变幻莫测："土崩瓦解，起于天启、崇祯之间，然其由来固亦远矣。群臣皆背公营私，日甚一日。外患愈逼，党局愈多……民愈贫矣，吏愈贪矣，风俗益以坏矣。将士不知杀敌，但知虐民；百官不知职守，但知苛刻。"

侯玄泓《寄智含弟》诗云：

目断秦庭马角生，家山云水各吞声。
三年一见无余话，千里孤筇又独行。
未卜相逢空有约，莫轻此别遂无情。
江潮海日题诗在，莫遣红尘识姓名。

直至顺治八年(1651),侯玄瀞去世之后,侯玄泓找到侯玄汸,一再劝他返乡。

侯玄汸得知侯玄瀞死讯,即时捶胸大哭:“我万死一生,都是为了保护世伯遗孤啊!”

避祸危保孤养老

嘉定城破那天,侯岐曾正巧送母亲避乱,幸免遭大祸。十月十三日,闻兄长峒曾殉难,他撰《追哭长兄殉节》诗,悲叹:

吾兄志气古人追,万旅云从建义旗。
赤手银河非易事,丹心碧血岂求知。
玉音竟说从天降,金版应怜出地悲!
莫向春风梦春草,江家池岂谢家池?

风声日紧,各处幸存的侯氏家人先后回到紫隄村隐居。当时,侯家幸存的还有龚太恭人,侯峒曾夫人李氏,侯岐曾夫人金氏、妾刘氏、姬陈氏、婢徐氏、小婢长春,侯岐曾长子侯玄汸及妻子宁若生,次子侯玄泓及妻子孙氏、未婚妻章有渭,三子侯玄瀞及其妻张氏,侯玄演之妻姚妫俞,侯玄洁之妻龚氏,侯岐曾幼子侯玄洵之妻夏淑吉,以及家仆柳恩、刘驯、俞儿等。眼下都是些孤儿寡妇,日常生活实在艰难。

龚太恭人得知娘家亲眷、夫家子孙一个个在战火中惨死,悲痛欲绝,但又坚定地对李氏说:“如今我尚存一儿子,你也还有个儿子,侯家香火不绝!”并率领家人含泪为亲人一一收尸落葬。

众人誓为侯氏保孤、养老、守寡。

侯岐曾为提防清廷爪牙的缉捕,忍冻挨饿,四处避危,同时毅然地担当起保孤、奉母的责任。他改姓易,改号半生主人。他坚信,侯氏“立孤之义”,可“与死节同炳千秋”。由于侯峒曾与侯岐曾兄弟俩此前没有分家,此时全家20多人的生计全靠侯岐曾统一安排。

自顺治三年(1646)正月初一起,侯岐曾开始撰写日记,“以备后人稽考”。他感叹:“乾坤变革,家国崩离。疁邑之祸,较他邑独深;寒门之祸,较疁邑倍惨。”家国的天翻地覆,当然感到无奈,“事势到此,所谓天也,非人也”。

侯岐曾认定:“忠孝两字,吾家不敢让人。”尽管清廷施行“剃发令”,但他拒不剃发,一次听到外地还有未剃发的义士,顿时“悲慰交至”。在给好友杨维斗的信中称:“吾家祸重如山,时时恐蹈危机。”

正月二十八日是侯岐曾的生日。这天,他在日记中感慨:“痛念予同母六人,庶妹一人,昨岁犹存其三。忽遭邑难,吾兄吾妹同日沉渊,今孑然惟吾在耳。于吾君则为残黎,于吾亲则为遗种,敢不勉留仰事俯育之身,冀睹少康、光武之事。”

二月二十二日,侯岐曾在给表弟杨廷枢的信中称“吾家祸重如山,时时恐蹈危机。处境微异,敛迹略同,总非‘乱离’两字足以概之”。他表白心迹:“奉母母在,保孤孤全,此或忍死之身可为吾弟告者。”

以往,在清明、中元、除夕等重要日子,都需要敬天地、事鬼神,如今侯家只祭侯峒曾与两个侄儿了。在乡间隐居定当后,侯岐曾尽量恢复正常的祭祀,举行过一次较大的祭奠活动,称这是“二十余年死生大痛,攒并一时”。

面对官府施加的压力,侯岐曾千方百计地凑了些银两,用以打点周旋。原以为官府对侯家的态度迟早会有缓和,可是实况并非如此。侯岐曾感叹“惟有听其一籍矣”。

五月二十五日,侯岐曾在给杨廷枢的信写道:“三世之业荡尽,惟存薄田。亩租籍没,二令并下,支吾数月,幸得二令俱收。然从此薄田虽为二物,仅足偿子母家耳。”所剩下这些田产,除了日常生活开销外,主要就是用于应付官府的勒诈。

峒曾妻绝食托孤

顺治三年(1646)六月间,侯峒曾原配夫人李氏得知嘉定城内的娘家人已被清兵满门杀绝，悲愤不已，绝食多日，继而病情危重。

侯玄汸的妾室宁若生日夜陪伴着李氏。她俩少年时即为闺阁密友，日课诗文，学做女红。先后嫁到侯家，虽说辈分有别，但情感更深，或相赠诗词，或讨论经史，相敬相依。眼看李氏遭受如此大难，宁若生能做的只有陪她泣泪。为了不拖累家人，李氏决意殉节。离世前，给身边的婢仆留下了一封遗书，恳求他们各自设法避难。全文如下：

> 尔主，明臣也。殉国难，分也。余，尔主原配也。殉夫难，亦分也。尔等于余家虽有主仆之义，而于朝廷则无名分之系，固不必死也。顷据谍者密告，李军(指李成栋)恐有变。若是，则生机尽绝。尔等尚恋恋何为哉？黄进士淳耀，与尔主义同生死。其妇仆役，已早遣散，未闻有一人遇害者。盖敌颇重尔主及黄进士人品，欲市恩招之，岂非大谬。呜呼！事急矣，徒死何益？尔等速行，其各善事新主，毋以余家为念。

李氏还特意在东厢房的右墙角下埋藏了一些钱财，并给决意殉主的老仆柳恩单独留遗书，托其照料年幼的孙儿。全文如下：

> 呜呼！柳恩，而祖而父暨尔，在余家三代矣。他奴皆有去志，尔独语人曰："主人殉国，我亦殉主。"予闻之泣下，盖不愧义仆也。然古人云："死节易，抚孤难。"今予欲尔勉为其难，尔其许予乎？幼主守明，未离襁褓，思欲付托于人，借延侯氏一脉。曩因未得所托，故计不及此。今尔实予家之程杵也，将守明托尔。东厢右隅，埋藏窖金五百两。俟事平后，尔可回取，为幼主饮食教诲之用。幼主即姓尔姓，将来勿令其取功名，为一耕佣，是即尔之重报予家也。主母李氏泣谕。

六月二十六日，李氏绝命弃世。侯岐曾闻讯赶来，"以惊弦之鸟，迹类处堂之燕"，当天就匆忙入殓。城中亲旧欲相约赴吊，侯岐曾一概辞谢。尽管丧事办得极简单，但费用让他颇感为难。两天来就将寡嫂留下财物花费完了。

尽管侯家还存有一些田产，但生活的艰辛简直到了“皮穿骨尽”的地步。新建立的衙门开始征收赋税，为了获得官府的同情，宽免必须支付的赋税负担，使侯岐曾感到生活艰辛。加上新增派乡间荡田税，更觉得不堪重负，唯有“仰屋一叹”。

衙门胥吏们趁势一再前来借故敲诈。七月初二日，侯岐曾在日记中写道：“取租未已，粮务又急。”正在准备叫杨玄、朱三将掌租诸仆招来，衙门的“逼粮差子”就到了。次日，得知“租、粮二者，署官皆亲比严拿，万分无姑缓理”。对于这样的困境，侯岐曾感叹：“重殃叠费，无门可诉”，不得不责成掌租诸仆，召集他们聚会，是希望能“激发其忠义”。

七月初四日，是侯峒曾殉难日，侯岐曾在日记中直叙衷肠：“此生苟全，每逢此日，其为断肠。岂直寻常断手之痛乎？哭奠之后，先期召唤，重殃叠费，无门可诉。”

八月初二，侯岐曾正忙着为亡嫂过“五七”忌日，而城中有来信说，是官府要摊派卖“人参”事，侯家也被派了差不多 4 斤。侯岐曾希望“领一免三”，其他还有数两杂费。衙门的管科还说，催收已刻不容缓，侯岐曾当即分派人手到各乡去处理。

八月初六午后，侯岐曾派仆人刘驯入嘉定城，带去了应付官府的粮银 20 两，另交数十两给侯驯，去衙门打点。

九月初二，侯岐曾准备派仆人朱三传信至各乡初六交租。

三亲家风雨同舟

松江名士夏允彝之长女夏淑吉嫁给侯岐曾幼子侯玄洵为妻。

夏允彝（1596—1645），字彝仲，号瑗公。明万历四十六年（1618）举人，崇祯初年，与陈子龙、徐孚远等人结成“畿社”。崇祯十年（1637）进士，任福建长乐县知县，能体恤民情，去除弊俗。七年后，李自成攻陷北京，明室福王在南京监国，任命其为吏部考功司主事。清顺治二年（1645），清兵进军下江南，他与李待问、陈子龙等在松江城内起兵抗清。

五月十六日，侯岐曾听说夏允彝之子夏完淳居无定所，即与夏淑吉商议，邀其来紫隄村同居。

为避过清兵追捕，夏允彝逃到紫隄村朱家泾北岸袁家弄。由女儿夏淑吉及侯家人掩护，并化名“黄志华”；而侯岐曾以“半生主人”与这位“黄志华”朝夕“密通往来”，抬头必称“黄老”。夏允彝在此写下《幸存录》，记述“国家之兴衰，贤奸之进退，虏寇之始末，兵食之源流”，将其转交儿子夏完淳时，说：“予从殉难诸公九京游矣。”

夏完淳（1631—1647），字存古，号小隐、灵首，乳名端哥，人称“神童诗人”。他十分敬佩姐姐夏淑吉、姐夫侯玄洵以及侯氏兄弟的才华。

夏完淳避难于侯家时，撰《哀侯纳言峒曾》诗云：

忠烈简迈姿，淡然青云志。
三凤齐雍鸣，翛羽拂云际。
孤城战苦时，日落鼓声死。
始知朝阳禽，亦复秋飚厉。
六翮铩不垂，灵风满天地。
兴怀募义旅，言洒西州泪。

还写下与侯玄泓等人互勉励志的《九日风雨宴侯研德宅》诗：

三江归雁入秋声，四座无言对短檠。
寂寞黄花千载恨，婆娑宝剑一身轻。
星霜握手同兄弟，风雨知心托死生。
故国银鱼难换酒，玉壶绿蚁为谁倾。

侯岐曾的日记中反复出现的“端木”或“弦斋”，是指明朝大学士、昆山人顾鼎臣的曾孙顾咸正（字端木，号觙庵）。曾任延安府推官，逃回昆山后隐居不仕。其子顾天逵(字大鸿,岁贡生)是侯岐曾二女儿侯怀贞的夫婿。

顾氏父子两代均为抗清义士。顾天逵经常赶来参加侯玄瀞家中的聚会,“谈及时事,各蓄异谋”。

危难之际,夏、侯、顾三家患难与共,风雨同舟。

侯岐曾以隐晦的语词,与亲友们保持着联系,密函一般都是写在小幅竹纸上。他最信任、最得力的仆人刘驯亦改称“川马”。日记中附有数量不少的信札,署的是侯岐曾的法名“广维”,或者化名“易之”。

侯岐曾在给亲家顾咸正的密信中说:“两年来偷生异域,无刻不经历龙潭虎窟,宛转刀山剑树之下,待死而已。然而一寸丹心,数茎白发,相依为命,死生之盟,尚不以远近隔也。”“死拒伪命,生入里门,不独全其眷属,且全其发,遂为千古全人矣。岂非忠义之报。”

侯峒曾殉难后,夏允彝即为其撰写《家传》,详细叙述侯氏家世和嘉定战事,赞曰:

> 自庙堂有水火之争,而东南贤士大夫辄为射的,惟公则群小。虽心惮之,而不加钳纲,以公淡泊求退,素不乐仕宦也。及国有大患,诸贤士大夫多执节不污,惟公功独高,死独烈,二子从之。闻者气涌,临事之勇何如哉,而公固淡泊求退人也。

侯岐曾艰难周旋

侯岐曾苦苦支撑着数十人的大家庭,面对官府的繁重摊派、胥吏的无耻敲诈,倍感身心俱累。他密切关注着时局的变化,经常派仆人或亲友入城打探,联系有关人员。

侯岐曾与不少好友保持着书信往来,表明抗清心意,评说斗争成败,在其遗留的日记中记载了20多则。

顺治三年(1646)五月初五端午节,侯岐曾给侄儿的信中说:“今日泛蒲佳节,朱符桃印,虽无复旧观,聊借承欢以拨闷。……有自槎来者,云槎人宣传马兵奄至，十室九逃，殊可畏也。”

五月二十八日，侯岐曾听说江宁巡抚土国宝、屠城刽子手李成栋来到嘉定县城，深感不安：“其中莫不有危机乎？”

衙门中的管科，是侯家的亲戚。最近他却常来索取“在城粮银”，“扰扰无刻静”。

侯岐曾只能忍受这个家伙，还要费尽心力，花银两通过他打点疏通，争取一些与官府回旋的余地。为此，深感愤懑无奈：“予痛愤诛求理极，从前臣力已竭，从后将何协助？即杯铛数十器，亦为诛求之用，耗荡过半矣。”

面对如此险恶的社会环境，能支撑侯岐曾生活下去的，是忠孝两字，以致他“时时仰天扼吭”。除夕那一天早晨，侯岐曾突然从噩梦中惊醒，只觉得“大事当不远”。

次日为顺治四年(1647)元旦，侯岐曾叫侯玄汸在家“甲乙轩”中悄悄地挂起了明太祖的画像，以寻求自己的精神依托。

入春后，当地春雨连绵不断，麦苗大多在田里浸水烂掉了。到初夏家家无麦可收，百姓遭受大灾。

天灾人祸，生存日艰。侯岐曾更觉身心疲惫，不时便秘，又有腹泻，时或痰火病发，又感寒热症重。

众好汉至死不屈

顺治四年(1647)四月二十六日，侯岐曾得知好友陈子龙逃亡的信息，不觉心慌颤抖。

两年前的五月间，清兵进攻松江府。闰六月十日起，陈子龙、李待问、夏允彝、沈犹龙等率军民据守松江府城，起义抗清。八月三日，松江城陷落，沈犹龙阵亡，李待问被杀，陈子龙逃脱。

后来，陈子龙听到抓捕风声，即与夏之旭及随童等人，逃到紫隄村避难。侯岐曾将好友隐藏在家中。

为避人耳目，陈子龙改号以“车公”相称。侯岐曾心神不安，直言称：“且惊且慰,惊则惊,火海横流,虽鳖官蛟宅不得高其枕,慰则慰,大鹏海运,迴翔容与,姑就鹞鸟而谋一被之安也。”明知藏匿“朝廷钦犯”将带来风险,但仍不畏惧,认为“不除此属,天下终不得太平”。

侯家仆人刘驯老家在嘉定城南的封家浜,侯岐曾将陈子龙等人藏到那里,但很快就引起四邻的怀疑。

这时,正巧顾天逵前来探望,侯岐曾急忙与女婿和刘驯商议,决定将陈子龙转移到昆山顾家去,以便转道至苏州府常熟县,再通过海路远走浙东。

五月初七日,是“天生婆婆”祭拜日,侯岐曾忍着严重的腹疾,准备请工匠为母亲打造一具寿材。第二天,传来信息说官府今晚可能会来抓人。侯岐曾叮嘱家人保持镇静,结果当晚太平无事。初九,母亲在逗弄孙儿为乐时,有人再次来传递凶讯,结果晚上还是没出事。

五月初十日,侯岐曾躲避到厂头(今桃浦镇绿杨桥附近)侯氏别业恭寿庄。早晨,侯玄汸打算入城去,前来辞行。侯岐曾取出昨夜赶写的一封短札,吩咐他送到陈子龙藏身处。这封短札原文如下:

> 唐市之行,不遇朱家,便似所问非所对。要之,行止久远,莫非天定也。元兄杳然不报,甚异!甚异!儿正驰急足伺的音,而使者亦留之,不可得其往复语尔尔,巩不宜邅迴本境矣。奈何?奈何?弟为大兵将入曝境,闻多所征捕。寒家万分极危,然不暇自计,而亟望吾翁择其所安。真切心事,不出前柬所云,但愧意有余而力不及。更无一条必稳之路,惟吾翁自审择之。

这封短札,是在仆人刘驯从昆山回来,告知那里实况后,侯岐曾感到情况万分危急,连夜写好,准备托人带给陈子龙的。不料竟成为侯岐曾的绝笔。

五月十一日,一群清兵突然闯进侯家。

清兵进门见到仆人刘驯,厉声逼问:“侯岐曾人在哪里?”

刘驯故意将清兵引到别处,以利主人脱身,高喊:“陈子龙是我藏的,与我家主人无涉。”

侯岐曾闻声，却端坐以待，并不逃避。这两年来，他愁得须发尽白，连乡人都一时难以辨认了。

清兵搜到了侯岐曾。

龚太恭人正巧从旁室过来，眼看清兵将儿子绳捆索绑，身上已被刀伤数处，急忙大声呼救。

侯岐曾和在场的刘驯以及俞儿、朱三、鲍超、陆二、李爱等5个男仆都被清兵带走。俞儿之妻钱氏哭喊着紧追不舍，一直追到松江府衙，清兵竟将她拖进门施暴，钱氏不甘受辱，壮烈自尽。

龚太恭人眼见侯岐曾被抓走，悲叹："我昔欲为卞壶母，今宁不能为孔融母乎？"从容地投池水殉节。

侯岐曾妾刘氏、玄泓妻孙氏、妪陈氏、婢徐氏、小婢长春等随之自杀身亡。

同一天，清兵诱捕了陈子龙的随童。随后，赶到吴县潭山顾天逵家的宗祠墓园附近，将陈子龙拘捕。

五月十二日，侯岐曾被押解到松江府城。身戴桎梏，受审时下跪，向南箕踞坐地。江宁巡抚土国宝派人送来酒肉，并佯称侯岐曾在陈子龙一案中涉及不深，"等你通了家信，可不问死罪。"侯岐曾愤怒回绝："我已无家，还通什么信？"次日，被带去见土国宝。

这个土国宝，是山西大同人，原为太湖强盗，降清后得到封赏，出任江宁巡抚。

侯岐曾用方言土语将土国宝尽情斥骂一通。土国宝听不懂吴语，但知道侯岐曾在骂他，更加恼羞成怒，遂起杀心。

同一天，陈子龙被审讯。他始终直立不屈，神色坦然。都御史陈锦一见陈子龙，便厉声责问："大胆！为何不剃发？"陈子龙笑笑，回答："吾惟留此发，以见先帝于地下也。"陈锦连连责问，而陈子龙怒目以对，不再回答。

五月十三日，陈子龙被押往南京，船行途经松江城西门跨塘桥河段时，趁解差一时疏忽，突然投水自沉。捞起时已气绝，清兵残暴地将其凌迟斩首，弃尸水中，时年46岁。次日，遗尸在毛竹港（李塔汇东北）被发现。后由门生王沄、惠郎等设法收葬。

五月十四日中午，侯岐曾与顾咸正、顾天达、顾天逵，以及刘驯、俞儿、朱三、鲍超、陆二、李爱等，一起被杀害于松江城西跨塘桥。

他们均是平民百姓，皆因藏匿抗清义士陈子龙而获死罪，死得与他一样悲壮。

岁寒亭度难守节

在紫隄村山池西首，侯玄洵与妻子夏淑吉有“荆隐旧庄”，有时回乡居住，此刻全家正在此避难。

顺治二年（1645）九月十七日，夏允彝避居在小昆山往西1千米外的曹溪草堂，投水殉节，时年50岁。夏淑吉带着儿子赶去为父亲守灵

随后，夏淑吉迁到侯氏老宅的“岁寒亭”居住。这里，已缺少当年“桂林深处”之风情，也失去了号称“柳庄”之景观，但十分幽静，罕有外客。不久，侯玄演之妻姚妫俞和侯玄洁的寡妻，相继来此地居住。

夏淑吉得知龚太恭人投水自尽，连夜雇人打捞起尸体，葬在侯氏祖坟旁。随后又打点周旋，派人去松江运回侯岐曾的遗体，妥善收殓。料理好后事，又将婆婆金氏接到岁寒亭奉养。金氏无生育，后来收堂小叔侯崍曾的幼儿为嗣子抚养。

岁寒亭的几间旧房，俨然成为侯家寡妇们的共同归宿。她们要为养亲、抚孤和守节而在此苦度余生。

顺治四年（1647）六月，夏完淳被清兵拘捕。九月，在南京西市被杀害，年仅17岁。夏淑吉闻讯，悲愤不已，更担忧侯家幸存者的安危。夏完淳死后，其妻子钱秦篆也来到岁寒亭做伴。

次年六月七日，侯玄汸在漕浜发现侯岐曾遗留的几册日记，忙抢在手中，精心保管。

侯峒曾三子侯玄瀞至死不肯剃发，日常行动需要由已剃发的堂弟侯玄

汸代劳。

顺治八年(1651),侯玄瀞在灵隐寺悄然去世,年仅27岁。清廷不知真情,依然通缉追捕。于是,堂兄侯玄泓挺身代替入狱,扰乱了官府的视线。

不久,章有渭在上海城内抱恨离世,侯玄泓只能在狱中哀悼亡妻。幸有夏淑吉筹借钱款前去营救,将其儿子侯棠抱回家抚养,直到侯玄泓获释。

章有渭去世后,夏淑吉与宁若生重访其生前闺房,步其生前诗韵写了一首追忆诗:“十年往事不堪论,凭仗清樽减泪痕。独有云和楼上月,天涯还照几人存?”

盛韫贞闻知未婚夫侯玄瀞之凶讯,便毁妆剪发,誓不改嫁。撰《怀湘赋》以明志守身。不久,父母相继亡故,其颠沛流离,幸亏侯玄泓将她接到紫隄村来居住。

大悲庵侯氏四贞

夏淑吉儿子侯檠,字武功。从小聪明伶俐。深受夏完淳影响,14岁便加入文社,擅长诗词、古文,文采风流,被誉为“神童”。顺治十年(1653),侯檠突然因病去世,年仅17岁。夏淑吉深感无望,决意削发为尼。

夏淑吉在家建造了佛堂,取名“大悲庵”。她将出家的母亲盛夫人、宁若生接来一同礼佛。随后,盛韫贞、姚妫俞、龚氏等也削发为尼,定居大悲庵,共同度难守节。

从此,夏淑吉改号龙隐,取法号神一,“夙具慧根,戒行不玷,禅诵勤苦,清修以终”。她感叹:“吾数年来,三百六十骨节,交付太虚,更无系恋矣。”

盛韫贞尼名寄笠道人。

出家为尼的侯家媳妇们,在夏淑吉的照料下过着平静的生活。然而她们以大家闺秀的柔弱之躯,承受着家国巨变的沉重打击,承受着一个个挚友亲朋逝去的噩耗,承受着生存与死亡的苦苦追问,承受着荣光与耻辱的百般煎熬,是需要何等的毅力和勇气啊!

顺治十八年(1661),夏淑吉寿终,年仅43岁。不久,姚妫俞、龚氏相继去世。盛韫贞为她们三位立传之后,也匆匆离开人间。

康熙十三年(1674),侯氏族人将她们一起合葬在“侯家坟山”的节孝阡,人称“侯氏四贞”。

受株连不改家风

侯岐曾女儿侯蓁宜,字俪南,嫁给诸生龚元侃。侯家遭难后,侯蓁宜闭门埋头纺织,家中甚贫,其志不改,撰有《遗怀》诗:“三旬九食贤人厄,麦饭葱汤妇道乖。”另有一首《病中述还》诗云:“秋风策策雁来迟,病况缠绵强自支。有药难医贫到骨,无钱可买命如丝。燕台梦隔三千里,槐枕肠回十二时。儿女关情谁判遣,聊凭一纸寄君知。”著有《宜春阁草》传世。

受株连的还有侯峒曾的叔父侯鼎旸与侯艮旸。

侯鼎旸,字文侯,号赤崖。天启三年(1623)诸生。

侯艮旸(1620—1703),字兼山,号石庵、石厂、硕盦。诸生,长期被族人尊为族长。

兄弟俩被清兵关押在松江普照寺内,三天三夜没有进食。幸有友人唐懋芝偷偷送来一些糕点,才幸免饿死。后经表亲杨文集资营救,兄弟俩才被释放。

不久,侯鼎旸去世。遗著有《天浮子集》。

从此,侯艮旸只得独自在外流亡。直至时局好转后,才悄然回乡,隐居在紫隄村侯氏旧宅太初园,潜心字画。

侯艮旸工书法,善画驴。画用草书法,别出新意,跃跃欲动,画山水亦苍秀。曾作《紫薇江图》,装为手卷珍藏,不轻易示人,后被爱好者意外损坏,令他终年茫然若失。

侯峒曾堂兄侯崃曾,字汉瞻,号卧云。清初,因拖欠赋税案被捕入狱。归来后,仍饮酒赋诗,兴不稍损,闻者敬畏。

堂兄侯岘曾,字楚瞻,避难躲在朱家泾的祖辈旧宅内,后曾收留侄子侯玄汸、侯玄瀞在壶春草堂的西轩内。侯玄汸在西轩粉墙上,题写数百字的

《龙江记》，书文俱美。可惜，后来被怕惹事的族人涂抹了。侯岘曾之子侯浩（字天懿），嘉定县武生，性耿直，乐施舍。

侯峒曾叔父侯兑旸，字公羊，号石墨。风流倜傥，好学擅文。17岁补诸生。明清易代，他闭门谢客，寸步不离紫隄村。眼看官府追捕侄孙侯玄瀞，生怕株连族人。听说出去应试若能中举，侯氏一族可避官司，便进京就读于国子监。顺治十年（1653），被授予云南司理。为赡养母亲，请求就近谋职，宁可降级，到桐城县当训导。可惜死于上任途中。

为避遭劫难，紫隄村及嘉定一带的侯氏后人，大多改姓杨或姓徐，他们相约不应试不入仕，以务农力耕或设教卖画、治史学问、撰修志书等方式生存，宁可一生布衣，保持“忠节”本色。

明清易代鼎革之际，侯峒曾一族几乎被灭门。所幸他们留下了众多诗文和书刻，为弘扬我国优秀民族文化、保存优秀文化遗产做出了贡献。

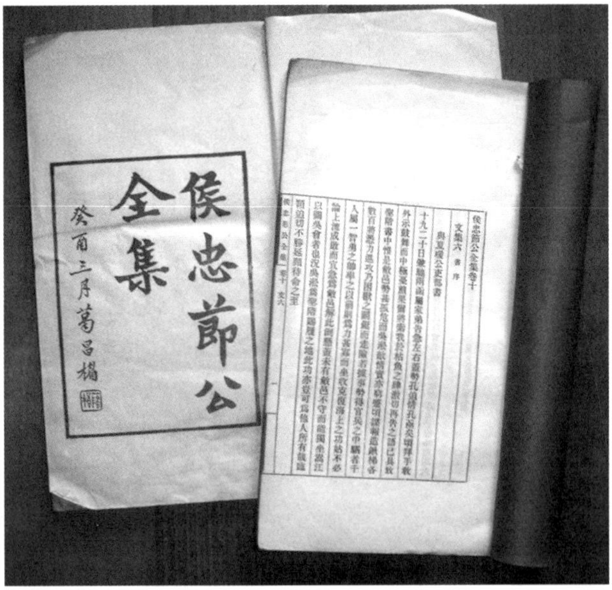

《侯忠节公全集》书影

梦回明月堂

侯家坟山

侯峒曾殉国时正逢秋暑。相传，清兵退城后，人们将悬挂在旗杆已多天的侯峒曾头颅放下，只见其眼鼻皆溃，须发犹赫然可辨。幸有太学生朱之熙有心，及时捧回家中，藏入箱箧，悄然送到紫隄村。

不久，侯鼎旸、侯艮旸率家童冒险潜入嘉定县城，赶到叶池畔，不见侯峒曾尸身。四处寻觅未果，守在路边泣告："我家主君殉难时，下身穿着黄纱裤，用绿丝带结护。"经人指点，他们终于找到侯峒曾的遗体，偷偷运回紫隄村，得以尸身合殓。侯氏家人寻机移葬圆沙侯氏祖茔。

顺治八年(1651)，侯玄瀞在灵隐寺悄然逝世。

侯鼎旸闻讯赶到杭州，取回焚骨，制成僧龛，葬入侯氏祖茔，并撰《哭智含侄孙归骨》诗：

吴越飘零独负担，五年踪迹寄优昙。
徒闻天马题江北，未报金鸡宥仗南。
忠孝素心余白骨，父兄衰作只黄龛。
追思旧事惭婴杵，月满山亭忆夜谈。

侯氏祖茔,位于圆沙泾北岸(今五角场东,翔殷路南)。这里,地处嘉定、宝山、上海三县接壤地。因虬江与走马塘合流,环抱成一片圆形土地而得名。当年,侯峒曾祖父侯孔诏为父亲侯尧封寻觅墓地时,曾祈求于九鲤河神,扶乩得知:"两仪得造化,千古费平章。此实虬龙窟,何人教盖藏。"于是,认定这里是块风水宝地,虬江之尾的七都天字圩是牛眠吉地。九曲汇水,流入大海,钟灵衍庆,气势非凡。于是,将侯尧封埋葬在此,并请书画大家董其昌撰写墓志铭、由翰林院姚希孟为之立传。

侯孔诏葬在西侧,由礼部左侍郎文震孟撰墓志铭,隐士陈继儒为之立传。侯震旸祔葬在东侧,由东林党魁首钱谦益撰墓志铭,"嘉定四先生"之一唐时升为之立传。侯峒曾祔葬在西侧,由夏允彝为之立传。侯岐曾也葬于此地。

侯玄泓在这里先后营葬了侯氏四世14位亲属。

移葬时,还有侯峒曾的母、媳、子、女等,分左右排列。第一墓穴葬侯玄洵及夏淑吉,第二墓穴葬侯玄演(衣冠入墓)及姚妫俞,第三墓穴葬侯玄洁(衣冠入墓)及龚氏,第四墓穴葬侯玄瀞(骨灰入墓)及张氏和盛韫贞。

这里,被人们尊称为"侯氏三忠墓",俗称"侯家坟山"。墓前均立石碑,镌刻墓志,放置翁仲、石马。然而,也有妒忌者称,这里有十二条黑龙出没其间,以示侯氏有十世为官的旺气,但盖过了别人家的财气,因此请风水先生作过法,以致侯氏家族日益衰落。

如实纪事

在传世的嘉定抗清斗争史料中,内容最详全、最可信的是《嘉定乙酉纪事》一卷,作者是侯岐曾的密友朱子素。

朱子素,字九初,号湛庵。为嘉定竹刻创始人朱鹤之曾孙,竹刻大家朱缨之孙,世居嘉定东城清镜塘(又称东塘)。明崇祯十三年(1640)诸生,是一位富有气节的学者文人。

朱子素所居的嘉定东城,为义兵同清军激战之地,又是清军屠城最残酷之所。抗暴反清斗争爆发时，他目睹清兵屠城暴行。他与侯岐曾志趣相投，相知甚深，始终保持着密切联系。在侯岐曾《日记》中，朱子素是出现频率最多的友人。顺治三年(1646)四月二十日，侯岐曾致书朱子素叮嘱："城头消息纷纷，足下奉养之身，责任更巨，亦为先机远害之图否？真切！真切！"因此，他是目击真相的历史见证人。

此后，朱子素以遗民自居，不应贡生考试，潜心在家乡授徒和著述，隐居三十年，终老于嘉定城中。著作还有《历代遗民录》《吴疁文献》等，为后人留下珍贵史料。

朱子素将心头满腔悲愤倾注于《嘉定乙酉纪事》之中，毫不隐讳地记述了各种力量的活动，美恶并书，如实记载。

《嘉定乙酉纪事》用日记体，几乎记载了"嘉定三屠"全貌，字字泣血，句句惊心。朱子素在文末写道："予目击酷冤，不忍无纪。事非灼见亲知，不敢增饰一词。间涉风闻，亦必博访耆旧，众口相符，然后笔之于书。后有吊古之士，哭冤魂于酸风苦月之下者，庶几得以考信也夫。"

虽然《嘉定乙酉纪事》在很长一段时间里未能付梓出版，但乡人争相抄录，流传甚广。后来，在民间与《嘉定乙酉纪事》版本同时流行的，还有《东塘日札》《嘉定屠城纪略》《嘉定屠城惨史》等，书名不同，版本不同，均以朱子素署名，内容大致相同，只是个别细节上略有差异，也许是抄录者在抄写过程中任意增删所致。

同时流传的还有吴伟业(1609—1672，字骏公，号梅村，太仓人)的《鹿樵纪闻》三卷(其中有《嘉定之屠》)、黄宗羲(字太冲，号梨洲，绍兴人)的《弘光实录抄》(又名《弘光纪年》，其中有《侯黄守城纪略》)、计六奇(字用宾，号天节子，无锡人)的《明季南略》十六卷、朱明镐(字昭芑，太仓人)的《小山杂著》等。这些著作问世后，被清廷列入《禁书总目》，直到民国初年才公开面世。

奔走呼号

顺治九年(1652)，清廷改变政策，下诏招纳明遗民中有声望者入朝为官。然而,响应者寥寥。

侯玄泓为了避祸,隐姓埋名,但总不甘心被人们遗忘。这一年冬季,《侯研德文集》悄悄刊行,他特邀归有光的曾孙归庄(字尔礼,又字玄恭,号恒轩)作序。但是,对外又不得不易名为侯元涵(因避康熙帝玄烨讳,改玄字为元),改字号称中德。

侯玄泓早年师从黄淳耀,诗文俱通,为恩师所倚重。他还是黄淳耀、尤侗(字展成,吴县人)、陆圻(钱塘人)等结成的“临社”之重要成员。据其密友、明末清初散文家汪琬(字苕文,号钝庵,自署尧峰先生,苏州人)的《贞宪先生墓志铭》记载,侯玄泓“颀然长身,其面上丰下削,风采伟然,自少博览强记,凡经史百氏、古今典故,次至天文地理、医药卜筮、浮屠老子之书,无所不通。好从乡先生讨论天下大事,每豫揣事后成败得失,亦无所不合”。

在明遗民队伍中,侯玄泓与侯玄汸是较为活跃的人物。当时,苏州宋既庭(字实颖)三兄弟主创的“慎交社”和以娄东张在兹为主的“同声社”集聚了众多志同道合者。侯玄汸夫人杜氏的哥哥杜登春(字九高,号让水,一号姜翁)在松江建“原社”。侯玄泓、侯玄汸因家学渊源,与其中不少人士是知交或相熟,先后赴虎丘、嘉兴等地聚会,参加“九郡士社”“十郡士社”等文社集会活动,一起奔走呼号。

顺治十年(1653)九月,吴中文坛盟主、明朝旧臣吴伟业应征召,被迫赴京出仕。初授秘书院侍讲,后升国子监祭酒。

明遗民们仍在观望。

顺治十四年(1657)入秋时节,文学名家冒襄(1611—1693,字辟疆,号巢民)在南京金陵寓馆发起组织“丁酉世盟高会”。尽管话题敏感,颇具风险,但响应参与者达94人之多,这是一次复社成员、抗清义士及守节遗民后代参与的大聚会。

八月初,侯玄泓接到信息,便匆匆奔赴南京城,应邀出席雅集活动。

人们见到已易名改号的侯玄泓,自然齐颂紫隄侯氏的气节。

中秋节前后,与会者连续举行了几次聚会,他们共同抒发了故国之思及抗清思变的愿望,一致决定集体拒绝参加江南乡试。

“丁酉世盟高会”在社会上产生了重大的政治影响。然而,与会者显然少了前辈们的血性,由于时间的消磨,大多显得迷茫和无力。同盟后人的故国之思终究存在隔阂,抗争思想不够坚决,难以抗拒现实利益的诱惑,最终并未全部如愿。

世道毕竟变了许多。

同年,紫隄村上的亭桥要修建,侯鼎旸应邀撰写碑记,他感言称:亭桥的毁坏不是一天两天的事了。有人发出修桥的倡议,结果募集的捐款最终被倡议者私吞瓜分了。桥越来越坏,民怨越积越多。然而没有一个人愿意出头收捐款的,甲推乙,乙推丙,怕担责任,怕费精神,到头来,还是由侯氏家族集资重建了一座。凡事要善始善终,这是以后想做善事的人可以借鉴的。

明月诗会

由于科举取士制度积弊日深,江南地区很不太平。

顺治十五年(1658)春,发生“丁酉科场弊案”,激发民怨。

顺治十八年(1661)正月,顺治帝病逝。

江南学子借机出怨气,又发生了“哭庙案”,因遭受镇压而激化了矛盾。紧接着朝廷小题大做,突然清查所谓“奏销案”,以“抗粮不纳,从严治罪”,处罚了上万名文武绅衿,震惊江南。

当时,继位的康熙帝玄烨只有6岁。他在14岁正式亲政,两年后智擒弄权擅政的辅臣鳌拜,才掌握了实权。此后实施新政,大赦天下,满汉民族关系进一步得以改善。

历经长期动荡后,一切逐渐趋于平静,但侯氏一门的忠烈事迹人们没有忘却。

当年,侯尧封在嘉定城东北境建造别业,称“仍贻堂”。自明万历四十八年(1620)起,东族侯氏子孙大多迁入嘉定县城居住。后又在此建寿宁堂,供奉列祖神主,人称“上谷宗祠”。后来,侯震旸在嘉定西城广平桥北(今城中清河路北侧)又建明月堂、安雅堂,通称“秬园”(今纳入秋霞圃)。宅后有形似树叶的池塘,称“叶池”。这里与其岳父龚锡爵所居住的“龚氏园”相邻。

清康熙九年(1670),侯峒曾的侄儿侯玄泓已届“知天命”之年。眼见时局悄然平静,便携家人返回嘉定城中。而侯氏的家产大多已被官府籍没,何处安家呢?经朋友指点,他在城东的小河浜边觅得一处简屋,暂且安身。他将此屋取名“掌亭”,辟一陋室,题额“燕翼堂”。仍爱好诗文不辍,但不随意动笔,或经月不得一篇,或一日内数篇完稿。日积月累,竟编成《掌亭集略》二十八卷、《燕翼楼日记》十卷、《玉台金镜文》。

对于“声情”,侯玄泓自有醉心研究,在《与友人论诗书》的通信中,认为诗之为“用”者“声”也,声之“所以用”者“情”也。“情抗者其声厉,情危者其声烈……虽诡于和,而情之所激,皆足以铿锵律吕,感动鬼神。”其见解经典,流传至今。

不久,一些知友至亲闻讯相继传话过来,希望中秋时节到嘉定城团聚叙旧。

这个消息令侯玄泓既兴奋,又为难。聚会总得选个适当的场所,他想到了嘉定城内的侯氏东园。顺治二年(1645)之后,那里被籍没,卖给了僧人,后有李宜之赎回居住,改称寓园。于是,侯玄泓决定向李氏借用会客。经协商,李氏同意了。然而,老友相聚岂可没有酒喝,侯玄泓身无余钱,只得变卖家中仅存的古董,以两枚汉印从昆阳(昆山、新阳合称)王宛仲处换酒百斤。

中秋节那天,吴越地区的知友亲朋纷纷赶来聚会,其中不少是名流雅士、前辈故交,有吴伟业、宋琬、王泰际(字内三,明崇祯进士)、陆元辅(字翼王,号菊隐,曾受业于侯岐曾、黄淳耀)、苏渊(黄淳耀好友)、赵子瞻(字半眉,上海人,顺治十八年进士,因奏销案免职归里,以书画自娱)、许自俊(字子位,号潜壶,嘉定人,康熙九年70岁登进士)、叶奕苞(字九来,昆山藏书家、金石学家)、张鸿磐(南翔廪贡生)、余怀(字淡心,号称“余肚白”,流浪诗人)、沈麟(字友圣,松江诗人画家)以及王泰际之子王霖汝(字公对,号悲凡)、王楫汝(原名雷化,又名翃,字翰臣,号东皋)等,共计14人。

吴伟业是嘉定抗清斗争的亲历者,所撰《嘉定之屠》真实记录当年血案实情,广泛流传。他作了一首《临江仙》,赠予侯玄泓,诗云:“苦竹编篱茅覆瓦，海田久废重耕。相逢还说廿年兵，寒潮冲战骨，野火起空城。门户凋残宾客在，凄凉诗酒侯生。西风又起不胜情，一篇《思旧赋》，故国与浮名。”这首词描写了“三屠”之后嘉定的惨状，抒发了与会者激楚苍凉的悲情。

这几天，吴伟业住宿在城东王家庄王泰际家中。吴伟业与王泰际是乡试同年，过从甚密。王泰际与黄淳耀是同榜进士，其子王霖汝、王楫汝是本地首创抗清义军者，如今长期隐居在家，甘于清贫，躬耕自足，不与新贵交往。王楫汝之子王畮（字服尹，又字树百，号补亭）时年 24 岁，是陆元辅的得意门生，吴伟业十分喜欢这位才子。

与老友们谈起旧事或新闻，吴伟业后悔仕清为“误尽平生”之憾事。几年来，他借母亲去世辞官归里，称病不再出仕，又因“奏销案”处境忧危，几乎“破家”，所以情绪极为低落（一年后病逝）。

如今身临侯氏故园，又能与老友新知在明月堂相聚，侯玄泓百感交集：“17 年来披荆翦茅，苟栖其身。瓶无粟也，园无丁矣；沼无鱼也，门无宾矣。荷花桂树，自荣自落，凌霄之木，或出下矣。尚何有于园乎。”

他们饮酒吟诗，畅叙幽情，缅怀英烈，勉励后人。

他们深感：25 年过去了，往事不堪回首，而一切都已悄悄发生变化，也无需回首往事。与会者卷起诗稿，投入明月堂专设的诗筒之内。这只诗筒是由侯峤曾精心制作的。

侯玄泓把这次聚会命名为“明月诗会”，既因事出东园内的“明月堂”，又暗合“思明”故国之意。事后，侯玄汸还将诗筒内集中的诗文汇辑成一册《明月诗筒》，在知友至亲之间传阅诵抄。

来了陆陇其

康熙十四年（1675）四月，一叶扁舟送来了嘉定县新知县陆陇其。

陆陇其（1630—1693），初名龙其，字稼书，浙江平湖人。少年家贫，勤奋攻读。因生活所迫，以坐馆人家为生计。康熙九年（1670），41 岁时考中进士。

人们看到,新知县随身只带来几捆书籍,以及夫人用的一架织布机。日常以“节俭先之”,衣着由夫人自纺自织;日常蔬菜,自己种植于衙内空地。凡出入舟车,必给报酬,杂役差遣,也予工费。而为政“严法度,勤政事,善催科,广教化,正风俗,神听断,绝苞苴,兴士行”,深受乡民爱戴,使嘉定城内重新焕发生机。

当时,有人举报称嘉定城内正流传朱子素《嘉定乙酉纪事》手抄本,呈请查办。陆陇其接案后,并没有采取行政弹压措施,而是派员深入调查民心,并安抚侯氏后人。他主张“以德化民”,常说:“心无私欲,自然会刚;心无邪曲,自然会正。”“做人要正直无欺,真实无伪,又要温厚和平,勿太棱角峭厉。”自古“清官难断家务事”,而他善断家务事。有父亲告儿子的,他动之以情,晓之以理,甚至声泪俱下,终至儿子搀父而归。有弟弟告哥哥的,他先查出唆使挑拨者,用杖责罚,再摆明骨肉手足之情,结果哥哥忏悔,弟弟谅解,从此和睦相处。有家族亲戚互告的,他找来族中长者同审。有同乡邻里互告的,他找来乡里德高望重的长者同审。他发明了“自追法”断案:让原告和被告同堂自述是非曲直,然后当堂进行调解。征收赋粮时,他实行“挂比法”和“甘限法”:欠缴的,张榜公布,督促自清,并不派皂隶强收;一时难以交齐的,可分批限期交完,逾期则甘愿受罚。三法行之有效,民心舒畅,世风大转。

然而,此时却有人暗箭伤人。

江苏布政使慕天颜(字拱极)贪婪无度。做寿时,见陆陇其只送来“布一匹、履两双”,还说“此非取诸民者,为公寿”,心里极为恼火。升任江宁巡抚之后,他上疏朝廷请行“州县繁简更调法”,说陆陇其在“嘉定政务甚繁,赋多逋欠”,宜调“简”县,“如陇其之操守,称绝一尘,才干乃非肆应,若调补稍简之县,必励其素守,惠受百姓”。明眼人一看便知,他要将陆陇其降级调用。

左都御史魏象枢听说此事后,站出来替陆陇其说公道话,“天颜劾陇其,称其操守绝一尘,德有余而才不足。今之有司,惟操守为难;既知之矣,何不留以长养百姓?请严饬诸督抚大破积习,勿使廉吏灰心、贪风日长”。

慕天颜不甘心。康熙十六年(1677)二月,他抓到了陆陇其一个所谓的

"把柄"：那天嘉定县发生一起命案，一位商人在收账回来的路上被杀。陆陇其抓了一个疑犯，却证据不足，便以"是仇是盗，尚在鞫问"上报。不久，抓到真凶，以盗杀案再报。慕天颜得报后，故意指责先前隐瞒抢盗杀人的实情，以"讳盗"之名弹劾陆陇其。吏部考功清吏司糊涂，使慕天颜的阴谋得逞。

嘉定县民闻讯，相约罢市3天。

连日里，乡民赶到巡抚衙门请愿，希望陆陇其能留任。而陆陇其泰然处之，交了官印。离开嘉定时，依然与夫人同驾一舟，唯书籍数捆、织机一张而已。当日，数万人扶老携幼，执香携酒，聚集道旁，大呼"还我父母"，号哭之声彻天。

乌云渐散

社会日益开明，压在侯氏子弟头上的乌云逐渐散去。

康熙十二年(1673)，由黄淳耀的门生及朋友苏渊主纂的《嘉定县志》问世，明末清初的那段历史终于如实地做了记载。侯玄汸也有所作为，应邀纂修《嘉定县志》水利卷，记述详备缜密，为后人所称道。

尤其是侯玄泓的长子侯开国逐渐崭露头角，为侯氏家族再次赢得荣耀。

侯开国，初名侯荣，字大年，号凤阿，居嘉定城中仍贻堂。由于从小受到良好的家庭教育，少负隽才，拜名士陆元辅为师。他极为推崇新知县陆陇其的人品和才华，经常前去求教。陆陇其被罢官后，他听说其在常熟席姓人家担任塾师，便赶去拜见，面受教导。

因才华出众，侯开国以国子监太学生的身份被选为州佐(幕僚)，但他没有去上任。康熙七年(1668)阳春三月，侯开国畅游杭州，泛舟西湖，对景赋诗，写成诗集《春帆草》。

侯开国学识渊博，为文刚劲凝练，诗词雄深朴老，既有学养又有气节，吴伟业称其诗作"开阔洒脱，清秀明朗"，因此被乡人尊称为"疁城八子""嘉定后四先生"之一。嘉兴名士朱彝尊(字锡鬯，号竹垞，又号驱芳)有《题侯大年凤阿山房》诗，称“四先生里读书庄，髯也经营兴不忘。张笔孙诗陆经义，孰居南北孰中央？”侯开国著有《凤阿山房集》《春帆草》《乐山文集》传世。他十分尊重师道，将“嘉定四先生”的全部著作重新刊印，还为陆元辅编订《元辅诗文集》，为陆陇其编订《三鱼堂文集》并作序，被传为佳话。

侯开国生侯铨（字秉衡，号梅圃，曾向陆陇其问学，刊印其《三鱼堂文集》）、侯永（字声虞，著有《对春楼诗》《寄畅园诗》）、侯焘（字寿臣），均具文才，使侯氏家风代代相传。

侯玄泓次子侯棠，字悦舟，一字月洲，号南荫，工书画，善诗，著有《云清阁诗稿》。

后来，侯玄泓又娶莫氏，生遗腹子侯莱。

康熙十三年（1674），侯玄泓因病去世，终年 54 岁，门人私谥“贞宪先生”。著有《掌亭集略》《燕喜楼日记》《格致录》《玉台金镜录》等。曾任翰林院太史的密友汪琬为其撰写墓志铭。

康熙十七年（1678），侯玄汸去世，终年 64 岁。也由汪琬为其撰写墓志铭，赞曰：

> 侯之门兮忠且义，保孤难兮杀身易，君九死兮心弥慰。极漂泊兮天之涯，茹荼蘖兮甘如饴，幸生全兮返故栖。君之两父兮翔正气，薄云与日兮摩天际，今往从之兮其可以无愧。

大地回春

随着岁月流逝，时局逐渐发生更大的变化。

自康熙二十三年（1684）起，康熙皇帝一再走出京城，亲自南下巡视，了解民情吏治，并采取一系列重要措施，确保社会安定。江南地区似有大地回春的气象。

康熙三十二年（1693），年已 73 岁的侯艮旸得知，10 多年前在嘉定任知县、官至四川道监察御史的陆陇其于去年十二月病故后，即被名列平湖名宦乡贤祠。陆知县为官清廉，在嘉定极具口碑，侯氏族人颇为感激，对其十分崇敬，闻听陆知县在家乡得到尊重，侯艮旸便兴奋地身着盛装，脚穿红鞋，竟然亲自赶到浙江平湖县去庆贺。

侯艮旸终身喜爱书画，年近八十依然挥洒不倦。康熙三十六年(1697)，78岁时作《仿唐寅春云花涧图轴》(著录于《中国古书画图目》)。次年，所作《书为栖云年翁扇》和《七言绝句轴》流传至今，由南京博物院收藏。

康熙四十二年(1703)，身为族长的侯艮旸主持在侯氏老宅重新设立上谷东族宗祠。

侯艮旸去世时年已86岁，族人颂称其为“贞寿先生”。著有《石庵遗稿》《上谷四贞集》《吉凶至情文集》等。

其子侯崡曾，字西青，号补亭。清初家难时，尚年幼，虽未遭殃，却居无定所。清贫的生活促使其奋发读书作画，终于自学成才。他难忘昔日荷花盛开时，先辈雅士前来结社聚会，在大青石上饮酒题诗的景象，便有心在家宅山池中不断补种荷花，使祖传的“芙蓉池”长期保持着原有风光。

紫隄村内的侯氏后人不再担惊受怕了。然而，祖传的家业几乎荡然无存，日子过得十分艰难。

旌表“忠节”

康熙五十九年(1720)，出生于江西安福的举人刘奕冲(字昆湣)奉旨到嘉定县担任知县。他为人正义，与本地名士交往密切，善于体察民意，被嘉定抗清义师的事迹所感染，便呈请上奏，主张在侯氏故宅建立“侯氏三忠祠”，以示纪念，顺从民意。获准后，即动工改建，他还亲自题词：“奉敕建侯氏三忠祠”。即以家祠改作专祀侯震旸、侯峒曾、侯岐曾，列于春秋丁祭后，戊日致奠。

这一举措，深得人心。侯氏子弟抑郁了半个多世纪，终于能挺起腰板，重建家园。

到了乾隆四十一年(1776)，时局发生更大的变化。朝廷为全面贯彻儒学，在朝野强化纲常，重节义，明廉耻，下诏表彰明朝与清作战被俘、被杀的臣民。于是，官府追谥侯峒曾、黄淳耀为“忠节公”。专谥批文写道：“明鼎既迁，危城不守，孤忠殉国，名亦不朽。”但意思很明显：要大家学习侯黄二人对朝廷的“忠”，而非反抗的“烈”。

时有嘉定著名学者钱大昕（1728—1804，字晓征，号辛楣，又号竹汀，乾隆甲戌进士），出资重修黄淳耀、黄渊耀殉节的西林庵，并搜集大量历史信息，精心撰写《记侯黄两忠节公事》，使嘉定抗清斗争的史料更趋丰富、准确。嘉定地方志书也开始记载有关抗清斗争的人物和事件，侯氏家族的事迹由此广泛传世。

历经重重曲折，官方《明史》在主编王鸿绪《横云山人明史稿》的基础上，在乾隆年间逐步完善，侯峒曾、黄淳耀以及嘉定抗清事件终于被朝廷认可，载入正史。

从此，每年春秋的三月初三、七月半，侯氏族人都要在这里进行宗族祭祀。过了5天，即三月初八日、七月二十日，在此举行公祭，由官府与百姓一起祭祀礼拜，奏响特制的《侯氏三忠祠迎神曲》：“神灵来，太常公，披朱衣，冠芙蓉。激雷电，断金铁，排赵娆，击曹节，掖庭危，边疆败。”

风范传世

侯峒曾的言行风范，尽显于著作之中。其生前著有《江西学政全书》《纳言存稿》等。

清顺治三年（1646）三月，侯玄瀞在龙江的垩室之中泣血为父亲编写出《年谱》上中下三卷，又名《孤儿泣血录》。

由于时局动荡，这些文献由侯氏族人珍藏着，时有密友暗中传阅，却长期难以问世。

时光过去180年之后，情况有了转机。

道光二年（1822），《侯峒曾年谱》传到侯氏后人侯澄手中，他决意刻印此书。他四处寻觅前辈文稿，终于汇辑侯峒曾、侯岷曾、侯岐曾及侯玄演、侯玄洁、侯玄瀞、侯玄汸、侯玄洵等 6 人之作，辑成《仍贻堂全集》。由嘉定文人胡起凤校阅，并作序言，他评价侯峒曾的诗文："觉其言蔼如，而风骨棱棱，仍复示人以不可犯。"

手抄的《仍贻堂全集》四处流传，受到多方重视。道光十七年(1837)，刻本《仍贻堂全集》刊印，由两江总督陶澍(1779—1839，字子霖，号云汀、髯樵)作序。

与此同时，嘉定画家程祖庆(字忻有，号西蘅)编印了《练川名人画像传》，汇辑宋代至清代百余名嘉定名人的画像，几代侯氏名士也尽列其中，使后人能观其容貌风采。光绪四年(1878)又重刻。

可是，刻本《仍贻堂全集》传世并不多，还不断流失，逐渐在坊间失传了。

到了民国年间，时有紫隄侯氏龙江支第十六世孙侯叔达(字积郁)，有心拜读祖辈文献，却无处获取。

幸运的是，1930 年 5 月，昆山藏书家赵诒琛(1869—1941，字学南)在吴市有幸觅得《仍贻堂全集》(为平湖葛氏传朴堂藏本)，便将其推荐给上海私立南洋中学校长王植善(字培孙，南翔人)。王植善是位有识之士，决意重印此书让世人共享。

经大东书局编辑、发行所所长陈乃干(1896—1971，海宁盐官人)鉴定，认为此版本"年谱之详，及奏疏中陈事说理之切，有关明清掌故重播行之亦足"。

当年冬季，侯叔达闻讯后赶来拜读，立即决定重印。他筹资托人抄校、排印。历时 3 年，于 1933 年 3 月正式出版铅印本。该书只收录了侯峒曾一家之文，书名改为《侯忠节公全集》，共十八卷，由陈乃干撰写序言。

历经 287 年的风风雨雨，《侯忠节公全集》终于堂堂正正地在世间流传了。

1935 年 5 月，嘉定全县教职人员及学生集资在汇龙潭公园建立"明忠节侯黄二先生纪念碑"。今为嘉定区文物保护单位。

清乾隆四十一年(1776)，地方人士将侯氏旧宅改为专祠。1932 年，在宅后池南侧建水泥柱门，柱联为："赍恨在清池，碧血寒漪溶一片。捐生完大

1932年，叶池南侧水泥柱门

节，忠臣孝子各千秋。”1936年，嘉定全县教职人员和学生捐款浚池立碑。后叶池被填平，碑亦毁。1962年，重勒新碑于叶池旧址。今为嘉定区文物保护单位。

1948年春，诸翟地方人士新建二层飞檐高楼，与关帝庙后殿老屋相接。为欢庆大地重现光明，新楼取名“重光楼”。1949年后，关帝庙楼房改建，而乡人仍称之为“关庙场”。1998年春节前，经有关部门批准，关帝庙得以恢复，迅速改建修葺。1999年2月11日对外开放。庙内立碑纪念侯氏英烈。今为闵行区文物保护点。

侯峒曾等人终于能含笑九泉。

嘉定汇龙潭公园明忠节侯黄二先生纪念碑

闵行历史名人传记（中）

张乃清 著

上海闵行地方文史丛书（第三辑）

中西書局

图书在版编目(CIP)数据

闵行历史名人传记 / 张乃清著. -- 上海 : 中西书局, 2025. -- (上海闵行地方文史丛书). -- ISBN 978-7-5475-2380-3

Ⅰ. K820.851.3

中国国家版本馆 CIP 数据核字第 2025K0D753 号

基金项目：上海市闵行区文化发展专项资金扶持项目

目录

Contents

顾　言

黄宗坚

秦锡田

杨光霖

钮永建

施维翰

施维翰（1622—1684），字及甫，号研山，明代上海县十九保施家老宅（今浦江镇北徐村）人。清顺治九年进士，为康熙重臣。为官32年，长期出任监察御史，清勤廉直，体恤民生，巡视除恶，鞠躬尽瘁。

施家老宅

闵行区浦江镇鲁汇地区有个“施家老宅”，自古声名远扬。这里的施氏先人世居汴梁（今河南开封），随宋室南渡，迁徙至浙江山阴（今浙江绍兴）。南宋绍定五年（1232），施退翁（字以道）中进士。淳祐四年（1244），他出任华亭县知县，以风化为己任，兴学校，建讲堂，创斋庐。宋末，施退翁留仕迁居鲁汇闸港，其子施叔常随父调任下沙盐场副使，移居浦东，遂入上海县籍。元代时，施退翁五世孙施晚江在闸港镇北（今浦江镇北徐村）建宅定居，从此这里人称“施家老宅”。

明代，闸港施氏家族最早扬名的是施大经（约1560—1610），字天卿，号石渠，又号玉屏，施退翁十一世孙。明万历十三年（1585），施大经中举人，先任丹徒教谕，后升任江西瑞州府通判。在瑞州时，有一个姓涂的寡妇，族人为了贪图其资财，诬蔑她作风不端，企图赶走她，夺其财产。涂氏到州里告状，并通过熟悉的吏卒给施大经送了钱。施大经见了很生气，他说：“她遭冤枉，我为其辩白，是我的责任。她为此送钱，不是对我的侮辱吗？”为了警戒，他下令狠打送礼的吏卒，责令退还礼物。后来，施大经通过查核，确知寡妇是受了冤枉，便为她洗清冤屈。不久，施大经因病引退。病愈后，任惠州通判，后转任崇州府审理。退职回家后，读书著述，著有《泽谷农书》和《秋水村庄诗稿》等。建藏书阁“有获阁”，贮书万卷。万历年间与宋懋澄、王圻、俞汝楫并称上海四大藏书家。

施大经之子施沛（1585—1661），字沛然，号笠泽居士，又号元元子。明天启元年（1621），以贡生出任河南省廉州通判，调署广东省钦州，颇多惠政。升江西省南康同知，转任南京都察院历事。被罢官，归里学佛施医，与名医李中梓交往甚密，尤精辩证，擅治伤寒，服务乡里。亦工诗。著有《草堂禅集》、《金刚经疏》、《心经疏》、《续传灯录》、《笠泽草堂集》、《黄帝脉书》、《脉微》、《祖剂》四卷、《腑脏指掌图》、《经穴指掌图》、《起云堂诊籍》、《说疗》、《医医》、《内外景灵兰集》、《南京都察院志》等。朝廷画家曾鲸所绘《施沛然像》，今由上海博物馆收藏。

明代《施沛然像》曾鲸绘，上海博物馆收藏

施大经之子施溥，字汝中，贡生。授河北省永清卫经历，升乐亭县知县，未赴任得知京城失守，竟自尽。清乾隆四十一年（1776），赐谥号节愍。

施大经胞弟施大谏，字叔显。自幼颖悟，10岁能属文，明万历十六年（1588）中举人。却不再谋求仕途，闭门专注《老庄》，寒暑不辍。宅第为“一经堂”。

施大谏之子施绍莘（1581—1633），字子野，号峰泖浪仙，生于闸港，华亭县学生员。他有俊才，怀大志，因屡试不第，遂弃举子业，放浪声色。寓居华亭后，建园林自娱，置丝竹，每当春秋佳日，与名士隐流遨游于九峰、三泖、西湖、太湖间。他兴趣广泛，除经术、古今文外，还旁通星纬舆地道释九流之书。善音律，成为晚明著名散曲作家，一生所作以散曲及词著名，有《秋水庵花影集》五卷传世。其词作多哀苦之音，寄寓着多蹇的悲凉身世，也反映了明王朝灭亡前夕人们内心的情感。

万历年间，还有施一元，字伯允，副贡生，后任北京副兵马司。

明末清初，施氏家族日益兴旺。清雍正《分建南汇县志》记载："施家行，在拨赐庄东南两里许，施氏居第相望，商贾成市，今居民数十家而已。"不久，分建东、西、南、北四宅(东宅在今浦江镇北徐村二组、南宅在今先进村四组、西宅在今先进村二组、北宅在今建岗村九组)，聚落呈矩形，面积约3万平方米，统称施家行，时属十九保三十图。

康熙重臣

施维翰(1622—1684),字及甫,号研山。明天启二年(1622)七月二十四日生于施家老宅。祖父施大谊,父亲施绍著,嗣父施绍夔,“皆积学砥行,代称隐德”。施维翰娶妻沈氏,纳妾尹氏、唐氏,生有三子,长子施是彝(候选知县),次子施昌奕(少年夭折),幼子施是程。

《施维翰墓志铭》称施维翰“生而颖异,读书数行俱下,倜傥不群,具经济大略”。施维翰入华亭县学宫就读,正处于明清改朝换代的动荡年代。清顺治五年(1648),参加乡试考中举人。顺治九年(1652),30 岁时考中进士,殿试为三甲第 37 名。

施维翰“长身玉立,突兀班行中,世祖皇帝目而伟之”。于是,初任江西临江府推官。顺治十五年(1658),施维翰升兵部督捕主事(职方司主事)。十月,以山东道御史,参前任浙藩徐为卿,补江藩。顺治十八年(1661),巡视南城。

康熙皇帝登基后,也很关注施维翰。施维翰“正色敢言,克举其职。皇上御极,加器重公。公益自发摅,无所鲠避,前后章奏数十上”。康熙元年(1662),康熙皇帝提拔施维翰担任山西道监察御史,仍管山东道。康熙四年(1665),施维翰 44 岁,担任山东道监察御史,监察江南道。康熙八年(1669),担任陕西道监察御史,六月,调任京畿道监察御史,仍监察江南道。

施维翰为官明察，洞晓时弊，体恤民生，敢于直言。他恳请太皇太后勿谒山陵以节省劳力，主张国家应当督促农民及时耕种（耕籍田以劝穑）。当时，苏州、松江两府赋税过重，百姓不胜负担。为此，他一再呈请减除苏州、松江两府浮粮，以减轻民众贫困。他还主张“禁漕米耗赠，除塘长旷工名色，缓开征，定编审”。他一再提醒康熙皇帝加强文武吏治，主张“惩监司之贪，严大帅之纵，官吏勿得侵牟商利，盗案不许营弁罗织，特纠督抚之纵兵为盗，及曲庇贪吏者，咸正厥罚。以至简投诚之兵，伸言路之气，专鼓厅一官，以省推诿。免旗下妇女有罪墩门以别嫌疑”，“督抚有荐举非人者，照定例降调，不得以加级抵销，中外为之悚息”。

康熙十一年（1672），施维翰50岁时调任河南道监察御史。九月，上疏弹劾福建总督刘斗（字耀薇），指控其徇情题建故靖南王耿继茂祠。刘斗被降官。

康熙十二年（1673），施维翰升正四品顶戴食俸，担任山西道监察御史，监察江南道。

施维翰坚持倡导清正廉洁，为了做出表率，他在官署中辟地种菜、磨制豆腐，自给有余。他上疏康熙皇帝称：“考察官吏应作为首要大事，高官、地方镇守主将衰老庸暗的应予参劾；州县对上级的供给、胥吏对老百姓的诛求应加禁止。”他还举荐为官清廉的陈文学、周根部等升任监察御史。

康熙皇帝十分赏识施维翰的清勤廉直，提拔他担任鸿胪少卿（掌朝会仪节等），后转任光禄、大理寺寺丞，又升为太仆寺卿、宗人府府丞。康熙十八年（1679），再晋都察院左副都御史。在此期间，他曾巡按陕西、巡视河东盐政，“所至，厘剔奸蠹，整摄纪纲，年资最深，蹇谔最著，海内相望风采，皆以为当代伟人”。

康熙十八年七月二十八日（1679年9月2日），发生强烈地震，波及了京城和周围六省，“京城倒坏城堞、衙署、民房，死伤人民甚众”，康熙皇帝日夜不安。施维翰临危从容，认为只要治理有序，政治清明，就可以预防或消弭地震，便与刑部尚书魏象枢（1617—1687，字环极，号庸斋）一起疏言：“地道，臣也。臣失职，地为之不宁，请罪臣以回天变。”康熙见身边有如此重臣辅助，顿觉心安。

八月,施维翰57岁,奉旨巡抚山东道。他在山东黜贪墨,缉悍兵,劝垦僻,禁耗羡。当时连年灾侵,他亲行所属,设法赈济,疏请截留漕米54.5万千克,所全活饥民无数。他又以青莱(山东半岛胶莱平原)距临仓远,输挽艰难,请永行改折,以苏运解之苦。又以岁荒谷贵,凡兵马供应米豆草料,请照时价估办,以免官民赔累。至苞苴馈遗,严行谢绝。一切案牍皆亲自裁决,不假他手。平日菜羹粝饭,厨舍萧然。以致当地百吏洗心,豪右屏气,萑苻窜息,狱讼简清。

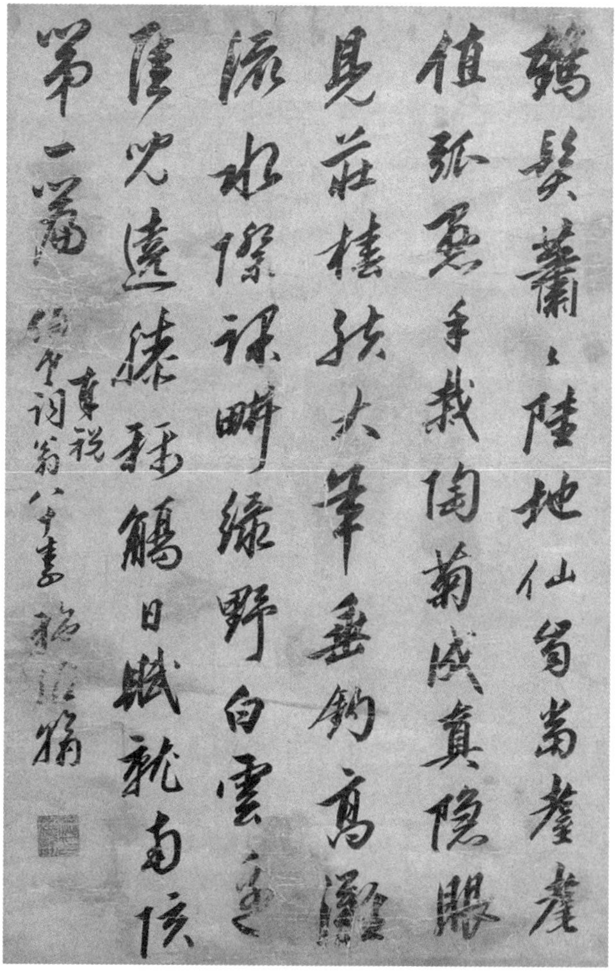

施维翰行草书祝寿诗手迹

鞠躬尽瘁

康熙二十一年(1682),施维翰年满60岁。正想退休回乡之际,因浙江总督之位急需有人去接任,康熙皇帝硬是将他调到浙江出任总督。

施维翰上任当天,即审谳"满军鼓噪案",被前总督墩锁了半年的200余人获得平反。他发现驻防在当地的满军每夜忙于外出缉盗,难免因民族矛盾而生事扰民,便规定满军入夜必收营,缉盗之事改由汉族绿旗兵负责。康熙皇帝得知后,赞赏此举,规定各省仿效。

这一年,施维翰回到家乡操办父母丧事时,闻听有福建来沪商船与本地乡民之间发生械斗,局势严峻。他带领数名兵勇,连夜骑马赶到黄浦江滨。眼看场面失控,立即下令张挂起总督衔的灯笼,并竖起高竿,上挂一只空木桶,犹如秋刑杀头示众状。然后,他派人告诫械斗双方:"你们强横不法,本应尽数杀灭,现在从宽处置,处决首恶,余人不问。"双方见状,轰然散去,终于免除了一场大祸。为此,人们盛赞他的应变才能。

这一年,施维翰认为衢州地接江西、福建,控温州、台湾,为濒海重地。为确保地方安宁,他决定移驻衢州。而当地官署设施已毁,他苦心筹划,亲自主持重建,以至积劳成疾。

康熙二十二年(1683)十二月十九日,施维翰病情尚未好转,又被调往福建担任总督。

施维翰带病赶到福建,为了掌握实情,坚持亲自巡视海疆,甚至翻过仙霞岭,赶至福建最北端的浦城县视察。病倒在床后,仍亲自批阅文书,接见下属。

康熙二十三年(1684)四月初二,到任不满4个月的福建总督施维翰病逝于官署内,年仅63岁。

施维翰逝世后,康熙皇帝“闻报震悼,命部臣议谥议恤,褒忠之典有加”。众议其通敏果敢,老成干练,赐谥号“清惠”。

次年,施维翰归葬故乡时,曾与其同举于乡,又比肩共事,交谊达30余年的文华殿大学士宋德宜(字右之),应约撰《施维翰墓志铭》。光绪《南汇县志》卷十九《名迹志·冢墓》收录碑文。

施维翰抱病巡海疆(徐有武绘)

施维翰别宅，建在松江城内法云庵西。松江府推重其为乡贤，特在府试院东姚家巷内，于康熙二十二年（1683）设专祠，人称“施清惠祠”。还将其遗著辑成《施清惠奏议稿》刊印传世。《清史稿》专为施维翰列传。

施维翰墓葬在故乡，建有石翁、石马、旗杆石等。

施维翰，跟随康熙皇帝20多年，为天子重臣。他为官32年，清勤廉直，始终如一，鞠躬尽瘁，世代称颂。

人才辈出

康熙年间,施维翰有同族子孙也考中进士。

施惟讷,后改姓顾,字予宪,号愚亭,施维翰从孙。康熙三十五年(1696),中举人,康熙三十九年(1700),殿试获第二甲第34名进士。授浙江省兰溪县知县,补山西荣河县知县。时该县遇大灾,未及上报即下令发帑赈济,有人阻之,他坚称:“为民命,虽获遣,奚惜?”后升为大同府知府。长子施念祖,字聿修。由贡生授湖州府通判。次子施光祖,字焕之。监生。工诗文楷法,好远游。著有《玉环楼剩稿》。

施润,字泽寰,号秋水,施光祖之子。幼孤家贫,继母沈氏力持家事,始得专心向学,诗文才气华赡。乾隆三十三年(1768)中举人,乾隆三十七年(1772)中进士,殿试第三甲第67名,授安徽凤阳府教授。5年后,因母亲逝世返归故里。后受聘于上海敬业书院担任主讲。工诗,著有《居敬堂诗稿》十卷、《居敬室集外诗》、《读左咀华》、《典类清英》。《香雪园诗话》收录施润诗5首,称其诗“工于叙事,曲折合度”。

施维翰的从叔施埏宝,字绥宜。他为人慷慨好义,为政晓畅廉洁,康熙十四年(1675)出任河北省任县知县,积极组织人力物力疏导水潦,使大量土地还耕。他在任4年,终因治下应缴银粮亏欠忧而成疾,死于任所。施埏宝仲兄施埏量,少年时即有文名,却因“奏销案”受连累,后援例进入太学,改名用宾，为州佐，后任山东省莱阳县知县。

施维翰的侄儿施不矜，字履谦。自幼聪明，长大后学医，造诣颇深，有神医之称。门生甚众，名医刘萝金、张以恺皆其传人。著有《脉理精要》二十卷和《经验志奇》三卷。兼精地理，工诗善画，所绘花卉，尤妙传神，近人多宗之。

施维翰的侄儿施长正，字甲峙，号卓亭，清乾隆年间居住在陈行镇。品学兼优，乾隆元年(1736)被公举为孝廉方正。著有《言行录》《三余稿》《书法传心》《易学》等。

施徵燕，字贻孙，自号春江钓叟，世居闸港，诸生。著有《青门草》九卷。

步入清代中叶，施氏家族无人走通仕途，逐渐家道中落，但是仍涌现一些杰出的人才。

施润之子施承梁，字子香，嘉庆年间(1796—1820)，授翰林院编修，书法名家。《海上墨林》称其："幼年生活优裕，后父母早逝，家道中落。他为人狂放不羁，能文善诗，因岁试作文怪诞而被黜革，后应科试，以读书著述为乐。评注不少古典，奇才也。"善辞赋隶书，曾协助好友李林松(字仲熙，号心庵，)编修嘉庆《上海县志》。李林松为其母亲王孺人祝寿时，撰写一组《闸港棹歌》，感叹施氏家族的兴衰，诗云：

闸港潮回接沪城，子辰佳谶重乡评，
施家例有婻星耀，欲倩霓裳佐寿觥。

钟离教授讲筵开，蝴蝶闲堦午梦回，
居敬堂前诗十卷，未谋三径已归来。

苦节遐年久未旌，君姑申训在遗经，
报刘莫怪双孙切，恤纬余丝尚典型。

安贞坤吉岁无涯，三世循陔奏白华，

说到劬劳仍欲涕，不闻揄翟只闻髽。

西华葛帔自凄凉，手哺诸孤问宿粮，
篝火读声过夜半，有谁人访旧书香。

素无负郭奈荒何，斗米量珠泪更多，
不道糠皮偏是药，至今练出发番番。

门衰况是病魔侵，搘挡愁无药裹金，
到得慈乌能反哺，多年辛苦作冤禽。

研田无俭岁收稀，毕竟传经心事违，
二仲才名能两大，好将彩线系春晖。

季良文笔更超群，志馆编纂感暮云，
惜未登堂能拜母，只从彤史挹清芬。

征诗首倡说艰难，才起欢歌又鼻酸，
我奉板舆刚廿稔，羡君岁岁庆平安。

甘泉酿酒足颐神，晚节黄花泼眼新，
只为满堂春气永，改将秋卉唤堂春。

千佛名经众日窥，天心恐以福孤嫠，
凌晨忽报泥金捷，此即当年索乳儿。

老宅遗存

康熙年间，施家老宅聚落分东、西、南、北四宅，统称“施家行”。

相传，施维翰在家乡建造新宅时，选在施家老宅西端，占地6000多平方米，造了十埭九庭心的绞圈房子，称“居敬堂”。一条宅河直通施横港，北边有一个约1.3万平方米的大花园，人称“花园头”。皇上所赐的龙床、尚方宝

施家老宅旧貌

剑和打皇鞭等，安置在东宅。官船从盐铁塘进入施横港，可直达施家新宅。沿横港西岸，垒有100多米长的石驳岸。

在施横港东岸，沓水桥南侧的塘东宅上曾建有施家祠堂（位于今浦江镇北徐村六组），有一个大厅，两个侧厅，正门内装有木栅栏。1958年，施家祠堂建筑被改成生产队副业场。1960年，生产队翻建畜牧场时建筑被拆除。

如今，施家老宅、新宅的乡民均已动迁。

李林松

李林松（1770—1827），字仲熙，号心庵，清代上海县闵行镇（今闵行区江川路街道）人。嘉庆元年进士，为官15年，官至户部员外郎。终身追求学问，乐于著书解惑，倾心纂修方志，推动乡土公益建设。主纂《上海县志》《金华县志》，所作《李氏周易述补》极具学术价值。子孙继承家学，四代清芬。

京城为官

鲤鱼报喜

清嘉庆元年(1796)春,嘉庆帝在京城组织丙辰科会试。是年适逢龙年,各地学子跃跃欲试,立志“鲤鱼跳龙门”。

闵行镇上,26 岁的李林松(字仲熙,号心庵)也意气风发,豪情满怀,动身北上赴考。为此,李林松已经刻苦奋斗了近 10 年。他自幼聪颖,7 岁入塾,初学《四书》。在家跟随母亲吟诵《木兰辞》《长恨歌》等,滋润心田。乾隆五十三年(1788),他年仅 18 岁,成为上海县学补博士弟子员,4 年后为补廪膳生。他师从奉贤籍名师王锡范,悟性甚好,人称“神童”。又师从仲嘉德(字咸一,号蔼梧),得益匪浅。乾隆六十年(1795)八月初九,他身背考篮来到南京,走进夫子庙学宫东侧的江南贡院参加乡试。正值南京“秋老虎”的季节,他忍着酷暑在“鸽子笼”中熬过了 9 天 6 夜,经历 3 场考试,终于中了举人。随后又历经数月的精心准备,出发前去参加丙辰科会试。

李林松在横泾河边码头上了船,挥手告别家人。小船缓缓启航,船夫吩咐:“李公子,不要误了潮水,快坐稳了!”随声用力撑了一竹篙,小船便直冲横泾河上的聚龙桥桥洞,前面就是黄浦江。

横泾河是黄浦江支流,跨横泾河的聚龙桥是闵行老街市桥。李林松抬头见眼前阳光灿烂，黄浦江水波平浪静，滨江滩头春花开放，聚龙桥上行人如流。他的心头随之轻松许多，吩咐船夫："正顺风顺水，赶上这潮水吧！"

忽然，有两条鲤鱼蹿出水面，一下子跃到了船上。随行的书童连声祝贺："鲤鱼！鲤鱼跳龙门啦！"

岸上的乡人闻声张望，惊叹："鲤鱼跳龙门？李公子此去赶考，必定高中啊，可喜可贺！"

李林松欢笑着挥手告别乡人，告别黄浦江，直奔前程。

在南京，李林松参加了复试，顺利过关，并在四月二十一日参加殿试。

"嘉庆丙辰科殿试金榜"终于发榜了：李林松高中，名列二甲第32名。

耕读人家

乾隆三十五年(1770)正月十七日，李林松出生在闵行老街的李氏宅院内。李氏家族向为耕读人家，先祖原籍在河南省商丘地区。宋代时，有九世孙李天庆始迁徙吴地，定居在时属华亭县的颛桥镇地区。传6代后，由瑞甫公从颛桥迁到闵行地区(时为上海县长人乡十六保十八图)定居，据推测此时已是明代万历年间，即这里的黄浦江闵行渡口一带已经形成市镇(时称闵行市)。再传3代，即有李林松的祖父，说明其前辈在这里已经生活了200多年。

李林松的祖父李朝宷，字星门。个性沉稳，办事严谨，从不马虎。他勤苦力学，多次参加乡试，但均未得志，终身为贡生。乾隆三十三年(1768)，他捐资修葺上海县学新明伦堂，以示报答。

叔祖父李朝宰，字梅客，为监生。母亲不幸双目失明，他"舐之复明"，被乡人传为佳话。他心善崇德，每逢天灾之年，总会捐出储粟以赡饥者。明清之际不兴火葬，乡间有无田而火葬者，他便捐田劝瘗，乡人称颂其为"善人"。道光十八年(1838)，他名列松江府孝悌祠。

李林松的父亲李鹏冲，字钦斋，华亭县学附贡生。他温和文雅，为人宽厚，继承家风，虽未获得显赫功名，却因善医有德，乐于济药救命，深受乡人爱戴。

聚龙桥写生画

据方志记载,李林松的父辈中有好几位奋发有为者。

叔父李鹏万,字海痴,为监生,擅书能画,交游甚广,为沪上知名书画家。

叔父李鹏翰,字翼天,亦能文,以才获任安义县县丞,颇有政声。其子李念祖,字筠卿,为增贡生。

族伯父李枝桂,字健林,李朝宰之子。上海县学诸生,附贡生。为人淳朴正直,热情诚恳,早有文名,还擅长医理,客居京城时,得到朝内不少官僚的器重。乾隆四十年(1775),迁到松江府城发展,在城北仓桥畔购屋安身,居住了2年。他与姜兆翀(字孺山,号镘佣,乾隆三十五年中举人)为邻,结为文友,以每日课文半篇伴读,不曾间断。乾隆五十七年(1792),以年70以上岁贡生获赐乡试副榜。乾隆五十九年,他终于考中举人。乾隆六十年,赴京参加会试,担任国子监学正(教职人员)。嘉庆元年(1796)正月,出席在乾隆皇帝宁寿宫举行的"千叟大宴"。著有《澹竹轩草》三卷、《易义粗解》二卷、《李学士诗集笺注》四卷以及《片玉编》《五阵奇方》《伤寒辨讹》《女科识病捷诀》等。他曾为本地洞真道院捐建第三进房,取名锡祉堂,并在堂前栽下银杏一株。

族叔父李枝源,字天和,号春江。监生。精通医理,治伤寒应手辄效。精研汉末著名医学家张机(字仲景)之书,颇有心得,认为医道无出其右者。

著有《医学指要》、《内经指要》、《痘疹秘诀》二卷等。

族叔父李槎源,字德载。为金山卫学诸生,附贡生,入国子监,曾在京城参加会试,可惜未果。能诗文,工汉代缪篆。著有《渔村铁笔》、《渔村遗草》、《天崇文袖石》九卷。

乾隆四十六年(1781),李林松年仅 11 岁,父亲 50 岁出头就因病去世。李林松能坚持苦读,一举成才,少不了这些父辈的关爱和影响。

初任京官

嘉庆元年(1796)会试之后,年仅 26 岁的李林松兴冲冲地来到京城,初任官职为户部主事(正六品衔)。

当时户部掌全国疆土、田地、户籍、赋税、俸饷以及一切财政事宜。其内部办理政务按地区分工而设司。各司除掌核本省钱粮外,亦兼管其他衙门的部分庶务,职责多有交叉。

当时,清廷由大贪官和珅(原名善保,字致斋)把持权柄,治理朝政,经他考核,认为李林松能够认真行事,便将他安排进户部,并叮嘱他要"懂规矩"。然而,李林松认为自己会按法律办事,无需巴结权贵,因此一直没有前去拜谒和珅。

初入京城,李林松并不孤独,族伯父李枝桂在京担任国子监学正,自然会时常照应他。然而,李林松发现他一心追逐名利,年过 70,言行过于迂腐,因此决意自力独行,遂逐渐疏远。后来,李枝桂被贬,李林松深感遗憾。

李林松个性刚强正直,一向不图虚名,心中崇敬的是那些具有真才实学的长者。几年前,他就听说乾嘉时期代表性诗人袁枚(1716—1797,字子才,号简斋,乾隆四年进士,授翰林院庶吉士,后外调任知县),无意吏禄,40 岁即辞官隐居南京城小仓山随园,吟咏其中,著述以终老。为此,李林松特意前往随园,拜见年已 80 的袁枚,真诚求教,并赠联云:"真才子必得其寿,谪仙人未免有情。"此联即被袁枚收入《随园诗话补遗卷八》,广为传播。不久,袁枚去世了,而他的人格力量深深地印在李林松的心中。

嘉庆四年(1799),嘉庆帝下旨将和珅革职下狱。李林松随之心头稍宽。

当年三月,李林松有幸结识新来的户部左侍郎阮元。

阮元(1764—1849),字伯元,号云台,江苏仪征人,乾隆五十四年(1789)进士,由兵部左侍郎调任户部左侍郎。他博学多才,比李林松年长6岁,被李林松尊为兄长。

就在户部共事的数月间,李林松与阮元亲密相处,互相尊重,结为知己。当年十月,阮元调赴浙江省出任巡抚,李林松未能随行,但是两人长期保持着密切的联系。后来,李林松还参与了阮元汇刻《皇清经解》(又名《学海堂经解》)的编撰工作。

遭遇无趣

不久,李林松获得了升迁的机会,补为户部贵州清吏司员外郎(即副司长,从五品衔),并兼任山东清吏司坐办、河南清吏司事历,尽管日常事务更加杂乱,他忙而有乐。

嘉庆四年(1799),嘉庆帝命蒋兆奎(1729—1802,字聚五)出任漕运总督,惩戒各地漕运弊案。蒋总督断言:“查浙江之漕截、江南之漕赠,以及他省百姓出资济运者,款目颇多,此皆历年所加之赋,并非运粮之初所定。”他认为整顿漕务,关键是改革陋规,改善漕丁生活待遇,漕运自可节约经费,提高效率。他主张推行“石加二斗”政策,以便杜绝各地“浮收勒索”的现象。而嘉庆帝认为他的意见不妥,要求户部详察。

于是,李林松呈文主张缓行“石加二斗”政策,认为这样做“未得清漕之实,先蒙加赋之名”,朝廷应当施行切合实际的政策。他官职虽小,却据理力争,辩驳甚为有力。

想不到,户部详察意见呈上去之后,引起了一场官场激辩,闹得不可开交。结果,蒋总督为此恼怒万分,辞职不干了。

年轻的嘉庆帝左右为难,不想决断,事态闹得更僵,户部上下陷入尴尬境地。

李林松生性耿直，但步入官场后一向处事谨慎，生怕有闪失。而这一次，他纯粹是有感而发，向权威人士提出了一些从政异见，就引起了如此强烈的反响，实在令他吃惊，也让他深切地感受了官场的不易，政治的无趣。他感到此刻身边最好相处的倒是那位“不识一丁”而有情有义的户部厨师，特意热情地为其撰写了一篇《李厨传》，颂扬这位平凡小人物的德行，讽刺那些“涂饰文貌，洟涊垢辱”的士大夫。

朝廷日趋腐败无能，百姓怨声载道，社会更加动荡，似乎一切都处在恶性循环当中。李林松的心也随之冷了许多。他沉默了很久，身边又无人理解，于是他一头埋进书堆之中。

老母情深

李林松在京城任职，李家随之成为闵行镇上最显赫的人家。祖父李朝宷封赠奉直大夫，父亲李鹏冲和哥哥李仙根封赠奉政大夫。李仙根，字澹凝，监生，自幼随父学医，朴实善良，不喜张扬。有个乡妇产后患“羊癫疯”，被他治愈，令众人叹服，名声遂远播。娶姜氏，生一子四女，长子李涛聘，乾隆六十年(1795)举人，候选教谕。

如今，李林松做了京官，长辈们忙着为他筹办婚事。

9年前，李林松成为上海县学生员后，母亲抱孙心切，即为他订下亲事，因怕耽搁科考，迟迟未成婚。嘉庆二年(1797)十一月，李林松遵从母命，请假回到闵行老街，迎娶许爱娥为妻。许爱娥(1769—1800)，字兰征，青浦县人，是乾隆二十五年(1760)进士、浙江道监察御史许宝善(字斅虞)的侄女，其父亲许宝田为候选县佐。

结婚后，李林松将闵行镇上的祖屋和祖墓交给哥哥李仙根守护，而将年过70岁的母亲接到京城亲自奉养。

李林松的母亲唐氏(1729—1811)，华亭县人，为松江府名门闺秀。祖辈唐文献(1549—1605)，字符征，号抑所，明万历十四年(1586)状元，授翰林院修撰，官至礼部右侍郎。逾年在任上逝世，赠礼部尚书，谥号文恪。曾祖父唐子锵,字依陶,清康熙十五年(1676)进士,授内阁中书。祖父唐昌世,字存少,明天启五年(1625)进士,官至工部营缮司主事。父亲唐用烜,字素原。唐氏来自大户人家,知书达理,淑德和气。乾隆十九年(1754),25岁的唐氏嫁到李家。生养李林松时,唐氏已经41岁。而乾隆四十六年(1781),父亲去世时,李林松才11岁。他被母亲带到松江城内聚奎里生活了数年,受到外公的栽培和教导。外公再三叮嘱其切记"寻方便,学吃亏",并亲授应举诗文3首。李林松在此目睹唐家丰富的藏书,听闻先辈耀眼的功名,尤其是那一册《唐氏世谱》在其年幼的心头留下终生难忘的印象,从而激励他对母亲表达了立志成才、光宗耀祖的愿望。全靠唐氏含辛茹苦,无怨无悔,为子女支撑起成长的天地。因此,李林松对母亲极为孝敬,言听计从。

在京城,李林松一家人居住在宣武门外,自设书斋馆,取名"蠹蠹斋"。他整天忙着结交文友,四处奔走,又不善于治家,家中的一切多亏妻子辛勤主持着。老母亲身在京城,还自己动手纺纱织线,保持着简朴的家风,也希望能早日怀抱孙儿。

可惜,许爱娥原本体弱,数次流产后血气不足,日渐清瘦,好不容易产下一子即夭折,次年闰月产下一女又夭折,心情极为郁闷。她劝李林松纳妾,而李林松不从。

李林松与母亲焦虑万分,四处求医。

嘉庆五年(1800)六月初十,许爱娥病情恶化,抱憾离世,年仅32岁。为此,李林松痛心疾首,所撰《亡妻许宜人行状》,洋洋洒洒,声声悲哀,字字泣血。

赴广东主考

嘉庆六年(1801),李林松奉命奔赴广东,出任辛酉科广东乡试副考官。

李林松走出京城,顿觉空气格外清新。一路上,李林松感慨良多,撰《出京》诗云:

十载京华梦觉迟，远游心被白云知。
如何扑面黄尘外，又读人间疥壁诗。

李林松抵达广东后，立即被南方的山水之美深深吸引，同时，也被学子们专心备考、积极赴考的热忱所鼓舞。他初次担当主考重任，生活态度便不再像在京城那样松散，面对着学子们的前程，待人处事变得格外认真，唯一不变的是他依然欣赏真正有才华的人。

这一年乡试，来自广东佛山的吴梯（字秋航）脱颖而出，被选拔为广东乡试解元。就此，吴梯对李林松感激不尽，日后始终以忠实门生回报恩师。来自广东雷州的丁宗闽和丁奇琯同时考中举人，后来丁宗闽出任广西钦州知县，丁奇琯出任江西安远县知县。两人自然感激李林松，李林松也很器重他俩，分别题额“文魁”。丁氏后人将李林松的题赠制成牌匾，悬挂在宗祠内，一直传承至今（位于今湛江市雷州市调风镇调铭村，该村现已列入“中国传统村落名录”）。

在粤秀书院，李林松结识江西学者汤藩（字价人），时常相聚，把酒论诗，交流甚欢。后来再次相逢时，李林松感叹良多，撰有《试院有怀汤价人》。

广东乡试结束时，李林松撰《辛酉广东乡试录后序》，对人才辈出的广东风土人情做了一番分析。

李林松在广东主持乡试，无奈将老母亲留在京城，心头实在不安。而母亲最为忧虑的是儿子丧妻之痛，忙于攀亲，促其再娶。

于是，第二年李林松返回京城之后，即迎娶祝氏为继室。祝氏是乾隆二十八年（1763）进士、湖广道监察御史、礼科给事中祝德麟（1742—1798，字趾堂，号正塘）的女儿。祝德麟是浙江海宁人，自乾隆五十五年（1790）起，应聘在松江府城“云间书院”主讲，因此携家眷住在松江，直至病逝。祝德麟在青浦曲水园中留下的诗碑保存至今。

祝氏知书达理，十分贤惠，嫁进李家即受到婆母唐氏的喜爱。

嘉庆八年，李林松喜得儿子李尚暻，阖家欢喜。

嘉庆十年（1805）六月十九日，又生下女儿李媞，李林松心满意足，步入人生最顺心的时光。

享誉广西

嘉庆十三年(1808),正值嘉庆皇帝50岁,全国组织万寿恩科乡试,确定五月初六举行考试。为此,李林松奉命奔赴桂林,出任广西乡试副考官。

在广西乡试考场上,时有同考官黄承吉(1771—1842,字谦牧,号春谷,江都人,嘉庆时期扬州学派的代表人物之一)巡视到一个房间时,发现地上有一张落卷,拾起一看,觉得卷面“文义精奥古茂”,随即向李林松推荐。

李林松收到此卷,极为重视,急忙阅卷。阅罢连声叫好,转身即与主考官沟通,出榜时果断地将其置于榜首。

被列为解元的这个考生即汪能肃(字雨人)。因其老家在浙西山阴,寄籍广西桂林应考,原阅卷者以其原籍非广西而拟弃之不用,幸亏被李林松、黄承吉慧眼所识,及时纠正。

消息传开,引起轰动,李林松声名大振。

汪能肃十分感激李林松和黄承吉,视恩师为父。嘉庆十四年(1808),汪能肃赶到京城,拜见李林松,聆听教诲。后来,汪能肃因故未能再奔仕途,改归原籍,担任嘉善教谕。

广西乡试结束,李林松撰《嘉庆十三年万寿恩科广西乡试录后序》,分析了广西地情。

李林松在广西主持乡试期间,心中惦记着家人,撰有《寄家信》,诗云:

食蓼虫心自苦辛,人夸荣遇出儒臣。
四龄女已知离别,何况高堂八十亲。
自裹蚕丝自出头,寄将谰语慰离愁,
太行于我尚青眼,湘水送人无浊流。

自嘉庆十三年起,年过80岁的唐氏病情逐渐严重,家人焦虑万分。当李林松返京时,母亲的病情已难以逆转。

这一年,苏(州)松(江)太(仓)道台钟琦、上海知县苏公、教谕方公主持重修上海县学宫。李林松应邀撰写《嘉庆十三年重修上海学宫碑记》。

良师益友

李林松身在官场,却对政治争斗毫无兴趣,也难以在户部有所作为,闲暇时仍然热衷于追求学问。自从好友阮元高升调职之后,他更盼望能在身边找到志同道合者。好在户部的公务不是很忙,而京城内英才会聚,大儒相近,自有志同道合者可以结为良师益友。

为此,李林松将内阁学士、《四库全书》纂修官翁方纲(时已 70 多岁)视作自己最亲近的恩师。

翁方纲(1733—1818),字正三,一字忠叙,号覃溪,直隶大兴(今属北京)人。乾隆十七年(1752)中进士,授翰林院编修。历督广东、江西、山东三省学政,官至内阁学士。

同时,李林松常邀请京城文友到自家"蟹蠹斋"来聚会。翁方纲的儿子翁树昆介绍他结识了朱鹤年和刘华东。

朱鹤年(1760—1844),字野云,号野堂、野云山人等,泰州人,后列"扬州三朱"之首。

刘华东(1778—1841),字子旭,号三山。原籍福建,因父亲来广东从事盐运,便入籍番禺。嘉庆六年(1801)中举人。他自少"负才仗气",为文纵横奇诡,不落窠臼,一如其本人之耿介秉性,称为"文怪"。

李林松与刘华东有不少唱和诗,互相倾吐步入不惑之年的心声。李林松有《秋日杂诗和刘华东》《咏秋十律同刘三山》诗、等,其一诗云:

四十惊心岁月过,平生秋气相消磨。
种松自署支离叟,读易难逢安乐窝。
道力未深应齿折,宦机虽悟奈愁多。

及门颇愧侯芭语，壮不如人欲老何。

嘉庆十五年（1810）正月廿六日，朱鹤年在李林松家“蘧蠹斋”当场绘制了一幅《毛西河朱竹垞二先生像》，赠宝覃主人，时刘华东、翁树昆、徐梦竹、朱子仁同观。

嘉庆十四年（1809）十月二十八日，24岁的朝鲜李朝金石学家、诗人金正喜（1786—1856，字符春，号秋史）来到北京。他出生于忠清南道礼山郡一个两班贵族家庭，极为喜爱中国书画，科举及第之后，即跟随出使北京的父亲金敬鲁（任冬至兼谢恩使副使）来到中国。在这里，他几经周折，认识了李林松。两人经一番交流，便展纸挥毫，竟然无话不谈，一见如故。金正喜希望李林松为他引见最著名的京城书画家，李林松一口答应。

李林松即去拜访年已77岁的翁方纲。翁方纲欣然为其题诗。李林松顺势介绍了金正喜的情况。

嘉庆十五年（1810）正月初八，金正喜在李林松引见下，终于见到了号称“考证学派艺术家”的翁方纲。翁方纲给远道而来的客人展示名画《大禹治水图》，并设宴款待，相谈甚欢。李林松极为兴奋，当晚撰诗记之：

禁城鱼钥解留宾，添得春明一夜春。
佳客已先人日到，辛盘又被别家轮。
携将莽莽乾坤画，谭彻霏霏前后因。
他日此缘同一映，未妨眷恋是根尘。

这时，已成为学界权威的好友阮元正巧在北京逗留。李林松就陪同金正喜前去拜见阮元。

阮元一见金正喜，以为“非常英物”，延请他到泰华双碑馆，以珍稀名茶“龙团胜雪”款待，并带其观赏了珍稀的《华山庙碑》及《泰山刻石残篆》双碑和自己编撰的《山左金石志》《两浙金石志》《积古斋钟鼎彝器款识》等专著，令金正喜眼界大开。

二月初一，因金正喜即将回国，阮元在法源寺为其设宴饯行，邀请李林松和刘华东、朱鹤年、翁树昆、李鼎元（字墨庄）、洪占铨（字凤宾，又字辅阶，号介亭）、谭光祥（字君农，又字兰楣，号退斋）、金勇（字近园）等门生作陪。席间，因彼此语言不通，谈的又多是专业问题，"舌人"（翻译官）难以胜任，所幸金正喜好汉学，略识汉字，因此大家只能以笔写代替说话进行交流。见此情景，李林松觉得十分有趣，即兴赋诗《赠别海东进士金秋史并示诸旧七首》，其一云：

秋史一奇士，远生东海滨。
春风吹之来，朝夕若比邻。
舌人不能达，劳我中书君。
君书匪今始，囊有楹帖存。
展纸大欢哈，谓我为故人。
纵谈无不有，细琐难具陈。
人生会合缘，咫尺越与秦。
君相至于此，毋乃夙世因。

刘华东也乘兴题签《赠秋史东归诗》于诗册扉页。朱鹤年则即景绘制了一幅《秋史饯别图》，以志一时兴会之实况。场面其乐融融，情意绵绵。

金正喜十分欣赏这些文士的才气，又因未曾与诸公以诗会友而深为遗憾，便当即写下《我入京与诸公相交，未曾以诗订契，临归，不禁怅触，漫笔口号》一诗作答，诗云："我生九夷真可鄙，多愧结交中原士。楼前红日梦里明，苏斋门下瓣香呈。""化度始自蘧蠹斋（李林松书斋名），攀覃缘阮并作梯。君是碧海掣鲸手，我有灵心通点犀。""却忆当初相逢日，但知有逢不有别。我今旋足重万里，地角天涯在一室。""龙脑须引孔雀尾，琵琶相应蕤宾铁。黯然销魂别而已，鸭绿江水杯中渴。"

金正喜此番中国之行，收获巨大，促使其后来成长为19世纪东北亚著名学者、朝鲜"书圣"。

服丧退隐

嘉庆十五年(1810),李家又添儿子李尚暲,阖家欢喜,唐氏更是笑口常开。

不久,李林松发现母亲病情加重,医师说已是“壮火食气,金水受伤”。他束手无策,忧心忡忡,在书斋中坐立不安,时常无心研读。母亲不适应北方的气候,咳嗽难止,李林松想找个适当的时机,将她送回故乡养病,却总是定不下行期。

嘉庆十六年(1811)三月二十日,是唐氏83岁生日。李林松亲自筹办寿庆,还精心备好燕乐,要为母亲冲喜驱邪。亲朋好友的贺礼接连不断抬进李府,为老夫人祝寿祈福。

其实,沉寂无语的唐氏病情已经恶化。二十日早晨,李林松亲自给母亲喂了半盅参汤之后,见她闭目养神,转眼已沉睡,便放心去张罗寿庆事务。

谁料想,延至午时,未等家中燕乐奏响,唐氏心力衰竭,竟然撒手归天而去。李林松万分悲痛,连声自责没有始终相伴在母亲身边,错失救护良机,以致无力回天。当初一口包揽了奉养母亲的职责,如今母亲身亡异乡客地,回到故乡去如何向兄嫂和族人交代呢?

李府上下哭声阵阵,满门悲恸。跪在母亲灵柩前,李林松泣血撰写《诰封宜人例晋恭人显妣唐太恭人行述》,铭记母亲恩德,自责未能尽足孝道,决意率全家从京城千里扶柩返回家乡。

回到闵行老街,李林松闭门不出,静心反省,耳边哥哥李仙根怨声不绝,他也只得默默忍受。

当年十月十九日午时,李林松与兄长李仙根一起将母亲葬在三十二图往字圩父亲的墓地内。事毕,他含悲撰写《诰封宜人先太宜人归祔志》,流传子孙。

冬去春来,李林松依旧难消伤感,整日无语,闭门不出,悄然在家服丧守孝。

转眼,将近3年的服丧期满,但李府内外依旧是静悄悄的,李林松仍然未出远门。按理说,朝廷官员归乡丁忧,为父母守制27个月,已尽孝道。令乡人不解的是,李林松竟没有动身返回京城去述职,而是决意辞官隐退,从此不再出仕,留守闵行老街。

时有门生询问李林松:为何不再复出?李林松笑而不答。

门生只知他“淡于荣利”,却不知其“安民济世之志实未曾一日忘”,更不知其十多年官场经历中的甜酸苦辣。

当时,李林松年仅43岁,正年富力强,前程锦绣,为何做出了如此人生选择呢?想必是因为他的性格使然。

一是李林松11岁丧父后,与母亲相伴30年,已尽孝心。但母亲身亡异乡客地,引来兄长的无尽怨恨。为此,他一再自责,难以解脱,决意留守家园,陪伴父母亡灵。

二是李林松为官15年,已厌倦官场的纷争和腐败,向往世外桃源般的平静生活。当初外公就叮嘱:出门要“寻方便,学吃亏”。何况,嘉庆十八年(1813)十月,京城发生“癸酉之变”,天理教剑指北京。李林松认为此时再去京城生活,恐难以太平。

三是李林松一向崇尚隐士名家的风骨,决意就此辞官,可以潜心治学,多出成果。何况,他刚应邀主纂《上海县志》,感觉正符合自己的心意。

李林松早就欣赏诗人袁枚40岁即退隐的风骨,如今自己追随先辈,自然不会感到有什么遗憾。

老街乡愁

纂修县志

李林松告别官场后,夫妻俩带着3个年幼的子女重返故土。

李林松缓步走到黄浦江边,东望春申阁,西望武帝阁,感觉不如以往高大雄伟。走到西渡码头,又转入南北大街,感觉行人不如以往自信悠闲了。闵行镇上虽然更热闹了,然而许多他所熟悉的事物也消失了。

李林松感到眼前的故土有些陌生,不由陷入沉思:自己年富力强,热血满腔,眼下虽已退离官场,但应当继续有所作为,尤其面对故土,自己理当造福于民,身为文士理当在乡间立功、立德、立言,不然有愧先辈,有愧乡亲。

一天,上海县知县王大同(字是之,号炎峰,)登门拜访。只因《上海县志》康熙二十二年(1683)纂修后,乾隆十五年(1750)、四十八年(1783)一再续修,"然皆递仍旧稿,殊多复衍挂漏"。何况,上海地区经济社会的发展正日益加快,已经史无前例地展现出"江海之通津,东南之都会"的宏大景象,甚至连"洋行街"都已经在上海滩崛起了,盛世来临,抓紧修志。嘉庆十七年(1812),上海县知县王大同决定重修《上海县志》,因此亲自延请李林松担任主纂。

李林松对今后的生活尚未拿定主意,只答应参与修志讨论。

而王大同对修志极为重视,造足声势。嘉庆十八年(1813)正月,他召集全县公职人员及举人、贡生、监生前来聚会,大有“庇同广厦,寒士欢颜”之势,收到了集思广益之效。

为此,李林松深受鼓舞,答应承担主纂《上海县志》的重任。自乾隆十二年(1747)起,官府开设了两艘便民船,从闵行镇赶赴上海县城,只消“一潮水”的行程就到了。而李林松为了静心修志,决定还是暂时迁居到上海县城去。

同族兄弟李念祖(字筠卿)对地方文史有兴趣,便跟随李林松同行,希望通过参与纂修县志,长些见识。

然而,王大同突然奉命调离上海县,刚刚开头的修志工作又停滞不前了。随后这一年内,上海县知县一职竟由周右、陈文述、方佐、卢焌、叶机等5人先后接任,虽都是读书人,但都无心关照具体的修志事宜。

而李林松办事极为认真,既然受托主纂方志,就真当大事干了。他遍搜诸史及各省通志、各府县志,以及私家撰述诸书,详加校补。他擅长文学,力图革新,重订志例40则,对体裁分类、纂稿核定、充实材料收录等有所创新。忙了一年,撰成初稿。

李林松在修志过程中十分重视各历史时期某些地理现象的考订和复原,尤其是他来自上海城郊,对于长期被修志者忽略的城郊各地的诸多历史课题做了深入的考证。例如,他对明洪武六年(1373)建于“横沥东二十一保”(闵行镇河东街)的黄浦巡检司署沿革做了专题考证,并撰写《上海县黄浦司巡检创建公署记》。

在此期间,居住在浦东闸港地区的“上海县城隍”秦裕伯后人对祖传的《淮海宗谱》进行重修,并易名《秦氏重修家谱》,邀李林松作序。李林松引用著名文学家陆深(字子渊,号俨山)《豫章漫抄》之言对相关史实进行辨证,确认秦裕伯为上海县人氏,撰写《秦氏重修家谱序》阐明观点,并坚持将秦裕伯及其父亲作为上海人列入《上海县志》“人物篇”。

李林松对民生民俗极为关注,在“风俗篇”中称:“上海原称淳朴,后渐士文而浮,民贫而商富,城市慕苏扬余风,而乡颇蹇。”他特意收录了元代著名诗人王冕(字符章)的《江南妇》诗,反映本地百姓辛酸的生活处境。修志之余,李林松撰写了一组《沪渎竹枝词》,记载上海城乡独特的风物和乡情,诗云:

瀕海岩疆近五茸,輶车亲与驻花封。
金齑玉脍寻常语,可识云间陆士龙。

春申江上水滔滔,西接吴淞泊万艘。
东海一重门户在,莫矜七发赋秋涛。

城隅东望赤城霞,烟火如云扑万家。
犹惜平原山势少,金轮一笔矗龙华。

物产前朝数顾谈,遗笺剩绣冠江南。
至今落笔烟云后,尚有金针暗度堪。

肇嘉浜曲接方浜,种得桃园水蜜香。
可惜铁沙经割隶,不曾考古说高昌。

木棉曾庆闵行丰,井被天移记道宫。
巨口鲈鱼今不见,白鲴来跃水当中。

东乡麦子尽人嘲,万顷黄云是乐郊。
但得催科人不至,冬春米又绿荷色。

满城箫鼓一时喧,海舶频来天后尊。
白昼滩前知浪静,醉歌归已近黄昏。

学官巍焕冠天文，一阵惊飙为策勋。
怪得近来科目盛，青箱原不让河汾。

吴歈原属故园禽，乡土终惭大雅音。
倘有郎中能别赏，试来泓下听微吟。

此外，李林松为好友施承梁（字子香）母亲祝寿编了一组《闸港棹歌》，生动地描绘了黄浦江畔闸港地区的人文风情。

嘉庆十九年（1814）秋，嘉庆《上海县志》纂修完稿付刻，统分疆域、水利、赋役、建置、职官、选举、人物、艺文八志以及志余、叙录二门，中附五十六个子目，共十六册。对于水利、兵防、田赋等要务的材料收录较为充实，有关疆域沿革、山川形势、往哲遗徽、风土胜概等尤为详细。嘉庆《上海县志》凝聚着李林松的心智才华，被历代历史学家称作“上海县志承前启后的佳作”。

偶尔，李林松会邀几位老友到隔壁豫园去小饮，放松一下心情。《重九前二日偕友小饮古豫园桂花下示孙漱厂》诗，流露出他真实的心境：

志馆丛残乍欠伸，偶携胜侣访比邻。
小山有赋能招隐，秋梦无痕已醉人。
我慕林泉迟入道，君今描画亦份神。
眼前多少公荣辈，谁配凌烟特写真。
相逢难得眼俱青，是处秋光似画屏。
扑面凉风禁酒力，谈心譪语质山灵。
出原无意游方圈，人到中年乐倦听。
客散主翁休苦寂，一轮还浸桂花厅。

4年后，《上海县志》刊刻本终于正式问世。

在这几年里，松江府知府宋如林（字仁圃）主持重修《松江府志》，李林松应邀参与其间，成为5位协纂者之一。李念祖始终相随，为采访员。

吾园雅集

自嘉庆十八年(1813)起,李林松在吾园设局修志。

吾园,位于上海县城西南半陵泾,原为邢氏桃圃,引种露香园水蜜桃百株。嘉庆二年(1797),由光禄寺典薄李筠嘉(1766—1828,字修林,号笋香)收购,为母亲建坊城,改为园林式庄园。园内有带锄山馆、红雨楼、潇洒临溪屋、清气轩、绿波池等,楼中吉金贞石、碑帖书画,无所不有。他生平喜爱藏书,并亲自校勘,所居慈云楼藏书至6000余种,数万卷。嘉庆八年(1803),在苏松太兵备道李廷敬的支持下,李筠嘉在吾园内创办"书画会",邀书画名家到此雅集,觞咏之盛为沪上之冠。李廷敬,字景叔,号宁圃,直隶沧州人,乾隆四十年(1775)进士,授翰林院庶吉士,自乾隆五十六年(1791)起,前后十任苏松太兵备道,备兵沪上,却性情豁达,乐成义举,崇尚风雅,海内名流争相归之,留下大量墨宝。因此十年来,吾园的书画雅集能长盛不衰,享誉沪上。

借此胜地,李林松在吾园与文友们相交甚欢。嘉庆十八年七月,正是水蜜桃成熟的时节,吾园雅集又适时举行了,群贤毕至,高朋满座。李林松所撰《癸酉七月吾园即事》描述出盛会风情,诗云:

乐寿堂虚五亩槁,海上诗人殊未老。
踟蹰一竹一石间,斟酌千花万花好。
从来花事但清娱,春华秋实谁兼钦。
若使桃花皆薄命,胡然仙种出元都。
主人种桃在桃国,尚宝西园近城侧。
桃户环居数十家,万桃拥出春风力。
佳名水密擅清甘,密叶轻遮夏日炎。
几度雷声新绿迸,几枚星影嫩红粘。
主人名园有深意,涪溪唐堂非其例。

人人自以为吾园。暂得何曾娱独自。
红雨楼前酒正温，绿波池上鱼能戏，
从此买春小有天，不然逭暑全无地。
凉馆桃笙竹有波，芰花能舞鹤能歌。
一林特送风云态，百戏真偿主客图。
罢饮花前发微叹，往代风流今不见。
老铁会作龙湫吟，王孙亲染鹅溪绢。
此乐经今五百春，舞裙歌扇岂无人。
桃花一熟三千岁，欲问前耀迹已陈。
吾辈相逢聊作达，吾生多愁莫愁绝。
兹游难得今年花，再过仍看古时月。

在吾园，李林松结识了当时尚未出名的周中孚。

周中孚（1768—1831），字信之，号郑堂，浙江省湖州府乌程县（今吴兴市）人。嘉庆元年（1796）参加乡试被选为拔贡生，他的学问获得时任浙江学政的阮元赏识。为了谋生，他应聘来到上海替李筠嘉编辑《慈云楼藏书志》，因此在吾园与李林松相识。其实，周中孚才华突出，尤其擅长于目录之学。此时，他正在利用协助整理李筠嘉私人藏书的机会，仿照《四库全书总目》撰成其代表作《郑堂读书记》。

李林松与周中孚，同为阮元的门生，两者人生经历却相差悬殊。但是，李林松不以名声识人，认可周中孚是“朴学者”，经常虚心地与他探讨学术，得益良多。

修谱有感

嘉庆十九年（1814），李林松纂修《上海县志》完稿之后，想到应当重编自家的《李氏族谱》。

流传于闵行的《李氏族谱》，始辑于乾隆四十七年（1782），可惜过于简略。嘉庆九年(1804),族中有人修订过一次。如今,李林松细细一阅,深感旧谱存在众多不足之处,应当用心再重修。

于是,李林松静心对闵行李氏家族的现状和未来,认真地做了一番思考,感慨万千。他认为,入清以来李氏家族增添数十户,“皆森森能自立者,今孳生,虽犹昔,而其气似孱(软弱)焉,不终日,岂果世为之耶”。李氏家族源远流长,延至李林松这一代,在本地颇具名望,但并不富足强盛,未显张狂,也无土豪气味,始终讲究祖宗传下的忠诚古朴之德,敦厚宽大之气。族人重文轻商,大多热衷教书育人,从医济世,没有能力享受奢华生活,也没有多少家财地产传给子孙。李林松了解乡亲疾苦,关注地方公益,因此甘以一技之长为家族争气,为故乡做贡献。为此,李林松在《重修李氏族谱后序》中,以李氏闵行支“八世孙”的身份坦言:“族无问大小阀阅,而凌夷会不及蔀檐之清白也。今制无世官,吾邑又居潮汐进退之地,大率无百年不变易者,且夫盈虚消息,亦天行矣。必谓某甲家宜世富不宜贫,宜世贵不宜贱,则必将有人焉宜世贫贱乎哉。惟夫兢兢然守祖宗忠厚之德,惇大之气,毋斫其根,以贻后人。稍扩其识,毋视目睫,顺受其正,以俟厥命,则庶乎其可矣。”其意为:一个家族不论大小,不论有何功绩和经历,而一旦衰落,都会比不上清白人家。古人认为,时运循环,生灭不已,可由盛而衰,也可由衰而盛,一切顺从自然。最要紧的是“守祖宗忠厚之德,惇大之气,毋斫其根,以贻后人”。只要顺天理正道而行,接受的便是正命,认真对待自己的使命,差不多也就可以了。

乡士文友

在闵行老街,李林松有好几位从小相伴的同学知己,如今也成为本地文坛好友。

李林松一向与黄琮过往密切,志趣相投。黄琮,原名琳,字昆发,号二乡,为国子监附贡生,平日嗜酒好书,博览群经。曾游青浦王昶(字德甫,号述庵,乾隆十九年进士)之门。黄琮善诗,年轻时与李林松常有唱和之作,如今已从黄家河圈素安堂迁到老街的蜗庐世德堂,家中亭榭竹石,一应俱全。

他喜作擘窠大字，为自己的颐素斋题额“卷石山房”。李林松常来拜访，对好友的悠闲生活十分赞赏，特作《太湖石歌为黄二乡作》《题卷石山房》等，诗云：“买得一隅山，置之山房里。莫作卷石看，须弥亦芥子。”又作《黄二乡以饼酒见饷索和吃烟诗二首》：“非曰人皆醉，其如我未尝。怜伊虽小草，竟尔荐馨香。觞滥传由马，膏煎戒自黄。如何海外国，犹说返魂方。”

黄琮时常诗情勃发，留下不少佳作。李林松在此又作《题黄二乡颐素斋》等唱和，诗云：

光阴皆过客，天地一蘧庐。
静悟养生主，闲楼履道居。
识超方以外，心在物之初。
陋室宣铭座，元亭好着书。
因风香篆远，得月纸窗虚。
乐意禽相语，生机草木除。
胸襟殊泼泼，性相镇如如。
守素随通塞，观颐任卷舒。
鼠肝形化幻，鹿梦世情疏。
荷芰衣无尽，烟霞食有余。
浑忘身是蝶，谁道我非鱼。
讵问卜家卜，还看渔父渔。
林泉供笑傲，炉鼎谢吹嘘。
直寄方为木，安行即当车。
三杯浮滟滟，半榻卧徐徐。
逸趣嵇中散，清歌谢幼舆。
风流应共赏，鄙客已全祛。
此境悠然矣，斯人达者欤。
阮生常念尔，惠子旧知余。
信寄江梅驿，诗联霸雪驴。

六朝工组织，两首等琼琚。
高致原难写，幽怀略可摅。
吟成刻弃句，题向浣花渠。
何限沧州思，停云独跂予。

李林松返乡后，时与黄琮碰头叙谈。一次，黄琮见他老是皱着眉头，便问为何？李林松脱口就称："苦哉！"但又不想细说。黄琮见他心事多，也不再多问，忍不住写下《忆心庵》《长相思寄心庵》。

李林松的族兄李炜（字春帆）以及本镇何朴斋、张二瞻等也常来与他俩相伴。九月菊花盛开时节，他们各自携带酒肴前来聚会，一起饮酒赏菊，限字赋诗，打发寂寞。李林松有诗云：

爱酒何须湿酒巾，携樽挈榼向西邻。
缘知有客皆诗客，不辨谁人是主人。
霜下东篱花当友，风来南浦雁初宾。
料应此会人间少，羞说龙山落帽辰。

世居闵行镇的纪大复（1762—1831），字子初，号半樵，身为布衣，生平耿介，不谋仕途，独爱书画。如今，纪大复成了李家的常客。

这一天，李林松、黄琮、纪大复等好友一起来到春申道院，登上春申阁。这里是黄浦江流域唯一以"春申"命名、供奉春申君黄歇的庙宇，也是闵行文人最喜欢相聚赋诗的地方。

登上春申阁，黄琮异常兴奋。李林松知道，《上海竹冈黄氏宗谱》称，闵行地区的"竹冈河圈派黄氏"是春申君的后裔，黄琮以此自豪。当初春申阁落成，黄琮即作《春申阁题壁二首》。纪大复也曾为春申阁撰联称："浦以姓名传，吾不为鱼终古赖；阁因封号建，居之肸蚃古今称。"

李林松登楼观景，也感到心情激动。春申阁面对东首黄浦江转折处的闸港，每逢八月十八日"潮头生日"，潮势汹涌澎湃，蔚为壮观，此处为观潮胜地,又是每年端午节举办龙舟赛的最佳场所。李林松不由回想起当年观赏龙舟竞渡的盛况。

那年五月初五端午节,李林松与张蔼如(号六瑞)、李炜(字春帆)、顾耐秋(号尚惇)等登上春申阁,观看黄浦江中的龙舟竞渡,当场吟诗联句:

令节逢岁中,月日互加五。(李林松)
吴人叱蛰龙,拿舟戏江浒。(张蔼如)
阳侯树熊旗,天吴伐鼍鼓。(李炜)
横列班剧骖,直出激强弩。(顾耐秋)
掉尾盘曲蛟,劈面斗唬虎。(李林松)
白桨荡日轮,红灯烛水府。(李炜)
长年矜身手,仕女饰眉妩。(张蔼如)
骈阗出巷陌,飞尘渍汗雨。(顾耐秋)
盛事传一朝,豪情俨千古。(李林松)
昔人哀湘沅,遣俗创此举。(张蔼如)
事久渐失真,徒尔哄市估。(李炜)
不知三闾魂,果否甘角黍。(李林松)
渡江顾恺之,蹑屐张雕武。(李炜)
二李尤清狂,文举与德祖。(顾耐秋)
相逢一笑灿,挥手谢哙伍。(李林松)
痛饮读《离骚》,恍与古人语。(张蔼如)
小集得四人,联吟畲重午。(李炜)

闵行老街上的张蔼如原是奉贤县人,迁居闵行镇后有感乡愁,撰竹枝词咏之。李林松即作《申江竹枝词十二首》唱和,生动地描述了本地区一年四季的人文风情,诗云:

桃符爆竹一年新,佳节元宵得未曾。

尽力争奇无别事，侬家扎得采茶灯。
渡口人喧一叶舟，杏花风暖浪花收。
谁家红袖青裙女，嫁到塘南新上头。
燕子来时燕笋生，街前携得一篮轻。
银线芦芽才出土，玉筋鱼儿早上罾。
田里小花红似锦，盘中团子绿于荷。
夜深野鬼啾啾去，一陌纸钱飘堕河。
蚕豆花开蚕事忙，侬家不祭马头娘。
生涯自有丁娘子，犹恐风高未刷浆。
豢得神龙数十双，由来竞渡说申江。
绿头鸭子黄封酒，几许豪情未肯降。
黄梅雨后风萧萧，赤泥欲裂萁欲焦。
麦饭熟来日未午，遥唤脱花人过桥。
河角弯环星烂烂，晨庄买布声声唤。
风水人愁白露前，米柴价贱秋分半。
冬冬神鼓闹溪南，鸡肉香符一一兼。
村妪不知巫罔语，朝来典尽布裙衫。
满船箫鼓众云鬟，行遍横云兰笋山。
不知山色在何处，但向万人丛里看。
一村红树起炊烟，冬至朝朝霜满天。
要向城中卖花去，夜来趁上夜航船。
冬舂米饭黄浆饼，醉汉前街拍手歌。
一夜雪花深几尺，家家装出雪弥陀。

李林松在诗中极为真切地描绘了本地棉农忙于“脱花”（棉田锄草）、“卖花”等农事的情景。明清两代，闵行镇地处江南棉纺织业中心地带，镇郊乡村广植棉花（时称木棉、吉贝），乡镇居户女性大多以织布为业。李林松甚为关注同情乡间棉农的辛劳和痛苦。

借力行善

嘉庆二十一年(1816),龚丽正(字暘谷,又字赐泉,号暗斋,浙江杭州人,名士龚自珍父亲)来到上海执政,他由安庆府知府提升为苏松太兵备道,署江苏按察使。本地人士得知,新来的上海道台与李林松是同科进士,便问他:“道台是怎样一个人?”李林松笑答:“与我一样的,纯粹是个读书人。”

20年前,李林松在京任户部主事时,龚丽正为内阁中书,彼此时有交往。20年来,龚丽正步步高升,李林松并不妒忌,他觉得既然同为“读书人”,有事好商量。李林松想到,闵行镇上的聚龙桥已严重破损,乡人过往多有不便,急需重建,但连年遇灾,乡人身陷贫困之中,自己也无家财可捐,而未率先捐资便难以发动各界聚力。于是,他出面求助上海道台龚丽正,希望借官方之力促成石桥重建。

这一招果然有奇效。开春之后,上海知县叶机奉道台大人之命,亲自动员各界出力,很快就启动了聚龙桥重建工程。

至嘉庆二十二年(1817)五月,聚龙桥重建工程终于竣工。李林松喜出望外,乡人也再次看到了李林松非凡的影响力。随之,李林松撰写《闵行镇重建石桥碑记》,全文如下:

上海闵行镇,南枕浦,横沥自北来贯之,有桥焉。初,盖木也,潮啮之,屡蹶。其易而石者,明世宗初大理少卿董恬倡其议,里人因而成之,实嘉靖十七年也。其再修为神宗二十年,有砚邱子杨东记。又得断甓云:乔氏葺之,始易其名“宏济”者为“聚龙”,旁有天启钱,当在其时,然无碑。桥久而泐,行旅恐。嘉庆二十有一年春,予以告邑宰,叶公令于众,爰诹吉日,正经界,置槷视景,伐材于岩,垒趾于渊。再越岁五月落成,然仍旧贯,度以宋三司尺,长八十四尺、广十有八尺,翼左右栏,如其长。数里口率出钱一千六百缗[①]有奇。役蒇,文以勒诸石,立岸左。并

① 1000文铜钱穿成1缗,为1两银。

考旧碑残字,昭前烈焉。

在聚龙桥重建时,乡人向李林松提议镇南黄浦江畔的武帝阁也该重新再建了。于是,李林松一鼓作气,促成善举。武帝阁顺利重建后,闵行全镇共欢。这里地处南北大街之首,俗称“佛阁弄”,阁楼向南突出,建有飞檐屋顶的望江打唱楼,成为滨江一景。事成后,李林松欣然撰写了一篇《重建武帝阁记》,乡人立碑纪念。

沾馥堂九老会

闵行镇之东自古有莺窦湖,乡风古朴,享誉四方。明宣德二年(1427)进士、朝廷兵科给事中蒋性中(字用和,号检庵)告老返乡,自称“乐耕公”,与乡民情同手足,不论其富贫贵贱,均以乡情为重。他曾邀集当地八位高龄且有作为者,每逢月初来到家中作画赋诗,共饮同欢,人称“莺湖九老会”。为此,历代文人赋诗赞颂之,传为佳话。

一天,族兄李春帆来找李林松,议论乡间见闻,聊及当年的“莺湖九老会”,两人不由感慨万千:“乐耕公”美德“距今四百年矣”,后人理应仿效。李春帆时年67岁,平时嗜好诗、酒、弈,为人豁达,他说:眼前李氏族中有三老,镇上另有六老,不妨也来一个“闵行九老会”。

李林松自然应声赞成,认为不仅可以同欢一乐,而且此举可以弘扬敬老之德行,改善乡风民俗。于是,李春帆拜托李林松出面操办,并主张届时到其新迁入的沾馥堂去聚会。

嘉庆二十三年(1818)正月初九,8位老者按约来到李春帆家宅的沾馥堂相聚。李林松屈指一算,9位老者合计竟有624岁。来的李氏族兄有73岁的李如龙(字古春,李朝宰儿子,监生)和62岁的李念祖(字�卿,李鹏翰儿子,增贡生)。其他有80岁的孙观澜、71岁的倪伴云、66岁的金晓山和62岁的张蔼如。73岁的何朴斋和70岁的何雪舟是亲兄弟,其族祖何守愚曾参加过“莺湖九老会”。

李林松时年49岁,论年龄属于“小弟弟”,排在末座,这一刻却乐呵呵地担当起主持人的角色。只见老友相聚,谈古论今,情谊深长,自然一醉方休。

事后,李林松特撰《沾馥堂九老会记》和《诗六韵》描述这次盛会:

九人六百廿四岁,例古高年皆少年。
环顾农星稍落落,偶来夜坐犹便便。
曲师市隐闲栽菊,碁客书佣惯擘笺。
对宇二难还继体,我宗三友亦随肩。
未纡青紫乡风朴,略别酸咸土物鲜。
醉眼观眺无不可,会闻饮者全其天。

易园不易

眼看返回故乡已经7年了,李林松家中儿女也已长大,他才想到应当改善一下自己的居住环境。李林松的家宅,位于闵行老镇南北大街122弄内,地处留桥弄东端南侧,东靠北街,西至留园,南邻竹荫庄,北沿留桥弄,宅院占地约有3500平方米。

嘉庆二十三年(1818),李林松利用居屋后面的2000平方米的空地,在园里补栽了不少梧桐、竹子、柿子树、桃树、枣树、杏树、桂花树、柳树、芙蓉等花木,而空隙之地则栽种葱、韭菜、菘(即白菜)、蔓菁(即芜菁)等蔬菜,满园生机盎然,又能乐享口福。家中原有5楹居屋,称作仓楼,筑围墙约10米。此时,李林松将围墙拆除,居屋功能也做了些调整,这里既设有祭祀先祖之地,又为子女安排各自的小天地。

至当年年底,易园内外面貌一新。家人将朝东的三开间两层楼房改称为“西楼”,登楼南称“独睨江天”,北为䗪蜳(读曰忡融)室,可凭栏远眺黄浦江上的樯帆。楼下大厅为怀古堂,南称“无名之朴”,北称“地僻日夕佳”,堂宇轩敞,雕梁画栋,为待客场所。后园围矮墙,有太湖石假山一座,间植秋棠玉簪花卉。北侧有面南平屋三间,一向为佃农居住,重修后取名“虚舟一系”，这是李林松专用的书斋，屋前植牡丹、芍药，台阶前后夹两株芭蕉，室内有联云：“此地有山何用买，斯人不出也无妨。”门前碎砖径道三折，通月洞门，门之石额为“西舍”。两侧砌有高五尺的波浪形围墙，墙东南有三角亭，亭额“翰莼”，前有红梅，后有菊花，以及樱桃、海棠、榴杏等，隙地以虞美人补种。月洞门外有个3平方米的小池，朱鱼游泳于柳荫荇藻间。旁有一茅草亭，石坪石墩，为对弈之所。亭之北有一小门，门楣上书有“易园”两字。另设“犹得住楼”，是子女们读书咏诗之处。与西楼间有房廊相连，碧栏似桥形翼，廊后有数十竿凤尾竹，十分清静。

易园南侧有张氏竹荫庄相邻，修竹千竿。一条羊肠小道，向西可至母子泾，柳下可安坐钓鱼。北为祖坟地，遍植冬青。

时有访客询问李林松：你喜欢研究《易经》，因此将家园取名为“易园”吗？

李林松却予以否认，回答说：那样做就是“将以萝薜易簪缨”，显示自己的地位。我的本意是“屋弗侈取诸易构者，卉木取诸易植者，水与石取诸易致者，故其为园也。亦一览而易，尽唯易成，故易久也。或曰是畦也，易而园安，知不易而畦邪。易园易，易畦亦易。不唯省，子今日劳亦以省，他日不知夫何人之劳。”

其实，并非李林松故弄玄虚，《易经》中的“易”有3个含义：“变易”“简易”“不易”。因此，此园改建完毕，他特意撰写了一篇《易园记》传世，以示心迹。

补撰《周易述》

《周易》即《易经》，是中国传统思想文化中自然哲学与人文实践的理论根源，是古代汉民族思想、智慧的结晶，自古被儒家奉为圣典，列为六经之首。注释《周易》，是历代文士追求和体现学问的重要途径。

汉学吴派（苏州学派）代表人物惠栋（1697—1758，字定宇，号松崖，江苏吴县人）的《周易述》是乾嘉时期最具代表性的易学著作。

李林松自年轻时就喜爱钻研《周易》，早年与江藩一起师从惠栋。江藩（1761—1831），字子屏，号郑堂，晚号节甫，阮元曾聘他任丽正书院山长。后来，他由京师前往岭南，被聘为《广东通志》纂修官。当初，惠栋撰《周易述》未完成即逝世，因此缺少自《鼎》至《未济》十五卦及《序卦》《杂卦》二传。江藩为其做了补撰，形成《周易述补》四卷。

这时，李林松参考江藩的成果，继续为惠栋的《周易述》做补撰，著成《李氏周易述补》五卷，并刊印自刻本。其征引博于江藩，但不如江藩那样严守师法，与荀爽、虞翻之说已远。例如：归妹六三"归妹以须"，虞翻曰："须。需也。初至五，体需象，故'归妹以须'"。李林松则谓："女兄为须，须有才智之称，《楚辞》：'屈原之姊。'"《李氏周易述补》第五卷为《读易述札记》，订正了惠栋的不少讹误，颇见心得。

后来，惠栋的《周易述》和李林松的《周易述补》一起被收入《雅雨堂丛书》，由乾隆年间两淮盐运使、德州卢见精刻，校勘精严，字迹俊秀。收录丛书的《周易述》，当年由李林松通篇句读，朱笔批校，还留有钤印及长篇墨跋。人们通过李林松倾心研读《周易述》时所留下的笔迹，可领略其《周易述补》成书时的思想流变。

易园早梅

五十感怀

嘉庆二十四年(1819)正月十七日,是李林松五十周岁的生日。

元宵节未过,家人就在新修的易园怀古堂内悬挂起李林松画像,按本地风俗为其筹办寿宴,准备邀请各路宾客,热热闹闹地共同庆贺一番。

然而,李林松竟然极力阻止。他想到的是,虽说父亲去世已经四十年,母亲去世也已经九年,但是自己的一切言行应以报答父母为重,何必求这个虚荣。因此,他告诫家人说:"鲜民之生,不如死之也,久际此而欲延接宾客,为酒食会,可谓无人心,即世俗所尚,诗词颂祷,相与作面谩(当面欺蒙),亦甚无谓也。"家人只得作罢。

想到自己年已五十,生日庆祝,理所当然,因此李林松默默地撰写了一篇《五十征花小引》。他祈望家中易园内的花卉草木茂盛,为自己祝福,"舍下辟所居后三亩许为园,读《易》其中,间莳众卉,春雨初过,草心竞芽,或有尺寸之树,无名之花,随地所茁,随手所采,草本、木本,寄生、蔓生之属,有惠我者皆拜而受之。有花子可种,花秧可移,泥裹纸缄而至者,拜而受之。品无论贵贱,候无论迟蚤,数无论多寡,皆生意之可观者也。夫朝菌不知晦朔,其自视也。欲与大椿比寿,风疾暴雨,数千百年蔽千古木,或一旦摧折为薪。

而小草延其旁,方欣欣有向荣意,而况于漆自伐而桂自蠹者耶,将毋世之。所谓天寿者,观于此而可悟也耶。《诗》不云乎,'勿翦勿败,召伯所憩'。松将求诸君子之所憩者耳。"

自古"五十而知天命",何况李林松主张一切顺其自然,决不可矫揉造作,虚张声势。他如此超凡脱俗的人生感悟,令人深思。

李林松处世一向低调,但他不是个不分是非、自私怕事的庸才文人。道光二年(1822)五月,阵阵大风突然自西而来,肆虐大地,致使上海县学宫内的不少建筑遭受毁损。为不影响学子们的学业,学宫急需及时修复,上海县知县许乃来(字榕皋)向社会求援,得到同仁堂朱增沂等乡绅的捐资支持,立即组织重修了学宫正殿两庑,并新建奎星阁学门。秋八月,新知县武念祖上任,修复工程继续,使学宫面貌焕然一新。知县要为朱增沂等扬名,却引起一番争议,李林松率正在县学读书的儿子李尚�一起挺身而出,极力支持朱增沂的善举。事后,他特撰《道光二年重修上海县学记》,记载此事。

这一年,位于闵行老镇北端的度门寺也着手重建。度门寺,元至正二年(1342)由水月禅师创建。明嘉靖三十三年(1554)六月被倭寇焚毁,后来由僧照庵及徒白元重修。清乾隆十二年(1747)再次重修,拓展规模。如今,一晃已经过去70多年了,住持僧道芳历经艰辛,在刚遭旱灾而四乡歉收之年,仍集得善款2000多缗,得以动工重修度门寺。次年,工程竣工。

道芳僧的义举轰动了闵行镇,使李林松深有感触,认为此事"弗可以不记",挥笔特撰《重修度门寺记》,并促成立碑纪念。

金华修志

道光三年(1823),应浙江省金华县知县黄金声之聘,李林松赴金华主纂《金华县志》。

黄金声(1778—1824),号讱斋,广西宾州上林人。嘉庆二十五年(1820)中进士,授金华县知县,充浙江乡试同考官。

金华县隶属金华府,地处浙江省中部,自秦王政二十五年(前222)建县,因其“地处金星与婺女两星争华之处”得名金华，简称金，古称婺州。黄金声认为，金华县原有旧志，已不合时代。早在康熙三十四年（1695），金华知县赵泰甡增修王治国原纂《金华县志》十卷，只因当时《明史》尚未颁定，胜国遗忠未诏表扬，诸家著述各书多未刊出，其伪阙当是正，而且至今相距已有120多年，县志必须重修。

黄金声极为赏识李林松的为人和才华，通过关系，硬是将他从上海请来修志。李林松来到金华之后，居住在金华府规模最大的丽正书院（由南宋丽泽书院与明代崇正书院合成）内，十四五岁的小儿子李尚暲随其到金华就读。他广交文友，了解地情，研读史料，静心考证。凭借以往的修志经验，进展顺利。

黄金声将李林松尊为兄长，处处细心关照，对其修志事宜自然不会放松。他白天忙于坐堂理政，晚上时常赶来商议修志，还亲自动笔改稿，以致积劳患病，咳嗽难止。

道光四年（1824）二月二十七日，黄金声突然得知母亲逝世的噩耗，顿时大哭失声，竟然当场气绝身亡，年仅47岁。

李林松闻之大惊失色，含悲为其撰墓志铭，深表哀悼。

为了不辜负黄金声的重托，李林松坚持不懈，全面完成了《道光金华县志》十二卷的纂修任务。

在金华县修志期间，李林松远离尘嚣，没有杂事缠身，因此心静气顺，文思敏捷，使他有机会集中精力纂辑《星土释》，终于形成了又一重大学术成果。古时以为山川之精，上应星辰，故以星宿分主九州地域或诸侯封域。这些地域或封域即称星土。李林松的《星土释》卷首刊有《天地球合图》《地舆经纬图》等数张地图资料，均有解说，录有相关的朝廷诏书和御制诗并注。《星土释》是李林松的代表作之一，被后人列为汉学重要著作。

关注水利

水是一切生命的源泉，是人类生活和生产活动中必不可少的物质。在人类社会的生存和发展中,需要不断地适应、利用、改造和保护水环境。为此,地方水利建设自古成为有识之士热衷关注的话题。

李林松一向关注上海地区的水利建设,在纂修《上海县志》时,特意增加了《水利志》的篇幅,不仅记载了上海地区海、浦、江、支水的具体情况,还收录了“历代治水诸绩”“古今治水议略”等重要内容。他认为,以往旧志“夸张邦故者,指吴松江为《禹贡》三江之一,犹袭宋明旧说”,因此纂修时做出详辩。强调吴松江、黄浦水利关系民生大计,“将为导溶地,必先目验旧志;源委未清,形势米胳合者,悉加考实,附以治绩议略”。同时,他还花了不少精力研究、阐述本地水利建设问题,洋洋洒洒地撰写了《吴淞江议》《吴淞江非禹贡三江之一辨》等文章,对吴淞江流域发展史和历代水利工程做了深入的历史考证,史料翔实,言之有据,向当局者提供了治水方略,也为后人留下了重要文献。

道光四年(1824),李林松得知张师诚再次调任江苏巡抚。张师诚(1762—1830),字心友,号兰渚,浙江归安(今湖州)人。乾隆五十五年(1790)进士,改庶吉士,授编修。嘉庆元年(1796),任山西蒲州知府,后历任雁平道、河南和江苏按察使,迁山西布政使。嘉庆十一年(1806),提升为江西巡抚,次年调任福建巡抚,在此期间发现并提拔名士林则徐(字元抚),被传为佳话。嘉庆十九年(1814),调任江苏巡抚,2年后被革职。道光元年(1821)起,辗转广东、安徽、山西等地之后,又调回江苏。

闻听张师诚计划在上海地区大兴水利,李林松即挥笔撰写《致江苏中丞张兰渚师诚书》。他结合在纂修《上海县志》时所掌握的上海兴修水利的历史经验和地方人士的各种呼声,提出吴淞江虽经“嘉庆二十三年大濬,而今已中埂浅淤,漕艘不复可运,浙水不能畅流”。建议重点“濬江黄渡、野鸡墩等处,凡为青浦、嘉定、上海接壤之地,形如竹节门槛者法宜加倍,挖深则土方之数宜议增。其东入上海境者,素系流通,今无浅搁,但捞挖浮沙而已,土方之数议减。以减抵增,约略相等,则与所估土方之数无甚悬殊,不致浪费币项。上次工价稍浮,然照河工例价则似太损,或宜参酌用中”。并对建闸选址、筑坝方法等问题提出自己的意见。

张师诚对李林松的治水建议颇为重视，在实施澛江工程时尽力予以采纳。

倡立先棉祠

明清时期，家庭手工棉纺织业是本地乡人赖以生存的重要途径，也是地方经济社会的重要支柱。李林松自幼目睹妇女们脚踏三绽纺车日夜艰辛劳作的情景，曾撰《齐天乐》词云：

夜凉梦曳惊蝉去，喁喁正闻私语。
抱布人稀，量珠米贵，谁似农家侬苦。
侬情缕缕。乍一手拈将，三条分处。
历碌饥肠，双轮独碾万山路。
西邻又催机杼，为谁身上暖，衫破如许。
线白搓云。灯青阁泪，愿洒天边为雨，
双星语汝。漫与巧人间，巧将人误。
十指如槌，侍儿歌又舞。

幸有元代黄道婆(1245—1330)，传授棉纺织技术，泽被故里，造福一方。上海县乡民感念黄道婆，不断地为她兴立祠庙。李林松感到黄道婆这样的先贤，应当列入官方“秩祀”。道光五年(1825)，李林松等14名本地士绅以乌泥泾黄道婆庙在乡间，地方官不便祭祀为由，禀请上海县知县在县城之内建立黄道婆专祠。

上海县知县许乃大(字榕皋)收到李林松的来函，极为重视，特遣名士徐谓仁(字文台，号紫珊)筹办此事。

道光六年(1826)十月间，江苏巡抚陶澍来沪，李林松等士绅趁机游说推动，终于促使该事得以落实。于是，官府出资收买上海老城厢吾园部分土地，黄道婆专祠在吾园内破土动工。道光七年(1827)三月，专祠内外设施全部建成，占地约 2600 平方米，建有大殿 3 楹，殿前还有戏台，取名“先棉祠”。

当年四月，在先棉祠举行首次祭祀之后，知县许乃大和李林松等士绅联名向朝廷递交了将官祀黄道婆列入祀典的申请，“遵部议从先棉例，春秋崇祀，规制廊增”。从此，每年春秋两季由地方官每年主持崇祀黄道婆的仪式。后来，吾园改建为龙门书院，祠屋由书院兼管。

这一年，当初在主考广东乡试时就结识的好友汤藩（字价人），时任江安督粮道，负责安徽全省粮务。他赶到上海，交涉运粮事务，因人脉生疏，遇到了诸多麻烦，便给李林松来信，求教对策。

李林松即发出《答粮道汤价人书》，详细通报自己所了解的上海官场情况和粮运行情，并寄上手头阅过的几卷《上海运备采》，供其参考。

此外，李林松在晚年对上海地区及其故里的建设发展仍然颇为关心，一再呈文给地方父母官参与议政，或为当政的好友献计献策。他对河防、漕运、社仓、赈灾等方面提出了一系列可行性建议，先后撰有《吴淞江岁修议》《重浚竹冈议》《漕政议致江浙两中丞》《浚江修闸议》《开泖议》《简易便民义米法议》《海运驳船议》等，对地方建设产生了重要的影响。

家有才女

李林松继室祝氏生有二子一女，他们童年时代的启蒙教育主要由祝氏担当。

祝氏来自浙江省海宁县，娘家为望族，而且在海宁向以家教有方而闻名四方。为了扎扎实实地培养子女，她特意将弟弟祝万青（字华史，别署意华生，善书）接来担任家教塾师。

李林松的女儿李媞（1805—1829，字安子，自号吏香），自幼天赋聪颖，在母亲和华史先生的精心栽培下，10 岁知文章，13 岁工刺绣，14 岁学音乐，15 岁解吟诗，她读书过目成诵，尤喜诗词，文才出众，令闵行老街上的一群老夫子齐声叹奇，称其“诗才高逸如郊岛”（唐代诗人孟郊、贾岛的合称）。

李媞在 12 岁那年的一个下雪天，触景生情，挥笔写下一首五绝《咏雪》：

呵冻咏飞花，推敲何太苦。
不及谢庭人，一语留千古。

可是，华史先生尚觉不满意，当即命题《糊窗》，要李媞写一首七律诗。李媞不甘示弱，沉思片刻，便提笔写道：

缕缕寒吹故纸开，罗纹新向小窗裁；
天如此补应无恨，风为全遮不进来。
好贮炉香留客坐，难分雪月费侬猜；
却怜小妹偏多事，刺破疏棂欲瞰梅。

华史先生吟诵几遍，禁不住提笔连连加圈，还特意向李林松夫妇报喜称赞。

李媞热爱生活，自幼十分喜爱家乡风情，时常见物抒情，写下了一系列诗作。其中，所作《桃花》诗云：

流水重杨拟若耶，绿阴深处小桥斜。
春风不识谁家女，独立溪边自浣纱。

受李林松的影响，至道光年间，闵行老街上已形成十分浓郁的书香味。老街上的才子淑女们十分钟情故土风光，纷纷赋诗赞咏。为了更加尽兴，大家几经评议，认定十处最具代表性的景物，同时相约以“申江十景”为题唱和。于是，他们为世人留下了记载清代晚期闵行镇民俗风情最生动的文字。其中，被乡人最为推崇的是李媞和黄家锟(字谈生)的作品。

道光八年(1828)，李媞撰写《申江十景》诗，并在卷首宣称：

吾乡枕黄浦而横沥贯之，九峰三泖环绕于西，数十年来人文蔚起，论云间名胜者首屈指焉。岁戊子,花史舅氏馆于家,雪窗无事,辑十景,倡诗若干,属同人和之。竹孙弟既作,余亦效颦,如谓争吟坛韵事,则乌敢乎!

如此一个多才多情的姑娘,自然赢得人们的喜爱,也难免招来一系列麻烦。

李林松有个京城同僚是安徽省桐城人,见李媞不仅貌美伶俐,且富有才气,便前来为其儿子方传烈托媒求亲。

李林松兴致正浓,认为此事“门当户对”,未曾深思熟虑,就一口答应了这门亲事。

然而,李媞不愿意远嫁。她少有抱负,仰慕巾帼,叹息自己“身世可怜为弱质”,“冲天徒有英雄志,读史常思忠孝名”。还撰《呈家大人》诗云:“寂寂柴门镇日关,吟诗须静奕须闲。杜陵老去犹忧国,彭泽归来肯出山。倦把申江收眼底,醉携《周易》注窗间。旁人漫说家庭乐,不信年来鬓亦斑。”

李林松则以桐城是文学之乡规劝女儿,又见她心中不快,便暂且将此事搁置了。

李媞远嫁

不久,因桐城方家一再催促完婚,李林松尽管难舍爱女,但自己已年迈体弱,难以继续照顾女儿,更为了成全亲家美意,便匆忙地为女儿操办了婚事。

李林松一向家教甚严,乖巧的李媞岂敢违抗父命,只得收起自己的愿望,任凭命运摆布。

道光七年(1827)二月间,李林松将女婿引进家门,隆重地在闵行镇上为女儿女婿举行了婚礼。

然而,李林松万万没有想到,这桩仓促而成的婚事竟断送了女儿的前程。

李媞自少有抱负,仰慕历史上的巾帼英雄,时常叹息自己是“弱质”“不作奇男”而怨愤不平。

谁料想,丈夫方传烈人呆又蠢,而且性格孤僻,极为暴戾,婚后不久即视妻子如仇敌,暗地里虐待。

李媞为此愁肠百结,却回天无力。她将居室取名为“犹得住楼”,并赋诗自悼:

慵折花枝对镜簪,可怜生不作宜男。
早知翰墨今无益,深悔诗书昔细探。
廿载劬劳非易报,半年食性未全谙。
回思膝下承欢日,几度人前泪强含。

为了顾全父亲的脸面,李媞一直忍受着丈夫的愚蠢行为,不露半点怨色。

而李林松观念守旧,又过于自信,以为小夫妻俩相安无事,也就没有留心女婿的言行。

于是,在五月间,李家人忙忙碌碌,欢欢喜喜地为李媞送行,让小夫妻俩一起到桐城去安家立业。

旅途之中,李媞默默撰写了 20 余首诗,其中有句云:“二十三年膝下憨,燕分巢去恨非男。”“离怀伤尽一回头,何日山塘更放舟。多少泪珠弹绿水,可能流恨到长洲。”“碧海青天可奈何,今生无计遣情魔。莲心未及秋心苦,烛泪焉如别泪多。”“记辞亲日戒挥毫,心血从今莫再劳。何故锦囊笺又满,可知借景写牢骚。”

李媞远嫁到安徽桐城之后,更加有苦难言。夫家也算是名门望族,但公婆过于乖张,难以侍候,加上丈夫愚笨无知,李媞深感度日如年。然而,她无可奈何,只得以诗词寄情,无声地思念父母和家乡,排泄无尽的忧愁。

在桐城,李媞写下了大量诗词,直抒胸臆,意境幽怨悲凉。有《望家书》诗云:

自离慈母膝，镜里鬓何如。
难缩千程水，惟凭尺素书。
苦无双鲤至，倏又产年余。
况是前番札，曾云病未除。

《呈家大人》诗云：

寂寂柴门镇日关，吟诗须静奕须闲。
杜陵老去犹忧国，彭泽归来肯出山。
倦把申江收眼底，醉携周易注窗间。
旁人漫说家庭乐，不信年来鬓亦斑。

《虞美人·九日敬怀家大人》诗云：

秋风触我思亲意，愁对黄花醉。
年年种菊为谁芳，总遇花时客里度重阳。
倩谁翦欲愁如许，欲诉花无语。
凭楼凝望碧云山，此际登高何处系轻帆。

《怀竹孙弟》诗云：

身世谁怜早岁孤，风尘扶母走长途。
池塘春早连天碧，为问行人得句无。

《忆易园四首》诗云：

院北风摇柳，墙南雨润花。

谁知中有客，一见一思家。
春雨连宵后，苔痕上砌来。
故园红共紫，可对素帏开。
落落柴门里，萧萧竹径中，
呢喃双燕子，应觅主人翁。
浓极桃花色，原因泪染成。
偶将风信算，时已近清明。

以外，李媞十分思念已嫁到苏州的表姐黄香崖。她俩时常互寄诗作，交流心思。其《酷相思·寄香崖姐》诗云：

一样春光人两地，消受者无穷味。
为相思彊说相逢易，书至也将人慰，书去也将人慰。
小印云笺红豆字，不尽缠绵意。
看朝来瓶内梅憔悴，问桃也曾开未，问李也曾开未。

《两同心·生挽香崖姐兼自挽》诗云：

死有同心，生难如意。
在他乡，料定埋忧，到此日，何须流涕。
碎瑶琴，以报知音，相逢容易。
兹去共求上帝，颇怜兰契。
永无分，风雨双魂，休再坠，莺花大地。
指尘环，笑问多君，盟言可记。

其言字字泣血，读者无不酸鼻。

到桐城三个月之后，李媞实在忍无可忍，只得向父亲发出信函，相告桐城实情。谁知又发生了重大变故。

悲情惊心

道光七年(1827)农历八月十九日,中秋节才过去三天,李林松在家中因病逝世,终年57岁。后来墓葬于十六保三十二图。

山水相隔,更是令人悲哀。家中报丧的书信几经周折,直到仲冬月才送到李媞的手中。而李媞相告桐城实情的信函尚未送进家门,父亲便病故了。

李媞匆匆返回上海家乡奔丧,一路上失魂落魄,体力难持。途经苏州时,她只得暂息一阵,并顺便去拜访"一样伤心双薄命"的表姐黄香崖,并同游名园狮子林。她不由吟诗《狮林偕香崖姊晚步》云:

一丘一壑总凌空,闭与同怀入此中。
诗境果然须曲折,文心如是便玲珑。
欲题石壁无佳句,爱听松涛待晚风。
坐久不知天又暮,回看树杪夕阳红。

李媞与黄香崖志趣相投,又都遭遇婚后生活不畅的命运,两人一向关系密切,时常赠诗互诉衷肠,私下早已结下生死之交。

道光八年(1828)年初,李媞终于赶到闵行家中。面对父亲亡灵,李媞满腹悲哀,又有苦难言。她的《迈陂塘·归宁有感》诗云:

痛儿家,庭前严父,驾云已返蓬岛。
辛勤一载修书手,几册天文成了。
秋未杪,有弱女,归宁命薄乾坤小。
世情曾饱,觉万事空花,浮生若比,斩欲俗缘好。
微回首,也晓北堂姑老,调羹岂乏人到。
让他新玉田忙种,可奉白头色笑。
江淼淼,差可幸同怀,未化相思鸟。

抽身及早，把海样深愁，山般闲恨，尽似落花扫。

除夕，李媞含悲泣血撰成《祭先大人文》。

因桐城方家一再促归，李媞于道光九年（1829）五月，辞别母亲、兄弟返回桐城婆家。

当再次途经苏州城时，李媞又去探望表姐黄香崖。黄香崖因与后母有所芥蒂，心头愤懑难平，李媞与她同悲共愤，哭得像个泪人。

五月二十七日中午，李媞陪表姐同游狮子林解愁。可是谁也没想到，游园途中黄香崖竟然纵身投入池塘自尽。

李媞眼见表姐如此性烈，更加悲哀情涌，竟然也随之投水自沉。可惜她年仅25岁。

李媞生前创作了无数诗篇，自删精选之后仍存300余首，汇辑成《犹得住楼诗词稿》三卷。

二解元回报恩师

李林松笔耕勤奋，有感即赋诗，有事即撰文，一生撰写了大量诗文。他又是一个有心人，生前整理出《易园文集》四卷，《易园诗集》二卷，《易园词集》一卷，抄写工整，留给子孙，希望他们能继承遗风，传于后人。

李林松的遗愿没有落空。他的儿子始终将他的遗著视作传家之宝，每次离家避难都随身携带，终未受损。

更为可喜的是，道光十八年（1838），李林松的忠实门生吴梯（字秋航）为回报恩师，竟然以一人之力刻成《易园诗文集》。

同年冬季，吴梯刻成书版之后，有心约请同为李林松门生的汪能肃（字雨人）为恩师的诗文集作序。

汪能肃当年在桂林得到李林松的器重，获广西乡试解元名誉，时任嘉善县教谕。嘉庆二十二年（1817），他曾专程赶到闵行镇上拜见李林松，听恩师讲述“汉宋绪儒得失，古今治术利病”，一直记忆犹新。如今，眼见吴梯已为

恩师刻书,极为兴奋,接连撰写《李心庵先生传》和《易园诗文集序》。他在序言中对李林松如此评价:

> 师之诗未曾学唐学宋,但所见所感积于中,溢而为文与诗耳。以所见为文,则我自有文,无借古人之文。以所感为诗,则我自有诗,无借古人诗。古人之诗,古人由我出,非我由古人出也。何以能然于经学、经济,有实得故也。若名心太急,不俟其有实得而辄为之是,胸中本无文与诗,而欲为文与诗,非剽窃则无以为文与诗矣。

四代清芬

家道中落

李林松去世时,小儿子李尚暲年仅17岁。

李尚暲(1810—1870),字竹孙。自幼聪敏好学,长期与姐姐李媞相伴,也喜爱吟诗习义,文辞洒脱而不拘法度。14岁,即成为上海县学生员,每应郡试、乡试,皆名列前茅。后随李林松在金华修志馆就读,在远离家乡的日子里,父子相伴情深意浓。父亲病逝后,他在母亲的关照下,更加刻苦勤勉,博通经史百家。

父亲去世后家道中落。清贫的生活,使心地善良的李尚暲对民生的感受更加真切了。

道光十三年(1833),23岁的李尚暲面对社会现实,撰有《癸巳即事:棉农叹》,足见其十分同情家乡父老的辛劳和痛苦,诗云:

吉贝产江乡,种者什八九。
勤劬待有秋,息较菽粟厚。
三春莳种难,典得嫁衣单。
豫拟西成后,取赎御严寒。

入夏一雨洗，细草生如荠。
非种则必锄，骄阳炙我体。
脱得草无存，螟又啮我根。
捕捉犹未了，淫雨来倾盆。
一茎七八蕊，凝滞中如水。
乍开一二花，争贮布囊里。
斤花价二百，匹布三百钱。
日纵断五匹，枵腹何能延。
布机已生尘，纺车寂无响。
易米仗囊花，争奈米价长。
悔不早种稻，种稻收较好。
前村砻碓声，入耳增烦恼。
娇儿膝下啼，啼说儿腹饥。
病翁床上卧，覆体无完衣。
饥寒犹细事，更怕催租吏。
官债与私逋，敲门何地避。
眼前儿女二，难免他日弃。
说罢长欷嘘，且铺败席睡。

李尚暲喜爱书法，学欧阳询，精于篆、隶，擅长铁笔，有《优钵罗室印谱》传世。

李尚暲曾以国子监生的身份，先后5次进京赴考，可惜都没能如愿。因此，家境日趋清贫。

墓庐避难

谁料想，时局开始了大动荡。

道光二十一年(1841)正月初五，道光帝下诏对英宣战。五月十一日，英军占领上海县城，设司令部于城隍庙，在城内大肆奸淫掳掠，闹得城乡人心惶惶。

道光二十二年(1842)四月十八日，李尚暲从山西太原返回上海。几天后，结集在长江口外的27艘英国军舰又向吴淞进犯。水师提督陈化成(字业章，号莲峰)亲自指挥开炮迎击。五月初，陈化成率队坚定守卫在孤立无援的西炮台阵地，在激战中壮烈牺牲。

消息传到闵行镇上，李尚暲急忙将母亲、妹妹寄送到浦南亲戚家。十二日中午，忽闻镇上四处哭喊声震天响，他急忙出门打听，方知有“弗莱吉森号”“麦都萍号”两艘英国军舰沿黄浦江驶来，已逼近闵行镇。乡人闻讯惊恐万状，全镇上下男女老幼纷纷逃出家门，奔到野外避难。

李尚暲心乱如麻，随手整理些衣物和数卷父亲的著作，随着人群向北逃难。逃到1500米之外，忽见一墓园内有空屋，他便躲了进去，熬过一天一夜才敢出来张望。

英国军舰沿黄浦江在闵行渡一带来回巡游，乡人眼睁睁看着他们耀武扬威，生怕其登岸抢掠。只见英国军舰继续向松江城驰去，因大张泾港太窄，又驰回了闵行。次日，军舰欲驰往苏州，又因泖湖水浅而重新返回闵行。第三天，军舰又向西游弋9000米到达得胜港，随后掉头折返，扬长而去。

乡人还是心神难安，担忧兵灾降临，却又束手无措，只得弃家避祸，漂泊异乡。

好在战火并未蔓延，时局发生了重大变化。

七月二十四日，清廷与英国签订《南京条约》，这项中国近代史上第一个丧权辱国的不平等条约，使上海被迫开放为通商口岸。

八月初，眼看事态平息，避难的乡人才陆续返回家中。李尚暲惊魂未定，回家即撰写了《墓庐避豩记》，倾吐心中惊恐。

道光二十三年(1843)九月二十六日，上海道台宫慕久宣布上海正式辟为商埠。年底，英国驻沪领事馆在黄浦江边建立。

这一年，李尚暲将名门才女钱韫素娶进家门。

钱韫素(1817—1895)，字定娴。出生于秀水(今浙江嘉兴)书香世家，为刑部尚书钱陈群(1686—1774,字主敬、集斋,号香树、修亭,康熙六十年进士)的玄孙女。父亲钱景文,字芸封,生于闽峤(福建别称)并在此任官。母亲裘氏过早病逝,她由乳母抚育长大。自幼诵习《毛诗》《礼记》《尔雅》等经典,善于赋诗,当父亲吟诗时,她竟然能依韵对诗,令人称奇。因家学浸润,文才卓越,所赋诗词均非空谈无根之作。恪守祖传家法,仿效祖辈"南楼老人"(陈书)之意,自号又楼。她迟迟未涉婚事,拖到25岁才嫁入闵行李家。

钱韫素不愧为名门之后,为人豁达,办事干练,通经史文辞,兼精医术,又善草书,时常摹写唐代书法家孙虔礼(字过庭)《书谱》帖,尤擅画花卉,得其家祖辈"南楼老人"之法,堪称女中豪杰,文坛奇才。然而,她嫁到闵行镇后并没有刻意显露才学,而倾心为妻为母为媳,唯一没有放弃的是诗词。她以超凡的文采,与丈夫成为闺中文友。夫妻俩苦中作乐,经常在"伴读""绣余""离别"时以诗词唱和,直抒胸臆。

道光二十三年(1843),李尚暲新婚宴尔,却要赴京应试,妻子心中百般滋味,遂撰《竹孙应京兆试北上赋诗赠别》送别,盼夫君"知否计程情切切,平安早报数行书",并表示"但能志愿似前人,梁孟相依岂厌贫"。李尚暲即赋诗答赠妻子云:"怅望天涯临镜慵,寒衣欲寄苦无从。万金一纸书能达,即当稿砧梦里逢。"

不久,女儿李莲汝(乳名花田)出生了。

道光二十七年(1847),儿子李邦黻也出生了。

患难夫妻

李尚暲再次进京赴考,还是无果。他只得离开家乡,依靠人脉关系四处充当幕僚(俗称"师爷"),以求菽水养母,而家事全靠妻子操劳。于是,李尚暲奔波于河北、河南和山西晋阳等地,数年间难得回家乡探亲。

钱韫素嫁到李家之后,一向聪慧贤淑,持家有道,妯娌之间和睦相处,深得婆婆祝氏的信任。李尚暲十分感激妻子"能代晨昏侍膝前,无烦挥泪镇情牵",欣然称道:"有妇如此,我无虑矣。"

道光二十九年(1849),李尚暲再次奔赴晋阳地区,谁料途中遭遇水灾,只得返回闵行镇。正巧,家中母亲祝氏病情恶化,不久离世。李尚暲庆幸"天阻此行",不然难尽孝道。于是,他安心服丧守孝。

咸丰三年(1853),李尚暲到山东省聊城县,充当知县李肇春(号稼卿)的幕友,正逢太平军进攻聊城。次年,他又目睹李肇春守城身亡的全过程。

李尚暲长年幕游在外,夫妻之间不断有书信往来,而且写信时必定附以诗文酬答,互相慰勉。中秋之夜,李尚暲感叹"乡思名心两共牵"。而当他赠诗称:"一枕莼鲈秋梦醒,乡心惟剩杜鹃知。"妻子即回信,欣然和云:"亭亭瘦骨临秋水,只有孤山梅影知。"

咸丰七年(1857)二月十九日,年仅14岁的长女李莲汝患急病早逝。夫妻俩痛心疾首,各为亡女撰写了600字的《哭花诗》,哀悼女儿,诉说心声。

咸丰八年(1858),李尚暲在浙江杭州一带充当幕友。他虽人在外乡,身边始终带着一册《李氏族谱》,那是嘉庆十九年(1814)父亲纂修的稿本。他随身带着族谱,既可时刻不忘乡土情义,又便于随时查询祖传人脉。

一天,李尚暲翻阅族谱时,猛然想到此谱重修至今已有44年了,自己理应继承家风,随着岁月变迁及时予以续修。于是,李尚暲雷厉风行,以易园怀古堂的名义静心再修《李氏族谱》,将谱中序、凡例、世系、先世述、考证、诰敕、传、墓表、行述等逐一做了补正和充实,刊印后赠给族人、好友。

咸丰兵灾

咸丰九年(1859),李尚暲在兵部尚书陈晴舫所属部下充当幕友。仲冬时节,他与秦端(字彦华,闸港人)、王载之(字家佐)等好友同赴定海一游,实地了解战况。

这一天,来到"成仁祠",李尚暲得知墓葬义士之中竟有闵行同乡人朱永佑。

朱永佑,字爰启,号文远,明崇祯七年(1634)中进士。崇祯十七年(1644)闯王李自成攻破北京,时任吏部侍郎的朱永佑无奈南归上海故里。

清兵南下时,他准备参加松江抗清斗争。不料斗争失败,只得从海路避到福建,后又到舟山。次年十月,鲁王监国舟山建立行朝。朱永佑任工部尚书,兼署吏部事。鲁王行朝在舟山重建,使舟山成为抗清复明的大本营。清顺治八年(1651)八月二十一日夜,清军倾兵袭舟山。经过10天10夜战斗,守军弹尽粮绝。九月初二,清军挖地道攻入城。朱永佑殉难,妻女皆死。乾隆四十年(1775),谥烈愍,入祀合葬墓"同归域"和成仁祠。

李尚暲极为震撼,撰写《游定海记》,记录朱永佑之辈的事迹。随后,又在定海实地了解当今战备情况,又撰写了《定海兵乱记》。

咸丰十年(1860)起,太平军持续进攻上海,本地随之建立团练应对。当年七月,李秀成部陆顺德率领的太平军攻克松江镇后,其先锋跨过上海、松江两县界河女儿泾上的中渡桥,直扑闵行镇西沙港畔的紫藤棚镇。

尚为"儒童"的李林松孙子、李尚暻之子李金诏,外出途中遭遇太平军兵马而被杀。

消息传来,闵行全镇为之震惊,李氏家族悲愤难抑,为李金诏举办隆重丧礼。为此,李金诏名列上海县城忠义祠和《松江府续志》《上海县志》。

李金诏不幸遇难,但幸运的是留下了儿子李维清(字右之)、李维华(字蘅斋),李氏家风得以延续。

易园挽歌

随着阅历增加,李尚暲越加不想再融入阿谀谄媚的幕客群体,自然难以继续享受幕主的重用。当太平军兵起之际,几经阻碍,他无奈地退返闵行镇上,另谋生计。

就此,李尚暲决意摒弃世故,远离市井尘嚣,闷在家中,整天卷不离手,醉心校研群经多至数百种,还忙于整理编辑父亲的遗作。每遇兵灾逃难时,他总是贴身保护着家族宗谱和父亲遗作,决不舍弃。其书斋先后取名为此木轩、汉瓦砚斋和优钵罗室,"优钵罗"一词出自佛经,指青莲花、红莲花。他又有"素不肉食,唯以酒自娱"的习惯,疑似有崇佛倾向。

李尚暲守着数千册祖传藏书，投入笔耕生活。家中渐无收入来源，钱韫素更加苦心操劳，无奈之下常典当珍贵琴书等物品以维持家庭生计。

至同治七年（1868），易园已破败不堪，而李家无心亦无力修复，只得重新改为菜地。而李尚暲心中自然十分怀念儿时的家境，触景生情，感慨万千，便挥笔撰写了一篇《易园后记》，细数当年易园别致的景观，缅怀父母双亲的恩德，感叹昔日风光不再，沧桑岁月实在无情。

同治九年（1870）正月二十日，李尚暲在易园旧屋中因病逝世，终年61岁。

李尚暲去世时，兄长李尚暻已年近70岁，担任同治《上海县志》纂修局参访员，为修志搜集整理了大量资料。同治十一年（1872），新编的《上海县志》刊印问世，李氏家族中李朝宰、李桂枝，李鹏万、李林松、李尚暻、李尚暲等均被录入人物篇。

子孙延续

李尚暲去世后的25年间，李家全靠钱韫素持家操劳。为改善贫困的家境，她以一己之学，走出家门担任"闺塾师"，以教学所得负起养家重责达10余年。地方绅宦刘松严、叶观等"诸宦侯为子女择师，先后争迎之"。她降帐授徒，开课讲学，为人师表，桃李满门，学生中不仅有闺中淑女，也有庙庵女尼，并曾以代课老师的身份教导男弟子，这在当时社会中是极为罕见的。

浙江平湖的木业商人范祝嵩（1840—1917，字云鄂，号遯夫），为避兵灾，同治二年（1863）侨居在闵行地区经商。此人为诸生，书法宗董其昌，尤喜诗词，妻子月宣夫人也擅长诗文。他俩在闵行镇上生活了50多年，与钱韫素年龄相差不小，却相见恨晚，常常以文会友，互相有不少诗文往来。钱韫素与月宣夫人不单有"翰墨宿生缘"，两人肝胆相照、闺阁同心、情如姐妹。范祝嵩享年78岁，成为沪上知名书法家。

李尚暲与钱韫素之子李邦黻（1847—1912），乳名登儿，字梯云。年幼时，母亲曾以《题竹》诗教导他："独抱干云志，亭亭翠玉森。宜师君子德，直节更虚心。”

李邦黻见母亲过于操劳，仍难解家庭贫困，便弃学去经商，以求改变命运。同治二年(1863)夏，李邦黻正巧路遇北桥镇上的名师孙啸琴(1805—1877，字华清)。孙啸琴一向器重他，见其弃学经商，便直言劝说道："儒家子弟不应当废学啊!"李邦黻深受感动，决然回家重新拾起学业。

同治八年(1869)，李邦黻22岁时考入上海县学，继在敬业书院受业，师从著名学者钟文烝(字殿才)。在上海县学，李邦黻与马桥荷巷桥顾言(字丹泉，马桥乡荷巷桥人)、塘湾钱家塘钱维翰(1845—1891，字亮卿)为同学，交情笃深。李邦黻撰有《诔钱亮卿兄》，赞叹相交20多年的友情。李邦黻与同学于鬯(1854—1910，字醴尊，周浦人)交好，多有往来。

后来，李邦黻娶钟文烝的侄女钟馥媛为妻。钟馥媛比李邦黻年长2岁，爱好文艺，虽然李家清贫，而她出自名门，但依然事姑尽孝，艰辛相夫，以贤淑闻名。

可惜，同治十二年(1873)秋，钟馥媛突患痛风病，百般医治不见效。次年六月二十一日，她抱病去世，年仅25岁。

后来，李邦黻再娶继室姚其慎(1850—1926)，字忆仙，南汇县周浦镇人。她也喜爱诗词，作品清新婉约。

从此，李邦黻与姚其慎一起在闵行镇上授徒讲学，生有一子五女。可惜，家贫事事难如愿，"料峭春寒二月时，无端花发折连枝"，儿子李达吉夭折仅半个月，小女也患上痘疮，不及延医而亡。姚其慎不由连声悲叹：

家不安宁三载来，一双泪珠落泉台。
爱根难割愁难遣，回首伤心更可哀。

姚其慎以诗抒怀，作品不少。后来，幸存的诗作被家人辑成《六宜楼诗稿》。

李邦黻以自己的方式关注着家乡的公益事业，撰有《开浚横沥河记》，光绪十七年(1891)刻碑，立于普安衍堂墙上。

甘做徵士

古人将学行并高而不出仕的隐士称赞为徵士。因此,李邦黻被人们尊称为“李徵士”。步入中年之后,李邦黻继承师学,专注于文献研究,坚持笔耕,著述颇丰。

李邦黻教授生徒前后达40余年,教法会,通经史,归本修身。所辑《东莱博议集评》二十五卷,刊行后作为生徒课本。

晚年,李邦黻取“反身”之义,自改字号为䏰叟、䏰僧。他淡泊名利,深居简出,穿着不弃补缀之衣,吃饭不用两道菜肴,而每当酒酣耳熟时,谈论起家国事便皱紧眉额,满脸深忧,难以排遣。尽管家境贫困,他坚持以保存家中旧藏书为己任,有空就与友人一起整理。靠设塾施教,家境稍有好转后,便量力资助族中无后者和更贫困的亲属。

光绪二十一年(1895)四月初十,钱韫素已经病危,李邦黻夫妇束手无措。而老母亲弥留之际仍仔细处理好家事,随后闭目做合掌状,安然而逝,享年78岁。

光绪三十四年(1908)八月六日,年已62岁的李邦黻仔细整理曾伯祖李枝桂、曾叔祖李槎源、祖父李林松、父亲李尚暲、母亲钱韫素和自己的著作书目。随后,他倾心将父亲的《青莲书屋诗稿》《优钵罗室诗文钞》和母亲的《月来轩诗稿》合辑成《优钵罗室月来轩诗集》,请晚清著名学者杨葆光题署,顾莲作序;并辑录晚清华亭文学家闵萃祥的《李竹孙先生夫妇家传》和晚清著名学者于鬯的《李府君夫妇合传》。

宣统元年(1909),《优钵罗室月来轩诗集》刊印传世。如此这般夫妻合稿,相敬相爱、互珍互重的友爱婚姻,成为江南文坛的传世佳话。

这一年,上海道台推举李邦黻为“孝廉方正”,送吏部考察后,赐六品章服,可授以知县等官及教职。而李邦黻固辞谢绝,仍闭门不出。次年,又送来了证书,他仍“称疾不赴”,甘做徵士。

世道又变

19 世纪末期，一场维新运动在全国蓬勃兴起，它倡导西学，呼唤变革。维新思潮广泛传播，激活了这里的文坛和商界，世道又开始变了。

易园李氏子弟顺应潮流行动起来，出生于光绪九年(1883)的李林松曾孙李维华(字蘅斋)是清末秀才，率先接受新思想、新文化。1912 年二月，他在项氏女塾的基础上，利用自家易园纯嘏堂创设私立纯嘏女子小学堂。

这一年的冬季，李邦黻带着种种遗憾在家中逝世，终年 66 岁。

姚其慎晚年与嗣子李右之、儿媳吴履娱相守度日。民国 15 年(1926)，姚其慎逝世，享年 76 岁。

李邦黻嗣子李维清(1880—1958)，字右之，民国后改名味青，以字行。其具有如此家学渊源，自然成为修撰地方志书不可多得的人选。

光绪二十九年(1903)，23 岁的李维清在江南制造局所属广方言馆担任汉文教习，后为兵工高等专门学校教员。其间，他着手为新式学堂编写乡土教材《上海乡土志》。

1912 年 8 月，32 岁的李维清出任上海县议事会副议长。次年，上海县成立修志筹备局，李维清欣然出任修志局事务主任和督刊员，具体负责《上海县续志》和民国《上海县志》的修志工作，并兼《新闻报》副主笔。

同时，李维清继续推进乡土教育，感于时代更新，便着手将写于清代末年的《上海乡土志》在体例、内容方面进行大调整，以民国初年的新思想，重新编写成《上海乡土历史志》和《上海乡土地理志》两册，于 1927 年由上海著易堂铅印出版，经上海县教育局推广，产生了巨大的社会影响。

李维清在书中如此描述自己的故土：

> 闵行为本邑首镇，地当水陆之冲，户口殷阗，商业繁盛，距县治约六十里许。地产棉花多于粳稻。风俗素称朴实，近亦渐趋浮靡。水道有小轮，陆路有汽车，交通颇便。镇之西北有北桥镇，钟楼在焉。其西为

马桥镇。而其北为颛桥镇。四镇统称为西南乡云。

1940 年,李维清年满 60 岁,身处抗日战争的艰难岁月中,没有隆重庆寿,而是想到向家族前辈感恩。于是,他着手编辑《上海李氏易园三代清芬集》,收录李林松、李媞、李尚暲、钱韫素、李邦黻、姚其慎三代前辈的作品,以便传世,以表孝心。

1953 年 7 月,年逾古稀的李维清被陈毅市长聘为上海市文史馆馆员。他抚今忆昔,又感于"时代更新,甘回蔗境,后先对比,恍隔天渊",花了半年时间,写成新诗百余篇,题为《六十年来上海地方见闻纪事诗》。他在《序诗》中兴奋地感叹:

时代更新奈老何?沪江生长见闻多。
漫书六十年来事,好当三家村上歌。

作为上海近代沧桑巨变的历史见证人,李维清给后人留下了一份特殊的文化遗产。

最后的守门人

李氏易园的子孙们一个个离开闵行镇,去寻找新的世界,唯有李维华仍坚持守着家园,办学育人。

光绪二十八年(1902),李维华结婚后生下了儿子李开第,希望其继续家学,重振祖业。然而,儿子长大后决意要飞出去。1924 年,他从上海交通大学电机专业毕业,并获取公费赴英国留学的名额。第二年,他搭乘法国邮轮前往英国曼彻斯特。

李开第满怀理想地奔赴海外后,再也没有返回闵行老街,延续前辈的生活。而其父李维华始终独自守护着易园残屋,延续着先辈们以文为生的传统,20 世纪 20 年代还担任广慈苦儿院董事,为振兴故土而效力。

至1949年前后,易园宅第仅存东西向五开间楼两幢,楼前为庭院,前庭设仪门和围墙,临北街的街面房已成为异姓民居。

李维华出席了历届上海县各界人民代表会议。1951年11月,在上海县第六届各界人民代表会议上,当选为常务委员会副主席。1952年10月,又当选为上海县第七届各界人民代表会议常务委员会副主席。1953年3月,在上海县第七届各界人民代表会议第二次会议上,以副主席身份做常务委员会工作报告。

后来,李维华也离开了人世,延续了近140年的易园无人再相守,结果园荒屋圮,其地基另行建造了民宅。

很久以后,人们重新想起这里曾经有一位乡绅叫李林松……

秦荣光

秦荣光（1841—1904），初名载瞻，字炳如，号月汀，乡谥温毅，清代上海县陈行镇（今闵行区浦锦街道）人。一心护乡图强，推动地方变革，从事教育40余年，创设6所私塾和三林书院。博学能文，殚心书史，重于求实，为近代『浦东学派』主力。著有《同治〈上海县志〉札记》《光绪〈南汇县志〉札记》，为地方史乘增订纠谬。《上海县竹枝词》《梓乡杂录》《梓乡闻见录》等均记述地方掌故，为史志家所重。

路在何方

秦公后裔“兄弟同榜”

清光绪十九年（1893）农历九月下旬的一天，上海浦东陈行镇东街上张灯结彩，喜气洋洋，秦氏宅院养真堂内外，更是笑声飞扬。

52岁的秦荣光一向“温恭廉慎，端重寡言”，今日却春风满面，笑口常开。特意在沿街仪门口设下报喜厅——九月十九日癸巳恩科乡试放榜，他的两个儿子秦锡田和秦锡圭竟然一起考中举人，从此可被乡人尊称为“老爷”了。

秦荣光（1841—1904），初名载瞻，字炳如，号月汀，道光二十一年六月十七日（1841年8月3日）生于陈行镇。父亲秦诵莪，字念生，号蓼园，太学生，38岁时才喜获爱子，因此呵护有加。秦荣光13岁时，父亲特请家住塘口的孙海来家授课。孙海（1791—1862），字古香，诸生，写诗作文出手快又好读，十分器重秦荣光，时常拿出些旧稿一起推敲分析。而年幼的秦荣光竟敢对老师旧作直接指出疵点，令孙海大为赞叹，称他日后必有大作为。

秦荣光15岁时，被送到周浦镇上外祖父家中就读。他的外祖父是张兆熙，字占泰，自号惠筡老人，咸丰六年（1856）为岁贡生，是道光十三年（1833）岁贡生姚炜琛（字宝南，号守潜）的高足。他性孝悌，曾囊助集资疏凿盐铁塘，并建跨河桥梁。他设馆授徒，硕德博学，徒多成业，人称“大师”，颇具名望。

外祖父对秦荣光管教甚严,因此他天天潜心苦读,“足不入街市”。17岁时,成为补县学生员,得到江苏督学李小湖(字联琇)、松江知府袁芳瑛(字漱六)、上海知县黄芳(字荷汀)等青睐和指教。他好学不倦,有书必读,读书必批勘。认为“每读一书,无论浅深,必有益我智慧者”。曾题诗自勉:“经济胥从学问来,读书有用始奇才。”

秦荣光的勤奋,逐步取得回报。恩师张兆熙十分喜爱秦荣光,特意将女儿张维静许配给他。

秦荣光18岁结婚。不久,就遭遇太平军兵事,天下大乱了几年。

动乱之后,江南恢复乡试,24岁的秦荣光就与同学结伴赴考。

29岁时,他又参加科试(乡试之前的预考),获得一等,补增广生。

33岁时,科试由学使彭久余(字味之)主持,他应试获一等第二名,补廪膳生。

34岁时,学使黄天龄(字锡三)主持岁试,他赴考又获一等头名。

35岁时,他赴南京参加会试(省试)。归来之后,即患上“饮症”(太阴所致为积饮),大病一场。待病情稍有好转时,父亲却染上了重病。他抱病全力侍奉,无暇再读书迎考,也无心调理自己的身体。熬了一个多月,父亲不治身亡。他安葬了父亲,自己也累坏了身体,以致“饮症”终身不愈。

父亲的离世使秦荣光深切地感受到应担负起主持家政责任,而虚弱的身体,又使他感觉到自己已无力再去拼搏,因此把入仕的希望寄托到几个儿子身上。

熬过整整18年,今日他终于如愿以偿。

四乡的秦氏族人和亲朋好友纷纷赶到养真堂来贺喜,陈行镇上人潮如涌。

陈行秦氏是“苏(东坡)门高足”秦观(字少游)及“上海县城隍”秦裕伯(1296—1373,字惟镜、景容,号蓉卿,别号葵斋)家族的后裔,同宗同族者遍及浦东各地。自明万历年间起,秦氏家族枝繁叶茂,聚集陈行镇东市,声名显赫。作为秦观二十五世裔孙的秦荣光,此时已是陈行镇的头面人物,在浦东地面上广结人缘,颇具社会影响。因此,今日秦家“兄弟同榜”,几乎成了整个浦东地区乡绅们共同欢庆的一件大喜事。

只见一块大书“兄弟同榜”的贺匾,被抬进秦家仪门,养真堂内顿时四壁生辉。

而知情的族人都明白,此刻秦荣光的心头有喜悦更有辛酸:秦氏养真堂“大老爷”秦锡田仕途不顺,屡战屡败,直到33岁才中举人。不仅儿子吃尽了苦,而且秦荣光在族人面前也难免有些尴尬。

“兄弟同榜”匾(今存闵行区博物馆)

敢将性命搏科名

秦氏家族向以“笔耕”传家。陈行秦氏子弟作为“上海县城隍”秦裕伯家族后裔,都熟知秦公敢将性命搏科名,奋斗到48岁才得中进士的故事。

元大德年间,不足10岁的秦裕伯随父母徙居上海县长人乡二十一保长寿寺附近(当地俗称长寿里,即后来的题桥镇)。尽管秦家的家境日趋富盛,但秦裕伯却迟迟未能走通“学而优则仕”的理想之路。到至正四年(1344)方中进士,出任湖广行省照磨而离乡,其间时达40年左右。

秦裕伯成年后,娶储氏为妻,储姓是周浦一带的望族。可惜,夫妻俩生下儿子世隆,因病早殁。此后,夫妻俩没有再生养。

尽管秦裕伯的父亲秦良颢(字信甫,号述斋)和祖父秦良顥(字微甫,号懿斋)均有官职,伯父当时已成为“田产富盛”的地主,他的家境相当不错,但是当时上海县立县才不足10年,元廷科举时停时续,对南人又持歧视政策。要走“学而优则仕”的道路很不易,而他还是梦想着、追求着。至治元年(1321),黄浦江对岸乌泥泾传来振奋人心的好消息,有个赵庭芝考中了进士,南人登第自此开始了。25岁的秦裕伯便长年在家中以书为伴,等待时机。可惜,元廷排斥南人政策并未真正改变,他只能在长寿寺附近又徘徊了20年,也未敢消沉。直到伯父去世,父亲回乡,自己已48岁,才无奈地离乡远涉大名府,以“大名籍汉人”的名义入国子监,做最后一搏。幸运的是,他总算成功了。

自秦裕伯48岁中进士踏上仕途之后,500多年间,陈行秦氏几经兴衰,父辈们一再告诫要“学而优则仕”,家族子弟代代苦读,挣不脱的功名之心,使他们苦恼了很久。

康熙年间,陈行镇东首刘家宅上有个刘念椿(字古年),世代务农,自幼父母双亡,与兄嫂相依为命。但他年少有志,一边踏水车灌田,一边持书本苦读,于康熙二十一年(1682)考中松江府学第六名。富家子弟靠捐纳也能获得学籍,而他全凭努力且耕且读,上学要走三四十里路,晨出暮归,途中默记,到家温习。夏天踏水车时常高声朗诵,胜似田歌。一次与妻子一起耕田,他忽然仰天大笑,妻子叹息:“晚饭还没着落,有何快乐?”他却得意地说:“有了,有了,难得想到几句好诗句啊!”11年后,他中了举人,又且耕且读16年后,登科中进士。他前后苦读30多年,人老了,但终于实现了夙愿。康熙四十八年(1709)赴京授内阁中书,后任安徽凤阳府教授。他的家也迁到了陈行镇上,建起刘家厅,诰命大匾高挂堂中,风光无限。

穷人家出了个进士,给乡民们带来了兴奋和刺激,受震动最大的自然是陈行镇上的秦氏子弟。

当时,陈行秦氏虽有尚文遗风,但家境一般。时有秦观二十一世孙(即秦钺迁入陈行后的七世孙)秦益衍,字封域,号见心,十分敬重刘念椿苦读成功的精神,辟出家园“绥禄堂”一侧,供子孙读书,望子成龙。正巧,在陈行镇上经商的程用楫(字苌汀,号济巨),来自徽州休宁,贾西好儒,文质彬彬,其书法圆浑,才气四溢。秦益衍自然赏识他,重金聘其走进秦家执教。程用楫欣然答应，前来开设“柠云书屋”。秦梦鹤（又名大鹏，字飞万，号羽卿）在家苦读，17岁考入松江府学，终于成了秀才。当时横沔鹤滩的祝尔和是富豪，愿将爱女许配，又要他入赘祝家，而梦鹤“不恋豪门恋故乡”，将旧屋让给兄弟，自购杨姓宅地辟建新宅，称玉涵堂。仪门匾额为“箕裘永绍”（意为子承父业，延续不绝）。可惜他屡试不中，怀才不遇，以致终日徜徉诗酒，留下一卷《玉涵堂诗抄》去世，终年57岁。

陈行秦氏从秦梦鹤起，读书成风，世代相传，由簪缨世家转变为一个青衿世家。秦氏后人称之“朱漆墙门六扇开，昔从吴世港迁来。青衿却比簪缨盛，百八十年廿秀才”。涌现了性格豪爽勇于任事的秦惟梅（字东屿、号冬余）；以“铁笔钟鼎文”著称，富收藏，精鉴别，工篆刻的秦始詹（字啸尹，号柳杉）；善画梅菊，书法韶秀，巧手植出地方特产“套板葫芦”的秦始道（字贯卿）。

陈行秦氏历代子孙都将科举视为安身立命的保障，而且为之奋斗不懈，但可惜无人能继秦裕伯之后真正踏上仕途。

时至今日，陈行秦氏子弟们仍不甘心。敢将性命搏科名，成了他们共同的座右铭。

僻乡小镇书香浓

陈行地区，地处今黄浦江中游段（原大黄浦）东岸。相传，明万历初年，南海名门之后陈球弃学经商，从浙江运送木排来沪销售，在黄浦江上突遭风雨，木排散架而漂入周浦塘。当地乡民帮其打捞，陈球颇为感激，认为此处必有情缘，便就地搭起廊棚，定点经营，创建家业。不出几年，“陈家木行”声名远扬。这里渐聚成市，清咸丰年间形成陈家行镇。

早在3000多年以前，这一带已积沙成陆，然而此后上千年的海滩上只有潮来潮退，直到三国吴时（222—280）才开始有人在此生息。这里曾引来吴主孙权及陆逊的子孙策马游猎，留下“吴王猎场”的传奇佳话。西晋时，“云间二陆”文学家陆机、陆云放鹤的足迹所至，留下了鹤坡里、鹤坡庙等胜迹。

南宋初年,大批移民迁来,人气渐旺,建起长寿寺使题桥兴市。元末明初,属上海县长人乡,为垦荒“大开发”地区。

明万历年间,有秦观十四世孙、秦良颢七代孙秦钺入赘到陈行镇附近的潘家宅,成为陈行秦氏的始迁祖。秦钺生一子,名清。再传五代后,子孙繁多,人才辈出,家族逐步重新兴旺。

周浦塘横贯陈行地区,沿途形成 20 多个聚落,里人称“一湾一曲一村庄”。因为这里是“上海县城隍”秦裕伯的故乡,清雍正四年(1726)划定南汇县辖区时,唯留下周浦塘下游地区 7 个图(区划名称)仍归上海县,因此尽管周边三面被南汇县包围、地区政权机构名称多变,而这里始终属上海县管辖,史称“七图相守上海县”。

清代,这里有望族秦、胡、陈、孔诸家世居镇上,因此人称“穿靴戴顶之乡”。陈行秦氏子弟苦求科名,胡氏子弟也不甘落后。

生于乾隆四十六年(1781)九月的胡式钰(1781—1849,字琢如,号青坳)首先脱颖而出,成为世代经商的胡氏家族第一个进府学读书者。祖母凌氏十分疼爱他,见孙子自幼聪明,就命其父母竭力供读。他于嘉庆五年(1800)补诸生,能文工诗,富有才气,不肯淹没在偏僻之乡,外出历游河北、山西等地,前后近 20 年。游览万里江山后,诗情洋溢,可惜怀才不遇,道光三年(1823)再次应试,仍补诸生。这时,父母已去世,祖母要他再考,他已失望,隐居在长寿寺西的南杨家宅(今三友村境内),建了个“臞园”。“臞”同“癯”,清瘦之意。可见此园不大,且窄长。园中栽种了不少梅花和葡萄,又集了些奇石。他自得其乐,以园中十二景各题七言绝句。在此觞咏自娱,将当地明清 500 年间的见闻写成诗篇,汇集成《寸草堂诗集》十二卷。还创辑宗谱,更有价值的是,他花了 3 年多时间,将所阅杂录编辑成书,题名《窦存》,于道光二十一年(1841)问世。从此“臞园拜石”成了陈行地区的胜景之一。

胡式钰离家出走 19 年,无功而归。

这在陈行镇上的学子中引起不小的震动,长辈们更是认定“物离乡贵,人离乡贱”。于是,陈行人竟形成了“商不越苏杭,士总在故乡”的社会共识,后辈就此大多足不远涉，一心扎在周浦塘畔谋生创业。

书生不信拳师

这里，尽管依然是偏僻之乡，但已无法远离尘嚣，也无法抵御外界的袭扰。清初，镇西自有官府的绿营汛兵驻扎，乡民心头安宁。嘉庆末年，汛兵撤走后，营房、烽火墩失修而毁，乡民便不踏实，希望也能强壮自保，保卫家园安宁。乾隆初年，有一位武术高手搬到这里，引起了当地人的注意。

此人真名叫谢孝谟，他拳术极精，武略超群，绝非平庸之辈。雍正年间曾在抚远大将军年羹尧手下充当飞鼠兵，能昼伏夜行，一跃数丈。年羹尧死后，谢孝谟改头换面，历经艰险，一避竟避到了这个连当时浦东人也不知晓的印厢圈。

此地村小人少，宅边有河浜围如圈，形似小岛，因进出不便，常年绝少有外人光顾。谢孝谟避在此地充当农夫，学会了耕作，就此一避就过去了20年。但他毕竟武艺在身，见平安无事，空闲时节也会有意当众露几手，过过瘾。当时，世道多变，天下不太平，人心不踏实，因此当地喜欢习武的青年人都想跟他学几手防身的本领。

村里有个叫陈天门的，敬佩谢孝谟一身武艺，暗中拜师。没几年工夫，陈天门练得勇健出众，力大惊人。但是从拜师开始，谢孝谟就叮嘱他，走出村宅就不可以显露拳脚功夫，以防不测。一次，陈天门跟朋友一起到松江城里去逛逛，走过提督署，正巧遇到提督大人办喜事，来往行人被堵在街口，一等就是半个时辰。陈天门见此排场，心中实在不痛快，见提督大人扬长出门远去，就急步上前，随手掇起门口的两头石狮子，将署衙大门给堵了。守门的衙役见他竟有如此大的力道，目瞪口呆。

此事传开，浦东人又惊又喜，“印厢圈里出拳师”成了一大新闻。附近的好奇者纷纷赶到印厢圈，要向陈天门拜师学艺。连陈行秦家的秦凤喈也前去学了几手绝招。

然而，好似一阵旋风刮过，这里的民风并无大变。乡绅们崇尚的劝人为善、乐施好义,依然是陈行人的生活准则,孝子、节妇、善举,依然是历代所弘扬的楷模。

动乱岁月

此地民风淳朴,常年逢熟吃熟,乡人自得其乐。一代代尽出孝子和节妇,社会相对安宁。

清道光年间,天灾连年不断,饥民四处闹荒。上海开埠后,洋布洋纱侵入市场,使本地纺织业加速衰落,引发了社会动荡。道光二十九年(1849),上海地区连续降雨五十多天,棉田被淹,几乎绝收,米价顿时飞涨。面对这百年罕见的灾情,官衙竟依然一再催征漕粮,百姓忍无可忍,到处发生饥民抢粮事件,人称闹荒。那些仗义行侠者疾恶如仇,便趁势结帮起反,对抗官衙,打击富豪。

当时,在浦东地区形成了以农民为主的秘密团体,称为"百龙党"。它由塘桥、三林塘一带的塘桥党(帮)与宝山大场的彭王庙党合并而成,并在南汇县发展形成声势巨大的起义农军,有乡绅惊呼"百龙党人南邑殆半"。

活跃在陈行、杜行一带的百龙党人以朱明(又名月峰,小名朱四,三林塘人)、赵茂曾为首,驻扎在陈行镇南的沈家湾。他们四处联络,想结交一些文人充当军师,可书生们大多退避三舍。陈行秦氏子弟均关门拒绝。百龙党人发火了,扬言要杀了他们。

陈行镇上首富当属大和典当的徽州老板,他自认为财大气粗,又有老乡在京城做官,便筹划召集勇士对抗。百龙党人闻讯后,当即闯进大和典当,教训老板。老板吓得只好歇业。

到咸丰初年,太平军风起云涌,直逼江浙地区,上海小刀会趁机举事,塘口南的排马庙一带百龙党人摆开十桌酒菜,准备举事。

咸丰三年(1853)二月初六夜,周浦镇上的官署粮库"便民仓"被饥民们一把火给烧了。陈行人不明局势,闻风而惊。

咸丰十年(1860)五月起,太平军计划攻打上海。为防御太平军,上海知县刘郇膏(字松岩)动员各地兴办民间武装组织,称作"团练"(俗称"乡勇")。可是陈行人行动迟缓,只顾四处避难。

陈行镇西首的关帝庙在动乱中被毁,当地乡绅们惊慌不已。

秦氏家族无法推卸,推举秦绣彝(字椒雨)和秦诵莪(字念生,号蓼园,秦荣光父亲)出面应对乱局。他们与上海知县一番联络,匆忙设立"陈行局",办起"团练",按户出丁,推选甲长,筹集经费,建立队伍。

于是,陈行"团练"由秦绣彝为总理,塘口的徐晋高(字慕庭)为统带、秦诵莪和塘口的孙育贤为司饷,推出年轻人秦玉山为勇目,组成了10多名青壮年以长矛为主、辅以刀盾的地方武装。

秦绣彝虽博学能文,但科考屡试不顺,因办"团练"出力被保举候选训导之职,为此陈行人戏称"秦椒雨进学,大费经营"。他患有口吃,却喜用谐谑之语,经历世故,壮志不衰。当年八月,太平军打到金山,浦东告急,秦绣彝奉命率"团练"奔赴奉贤南桥去应战。可惜,陈行人不善打仗,无功而返。

百龙党刚刚平息,太平军又杀来了。太平军占领周浦后,这里的乡绅大多逃难去了外地,"团练"顿时不见踪影。

同治元年(1862)二月十二日,太平军进驻陈行镇,还在镇上的大和典当屋内开设"馆子",有军师江道坦及胡师帅天天坐堂,理事审案,还发放了安民门牌。传说这江道坦是南京人,避难隐居赵家荡,以算命谋生,太平军打来后,便投奔太平军为军师。

此时,秦荣光妻子张维静刚刚生下长子秦锡田,秦家老少只得躲到浦西关港避难,秦荣光全靠江边摆渡船来往照应两头。

太平军冲杀到黄浦江边的塘口镇。秦荣光的恩师孙海(字古香)时年70岁,情绪激昂地挡在大街口,责骂那些肆虐者,结果被太平军一刀斩杀。

不时传来的噩耗,使秦荣光与妻子日夜惊恐不安。张氏闻风即发疯似的怀抱病儿,夺路逃命。母子俩整天露立荒野,朔风侵入肌骨,出生仅8个月的秦锡田染上天花,哇哇啼哭三昼夜,身上留下终身难退的斑痕。

秦荣光遥望黄浦江对岸的家乡,悲愤交加,一边尽力照料妻儿,一边饱含悲情地写下《避乱关港口》诗:"风露浩天际,角声寒益高。客愁不成寐,枕上过江涛。开门看明月,霜落战枯芦。隔岸人声闹,遥知闻警呼。”

三月十九日,上海城里的英法联军“洋枪队”攻陷周浦,江道坦便一把火烧了陈行镇上的大和典当。

直到五月初五,太平军全部退出浦东,外出避难的人们才陆续返回故里。

秦荣光出山

社会动乱频发,给刚刚20岁出头的秦荣光以极大的心灵震荡,以及历练的机会。

当时,父亲为“团练”司饷,经常会支派秦荣光去代办公事。从此,他接触地方公事,成为陈行镇上到处奔波的忙人。尤其是动乱之后,他深感地方上群龙无首,遇上大事便像一盘散沙,尽管他“温恭廉慎,端重寡言”,却决意要“勇于赴义,仁于爱民”。

同治二年(1863),社会恢复平静。秦荣光参加了吴淞江疏浚工程,担任督工。

同治三年(1864),恢复乡试,秦荣光匆匆去应考,无果而归。

同治四年(1865),应江苏“鼎军”统领潘鼎新招募,秦荣光前去应聘,担任了襄文案(助理秘书)之职。可是父亲不答应,不久他就被父亲强制召回了家。

同治五年(1866),因疏通周浦塘的劳役之事,陈行镇与南汇县之间再次爆发难以调和的争议。25岁的秦荣光被卷入其中,经受了又一次人生历练。

早在南汇建县时,就将周浦塘作为主要的运粮河,因此在雍正、乾隆年间,南汇县自行投资进行了5次疏浚,且到陈行市西时,凡筑坝而荒废的田地均给予补偿。嘉庆二十五年(1820),南汇士绅曾借口陈行农田受益,强逼承担部分工事,但由于秦惟梅等陈行人的据理力争,得以免役,并成为惯例。

然而,陈行镇上一向出头露面的秦惟梅过于年迈,26岁的秦荣光便挺身而出。他邀秦惟梅的侄子秦绣彝伴同,前往南汇县交涉。他们深信,凭秦氏家族的声望，再大的事情也能得到合理解决。因为一百多年前，镇上曾遇到过这样一件大事：雍正四年（1726），南汇设县后，周浦镇上建起朝廷粮库，称“便民仓”，周浦塘也就成了南汇运送漕粮的干道，而周浦塘边的陈行镇则是必经之地。可是，那些运粮船为了省力，遇到桥梁都不肯放下桅杆，而是上前随意地将木桥的桥面拔去，在“断桥”中穿过去，船过后也不恢复桥面。因此，当时周浦塘上的7座跨塘木桥，每当运粮船经过后都成了“断桥”，当地人吃足了苦头，但无计可施。说来也巧，陈行镇上大和典当的老板是个徽商，他有个习惯，每当出恭时，都会跨过大桥赶到周浦塘南岸去方便，而他回程却经常会因桥面被运粮船拔去而回不了店堂，因此他极为恼火。一次，典当老板听说有个休宁老乡叫汪文端，正在当朝户部为官，为大学士。老板就将这里“断桥”之事直接向汪文端告了状。而汪文端竟然也“小题大做”，以户部名义核准典当老板的请求，还特派武弁手持令箭来到周浦塘畔，当众责令过往粮船一概放倒桅杆方可经过大桥。这一招果真有效，陈行人总算出了这口闷气。为了确保这规矩长期有效，当地于雍正十三年（1735）郑重其事地在大桥桥堍立起一块《宪颁粮艘眠桅过桥碑》（后来桥拆除，碑置武庙内），以壮胆气。

但是，此时的秦荣光毕竟还年轻，难敌世故。尽管他在南汇县衙再三据理交涉，却始终不见成效，回到家之后又无人出场给予他有力的支撑，最后只得答应支付八百四十千文钱作为疏浚土方款，暂时了断争议。

同治六年（1867），由上海知县叶廷眷和南汇知县罗嘉杰出面协商，以“均田均役，通力合作”为浚修周浦塘工程的原则，确定“七图永远协浚周浦塘”，立案勒石。

此案明显不公，秦荣光深感遗憾和不满，不由写下一首《新乐府》感叹：“自了汉，自了一身百不管。人家汗满头，自却授凉扇。脚湿至亲多，自仍立干岸。雪自扫门前，霜瓦任他满。做个江西搭碗人，嫁出女儿水泼散。此种汉，世千万，一朝祸急临，佛脚抱及半。我本心肠热如炭，也拚袖手从旁看。”

光绪十六年（1890）冬，周浦塘又要疏通了，争议百年的讼案再次惊动上海、南汇两县。此时，秦荣光已经49岁，成熟干练，敢作敢为，又具有广泛的人脉。自从光绪三年(1877)知县编制保甲时,秦荣光37岁出任东二十一保社长。严禁鸦片,查扣赌徒,消除恶棍,有效地维护了地方治安。光绪八年(1882)起,当地棉花连年歉收,影响民生,秦荣光一再呼吁请求上海道台减免税收,虽未能获准,但赢得了乡人的信任。

秦荣光匆匆赶到上海县衙,向知县陆元鼎(1839—1908,字春江,号少徐)递交《上水利总局求免协浚周浦塘文》。他在写给陆元鼎的信函中,发出这样的感叹:"欲保我功名,忍使死者冤不白也,是为惜吾费用,坐使正凶罪不究也,杀人者尚邀开脱,彼豪暴之徒更何罪不可犯、何恶不可作乎?凡此数端,官场每习为故常。而在地方风俗,人心实贻害甚大,然为此者,非尽才具短拙之咎焉。盖有极通明极果毅者矣,惟心专用于迎合上司,遂不肯一用心于办案,力专用于图饱私囊,更无暇一用力于理民。嗟乎!儒者读书,一室蒿目忧时,谓他日得志,古循吏传中行事,非异人任也。一旦志得可有为矣,则又以身家之谋切,顿淡其为民为国之心,有空言,无实效,儒者大抵然耶,荣光愿公一雪此言。眈嗟乎!近廿年来,各直吏治日废弛矣,阘茸之徒既安于无能,不自奋拔,一二贪猾者流,更谓廉吏不可为,但博督抚之欢心,便晏然久居民上,命盗巨案,且置不问,更安理词讼乎。"

一向以"温恭廉慎,端重寡言"著称的秦荣光,内心却如此炽热,深深地打动了上海知县的心。

为了得到各方的理解和支持,秦荣光还邀请南汇知县袁海观会同两县乡绅,互相沟通,共同合议。

光绪十七年(1891)二月,知县陆元鼎赶在卸任之前,最后审定由上海道台捐银币200元,上海、南汇两县各捐银币340元,充当年开工费,并由漕运官衙捐银币400元交南汇县存典生息,作为日后经费。

为防止日后生变,上海知县特意派人将此裁定意见出示勒石。一块立在陈行镇西的武庙内,另一块立在周浦镇城隍庙内。秦荣光欣然撰写《上邑七图免役周浦塘碑记》,详细记载了这一事件的始末。

由此,陈行镇终于永久性地得以免役。"百年讼累七图民",这一次全靠秦荣光勇于担当,善于沟通,促成陈年纠纷得到圆满解决。陈行人心头一松，无不兴高采烈。当时，恰逢上海知县下令加强保甲团防，陈行镇做到昼悬旗、夜悬灯，四乡有人击梆巡更。知县巡查到此，对秦荣光认真的办事风格赞誉有加。

《上邑七图免役周浦塘碑记》

破茧重生

重修秦公墓祠

同治十一年(1872),朝廷加封"上海县城隍"秦裕伯为"护海公"。时有秦公裔孙秦悳楙,原名端,字彦华,浦南奉贤人,国子监生员,入龙门书院讲理学。为苏松太兵备道沈秉成之门生,在官场有所交际。他慨然出头,与陈行秦氏族人秦诵莪、秦绣彝、秦荣光、秦乃歌等十余人,联名呈请新任上海知县叶廷眷和刚卸任的知县陈其元,要求重修长寿寺秦公墓及秦公祠。

秦公墓祠的由来,非同一般。元元统元年(1333)五月十日,年仅57岁的秦良顗"一夕治鹾事毕,醉卧夜半,呼子取烛,烛至已瞑目矣"。为归随祖宗,已徙居在闸港秦家老宅的秦良顗,还是祔葬到肇家浜右、淡井庙北的父茔旁边。22年之后,至正十五年(1355)四月十八日,秦良颢去世,10年后其妻也去世了。秦裕伯安葬父母时,索性将淡井庙北的秦氏祖茔迁了过来,一起合葬在长寿寺西侧的"寺河塘北",从而形成了影响日趋扩大的"长寿寺秦公墓园"。

母亲去世后仅8年,秦裕伯于明洪武六年(1373)七月二十日病逝,归葬于长寿寺秦公墓。墓址位于今浦江镇勤劳村十组(立跃路新骏路口北侧),即原秦公祠西北、长寿寺西侧。

万历九年(1581),族人在长寿寺西侧正式建造了秦公墓园,占地1500平方米。主穴为秦裕伯夫妻合葬墓,一侧为其子世隆墓,左穴为其弟秦亨伯夫妻合葬墓。墓上黄茅如带,不生杂草,乡人称之黄泥坟。墓园受到礼遇,敕免税赋。为此,秦荣光《上海县竹枝词》称秦公墓为"寺河塘北峙高冈,俗唤黄泥坟向阳。万历九年科敕免,有灵不放卧牛羊"。

而刚从上海知县任上退位的陈其元(1812—1882,字子庄),担任过南汇知县,熟悉秦裕伯故里的情况。因此接到秦公后裔的诉求后,即认为秦公"生为义士,殁作明神,而邱垄摧残,侵占不治,是有司之责也"。因此,率先捐出俸钱二百缗作为倡导,诸绅士响应,共筹得钱三千余缗,及时赎回墓地约1.27万平方米,并决定在基侧建造秦公祠堂。

于是,秦荣光每日前往墓园督工,并筹资在墓前立起石翁仲、石羊、石虎各一对。

当时,秦锡田年已11岁,亲历这一过程,因此后来做了相关记载:"壬申(1872年)夏日,先温毅公(其父秦荣光)督工治墓道,锡田日往观之。启土三尺,见翁仲、羊、虎横列土中,其北忽露石板,启之则中有石匣,长和高约两尺,宽约一尺,石质甚细洁。匣有盖,封固甚坚。以热醋石碎如粉,盖虽可启,然匣中之物恐难完善,因加土掩覆之。上中又得残砖,皆镌花纹,锡田曾携归藏之,今皆遗失矣。观石匣封固之严似不容后人开视者,殆中置殉葬之物欤。"

同治十二年(1873)秋,墓侧的"长寿里秦公墓祠"也落成了。祠内主奉秦裕伯,侧奉其父、其弟、其子,场面恢复旧制。秦荣光被上海知县叶廷眷委派为董事,负责秦公祠的管理事务。

次年三月,苏松太兵备道沈秉成撰写的《重修长寿里秦公墓祠记》勒石于祠之西壁。

从此,每逢秦裕伯生日(农历六月十二)和上巳节(农历三月初三)、重阳节(农历九月初九),均由上海知县亲临秦公祠主祭或遣学宫僚佐代祭拜跪,祝献礼仪肃穆,至民国初年不衰。

光绪十六年(1890),上海知县裴大中到秦公祠公祭,走过题桥镇时,见周浦塘上的木桥年久失修，已成危桥，便发动捐资，将桥址东移，与南街对直重建。1918 年，木桥又改建成环洞石级大石桥，题名裕民桥。

当年，秦公墓地有 3 座坟山，占地约 1333 平方米，墓道有石翁仲、石虎、石羊、松柏，另有约 6667 平方米桃树、2667 平方米梅树、9333 平方米花草，总占地面积约 1.87 万平方米。相传，同治年间建造秦公祠时，乡人特意开挖了一条河，以便运送建筑材料。后人称“祠堂河”。

秦公祠原有正厅 3 间，中间设秦裕伯像和秦氏祖辈牌位。当年，每逢三月初三、九月初九，秦氏族人均前来祭祀。

设馆于家

同治十三年（1874），秦荣光设馆于家，从学者众多，其中来自周浦的有张可镇（字补山，秀才）、张可巨（字干材，秀才）、张可铭（字菊舲，秀才）、张尚纯（字心一，岁贡）；来自上海县城区的有孙淦（字谱琴，秀才）、周子桢（字子俨，秀才）、张尚达（字子进，秀才）、周景贤（字淡生）；来自鹤坡塘的有朱绳祖（字品三，秀才）、朱绳武（字敏侯，秀才）；来自三林塘的有徐绍乾（字健如，秀才）；来自塘口的有徐果如、徐绍甲（字近勇，秀才）；本地陈行镇上人有胡祖德（字云翘，秀才）、胡能谱（字琴甫）、胡能让（字楠生）、胡能任（字莘生）、孔祥百（字志怡，秀才）等。

在伴读的有其 14 岁儿子秦锡田和兄弟秦锡圭。

姻亲如网

男婚女嫁，门当户对，原本是世间常态，而对于一个大家族，一个乡绅来说，其意义就非同一般。陈行秦氏养真堂的姻亲关系，就是一个典型代表。

秦荣光的父亲秦诵莪先后娶过 3 次妻室，并纳有一妾，生有二子六女。六个女儿都嫁在附近城镇上。大女儿嫁给三林镇增贡生赵本会之子监生赵菊坡（字钧高）；二女儿嫁给塘口镇六合县教谕徐本忠之子徐晋嘉（字琴史，候选巡检监生)；三女儿嫁给召稼楼镇富户奚渊璧之子奚世荣(字子欣，号云东，候选太常寺博士、附贡生)：四女儿嫁给三林镇赵淇(原名履中，字丽春，号词甫，喜工诗，擅画竹，年未四十而亡)；五女儿嫁给杨思镇周希濂(字景溪，武举人)，其子女与奚世荣结亲；六女儿嫁给三林镇乔桐(字凤楼，监生)。这些秦家女婿未必个个是杰出人才，然而，这六户亲家无疑都是当地望族。

秦荣光的岳丈汤学钊(1854—1929)，字蕴斋，是三林镇上的“浦东财神”。长子秦锡田娶周浦镇沈协盛米行沈维桢之女，次子秦锡圭娶候选同知顾继昌(字述堂)之女。

秦荣光生有两个女儿，大女儿秦蕴文(1879 年生)光绪二十三年(1897)冬嫁给召稼楼奚在兹(1879—1906，字味腴，号农新，监生)，次女秦韫吟嫁给松江城里吴葆谊(字正甫，1919 年时任上海交涉署科长)。

再看秦锡田的几户亲家：

亲家沈毓庆(1868—1902)，字肖韵，别字寿经，川沙城镇内史第人。家富藏书，博览群籍，17 岁即以第一名考入南汇县学。廪贡生。先当师爷，后来经商。光绪四年(1878)冬，在召稼楼奚家与秦锡田初相识；两人于光绪十三年(1887)发起结文社。其因病早逝，年仅 35 岁，著有《尔雅释亲注》。他是黄炎培的姑夫。其子沈锜(字湘之)，法政学院毕业，娶秦锡田二女秦之薇(字薇祥，号咏薇)。

亲家章士荃，原名士杰，字甓庵、芷操，娄县人，家世儒素，博闻强识，解世其学。父亲章耒，光绪十八年(1892)进士，官吏部主事、外务部员外郎。女儿章以蔺(字相如)，嫁秦锡田长子秦之望(字幼姜，号慰曾)。

亲家胡祖谦，字端臣，青浦人，举人，任直隶州知县、吉安府知府。其子胡德良(字瞿士)，娶秦锡田三女秦之荃(字荃祥，号佩荃)。

亲家张虞赓，莘庄镇人，清末秀才，善诗，别业居西河浜，有《西河草堂遗稿》(秦锡田作序，1935 年版)。其子张鸿翥(字铭四)，娶秦锡田四女秦之蕙(字蕙祥，号纫惠)。

如此盘根错节的姻亲网络，对秦氏父子的人生道路产生极大的影响。

父子相承补《晋书》

秦荣光崇尚国学，对史学更为偏爱。中国自古素有编纂文献目录的传统，清代学者补史书艺文志相习成风。秦荣光最关注的是《晋书》研究，潜心为其补志。

《晋书》为二十四史之一。唐代统一之后，唐太宗命房玄龄修晋史。耗时3年，编成了《晋书》一百三十卷，记载了从司马懿开始到晋恭帝元熙二年为止，包括西晋和东晋的历史，并用“载记”的形式兼述16国割据政权的兴亡。因其速成，且是集合众人之力修撰，所以存在诸多问题与缺憾。清代乾隆嘉庆时期开始，诸多学者花精力对《晋书》进行校勘、补正、考异、商榷的工作。

《晋书》有志二十卷，分为十志。秦荣光着力补充其艺文志、学校志和水利志。他博采广稽，遍寻各种书目、丛书，力求占有最丰富的资料，所著《补〈晋书〉艺文志》四卷收录有一百七十九种书籍资料，分类细密，广泛设置子目，比其他学者的研究成果更深刻细密。该专著后于1930年由秦锡田出资排印成书问世。

因两晋处于我国历史上著名的分裂动荡时期，《晋书》中的人物、事件、地理、年代、职官等纷乱复杂、变化颇多，令人难以理清头绪。因此，为《晋书》补表成了光绪年间史学研究者争相从事的治史工作。

光绪二十一年(1895)八月，松江知府陈遹声(字毓骏，又字蓉曙，号骏公)以两汉儒林传搜遗命题，考核士子们的学业。秦锡田正在研读著名学者朱彝尊(字锡鬯，号竹垞)的《经义考》，便学其体例应答命题。陈遹声阅卷后，批云：“甄综广博，体例严密，历数两书之失。”秦锡田大受鼓舞，就此与秦锡圭一起更热心于协助父亲校勘《晋书》，从而积累了不少研究心得。

光绪二十五年(1899)，秦锡田在上海胡氏家执教时，用尽心思，终于完成了繁重的《晋书》校正的“家庭作业”，编写出了《补〈晋书〉宗室王侯表》，收录有爵可考之宗室，以封国为纲，凡徙封本国者皆列入，详细周密。接着，他又编写了《补〈晋书〉异姓封爵表》和《补〈晋书〉僭国年表》，以及《〈晋书〉补注》二十四卷。

后来，秦锡圭在山西省寿阳县任职期间，着力补订周济《晋略》的执政表，编写《补晋执政表》和《补晋方镇年表》，后又编写出《补〈晋书〉宣景文三王年谱》。

秦氏兄弟俩的学术研究成果得到了史学界的广泛认可。1936 年上海开明书店编辑出版《二十五史补编》时，在第三册晋书部分收录了秦荣光的《补〈晋书〉艺文志》、秦锡田的《补〈晋书〉宗室王侯表》《补〈晋书〉异姓封爵表》和《补〈晋书〉僭国年表》、秦锡圭的《补晋执政表》和《补晋方镇年表》。

谁知为官太凶险

光绪二十一年(1895)夏，秦锡圭考中进士。光绪二十二年(1896)，他到北京进入翰林院为庶吉士(五品)。按惯例，新进士要在此学习 3 年，经考核再授官职。

光绪二十四年(1898)，秦锡圭携带妻子顾氏奔赴山西省寿阳县担任知县，后加同知衔。其妻是南汇县五品候选同知顾继昌的三女儿，自幼无忧无虑，而成婚 14 年来，陪伴秦锡圭追求功名而艰辛度日。体弱多病的顾氏来到寿阳县，说是“知县夫人”，却每天如农妇一般操持家务，任劳任怨，毫无怨言。

秦锡圭随身携带着父亲专为其撰写的《箴言》一卷。秦荣光毕竟是正统士人，特意作令叮嘱儿子要清正做官，兴利除弊，为秦氏家族争光。

担任寿阳知县之后，秦锡圭坚持为官廉政，体察民情，又勇于任事。这里土地贫瘠，而徭役繁重，民生困苦，时常发生溺死女婴事件。为此，秦锡圭筹集经费创设保婴局，规定贫困家庭新生女孩可按月给予补贴，并撰写《保婴歌》刊发城乡，互相劝诫，从而缓解局面。

秦锡圭夫妇在异乡的生活逐渐安稳下来。顾氏生性俭约，尤其珍惜财物，家中的褥垫、草席、桌椅每天要拂拭几遍，连残缣断线也都妥善安置。她与丈夫同心齐志,为官清廉。夫妇俩省吃俭用,积攒了一笔资金,准备在父母60岁寿庆时专程返沪隆重操办一下,以表孝心。秦荣光得知后,好言拒绝。正巧,秦锡圭夫妇俩看到寿阳县西部的入省要道要罗山崎岖倾仄,急需资金改变交通状况,就将这笔资金移作鸠工修路的费用,并在杀熊岭山口勒石为父母祈福。秦荣光得知后,对儿子大加赞赏。

正当秦锡圭尽心尽力为民造福之际,一场动乱打碎了他的梦想。

光绪二十六年(1900)夏天,榆次县义和团突然杀进寿阳县境,焚烧教堂,杀伤教民。秦锡圭惊慌不已,只得恳请省兵弹压。不久,"八国联军"入侵北京,光绪、慈禧两宫避难西逃,各路军马来往纷纭,以致寿阳征徭更加重,粮食更紧张。

秦锡圭急忙应对,在各乡设"清徭"分局,储备粮食,平价发售。他还举办民团,扼守险要,亲自率领练勇往来巡查,约束过境各军,防止骚扰百姓。

次年,盂县测石驿驿马被劫,公文不能转递,秦锡圭派人分头徒步去直隶获鹿一带访察军情上报。终于为山西巡抚毓贤(1842—1901,字佐臣)所识,委兼"全省营务处"之职。秦锡圭即召集各军将领收聚溃兵,分夺要塞,以保全省境富饶地区。

此时,秦荣光知道寿阳难免遭受蹂躏,便给秦锡圭发来急信,叮嘱儿子在此关键时刻"勿逃死,勿受辱"。秦锡圭牢记父亲箴言,沉着地应对事变。

在这场动乱中,当地教会的外国传教士华翰道赶到寿阳县衙门,请求保护。秦锡圭生怕义和团滥杀无辜,专门派人护送2名传教士和5个教民前往省会太原。

不料,山西巡抚毓贤极端仇教排外,竟以教民扰事为由将他们全部捕杀,以致酿成一大教案。

秦荣光得知秦锡圭的遭遇后,又急信告诫儿子:"吾虽不杀伯仁,伯仁因我而死,罪戾之来,在目睫矣。国耻如此,牛马奴隶,皆意中事。愿汝修德读书,毋隳初志。"

谁知,这件山西教案很快惊动了京城,毓贤因教案获罪革职充军到新疆,秦锡圭也受此牵连而无辜蒙冤,被削职遣戍甘肃凉州(今甘肃西北部武威)。

此时,秦锡田正巧仍滞留在山西,对于亲兄弟所遭遇的不白之冤无力相救,只能一同叹息忧苦,相互安慰,匆匆告别。

顾氏为丈夫饱受惊吓,抑郁成病,此时难以陪伴秦锡圭转赴凉州,只得随秦锡田返回了上海。数月后,顾氏的病情日趋恶化,竟不治身亡,年仅38岁。

护乡图强

愤世之言

步入中年之后的秦荣光，日益感受到自己身负的社会责任。他“性方严，非义不苟取与，非礼不苟言动。处家孝友敦笃，与人交宽厚和易，而遇事踔厉奋发，坚韧不拔，必达其目的而后已。既沈毅多远略，不获大施，则思小试于一乡”。

清末，上海地区政风腐败，士风衰靡，世风日下，以至形成民穷、士窘、商富的社会状态。对此，正途出身的秦荣光痛心疾首。他既有挣不脱的功名之心，挥不去的科举情结，又有忧国忧民的情怀，公开发出愤世之言：“窃维朝廷设官，凡以为民也，而与民最亲者，莫如知县，知县得一人则一县之事举，而民胥受其利；失其人，则一县之事堕，而民胥受其害，利与害间，知县之关系一县也。国家定例，知县或由举人截取而得，或由拔贡朝考而得，要以进士即用为正班，盖宰相须用读书人，不读书人并不准其为知县也。乃自军功保举之例开，而知县一途渐染，自减成捐纳之例开，而知县一途愈杂。吾上海自同治初元阅今几三十年，历任知县均由保举捐纳得官，无有一举贡出身者，何论进士？呜呼！不学无术之徒肆然为民长，上非贪酷为能，即颟顸了事焉。尔此吏治所由日坏，民生所由日困者也。”

作为传统功名士人，秦荣光崇尚北宋哲学家、理学创始人张载“儒者必当为天地立心，为生民立命，为往圣继绝学，为万世开太平”的思想，决心力所能及地改变家乡现状。他在为友人撰写的墓志铭中，阐述了自己对“绅士”的理解：“一县之治，勿全系于知县一人，而知县一人，虽甚聪明，见闻有限，更或来自远省，言语不通，风俗亦别，一切县治中利弊益茫然矣。此古今贤令尹端赖有贤绅士焉。单父鸣琴之治，取资父事，武城弦歌之化，收效得人。盖绅士者，上近于官，下与民亲，绅士贤则造福桑梓焉较易；绅士不肖，其害贻父老子弟也亦深。近世官莫求贤，士多贬节，竿牍丛集于宰室，苞苴滥纳于私门，因而吏治日非，民俗日坏，矫其失者，杜门概绝世事，一任土匪肆横，衙蠹舞文，口同寒蝉，噤不发声，地方亦曷责，此绅士亦是二者皆过也。”

秦荣光胸怀坦荡，爱憎分明，将“义务”放在首位，先天下之忧而忧。在给一位好友的信函中，他说：“我辈既忝为一方表率，便当致力于义务，自私自利之见不可有，同胞同与之念不可无。”“愿我同志有力者勿吝财，有才者勿辞劳怨，尽一分心，必收一分功效，为地方谋即为身家谋，昔程明道令学者先读西铭，范文正做秀才便以天下为己任，从可信大儒理学，名臣经济，不许人为自了汉焉。”

秦荣光不断地提出改良社会和世俗的主张，希望得到官府和各界的重视。可惜，大多未能如愿。他针对社会时弊，挥笔写下了一首新乐府《不倒翁》，辛辣地批判了身边某些士人的言行，同时生动地体现了他自己的性格特征和人生信仰：“不倒翁，未老态龙钟，有人打骂我惯装哑聋。缩颈龟，磕头虫，求容于世伎俩工。一府一仰桔槔似，三眠一起人柳同。呜呼！天生我骨鲠性，强项容。见尔心肝如叔宝，长乐之老五朝冯。发怒冠上冲，誓请朱云尚方剑，斩尽人间不倒翁。”

主张大兴水利

上海地区近海，时有风灾水患，民生贫困。规划水利，疏浚河道，整治水患是极为重要的地方公益事业。秦荣光认为："水无不足利民者，惟利中必有害，善治水者，务避其害而利始全。""图富必以务农为本，务农必以兴修水利为本。"

秦荣光看到"松江一府，居泽国之下流，大海环其东南，泖淀潴于西北，黄浦贯注乎中间，海之利最大，而涨溢为其害；泖淀利在蓄泄，而泛滥为其害；黄浦利在潮通港汊，广溉农田，而一日两潮，浑入清出，港汊最易淤塞，实为大害"。他目睹咸丰、同治年间，由于港汊淤塞，黄浦江两岸农田大多成了中高四低的"坍冈田"，不能种植水稻，以致米价倍涨，成为地方最大的忧患。

对此，有何补救之法呢？

秦荣光向松江府知府呈送《松江府水利说》，提出"非大兴水利不可"。他真诚地建言献计，提出具体的实施方案："愚曾深思熟虑，唯在使田尽可稻焉尔。田尽可稻，则民不仰食于他方，而米贵可勿忧。况棉性最直稻地，土肥草稀，厥收较厚，则可稻之田，即仍植棉，于民亦利，而欲使田尽可稻，非大兴水利不可。兴水利之法，不在巨干各河，而尤在纵横支水。"他了解地方实情，仔细分析利弊，指出："农田之资灌溉者，全在支水。开支水之法，愚请于港口各建木闸，或留土坝，隔断干河，不令浑潮日进。唯遇内地旱潦时，放使吐纳。利于民有四：浑潮外隔，则内港长深，不烦数浚，一利也；通流变为停水，则底泥松肥，罱膏田亩，可省饼粪，二利也；先大后小，分年逐浚，务使内港脉络周通，吐纳四应，小舟于内，自便通涉，三利也；内港隔断，则干河潮水，并归一道，进出迅利，并免淀淤，可省批浚，四利也。此四者，避水之害而全收其利。鉴棉利之尽而使棉田变稻者，救郡民之缺米，此实救时急务、富民本计焉。"同时，他直言面临的困难及其对策："议开支水，厥有四难：一在承浚之境狭则派役之夫少也；一在淤塞既同陆地，则疏凿倍形役重也；一在河身久满成田，则拆田易遭众怨也；一在港汊业经开阔，则桥梁总需增改，费更无着也。有此四难，虽有热心任事者，孰弗洁身引退乎。夫愚民可与乐成，难与图始，劳怨止一时，利赖及百世，良有司但实力行之，可矣。难经费不赀，断非积困之民所能独办，愚请仿嘉定县例，常年于忙漕项下、平余公费两款内，各准酌提若干，抵充挑浚支水经费，俾四乡得以分别缓急，逐渐开办。则不出十年,水利大兴,田尽可稻。”

秦荣光坦言,只要“有爱民之实心”,就能“为民兴利去害”。

他的这些主张,得到了广泛的社会支持,最终被官府采纳。

数十年间,秦荣光“最所究心,厥惟水利”,心中时刻充满着忧患意识,主张“大修水利最宜田,潮浊泥淤港易填。留坝浚深兼置闸,禾棉那虑旱无年”。

后来,秦锡田继承家学,也十分关注地方水利事业,曾著有《松江水利说》,主张在黄浦江各支流港口筑堤建闸,设置水门,控制水量,防止海潮夹带泥沙,造成河床淤塞。还在浦东同乡会上提出整治黄浦江水道的建议,得到重视。为此,出任吴淞江水利协会太湖流域防灾会议事员、江浙水利协会研究员、江南水利局顾问等职。

力举兴农良策

秦荣光对上海地区农村、农业、农民的现状有深切感受,对乡村建设也有深思熟虑,提出了一系列兴农良策。

光绪七年(1881),因天灾棉花连年歉收,当地民生困苦,秦荣光陈请县衙将官仓“积谷以计息”贷放给贫民,以救燃眉之急。未获批准,他再呈省署,终获批准。后来,逢歉收年份都引以为例,使受灾民度过了一个又一个荒年。

光绪十四年(1888)九月,秦荣光陪同上海知县裴大中赴长寿寺西的秦公祠公祭,走过题桥镇上的跨塘大桥时,裴大中发觉桥已年久失修,便捐资一百千钱,叮嘱秦荣光要集资重修。秦荣光集资后,派胡祖德购来洋檀坚木,于次年二月动工,将桥往东移数十米,直对南街,两岸构筑石埠,重修了大木桥。

在当时在上海城郊农村中,人们受城区日趋商业化的影响,争相弃田经商,或重棉轻粮,以趋近利,以致地方经济结构严重失衡,粮价成为社会问题。秦荣光称之“终年食米仰地方,吾邑贫农乏盖藏。万一米源中断绝,预筹补救讵宜忘”。

因此,秦荣光十分关注粮价问题。

光绪十四年(1898),世界多地粮食歉收,外商大量套购苏浙地区粮食,出口谋利,造成上海城乡粮价猛涨,发生社会骚动。秦荣光向上海知县裴大中提出建议,并计划利用当时秦锡田正掌管湖北丰备仓的特殊关系,从湖北购运粮食,有效地平抑了上海粮价。

遇到荒年时,必须采取相应的救济措施。秦荣光提出的荒政良策是“大减冬漕,恤业佃;酌免卡厘,惠农商;饬丌支港,代发赈;赈恤极贫,免生变;准借仓谷,充民食;督练民团,卫乡土;严禁烟馆、茶肆,节靡费;重惩积恶光棍,杜乱萌”。

清廷为镇压太平天国运动设立厘卡制度,而战争结束后没有撤销,民怨沸腾。秦荣光一针见血地揭露其“为藏垢纳污之地”,官府选派巡卡员时不问人品,唯徇情面,以致“各司员不但针头削铁,牛剥重皮已焉,其法外苛征者面目虽然官府也,心手实更辣于劫盗”。因此强烈要求撤销厘卡制度。

秦荣光一再上书上海知县,坦诚表白:“荣光向窃慕经世之学,其于吾邑农田水利、政俗民情尤所留意,自以忝附士林,兼董乡局,凡属地方利病所在,恒耻自同塞蝉,顾老困一巾,人微言轻,罕见施用。幸来福星,敢贡其说,如右明府,倘赦其狂愚,察其谅直,不以为忤,诱使尽言。荣光将毕吐平生所知见效,愚得以上供努采,不唯一献书已焉。渎尊严曷胜惶悚,暂迟造谒台阶有澹台氏,非公不至之例在,并希监谅不宣。”

然而,秦荣光所提出的许多改良社会和世俗的主张没有得到官府重视,而他所思所忧者却不幸言中,因此难免有怀才不遇、不合世时的失落感。

盐捕营扰民案

黄浦江在邹家寺嘴和对岸闸港处,以“L”形转向正北,经七个曲折十八湾到达龙华港,俗称长十八里浦。这里,江面阔,风涛恶,沿浦东西两岸有15处义渡。

当年，浦东沿海设有盐场，便有不少贫民以贩盐谋生，而时有强人在渡口设卡刁难、敲诈，引起冲突，影响治安。

光绪十七年(1891)，秦荣光在查阅南汇旧志时，发现“前令钦公(琏)有盐课摊入地丁之议”，即以“正本清源，国民两利”为主要理由撰写建议书，并兴冲冲地带着门生胡祖德、朱聘珊去求见江苏巡抚刚毅(字子良)。

刚毅大人收下了他的建议书，可是没有下文。

秦荣光不罢休，继续向松江知府呼吁。事情拖到光绪二十三年(1897)，松江府设立浙西盐捕营，在沿黄浦江各渡口处设卡缉查，并有巡船在江上堵塞盐贩，乡人称其为巡捕左营，俗称“盐巡”。

这原本是加强社会治安管理、确保地方经济发展的必要措施，但由于巡捕左营人员太腐败，时常以缉私为名，抢劫客商，成了危害百姓的“黑社会”。

乡人对此极为愤恨，却束手无策，而“流氓”肆意横行，扰乱了乡镇社会秩序。被乡人称作“流氓”者，一是大量贩卖私盐者，俗称“光蛋”，当地的叫“土蛋”，外来的叫“客蛋”，他们与因生活所迫而不得不进行私卖的“小贩”截然不同；二是“盐巡”对“大贩”视而不见，只监督本地“小贩”。而“光蛋”向巡捕左营管带暗送“月规”之后，可以公然大规模贩卖私盐，甚至有巡船为其开路。“光蛋”成员中，甚至有巡浦左营的勇兵和曾经当过勇兵的人。“盐巡”“大贩”以及“光蛋”经常相互勾结，勒索钱财，使当地治安不断恶化。秦荣光称之：“盐捕巡船借缉私，孤商拉劫浦江事。贩私便是称光蛋，管带通同月索规。”“浦东蛋党迭纵横，纵火都由盐浦营。土蛋结帮投客蛋，掳人勒赎路难行。”“有时光蛋冒官巡，号桂军旗一一真。原属盐营前革勇，相逢相认总乡亲。”秦锡田也揭露其真相称：“官盐不卖禁私盐，大贩宽容小贩严。一笑素餐风味好，只尝辛苦与酸甜。”“盐巡入港禁森严，港口巡船次第添。枭贩未来船调去，分明奉檄纵私盐。”

一天，南汇人严顺楼到上海城里去出售棉花，驾船返回塘口时，偏偏遇上盐营巡船拦阻严查，被指控为贩私。严顺楼忙出示售花验行的单据，巡船人员仍不肯罢休，劫走银币150多元。严顺楼吓得跳江逃生，赶到陈行镇上向秦荣光求援。

秦荣光愤慨地拍案而起，依据乡人要求和大量事实，撰文呈报松江知府，要求撤走黄浦江畔的巡捕左营，并严惩肇事者。

经过几番周折，那几个肇事者算是撤走了。

可是，盐营依然在黄浦江畔随意设卡扰民，造成塘口等渡口的渡船无法正常作业，凡有急事必须过江者，只得叫渔船代替，但渔船小而黄浦江阔，一遇风浪险象环生，乡民们怨声载道。

秦荣光又向上海道台提出：应编定专用渡船字号，不准盐营堵截；如果渡船参与贩盐，则扣船由保长撤换船夫。并在塘口至车沟渡的渡船上钉了告文牌，注明为“义渡”，才求得一时太平。但秦荣光深感“此营不裁，吾民无安枕之日”，便又向松江府衙门提出《裁卡议》。可是，府衙门不以为然，以致事态日趋恶化。

光绪二十五年（1899）六月，巡捕左营的官兵在题桥镇上随意打人，当地居民群起抗议，要将他们轰出题桥镇。巡船边退边开枪示威，路过陈行市中大木桥时，又开数枪，致使正立在桥上的乡民凌元观、汪阿五中弹身亡，另有5人受伤。

事发后，陈行人被激怒了，要求官府严惩凶手。盐营管带吴福海（字家正）却通知死者家属到塘口，勒令当场棺殓了事。陈行人又告到松江府，知府濮子潼（字紫泉）只得要求上海县知县出面复查。这时吴福海慌了，派人赶到陈行镇向秦荣光说情。

遭秦荣光严词拒绝后，吴福海又用重金向上海知县行贿。知县王豫熙（字欣甫，浙江海盐人）受其贿赂，便尽力为盐营开脱。

可是陈行人不罢休，秦荣光便越级上告。在朝廷内，正巧御史宋承庠（字养初）是松江华亭县人，而且是秦锡田亲家的好友，关系一直很好，秦荣光设法将状纸转送到他那里。宋承庠为人正直，据实劾奏，并奉旨交两江总督查办。经过一番周折，终于会审定案，将犯有杀人罪的兵弁头目吴宪鸿正法了。

秦荣光趁势又上书时任江苏巡抚的陆耀（字青来，号朗夫），历陈浙西盐捕营扰害整个浦东地区的事实，详细列出了十条罪状，要求为民除害，撤走盐营。

可惜，官府久拖不决，直到秦荣光逝世，此事仍无结果。

抵制邑城歪风

秦荣光身怀良策而无用武之地，难以一展其才。他虽然无力改变地方现状和社会风气，但一直坚守着自己的人生宗旨："人生百年，苟无裨益于社会，则虚度此生耳。"

陈行乡间有谚称"乡下大阿哥，进城就吃苦"，城乡差异使乡人一向对城里人保持着心理戒备。清末民初，上海城区商业繁荣发达，商人"富比王侯"，而城郊农村贫穷不振，下层功名士人困顿不堪。都市的奢侈世风，使城里人的生活方式及其价值观都发生极大的变化，同时也冲击着城郊的乡风民俗。为此，秦荣光一再劝诫乡人抵制城里刮来的歪风，主张维持地方社会教化。

秦荣光在《上海县竹枝词》中爱憎分明地做出了表达：

他对都市的奢侈世风深恶痛绝，称之"世界销金第一锅，沪城斗大赛西湖。误人走入淫邪路，坑害良家子女多"。他指出"南宋时，人称西湖为销金锅。今上海之销金，较西湖殆过之"。

他看到城厢内外酒馆林立，消费奢靡，极为痛惜，称之"昼夜纷开水陆筵，供人口腹恣垂涎。独伤物命恒沙数，杀气腥闻上泣天"。

他无情地批判那些造成世风日下的"逐臭之夫"，称之"海上真多逐臭夫，淫风坑陷好妻孥。宿娼娶妓官场惯，遑责民间奸拐徒"。

他认为"吾邑最五方杂处，土娼向多，女教之坏，实由于此"。对娼妓行为称之"倚门卖笑不知羞，款客当炉杂女流。廉耻四维浑忘却，直教村妇羡娼楼"。

当时，城区缫丝、轧花企业一再到乡村招佣女工，而"心计最毒者在厂男工，半用刁奸，半用强奸，哀此少女，几能自全耶?"因此，秦荣光认为妇女外出工作"害俗甚大"。他指出"吾乡农妇向端庄，少女专求纺织良。自设缫丝轧花厂,附膻集粪蚁蝇忙”,“上工一路散工来,环绕浮头状醉痴。脚捏手牵诸丑态,竟容白昼众旁窥”,“都是良家好女儿,刁强奸苦厂工欺。夭桃稚柳葳蕤质,骤雨狂风蹂躏时”。

秦荣光在致奉贤县肇文、文游两书院讲席朱家驹(字昂若,号遯庸、遯叟,泰日桥人)的信中说:“自羲昊迄今,易姓数十,有灭国而无灭种,何料白种西来,始蚕食,继鲸吞,我转反主为客,彼竟舐糠及米,试以波兰、埃及例之,四百兆黄炎之子孙将尽为黑奴之续矣。近年热心世界之志士,大声疾呼,抱此惧者良有以也。无如顽固之满人,聋聩之政府,甘投肉以喂虎,惮尝胆而卧薪,清歌漏舟之中,痛饮焚屋之下,真所谓众人皆醉,一国若狂,遂激而谈革命,讲流血,则愈烈,情愈可悲已。”

秦荣光说到做到,殚精竭虑,无所不及。他要以自己的实际行动和现实成效,实践士人“独善其身,兼济天下”的誓言和理想。

乡村新秩序

按秦荣光的思想,乡间应当抓紧破除旧俗,建立新秩序。于是,他利用自己的影响力,在陈行镇及周边乡村做了一系列社会改革。

秦荣光认为:“人生最苦四穷民,夫死亲亡家极贫。恰有蚁媒来诱惑,竟堕陷阱误终身。夫死家存数亩田,自耕自种度残年。族人觊产勾媒贩,抢出家门去卖钱。”乡村民众一向养儿防老,可有些老年人过于依恋子女而生活得十分艰难,更有些年轻寡妇因苦守而难以自给,心神迷乱,诱拐青年妇女的“蚁媒”者趁机为谋利而无事生非。也有因族人觊觎遗产而利用“媒贩”闯进青年寡妇家去威逼利诱,“抢孀逼醮”。甚至有些“媒贩”到极为贫困的农家去明目张胆地出价拐卖农妇,而乡间农妇“鲜有不明媒正娶者,当其婚时,茶礼衣饰有费,亲族酒食有费,结亲诸色人等各有费,在中下户犹必罄竭数年储蓄,下户人家都有集会典贷债累半生者”,一旦一家之妇女被拐卖,则无力再娶,简直“鳏人之夫,独人之父,孤人之子,而且坏人名节也,破人家室也,绝人宗祀也,直杀人不持刃、不见血也,直杀人本身更杀及人父祖子孙也”。这些问题，严重扰乱了地方治安。

秦荣光对此危害社会之事深恶痛绝，几次向上海知县申诉，一针见血地指出这是“城厢租界等处五方杂厝”，其间因姘合夫妇之多所造成的恶劣影响。他认为“酌理准情斩绞之罪，良不为过”，即使不用斩绞，也应该“监禁其一二首恶”，这样才能收到惩一儆百，事半功倍的效果。

可是，上海县衙门不作为，以致“媒贩”之祸泛滥，连浦东乡村也不得安宁。

光绪二十年(1894)，秦荣光听说南汇有周碧山先生创立的保节会，专门筹资救济那些贫困的妇女，使“蚁媒”者无机可乘，对维护地方秩序颇有成效。他急忙赶去拜访，索取章程，回来后便仿照筹建。

杜家行镇的候选训导、岁贡生康逢吉(字田蓝)听说秦荣光发起创设保节会，即与他联手合作，设想在陈行、杜家行、鲁家汇、三林塘4个镇上设局，由上海、南汇两县会详立案，年在30以内的贫家寡妇凡是自愿守节，就按月提供生活费，若翁姑老迈，儿女众多，则额外加给。为防止无赖恶棍强迫守寡妇女再婚，他们请县府出面在寡妇门前张贴告示，明令禁止抢孀逼醮的恶习。

陈行保节会随即宣告建立，秦荣光率先捐出田地10亩，将收租作为常年经费，使当地孤苦寡妇有了生活保障。秦荣光称之“如此穷嫠剧可怜，旁无援手节难全。为鸣冤苦除强暴，并置人间续命田”。

因受助者越来越多，保节会难以支撑，众多大户人家认为秦荣光是自寻烦恼，管的是“闲事”，不愿多捐助，而秦荣光决意要将好事办到底。两年后，他又捐资设法购下一些黄浦江边的涨荡田，以收租充实保节会的经费，使其坚持了一年又一年。

同时，秦荣光又捐出私田8亩，在镇东空地建屋数间，设立赊棺局，储存棺木专供去世的孤老收殓。不久，他又设立“保赤局”及“牛痘分局”，供养贫民弃婴，并组织免费为当地儿童接种牛痘，就近就医。

秦荣光管的“闲事”越来越多，乡民们真切地感受到“世道真的变了”。

武庙成了汇善堂

陈行镇虽然不算大，但地方公事不会少，而且真要实实在在地办些地方公益事业，没有一个办公场所是不行的。于是，人们想到了利用镇西的武庙。

陈行武庙（即关帝庙）始建于何时，已无从查考，估计为明万历后期。清顺治十一年（1654）重修，道光年间屋垂倾圮，里人改厅为堂，称“政一堂”。后来，将关帝像移到后殿，前堂作为会文议事之用。咸丰十年（1860），庙殿与神像毁于兵灾，但堂后两株梓树幸免。同治十二年（1873），住持僧宝莲募捐重建。光绪初年，又做了些修缮。

光绪十五年（1889），秦荣光主持重修。他将募款、购料、督工等事，都委派他的学生去办。

29岁的胡祖德（字云翘）由此跟随恩师涉足公事，渐渐成为镇上的又一位“大忙人”。

重修后的武庙气象一新（原庙门两侧顶部的“待月”“候潮”砖刻今存闵行区博物馆），双梓焕发出青春活力，学子在此会文，“团练”在此集散，绅商在此协议，官员在此暂驻。其规模狭隘，只能因陋就简。然而就在此地，秦荣光主持创办了一件又一件使乡民受益的公共事务。

光绪十六年（1890），武庙成为陈行团练局办公处。秦荣光争取到上海知县的支持，在此开设义塾。

不久，秦荣光又组织在陈行镇东的徐家渡筑起石码头，改善乡人外出航渡条件。

所办的公共事务越来越多，又需创办学堂，而武庙这地方实在太小了。于是，在光绪二十八年（1902），秦荣光委派胡祖德在武庙后面，建了5楹新楼，定名为“汇善堂”。

这里，面东设大门，正中为议事厅，东西有围墙，墙内还有厨房、厕所、广场、木桥等，厅楼上为义塾课堂和宿舍。

为此,胡祖德撰文称道:这里“凭栏瞭望,则周浦塘横枕于前,潮汛急湍,昼夜不息,风帆上下,接触几席,东西行人,往来如织。近而禅堂之梵声、邻村之机声,远而四野之桔槔声、舂杵声,塘口轮船之汽笛声,龙华铁道之火车声,时与校内琴歌遥相对应。凡访胜寻幽之侣,往往流连不忍去。”

可见当时那些乡绅和地方有识之士是何等兴奋。确实,一个革陈除旧的新时代已经开始,他们将大有作为。

兴学义举

让农家子弟都上学

光绪二十一年(1895)夏,秦锡圭中进士,秦荣光以及父亲秦诵莪、弟弟秦乃歌获赠封为五品奉政大夫。不久,54岁的秦荣光终于荣获“补岁贡生”的功名,就职上海县学候选训导。秦氏家族几代人的不懈奋斗,今日终于得到了回报。他们信奉“学而优则仕”,经过近200年的努力,终于又培养出一名进士,似乎一切都会峰回路转。

然而,秦荣光在欣喜之余,依然忧心忡忡。

面对现实,秦荣光真切地感受到,这科举之路比登天还难,比巷道更窄,本家众子弟苦读数十年没有几个能出头的,更多贫寒子弟连私塾都进不了。如此下去,这片故土怎么能够日益兴旺呢?他从同治十三年(1874)起在家设馆,收下门生18人。但是,这样的办学规模太有限了,当时能延聘教师来家教授者,唯有富豪大户,而且在家中开私塾的地方陈行镇只有4家,题桥镇只有2家,塘口镇也只有2家。

秦荣光对科举文字庸滥、俗学无用的现实深恶痛绝,又亲身感受到农家子弟因失学而寡识,因此十分崇尚“兴学就能启蒙,启蒙就能救国”的口号,决心要在家乡大力兴学,培养地方人才。

光绪十五年(1889),趁上海知县裴大中(字浩亭)前来陈行地区视察之机,秦荣光再三吁请县衙能在这里设立义塾。

开明的裴大中会办实事,十分赏识秦荣光抑强扶弱的侠士风范,当即批准,每年捐钱80千文充塾师束脩及纸墨费。

翌年正月,仁巷义塾终于在武庙东厢房内开学,一举招收贫家子弟30名。秦荣光的门生争相担任教师,支持其办学壮举。

从此,关帝庙内书声琅琅,陈行乡民拍手称好。光绪十九年(1893),乡人特制砖刻6方,记载此事,并嵌在门旁墙内。

后来,秦荣光不惜挪用自己主持管理的秦公祠的经费,又接连创设6所私塾。

为了改良私塾,秦荣光不辞劳累,逐一登门劝导,以免贻误青年。为完善义塾的管理和教学,他又四处学习,不断改进。尽管他的又一个梦想实现了,但他不满足,很快又运筹起更大的梦想。

创设三林书院

光绪二十一年(1895),秦荣光担任上海县学候选训导之后,眼界进一步拓宽,同时更感受到肩上责任的重大。当时,上海正成为西学在中国的传播中心,新式文化事业方兴未艾,已建起敬业、龙门等书院,传授经学、史论、算术、时务等课,秦荣光这个传统文人深受启发,打算在家乡也建一座这样的书院。

为此,秦荣光慨然而言:"上不能保全吾民,吾民不亟自谋保全,小覆族大灭种矣。谋保全在务自强,务自强在结团体。"他向家乡父老发出呼吁:"吾同志联络吾父兄子弟,相与广教育、习武备、课工艺,行之十年,庶几民智可开,富强可图,而外侮可御欤!"

于是,秦荣光把目光投向具有办学传统的三林塘镇。明弘治十六年(1503),储昱曾在筠溪河畔的水月庵右建造"筠溪义塾",次年状元钱福撰写《筠溪义塾碑记》。清康熙年间,张集继办筠溪义塾。

光绪二十二年(1896),秦荣光在三林塘镇义塾旧址重开�溪义塾,并改为官办,同时想扩展为书院。建立书院需要一大笔投资,他想到了两位颇具实力的亲友。

一位是自己的岳丈,在三林塘镇经营布庄、米店、典当的浦东"财神"汤学钊。汤学钊(1854—1929),字蕴斋,三林乡荻山村人。家中拥有许多良田,但他不愿像祖辈那样靠土地积聚财富,便迁居三林镇上开设米行、布庄、当铺等。当时,洋布洋纱在市场已占得上风,土布因质粗色暗卖不出去。为使厚实耐穿土布也能细洁美观,他订立土布经纬粗细、布匹长短阔狭的规格,告知乡民,收购时凡合乎标准的价格从优。于是,当地土布质量大为提高,销路大增。乡人都赞赏他善于理财,"遴择严而精,配置匀而密,交易诚而信",有"浦东财神"之誉。

另一位是秦荣光的妹夫、杨思镇上的武举人周希濂(字景溪)。他少年时爱好武艺。刀枪、棍棒、弓箭、鞍马无不娴习。光绪二年(1876)参加武科乡试,中举人。他办事干练,督浚三林塘、杨淄溇时,坚持工程又节省费用,为光绪二十二年(1896)松江府开浚的38条河流中成效最好的,因此受到松江知府赠匾额褒奖。

经再三恳求,汤学钊和周希濂终于同意各捐50亩田地,秦荣光自捐10亩,又等到乡里其他捐田90亩,共集到200亩。

秦荣光终于在三林塘文昌阁将书院创办起来了。

三林老街东首西林忏院内建有文昌阁,为两层亭阁建筑,造型别致,玲珑精巧,四围皆窗,每逢雪后初晴,四乡文人雅士便纷纷前来登临环顾,因此"文阁晴雪"成为"西林八景"之一。

光绪二十二年(1896),三林书院正式开学,课规仿敬业书院,设有师课,立经学、史论、算学、舆地、掌故、时务等6门课,所授均为根底之学,体现了"切实致用"的教学原则。初创时不设院长,师课由秦荣光阅卷,不支薪水。

为了加快三林书院的发展,秦荣光吩咐儿子秦锡田抽出精力为家乡多办些实事,而秦锡田却依然志在仕途。眼看胞弟秦锡圭进京城翰林院成为庶吉士,他决意不甘示弱,继续应会试。

于是,秦荣光推举三林塘的赵履福负责书院具体事务。

赵履福(1854—1924),字志熙,号子禧、扬曾。8岁时,遭兵乱,致家徒四壁。父教之读,刻苦用功,自知勖励。17岁即以训蒙收入养亲。同治十三年(1874),入县学为生员,光绪六年(1880),龙门书院肄业,深入研究训诂学、理学,经、史、文字、舆地、金石等学的书籍无不涉览。于历算之学尤为深入,与姚文枬、项文瑞等一起观察天文星象、探讨数式,学问日进。作文赋诗必先苦心精思,字斟句酌,不贸然下笔,所作词华丰富,格律严整,远近闻名。

当时社会风气闭塞,《钦定学堂章程》尚未颁布,赵履福广征博考,制订适当的教育法则。他对学生要求严格,而待之以恕道,循循善诱;对教师亲切诚恳,一秉至公,不自矜式,以此闻名来学者日益增多。

三林书院不收住宿生,只在会课期间借文昌阁小聚。根据有关规定,凡未曾中举的秀才,须按时接受当地教育官员的督导,即集中受训考核,称会课。为增加生童会课名额,这里又建造了10间校舍,当年招生名额为生员22名,其中超等者12名,特等者10名;童生18名,其中上等者10名,中等者8名。

秦荣光一心扑在三林书院,陈行镇上的仁巷义塾一时照顾不周而停办了。他心急如焚,便拖上胡祖德四处奔波。光绪二十五年(1899),利用筹建三林书院的余款,一下子在二十八图长寿里秦公祠、二十八图兴福庵韦驮殿、十七图三官堂、二十九图排马庙、三十图云起庵(小庙)等地立义学。还亲自制定义学塾规,按月考核塾师的勤惰情况。陈行地区一下子建起这么多的义塾,学业之盛,令四乡震惊。

兴学需耗费巨资,官府所奖励的十分有限,秦荣光以及汤学钊、周景溪竞相奔告募集,凭其德高望重,一时应者众多。他们又用积存的捐款赎回上海城隍庙、豫园的部分公产,以出租收入充实办学经费,当时还给在册生童每年发放津贴(称膏火)和奖学金(称花红)。这样,6年耗费银币8300余元,赤字3600元。亏空部分,只能由秦荣光等负责借垫。

改制三林学堂

20世纪最初的10年,中国社会正处在剧烈动荡之中。

光绪二十六年(1900),秦荣光59岁。北方沿海地区动乱,上海地区惊恐不已,各地又组建团练。秦荣光被推举为三十八图团练总董。本地时有游民结党横行,尤其是周家荡帮、苏家桥帮及题桥、三林等地游民敲诈、劫掠作恶。秦荣光即组织巡防,查拿首犯,整顿数月,才取得一方平安。

翌年,在"戊戌变法"的推动下,清政府实行新政。光绪二十八年(1902)8月15日,清政府颁布《钦定学堂章程》,允许并鼓励各地兴办新式学堂,并逐步废止科举制度。

秦荣光饱经科举之累,又领受兴学之甜,因此对维新思潮一拍即合。他兴奋地挥笔写下几首《新乐府》:"开学堂,图富强,学堂用意长。""科学分门期实用,空言扫尽烂文章。"并直言呼吁停止科举:"苦用书生心,诗文赋学深,哪知所习非所用,精力潜消白发侵。才为科举误,科举久宜去。文章一日长,居官无用处。大理卿非明刑,军机臣孰知兵。迭任外交兼内政,科举出身百不能。农工商业专门习,气重化光分科及。学堂开,出真才,停科举,国家取士方有据。"

秦荣光曾饱受科举之苦,又目睹世风日下的时局,自然视教育改用新法为"救时良药"。他赶紧响应,决然要把三林书院改制为三林学堂。仓促间,他又捐募田款,且运筹擘画,为改造和扩建校舍竭尽心力。

学堂校舍改建之后,形成新的格局。校内以文昌阁为中心,北面利用慈悲阁改造成楼房,上作教室,下作膳房等;东面利用城隍庙西厢楼由东向改西向作学生宿舍,并将和衷堂棺木清出改作室内操场;西侧利用张氏宗祠作会客厅。文昌阁前添造了一排楼房,作为办公室、储藏室和宿舍用。慈悲阁后面增辟了操场,占地约2万平方米。

光绪二十九年正月二十日(1903年2月17日),三林学堂正式开学。学生名额原议40名,因报名者甚多而酌增至60名(最多一年达90名)。分大、中、小三级编班授课。当时收费标准为：走读生年交 32 元。而对一些成绩优异经济拮据的学生做破格培养。

秦荣光亲自拟定学科，初定中文为经学、史学、地理、历史 4 科，外文为英文和法文 2 科。至第三年，学务大臣奏定高等小学章程，开始增改学科，添置仪器，教授物理、化学，并且增辟操场，开设体育部，练习兵操等。三林学堂的体操享誉沪上，毕业生大多被上海或各地学堂请去任体操教师。

当时，各处学堂尚未发达，而三林学堂规模较大，所以南汇、奉贤、青浦、华亭等县都有学生前来就读，更有从海门、崇明、宝山、嘉定等处及从扬州远道而来者，客籍生约占三分之一。学生年龄较大，大多在 20 岁以上。在校学生完全由自己管理，设有"自治会"，老师（时称"教习"）只管教书。每学期初，通过全体学生大会选举自治会人员，内设"执法（领袖）""风纪""整洁""给养""书记""司时"各一人，负责管理学生各方面的生活。管理方式似军营式，效果奇佳。

学生课余生活颇为丰富，有放风筝、踩高跷、游泳、打猎、远足等。每年春秋都召开运动会，规模盛大，周边乡人争相前来观摩。

书院改为学堂之后，停发膏火费，只发奖学金。寒暑假前各发一次：暑假前由县府有关官员考校给奖，寒假前特请道府有关官员亲临考校给奖。学生多得者 10 余元，少得者为几角；均张榜公布，以示鼓励。

三林学堂开学后，三林义塾迁到西昌庵，改称三林初等小学。陈行、长寿义塾也改为初等小学。秦荣光为之亲定章程，请县立案。

这几年，秦锡田一边协助父亲办学，一边转到上海胡氏家执教，依旧钻研学问，谋求仕途。光绪二十六年（1900）四月，由杨斯盛资助，秦锡田硬着头皮赴京捐资求职。次年十月，他终于补得内阁中书（从七品）之职，也终于接到通知，以候补湖北同知赴职。面对梦寐以求的仕途，他匆匆返乡省亲，整理三林学堂事务。十月，他告别父母，赴湖北供职。

派遣门生赴日留学

为尽快掌握管理学堂的经验，光绪二十八年（1902），秦荣光出资派遣门生孔祥百、朱绳武和三林乡的朱孔文等赴日本留学。

孔祥百(1866—1938),字志怡,陈行镇人。1902年赴日本弘文速成师范进修。留学归来后,任三林学堂教务。

朱绳武,字敏侯,浦东鹤坡塘人。1902年赴日本弘文速成师范进修,因妻子亡故提前折返。

朱孔文(1870—1951),字书楼,号六先,三林塘西林街"种书堂"朱占春(字岭梅)第六子。光绪十八年(1892)为上海县学庠生。1900年,应聘执教于马桥强恕学堂。1902年5月入日本弘文政法大学速成科,后入早稻田大学法科。

第二年年初,秦荣光又派遣小儿子秦锡芝(字葭春)和陈行镇孔祥里(字紫馨)、周岐凤(字佑初)等赴日本留学。当年5月至11月,3人一起在日本弘文速成师范进修。

秦荣光还同意三林塘镇上的朱天梵(名光,又名冲,字天梵,以字行)借用三林学堂代办物资的40元鹰洋赴日留学。朱天梵到东京之初,与南菁书院校友钮永建(字惕生)同寓。后入弘文书院速成师范,化名田野橘次。著《最近支那之革命运动》与邹容的《革命军》相呼应,宣传民族革命。

孔祥百、朱绳武、孔祥里、朱孔文、钱桐、朱天梵、秦锡芝、周岐凤等留学毕业归国以后,都在三林学堂或陈行乡村学校任过教,成为本地教育事业先行者。朱孔文1909年获授政法科举人。朱绳武后任召稼楼广智学堂校长。

秦荣光、秦锡田最喜欢与他们交流思想,吸纳他们带回来的新观念、新知识。他们给三林学堂带来了新气象,自然也都成为本地区社会变革的急先锋。

考释地方史乘

秦荣光十分勤奋,平时读书时必手自批勘,长期坚持笔耕,以致著述累累。而且,他自幼热爱乡土,喜欢研读地方文献,一向注重搜集地方掌故,对上海地方历史的研究造诣很深。他研读方志时,凡发现可疑之处,便留下签注。由于他坚持务实求真,对前人之言敢于质疑,又善于考释,因此为后人留下了《光绪〈南汇县志〉札记》和《同治〈上海县志〉札记》两部传世之作。

光绪五年(1879)冬,张文虎总纂的光绪《南汇县志》出版。秦荣光研读后,发现其中存在不少不可疑之处,便用心逐一进行考证。日积月累,他索性将光绪《南汇县志》应增订纠谬之处汇集成册,辑成《光绪〈南汇县志〉札记》。此作问世后,受到各界好评。

同治《上海县志》由著名学者俞樾编纂,有32卷,为晚清上海各种资料最多最全者。秦荣光发现其中也存在一系列不足之处,有碍后人了解历史,就仿《嘉庆〈上海县志〉修例》的体例,对同治《上海县志》进行系统的纠谬和补缺,经积累合计考订参引的有194条,补正的有211条,这些成果汇辑成了《同治〈上海县志〉札记》。光绪二十八年(1902),《同治〈上海县志〉札记》由松江振华德记印书馆铅印,共六卷。出版前夕,著名学者叶昌炽为该书作序,充分肯定秦荣光的研究成果。因此,《同治〈上海县志〉札记》成为研读同治《上海县志》时必备的参考文献。

秦荣光一向"殚心书史,重于求实,关心乡土典故"。他十分注重摘录前人笔记,丰富自己的学养。他对地方文献尤其关注,长期坚持摘录积累,先后辑成《梓乡文献录》四卷、《梓乡杂录》四卷,并编有《秦氏支谱》《家传》《淮海先芬咏》等,著有《养真堂文抄》《养真堂诗抄》等,尤其是他编撰的《上海县竹枝词七百首》,极富史料价值。

情系竹枝词

这时,秦荣光已过花甲之年,儿子秦锡田和秦锡圭正在外地供职,他为三林学堂和陈行的地方公事两头操劳。得知秦锡圭在山西寿阳县蒙冤落职,心中郁闷却无法相助,夜夜难以安眠。

秦荣光在给好友的信中说:"仆连年多病,老态益增,然一息尚存,壮心未已。""仆虽老,愿缓须臾,无死乐观厥成。"

光绪二十九年(1903)七月,秦荣光终于病倒,不能再外出奔波,只得将三林学堂的事务大多交给了秦锡田。但他在家不甘清闲,带病整理文稿,撰写《自述诗》三十二首。病情初愈,他就忙于编撰《上海县竹枝词》《新乐府》《陈行竹枝词》《淮海先芬咏》等。

秦荣光针对某些学子“能知三代而不能当今,能知九州而不能知本地”的现象,准备为后辈编一些乡土教材。他将没有被县志详细记录下来的史料整理出来,以竹枝词的形式,又模仿县志的体裁,逐一吟咏,累计七百首。其内容以全上海为对象,涉及上海地区的自然、经济、文化、社会、政治等各个方面的情况。尤其是所作的附注,保存了丰富的资料,它记载翔实具体,可补其他史志的不足,而且不仅征引大量的书籍、史料,并根据自己的研究对史料进行考订辨伪的工作,纠正府、县志和其他史书的一些错误。尤其难得的是,他如实地记述上海开埠以后的大量现实情景,极富史料价值。

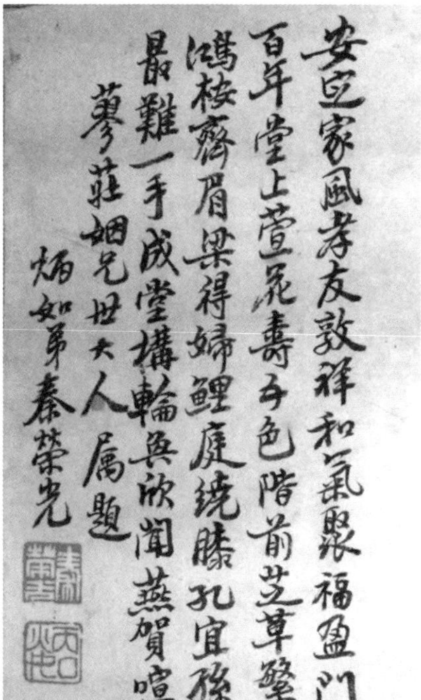

秦荣光手迹

《上海县竹枝词》匆匆完稿,秦荣光即将手稿邮寄给远在湖北武昌供职的秦锡田,并叮嘱“此书字句,尚待斟酌,注、案多遗漏”。可惜,此稿未及修饰,秦荣光就匆匆离世了。

民国元年(1912)五月,秦锡田将《上海县竹枝词》出版铅印本。原作有七百零六首,经胡祖德校印,删去志乘之怪诞不经者,选取五百三十二首,并略依同治《上海县志》篇目,分类标注,列出三十五个门类。出版前,秦锡田请好友于鬯(字醴尊,自号香草)撰写序言。于鬯将秦荣光视为恩师,真挚地赞叹:“于书无所别择,但能得之,必能读之,以是能使学浩博,细大共贯,而又非徒泛滥也。凡实事、实地、实年月、实品物典制,靡不一一经心。于桑梓掌故,尤亟探讨。”

秦荣光的《上海县竹枝词》与《同治〈上海县志〉札记》互为补充,成为研究上海史必备的重要资料,被后人广泛应用。

沥尽肝胆

抱病奔波

光绪三十年(1904),当地三官堂、排马庙、韦驮殿、小庙等地所建的义塾相继停办,秦荣光集中精力、财力将陈行义塾改制为仁巷初等小学堂、秦公祠义塾改制为长寿寺初等小学堂。

三月间,秦锡田的儿子秦之望成为补县学生员,大病初愈的秦荣光兴奋地亲自陪同长孙到苏州一游,一再叮嘱他要勤奋好学,为秦氏家族争光。

五月间,闸港河畔秦家老宅(今浦江镇汇东村)的秦始基找上门来。

秦始基(1852—1920),字亮臣,晚号闲汉。出身书香之家。18 岁补县学博士弟子,以能文名。秋闱屡试不利,遂从商制造砖瓦,成立南洋劝业会,得膺特奖。关心水利工程建设和教育事业。

鲁汇的观涛书院地属南汇县,但秦荣光一直予以关心。书院建立不久,因遭遇荡田易佃纠纷,被迫停课 3 年。光绪二十二年(1896)结案后,南汇乡绅公举秦荣光兼任经董,后又公请其担任"观涛山长"。秦荣光抽空前去相助,观涛书院才得以安稳。如今,他们也想改制为学堂,可是经费没有着落,秦始基只得又来求同宗兄长了。

秦荣光抱病赶到鲁汇,了解情况后,转告南汇县衙,总算得到一笔拨款,使鲁汇人也如愿以偿地建成了学堂。

大家都明白,秦荣光想办的事实在太多了。

他筹划要在题桥镇建立课勤院,收容游民教以工艺。可惜,因缺乏经费,未能启动。

为增强团练力量,他从三林、陈行、杨思镇各选出绅商子弟 80 名,利用休闲时间到三林学堂集训,因此向上海道台争取到 80 支洋枪。而推动这一举措的是刚从日本东京留学归来的钱桐。

钱桐(1873—1938),字孟材、孟禅,浦西塘湾乡双溪村人。早年入湖广总督张之洞创办的武昌自强学堂(武汉大学前身),学习外语。后应内蒙古喀喇沁亲王贡桑诺尔布(字乐亭,号夔盦)邀请,任崇正学堂及赤峰各文武学校总教习。光绪二十九年(1903),他自费赴日本留学。从东京成城学校骑兵科毕业归来后,在三林学堂担任军体课教员。秦荣光自然要发挥他的特长,让他承担起这支特殊队伍的训练任务。

光绪三十年(1904)七月初,秦荣光患上腹泻,极为难受,但他依然起坐行步如常,忙着为三林学堂改定科目,购置仪器,并派员测绘当地地图,调查户口、田亩。每天清晨,他必定会来到操场上,观看钱桐带领军训学员列队出操和持枪打靶。

七月十一日(8 月 21 日)傍晚,秦荣光忽然呃逆和气喘,当夜便离开了人世,终年仅 63 岁。

3 个儿子均奔波在外,秦家顿时慌乱了。陈行人不知所措,三林学堂师生惊呆了。

第二天早晨,在湖北武昌的秦锡田突然接到家中电报,只觉得天塌地陷,慌忙吩咐儿子秦之望赶办回沪事宜,自己携妻子匆匆登上轮船直奔上海。三天后,他赶回陈行,跨进家门,仰首望见父亲遗像,便抚棺长号,涕泪如瀑。母亲呼天共哀叫,弟妹伏地皆哭倒。

秦锡田在湖北供职仅一年多,家中父亲竟连年卧病,发须尽白,枯瘦变形。作为长子,秦锡田深感自己失职,便不顾旅途劳累,竭尽全力,主持操办父亲后事,以弥补心头缺憾。

十二月初，曾任上海县知县的汪懋琨（字瑶庭）来三林学堂视察，当他看到经过钱桐训练的100多名军训学员步伐整齐，枪法娴熟时，连声赞赏，同时情不自禁地缅怀秦荣光的办学业绩。

十二月十日，秦荣光安葬，四乡民众，同声哀悼。

迟来的圣旨

光绪三十二年（1906）5月12日（农历闰四月二十日），光绪皇帝下达圣旨，三林学堂候选训导秦荣光、武举人周希濂、同知衔汤学钊、廪生赵履福和附贡生顾言等获得通令嘉奖。圣旨曰：

> 去冬，商约大臣吕具奏上海民立中小学办有成效，请饬学部立案，酌与奖励，遇有该学堂毕业学生准予照章考试奖给出身一折，奉旨，学部议奏，近苏学务处接到部文，内开商部咨本部议复吕大臣奏，上海民立中小学渐著成效，拟准立案，并请传旨嘉奖。四月二十日奉旨依议。钦此。计开：
>
> 民立南洋中学堂贡生候选州判王维泰，附生王植善。
>
> 民立上海中学堂布理问衔苏本立，浙江试用县丞苏本炎，附贡生苏本铫，从九品衔苏本诰。
>
> 三林学堂候选训导秦荣光，武举人周希濂，同知衔汤学钊，廪生赵履福。
>
> 文明小学堂副贡董瑞椿，举人俞复、杜嗣程、计士熊，副贡丁宝书。
>
> 强恕学堂附贡生顾言。

当时的《广益丛报》《寰球中国学生报》登载此消息："光绪三十二年传旨嘉奖上海民立学堂创办人。"

这消息在上海城内外及苏浙两省产生了巨大的反响。

可惜，秦荣光未能亲身领受这份荣耀。

大师遗风

秦荣光潜心讲学40多年,斥空言,期实践,博学能文,鼎力育人,又勇于赴义,仁于爱民。世人没有忘却这位乡绅名宿的功绩。

1919年,黄炎培在《养真堂文钞》序中,对秦荣光所做的贡献有很高的评价:“齿尊于一乡望,高于侪辈,而其眼光不拘拘于陈编,不规规于流俗,尽破新旧之成见,独以其明通正确之理解,判别是非,而揭橥以为的,则群疑释而众嚣息,而无形中之嘉惠地方也亦特厚。盖三十年,全国无一日不在新旧思潮之冲突中,而其所蒙之影响,有祸有福,其改进也有迟有速,皆其地一二人为之也!温毅先生非其人欤?!试读其文,凡所为罢科举,兴学校,禁鸦片,戒缠足,筑路,开矿,裁礼金,兴银行,改金币,务农重工,在今日皆为是非已定之问题,读者须知,此为二三十年以前之文,作者为当时高年硕德之乡先生也。读此编所为感喟于无穷者,二十年前先生所倡禁鸦片,今私吸私售转益盛矣。所倡裁厘金,裁其名不裁其实,且加厉焉,所倡办团练不获数数见有之团焉而已。练于何有而萑蒲之警滋益烈,乃至务农也,重工也。”

为此,人们追谥秦荣光为“温毅先生”。正巧,上海滩冒出一大新闻:德国钢铁、军火生产商为李鸿章铸造的铜像要从德国运来,立在上海徐家汇李公祠内。光绪三十二年(1906)正月十二,李鸿章铜像在李公祠(后为复旦公学)揭幕。从此,上海有了中国人的铜像,同时也启发了陈行人。

陈行乡议会副议长孔祥百(字志怡)大胆提出应当为恩师秦荣光铸立一座铜像,供人敬仰,流芳百世。对此“时髦”而神圣的举措,乡人齐声叫好,踊跃捐款。

于是,“甬匠镕金”,“冶三易而像成”。其仪表容颜根据秦荣光的一张近照,“身衫足靴,左手垂,右执书,科头伛偻立”。三林学校师生准备将像立于校后天池边,而胡祖德强力主张应当立在其家乡,而且陈行西园内风景如画,这里“上有康庄,左亘石梁,右接阛阓,吞木森立。繁阴交映,风景如画,位置尤宜”。

由胡祖德负责施工,适闻南汇公学有废石,拟购来做铜像基座。南汇士绅却说:“吾邑沾先生泽深点,区者乌足言值,愿纳之,以襄盛举。”于是,买棹运石,鸠工树基。基座凸出平地丈许,使铜像更显岿然。铜像四周绿树成荫,并配有辅助设施。整个工程历时5年,用钱千贯,倾注了四乡民众对秦荣光的崇敬之情。

宣统二年(1910)入冬时节,秦荣光全身铜像终于在西园内落成。秦锡田称之:“吾公铜像仰巍峨,功德高深永不磨。满地绿荫春画静,儿人膜拜几讴歌。”时任江苏省教育会常任调查干事的职业教育家黄炎培欣然撰写《秦温毅先生像赞》,由周佑初(字岐凤)恭恭敬敬地刻在铜像基座上。

曾在三林学堂任教的钱桐,特意向喀喇沁亲王贡桑诺尔布(字乐亭,号夔盦)仔细推介了秦荣光的办学业绩。贡桑诺尔布是蒙古族的新派亲王,深深被秦荣光的事迹所打动,欣然撰文并书写了《秦温毅先生事略》,赞扬秦荣光从地方自治入手,努力变革,“沈毅多远略,不获大施,则思小试于一乡”。此文发表后,在全国产生了影响,使秦荣光的声名远扬。

秦荣光铜像写生画

宣统元年(1909),陈行人将此文刻写在汇善堂内。

翌年冬,胡祖德还撰写了《秦温毅先生铜像记碑》。

秦荣光苦干10年兴学初见成效时,却匆匆谢世。所幸科举制度不久便彻底废止,他未竟的事业已由儿子和学生们在继续开拓。

顾言

顾言，字丹泉，世居上海县十六保荷巷桥（今闵行区马桥镇同心村）。年十六，毕群经，善属文，博览古文辞，尤喜读《汉书》，丹黄灿然。曾举徐光启《农政全书》植棉成效，劝勉乡人以是植棉益众。浦西各乡向无书院，同治十一年，偕钮世章、张庆慈创办吴会书院，培养寒畯，士风以振，事载入《续府志》。书院成，钮、张故世，言独任其劳。光绪二十四年以后，国人竞言维新，乃改吴会为强恕学校，开四方风气之先，造就甚众。商约大臣吕海寰入奏，传旨嘉奖。三十年，邑人组织学务公所（后奉部令改劝学所），言被举为协理、经理、财政，多所规划。三十三年，任总理官契局，章程多归手定。宣统元年，被选江苏谘议局议员，于本省利弊颇有建议。民国三年卒，年七十余。

走出荷巷桥

邻松小镇

在闵行区马桥镇同心村，自古就有一个乡间市镇，被称为“荷巷桥”。这里地处偏僻乡村，却声名远扬，历来令人关注。

小镇兴于清代早期，街市建在老柳条港的北岸。柳条港上，自古有一座南北向的石拱桥梁，取了一个颇具诗意的地名：荷巷桥。相传，因周边有5条小溪汇聚，水中荷叶田田飘香而得名。

荷巷桥集镇因桥得名。镇区规模不大，多为市巷，溪有小桥。清嘉庆年间（1796—1820），这里称“荷巷镇”。因老镇往西相邻松江县，20世纪50年代这里设“邻松乡”，老镇为邻松乡荷溪村，乡人至今称这里为“邻松老街”。

清代时，荷巷桥集镇就建有规模不小的货运码头，每天均有来来往往的船只穿梭在柳条港上。本地区传统农业向以种植水稻为主，“邻松老街”自然成为当地粮食购销聚散地。每逢秋收之后，各地粮商在此云集，四乡粮农纷纷赶来售粮兑款，街市商家与日俱增，城乡物资交流顿时活跃起来，整个小镇热闹非凡。

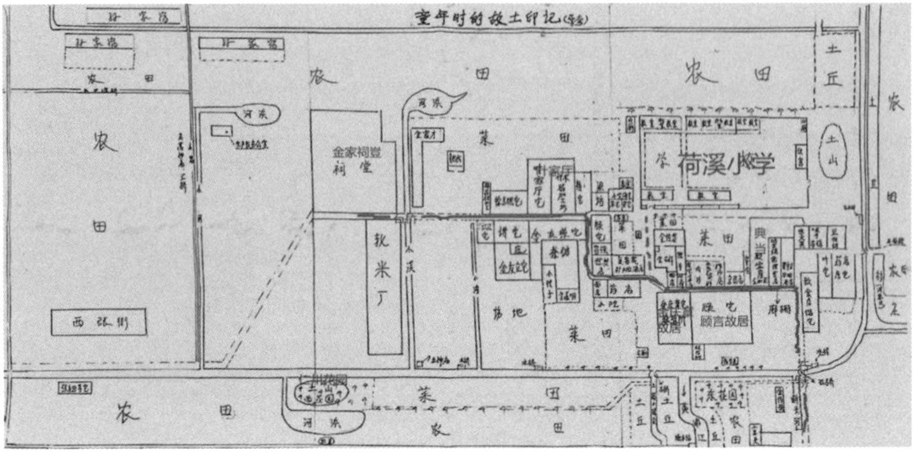

本地老人记忆中的邻松老街地图

书香门第

道光二十三年(1843),顾言(1843—1914,字丹泉)出生于荷巷桥东街。这一年11月17日,根据《南京条约》和《五口通商章程》的规定,上海港宣告正式开埠。

顾言的祖辈世居荷巷桥,耕田织布,逢熟吃熟,自给自足,安逸度日,而几代人不甘平庸,叮嘱子孙们且耕且读,知书明理,更期盼能通过科考走上仕途,改变自己的身份,提升家族的声望,有所作为,耀祖光宗。因此,祖父顾月峰(字葆芬)、父亲顾慕陶,均为京师国子监贡生;堂叔顾仲园,为国子监廪贡生。虽说尚未成为达官贵人,也未曾成为富豪财主,但在偏僻而贫困的荷巷桥一带,顾氏家族可称为“大户人家”“书香门第”。

在优越的家境和良好的家教熏陶之下,顾言自幼聪颖好学,出类拔萃,年仅16岁就已读毕儒家经典。他喜爱挥笔作文,博览古文辞赋,尤其喜欢研读《汉书》,时常会挥笔作些蝇头细字批注,表述自己的想法,以致丹黄灿然,由此得益匪浅,更显少年老成。

然而,顾言生不逢时,刚成年之际,社会就连年动荡,备受折磨。自咸丰十年(1860)至同治元年(1862)间,因太平天国军队几番东征攻打上海县城(史称"粤匪之乱"),上海城郊到处刀光剑影,以致兵火成灾。同治元年(1862)正月,美国人华尔率领"洋枪队"与清军及英国、法国兵数千人马,在这一带集结,黄浦江中还驰来了十多艘战船,闵行镇竟然成了战场,乡人惊恐万状。

连续三年多,上海城乡处处不得安宁。因此,顾言无法出门求学和应考,只得蜗居在乡间。但他初心不改,坚持且耕且读,只是僻乡无名师指点,全靠自学。

熬到同治五年(1866),顾言23岁时终于走进上海县城,参加丙寅乡试,但因成绩一般,未能如愿。

关注民生

顾言虽然年纪尚轻,但为人真诚,善恶分明,敢说敢为。他身居乡村,长年累月亲眼看见民生困苦,因此心中不时会涌动替民呼吁、为民造福的想法。

当时,上海县西南诸乡40多个图,田赋繁重,而且有不少人家因身亡绝户,田荒无收,官府在征粮时却依然按照原有数额开征,缺额部分强迫由当地乡邻赔垫,极为不合理。当地百姓愤然抗议,怨声载道。顾言感同身受,极为焦虑,但不知如何为乡人解困。

同治六年(1867),本地乡绅决意上书江苏按察使王大经,要求废除这种不合理的做法。顾言闻知,精神大振,立即跟随长辈们四处奔波,为民呼吁。他还抢着执笔呈文,陈述乡情,直言"赋繁敛重,首数苏松,吏猛于虎,民哀若鸿。废屋荒冢,谁纳正供,亦有粮户,残疾疲癃。一丝一粟,畴为弥缝,桃僵李代,追比素封。茹苦代纳,是犹养痈,税额未足,家资已空。仰首吁天,天心梦梦"(引自秦锡田《顾舟泉先生哀词》),强烈要求官府"永远禁止"。

结果,他们的恳求总算感动了按察使王大经,同意修正征粮数额,并在上海县衙前勒石告示"永禁"。

年仅24岁的顾言初出茅庐,获得成功,自信心油然而生。乡民们也因此更加关注这位非同寻常的年轻人。

结交好友

同治七年(1868),25岁的顾言终于考入上海县学,成为一名秀才。他与塘湾镇钱维翰(1845—1891,字亮卿,后来成为妇科名医)、闵行镇李邦黻(1847—1912,字梯云,李林松之孙,后来成为饱学之士)为同科学子,又是邻乡好友,一路来去,志同道合,彼此交情笃深。

顾言虽是农家子弟,生性却不甘寂寞,时常走出荷巷桥,有意广泛交友,增进见识。他结识了松江城方塔东的才子郭福衡(1820—1887,字友松)。虽然年龄相差20多岁,却一见如故,交往甚密,互为道义之交者。

眼看好友郭福衡个性怪诞乖僻,喜好诙谐,落拓不羁,而且记忆力极强,落笔成章,日显多才艺,通六法,擅长绘画,以写意为主,不论山水、人物、花卉、翎毛等,着墨不多,而超逸清旷,奇趣横生。顾言自叹不如,十分赞赏。同时,他不甘落伍,寻求着自己的梦想。

不久,郭福衡有幸成为国子监岁贡生,神采飞扬。同治十二年(1873),52岁的郭福衡终于考中了举人。而顾言成为上海县学秀才之后,虽然连年应考,却屡试不第,难免觉得焦虑,担忧此生仕途渺茫。家人更是为此着急,急忙通过纳捐,帮他获取国子监附贡生的名分。

同治五年(1866),顾言参加乡试时,同考者中有来自马桥乡俞塘村的钮永誉(字咏仙)、钮世慎(字荫谷)等。钮永誉天资过人,获得乡试第一名。

顾言十分羡慕钮氏子弟,同时对钮氏家族予以特别关注。同样长在乡村,为何钮氏子弟能出类拔萃?于是,他带着疑问,时常好奇地到俞塘村去拜访。一来二去,他与俞塘钮氏家族的年轻一辈结为知己,同时明白了不少道理。

钮氏家族为吴兴钮氏俞塘支,自清康熙元年(1662)从上海县城迁居俞塘后,世代务农,却形成且耕且读的家风,枝繁叶茂,人才辈出。

在顾言眼里,俞塘村里乡风纯、学风浓、门风严,是一处令他十分向往的乡间乐园,深感这里是胜过荷巷桥的人生舞台。

顾言不但与钮永誉、钮世慎成为友善同学,交往密切,而且十分仰慕他们的父辈,尊为师长。他时常主动向钮翰、钮世章等求教,还追随他们参与一系列地方公益事项,力尽所能、倾心辅助,从中学习为人处世之道,历练胆识。

学医解难

顾言自幼生长在乡间,奔走于田野,熟知春耕秋收,热爱一草一木,尽情享受农家逢熟吃熟之乐,又悯恤乡民做牛做马之苦,日益萌生出为父老乡亲造福,建设好自己家乡的愿望。

乡村普遍缺医少药,疾病横行,成了乡人难以抵抗的大敌。顾言感同身受,每当目睹父老乡亲遭病魔袭扰的惨状,无尽的忧虑油然而生。

于是,顾言不顾家人的规劝,毅然放下了科考应试的八股文章,热衷钻研起中医药学。坚持半年多,他用心读遍《黄帝内经》《难经》《伤寒杂病论》《神农本草经》等四大医书,到处求教名医神手,探寻济世良方,希望自己也能解救病家危难。

当时,杭州名医王孟英(1808—1868,字孟英,号梦隐、半痴山人)侨居上海行医,尤其擅长医治温热病,享誉城乡。顾言与他只有一面之交,即十分崇拜他的医德和医术。他的《王氏医案》《温热经纬》《霍乱论》等医书,顾言均认真拜读,探讨入微,甚为赞赏。

温热病是当时乡村中的常见病,因春温气而变称温病,因夏热气而变称热病。每年春夏之际,温热病来势凶猛,往往求医不及即会丧命,令乡人闻风生怕。而温热病复杂,医家见之头痛,一时难以对症下药,结果延误救治良机。

顾言深刻领会王孟英医治温热病的要领,又善于学以致用,一旦得知家人、乡邻患有温病或热病,即主动问诊施药,从而掌握了不少有效的医治方法。顾言通过不断探索,得知温热病的要害之处,能够及时对症下药,因此一再救命见效,似有神功。在荷巷桥一带,乡人将他视为神医,然而,他始终不肯挂牌张扬。

顾言并不将学医作为自己的谋生之道,也没有在家开设诊所,而志在远方。但是,他善治温热病的声名乡人皆知。而他心地善良,凡乡间病者来求诊,无论远近,必定会前往医治,决不推辞。乡人见他实在繁忙,不忍心再添其麻烦。顾言得知,总会再三声明:救命要紧,来者不拒!

初展才华

顾言一向对“浚渠之学,讲求有素”,对历代先辈的水利著述有所研究,而且他待人热情,办事沉稳,且有胆识,令人信服,因此在乡间颇具号召力。本地凡有水利工程,他都会主动参与实地工程,增长阅历,抓住机会施展自己的才能。

同治十二年(1873)十月,经钮世章、钮翰等乡绅呈请,上海县知县组织十八保乡民疏浚沙冈河道。顾言赶到工地,相助钮世章,初次参与工程管理。

次年十月,上海县知县下令十六保、十八保乡民合力疏浚竹冈河道。工地上急需领头人,年仅30岁的顾言大胆自荐出山。

钮世章拍板,让他率队上工地包干。顾言一向胆大心细,办事喜欢亲力亲为,为人和善诚恳,令众人信服,又敢于担当,调度有方,指挥得当,连续奋战40多天,工程终于如期完成,顺利竣工。竹冈河疏浚之后,使3万余亩农田受益,乡人齐声叫好。

顾言当众展示才华,即得到了乡绅和民工们的赞赏。由此,顾言也对水利工程产生浓厚的兴趣。

于是,自光绪元年(1875)起,连续三年,每逢秋冬季节,顾言都集中精力,配合本地乡绅规划、呈报水利工程方案,还负责了竹冈、千步泾、俞塘等河道的疏浚工程现场管理。

在工地上,顾言负责的施工河塘总计长达 3 万米,需要管理的民工有万余人,需要协调的事项多如牛毛,需要应对的场面层出不穷、多种多样,每日里跑断腿、说破嘴、烦心伤神、筋疲力尽。他坚守职责,做到一切进展有序,按时按质地完成工程量。

这一番磨炼,虽然艰苦,却使顾言受用终身。

光绪六年(1880)十一月和次年二月,顾言和多位好友先后前往吴淞江、蒲汇塘、肇嘉浜等疏浚工地,以丰富的实践经验辅佐上海县知县莫祥芝加强工程管理,获得官府奖赏。

顾言的为人和才华,就此得到了本地官民各界的普遍认可。他因此打开了视野和心胸,立志于为地方事业的发展效力。

乡间唱大戏

创立书院

上海地处江南滨海地区，创立书院一事起步较晚。清代中叶以后，上海县老城厢内先后建有敬业、蕊珠、龙门三大书院。同治十年(1871)起，敬业书院设立考棚，每年春、秋两季各举行一次考试，上海县的秀才都要赶到这里应试。

当时，黄浦江西岸可称乡镇林立，却还没有一所正规书院，各乡子弟为科举求学必须到上海县城或松江郡城去就读，一路车船辗转，颇为劳顿，极其不便。

顾言有切身之痛，深感乡间子弟求学之苦，又闻听上海城里的书院声名鹊起，便热情地走访四乡乐善好施的乡绅，提议应当集资创立一所当地人自己的“会文书院”。

县城之外的乡间集镇能否有财力自行创办书院？城里的名师会到乡下来授课吗？乡人十分犹豫。

顾言说，5 年前浦东的鲁家汇镇上就办起观涛书院，虽说初创时困难不少，但他们已经开课了。顾言邀集几位好友，一起赶到鲁家汇镇上参观观涛书院。一路上顾言说，办学需要场地，他们利用镇上的同善堂旧屋翻造建房,而我们马桥镇北街城隍庙前现有文昌阁的余屋可用,暂时不需要花钱造新屋。

有人提出,书院聘请“山长”要付“修脯”(礼物或酬金),招收生童应发“膏火”(补贴),没有足够经费书院就难以持久。

顾言说,经费可以筹集,官府也会支持,鲁家汇的观涛书院已经办成功了,“阿奴”(我们)马桥人一定也能办成功。

为了方便本地各方学子就近读书,顾言选中马桥镇中市街城隍庙西隔壁的文昌阁作为自己办学的场所。文昌阁始建于清道光二十五年(1845),为祭祀传说中掌管文运功名之神,保一方文风昌盛而建。文昌阁为庭院式建筑,设有书场、茶室,逢年过节更热闹。阁前有公善堂,一向兼作生童文会之场。

同治十年(1871),顾言终于说动了钮世章、张珍等乡绅。

近十年来,顾言坚持参与钮世章主持的俞塘、竹冈诸河疏浚工程,因此钮世章对顾言的才能和志向甚为了解,十分赞赏。当他闻听顾言要创建马桥人自己的书院后,十分感动。

贡生张珍,慷慨乐施,年臻八十,在马桥镇上颇具声望。得知顾言创建本地书院,即率先出资予以支持,并安排其子张庆慈(字树卿)相助。

钮世章、张庆慈出面帮助顾言筹集办学经费,众乡亲积极响应捐田,共得260余亩。

同治十年(1871)十月二十日,由举人钮世章和贡生张珍领头,10多个马桥人赶到上海县衙,求见知县陈其元,呈报办学主张:

禀为捐建书院,环求谕详事。窃以书院之设,日省月试,于士林最为裨益。上邑向有敬业、蕊珠两书院,敬业兼育楚材,蕊珠专供本籍士人肄业,文质彬彬,久有成效。惟邑之西南乡十六、十八两保,闵行、马桥、北桥、颛桥四镇生童,离城七十余里,每届月课之期,信息难通,一经风雨,舟车阻滞,资斧艰难,寒士苦之。敬稔宪台前任南汇县时,于鲁家汇地方创立观涛书院,使僻壤遐陬均沾德化。今过浦滨,人人忭舞。珍等闻风景仰称颂莫名，兹幸福星移照，教养兼隆。珍等拟仿成规，于马桥镇上议建书院。众姓闻之，慨然乐输，计珍等量捐，并众姓捐田共二百六十余亩，日后继长，增高扩充在望。马桥镇向有文昌阁，本为生童文会之场，阁前有公善堂，除理各善事外，向办兼奖文会花红，其中若接造厢房，合而为一，既作书院，仍理善堂，舆论允洽，工作亦省，自应请饬公善原董，议复核办。珍等仰体仁台栽培之意，兼顾众人踊跃之心，黾勉从事，不敢游移，特事属创建，巨典攸关，且添造房屋，经费甚巨，尚须募捐集资，应请示谕，以昭郑重为敢，联名环求大宪道台公祖大人俯赐衡裁，恩准通详各宪一面，先给示谕，以便劝募兴工，一切善后章程再行禀报至。各户捐田，珍等未敢擅便，除抄粘成数外，应令各捐户赍单呈案合并声明上禀。

上海县知县陈其元，字子庄，同治六年任南汇县知县时，帮忙鲁汇镇董事创办了观涛书院。调任上海县后，仍捐钱700千文，支持他们翻建新屋。此刻，马桥人看样学样，也要创建书院，陈其元心中十分感动，当即表示带头捐廉银洋五百，并正式批复：

捐田集资，创建书院，俾生童得就近乐育，诚属善举，可嘉之至。本县当为首先捐廉，以为之倡。所有饬公善堂董议复一处及给示，劝募举办应即照发俟，所事稍有就绪，通详各宪立案可也。

于是，钮世章、张庆慈等乡绅联名发起集捐，正式筹办自己的书院。顾言召集四乡子弟，开始定期在马桥文昌阁内命题课试，称作“文昌阁会课”。

同治十一年(1872)五月，“文昌阁会课”正式开始，消息传开，乡人齐声叫好。顾言趁势做大，借用当地曾有名镇吴会的声望，取名“吴会书院”。知县陈其元闻讯，撰《新建吴会书院记》，大加赞赏，鼓励推广。苏松太道巡道涂宗瀛(字阆仙)、沈秉成(字仲复)闻讯也各捐银洋二百，松江知府杨永杰捐银洋一百，上海知县叶廷眷捐银洋二百，华亭知县捐银洋六十，均发典生息。

为官者“捐廉为倡”，顾言深受鼓舞，吴会书院由此奠定了扎实的经济基础，承载起“传道、授业、解惑”等社会功能。

独任其劳

同治十二年(1873)，吴会书院购买了马桥镇上钮姓旧房一所，将书院迁出文昌阁，因经费支绌，劝募艰难，略加修葺，即作为课堂。

光绪年初，钮世章赈灾有功，受到松江府的嘉奖，被保举为知县加同知衔，奔赴直隶就职。可惜，钮世章在北方总感到水土不服，加上单身食宿不济，积劳患病，又屡治不愈。半年之后，他只得辞职返回家乡。谁料想，光绪四年(1878)秋季，钮世章病重难治，不幸在家中逝世，年仅50岁。而张庆慈年仅40多岁，同治十三年(1874)考中举之后，因患病而难以再出场操劳。于是，35岁的顾言只得“独任其劳”，大胆地独立挑起了管理吴会书院的重担。顾言参照上海城区最著名的敬业书院的课程规划，增设新学课程。书院“课举业”，即学习四书五经等儒家经典，传授科举知识和技巧。全年按月分设10课(正月、十二月停课)。

顾言虽然身为吴会书院主持人，但是没有科举功名，书院不能自行设“山长”(院长)，因此书院“惟无师课”(由院长出题月考，称“师课”)，只有“官课”，即每2个月请巡道、知县轮流出题，组织一次考试，又称期考。而且招生有定额，每年只能取36人，其中超等生员8人、特等生员12人，上取童生6人，次取10人。到每年年终时，书院适当给学生们发放生活补贴，称膏火。

尽管办学条件有限，但吴会书院还是被顾言支撑起来了，本地市镇和农家子弟终于能就近跟随城里的名师学习了。然而，书院虽有一间正厅和两间次屋，但屋破渗漏，旧壁倾圮，急需改造。光绪六年(1880)，顾言与钮世慎(字荫谷，钮永建从叔父)联手合作，在本地资深秀才王锡珍(原名平，字子裁，人称王老佛)等里人的支持下，决定翻建教学设施。

二月二十五日，新屋破土兴工，并再次由张珍出面禀报刚上任的上海知县莫祥芝。

莫祥芝极为重视，批复称“改建吴会书院，工费既据占定钱1000串，究系如何筹款，应先切实叙明禀，候核夺图存”。三月，张珍等及时将详情禀报莫知县。

就此，吴会书院所需经费主要由道、府、县捐银圆760、钱500吊作为基本款，存典生息。同时还得到县详司分拨的典铺月捐，另外由里人公捐田250亩1分，续购田27亩4分，收租充用。

光绪十年（1884），吴会书院被正式列入《松江府续志·学校志》。

两老夫子

书院的亮点在于是否拥有名师。顾言自然心知肚明，先后延请上海县儒学教谕符庆增、宣敬熙两位老夫子定期来到马桥，担任吴会书院主讲人。

符庆增，字萼山，人称萼山夫子，宝山县人。咸丰九年（1859）举人。光绪六年任上海县学教谕。

宣敬熙，字琴山，人称琴山夫子，无锡县金匮人。光绪元年（1875）举人。光绪十年任上海县学教谕。

两位老夫子一向声名远扬，愿意亲赴沪郊乡村授课，实属不易。顾言待他们极为周到，老夫子赞赏“乡下人实在”，彼此相处和谐，合作愉快。

名师自有其独特的魅力，每逢会课时，四方生员赶来与恩师相聚，忙得老夫人寝食不安。吴会书院的教学质量因两位老夫子而明显得以提高。吴会书院因此享誉四方，生源日益踊跃。每年招生时，顾言均为名额有限而头痛。

尽管吴会书院只是每月“定时会课”，传授的主要是科考知识，师生之间也未能朝夕相处，彼此较为松散，但是顾言坚持严于律己，亲力亲为，关注每一次会课，要求每个学生刻苦成长。子弟们不论家境贫富，都对他极为尊敬。因此，两位老夫子赏识顾言的人品，安心在吴会书院教了一年又一年。

有了两位老夫子支撑吴会书院，顾言也放了心。他要走向更广阔的社会大舞台。

县署申诉

光绪十二年(1886)至光绪十六年,本地淫雨成灾,农家歉收,人心动荡,乡村家家户户陷入困境。

顾言一向悯恤乡民疾苦,此时难以安坐在书院教书,便四处奔走,说动本地乡绅,一起到上海县署申诉本乡灾情,恳请县署以积谷息金为灾民提供籽种。

光绪十六年春季里的一天,顾言匆匆赶到闵行镇上。

闵行镇柳桥弄的李垣(字坤成,号厚栽)是县学秀才,慷慨好施。李垣的外祖父朱如稼为华亭监生,父亲李本堃为武学生员。李垣之子李荣滋(字树九),此时为松江府学恩贡生,刚考中举人,与顾言志同道合。

李氏家族在闵行镇西新街建有养素堂,人称李园。这里原为李氏宗祠,光绪年间在镇东戚家桥附近重建李氏宗祠,堂额曰“务本”。

更关键的是,顾言的姑母顾氏[咸丰九年(1859)三月二十六日生,顾月峰之女]嫁给了李荣滋之子李祖佑(1862—1933)。李祖佑,字蕉轩,晚号适叟,同治元年(1862)农历五月二十八日生于通州,因此乳名阿通。光绪十年(1884),入松江府学庠生。他与顾氏所生的儿子李显庚、李显壬英年早逝,所生 7 个女儿均出嫁或早逝。

顾言来李祖佑家探望亲友,同时要去邀李荣滋的侄儿李祖锡同行。李祖锡(1853—1917),原名毓琛,字子莲,号永怀、祉联,生于咸丰三年(1853)三月,比顾言小 10 岁。父亲李荣棣(字古唐,号少亭),因咸丰三年(1853)团防军功,归部选用。光绪十一年(1885),李祖锡乡试中举人后,取得副贡生的名分,在家授徒,造就新人。

顾言与李祖锡、李祖佑一起乘船赶到上海县署。他们 3 人走进县衙——顾言已 47 岁,见多识广,胸有成竹;李祖锡 37 岁,已有副贡生名分,神色毫无胆怯;而李祖佑年仅 28 岁,显得恂恂儒雅,言语讷讷。

突然,李祖佑看到了来自浦东陈行镇上的秦锡田(1861—1940,字君谷,号砚畦)。几年前,他与秦锡田在松江府城应试时相识。此刻不期而遇,即将他介绍给顾言和李祖锡。

顾言早就听闻陈行秦氏家族的名望,彼此不由得热络交谈。

结果,他们的诉求,终于获准。顾言在县衙将籽种代领回乡,躬自规划,核实散放,一丝不苟。

外地灾情蔓延,引发本地米价暴涨,乡人恐慌不安。顾言又出面呈请上海县衙及时实施平粜政策,以确保乡间安定。他如此敢于向官府直言,俨然成了乡民们的代言人。

开浚横沥

按中国传统建制,乡镇一级不设行政单位,基层社会治理均由县衙直辖,即所谓"皇权不下县"。然而,为防御太平天国起义军,咸丰十年(1860)五月,上海县县令刘郇膏(字松岩)创造性地兴办自治性质的民间武装组织团练(俗称乡勇),将各乡团练局作为基层建置,按亩出丁,军民联防。随之,闵行镇也设立了团练局,首次将沙冈、竹冈、莺窦河、女儿泾区域纳入管理范围。

光绪十六年(1890),顾言与闵行团练局董夏其钊等集议,呈请上海县衙疏浚年久淤塞的横沥(闵行镇至春申塘段)和母子泾。

横沥,是今横泾港的古称,为南北流向主干航道。闵行镇依横沥河而建,形成东西两部。横沥通黄浦江,潮退沙长,容易淤塞,以致通航不便。母子泾是闵行老街的市河,弯弯曲曲地穿越了大半个镇。因此,对此项开浚工程,乡人寄予厚望。

新到任的知县陆元鼎(字春江,号少徐)以兴修水利为先务,即响应闵行乡绅的呼声,指定顾言、夏其钊等担任疏浚工程"综理"。顾言即率领数千民工投入。

当年十一月十一日,陆知县亲自到场主持工程开工。闵行镇李祖锡坐镇在工地上,为顾言壮胆。

这项工程涉及十六保、十八保、二十一保的20个图,挑土民工有数千人,若各自为政，协调困难。顾言有备而来，根据以往开河的经验教训，他早已与各图图董议定，挑土并摊费者为顶浚（有 12 个图），摊费不挑土者为协浚（有 8 个图），按顶浚或协浚分派定额，每亩支付“佃力”白米约 4 千克（以往 3 千克），同时明确了修筑横沥头坝、六磊塘尾坝以及各支塘河坝的责任者，规定了施工标准。在此基础上，顾言拟定了一份《开浚横沥河工章程》，分四章将工地分段、派工任务、工程标准、经费使用等做出具体安排，并且张榜公告，做到公开透明。

来自莺窦湖畔的蒋庆和（1838—1916，字静园），时年 52 岁，成了顾言的好帮手。他性豪爽，有胆识，谈吐风生，善于为人排难解纷，凡债务纠葛、土地争执之事，经其劝导，即会感悔。在工地上，蒋庆和四处奔走，就地调解纠纷，鼓动民情，深受乡人好评。

由于各图各保均按章程行动，数千民工步调一致，工程进展十分顺利。开工 40 天后，横沥和母子泾面貌一新。

十二月下旬，陆知县前来实地验收，发现工地上井然有序，工程质量良好，不由连声感叹说：“如此巨工，千夫云集，无争殴口角，片纸入告，足见君之调度有方而用心良苦矣。”

为了回报陆知县的恩德，顾言特请已成为饱学之士的同窗好友李邦黻（1847—1912，字梯云，李林松之孙）撰《开浚横沥河记》，并于次年三月勒石立碑。

工程圆满完工，夏其钊、顾言等及时做了总结，进一步将开浚过程中的分段、派工、工程标准、经费使用及竣工后管理等环节做了梳理，整理成《开浚横沥河工并善后章程十八条》，为今后的水利工程提供范本。为了彰显这一项成果，光绪十七年（1891）七月，他们特将《开浚横沥河工并善后章程十八条》勒石立碑，嵌在横泾河东民宅墙壁上。

担当局董

光绪二十二年（1896）十月，夏其钊、顾言等呈请上海县知县后，又组织乡民疏浚了黄浦江支流淡水沥。淡水沥南出黄浦江,北达汲水港,长约4863米,工程量不小。由于沿用已成熟的开浚河工章程,一切进展极为顺利。

不久,年已53岁的顾言接替因患有眼疾双目几乎失明的夏其钊,出任闵行团练局局董。

光绪二十三年(1897)正月,顾言以闵行镇局董的身份,配合华亭县知县黄承暄协调十八保乡民合力疏浚千步泾。千步泾东岸为上海县,西岸为华亭县,虽然利益不同,但是由于事先拟定好方案,明确了分工和权益,工程进展十分顺利。

光绪二十四年(1898),眼见女儿泾桥(又称中渡桥)岁久颓废,顾言便出面劝募筹资4000余金,主持重建,定名"集义桥",并挥笔题写了桥联:"中流揖击冲波去,渡口人来踏月归。"

光绪二十五年(1899)十二月二日上海《申报》报道:顾言、夏其钊、李祖锡、钮永建等向江苏巡抚陆元鼎(字春江)递交禀诉,称今届秋霖为患,农田歉收,求减漕赋。陆元鼎批示云:"本年六七月间,阴雨过多,木棉稍损,然较之光绪十五年秋雨四旬情形迥殊,惟赋出于田,如果收成歉薄,民瘼攸关,亦应量予体恤,仰上海县速即亲诣各乡,详勘禀报,毋得迟延,切切此缴。"

身为局董,顾言要兼顾闵行老镇以及沙冈、竹冈、莺窦河、荷巷桥等区域各方的利益,如此地阔面广,必须具有更大的情怀和魄力。仅兴修水利一项,他动足脑筋,细做规划,带领四乡民众,连续苦干数年,先后疏浚了西河泾、柳条江、斜泾、女儿泾、望海塘等,将这5条水系疏通,同时在低洼地筑塘堵水,旱时能灌溉,涝时能排水,乡农因此年年受益。

仗义报恩

那一天,得知好友钮世慎(字荫谷)不幸身染重病,顾言急忙赶到俞塘村前去探望。

谁料想,钮世慎竟然已经生命垂危。顾言懂医,一看便知已病入膏肓,不由得热泪夺眶而出。

钮世慎拉住顾言的手,含泪询问:虽说我家有些家产,但是家中尚有年幼的子女,真不知如何处置为好?日后,他们必然缺少关照,难以把握人生。我生怕他们就此落难,更怕他们有负钮氏祖宗,令我死不瞑目。看来,唯有托孤给你,我才安心啊。

顾言为人讲义气,重情谊,此刻面对好友临终要求,自然毫不犹豫,一口答应,并当即立下契约。

钮世慎终于放心地闭上了眼睛。

众人不解,非亲属长辈而自领孤儿抚养责任,又涉及钮氏望族人家,顾言势必吃力不讨好。

顾言却说,我在创办吴会书院遭遇困难之际,钮世慎热情相助,敢于担当。而如今,他家遭遇养儿困难,我岂可不闻不管?做人啊,理当学会报恩。

于是,顾言亲自出面,邀请俞塘钮氏诸老做证,妥善地处分钮氏家事,将钮世慎留下的家产全部寄交吴会书院管理,并当众发誓代好友充当义父,抚养其子女至成家立业。

俞塘钮氏诸老齐口赞同。

不久,荷巷桥的沈作舟也遭遇相同困境,急需寻求托孤人,但是自愧以往没有为顾言效过力,家中也没有多少遗产,因此难以当面启齿,只得托人试探。

顾言得知沈家有难,慨然回复称:同村父老,守望相助,不图回报,只讲情义。只要沈家信任,理当尽力而为。

沈作舟感激不尽,自己不能上门致谢,当即命其幼子赶到荷巷桥,跪认顾言为义父。

顾言果真欣然接受,按照前例,当众立下契约,出手相助沈家渡过难关。就此,钮氏、沈氏子女在顾言的关照下,安然成长。

后来,到了应当成家立业的年龄,顾言帮助他们分别完婚。同时,将他们父亲留下的遗产如数归还。钮、沈两家后人感恩回报,侍奉顾言终身。

面临尴尬

顾言主持吴会书院前后长达 29 年。他历尽艰辛,坚持不懈,“培养寒畯,士风以振”,从而造就了一批批地方人才。

然而,吴会书院的教学力量、教学内容和教学方法局限于科举传统,与时代需求势必时有脱节,自然越来越显得陈旧了。而符庆增、宣敬熙两位老夫子早已桃李满天下,一向受人尊崇,不思创新,显得过于自负。因此,师生之间潜在的矛盾时有爆发,而且日趋突出。

闵行区档案馆今存有马桥人张采三(1872—1921,字秀芝)应吴会书院童子试时的试卷一份和《消愁解闷》《弄月吟风》等手抄笔记,其中有所显示。

张采三是光绪年间秀才,出身内科世家,对乡试不感兴趣,一心从医。师从松江名医金秉之。临诊务求其本,处方严谨,每起危笃之症大多手到病除。张氏工诗,精书法,自题书斋名“烟波馆”。

在张采三留下的《消愁解闷》手抄笔记中,有两篇文章暴露了当时吴会书院尴尬的教学情况。

一篇文章题为《旬》,作者自称“童召南”。此文声称,光绪十四年(1888)书院二月课,老师出课题仅一个字“旬”。作者心中不满,因此作文调侃了一番。

另一篇文章题为《陈代曰:不见诸侯·七章》,作者取名“何许人”(拟是张采三本人)。此文又称,光绪二十二年(1896)吴会书院八月课,宣敬熙先生出的题目太长。作者为此借作文再次做了调侃。

科举应试教育的陈旧做法,可见一斑。而面对如此尴尬的局面,顾言一时无有良策。

光绪二十二年,浦东三林塘传来好消息:上海县学候选训导秦荣光在三林塘创办三林书院,声名鹊起。眼见秦荣光知难而进,兴学举动胜于自己,顾言要紧设法深入打听其情,尤为关注其有何高招。

顾言得知,三林书院立经学、史论、算学、舆地、掌故、时务等 6 门课,体现了"切实致用"的教学原则,赢得上海城郊学界的好评。他看到了吴会书院与三林书院的差距,极想改善现状,及时跟上时代的步伐。可惜,他时常被社会事务缠身,又苦于身边缺少得力的人才,一时难以作为。

顾言忍不住挥笔给上海县署发函,呈请增加些办学补贴。

上海县署十分同情顾言的处境,接函后即大笔一挥,安排三林书院分拨两典月捐钱36吊,援助吴会书院。

秦荣光十分仗义,一口答应。为此,顾言十分感激秦荣光及三林书院,专程前去浦东三林塘登门致谢,虚心求教。

秦荣光比顾言年长2岁,社会影响也更大些,然而论创办书院的资历,顾言要比秦荣光更丰厚些。两人都自幼生长在乡村,熟知农家甘苦,又都怀有护乡图强的志向,且已经历了数十年的人生磨炼。因此,几次交往,两人即结为知己。

面对时代变迁日益深入,秦荣光深感"鉴于世界大势,非兴学育才不可",心中正酝酿着新的发展格局。对此,顾言也正在苦苦地思考,尽心地探索。

推广新学堂

新风扑面

光绪二十四年(1898)6月,光绪皇帝实施“戊戌变法”,维新思潮随之席卷中华大地。而顾言办事一向稳健,时年已56岁,生怕折腾,常年身处乡间,信息来源不畅,又整天忙于闵行局董事务,无暇外出考察探路,视野不够开阔,一时缺乏对策。

正巧,钮世章之子钮永建(1870—1965,字惕生)返乡探亲来了。光绪十九年(1893),钮永建参加癸巳恩科乡试中举。然而,他目睹时局变迁,深受刺激,决意研求“新学”,重视习武,考入湖北武备学堂。四年后,毕业回沪,正值维新风气大盛,他在经正女学担任教务长。

这一天,钮永建来到吴会书院,在院内转了一圈,发觉这里的教学已不适应时代的发展。他向顾言提出,应当将吴会书院改建为新式小学堂,增添“新学”课程,使学生得到智育、德育、体育知识,成为适应时代潮流的人才。

顾言深有感触,对钮永建的才华和见识又十分赞赏,表示全力支持他实施“新学”的主张,并拜托他相助。

钮永建帮忙募集钱款和田产,用作教育基金和基地,又为小学堂的建设制定了发展规划,根据马桥地区的实际情况,他确定正课为汉文,外课为英语，以及修身、读经、讲经、历史、地理、画图、乐歌、游戏等科目，还特意增设了以体操为主的体育课，体现了他“勤修武德，增强体质”的主张。

“强恕”问世

光绪二十五年(1899)七月，为与好友吴稚晖相伴就读，钮永建前去南洋公学，兼职军体领操员，后改任国文教员。

九月十五日，应两湖书院山长梁鼎芬召唤，钮永建抵达武昌，参加留日学生考试，以第一名录取，成为公费留学日本的军事生。

十二月底，钮永建匆匆动身赶往日本，报考陆军士官学校。临走时，他向顾言提出，这所新式小学堂应当取名“强恕公学”，这“强恕”两字出自孟子《尽心篇上》“强恕而行，求仁莫近焉”，原意为做人当自强，勉以忠恕之道、求仁之术，此为最近也。也就是要从人格修养上来规范自己的言行，做到“强恕”。而钮永建独到地释之为“不强人谓之恕，不恕己谓之强”。这样，就把人格修养的要求更具体化了，因此这校名也成了学堂的校训。同时，“强恕”两字又是“江苏”的谐音，蕴含着钮永建热爱乡土的情结。

顾言极力支持钮永建的主张，立即调集人手逐一落实。奚佐汤(字真杰，马桥镇人)、黄蕴深(名宗麟，又作云荪、云僧，号懒云，闵行镇人)等年轻人四处奔波，参与募资，协助顾言处理筹办事宜。

光绪二十六年(1900)，强恕学堂在马桥镇上最热闹的中市街正式开学。应邀担任首任校长的是钮永建少年时同学蒋清镜(？—1921，字冰卿)。他曾在华阳桥顾氏私塾执教十余年，每当放假旋里，后生纷纷上门，执经问难者相继而来。无论盛暑严寒，他都不会拒绝，逐个指示详明，声称“我乐此不为疲也”。

钮永建身在异国他乡，始终惦记着家乡的教育事业，不时从日本传来新的教育内容和教育方法。他在主办的《江苏》杂志第三期《上海学堂一般》一文中，介绍了马桥“强恕公学”，称其办学宗旨为：“扩蒙养始基立致用大本，斟酌近世智育德育体育之旨，以因材教授。”他还安排蒋镜清去考察，学习新式教育。

这时，顾言收到门生金庆章（字静初）的来信。光绪二十四年（1898），金庆章被派遣以官费生赴日本留学。此时，闻听恩师创办新式学堂，特意用日文翻译了《学校管理法》，寄给顾言作为办学借鉴。

光绪二十八年（1902），顾言决定停办吴会书院，将结余的银币、田产等资产，全部转为强恕学堂所有，并向上海县知县汪懋琨呈文称：

具禀吴会书院兼办务敏学堂董事顾言等

禀为改设事。窃马桥镇吴会书院由董言随同故董张珍、钮世章等自行量捐，广为劝募，于同治十年间，因陋就简，草草开办。幸荷前宪陈暨前道宪涂捐廉提倡，并给月课加奖，以资鼓舞。迄今三十余年，寒士栽培不少，迨光绪二十四年间，同里举人钮永建游学鄂省，得风气之先，旋里后邀集同志筹劝募捐，开设强恕学堂，维时所募田亩不过百外，银洋二千多元，以租息抵费，不敷甚巨。屡唔言等，热商因就院屋开办，并减吴会师课，稍资津贴，勉力搏柱者三年。上年，永建自东洋回华，采辑课程，将强恕大加开拓，经费愈形竭蹶。言等正在筹措间，奉督宪札饬，各府厅州县原有书院、义塾改设中小及蒙学堂等，筹议禀办，恳请本邑城乡各书院经董一切仿办等因。现悉郡城云间、景贤两书院，经府宪通详各大宪分别改为中小学堂，批回照办。本邑三林书院亦已停课。言等拟将吴会书院拨案请改，挹彼注兹，强恕差堪自立，惟是添造斋舍，资遣师范，购置图书、仪器，需费不赀，且闵行务敏学堂与强恕一气相生，由祖锡等白手开设，未有恒产，常年经费有绌无盈，尤须酌量倾助。言等为培人才起见，用敢环请宪公祖大人恩准吴会书院田产、当捐、存款尽归强恕学堂，专款吊核卷宗备文通详，并求钧案加奖每月三十千文，拨充学费，饬房立案，以垂永久，一面申请道宪每月加奖钱四十千文，一体拨充学费。是否有当，诋候批示施行，上禀。

上海县知县汪懋琨批复：

> 近奉明诏，书院开设学堂，惟是更张伊始，费巨难筹，非各就书院向有之款通融，挹注不能集事。今该董等拟以吴会书院改设强恕学堂，即以该书院田产、当捐、存款暨道县加奖尽数改拨充费，属可行，应准照办，并请各宪立案，可也。

于是，强恕学堂按照当初钮永建的规划，依据清政府颁布的《学堂章程》，办学水准很快进入两等小学堂之列。

至光绪三十一年（1905），在强恕学堂及吴会书院毕业生中，咨送日本留学、升送中学者，已有30余人。

再创“务敏”

顾言十分器重比自己小19岁，却应以姑夫相称的李祖佑，为支持钮永建倡办强恕学堂，特意邀请他来增添“新学”课程。李祖佑思想活跃，年富力强，当即欣然答应了。

光绪二十八年（1902），59岁的顾言与40岁的李祖佑主动争取49岁的李祖锡以及马恩培（字柳江，号矍翁）的支持，在闵行镇上捐募到800银圆，顺利地着手在镇西南积谷仓处创办一所新学堂，取名务敏学堂。学堂校舍颇具气派，楼分7幢，共有平房21间。

顾言趁势推动周边乡镇创办新学堂。

光绪三十年（1904），顾言与彭家渡名医马云亭之子马轶群（字杏生）联手，在荷巷桥老镇上创办私立荷溪初等小学堂。马轶群是县学补增生员，个性静默，不涉外事，读书过目不忘，办学后潜心执教，深得顾言的赞赏。

城厢探路

科举制度废止后，各地急需设立相应的学务管理机构。正在兴起的上海地方自治运动，促进上海华界地方事务的振兴，教育改革作为地方事务的重要组成部分，理所当然地受到世人的特殊关注。

已经62岁的顾言闻讯积极响应，决心顺应时代潮流，为地方教育开创新天地。顾言意识到，应当大步走出故土，融入上海老城厢的热潮。

上海地方自治运动首倡者李平书（1854—1927）曾与李祖锡结义同好。于是，顾言借助李祖锡的关系与比自己年轻11岁的李平书建立了密切关系。顾言时常奔波于城乡之间，有心跻身上海滩学界大舞台，为上海西南诸乡争取话语权，同时寻找机会要在家乡地之外干出一番大事业。

在上海县城里，顾言与正在上海滩“寻梦”的三林书院创办人秦荣光之子秦锡田密切交往，互通信息。秦荣光逝世后，秦锡田即辞官回乡，继承父业，光绪三十年（1904）9月出任三林学堂总教习，次年又出任三林、陈行、杨思三乡联区学董和浦东同人会常务理事。

顾言看到，秦锡田比自己年轻18岁，曾在京城做过内阁中书（从七品），又以候补湖北同知在武昌供过职，阅历丰富，年富力强，到处宣传要以“切实致用”为兴学宗旨，以提倡教育、造就有真才实学的人才为目标。

顾言与秦锡田都来自沪郊乡镇，泥土气息相通，彼此极为投缘。秦锡田视顾言为长辈，十分尊重他的意见。而顾言也十分欣赏秦锡田的才气，又尊重陈行秦氏具有“上海城隍”后人的名望，因此遇到场面事总是将他推在前面。

经秦锡田引荐，顾言结识时为龙门师范学堂校董的姚文楠（1857—1933，字子让），就此打开一片新天地。

光绪三十一年（1905）九月十五日，聚集在上海的立宪派人士与士绅集议设立地方諮议局的事宜，上海11个团体各派代表（共29人）出席。顾言专程赶赴上海老城厢，参加这次集会。

顾言为人真诚，又明于世故，因此很快在上海滩建立了广泛的人脉关系，而且上下左右间绝无枘凿之处，他的名望随之扩大，更加引人关注。

十月间，酝酿已久的上海教育界“阖邑学务公会联合城乡学员大会”在上海文庙明伦堂内隆重召开，上海县各地学界代表人士齐聚一堂。主要发起人有姚文楠（龙门师范学堂校董）、顾言（强恕学堂主持人）、秦锡田（三林学堂总教习)、项文瑞(上海县师范传习所总监)等。

会议决定,为推进地方教育事业,应当划分学区,设立上海县学务公会,决议要求上海县署以田赋的积谷息款为全县兴办学校之用,并拟定六条章程:一是计亩均摊,二是分区统筹,三是从严考核,四是定期派款,五是储款代存,六是酌量变通。同时,会议以投票方式选举组织职员,从而成立了上海历史上第一个独立的地方教育行政机构——上海县学务公所。经选举,由姚文楠出任上海县学务公会会长,顾言出任副会长。

当年十二月十二日,江苏学务总会成立大会在老西门外方斜路上召开,推举张謇任会长,姚文楠任常务董事。顾言出席这次江苏学界名士大聚会,并加入这个中国最早的省级教育团体。会员大多是年富力强者,而顾言年已 62 岁,在最初的 232 名会员中是年龄最大的。

喜获嘉奖

光绪三十一年(1905)九月二日,清政府正式下诏,宣布废止科举制度,提倡兴办新式学堂。

此时,清政府驻沪商约事务大臣、前任上海道台吕海寰(1840—1927,字镜宇)对上海地区民间办学情况进行了调查,认为三林学堂、马桥强恕学堂、民立南洋中学堂、民立上海中学堂和文明小学堂等五所学堂"卓有成效","程度不入歧异,课程均符定章"。当年十二月,吕海寰奏请朝廷对五校给予立案,对各校创办人给予嘉奖"以昭激励",对诸校学生"毕业后准予照章归官考试奖给出身"。

吕海寰的建议得到了光绪皇帝的批准。光绪三十二年(1906)闰四月二十日,光绪皇帝下旨,顾言等 5 校创办人获得通令嘉奖。

这个消息在上海城内外产生了巨大的反响,尤其在上海西南乡激发起兴学热潮,一举成为地方教育先进地区。顾言及强恕学堂随之享誉江南。

闯荡上海滩

肩负重任

清光绪三十一年(1905)十一月,上海县学务公所在蕊珠书院(即也是园)珠来阁内正式对外运转。城厢城郊各所学堂与其建立起密切联系,这里热闹非凡。此时,上海县学务公所正式推举姚文楠担任总理兼文案(后称总董兼视学员),顾言担任协理兼财政员(也称副总董),项文瑞(字莲生,闵行镇人)担任师范监督(后称协董、视学员)。

由于大家公推顾言兼任财政员,全权负责管理和募集资金,凡书院董事所管款产截至年终均移交给他接收,统一管理。顾言深感责任重大,全力以赴,日夜操劳。好在他勇于担当,又富有实践经验,很快开创了新局面。

光绪三十二年(1906)七月,顾言依靠绅商叶佳棠的相助,一眼看中南市小西门附近(今尚文路北)的一粟庵。这里原是明礼部尚书、东阁大学士徐光启的农园。康熙七年,浙僧超盦购下徐氏荒圃建庵,邑人曹垂璨以“金鸡解衔一粒粟”之义题额,故名。

当时,一粟庵住持僧雪峰因出租庵地,正遭某些士绅诉讼。雪峰见到顾言,表示“愿以全庵请酌给官价入官”。于是,顾言果断拍板,支付720银圆购下庵地,并立即着手改建庵屋,这里便成为上海县劝学所新的公办场所。

同时,他将一粟庵内的佛像全部迁往闵行老镇,重建庵所,妥善安置。诉讼的士绅无言以对,雪峰僧极为满意。顾言办事的效率得到广泛好评。

七月,顾言与顾祥和、葛尚远等募集资金,在老白渡镇风神庙内开办东区第一小学校。3 年后(宣统元年五月)风神庙屋塌,顾言又出面集资经费,联手绅商莫锡伦等,并禀准上海道台蔡乃煌、上海知县田宝荣,建造正楼、侧楼各 3 幢。后更名为市立隆德学校。

十月,遵照朝廷学部《奏定劝学所章程》规定,上海县学务公所更名为上海县劝学所,主要职责为推广学务、筹措经费、调查学务及设立宣讲所。遵章设立总董 1 人,以县视学员兼,并增设协董 2 人,一经理财政,一代办视学。经大会选举,会长姚文楠、副会长顾言均连任,但是按章程要求,学务总董必须由县视学员兼任,而县视学员必须以曾海外游学或曾习师范者为合格,因此必须打破原有格局。显然,顾言属于“不合格”。于是,大家推举由项文瑞担任总董。然而,由于项文瑞一再推辞,结果还是久议未决。几经周折,只得采取变通办法:总董与县视学仍以 1 人兼任,但增设协董 2 人,总董的视学职务可于协董中委托一人代理,另一名协董分工经管财政。经姚文楠推荐,公举秦锡田出任上海县劝学所协董,兼任学务审查长。

按章程规定,上海县劝学所总董、协董的任期为一年,每届年前十月由大会选举产生,年终交替。姚文楠连任 3 届,顾言、项文瑞连任 2 届。

风云际会

此时,上海开埠已有半个多世纪,上海滩风云际会,新兴力量趁势勃起,顾言亲历了一系列前所未有的巨大变迁。

在上海教育界极为活跃的大舞台上,顾言虽说年老,但他清正耿直,谦和接物,清介持躬,处事坚强明亮,经权并用,名实兼隆。因此,秦锡田与顾言彼此志同道合,极为投缘。秦锡田对顾言温良而恭之德、兼听斯听之识、如璧如琮之品、如海如虹之才尤为赞赏,称其“长于肆应,明于世故,上交下交绝无枘凿之处”。只可惜“被举为劝学所财政协董,曾拟整理公产增加收入，惜独行无助，未竟其志。”秦锡田对此感到十分惋惜。

光绪三十二年(1906)正月二十六日，顾言与姚文楠、李平书等31人联名上书上海道台袁树勋，提出拆除上海县城老城墙的议案，认为“城垣阻碍，商埠难兴，集议公决，拆去城垣，修筑马路，使城厢内外荡平坦直，为振兴商埠之基础”。不料，呈文一经提出，立刻遭到20名士绅的激烈反对，拆除城墙之议一时未果。

光绪三十三年(1907)，上海官契局在南市老西门外万里桥成立，由顾言兼任总董。该官契局主要承办学务，相当于公证处，相关章程大多由顾言亲手制定。

同年，上海县劝学所重新规划上海地区教育体系，安排总董下设24个学区，各学区设劝学分所，选举产生劝学员。劝学员的职责是商承总董，调查、劝令本管区内筹款兴学事宜、讲习教育、推广学务、宣讲教化民众以及讲绘本区学务图表，报明本城劝学所备案等。每年逢农历正月初七，上海县劝学所召开大会，逢四月初八召开议员会。劝学所的所有事宜，均经该机构议决后实施。

不久，因时局变化，上海地方教育界的管理机制相应发生重大变化。光绪三十四年(1908)，根据学部颁布的教育会章程，上海教育研究会和沪学会合并成立上海县教育会，劝学所的选举权、决议权均归教育会。

顾言年已65岁，显得年迈守旧，随之不再担任主要职务，一心想顺势退出繁杂纷争的上海滩。他早已知足，唯有举办公益性大型活动，才会去露脸应酬一下。当年11月8日，顾言应邀参加上海著名人士鬻字助赈活动之后，返回家乡。

得力弟子

顾言一向注重在年轻人中遴选可造人才，加以培养，对于家乡子弟他尤为关注。在其众多得力弟子中，最亲近的是来自闵行镇的李宗邺。

李宗邺，字颂唐，生于同治六年(1867)正月二十六日，为闵行陇西李氏十八世孙。祖辈世居闵行镇留桥弄,父亲李显元(号廉卿)。少年时,就读于吴会书院,师从顾言。光绪十年(1884),入上海县学为庠生。后在华泾镇刘氏家塾执教。

顾言对颇具才气的李宗邺十分欣赏,决定派遣他赴日本深造。光绪三十三年(1907),李宗邺以公费生身份赴日本留学。

在日本,李宗邺先后进入东京弘文学院师范科及高等数理化班,学业始终保持优良。归国后,顾言邀他到务敏学堂任教。李宗邺将留学所获尽情发挥,表现出众,更赢得了顾言的特殊关注。

经顾言推荐,李宗邺转赴敬业中学、务本女子学校任教。他没有辜负恩师的期望,在教学中善于创新,业绩显著,很快在上海学界崭露头角。

顾言在隐退之前,有意为李宗邺创造机会,让他大步走上上海教育界的前台。李宗邺为人诚恳,颇有人缘,又才华横溢,敢于开创新风气,在上海学界声名响亮。宣统元年(1909)、宣统三年(1911),他两次被公推为上海劝学所协董和视学员。

尝试参政

宣统元年(1909)9月,江苏省在江苏教育会的基础上,成立江苏省諮议局,议论本省应兴应革事件,预算、决算、税法、公债及应负义务等。根据清政府颁布的《各省諮议局章程》和《諮议局议员选举章程》,江苏全省举行广泛的民主选举。

顾言年已66岁,仍以符合当选者条件中“在本省地方办学及其他公益事务满3年以上卓有成绩者”的优势,主动参加公开竞选。竞选投票过程十分激烈,几经周折。结果,他不负众望,被松江府民众代表公选为江苏省諮议局议员。

当年10月14日,江苏省諮议局在南京如期开局。

在此后3年内,顾言不时奔赴南京城,参加省諮议局活动,期望通过议会健全地方公益事业。来自松江府的议员共有15人,其中,与顾言比较熟悉的有黄炎培(时任江苏省教育会副会长)、姚文楠(时任上海市政厅议事会会长)、秦锡田(时任上海劝学所学务审查长)、穆湘瑶(时任上海城厢内外总工程局议董)、雷奋(时为上海《时报》主编)和夏日琦(时任松江中学堂监督)等。

新建的江苏省谘议局大楼在南京市玄武门西侧,圆拱门窗,蒙莎式屋顶,中间耸起钟塔楼,庄重质朴,雄伟大气。

在历次议员会议上,顾言直抒胸臆,对江苏省的时局利弊提出议案。他与老友秦锡田互相配合,志同道合,共同提出了多项建议案。秦锡田称之"三年谘议局,昕夕快追随"。

首创农校

光绪三十三年(1907)春,顾言与姚文楠以上海尚无实业学堂,议复串捐作为农学专款。正巧,时有上海出身的外交家陆徵祥(字子欣)有心为家乡效力,由荷兰使馆先后汇寄墨银(墨西哥鹰洋)2000元。为支持创办农业学校,地方人士也捐出一大笔资金。上海县知县汪懋琨(字瑶庭)将所得资金全部交给顾言,放心地托其负责谋划,规定使用办法,推进地方教育事业发展。

顾言受此重托,苦心谋划。当时,李祖佑被推举为闵行镇乡董,正谋求地方事业新发展。于是,顾言抽调出部分资金,要在闵行镇着手创办一所中等农业学堂,为地方培养农艺人才。

李祖佑十分重视这次机遇,发动乡人全力配合,在西外滩落实建校用地。消息传开,闵行镇上复新裕木行带头响应,捐田3亩9分,李氏正养堂也随之捐田6分5厘四。闵行人士说干就干,建校工程及时启动。

宣统元年(1909),27间农校教学用房在西外滩建成了。顾言亲临现场表示祝贺,并及时调拨了购置教学设备经费,计有大洋约1.05万元。

在顾言主持下,闵行农校立即延聘教师,广泛招收学生。

地方上自行创办农艺专科学堂,当时实属首创,为此各界对闵行农校寄有厚望,选谁来主持教务呢?顾言心中早有打算。他对老友黄宗坚极为器重和信任,见他积有丰富的农业生产经验而长期未得到重用,就亲自登门,特聘他出任闵行农校经理(即教务长)。

宣统二年(1910)二月,上海县中等农业学堂正式开学,俗称“闵行农校”。学堂先办预科,学生不收学费。

一天,顾言正在南京城里出席諮议局会议,闻听在苏州任职的李祖锡突患中风,急忙赶去探望,组织医治。

李祖锡在光绪十三年(1887)就获得了候选县学教师的身份,可惜没有机遇,只能大材小用就地执教候选,直到光绪三十一年(1905)六月,江苏省震泽县急需一名县学训导,他年已52岁,不惜离乡远行受聘,八月正式赴任。科举废止后,又延聘他出任震江高等小学校长。他恪守传统美德,强调修身养性,亲著《修身范》书刊,供学童们诵读。可惜他积劳成疾,年仅57岁突然中风,病倒在岗位上。而他的小儿子李显谟(字英石)刚从日本留学回国,获得武举人名分后,转赴武昌谋求发展,无法照料父亲。于是,顾言帮助李祖锡辞去教职,送回家乡养病,交给其二儿子李显常照应。

而李祖锡病情初愈,见顾言为创建闵行农校忙得疲惫不堪,即不肯在家安息,前去相助。于是,顾言就索性请他出任闵行农校监督(即校长)。农校内还建立了农事试验场,使上海县内有了第一所农业职业学校和第一个农学研究实践场所。

宣统三年(1911),在日本留学七八年的黄艺锡毕业归国后,应学部全国留学生会试,取得农科举人学衔。黄宗坚兴奋地将喜讯告诉顾言。顾言拍手称快,盼其早日归乡,为父老造福。

隐退回乡

宣统三年(1911)秋,上海地区的中国同盟会中部总会、光复会上海支部和上海商团公会等三方革命力量发动了光复上海的起义。这时,顾言年已69岁,外出行动多有不便。何况,他不知这一场革命将会闹到何等地步,也不知如何直接参与革命,若再留在城区会变得越来越不合时宜,便决定悄然离开上海滩,返回家乡关注闵行农校的发展。

几年来,家乡也已经发生重大变化。之前,顾言曾同意当局将闵行、马桥、颛桥、北桥四乡合并为一镇实行自治,而马桥区十图图董周宗瑜等坚决反对,于1910年十月初一日组织120名具有选民资格者,借强恕学堂集议办法,一致认为马桥向来管辖十图,自有局董,合四乡为一镇,不如马桥自立一乡之为宜。顾言表示赞同马桥父老的主张。1911年正月,马桥乡自治公所成立,设在强恕学校内。议事会议员有12人,议长沈澄清(字志青,号培生),副议长朱礼俭,乡董张之纲(字韵笙)。民国元年(1912)六月改组。议长周宗瑜(字甲生,习医),副议长钮元晏(字静庵)。

马桥乡议事会推举顾言出任名誉董事,而他不想再过问诸事,终日守望在荷巷桥,只求淡出历史舞台,静心养老。

抱憾离世

民国元年(1912)2月20日,闵行镇上发生了“警民冲突”。有歹徒乘机抢劫公私财物,更有人趁乱纵火,结果将黄浦江边的警局、闵行农校校舍、西寺等建筑全部焚毁。

顾言闻此消息,大吃一惊。他年近70,出门不便,但身为闵行镇名誉董事,岂能袖手旁观。他从荷巷桥赶到闵行镇上,与警兵统领李某进行交涉。然后,他当夜乘小火轮赶赴上海城区,向民政当局报案。

可惜,此事最终还是不了了之。

闵行农校被毁,竟然始终没有查清真凶。他呼吁重建校舍,竟然得不到上海县当局的重视。眼看凝聚着心血和希望的农校遭受如此毁坏,顾言极度伤心,病倒在床。

1913年农历三月二十八日,为李祖锡60岁生日,儿孙们为其筹足寿宴款,亲友们纷纷送来祝寿礼金,而他却把这些都捐出去赈灾了。他虽重病初愈,但心境坦然,挥笔撰写《六十初度自述十二章》,反省自己的人生。

李祖锡特意又去探望顾言,想乘兴叙叙旧情。然而,顾言卧床不起,病情不见好转。李祖锡默默地回了家。

1914年春,顾言病重不治,在家中抱憾长辞,享年71岁。四乡为其哀悼,民众为其泣泪。

顾言逝世后,秦锡田发表《顾丹泉先生哀词》,历数顾言一生事迹,歌颂其立德、立功、立言之精神。

《顾丹泉先生哀词》全文如下:

于赫顾民,并冕江东,翊晋有荣,辅吴曰雍。梁陈之际,笃生希冯,簪缨奕叶,为世儒宗。吾邑孔文,振铎乡邦,竹枝绝唱,学富才雄。先生继起,不坠家风,桔怀陆绩,梨让孔融。庭鲤训肃,班马香浓,摛华掞藻,史铸经镕。金银斑管,如椽似杠,早丁世乱,躬耕五茸。白华洁养,春韭秋菘，中兴运启，采芹泮宫。身隐文显，位卑德崇，嗜义若渴，闻善必从。平治道路，修建梁矼，翳桑推食，发棠振凶。凡百公益，悉矢热衷，明习水利，小试邑中。均田均役，蒲肇吴淞，万夫云集，经历秋冬。兵法御众，方程度工，役不逾时，波流溶溶。浦右支港，浚深疏通，农田灌溉，颂献屡丰。赋繁敛重，首数苏松，吏猛于虎，民哀若鸿。废屋荒冢，谁纳正供，亦有粮户，残疾疲癃。一丝一粟，畴为弥缝，桃僵李代，追比素封。茹苦代纳，是犹养痈，税额未足，家资已空。仰首吁天，天心梦梦，先生奏记，大吏动容。严禁永革，公署碑穹，海滨邹鲁，文化大同。吴会黉舍，峻宇崇墉，烝我髦士，告我童蒙。菁莪乐育，桃李鲜秾，天子褒美，诏下九重。赞襄学务，竭智尽忠，整理财政，流细源洪。劝导乡学，昭若发蒙，实业之学，第一明农。筹设农学，豫科附庸，进行次第，成竹在胸。功未及半，劫坠羊红，连云大夏，毁于妖烽，艰难再造，永被帡幪。宪法始布，代议士充，陈民疾苦，振聩发聋。惟先生德，温良而恭，惟先生识，兼听斯容，惟先生品，如璧如琮，惟先生才，如海如虹。谦和接物，清介持躬，刚明处事，勤慎趋公，为公家仆，为国民佣，经权并用，名实兼隆，尤笃友谊，慎始谨终。钮氏孙氏，孤子幼冲，寄托先生，事若家翁，以养以教，以至成童，生不愧死，义薄衡嵩。仁者必寿，儿齿方瞳，千龄盛会，载酒扶筇，年未耄耋，龙蛇运逢，神骑箕尾，城主芙蓉，愁云黯黯，泪雨蒙蒙，行路陨涕，相辍邻舂，昊天不吊，吾道终穷。缅怀先生，闲气泖峰，备不三朽，立德言功。何以崇德，祀之辟雍，何以报功，勒之鼎钟。至言千古，丰碑磨砻，载笔史乘，为光为龙，先生有灵，庶无怨恫。

顾言生有2个儿子6个孙子。

顾言长子顾文郁（？—1926），字岫云。曾赴日本留学，后在闵行老镇经商，为本地商界知名人士。清末民初，地方自治时任闵行镇经董。1919年6月，为声援北京“五四”爱国运动，领头组织召开2600多人到场的闵行镇各界公民大会，发动商学界开展罢课、罢工、罢市斗争，坚持了一周。1921年11月，被推举为上海沪闵南柘长途汽车股份有限公司董事会成员，全力支持修筑沪闵公路。1924 年 7 月,当选为闵行乡乡董。次年,任闵行乡保卫团团总。1926 年 10 月,在家抱病逝世。生有儿子顾考祥。

顾言次子顾文浚(1884—?),字袖海,光绪十年(1884)生于荷巷桥。从强恕学堂毕业后,赴日本留学。归国后,任闵行强敏小学校长。民国元年(1912)6 月,当选闵行乡议事会议员。1917 年,任闵行乡教育会会长。1922 年 6 月,任闵行卫生协会会长。1926 年,由上海县公署委任为上海县保卫团第一支团长。1932 年 48 岁时,担任广慈苦儿院董事。1937 年抗战爆发后,为上海县救护委员会委员。生有儿子顾鼎祥、顾凤祥、顾发祥、顾正祥、顾定祥。1930 年 4 月 1 日,其孙子顾彧在第一届江苏省运动会上以 1.63 米的成绩获男子跳高第一名。

顾言悄然远去,但他的同仁和子弟们继承了他未竟的事业。

荷巷桥老街东段的顾言故居至今幸存,坐南面北沿街七开间,略呈四合院式布局,砖木结构平房,前后二厢房,中间有庭院,西面与金庆章故居相接。20 世纪 50 年代,这里为邻松乡政府机关所在地。人民公社期间,为马桥公社驻邻松地区工作站,又做过卫生所。如今,房屋看枋梁木多处仍清晰可见各种木雕造型,已被列为闵行区文物保护点。

顾言故居

黄宗坚

黄宗坚（1854—1943），字冰如，竹冈黄氏十九世孙，上海县闵行乡黄家河圈（今闵行区马桥镇友好村）人。父母均具有文才。长期靠务农谋生，积累了丰富的农业生产经验。坚持求真务实，深入研究植棉环节，率先引种陆地棉，广泛动员乡民仿效，使本地所产棉花产量和质量改观，随之收入大增。撰成农科经典之作《种棉实验说》，得以广为流传。宣统二年（1910），任上海县中等农业学堂经理，创办农事试验场。享年89岁。

名门裔孙

近代农科先驱黄宗坚(1854—1943),字冰如,清咸丰四年(1854)六月二十四日出生于上海县十六保四十二图黄家河圈(今闵行区马桥镇友好村),系竹冈黄氏十九世孙。

春申君后裔

战国时,楚考烈王拜黄歇为相,封为"春申君",今上海地区是他封邑的一部分。本地区流传着一些春申君的传说,竹冈黄氏家族自称是春申君的后裔。

据1924年正式出版的《上海竹冈黄氏宗谱》称,竹冈黄氏裔孙源于楚相春申君黄歇的幼子黄穗。

南宋时,竹冈黄氏先祖自河南汴梁(今开封)迁入上海地区,始迁祖为黄文亮,三世孙分迁竹冈和北桥等地。五世孙黄凤岗娶王氏,定居"竹冈西"。明嘉靖年间形成村落,因南、西、北三面都有河道,遂称"黄家河圈"。这里现为江川路街道红旗新村及周边地区,长期地属马桥镇友好村。

黄氏子弟出众

竹冈黄氏耕读传家,人才辈出,尤以“文蔚堂”“素安堂”“学古堂”子弟出众。

第十四世孙黄琮,原名琳,字昆发,号二乡,别署春申江上人。国子监附贡生,授修职郎。嗜酒好书,博览群经。曾师从青浦朱家角名士王昶(字德甫,号述庵,清乾隆十九年进士,官至大理寺卿)。从黄家河圈素安堂迁到闵行老镇北街后,自建“蜗庐世德堂”,家中亭榭竹石,布置井然。他喜作擘窠大字,为自己的颐素斋题额“卷石山房”。著有《颐素斋诗稿》《金刚经注释》《蜗庐杂咏》《大观园图说》。

作为春申君的后裔,黄琮深感自豪。嘉庆九年(1804),黄浦江畔的春申阁落成后,黄琮即作《春申阁题壁二首》,深切感叹:

村落逶迤傍水滨,杰然高阁祀春申。

千秋史册应从实,百世香烟别有因。

不是安澜怀尔绩，如何盼鑾到兹辰。
问谁继体名尤显，江夏黄童第一人。
不出乡关得胜游，天然图画豁梦眸。
虽无远岫窗中列，却喜长江栏外流。
浪卷千层晴作雪，风来万里夏疑秋。
有时待月黄昏坐，几处歌声起钓舟。

第十五世孙黄家锟，字晋藩，号谈生，半耕半读。以“申江十景”诗闻名，著有《竹冈诗抄》。

第十六世孙黄步瀛，号云楼，居黄家河圈学古堂。家贫，靠授课训蒙度日。能诗善文，爱艺菊花，晚号“古冈老人”，寿至八旬。著有《学古堂吟稿》十二卷，《良田集诗抄》二卷。《闵行诗存》录其诗十一首。

第十八世孙黄焜（1843—1865），字韫生，号允升，登仕郎议叙八品衔国学生，候选县左堂。少负大志，留心经世之学。乡里那些无赖不敢路过其家门，宁可绕道而行。咸丰兵灾时，举家避难崇沙，而其独留。他率众扼守紫藤棚桥，使沙冈以东地区免遭兵火蹂躏。可惜英年早逝，年仅 22 岁。

第十八世孙黄兆勋（1823—1869），字寅伯，号杏园，例授文林郎，府学廪膳生，为候选教谕。文辞典丽，书法遒媚。著有《绮香室诗稿》。

第十八世孙黄兆熙（1846—1893），号菘园，承德郎国学生。贞高绝俗，不求名利。喜爱花木，在宅南独辟一隅编篱为园，亲自栽植各种花木，尤以桐为多，取名“满芳园”“桐荫轩”。

清道光年前后，部分竹冈黄氏族人迁居到闵行镇上居住。

1923 年，黄宗坚、黄宗麟、黄公锡、黄艺锡、黄申锡等合力在黄家河圈建造了黄氏宗祠。1924 年 2 月，特邀时任外交部条约司司长的朱寿朋［（字锡百，号曼盒，上海人，光绪二十九年（1903）中进士］撰写了《竹冈黄氏宗祠记》。

耕读谋生

黄宗坚的祖辈以务农起家，人丁兴旺，热心公益，因设塾、恤贫，两次受到朝廷褒扬。曾祖父黄汇南（1775—1827），字汇江，号奠川，太学生，素本安贫，克俭克勤，创基立业，处世平和，治家有法。祖父黄橙（1810—1886），字荫亭，号石君，授修职郎，喜书法，晴耕雨读，不问外事，淡于荣利。父亲黄兆勋。母亲蒋淑英（1830—1864），字绣余，为明代进士蒋性中（字用和，莺窦湖人）十三世孙女，侍候翁姑极诚敬，家务之余不废文史，诗词婉约，书法娟秀，著有《绣余漫草诗稿》，尤以《咏莺湖十景》诗传世。可惜，她于同治三年（1864）因病去世，年仅35岁。

黄宗坚自幼不幸，10岁丧母，15岁又丧父，但从未抱怨消沉，安心耕读谋生，有志造福乡邻。他认为，农业是恒业，务农必须有恒心。因此乐于农耕生活，无心投奔仕途。他还认为，水利与农业盛衰息息相关，兴修水利匹夫有责。同治十二年（1873），乡里组织疏浚竹港河时，未满20岁的黄宗坚捐钱1400缗，表达自己的心意。

步入中年，黄宗坚常年日晒雨淋，饱经春风秋霜，成为一个与众不同的"农夫"。人们看到黄宗坚"精神强固，腰脚尤健，黎明即起，巡行陇亩，手戒珠，口佛号，声琅琅，震远近，虽寒暑，不辍曩"，"布衣草履，与田父野老课晴雨，话桑麻，兴之所至，行数十里不倦"。（引自秦锡田《乡先哲冰如黄君传》）

种棉实验

竹冈、沙冈一带地势高亢，土质适宜种植棉花，明代中后期，棉花取代水稻成为主要经济作物，形成“棉七稻三”新格局。清同治年间的《上海县志》在物产类记载棉花时称：“他处虽有，然土地之宜、种植之勤、纺织之精、运售之广，吾邑独甲于天下。”但是，上海开埠后失去纺织之利，而农民墨守成规，因此棉花产量减少，质量下降，难以交易，沪郊农民生计日窘。

黄宗坚有胆有识，主张发扬黄道婆勇于革新棉纺织技术的精神，以徐光启的《农政全书》为指导，遵循科学原理，探寻改良途径，求真务实，开拓创新。于是，黄宗坚对植棉过程中的“辨土”“选种”“勤锄”“摘头”4 个环节，反复实验，做了深入研究。

黄宗坚强调种棉讲究“土宜第一”，主张根据棉田地势的高低，土质的肥瘠、坚松，以及前茬麦、豆、菜收获的迟早等不同情况，因地制宜做出相应安排。棉株要长势旺盛，选种则务精务纯，若是精选每 100 斤籽棉可出絮 45 斤的良种，杜绝混入出絮 34 斤的劣种，每亩岁收就可增钱 1000 多文。棉田勤锄，不仅要除杂草，更重在松土，以适棉性。雨后棉田浮泥冲净浸水，土质益坚硬，尤宜急锄、深锄。棉株摘头，最为切要，棉株直干易长，横枝难生，宜于三伏晴天时摘去棉头，以防止其徒长。一经阴雨，枝叶丛生，黄花随之怒放，结铃则多。棉茎矮短，离地近而得力足，棉铃饱绽，可增产三分之一。在实践中，他还深感种庄稼施肥锄田过犹不及，必须顺天时，察物性而以人力调剂之。应特别注重风雨变化、寒暑递更的推测，以防灾害。他还提倡在棉田内夹种油菜。

上海是我国引种陆地棉（俗称“美国黑核洋棉”）最早的地区，黄宗坚是先行者。黄宗坚自述称，在上海知县陆元鼎（字春江，号少徐）的支持下，他“历试有年，寻常种（中棉）轧出之絮二十斤而七，每百斤得絮不过三十四五斤，黑核则二十斤而得九，每百斤可得净絮四十四五斤，两两比较，综其价值每百斤可多得钱一千有余，是棉种又不可不讲”。经过数年试种，以事实确认洋棉的衣分高，胜过当地的土棉。

黄宗坚的种棉实验取得成效后，即与顾言（字丹泉）等好友合作，广泛动员乡民仿效，切实抓住植棉4个环节，推广陆地棉，使本地所产棉花的产量和质量都有所改观，乡亲们随之收入大增。黄宗坚发现“上海有田六千八百五十二顷，棉田居其七。若每年每亩多收千钱，则岁盈四十七万九千六百余千矣”。于是，他有心将这项“种田经”好好梳理了一番，尽力推广出去，造福天下。

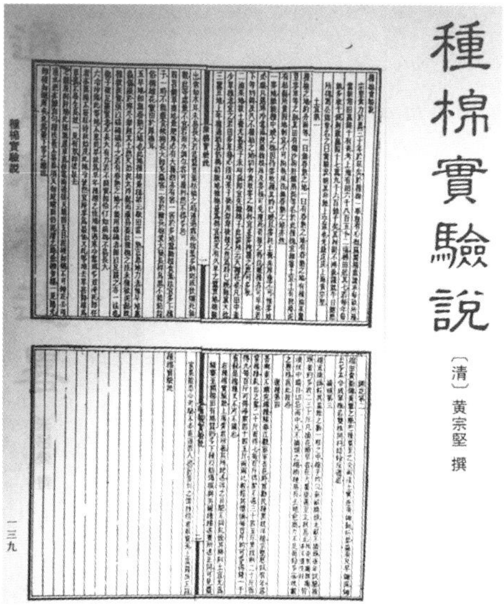
種棉實驗說

〔清〕黄宗堅 撰

《种棉实验说》书影

光绪二十四年（1898），黄宗坚根据自己30多年的生产实践和科学总结，撰成《种棉实验说》一文，发表于上海《农学报》第26册（1898年4月出版）。光绪二十六年（1900），上海总农会将此文增订成书，推广流传，使其成为农科经典之作。1910年，农工商部为倡导棉业改良编订《棉业图说》，半据此书。2002年，《种棉实验说》被收入《续修四库全书》。

主持农校

嘉庆年间，士人孙成在黄家河圈设馆授徒，颇具影响。道光十五年（1835）元月，67岁时重游黄家河圈，见这里竹冈黄氏子弟大多有出息，欣然撰文为记。

光绪十一年（1885），闵行镇李祖锡（1853—1917，原名毓琛，字子莲）以乡试第13名考中举人，取得副贡生的名分。从此，在家设馆授徒16年，其中在黄家河圈设馆传授8年之久，竹冈黄氏子弟得益良多，因而人才辈出。

推行兴办新学的时代新潮刚兴起，黄宗坚与侄儿黄申锡（字谱蘅）等闻风而动。光绪三十年（1904），他们在黄家河圈创建了“竹溪小学堂”，凡贫苦子弟无力向学者概免收学费。光绪三十二年（1906），这里改属“闵行学区”。民国元年（1912年），黄宗坚、黄宗麟捐地2亩，建平屋8间，用银1696元，后教育局拨款扩充，定名“上海县立竹溪初级小学”。

光绪三十三年（1907）春，上海尚无实业学堂，上海县知县将社会捐资交给顾言，托其负责谋划。为地方培养农艺人才，顾言在闵行镇西外滩着手创办中等农业学堂。

黄宗坚时年55岁，被顾言聘为闵行农业学堂经理（即教务长）。他亲自策划建造校舍，为购置图书、理化仪器、教具等四处奔走。宣统元年（1909），27间农校教学用房建成，立即延聘教师，广泛招收学生。

宣统二年(1910)二月,“上海县中等农业学堂”正式开学。学堂先办预科,学生不收学费。黄宗坚一直坚守在农校,从事农业科研和培养本地农科人才,不辞劳瘁。

谁料想,1912年(民国元年)春节期间,闵行镇上爆发警民冲突,局面难控,导致农业学堂校舍被毁,只得停办。

黄宗坚荣获大总统特奖墨盒

1914年,闵行乡自治公所组织社会各界积极捐款,在原址重新建造校舍,重新开学,改名为“上海县立乙种农业学校”,俗称“闵行农校”。黄宗坚继续主持农校教学工作,尽心尽力,业绩显著。

1919年11月,黄宗坚荣获刻有“大总统特奖农业讲演所纪念”字样的墨盒。

上海县立乙种农业学校开学

子承父业

黄宗坚长子黄公锡，字吕笙，居文蔚堂。庠生。工楷书，爱植花卉，极节俭。《闵行诗存》录其诗5首。

黄宗坚次子黄艺锡（1878—1953），字润书。入京师大学堂（北京大学前身）师范速成科深造。1903年12月，被选派赴日本留学。次年初抵达日本，先入弘文学院师范科补习日语和基础学科。1908年，30岁时由东京第一高等学校升入东京帝国大学农科大学农艺专业科。

黄艺锡

1911年，黄艺锡毕业归国，参加学部全国留学生会试，获得农科举人学衔。历任农商部佥事、化验土壤统计各科科长、农林司第一科科长、农事试验场主任、文官甄别委员会委员。1917年9月，担任北京政府农商部农林司司长、糖业改良委员会会长，林务研究所所长，棉业处处长技监厅帮办、技师甄别委员会主任、实业代表会议会员实业行政会议会员。1923 年 2 月去职。1924 年 3 月，再任农商部农林司司长。1927 年去职。

1923 年 3 月，黄宗坚赴北京探望儿子

1932 年 1 月，黄艺锡以自己莳花养菊的经验，撰写了我国最早的种菊专著《菊鉴》。1933 年，黄艺锡离京返乡。不久，经好友介绍赴日本任领事馆商务官秘书。

1935 年，黄艺锡返回上海，任上海县款产处主任，参与民国《上海县志》增补工作。1936 年春，在闵行镇北街外重建宅院，人称“黄庐”。可惜，刚入住新宅，抗日战争就全面爆发了。

感叹人生

年过七旬之后，黄宗坚逐步退出农校教务工作，返回黄家河圈的黄氏祖宅养老。生于1925年的孙儿黄沚(字可时)时常跟随母亲前去看望祖父，在其98岁时撰写的回忆录中，记忆犹新地描述了当时走访黄家河圈老宅的情景：

> 跨过沪闵公路去老宅，沿着一条较宽的田埂，向西北方向直行四里路，先是跨过夹沟桥，桥面狭窄，由两块石板并列三节组成，小孩子一个人不敢独行，由大人搀着才敢过桥。第二座桥是竹冈桥，桥面较宽，走在上面稳稳当当。过河后沿小路直行，就能见到黄家河圈的老宅。老宅分东西两块，东块称为东郊，是祖父居住地，西块称为西郊，是叔祖父黄宗麟的宅基地，两块中间有个大厅堂，逢有要事开大门迎客。大厅中间高挂有一块大匾额，是大总统嘉奖给祖父的。祖父一人居住在老宅，显得格外清静，一切起居均按惯例行事。在老宅，祖父特意穿上祭孔服，唤人拍摄了我俩祖孙合影，我手持书卷面对祖父，表示勤读勿误。可惜，这张照片后来失传了。

1937年11月，侵华日军占领闵行镇，刚建好的“黄庐”驻扎了日军宪兵队，上海县立乙种农业学校被迫停办。黄宗坚满腔悲愤，虽双耳重听，却难以清静,为避战乱随儿子躲到上海城区生活。

1940 年,黄宗坚年已 86 岁,耳聋眼花,回想近百年来遭遇咸丰兵灾、1924 年苏浙军阀混战、1937 年上海沦陷,感慨万千,撰写《冷叟避难述怀》诗云:

生平三值红羊劫,屈指而今未百年。
人说耳聋还是福,炮声动地得安眠。
闾井为墟百室空,家山咫尺路千重。
斡旋残局儿孙事,指望长途绝处通。
泰岳游归谒孔陵,古稀意气尚飞腾。
而今又隔十余载,腰脚蹒跚叹未胜。
伤心冢子遽游仙,暮境颓唐剧自怜。
晨起巡行宣佛号,思量唯有学参禅。

1943 年,黄宗坚在康定路 872 弄涵仁里逝世,享年 89 岁。

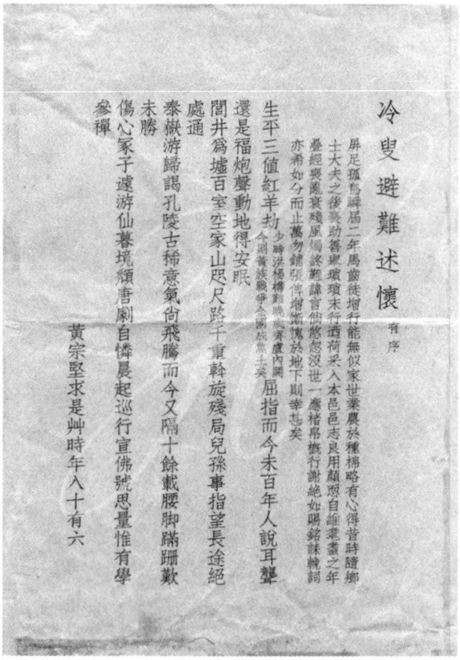

冷叟避難述懷 有序

屏足孤島僻居二年馬齒徒增行能無似家世業農於種棉略有心得昔時隨鄉士大夫之後襄助善舉瑣瑣末行猶荷采入本邑邑志良用顏汗自維耄耋之年疊經喪亂衰殘風燭終難諱言倘悠忽沒世一應楮帛概行謝絕如賜銘誄輓詞亦希如分而止萬勿舖張倘增慚愧於地下則幸甚矣

生平三值紅羊劫(少時洪楊構亂晚歲齊盧內鬨今則黃族戰爭全國成焦土矣)屈指而今未百年人說耳聾還是福炮聲動地得安眠閭井爲墟百室空家山咫尺路千重斡旋殘局兒孫事指望長途絕處通泰嶽游歸謁孔陵古稀意氣尚飛騰而今又隔十餘載腰脚蹣跚歎未勝傷心冢子遽游仙暮境頹唐劇自憐晨起巡行宣佛號思量惟有學參禪

黃宗堅求是艸時年八十有六

黄宗坚《冷叟避难述怀》诗

秦锡田

秦锡田（1861—1940），字君谷，号砚畦，晚号适庵，别署信天翁，清代上海县陈行镇（今闵行区浦锦街道）人。秦荣光长子。光绪十九年（1893），与弟锡圭同科中举。承父命改三林书院为学堂。1921年起，历任上海县公款公产管理处总董、处长、主任，上海慈善团常务董事，同仁辅元堂、普益习艺所主任、上海游民习勤所、上海残疾院、公立上海医院、邑庙董事会等董事长。当选江苏省议会议员。编修《上海县续志》，助纂民国《上海县志》，总纂《南汇县续志》。

漫漫应试之路

少年有志

秦荣光长子秦锡田（1861—1940），字君谷，号砚畦，清同治元年三月（1861）二十一日辰时生于陈行养真堂宅，父母时年均21岁。当年冬季，因太平军逼近，随父母逃难到浦西关港。据其《七十自述》称：作为长房长孙，“素为大父母所钟爱”。祖父60岁抱孙子，欣喜若狂，“以绳武堂之东厢为寝室，命余置榻于旁，因得朝夕侍奉，教诲提撕，无微不至”。父亲更是寄予厚望，5岁起就为其教读识字。7岁时，父亲出门应试，他在家涂鸦学写字，笔枯砚水干，到檐下约1米高的大水缸中去取水，俯身时倒堕缸内，经历了又一次生死考验。他天资有些迟钝，每日读书只能背出五六行字。父亲忙于公事，疏于督课，就将他送到周浦镇娘舅家，与表兄张可鑅（字守初）、表弟张可钜（字干才）相伴就读。后因得疟疾，他荒学三年。13岁时，又到周浦镇拜王珠树（字泖秋，号花南，曾任浙江知县）为师，学习科举考试必用的试帖诗。试帖诗有着严格的格式和规范，人称“应试诗”，秦锡田住在娘舅家，用心学了一年。

光绪二年（1876），16岁的秦锡田与好友胡祖德、徐步青（字健之）等结伴赴上海文庙，初次参加县试。

光绪四年(1878)四月,秦锡田到松江城参加府试,7个县的童生有2000余人,他名列前茅。担任主考官的松江知府赵佑宸(原名有淳,字粹甫,号蕊史)十分赏识他的《蚕豆赋》,复试之日选他持卷到丛桂堂,手加圈点,点评瑕瑜。秦锡田得益甚多,印象深刻,直至晚年还赞叹恩师:“天上谪仙至,云间廉吏歌。量才携玉尺,下笔定金科。属邑分题巧,士林被泽多。到今续小课,传诵遍山阿。”

当年冬季,秦锡田又应院试,作文得第6名,颇为得意。谁知因试官突然病故,试事中止而未揭榜。

翌年三月,秦锡田19岁再应院试,终于成为补县学生员。当年十一月,被周浦镇上沈协盛米行的沈维桢(字邦荣,号澄江)相中为婿,将其长女许配于他。

入上海县学后,秦锡田常与出生于江宁、侨居三林镇的同学黄文瀚(字师竹、瘦竹,号揖竹词人)及黄云门兄弟俩相互吟诗作答,但大多只是愁哀之音。岁试时,他所学诗古文被列为二等。

光绪七年(1881)起,秦锡田赴三林镇姑父赵淇家的“润鸿堂”,开始实习执教,课表弟赵纫之(字履信),同时温习迎考,历时2年。

当年十月,秦锡田应科试,列二等。

光绪九年(1883)中秋节前,秦荣光、秦锡田父子一起赴苏州寄宿在秦淮河南岸石坝街,参加乡试。此时,他已转周浦镇表姐夫潘泰增(字方水)家中执教,课潘和鼎兄弟,前后达5年。

翌年岁试时,秦氏父子兄弟一起应试,秦荣光列一等第12名,秦锡田列二等第12名,秦锡圭获诗赋第一,补县学生员。

比秦锡田小3岁的秦锡圭(1864—1924),字镇国,号介侯,十分适应科举考试,一路顺畅。他先后受业于顾莲(字香远,号复斋)、刘元楷(字乙笙)、陆润庠(字凤石)、叶昌炽(字鞠裳)。令秦锡圭心绪不宁的是妻子顾氏体弱多病,所生的儿子秦之梁在幼年就夭折了。

三弟秦锡芝,初名锡琯,字葭春,屡试不第。光绪二十九年(1903)三月至十月,在日本弘文速成师范进修。

四弟秦锡芷（1872—1896），初名锡筹，字祖庆，号祝升。性孤介，不张扬，文如其人，故屡试不第，愤懑成疾。光绪二十二年（1896）二月，二哥秦锡圭梦见四弟高中榜首，便立即吩咐其将字号祝孙改为祝升。他急忙照办，结果应试仍旧被斥，因此越加抑郁，遂得症疾，久治不愈，终于七月初九弃世而去，年仅24岁。幸有儿子秦之衔（字又元，号翰才）日后成才。

五弟秦锡龄，字祖寿，号绛人，光绪元年（1875）生。

召稼楼情缘

光绪五年（1879）三月，18岁的秦锡田考入上海县学。不久，秦锡圭也紧追其后，成为生员。兄弟俩经常到召稼楼去走亲访友。

召稼楼是个乡间集镇。镇区规模不大，自雍正四年（1726）起划归南汇县。在召稼楼镇上，拥有田地万亩的奚氏家族与陈行秦氏深有情缘。秦荣光的父亲将三女儿嫁给"人瑞堂"的奚世荣，秦荣光也将大女儿嫁给"瑞凝堂"的奚在兹，赏识其心地天明，待人接物无不宽厚。因此，秦荣光及其子女是召稼楼奚家的常客。

奚氏人瑞堂，始建于同治三年（1864），主人为奚渊璧（号宝纶，字月如），是奚氏家族第12代长房长子。此前几年，奚氏祖屋毁于战乱，而奚渊璧携家眷在武汉盐务司任上，避过这场灾难。他携三子二女返回召稼楼之后，在上海城内投资建立振源钱庄，随着家业迅速扩张，又在周浦、新场、下沙、大团等地开设了14家典当铺，实力显赫，被人们称为"浦左首富"。经过8年努力，人瑞堂大宅院于同治十一年（1872）全部建成，有前后三进，每排有正屋15间（未含侧厅、羽屋），其规模在浦东地区实属罕见。

奚渊璧十分注重子孙培养和社会公益，见长子奚世荣已满20岁，便命他随同秦荣光倡办义学，并在自家人瑞堂第三进宅屋内设立义塾，以重金聘来名师授教，人称"东书房"和"西书房"。

奚世荣（1848—1902）自号寿郿、受郿、寿篚。博学好古，收藏金石文字，善古篆籀，尤精铁笔，山水画烟峦秀丽，专师黄鹤山樵，不落时蹊，人称"一代隐士”。

奚世荣比秦锡田年长13岁。同治年初,年幼的秦锡田见到三姑夫奚世荣时,深感他“翩翩少年,雄辩高谈,意气豪迈,而喜与锡田兄弟狎闲”。10年后,秦锡田前往三姑母家去,读到他写的悼亡古体诗“哀感顽艳,泪痕满纸”,深感他不仅“丰姿秀逸,吐属风雅”,而且是“深于情者”,因此总想拜其为师。

秦氏兄弟俩20岁左右先后成婚,并一起辗转三林、周浦、川沙城等地忙于执教和研读。秦锡田时常寻机到召稼楼探亲,与奚世荣“纵谈高歌,至为欢乐”。姑夫家藏书丰富,尤其是金石书刊唾手可得,秦锡圭也常来小住几日,如鱼得水,学问大进。

光绪十四年(1888),由以姻兄秦荣光、堂兄奚世荣等为问业师的奚世来(字千里,号雁宾)年仅19岁,能文工书,才艺出众,以南汇县民籍参加戊子恩科乡试,结果中式第8名成为举人,轰动四方。

而此时,秦锡田已28岁,秦锡圭也已25岁,奚世来中举一事对秦氏兄弟俩产生了强烈的激励作用。

人瑞堂执教

光绪十二年(1886)起,秦荣光到这里设馆施教,前后有3年,拥有一批门生。当时,上海城区出版了很多新书,而“寒士力难遍购”。他就组建了一个购书会,集资联合购买有用之书,各自轮流取阅,深受大家好评。

光绪十五年(1889),秦锡田为了求得更多向奚世荣学艺的机会,便索性从上海老城厢大南门同仁里转到召稼楼镇南的梅月居(俗称99间屋,今称梅园)“平寿堂”执教,担任奚世彬(生于1873年,字俪文,奚渊源之子)的专职教师。

奚世彬学习勤奋,不问尘事,有空便莳花种竹,自得其乐,其秉性仁慈,每届隆冬必以衣米周济贫民,又曾捐钱3000元充善堂基金。秦锡田在这里十分悠闲,便以书自娱,学习父亲的方法开始校正《晋书》,渐变成为一大乐趣而入迷,无意中迈入了做学问之门。

秦氏兄弟俩认真执教，口碑甚好。奚世荣十分喜爱这两位内侄，便于光绪十七年(1891)请他俩一起到奚家的人瑞堂来任教。奚世荣还亲手制作竹章镌字赠予兄弟俩，以示鼓励。

于是，秦锡田、秦锡圭兄弟俩相聚在人瑞堂，一边在此执教，一边求教于奚世荣、奚世来，钻研学问，继续一次次地应岁试、乡试，盼望走通仕途。

经过几年奋斗，秦氏兄弟俩终于在光绪十九年(1893)癸巳恩科年试中一起考中举人，也使奚氏家塾的声誉更佳。

在这几年里，秦氏兄弟俩的学生众多，除人瑞堂自家子弟和当地奚燕子(名囊，号生白，原名在林)、奚振云等之外，还有慕名而来的曹汝霖、黄炎培等。

曹汝霖(1877—1966)，字润田，光绪三年(1877)正月生于上海，家住黄浦江边高昌庙。光绪十四年(1888)，秦锡田在上海同仁里执教时，曾教过曹汝霖一年。据《曹汝霖一生之回忆》记载：光绪十八年(1892)，曹汝霖 15 岁了，父亲曹达成原本想将秦锡田聘到家中做家教，因召稼楼奚氏已经捷足先登，就将其直接送到奚家人瑞堂寄宿就读。曹汝霖在召稼楼跟随秦锡田学八股文、试帖诗，读完《诗》《书》《易》《礼》《春秋》，又读《周礼》《纲鉴易知录》等，颇有长进。第二年，秦锡田护送他赴松江城里去初应童子试，可惜未被录取。不久，曹汝霖便离开召稼楼，转学到上海城区去，直到 18 岁再应童子试，总算考中秀才。

黄炎培(1878—1965)，原字楚南，改字任之。光绪四年(1878)八月十六日生于川沙城内，父母早丧，9 岁起寄居外祖父孟荫余家。由此，他只得边看店铺维持生计边自学，利用姑父沈毓庆家中丰富的藏书广读博览。而其姑父为秦锡田的亲家，闻听秦锡田兄弟俩在召稼楼奚氏人瑞堂家塾执教，就于光绪十八年(1892)，将 14 岁的黄炎培送去就读，由秦锡圭主教。

黄炎培的长辈与召稼楼奚氏结有姻亲关系，因此称奚世荣为舅舅(实为表伯)。在人瑞堂，经秦氏兄弟的传授，黄炎培大有长进。他对诗词情有独钟。凡走进书斋，见有诗集随手就乱翻，读了不少却未见消化。秦锡圭见此状况，即告诉他：“学诗，必须从整饬、凝练下手。”于是，他苦读细想，习诗功夫日益纯熟，诗风转入自然。

光绪二十年(1894),16岁的黄炎培应考县试未成,但他毫不退却,继续埋头求学。当时,祖母为他多次说婚,均因其家境贫穷而遭人拒绝。正巧,姑父有个朋友发觉他文章写得好,答应将女儿嫁与他。黄炎培订婚后,仍静心在此读书。

光绪二十一年(1895)夏季,秦氏兄弟因赴京参加恩科会试,离开了召稼楼。秦氏兄弟走了之后,召稼楼镇上的奚子鹤等办起"春雨草堂",聘请朱绳武(字敏侯)、徐悦才任教,地方教育仍在推进。

秦氏兄弟走后,召稼楼奚氏也开始没落了。

当时,召稼楼奚氏富甲一方,各房为人处世相异,有的竟为富不仁。《曹汝霖一生之回忆》记载称:他初到召稼楼这一年适逢荒年,奚氏家族中有的照向例,不但减免租米,且开仓粜粮,而有的奚氏大户却不肯开仓粜米,并雇用泛勇保护谷仓,扬言佃户逾期不交,就送县追缴。此举激怒了农民,男男女女各携布袋蜂拥而来,以锄头砸开仓门闹"抢荒"。结果粮仓在两日之内被抢空。

光绪二十三年(1897),因上海"贴票风潮",奚氏振源钱庄亏损10万两银子,以致顷刻倒闭,债主纷纷到召稼楼讨债。奚家只能卖出7家典当行和大批良田,才还清欠债。"浦左首富"人家就此陷入困境,黄炎培等也离开了召稼楼。

光绪二十八年(1902),多才多艺的奚世荣逝世,年仅54岁。留下《两汉乡亭考》《读碑校史录》《铸古庵印存》《铸古庵诗稿》等遗著。秦锡田撰诗称其:"学不求科第,覃精古典坟。读碑雠史汉,落纸荡烟云。秀倩词三影,淋漓书八分。更兼一支笔,摹印勒缪文。"

敢将性命搏科名

光绪十一年(1885),秦锡田与叔父秦冬余(字绣平)一同应乡试。

光绪十二年(1886),秦锡田与秦锡圭兄弟俩一起参加松江府岁试。主考官是江苏学政王先谦(1842—1917,字益吾,人称"葵园先生")。来自南汇的于鬯（字醴尊，一字东厢，自号香草）名列榜首。秦锡田的古学（研究古文经、古文字之学）被列为第1名，秦锡圭的诗古文获第5名，试场称兄弟俩如“云间二陆”。秦锡田因此补增广生员。此后，他再三向恩师王先谦求教，从而对《晋书》校注产生了浓厚的兴趣。

光绪十四年（1888），秦锡田第三次参加乡试。这次他与闵行镇名士李林松之后李邦黻（字梯云）一起赴考，就此与这位出奇的“书呆子”常有交往。

光绪十五年（1889），秦锡田与同族叔父秦始基（字亮臣）同行，又一次应乡试。

光绪十六年（1890），秦氏兄弟俩参加了庚寅科试。江苏提督学政杨颐（字子异，号蓉圃）取秦锡田史论为第1名。7年后，秦锡圭在京邸拜见他时，谈及当年投考之事，他仍记忆犹新，极为称赞。

光绪十七年（1891），31岁的秦锡田第5次应乡试，可惜入场即劳累而病倒。他仍想坚持撑到终场，但在表达了“敢将性命搏科名”的决心后，仍然遭到了考官的谢绝。

光绪十八年（1892），秦锡田又应岁试，列二等。他倾心撰写《松江水利说》，主张黄浦江各支港应在港口筑堰建闸，控制浑潮。

为增长学问，兄弟俩四处拜师，先后求教于汪人骥（字逸如，上海广方言馆讲席）、陆润庠（1849—1917，字凤石，号云洒、固叟）和叶昌炽（字兰裳，又字鞠裳、鞠常）等沪上名师，以及徐迪新（字古香，金山人，工部郎中、军机章京）、席淦（字翰伯，青浦人，上海同文馆教习）、王庆平（字相云，上海人，光绪朝进士）等。

命运多舛

尽管秦锡田“敢将性命搏科名”，可惜屡战屡败，仕途不顺，直到光绪十九年（1893）九月，他与胞弟秦锡圭一起参加乡试，幸遇翰林院庶吉士顾莲（字香远、贞献，号子爱、复斋，娄县人）赏识，兄弟俩一起考中举人。此时秦锡田已经33岁。

光绪二十年(1894),秦锡田赴京参加恩科会试,二月初就启程,与同考好友结成文社。应试数月,可惜未及第。

光绪二十一年(1895)夏天,秦氏兄弟俩一起参加会试。担任监试官的御史宋承庠(字养初、莲漪,华亭县人),是秦锡田亲家章士荃的好友,彼此倍感亲切,兄弟俩心情轻松了好多。

这一次,好运终于降临了。

于是,一份份令人振奋的喜报接连从京城传到陈行镇:“二老爷”秦锡圭殿试时获第三甲第4名,朝考时为第一等第28名。

在“上海县城隍”秦公后裔中,如今又出了一名进士!这喜讯立即传遍四方。

秦荣光终于可以朗声欢笑了。

养真堂内再次彩灯高挂,高朋满座,陈行秦氏风光四溢,享誉整个浦东地区。

但遗憾的是,同赴京城会试的“大老爷”秦锡田未能登第。

更不幸的是,秦家小儿子秦锡芷(字祝升),屡试不第,愤懑成疾,年仅24岁就因患痼疾而不幸离世。

回顾这一段漫漫应试之路,秦锡田感慨万千:

> 夙昔奉庭训,为学须自强。但愁学无成,非患名不彰。笑我十一载,六踏槐花黄。壬午随我父,初观上国光。可怜足三刖,和璧韬光芒。辛卯又应试,病魔临试场。性命非孤注,善刀退自藏。且将锥刺股,莫诧书撑肠。干将经淬砺,锋锐不可当。癸巳秋八月,渡江雁飞双。制为同功茧,艳若古锦囊。放出棣华榜,丹桂连枝芳。计吏偕北上,京洛洗尘装。冠盖纷来往,文章相颉颃。埙篪互酬唱,风雨夜连床。岛国忽开衅,榆关敌焰狂。前军屡弃甲,杀气腾欃枪。而我好整暇,朝朝文阵张。庐前兴王后,意气皆飞扬。和戎成魏绛,主试命欧阳。余季幸登第,平步上玉堂。顾我又康了,浩然归故乡。欢情承菽水,书味寻缥缃。一场蕉鹿梦,得失胥两忘。

兄弟相助

光绪二十一年(1895)夏,秦锡圭考中进士,进京走上仕途。此时,秦锡田正带着儿子在上海蔓盘路(今新昌路)杨斯盛(字锦春)家中执教,并埋头做些学问,研究《汉书·艺文志》等。同时,他热衷于对时局发表些议论,撰写了《徐文定公论》一文,以上海植棉失利而改种粮食之说,评论徐光启的《农政全书》。不久,他又应上海木业巨擘胡执卿之请,到其家中教授胡义儒、胡文儒兄弟俩,前后有2年。

光绪二十四年(1898)三月初,秦锡田再次赴京应会试,借胡家的关系寄宿在东厂胡同胡端臣家中。

可惜,应试结果再次令人失望。秦锡圭劝说秦锡田留在京城,以便求教名师,来年再考,仕途总会走通的。

而秦锡田却决意返回上海。接连两次北上"铩羽归矣",他自叹"余少无宦情"。但是他没有将自己封闭在陈行镇上,而是一边继续在上海城区执教,一边静心苦读史书,为《晋书》补表,从而提高国学水平,等待出山的机会。同时,秦锡田走进格致书院,学习西方的科技知识。光绪二十五年(1899)冬季,他撰文应答曾出使英、法、意、比的龚照瑗(字仰蘧,号卫卿)所出"中国创行铁路利弊论"的命题,结果被评为优胜答卷。后来,他的答卷还被收录进《经世文新编》一书中。

当时,秦锡圭在翰林院学习期满,奉命赴山西省寿阳县担任知县。告别京城之际,他给父亲写信,相告京城风行捐资纳职的信息,希望长辈们设法帮助兄长走通仕途之路。

秦荣光及亲友们眼见秦锡田屡试屡败,生怕他对功名仕途失望,纷纷动脑筋相助。川沙实业家杨斯盛闻讯后,表示愿意鼎力资助,以回报秦锡田在杨家设馆3年精心教授其子的功德。

于是,刚迈入不惑之年的秦锡田于光绪二十六年(1900)三月,带着儿子秦之望,乘海轮前往北京城。在海轮上,他遇见两年前刚中进士的同年朱运新(字似石)以及出身于金山县的同年黄斗平,交谈时心头总是忧郁。到京后,他即去会晤奉贤县的同年程蓉生,两人一起硬着头皮去疏通关节,捐纳内阁中书之职。

6月,适逢义和团开始大举入京,顿时世事纷乱。秦锡田四处张望,颇感新奇,写下《庚子五月都门杂事诗》四首,感叹"红灯照,红灯照,红灯飞起逾海峤"。

然而,时局日趋恶化,秦锡田只得慌忙逃离京城。他一心想出门见世面,因此没有急于回家,而是转赴山西寿阳,前去看望秦锡圭,想亲眼见识自家胞弟担当知县的风采。

秦锡田这一路上备尝辛苦,渡居庸、越雁门,走不尽崎岖山道,历时达33天;但他兴致勃勃,一路感叹良多,诗兴大发。到了山西,他也未急于去见秦锡圭,先到太原城畅游了一番。

而令人意外的是,偏偏就在这一年夏天,秦锡圭遭遇了一场灭顶之灾。他因受到山西教案的牵连而被革职,派遣到甘肃凉州(今甘肃西北部的武威)戍边。

路转峰回

与此同时,秦锡田的仕途却有了转机。光绪二十七年(1901)九月,秦锡田接到候补内阁中书的通知,便匆匆告别兄弟,赶到保定,乘火车赶往北京就职。

十月,秦锡田补缺任内阁中书(从七品),在内阁中掌撰拟、记载、翻译、缮写等,经亲家章士荃引荐,寄居在松江名士、时任外务部考功司员外郎的雷补同(1860—1930,字谱桐)家中,并与其子雷润民、雷炳阳兄弟伴读。章士荃、雷补同、宋承庠是京官中的同乡,交往甚密。秦锡田与他们相处融洽,尤其是每月一次的文酒聚会,必交流到半夜才尽欢而散,给他带来久违的乐趣。

次年八月,内阁中书俸满,秦锡田获得同知衔(知府副职,正五品)任职资格,被分配湖北省去候补。秦锡田匆匆返沪省亲,十月,他就奔赴湖北武昌去就职。

此时,被贬职后的秦锡圭还算幸运,先在蕊珠书院时恩师、时任甘肃学政的叶昌炽处为幕僚,襄校试卷。多亏陕甘总督升允(字吉甫)器重其才干,聘入幕府。于是,秦锡圭留在了兰州。光绪三十一年(1905),陕甘总督委托其赴上海购买学堂应用书籍,并考察铜圆行使、纸币制造情况。次年,又委托其办理陕甘总督府文案及土药统捐局文案。后来,兼任官银钱局坐办、赈务局坐办,经理西路提运仓粮事务,还委赴江苏、湖北等省调查商务。随着时局变化,他的案子逐渐有些松动。

光绪二十九年(1903)二月,秦锡田在武昌进入仕学院,专修《万国公法》。半年之后,他担任乡试同考官。担任主试官的太史李翰芬(字守一)与秦锡圭是同榜进士,因此对秦锡田时有照顾。中秋之夜,李太史还特意招他前去黄鹤楼赴宴。秦锡田心中明白官场自有凶险,因此待人处世十分谨慎,生怕言行不当而惹祸。

不久,秦锡田受命管理位于武昌城南白云洞花岭的丰备仓,负责米粮发放事务。他将妻子儿女接来团聚,在白云洞下安了家。

初掌米粮处置大权,秦锡田恪守"清、慎、勤"的人生原则,收发分明,每日黎明发谷、傍晚收米,亲自把关,杜绝浮收克减,施赈灾粮时严禁在米中掺水,颇为众人好评。当年十二月,他呈文汇报《上湖北盐巡道继观察论丰备仓发米事》,提出自己的见解,得到赏识。

宣统元年(1909),秦锡田专程赶到北京,以江苏省諮议局议员的身份托人为兄弟的冤情申辩。

翌年,经过山西巡抚丁宝铨(字衡甫,号佩芬、默存)的再三努力,由外务部核准,秦锡圭的冤案终于昭雪,并官复原职。

闯荡上海滩

奔波于城乡之间

清光绪三十一年(1905),清政府宣布废止科举。一纸诏书,宣告实行1300年之久的科举制正式退出了中国的历史舞台。

秦锡田的儿子秦之望、侄儿秦之衔等成为末代生员。

就在这个时刻,返乡奔丧的秦锡田,为了守孝,更为了心头的志向,他毅然辞去在湖北武昌的职位。他时年44岁,尽管正处于仕途启程之际,也许未来会有十分广阔的前景,但是父亲的遗训和眼前的现实,使他终于下定决心,放弃功名仕途,继承父亲遗志,全身心地致力于发展家乡的地方事业。他立志要以"穷则独善其身,达则兼善天下"为人生座右铭,彰显秦氏后人豁达出世的境界与造福天下百姓的宏愿。他在《徐文定公论》一文中表达了自己的主张:"且夫士君子之行事也,大则为天下计,小亦为一乡计,而不可为一身一家之私计,远则为千百世计,近亦为数百年计,而不当为一时之短计。"

已外出闯荡了几年的秦锡田,明白自己不能再死守在陈行镇上,必须与外界保持广泛的接触和联系,才能开阔眼界,适应时局的变化,干一番事业。

当时,浦东还没有公路和汽车,进出陈行地区主要依靠黄浦江上的内河航船，好在塘口和王家渡都有航船码头，离家走近半小时行程，班轮直达城里大达码头，因此乘船到上海城区当天可赶个来回。

时局正在发生明显的变化，一系列社会变革正在上海城区进行着。秦锡田为之感到兴奋。

这一年，李平书、黄炎培等发起成立“浦东同人会”，来自上海城郊的旅沪同好们积极响应。秦锡田被公推为常务监事，因而结识了更多的同好，建立起广泛的人脉资源。

于是，秦锡田经常性地辗转于陈行、三林和上海城内，亲历一项又一项重大的社会变革。他认真吸纳，得益良多，率先接受新的知识和观念。

幸遇姚文楠

在上海城区，秦锡田有幸遇到了姚文楠。

姚文楠(1857—1934)，字子让，生于嘉定南翔。先世自绍兴迁上海，父亲姚元滋为咸丰九年(1859)举人，曾任浙江富阳县知县。光绪八年(1882)，姚文楠举优贡，朝考获一等，奉旨以知县用。光绪十一年(1885)，又在江南考试中试第6名举人。

秦锡田与姚文楠，是光绪二十年(1894)京城会试同考者，早已相熟。此时，姚文楠已是龙门书院名士。

姚文楠精于算学，深受兄长姚文栋的影响。姚文栋(1853—1929，字子梁，号东木)出道早，光绪七年(1881)随公使出使日本。继又调赴俄、德等国做随同办事，周历东西两洋，熟悉外部情形，后任二品衔直隶候补道、缅甸勘界委员，与多位公使、督抚交往甚密，曾多次参与机密事宜和重大外交活动。

因此，姚文楠在上海城区颇具声望。光绪二十八年(1902)，坐落在文庙附近的敬业书院改为新式学堂，他被聘为董事。次年，他与李曾珂在南市半段泾捐资创办廿二铺小学。光绪三十一年(1905)，龙门书院改为龙门师范学堂，聘请他与李平书为校董。廿二铺小学改为龙门师范学校附小，享誉江浙一带。

秦锡田此时又遇姚文楠，交流甚欢，更觉得彼此志同道合，自然而然地成为最贴心的朋友。姚文楠比秦锡田年长3岁，秦锡田不仅尊其为兄，而且十分赞赏其变革社会的主张，一边跟随其在上海城区奔走呼号，一边在家乡努力实践，推进地方教育。

上海地区历来只有学官而无独立的地方教育行政机构，科举制度废止后，急需设立相应的学务管理机构。于是，姚文楠、秦锡田等领头发起召开“阖邑学务公会大会”。

光绪三十一年(1905)十月，上海教育界“阖邑学务公会大会”在明伦堂召开，划分学区，设立上海县学务公会，以投票方式选举职员，组织成立了上海历史上第一个独立的地方教育行政机构——上海县学务公所。每年逢农历正月初七开大会，四月初八开议员会。劝学所所有事宜，均经该机构议决。全县设24个学区。各联区正副劝学员以及各区学董均由选举产生。劝学所的机构设置相当简单，经选举，由姚文楠任上海县学务公会会长，马桥乡的顾言任副会长。十一月，在蕊珠宫珠来阁正式设立学务公所，推举姚文楠任总理兼文案(连三任，后称总董兼视学员)，顾言任协理兼财政员(连二任)、闵行镇的项文瑞任师范监督(后称“协董、视学员”)。

同时，苏松太道袁树勋照会上海诸绅商，组成上海城厢内外总工程局，兴起地方自治运动。姚文楠出任议事会议长。创办务本女塾的吴馨(1873—1919，字畹九，号怀疚)被推选为董事会成员，负责教育卫生事业。秦锡田当初在上海同仁里执教时就认识了吴馨。因此，秦锡田时常前去拜访请教姚文楠、吴馨，从而得到大量信息，使他办事更踏实、有效。

次年四月，上海县学务公所更名为上海县劝学所，经姚文楠推荐，公举秦锡田出任上海县劝学所协董，兼学务审查长。劝学所迁到尚文路，以西门内一粟庵旧址改建。门之左右有隙地二，空气独敞，地有古树数株，大可合抱，俱百年物。

宣统元年(1909)，秦锡田当选为江苏谘议局议员，同时又与姚文楠一起当选为上海县谘议员。

宣统二年(1910)，上海县劝学所总董由吴馨接任，秦锡田担任协董兼财政员,另一位协董为杨保恒(字月如)。

孔氏兄弟脱颖而出

尽管秦锡田尚是一个新旧观念混合的乡绅,但是维新思想由于他而源源不断地传入陈行地区,以致陈行镇上风生水起,新人辈出。

这些时代新人,成了秦锡田的追随者和相助者。

早年从周浦镇迁来的孔家子弟,重续祖训,一直关注仕途。孔子七十五世孙孔祥百(字志怡)和孔祥里(字紫馨)兄弟俩自幼丧父,未及中年又连丧两个弟弟,如此不幸的人生遭遇,并没有改变他们热爱教育事业的意志。兄弟俩受秦荣光派遣相继赴日本留学,学成回国后更加热血有志,有所作为,脱颖而出。

孔祥百(1866—1938)在日本留学时接受了新思想新知识,归国即在三林学校任舍监,主持教务,修改学堂规制,遴选教材,组织学生自治会,以新知识纠正乡里鄙陋的习惯。他思想新颖,每逢星期日都要组织同事开会讨论利弊兴革,并及时向秦锡田提出建议。对于有失误的学生,采用“公开谈判,自定罚则”的方法,“促进其爱国之热情,实行其合群之义务”。经其十余年的努力,“学生皆能发展其才力,树地方自治之基础”。历任陈行乡议会副议长、上海县教育委员、江苏省立第一师范学校舍监及浦东中学、民立中学教师。他熟读古今名人诗集,撷其精华,作品豪而不粗,华而不缛,清而不薄,有《度帆楼诗稿》传世。晚年丧妻并连丧两子,却斗志不减。他在《陈行乡土志·序》中强调:“空谈爱国之士,读各国书,睥睨一世,问其本乡土一二掌故,则瞠目不能对,夫爱生于情,情生于知。不知其乡,何能爱乡;不爱其乡,何能爱国。”

孔祥里(1868—1905)早年曾拜青浦名医陈莲舫为师,赴日留学回国后在三林高等小学任教。他富思想,善谈论,有才干。喜爱书画、吟咏和金石,所画梅兰竹菊墨彩飞腾。可惜因患肺病而早逝,留下《乐在斋诗稿》一卷、《印存》二卷。

当时,在秦锡田倾心推进地方教育的过程中,孔氏兄弟成了他的贴心知己和有力助手。

创办正本女校

光绪三十二年(1906),陈行、三林、杨思三个乡结为联盟,被称为“上海县东南乡联区”,秦锡田被公举为联区学董。尽管清政府对此并不热心,但秦锡田凭借秦氏家族的名望和自己的胆识,赢得了民心。当他将上海城区的新兴事物大胆地引进家乡时,地方上予以全面支持,各界联手推动办学,气象一新。

秦锡田主张加强妇女教育,认为“国民教育始家庭,内则详明著礼经”。于是,他与孔祥里一起,率先在陈行镇上创办女校,取名为正本女校。“正本清源”,意在从根本上加以整顿清理,取此名表达了他们的改革意志。

秦锡田见内弟沈锡光(字彩媚)文笔雅驯,楷法端秀而沉在商界难作为,便将他招来执教。

正本女校破天荒地招收了18名女学生,虽说其中主要是秦家、胡家、孔家的女眷,但一举轰动浦东地区,令乡人惊奇。

在当时唯有维新派才敢冲破封建观念,做出这样的壮举。它标志着当地女子第一次步出闺门,有限度地走向社会,开启了女子解放的第一道闸门,动摇了千百年来束缚妇女的封建伦理纲常。

正本女校最初设在秦氏养真堂,后移到孔氏鹤和堂,最终迁入刚建造的胡氏宗祠,交胡祖德经理。胡祖德将女校堂而皇之地设在新建的家族宗祠内,这无疑又是一个壮举。

与此同时,徐绍元在塘口西市创办竞新小学堂。后来,秦锡田又创办题桥小学,胡祖德在家祠内又创办本立小学,朱绳祖也办起鹤坡小学。

陈行地区在短时间内兴办起如此众多的学堂,这在宣统元年(1909)的上海县内是首屈一指的。

在秦锡田的推动下,三林镇上他的门生也闻风而动了,不久赵履信创办润鸿女学,赵履福创办筠溪女学。

学生们读到了商务印书馆出版发行的我国第一套具有现代意义的教科书《最新国文教科书》,实行每周 10 课时教程。老师开讲国文第一册第一课:“天地、日月、山水、土木”。

光绪三十三年(1907),三林学堂遵循学务部章程,改称为“三林高等小学校”,秦锡田从“总教习”改称为“校长”。

秦家难安宁

秦荣光匆匆离世以后,陈行秦氏养真堂家族就此失去了一个能顶天立地、可呼风唤雨的主心骨。而作为长子的秦锡田整天四处奔波,忙于公事,疏于家政,以致家属、族人渐有怨言。秦锡圭在兰州供职,历尽磨难,更使老母亲心绪不宁,怨声不断。

秦锡田的母亲张维静(1841—1921),秉性严明,晚参佛理,晨起焚香诵经,无论寒暑从未中断。她先后生养 5 男 2 女,均躬亲乳哺,珍爱逾恒,自幼慈训礼法,善则喜,过则怒。如今女儿已出嫁,弱儿已夭折,能子已出道。她宁可节衣缩食,始终支持丈夫、儿子舍己为公,而如今心力不足,只求子女个个平安。

光绪三十一年(1905),秦锡圭奉命到上海来采办学堂用品,并考察造纸币方式,得以回乡省亲。

老母亲看到在外受尽磨难的儿子,呵护有加,同时提出要求子女抓紧分门立户,互不受累。

秦锡田只得奉老母亲之命,主持分家析产。

秦氏兄弟多,聚在养真堂内难以安顿,他计划自建新屋,但一时没有精力操办,就将自己一家人搬出去,借居在养真堂西侧的诒谷堂,题名“灵兰书屋”。同时,为满足老母亲的心愿,让她随秦锡圭去兰州散散心。

这一年入秋时节,秦锡田见长子秦之望(字幼姜,号慰曾)从三林学堂毕业了,便沿袭书院之惯例,资遣他与学堂监学赵履福(字志熙)的长子赵承嘏一起赴日本留学，就读于早稻田大学。

谁知晓，到了第二年的五月间，秦之望不慎患病，急需提前归国治疗。秦锡田闻讯，急忙拜托好友赵履信专程赶到日本，护送其子返沪。可万万没想到，在归途的轮船上，秦之望竟然病情恶化，船上无法救治，悄然身亡。赵履信束手无策，只得将他的尸体藏在被子内带回家乡。

秦之望的妻子章以蔺（字相如）是松江名士章士荃（字芷操，号甓庵）之女，毕业于江苏省立第二女子师范，嫁到陈行后任家庭教师。如今她突然失去丈夫，悲痛至极。

46 岁的秦锡田就此失去年仅 22 岁的长子。百般无奈，他含泪写下《哭亡儿之望》诗，字字泣血。

城里寻梦

尽管家中难以安宁，烦恼不断，但是秦锡田依然为公事四处奔波。他充任上海劝学所学务审查长，要为上海各个学区的办学事宜把关。除了全力推进地方教育事业发展，他对家乡公益依然时时牵挂，连一些小事也倾注心血。他见康道桥已毁损，便发动乡人捐资修缮。

一天，秦锡田到召稼楼办事，顺便想要去游览明代名士谈伦嗣子谈田（字舜卿，号东石）所建的寿园。不料那里已经成为废园，令人深感遗憾。他发现土丘下有一石横卧草际，泥没其半，认出这就是朋寿峰，如获珍宝。为保存本地古迹，他慷慨出资请来石工，将朋寿峰竖重新起来，并重修附近的康道桥，还特意作记："余立此石，盖以保公迹者，存侍郎之名也。""侍郎不附权贵，不忘旧交，亮节清风照耀千古，其嗣子东石又能洁身自好，敝屣轩冕。名父贤子，世济其美，后人过其遗墟，观其故迹生平，慨然生发思齐之念，则此石之存有裨于社会者岂浅鲜哉。"

令秦锡田牵挂的还有民生困苦。这一年，他上书松江府知府戚扬（字升淮），请求放开米禁，取消用护照购米的规定，以杜绝垄断。他提出"根本之计在兴农学，以新法耕植，遣农家子弟留学外国习农科技术，归设农学堂，造就人才,讲求水利,以利灌溉”。

然而,最牵动秦锡田心思的是上海城里日新月异的变化和信息灵通的朋友。上海滩毕竟是个诱人寻梦的地方,他的声望正在扩展,三教九流都有结交,于是时常寄宿城区,忙碌时数月无法回家。而独身在外,难免感到心头孤单。

光绪三十三年(1907),秦锡田结识商船老大之女包昭,见其家境贫困,无所依赖,竟生发情缘。他纳包昭为妾,时常寄宿于她处。

当时,包昭年仅20岁,性厚重,寡言笑,常年以女红自给。后来,包昭迁到陈行镇上居住,虽家有喜宴,市有赛会,她却是不会出门观看,坚守妇道。

一年之后,包昭的母亲来到陈行镇,希望得到好处,结果遭到秦家人的拒绝。不料这包氏妇人不肯罢休,竟然公开大闹起来,弄得秦氏家族极为尴尬。包昭眼见难以与母亲相处,愈加烦闷难解,整天泪流满面。

等到秦锡田赶回家来调定,为时已晚,僵局无法收场。

数月后,包昭患病,不治身亡,年仅20岁。

秦锡田为之悲伤地赋诗感叹:“孀姝掌上擎双珠,一珠的历红氍毹。别母远嫁泪沾襦。思母不见殉以躯,凄凉埋玉坟不孤。”“坟旁有树栖慈乌,朝朝暮暮乌哺雏。女儿花瘦黄欲枯,益母草心红未苏。对景伤怀负负呼,地下愁魂知也无。”

秦锡田十分伤神,友人劝其再觅新欢。宣统二年(1910)七月初七,他又纳李壬林为妾,自喻“牛郎织女”。当时,李氏居住在上海老西门的梦花街上。这里靠近文庙,虽仅是一条小巷,却有不少客栈,是科举应试者最喜欢的寄宿之地,认定睡在这里可“梦笔生花”。李氏原本也出自名门,至其父家道中落,父母与妹妹去世时,她只得卖屋营葬,寄居邻家,因此处境艰难。秦锡田当初应试时必在此寄宿,与她相熟,如今怜其困苦,便同意纳其为妾。秦锡田生怕再发生意外,索性就此长期侨居在梦花街上。

于是,秦锡田在城区多了一个落脚地,心情逐渐好转。

入冬时节,秦锡田偶尔发觉李壬林身体不适,以为其有了身孕,不由心中窃喜。想不到,李壬林非孕乃病,且病情逐渐恶化,于翌年农历三月十四日不治而亡,年仅22岁。秦锡田连声悲叹:“债积成缘,缘结成债,缘债牵缠,贪痴嗔爱,是薄命花,归极乐界,缘尽债清,两无罣碍。”

时年59岁的秦锡田并非好色贪淫之辈,可是先后两位妾氏竟都如此短命,越加使他烦闷。秦锡田还时常在梦中与李壬林相会,甚至鬼使神差般地重游了梦花楼,为此连写了《重过梦花有感》《梦亡姬李壬林》等诗作。他不由怀疑自己前世有债未还,以致今生命途如此多舛。

家人与好友为此十分焦虑,多方设法帮其圆梦。

宣统三年(1911)六月,经内弟沈锡光介绍,秦锡田又纳松江县泗泾镇上的张氏为妾室,消解忧愁。

辛亥前夜

胡祖德受命负重

秦荣光在逝世之前，已有心地将诸多地方公事托付给了他最器重的弟子胡祖德。

胡祖德（1860—1939），字云翘、筠翘，是明万历年间始迁陈行的徽商胡少刚的十世孙。父亲胡汝璋（字达卿）生下他后不久，也踏上了祖辈们的经商之道。可是，他生性忠厚，出师即败。出资托人进货时，由于他经验不足，结果上当受骗，损失惨重。就此，他认定商海无情，拒绝再涉足其中。10多年后，妻子与小儿子先后去世，胡汝璋更是伤心至极。后来，在秦荣光的鼓动下，胡汝璋出任图董，前后达30年。他保持了尚文、讲德的徽商风格，乐于行善，因助赈有功被封为候选州同（正五品），虽对地方公事并无大作为，但对这里的民风产生了深远的影响。

胡祖德颇有孝心。他自18岁起无事不出门，甘心陪伴鳏居的父亲，晨侍盥漱，昼奉修馔，夜必备好酒具佳肴，偕弟妹围坐欢笑，以使父亲宽心。父若出入便溺必扶持之，若疾痛疴痒必抑搔之，冬裘夏葛，时时留心。有闲暇时，他便一头扎进书堆，自寻乐趣。

胡祖德出生于动荡纷乱的咸丰十年（1860），光绪九年（1883），23岁时成为县学博士弟子。受父亲的影响,他未经商也未登科,但他外柔内刚,多谋善断,秉性俭啬,善于计算。秦荣光当初重修武庙和筹建汇善堂时,就充分发挥他的才干,带领他走上了为民办实事的道路。一次,胡祖德去杭州,途中看到农田里有头水牛,肩胛受了伤并已溃烂,但还在默默地耕田,这情景使他深受感触,特意在灵隐寺进香许愿,决心一生埋头苦干,多做善事。

胡祖德成婚后生下的儿子尚某、尚权,皆为儒雅少年,恪守家风,却竟然先后因病离世。他只得选纳妾室,又生下佑倡、保倡两个儿子,才享受到家庭温暖。

当胡祖德送别恩师秦荣光之际,时年已45岁。在同族长辈们的催促下,他筹资建造胡氏宗祠。

同时,胡祖德秉承师命,又发扬务本求实、乐善好施的家风,积极投身平民教育,提倡平民文化。在兴办教育的过程中,他认识到在贫困的中国,能上学的终究是少数人,一般农工大多为贫困所迫而失学,要"造就我爱国之大国民",就不能忽视他们。于是,他在协助开学堂时,慷慨出让家屋,编写通俗的乡土读物,开发民智,造就了一批地方人才。

胡祖德内弟朱绳武(字敏侯)赴日留学归国后担任三林学堂教师,此时成了他有力的帮手。

浪子回头也成才

社会迅速转型,陈行镇上青年人眼界大开,可惜有人却因此走上迷途。

陈行镇上有个胡元裳,字耕莘,号又新,是胡氏三寿堂的富家子弟。其父亲胡能谱(又名树堂,字琴甫)为镇上胡信成米行的店主,财大气粗。胡元裳自认为质美志高,不屑成为庸碌无能之辈,曾师从名家姚叔平学画山水,笔致秀逸,颇具才气。可惜,他年少不自检,赴上海城区游玩时,图好奇而进入妓院"狭斜游",被弄得神魂颠倒,似鬼迷心窍而忘了回家。

花花绿绿的上海滩充满着诱惑,胡元裳偶尔失足,结果就此陷入情场,不思返乡。

秦锡田眼见好友胡能谱的仲子误入邪道，心里十分焦虑，亲自出面寻到了胡元裳。但他没有严词训斥，而是好言劝其速回故乡，并安排他在陈行本立小学教授绘画。

胡元裳在秦锡田、孔祥百等师长的关怀下，逐渐安心执教。人们看到，他发挥师门所得，参以新法，悉心传授，成绩斐然。尤擅以铅笔、炭笔画的花木、鸟兽、人物，惟妙惟肖，为美化校园和陶冶师生情操留下大量作品。

师生们纷纷向胡元裳索画，使他的名声越来越响亮。

胡元裳就此束身自好，痛改前非，做出了显著成绩，也为四乡年轻人做出了榜样。

可惜，数年后胡元裳忽感身热足寒，染上"时疫"(传染病)而匆匆离世，年仅27岁。

秦锡田对胡元裳极为赞赏，对于就此失去一个人才深感悲痛，直到晚年还赋诗称之："天赋聪明质，人怀书画珍。情场轻失足，学界暂安身。日月光辉复，云山气象新。壁间遗迹在，石秀水灵灵。"

维护一方平安

由于官府对乡人要求撤走"巡捕"营的呼声不以为意，以致盐营作恶事件不断发生，严重威胁到当地的社会治安。

光绪三十年(1904)，秦荣光说动三林、陈行、杨思三乡绅商，各选子弟80名，集中到三林学堂受训练武，并禀上海道台颁发洋枪80支，配齐子弹，由体操教习钱桐(字孟材)认真训练。到十二月初，训练出了一支地方治安队伍，顿时对"流氓"起到了震慑作用。然而，这却无法制约盐营，扰民案一再发生。

光绪三十二年(1906)六月，陈行镇商民朱中千到上海城里卖大麦，到手银币68元，回来路过塘口时，被盐营炮船弁兵吴阿三强行夺去。朱中千赶到上海县衙申诉，知县李超琼却不受理。镇上乡绅出面帮忙，将此案告到上海道台。知县抵不住道台追问，只得出面调解，朱中千方才追回了钱款。秦锡田称之“商船贩麦沪滨回，吴弁查私竟劫财。县令为民心力尽，但惩末弁释渠魁”。

如今，秦锡田认为像父亲那样单靠告状，已绝非善策。面对威胁乡村社会治安的情形，他决心通过行政手段来加以解决巡浦左营问题，才能维护一方平安。

光绪三十三年(1907)四月，秦锡田联合奉贤、南汇、上海三县士绅发出《呈督抚院请禁盐巡驶入内港》呈文，陈述了一系列盐营扰民事件，并依据历代官府章程，要求盐营巡船只在黄浦江上巡逻，禁止进入内港扰民。

七月，秦锡田又发出《禀上海道请裁撤盐捕营》的呈文，要求裁撤缉私巡盐各营，将盐课改由地丁摊派。在这方面，秦锡田比父亲高出一筹，他除了继续申诉盐营扰民事实外，明确提出要求通过行政的手段来解决问题。他建议官府用盐税摊派到地丁项下，裁撤缉私盐巡，这样才能达到一劳永逸的目的。他指出：“夫盐为人生日用必需之品，无人不食盐，即无人不应纳课，故丁税带征盐课最为正当。现在丁与地合暂时按亩摊征，计数甚寡，下不扰民，分忙起解，上不缺课。无累于有田之富民，有裨于无田之穷子，田多丁众之家免食私之累，田少丁稀之户受贱价之益，官不必苛，盐捕不必设，而护私透漏之弊自绝，抢夺拒殴之祸不兴。”

十月，秦锡田又向江苏諮议局常会提出《呈江南提督请饬盐捕左营撤巡浦面》的议案。

经秦锡田等乡绅的一再申诉，盐营扰民事件终于得以缓解。

创办课勤院

秦荣光生前常常叮嘱子孙：“人生百年，苟无裨益于社会，则虚此生耳。”秦锡田牢记父命，而他毕竟是个见过世面的文人，思想新颖，出手不凡。返乡后，他协同胡祖德为陈行乡民办实事。

于是，他们继承秦荣光注重民生之苦的做法，先推进当地的公益慈善事业，着手在陈行镇上创立“业善堂”。

他们又发现本地区有不少无业游民游荡街头，时常惹事，扰乱地方社会秩序，也被乡人列为“流氓”。当年，秦荣光为此头痛，准备建课勤院，却因经费无着落而无奈，几番主张惩治、打压“流氓”，以维护地方治安。而如今，秦锡田认为这些人员并非恶人，只是因生活贫困所致，主张应把治理地方治安问题放在教育中解决，可以多方筹资，创办一所特殊的学校，将他们都集中起来，组织他们学习各种手工艺技术，“教以一艺，俾谋生计”，解决温饱问题。同时，灌输思想教化之，使之能够掌握生计手段而安于本分。

秦锡田的主张得到了胡祖德、朱绳祖、朱绳武、陈朗清、胡能让等同仁的支持，大家共同进行筹划。胡元裳的父亲胡能谱为感激秦锡田教育其子之功，慷慨出资相助。

光绪三十二年(1906)年底，一所新学校在题桥镇南陈朗清的家屋内正式开学了，取名“题桥课勤院”。

这是一个收容流民并促其改恶从善的地方教育机构，教学内容以“学会勤劳”为重，学员以学习衣工、竹工技艺为主，设有制鞋帽、编篾席、搓绳等项目。

秦锡田还亲自制订章程，对管理、分配等方面都做了具体规定，如进院学徒生产的收益，七成充公费，三成积累在出院时领取，这课勤院成了陈行地区历史上第一个镇办企业。

上海县新任知县王念祖(又名少谷)亲临题桥课勤院视察，并赠送“勤求自治”匾额，以资鼓励。

于是，课勤院声名远扬，承办五年，前后吸纳陈行以及附近乡的无业游民先后达480多人。

这里所产竹器被送到江苏物产展览会陈列，获得了银质奖牌。

秦锡田为此感言：“余近五年来参与上海慈善事，宜觉此事纯是良心问题，在实在而不在空言，尚实惠而不尚虚誉，宜循序渐进而不可躐等以施，宜实事求是而不可好大喜功，宜持恒心而不可始勤终怠，至于筹款之法，尤宜使人乐输而不可强迫。”

促成浦东中学

时有浦东实业家杨斯盛(1851—1908),字锦春,小名阿毛,川沙青墩人。幼年父母早亡,家贫失学,13岁流落上海滩做泥水匠学徒工,30岁起独立经营承包建筑,连外滩的江海关也是由他承包建造的,渐成为沪上营造业巨子。他平素敬贤礼士,时常感慨自身“幼年失学,不获读书”,同情“乡邻子弟失学之苦”,决意“兴教育为救国”。

光绪三十一年(1905),杨斯盛在公共租界梅白克路(今新昌路)创办广明小学、广明师范讲习所之后,见当时上海还没有一所完全中学,就决心在浦东创立一所“私立浦东中学”。

秦锡田闻讯即表示全力支持。这不仅因为他时任三林、陈行、杨思三乡联区学董、浦东同人会常务监事,而且因为他与杨斯盛有特殊的私交关系,他曾在杨家担任过三年家庭教师,杨公曾慷慨资助他捐纳官职,彼此间始终有情义相报的情结。

当时,黄炎培刚从日本归来,闻讯即与秦锡田联手合作,激励杨公,并说动各界全力促成杨公的壮举。

于是,杨斯盛在浦东六里桥购地约2万平方米,起造校舍。他先后捐资二十余万两银子,几乎倾尽全部家产,人称“毁家兴学”。家人、戚友、族党都说他“疯了”,而他在《捐产兴学启》中说:“值此国步维艰,不可终日,听名人言论,必以兴教育为救国第一义。私念仆亦国民也,以区区家产,与其传给子孙,使贤者损志,愚者益过,何如移作兴学,完成我国民一份子之义务,且使子孙与被泽焉。”他顶住重重压力,如期动工。

对于建筑,杨斯盛是行家,他根据黄炎培设计的校舍草图,亲自督工,精心建造。光绪三十二年(1906)年底,浦东中学校舍在白莲泾六里桥堍全部建成。学校布局古朴典雅,错落有致,中间是可容千人的大礼堂及运动场,东西各建匡字形的两层教学楼,一边是小学,一边是中学。后边是两座饭堂,再后面为风雨操场。杨斯盛以听学生的读书声、歌声、笑声为乐,特意将自己的别墅建在校舍北面,与琅琅书声相伴。

翌年3月8日,浦东中学正式开学。杨斯盛提出“勤朴”两字作为办学宗旨,特聘李平书、秦锡田、黄炎培、姚文楠、陆家骥(1863—1938,字逸如)、张志鹤(1879—1963,字伯初,又名访梅)、孟乃钊(字子铨)、顾冰一为私立浦东中学校董;聘黄炎培为首任校长兼监督,张志鹤为教务长,孟乃钊为庶务长。

私立浦东中学的教学设施堪称一流,所聘办学人才亦为一流。因校风淳朴,师资精良,教规合理,设施先进而人才辈出。

可惜,杨斯盛不幸积劳成疾,于光绪三十四年(1908)四月初二辞世。临终时遗嘱子孙“不得干预校产校务”,还牵挂教室黑板有些反光,吩咐“校中黑板必须改良”。

亦师亦友两先锋

黄炎培是一位极为难得的杰出人才,与秦锡田亦师亦友,互相支持,各显其能。

光绪二十五年(1899),黄炎培在松江府以第一名中秀才。两年后的秋季,黄炎培考入上海南洋公学特班,选读外文科,受知于中文总教习蔡元培(字鹤卿,又字仲申、民友、孑民),后因学潮退学,后在江南乡试中举人。

光绪二十九年(1903),黄炎培返回家乡兴办川沙小学堂。翌年6月,他带领几位青年应邀到新场做自强救国的演讲,宣传民主思想,遭地痞诬告,被南汇知县拘捕入狱。江苏巡抚得报后,电令“就地正法”。眼看情况十分危急。

召稼楼的奚在兹是秦荣光的大女婿,待人接物无不宽厚,得知消息,急忙连夜赶到陈行镇求助。秦荣光冒着被株连的风险,与杨斯盛等一起赶到南汇出面做保,又有上海姚文楠力保,才救出黄炎培。

黄炎培无奈逃亡日本,一年后归国在上海南藏族自治州城东女学和丽泽小学任教,后应杨斯盛之聘办广明小学和广明师范讲习所。光绪三十一年(1905),他由蔡元培介绍,秘密参加同盟会后,参与建立江苏学务总会,任常务调查干事。

黄炎培志向远大,热情似火,自拟座右铭为:“理必求真,事必求是;言必守信,行必踏实;事闲勿荒,事繁勿慌;有言必信,无欲则刚;如若春风,肃若秋霜;取象于钱,外圆内方。”而他年幼时在召稼楼当过秦锡田、秦锡圭的学生,秦荣光又曾救过他,因此他对陈行秦氏家族十分敬重,对秦锡田始终以恩师相待。而秦锡田看到,黄炎培年纪虽轻,但他比自己见多识广,又敢于担当,必将大有作为。两人通过一起筹建浦东中学,又同为江苏省諮议局议员,交往日深,情义更厚。

宣统二年(1910),浦东中学校董会公推秦锡田接替黄炎培出任浦东中学监督(即校长,直至民国16年卸任)。

浦东中学第一届毕业生毕业时,秦锡田主持了毕业典礼。

秦锡田与黄炎培两人成为浦东地区兴办学堂和地方自治的急先锋,在上海城内外的社会变革中,又同为浦东民众的代言人。

新旧交替时

陈行镇上,几年来接连吹拂起时代新风,使传统的乡土秩序发生了巨大的变化。

在秦锡田的眼里,某些当地旧俗是迷信,必须改良。如“病不延医,反听巫言,酬神送鬼,枉费金钱”,“病家迎得女巫看,看出魔多神不安。连夜招寻毛道士,酬神送鬼闹登坛”。又如“士大夫家葬事,一听地师,或积至数十年不葬”。他从培养“新国民”这一教育目的出发,明确要求必须与此俗一刀两断。

同时,秦锡田极力支持女权意识,主张改良乡村婚礼。他认为:“古来嫁娶礼彬彬,俗例偏多六色人。要省繁文与繁费,文明新式合遵循。”所谓六色人,是男引、女引、乐人、香案、夫头、炮手等礼仪职业人员的俗称。

为此,秦锡田顶住压力,带头推行“新时尚”。

光绪三十三年(1907)农历十一月二十一日,陈行秦氏养真堂内外又一次张灯结彩,热闹非凡。秦锡田三女儿秦之荃要嫁到松江城里去了,新郎胡德良是上海法文书院(今上海光明中学前身)毕业生,于是在秦家举办的结婚仪式率先采用了新式婚礼。曾任直隶州知县的亲家胡祖谦(字端臣)与秦锡田是挚友,极为支持秦锡田要求婚事新办的主张。

一场人称"文明结婚"的新式婚礼,为陈行镇增添了时代气息。人们闻所未闻,顿时轰动了四乡。

但是,对于在新文化运动的影响下,正在盛行的主张从家族专制中彻底解放女性的"解放论",秦锡田并不完全赞同,表现出极为慎重的态度。他在《周浦塘棹歌》中表达了自己的观点:"结婚我爱自由成,婚约仍须主父兄。多少狂男淫荡女,大都借汝自由名。"他感到"解放之说盛行,男女防闲因之大溃,有心世道者多忧"。而他又十分同情弱女子,在上海城区遇见包昭之后,就不顾旁人闲言碎语,欣然纳妾。

秦锡田一边新法嫁女,一边恋旧纳妾。看来,他尚是一个新旧观念相混合的人物。

投身"学战"

当时,三林学堂的校产除了由三乡人士所捐田地外,尚有上海城隍庙"小世界"等处的房地产。对此,觊觎者甚多,有人提出应当归学务公所所有。秦锡田力排众议,苦心维护。

秦锡田绝非图私利,他时刻怀有社会责任之心,关心着时局,并以最大的努力为社会尽一己之力。他体恤民困,主张"根本之计在兴农学,以新法耕植,遣农家子弟留学外国习农科技术,归设农业学堂造就人才"。他还认为"吾乡商业衰,商场风气朴。识远度量宏,须有计然略"。

光绪三十四年(1908),秦锡田拟将三林学校改建为中等农业学校,计划以积善寺的四十余亩寺田改为试验场,而且已在校舍后面的空地上种植了数百棵桑树。

翌年,秦锡田在三林镇正式开办农业中学预科。

宣统元年(1909),当年与秦荣光一起创办三林学堂的周希濂(字景溪)积劳而卒。秦锡田对姑夫的去世甚为悲痛。当初,秦锡田将三林书院改制为学堂时,周希濂捐赠经费,使学堂顺利开办。为了促进学堂发展,周希濂向上海知县提出申请,要求将沿黄浦江边新涨出而没人管理的滩地拨归学堂,明明已经批准丈量,结果却被奸棍盗卖。他为此屡次上控,但仍不得要领。如今,三林中等农业学校也开办了,而他却积劳成疾,赍志以殁。秦锡田特赋诗缅怀,赞其美德:"生厌头巾腐,弓强马轶群。有谋兼善断,不学自知文。心力瘁治水,功名显冠军。千金坚拒贿,正气薄青云。"

不久,三林农业中学因故停办,恢复为高等小学校。

于是,秦锡田全力推进当地的小学校建设,在三林、陈行、杨思三乡建立了7所小学,第一初等小学堂在二十四保南六图广益堂,第二小学堂在二十四保四图积善寺,第三小学堂在二十四保天一图汤学钊宅,第四小学堂在二十四保四图乌泥泾庙东丁宅,第五小学堂在二十四保六图江境庙,第六小学堂在二十四保十并十一图佛安寺,第七小学堂在二十一保二十图陈行乡赵家荡。

当时,兴办新式教育被有识之士看作是挽救社会危局的妙方。秦锡田也积极以教育拯救中国社会,多次公开发表言论。他认为:"先子遗泽深,第一在兴学。团体结之坚,舆论采之博。"

然而,在办学的热潮中,当地也有某些人却以兴学之名,实攫一己之利。秦锡田对此类行为深恶痛绝,一再公开予以谴责。他针对"前清时代吾乡小学,省县视学皆加奖语,近则目渐退步"的问题,指出"办学于今十八年,学堂成绩不如前。未能进步须防退,此事如撑逆水船"。

因此,秦锡田到处宣传,要以"切实致用"为兴学宗旨,以提倡教育、造就有真才实学的人才为目标。

秦锡田在庆贺三林、陈行、杨思乡立第四国民小学校新筑校舍的文章中,充分地表达了自己的主张:"盖二十世纪之世界,以工战,以商战,实则无不以学战。人与人战,家与家战,国与国战,种与种战,有学者存,无学者亡,学盛者强,学衰者弱。优胜劣败,固天演之公理,亦自然之趋势欤。语曰:见兔而顾犬未为晚也,亡羊而补牢未为迟也。今学校之基础已立,志士倡导于上,舆论翕徒于下,父诏子勉,努力向学,毋惜小费,毋纽小成,毋慕虚荣,毋执私见,由小学以至中大学,由一校以至数十百校,扩而大之,进而上之,学校如林,人才蔚起,于以保主权,抗外力,崇实业,裕生计。”

秦锡田把西方的“优胜劣败”“天演公理”等与中国传统文化的“是非之心”“羞恶之心”“性本善”以及旧式学校教育相互证,解释中国与世界各国的竞争中的劣势,以及为了维护国家主权,必须“以学战”的思想。这些主张,反映了以秦锡田为代表的乡绅对社会进化论的理解。

由于秦锡田的努力,三林、陈行、杨思一带的教育事业得以迅猛而健康地发展,成为当时上海城乡著名的教育先进地区。

自治新政

地方自治是近代中国新兴资产阶级用来反对封建专制、反对中央集权,争取参与政权的一种政治主张,上海是开展最早的地区。上海的地方自治,是由地方新式绅商人士自发倡办,并经地方官府认可的社会政治活动。

宣统元年(1909)正月,清廷如期颁布《城镇乡地方自治章程》及选举章程,在全国范围普遍实行乡镇自治。《城镇乡地方自治章程》规定:凡府厅州县官府所在地为城,其余市镇村屯集等地人口满五万以上者为镇,不满五万者为乡。城镇乡均为地方自治体。乡设立议事会和乡董,实行议事与行政分立。乡议事会在本乡选民中选举产生,为议事机构。乡的地方自治执行机关很简单,只有乡董、乡佐各一名。自治范围以学务、卫生、道路、农工商务、慈善事业、公共营业及自治经费为主。

宣统元年(1909)闰二月初四,上海县举行諮议局议员初选,秦锡田等22人当选。6月10日下午,秦锡田应邀出席上海地方自治研究会在西园为松江府属新议员举行欢迎会。后于松江府复选,姚文楠与秦锡田当选。

五月初一,上海城厢内外总工程局改名为上海城自治公所,姚文楠继续担任议长。每月召集全县士绅代表商议地方公事。秦锡田、黄炎培均出席。

10月，陈行、三林、杨思三地乡民赴三林塘参加选举，秦锡田和黄炎培当选为江苏省諮议局议员。江苏省諮议局是中国历史上首次出现的具有一定立法权和监督权的地方宪政机构之一。

为此，秦锡田不时赴苏州参加諮议局活动。同为议员的上海好友除了黄炎培、姚文楠、顾言之外，还有穆湘瑶、雷奋和夏日琦等。

出生于川沙杨思乡的穆湘瑶（1874—1937），字恕再，又名抒斋，随父亲经营花行定居在上海城区。1901年考入南洋公学特班，因"墨水瓶事件"退学。1903年，当选中国教育会评议员。同年秋，乡试中举。此后以经营实业为主，后任上海城厢内外总工程局议董、南区区长、警务长等职。

出生于松江县的雷奋（1871—1919），字继兴，时年33岁。与立宪派人士张謇时有交往。初在上海南洋公学学习。后留学日本早稻田大学攻读法政专业，与钮永建关系密切。回国后，为上海《时报》主编。民国成立后，任资政院在选议员，在北京参加起草法律规章。旋因不满袁世凯专制独裁，退出政界，隐居家乡，被推为松江自治公所总董。他是"浦东同人会"创始人之一。

生于嘉定县的夏日琦，字芍宾，曾为幕僚，又赴日本习法政，任松江中学堂监督，又为青浦地方审判厅长，规定司法与行政权限。

时年30岁的黄炎培担任江苏省谘议局常驻议员，因此上海议员到苏州来赴会，主要由他负责接待。

宣统三年（1911）十月，江苏省諮议局改为江苏临时省议会，秦锡田继续担任议员，兼学务审查长。

担任省諮议局和临时省议会议员之后，秦锡田对波谲云诡的时局变化更为关心。在《享帚录》中，记载了他的26篇议案、意见书和公文，涉及裁撤缉私盐巡、整顿契税、漕政、清查荒田、修治吴淞江等建议案，这些上书体现了一位士人对地方社会的责任心。

在历次议员会议上，秦锡田与老友顾言互相配合，志同道合，共同提出了多项建议案。秦锡田称之"三年諮议局，昕夕快追随"。秦锡田称赞其"长于肆应，明于世故，上交下交绝无枘凿之处”。一次，顾言“曾拟整理公产增加收入，惜独行无助，未竟其志”。秦锡田对此感到十分惋惜。

当时，上海道台蔡乃煌（字伯浩）依靠袁世凯的力量，到任后即盘下《中外日报》，收买沪上舆论。而秦锡田敢于在諮议局公开举报蔡乃煌贩卖地皮给外国人、侵蚀学户之事实，以致蔡乃煌遭弹劾，因此受到议员们的交口赞赏。

针对江苏省在验契（官府调验平民不动产所有权的契据）过程中的流弊，秦锡田明确指出：验契积弊“朝令暮改如国体，剜肉补疮如民生，何且浑言旧契，界说不明，规定处分惩罚尤酷，甚至舍得主新立之契，而验弃主无用之废契，名为限期停止，实则永久留存，本会纵不能拔本塞源，亦当小小补苴，除其流弊，……夫人民纳费验契以保障其所有权也，若权已丧失，自无保障之必要，况强迫新得所有权之人，重担弃权者不当尽之义务，于情于法两无可通，应请省长通令各县永远革除。”

租界当局多次要求参与吴淞江水利疏浚工程，借此觊觎中国主权。秦锡田对此明察秋毫，针对上海开浚黄浦河道局（简称浚浦局）所为，无情揭露，严正地指出：“吾人所注意者，不仅在修浚之计划，尤在管理之权，浚浦局处心积虑，谋攘吴淞之主权者由来已久，今以升科费为香饵，以包工为罗纲。吾人若用此升科费，是饮鸩止渴，渴止而身死，若允去包工，是开门揖盗，盗入而家亡。吾吴淞江流域之人民，果甘蹈于死且亡也。”“议者谓吴淞江主权早已失去，实去名存。”“以浚江泽宜严拒浚浦局，不用升科费以浚河，则浚浦局之人才、器械皆可利用，是浚浦局之可否包工，当以吾之能否筹款为先决问题。”

这一时期，秦锡田利用自己的社会地位，积极参与地方政务，一方面体现了士人的社会责任感，另一方面使自己获得了更高的声望。

乡里有了议事会

在上海各界有识之士的努力下，地方自治新政全面推进，很快波及了城郊地区。

宣统二年(1910)六月初十,上海县自治筹备公所成立,选举李平书为所长,秦锡田、梅向羹为副所长。并推举6人分赴各乡演讲,督促设立调查事务所。二十五日,杨思桥、三林塘、陈家行等乡分别正式成立调查事务所。

宣统三年(1911)春节之后,上海地区正式实行地方自治,本地设立陈行乡公所。

经过当地民众直接选举,这里产生了首届陈行乡议事会。

乡议事会议员共有10人。49岁的秦锡田任议长,45岁的孔祥百任副议长,其他议员有陈行镇上胡信成米行店主胡能谱(又名树堂,字琴甫)、胡信义米行店主胡能让(字楠生)、塘口竞新小学校长徐绍元、塘口教师孙夔龙(字凤池)以及赵正鹤、李怡如、康善纪和陈谦吉。他们大多是秦荣光的学生,从小热爱故乡且具有务实精神,近十年来,都已经为陈行地区的公益事业做出了卓有成效的贡献,众望所归。

乡议事会决定:由51岁的胡祖德出任乡董,原鹤坡小学校长朱绳祖担任乡佐,负责本乡七图的行政事务。

乡公所设在胡家祠堂,乡民们自由进出,视为家园。议员们成了"公家人",胡祖德成了"办公事"的"头头",凡属公事人人可以去找他发表意见,凡遇纠纷人们首先想到的是到此听取判断,凡是议事会形成的议案立马实行。人们欣喜地看到,自从乡里有了实施民主决策的议事会,普通乡民也有知情权、参与权、表达权和监督权,延续千年的社会格局彻底改变了。

营造度民桥

陈行乡议事会成立后,经民主讨论,决定将实施的第一件大事定为改建镇中市桥。

陈行镇市中心的木桥,俗称"大桥"。木桥横跨周浦塘,又高又长,自明万历年起,因木头易腐朽,几年必大修,数十年需翻造,一修就耗资千金,实为一大漏卮。不修又不行,桥高过屋檐,登上桥顶,脚下桥摇,桥上人晃,这累卵之势令人心惊肉跳,到了风雨之夜,更苦了过桥人。在道光、咸丰年间,两次想筹款翻造,都因资金不足而作罢。在同治初年,终于重建了木桥,可惜仍不坚固,没几年又摇摇晃晃了。胡祖德暗下决心,为一劳永逸,要将木桥改为石桥。他便与秦锡田等好友们一起筹款,镇上所有商店、摊贩也积极响应,每月主动捐款。人们捐了两年多,胡祖德一算,仍只有所需资金的五分之一。

大家都感到为难,只能另做打算,但胡祖德不甘心罢休,主张除继续发动本镇商界捐款外,还应到乡村去,到邻乡、邻县去筹集捐款。于是,他与好友们四处奔波,一路呼吁。

忙了数年,筹建石桥募集资金终于基本凑足,人们万众一心,恨不得立刻把石桥造起来。

胡祖德说干就干。他们四处奔走,招募石匠。听说有位叫杨桂生的松江石匠最善于造石桥,他就匆匆登上船,赶到松江城,向杨师傅当面求教。胡祖德造桥心切,一见面就问:“师傅能否早日动工?何时能够竣工?”杨桂生却不慌不忙:“动工后,起码要等到夏天,入水不冷进度才能快一点。只要你们将料备足,一年工夫可以完工。”胡祖德连忙答应:“我马上去购石料,请师傅尽快动工,早一天完工,俔陈行百姓可少吃一天苦。”杨桂生仍是不急不慢地说:“你们购石料的钱款凑足了吗?你去购料时,不先付足款项,石料休想一次购足,而一旦停工等料,我有天大的本事,也快不了啊。你还是先回去购足石料,再来与我相商吧。”胡祖德急了,胸膛一拍说:“石料由我负责购足,请师傅开具清单。万望师傅尽快来陈行开工,为我百姓造福!”杨桂生被他的一片真情所打动,便报出了一长串工料清单。胡祖德仔细笔录记清,再次恳求他约定开工日期后,才匆匆回家。

一路上,胡祖德读着清单,盘算着资金,可算来算去,资金还缺三分之一。要是再去四方筹款,工程又得再拖两年,要是边购料边筹款,石匠师傅不肯动工,要快也快不了。怎么办?他决定先将私款垫进去,购足石料确保动工再说。

第二天,胡祖德带足资金,登船赶往浙江选购石料。他坐在船舱中,挥笔细算,按杨师傅开的清单算了一遍又一遍,将石桥的用料一块—块地计算到家。他感到杨师傅开的消单中,用料算得过头了,虽说造桥用料应有余地,但眼前经费短缺,能省的决不能浪费。他再三核准了用料清单,认真选购好全部工料,租用宁波船装妥,亲自押运,匆匆赶回陈行。

阳春三月,造桥工程终于动工了,杨桂生带了40多个石匠,开进工地,见胡祖德说到做到,已将工料全部备足。工匠们就地画出环桥图形,选料打造,他们也顾不得春寒水冷,纷纷下水打起了木桩。工匠们昼夜苦战,工程进展很快。胡祖德天天泡在工地上,连三伏天,他也头戴草笠,奔走在烈日之下,与石匠们同甘共苦。夜间还亲自打了灯笼巡夜。杨桂生见他这样辛劳,再三劝他放心回家休息。他就是不肯离开工地。

胡祖德不肯走,既是不放心工程进度,而更担忧的是,他没按杨桂生的清单购足石料,生怕自己算错,造成停工待料,又生怕杨师傅发觉,动气而息工。

石匠们一鼓作气,工程进展出奇地快,只用了8个月,石桥就建成了。令杨桂生吃惊的是,石料竟一块不缺、一块不多,他明知自己的清单是随口开出的,大有余地,而现在用料如此精确,他不得不佩服胡祖德的精明善算。他们更想不到的是,胡祖德手中尚有余款银币8720元。为此,杨桂生干脆定居在三友村南杨家宅,参与周浦塘上六座石桥的设计和施工。在造徐家桥时,他省工又省料的成效,得到胡祖德的高度赞扬。

然而在造桥期间,有人却一再干扰造桥工程。

时任上海知县田宝荣下令,征粮时拒收铜币,要纳银元,否则抑价200文。各乡大哗,公推秦锡田出面上告松江府,揭发知县纳粮折银的弊事。知县因此"衔之刺骨",对秦锡田极为不满。

正巧,当地沈家湾是个"老贼窟",这时有个"老贼"沈雪冰,夜里到造桥工地上盗窃桥桩木数根,被乡人发现后将其拘押在课勤院内,又怜其有病而放回家去,谁知不久病逝了。其家人便告到上海县衙,诬说胡祖德"勒捐凶殴,朦请检验"。知县以为报复秦锡田的机会来了,便趁机兴师问罪,接连发出传票。一时闹得是"符檄之急,如火如风;吏役之威,如狼如虎,奸宄之协谋,如鬼如蜮”。造桥工程险些功败垂成。

秦锡田一边亲自与知县周旋,据理力争,一边叮嘱胡祖德督工不辍,坚持造桥。知县恼羞成怒,责令停办题桥课勤院。而秦锡田、胡祖德坚持抗辞申辩,称“贼病身亡体不伤,贪官党贼转诬良,是非颠倒王章紊,国脉何能衍久长”。

幸亏,当石桥建成之时,清王朝匆匆垮台,此案不了了之。

喜看革命大爆发

宣统三年(1911)秋天,上海地区有中国同盟会中部总会、光复会上海支部和上海商团公会等三方革命力量酝酿起义,光复上海。同盟会、光复会缺乏军事实力,而商团公会设五个中队,是一支较有实力的地方武装,会长李平书时任上海地方自治公所总董,颇具声望。

秦锡田听到风声,甚为兴奋。他熟悉李平书的为人,何况同盟会的钮永建(字惕生)是马桥人,又是当年乡试一起中举的同学,李英石的父亲与他也是知交,彼此相见直抒胸臆。然而,此时秦锡田“看勿懂”如此纷乱的时局,也不知道该如何直接参与其间,而且随着事态的迅猛发展,他感到顿时晕了头,结果成了一个“看闹猛”的角色。

而那些胆大血热的“革命党人”义无反顾地打响了光复上海之役。

九月十一日上午,上海 23 个商团在南市“九亩地”操场举行有 2000 余人参加的检阅典礼,公开身份为“新军第九镇军官”的李显谟,应邀担任总检阅官。他颇具大将之风,被公推为上海商团临时总司令。

当晚,三方力量代表钮永建、陈英士(名其美)、李平书、李显谟等聚会,定下了“上海首先发动,苏杭继起响应,随即进攻南京”的起义方案。次日,传来武昌战况不利的信息,三方代表当即部署起义。

九月十四日凌晨,李显谟在钮永建的支持下,当机立断地发出了总攻令,指挥起义军 700 人向清军最后的据点制造局发起总攻。

九月十六日上午,松江宣布独立,松江城内即建立军政分府,举钮永建任军政部部长。

九月十七日,周边的川沙、南汇县城也相继宣布光复。

秦锡田为之振奋不已。四方传来的信息,使他看到了这场革命的结果,虽然他一时还未真正弄懂清王朝为什么就这样被推翻了。

民国元年(1912)1月1日上午,孙中山由上海赴南京就职临时大总统,在上海车站出发时受到各界群众万余人的热烈欢送。3日,南京临时政府成立。

秦锡田闻讯,欣然撰写了一首《革命军》诗,赞叹:“军起百日神州定,古今中外功无双。”

上海光复后,李平书担任民政总长,姚文楠担任劝学长。

最使秦锡田吃惊的是,上海城里激烈争论了七年多的拆除县城墙之议,1月13日经姚文楠等人再次呈请,李平书经沪军都督陈英士批准,一声令下就拆除了。

华界与洋界就此连成一体,上海滩将变成如何一个模样?

秦锡田真切地感受到,一个全新的时代以气吞山河的声势揭开序幕,传统士绅阶层已经瓦解分化,正在蜕变。

守望家园

剪辫子贺新年

上海滩由“枪杆子”掌握话语权之后，秦锡田之辈的乡绅们都被挤到一边去了。

南京临时政府颁布了很多项政策法令，民国元年（1912）伊始，改公历为新年。一首民谣到处传唱，势不可挡：“新礼服兴，翎顶补服灭；剪发兴，辫子灭；爱国帽兴，瓜皮帽灭；天足兴，纤足灭；阳历兴，阴历灭；鞠躬礼兴，跪拜礼灭。”剪发、易服、放脚等一系列的社会变革，正改变人们的灵魂。

秦锡田真心拥护孙中山先生，在陈行镇上积极推行民国新政。他率先剪掉了脑后的长辫子，促进世风变化。为改善地方秩序，保障乡民权益，他向上海县民政长吴馨递交了《呈民政长请设初级审判厅》的议案。

陈行镇上的新石桥已拆卸鹰架，装栏杆石。经过一番精心准备，人们隆重庆贺新石桥竣工时，正巧时逢民国建立，陈行人便将这座高 18 米、长 50 多米、宽 4 米的大石桥取名为度民桥，寓意双关，并立碑作记。桥身设两副楹联：“壮澧溪第一重关键，受歇浦七十里潮流”，“疏浚运河今免役，往来粮舶此眠桅”。此桥不但方便了交通，而且形成了重要景观，显示出当地的实力，彰显了陈行的声望。

度民桥畔挂灯悬旗，竖起了“共和万岁”的标语，令人感叹世道又变了。街上贴出布告，限期剪发，移风易俗。男子们纷纷把拖在脑后的辫子剪去，有些老者生怕世道再变，便把辫子盘了起来。女孩子们也都以“童花头”为时髦。人们的服饰也随世风而变化了。

陈行镇西的西园展示出一片新天地。扩建后占地约2000平方米的西园，相比当年的关帝庙和汇善堂，显得大气多了，而且体现了公众意识的萌发。前所未有的“公园”内，有池有堤，有亭有榭，有竹有石，有树有花，有乡校学生运动场，汇善堂也成了校舍。这里又建起一幢新楼，上称“逍遥楼”，下为“容与堂”，是镇上年轻人最爱去的公共文化场所。夏夜演出新剧，观戏者如潮，秦锡田称之“改良风俗推新剧，彻夜西园看化妆”。

上海城里流行的画报、小说，通俗易懂，斑斓多姿，如今很快就出现在西园内，广泛传播。孔祥百的儿子孔令甲（字汉布）当时才十多岁，是容与会（属上海少年宣讲团）的核心人物之一，每逢暑期他便组织会员在西园内化装演讲，宣传进步思想、反对封建礼教，听者数百，产生了极大的影响。

镇上的女孩子不但能进学堂念书，而且公开谈起了恋爱，这西园无疑是她们最自由的天地。乡村女子也放大胆子敢于有所作为，时有镇上文人特记：“往时操舟皆男子，无举家浮寄者，廿年以来始见巾帼把柁。”人们不再惊呼“女人上船船要翻”，可见时代确实在变了。

西园内虽无奇景，但陈行人或数日一游，或一日数游，感到亲切怡情。此时，关帝庙内的两棵已有数百年龄的梓树亭亭玉立，高20多米，虽遭火劫，皮焦尽脱，但春夏之交，依然花开如锦。

陈行义塾改名为陈行乡立第一初等国民学校，男女同校，不再设孔老夫子的香案牌位，学生课本中取消了“忠君”“尊孔”的内容。一首《陈行校歌》在此时唱开了。有人至今记得歌中唱道：“大树扶疏，心潮澎湃，巍巍铜像来钦拜。朝气清明，春风和蔼，兄弟姐妹齐相爱。帆快风长，桥高水大，眼前气象正无限。从东迁西，先湖后海，屈指于今有几载。”

1913年5月，陈行乡农会成立。

陈行镇上开始装设路灯、清扫道路、驱逐乞讨者、禁止赌博与吸食鸦片。

在汇善堂里开设了戒烟分所，提供医药，并供膳宿，30 多个偷吃“白粉”者被送来戒烟。

秦乃歌 30 岁时染上烟瘾，长期难戒，此时为支持秦锡田的号召，古稀之年竟毅然决然地戒了烟，乡人见之皆称其勇。

不久，周浦镇邮政支局的邮差开始到陈行、题桥、塘口三镇巡邮，风雨无阻，人们就此真正养成书信往来的习惯。镇上的胡信义米店内设邮票代售处，后升格为邮政代办处（1934 年迁至潘仁泰麻饼店内）。各类报刊也随邮差源源不断地飞临乡里，虽说邮递时差 3 天，但毕竟能够将陈行与外面的世界紧密地联系起来，极大地开阔了乡人的眼界。

陈行的交通有所发展，镇上每天有两艘班轮往返上海城内，题桥、塘口各有一艘。

上海天主教神甫在附近杜行地区建立教堂。光绪元年（1875），本地陶龙桥（今为民村内）也建立了堂口，取名安德肋堂，俗称“孙家堂”。受其影响，如今本地又先后出现了顾家堂（今勤劳村内，取名“仓桥无原罪圣母堂”，俗称“陈行天主堂”）、王家堂（今三友村内）和中心河镇东街的基督教“清心堂”，参与者大多只为“消灾”。

关帝庙东侧又建 8 间新屋，设办公厅称懔岩堂，门口横额写的是“上海县第五区第二派出所”，这里由警察维持社会治安了。

在中河镇，图董曹少耕等也在中心河上接连修建了五座桥。当西新桥建成后，秦锡圭欣然撰联一副，镌于桥柱，联曰：“两岸机声喧昼夜，一江帆影度春申。”生动地反映了陈行地区纺织业和商运业发展的盛况。

当地又进行户口普查，据统计本地区时有正户 2700 户，附户 134 户，男性 6118 人，女性 6122 人。

陈行镇的年轻人，尤其是秦家、孔氏、胡氏家族的子女成了社会新思潮的实践者和传播者，他们进入新式学堂，学到了祖辈们所不知晓的科学文化，扩大了人生视野。他们的前程不再是科举登第，也不单是求官谋职，而是求学于南洋高等商业学校、同济工业专门学校、上海美术专门学校、中华职业学校、中医专业学校、省立师范学校等，并先后飞离陈行，从事教育、工商、医药等事业，成为社会所急需的人才。

在乡贤们的教育和关心下，陈行子弟纷纷考入上海及外地的高等、中等专业学校。在1918年以前，陈行镇上进入高等学校深造的有胡政新、孔令甲、孔令申、秦之济、秦之炯等，进入中等专科学校的有徐庆宜、陈南杰、胡日新、秦锡燧、秦艮堂、秦之衔、秦之瀛、秦之金、孔令谷、孔令乙、丁仁科、秦之纲等，以及第一批进入中等学校的陈行女性孔令德、胡怀新、胡萃新、胡运新等。后来，他们有的学成归来从事教育工作，有的走向祖国各地，各尽其才。在当时，一个偏僻小镇能涌现这么多的有志向、有知识的年轻人，是极为可贵的。

三林学校火灾

民国元年(1912)8月，上海县参事会正式成立，设在县公署内。每月开一次会。乡民们又参加了选举，秦锡田当选为上海县参事会7名参事员之一，胡祖德当选县候补议事会议员。

就在这关键时节，秦锡田突然遭遇一个大难题。

8月暑假期间，三林高等小学校不慎起火，文昌阁及城隍庙西庙楼化为灰烬。损失惨重，名重四乡的学校顿时濒于绝境。

身为校长的秦锡田深感压力沉重，他寄寓三林镇上的鸿宝堂，日夜为复校操劳。此刻，多亏监学赵履福鼎力相助。

赵履福为人朴实，处事周详，虑事缜密。此时，他已有58岁，改号髯叟，刚被推举为三林乡议事会议长。他眼见校舍遭火灾荡然无存，便挺身与秦锡田一起惨淡经营，共渡难关。

眼看学校开学迫近，他们决定权且借用城隍庙余屋修理粉刷为教室、宿舍，照常开学上课。

9月间，经秦锡田、赵履福苦心擘画，反复测量圆天池以北桑园之田亩，很快造起楼房11幢、平屋11间，共耗银4500两。后来，又费银2114两，扩建了新校舍。

三林学校举债重建新校舍之后,与4所乡立初等小学校合并。11月,正式改称为“三林陈行杨思三乡联立高等小学校”,由赵履福任校长。

不久,三林、陈行、杨思三乡议事会改为三乡学务联合会,由秦锡田担任学校联合会会长。

西临黄浦江的三林、陈行、杨思三个乡同属上海县,陈行镇在长人乡二十一保,三林镇与杨思镇同在高昌乡二十四保。三林居中,南连陈行,北连杨思。自从光绪三十二年(1906)三个乡合并为上海县东南乡联区以来,彼此情同手足。建立三乡学务联合会后,地方教育事业迈开了新的步伐。

为帮助相邻的南汇县有效推进地方教育事业,秦锡田鼓动同宗长辈秦始基重新出山。秦始基原已谢绝尘事,归老林泉,经秦锡田再三劝说,1913年他担任南汇县公署第二科科长,1915年任县教育款产处总董,1918年任县劝学处所长,业绩喜人。可惜,两年之后他病重逝世,被后人私谥“端毅”。秦锡田为其撰写《南汇端毅秦先生清德碑》碑文。

秦锡田除热心办学之外,又因时势推动逐渐走向政坛。民国元年(1912)8月,他当选上海县议事会议员、参事会参事员。次年二月,又当选江苏省议会议员。

不久,秦锡圭当选第一届国会参议院议员,秦锡芝当选陈行乡议事会议员。

养真堂兄弟再次以风光的姿态步入政坛,令陈行秦氏家族父老引以自豪。

风云多变

然而,没过多久,北京城里风云多变,时局又连续发生大动荡。

1913年7月8日,袁世凯窃据中华民国临时大总统后,翻脸露真相,动手镇压革命党人,图谋复辟帝制。于是,讨伐袁世凯的“二次革命”爆发了,地方自治制度被迫取消,上海地方自治夭折了。

陈英士宣布上海独立,钮永建被任命为苏沪讨袁联军总司令,展开激战。结果,钮永建被袁世凯指定为“一等犯”,遭到通缉后,被迫逃亡到日本。

姚文枬参与“二次革命”,又反对曹锟贿选,遭受迫害,匆匆逃到天津、北京隐居起来。

黄炎培也离开了上海,以《申报》记者身份到安徽、江西、浙江、山东、北京、天津等地考察,思考国家未来的道路。

眼看上海城区已今非昔比,老朋友大多各奔东西,秦锡田只觉得眼前一片茫然,三林学校的火灾已使他感到身心疲惫,面对时局,他更不知何去何从,对一切都深感无奈。

秦锡田懒得再到上海城区去逛了,便埋头于三林学校的事务,忙自己认为应该忙的事情。

陈行秦氏养真堂兄弟们抽空再次明晰地分配了祖传家产。秦锡田精心修建起自己的小家园,将宅东 4 间旧屋翻造扩建成楼房 3 间、平房 3 间,还在屋后的小菜圃里植树种花,增添了一些野趣。他特意取适者能生存之意,将宅院取名为“适庐”,请时任松江银行行长的商界名流闵瑞芝题写了匾额。他还集名家书法,题堂名为“敬简堂”。

秦锡田从三林学校搬回到陈行老街居住,希望享受一番天伦之乐。然而,在家中住了一阵,秦锡田又感到心中烦闷,时而会出去游走一番。

其实,秦锡田已不可能成为陈行镇上的闲人,他时刻关注着时局的变化和社会的发展。

知己成亲家

1915 年正月初二,三林学校里喜气洋洋,人们奔走相告:校长秦锡田在此为女儿办婚礼,新女婿是莘庄人。

秦锡田的这门亲缘来得特殊。亲家张虞赓(字愚耕),莘庄镇西河浜人。光绪三十四年(1908),张虞赓的大儿子在三林学校就读期间,不幸因病身亡。秦锡田与张虞赓是县学同学,对这不幸事件十分关切,便与友人一起赶到莘庄西河浜去慰问。

西河浜在莘庄镇北，秦锡田发现这里“离市三里，曲水环抱，花木蔚翳，风景幽绝，小楼一角，四面轩窗，瞻眺邻村，万绿如洗，室以内诗筒、酒盏、画箧、书囊，位置井井”，顿时感到亲切温暖。

秦锡田问张虞赓：“君啸傲泉石，吞吐云霞，其或有花坞之吟，桃源之记，可以涤我尘襟乎。”

张虞赓笑答：“蛙歌蚓曲，正如岭上白云止，可自怡悦，不堪持赠君耳。”

秦锡田与张虞赓交谈甚欢，情感倍增。他得知张虞赓幼年丧父，全靠母亲抚育，因此极为勤奋好学，尤喜诗词，“致力于农田，雨笠烟蓑，手足胼胝，暇则手一编，高吟朗读，声渊渊，如金石，风之晨，月之夕，即景言情，辄有吟咏，顾信手挥洒，即随手抛弃，不遑点窜，并不自检理，故少年之作只字无存”。

谈话间，张虞赓的二儿子张鸿翥（字铭西）前来拜见秦校长。秦锡田见其“恂恂儒雅”，十分中意，当即提出愿将自己的四女儿秦之蕙（字蕙祥，号纫惠）嫁到西河浜来。张虞赓欣然接受，定下了这门亲事。

于是，秦锡田在三林学校为他们举办了婚礼。

可惜，7 年后的夏日，张鸿翥不幸得霍乱病去世。但秦锡田对结交这个亲家始终不悔，两家的情义日益深厚。

秦锡田赞赏张虞赓的处世风格，“貌癯而野，气旷而肃，外和而内介，口苦而心慈，衣冠朴陋而吐属名隽，仪文率略而情致缠绵，利禄不动于心，喜怒不形于色，不因物而凝滞，不随俗而推移，少壮屡赋悼亡，境至怫逆，晚稍宽裕，即以家事付其子，遂谢绝尘事，独乐其乐，黎明即起，徒步赴市，与田夫野老啜茗清谈，殆无虚日”。

张虞赓善诗而不为诗，使秦锡田深有感触。张虞赓逝世后，秦锡田叮嘱外孙张守先兄弟收集整理其诗作，竟有 568 首，便刊印成《西河草堂遗稿》。秦锡田欣然作序，感叹道：“诗，天籁也。乡间之谚语，童叟之歌谣，劳人思妇之讴吟，不假修饰，自然超妙，故无意于为诗者。诗未必尽传，而必有可传之句，如吾友张君虞赓，其无意于为诗者乎。”“呜呼，无意于为诗而诗存，无意于求名而名传，此其中若有天焉。”

秦锡祺回乡立功

秦锡田的堂兄弟秦锡祺(1874—1934),字寿农,号庸庵。两人自幼朝夕相处,感情笃深。

不久,地方自治制度被迫取消。好在“天高皇帝远”,北洋政府鞭长莫及,管不到陈行镇,这里的地方事务管理依然我行我素。

陈行乡经董胡祖德任职期满,决意隐退,由秦锡祺接任。此时,秦锡田到上海城区供职,陈行地区的地方事务全靠秦锡祺出面支撑。

秦锡祺着手整饬乡政,他不矫激亦不因循,不惹事亦不畏难,悉心处事,使地方安稳,乡民皆得安居乐业。他继续推进地方公益,看到题桥镇市中的跨塘大木桥已年久失修,势将倾圮,便请秦锡田起草颁发《募建题桥市跨塘桥启》,发动地方各界募建,并诚请胡祖德出面主持改建工程。经过各方努力,在周浦塘上建成又一座颇具气势的跨塘环洞大石桥,取名“裕民桥”。不久,秦锡祺又与周承铭一起,筹资重建鹤寿桥。

在主持地方事务的过程中,秦锡祺充分认识到对后辈加强乡土教育的必要性。1921 年 2 月,他将秦锡田早年编写的《陈行乡土志》交给沈颂平校印,并请胡祖德亲自绘制插图。这一册独特的地方小志付印后,便成了陈行在学子弟的必读教材。

到 1924 年,地方自治制又恢复了。当年 8 月,陈行乡议会经重新选举,由朱绳祖担任议长(其病故后,孙夔龙当选议长),秦锡芝为副议长,由秦锡祺任乡董,朱绳武为乡佐,老议员有胡能让、赵正鹤,新议员有胡能仁、陈鑫生、杨颂周、陈如钰、周守仁和孙叔伦。成员年龄比上届降低,仍以当地教育界人士为主。

1930 年,上海同仁辅元堂聘任秦锡祺为分堂事堂,在法租界内设验尸所,与法租界法院、工部局时有交涉,他不卑不亢,华商对其深为信任。

从 1934 年 7 月起,秦锡祺足部突发浮肿,并延及腹部,经中西医医治均未奏效。10 月 2 日下午 8 时,他在痛苦中离世,年仅 61 岁。

此时,秦锡田同堂6个兄弟,已有3人离世,令他深感悲痛。

还是家乡好

陈行人对时局的变化不卑不亢、不理不睬。地方自治制度被迫取消后,尽管乡议事会没了,这里被改为上海县第五学区,但乡民们依然按照乡董、乡佐的吩咐,安居乐业。

当时,胡祖德记录的一首民谣这样唱道:“清朝换民国,物价样样大。时局关系没奈何,半由物税加得大。众人头上全刮枯,若不勤勤俭俭做,那可开销立门户。农人男不挑换糖担,女不做卖盐婆。嘴里淡来熬弗过,惟有吃点苦。”

秦锡田及其同仁们不改初衷,坚持办学、建桥不间断,按自己的理想建设自己的家园。

三林、陈行、杨思三乡民众合力,接连建造了公立第一、第二、第三、第四国民小学校新校舍,加快了地方教育事业的发展。秦锡田兴奋地为每一个建校工程撰写文章,促其美名远扬。

陈行镇上建起裁缝业公会和水木业公会,请胡祖德资助并操办,在关帝庙西南造起了轩辕殿和鲁班阁。

胡祖德一向不太关心浦东之外的时局,对仕途兴趣不大,他只经营陈行这块小天地,做他认定该做的地方公事。他计划建立陈行镇商会,还想筹资建造一所地方医院,再增加更多的消防设施。可惜,他此时已心有余而力不足了。他就与陈行教育界人士一起,对后代加强乡土教育。在他们的努力下,秦荣光的《上海县竹枝词》终于付印了,得以广泛流传。

老议长朱绳祖尽管年事已高,仍决意要为家乡多做些奉献,与妻子谈氏慷慨捐资在鹤坡塘上建造了一座新石桥,乡人同声叫好,称此桥为“齐眉桥”,以示永久纪念这对相敬相爱又乐于公事的老夫妻。

西园内依然是年轻人的天地,孔令甲及容与会还在忙于破除迷信陋俗,课勤院也改成了学校。尽管外面的世界动荡不定,这里各所学校一切如常,当时入学儿童有男生 1008 人,女生 946 人,将近总人口的六分之一,现实意义非同一般。日后赴美国留学并成为知名教授的倪尚达、胡汉文、金武周等,就是此时走进学堂得到知识启蒙而成才的。

1918 年 8 月 2 日,随着儿子秦之泉(字宝泉,后名浩)呱呱坠地,57 岁的秦锡田乐得合不拢嘴,按乡俗盼长养而为其取乳名为“阿苟”。78 岁的母亲也喜上眉梢,秦氏养真堂内外因此恢复久违了的祥和气氛。

为此,秦锡田故土情结更浓,乘兴撰写了一册《陈行乡土志》,期盼后代热爱家乡的一草一木,传承先辈们的历史文化。秦锡祺、胡祖德阅后齐声叫好,组织刊印。孔祥百欣然撰写了序言。

一册《陈行乡土志》便传遍四方,传了一代又一代。

胡祖德成了“问俗闲翁”

60 岁的胡祖德,也不再风风火火,只做他愿意做的两件事——造桥和编书。

在建造度民桥以前,胡祖德已主持重修陈行镇东首的东砖桥和西首的计家石桥(又名西砖桥)。度民桥建成后,他的精明为人们所信服,沿塘各地凡建石桥都来请他。他也信用卓著,石铺不敢居奇抬价,石匠不敢作弊偷工。在以后的二十多年里,他又主持兴建了 6 座石桥:将镇北的荷花木桥改为石桥,易名为新民桥;在题桥镇将大木桥改建成环洞石级的裕民桥;在苏家桥镇改建苏民桥;后又改建粒民桥(原名列船桥),并在徐家渡废渡建桥,造起石桥后定名齐民桥。建成齐民桥后,他已经 70 岁,累出了一场大病,身体日衰,但没几年,又在塘口镇主持改建桥身 6 节的平面石桥,称寿民桥。此外还分其余力,协建润德桥、牌楼桥、叶家桥等。如此,竟有 6 座新建石桥一齐横跨在周浦塘上,桥名相连,十分壮观。为此,陈行乡民尊称他为“六桥老人”,而胡祖德以桥为荣,改字号为�桥。

胡祖德一向喜爱研读方志、史书,特别留意地方掌故和民俗时尚,又遍访耆老,将先人轶事一一记载。他十分喜欢“老古话”之理、“俏皮话”之趣,自幼饭后灯前,偕弟妹辈麇集一室,共猜俚谜,引为至乐。他主张“书生问俗”,因此特别留意地方掌故和民俗时尚,又遍访耆老,有心搜集俚谚俗语。

在胡祖德的影响下,陈行地区先后有朱绳祖、朱绳武、周岐凤、姚达成、孔吟余、周国霖、杜士英、张厚生等乡村青年教师积极投身于这场“书生问俗”运动,形成了一个“平民文化”团队。他们一边创办新式小学堂,一边协助开展平民教育,始终与当地民众相处在一起,十分熟悉当地民众的语言,也喜欢像胡祖德那样不忌土气,满口俗谚俚语。因此,他们成了胡祖德的得力帮手和推广者。

光绪二十六年(1900),胡祖德将收集到手的数百条本地俗谚俚语,抄录齐整,编辑成册,并取名为《松江俗语》(当时上海县属松江府)。成书后,人们争相传阅抄录,异口同声称此书实用性强,特别“配胃口”。

于是,胡祖德发动乡村秀才们走村访户,广泛收集、整理各类口头文学资料。他静心梳理,探根寻源,整理了1000多条本地俗谚俚语,编成专集。

《沪谚》书影

1914年冬季,《沪谚》编成,分为上下两卷,由上海著易堂书坊出版石印版木刻本公开发行。1921年前后,胡祖德将初版《沪谚》的内容做了大量扩充,质量与数量有明显变化。1922年3月,《沪谚》再版发行,分为上下两册,书中条目增加“读音”与“义典注释”,并按诗韵四声排列,内容仍以当地生活和日常事理为主,所辑谚语以上海地区的为基点,兼以江苏、浙江、天津等地的谚语作为对照,并用英国、法国、意大利等国家的西方谚语相比较。

再版的《沪谚》一书更加畅销,持续补印仍供不应求。1922年底,胡祖德将原《沪谚》上卷扩编成上下两册,收入谚语近2000条,将原下卷改名为《沪谚外编》,分上下两册,所收民谣增至100余首,并收录了大量其他内容。

《沪谚》是世上最早成书的上海乡土谚语专集。胡祖德在“自叙”中写道:“世界之人,智者少而愚者多,雅者少而俗者多,通文者少而俭腹者多,士类少而工商多。然则,欲求农工商界之愚者、俗者、俭腹者看书识字,其书不得不从至粗至浅着想也。”他编此书是写给工农大众看的,所以内容通俗易懂,选材颇有乡土气息,文风情趣盎然。学童可作为教材,学者可作为资料,咏歌可作为唱本,娱乐可作为谜书,出门有图可作指南,读史有文可作参考,写作尽可摘句,识字自有辨析,其实用性显而易见。

70 岁之后的胡祖德依然关注着陈行地区的平民教育,他发现“今各处提倡识字运动,一般成年之耕夫织女,到校后呆坐无聊,殊少意兴。又鲜相当之课本,以资教授”。他看在眼里,记在心里,专门编印了一本“口袋书”,取名《谜语千首》。由于此书便于携带,学生们可以随时猜谜,促使猜谜活动在四乡八镇开展起来,有效地推进了平民识字运动。

秦锡田怀旧

秦锡田淡出上海城区之后,或坐定乡里,为学校督造校舍,并先后分别为新建三林陈行杨思三乡公立第一、第二、第四国民小学校写下《新建校舍记》,还撰写了《三乡捐资兴学题名碑》(汪克壎书,立在三林学校内);或躲进书斋,静心辑印父亲的遗作,整理自己的文稿,先后撰写了《重修青龙庵碑记》(徐绍甲书,立塘口青龙庵)、《水木业公所记》(汪克壎书,立在上海福佑桥南)、《胡氏祠堂记》(何维朴书,立于陈行镇市东)。

秦锡田不愿再抛头露面,只有参加省议事会会议时,才赶赴苏州或南京去住几天,偶尔会到上海城区走动一下,为地方公益发表几句主张。1914 年 2 月,他上书巡按使,请求禁止本地大米出口,以免有害民食。1917 年,他出席省议会,建议剔除验契积弊。1920 年夏季,穆湘瑶与黄炎培、张伯初等发起集资,创设上南长途汽车公司,秦锡田购股资助,并出任公司协理。穆湘瑶又联合秦锡田、朱子灏等发起开辟上海、南汇两县县道。翌年,秦锡田力争前护军使何丰林归还强行提去的县积谷款本息银 14 万余元。

1919 年 1 月,秦锡田辑印父亲的《养真堂文抄》,请黄炎培为之撰写序言。

不久,秦锡田的女婿胡德良调任浙江仙居县县长,而会稽道(俗称宁绍台道)道尹黄庆澜(1875—1961,字涵之)曾在上海创办南华书局、三育小学、上海法政学校,与秦锡田是挚友。因此,秦锡田专程携婿赴任,顺便去探望黄庆澜。黄庆澜果然不忘旧友,欣然陪他游览南峰山、汤公洞等名胜古迹。返沪途中,秦锡田还游览了杭州西湖,专程凭吊了“鉴湖女侠”秋瑾之墓,并赋诗留念。

在这次出游途中,秦锡田眼望异乡山水,心中却不由惦念着故土的风貌,一路上他写下了一首又一首棹歌体(船工鼓棹而歌的歌谣)的纪事诗,共计竟有247首。他每日作诗数首,沉浸在家乡的人文历史中,以逃避时局动荡引发的烦恼。回来后,汇编成《周浦塘棹歌》,以描写地方风土人情为主,内容分源流、水利、津梁、政令、风俗、时令、物产、塘口掌故和陈行掌故等9个部分。其中,陈行掌故最多,达77首,其次是物产47首,还有政令(时事)35首,风俗34首,其他10首。这些洋溢着赤子之情的诗歌,成为后人研究浦东历史文化的宝贵资料。

1920年正月,秦锡田为老母亲操办80岁寿庆。秦锡圭为此特意从广州赶回家乡。寿庆办得红红火火,四方贤士送来祝寿的屏联诗画有200多幅,秦氏养真堂内外再一次喜气洋洋。

然而,自6月起,老母亲突患大病,经名医诊治,方才脱险。为了照料病中的老母亲,秦锡田不便再出门,留在家中避暑,静心休养。守在母亲身边,他不由回忆起自己的童年、少年生活,想起人生路上相识的导师、亲属、同学、挚友,他逐一加以点评,为其吟咏联句。数月后,竟汇辑出一册《怀旧吟》,其“一百二十首,冠以师门,次以父执及戚族之长者,其余交友以论交之先后为次,而及门之弟子”。这120人中绝大多数为功名士人,据统计:拥有科名的有进士15名、举人29名、生员52名,其中亦有后生新学之士10名,其他14名科名不详(多从商、公益事业或塾师)。如此广泛的人脉是秦荣光、秦锡田保持其士人身份的重要纽带。

拖了一年,老母亲病情反复,辞世走了。

潜心修志

从地方政治的漩涡中脱身而出的秦锡田,逐渐将主要精力投入地方史志的编修工作。为此,他特意将字号改为适庵,别署信天翁。

秦锡田对水利素有研究,1915年江南水利局聘其为顾问,次年江南水利协会聘其为研究员。1920年,他与老友姚文枏应邀住在苏州拙政园,静心修志。当年九月,他俩纂修的《民国江南水利志》十卷成书出版,后又辑《河工志》五卷。当时,孔祥百在江苏省立第一师范(今苏州中学前身)执教,秦锡田与他利用闲暇时间遍游吴地名胜,心情愉快。

秦锡田继承家学,一向重视地方文史的考证和传播。因此,早在1914年,上海县修志局就安排由吴馨修、姚文枏主纂《上海县续志》,并特聘秦锡田分纂水道志、艺文志、名宦志和交通志。为了能够潜心修志,秦锡田离开家乡,在上海城区的也是园中居住了三年,并四处实地走访,为修志局提供采访稿近万字,最终促成记载上海县清朝历史的《上海县续志》问世。

1923年8月,南汇县建修志机构,特邀秦锡田前去与严韦一起修纂《南汇县续志》。就此,秦锡田连续数年闭门谢客,埋头修志。后来他因要事,停了3年,至1929年9月,《南汇县续志》终于完稿付印。秦锡田在志书序言中,总结了这些年来修志的体会,强调修志必须重视采访员工作。

1924年9月,上海县议事会决定倡修民国《上海县志》。次年由姚文楠编定纲目,约人分纂。可是,书稿未竣而姚文楠却因病逝世了。又因上海特别市成立,县志需要改定体例。

因此,自1931年7月起,年已70岁的秦锡田应邀接替姚文楠,负责总阅民国《上海县志》全书,促成完稿。

经过4年努力,记述民国元年至十二年上海县地方史实的民国《上海县志》终于修成付印,共二十卷。秦锡田在志书序言中,自谦“余亦衰老,惮于检阅”。

前后20年间,秦锡田参与修纂3部县志,为上海地方史志编写工作做出了较大的贡献,其影响十分深远。

秦锡圭奔驰南北终归里

1912 年,中华民国成立。时年 48 岁的秦锡圭年富力强,豪情满怀,被江苏省议会选为第一届国会参议院议员。他有志投身民主革命,但不愿步入政界,发誓“不受党派津贴及其他非法取得的金钱”。

1913 年 4 月 8 日,秦锡圭赶到北京象坊桥众议院内新建议场,出席了第一届国会第一期常会会议。

然而,因袁世凯窃国,孙中山辞职,爆发“二次革命”,闹得风云变幻。秦锡圭被纷乱的时局搅得身心疲惫,但他不改初衷。

1916 年 8 月,秦锡圭出席黎元洪召开的第一届国会第二期常会。不久,张勋逼黎元洪解散国会。秦锡圭与俞锷(字剑华)等部分国会议员奔赴天津、上海等地,谋划护法事宜,后应广东省政府和省议会的邀请,南下广州。次年 3 月 25 日,秦锡圭赴广东六榕寺,参加南社广东分社第一次雅集,与陈巢南、高天梅、沈钧儒、俞锷、李根源、马君武、邵元冲、林庚白、叶楚伧、唐群英等国会议员相聚。

1917 年 8 月 25 日,秦锡圭与 150 多名议员一起在广州参加了孙中山先生召开的大会,因不足法定人数,故称为“国会非常会议”。29 日,会议通过《国会非常组织法大纲》并决定成立军政府。31 日,会议又通过《中华民国军政府组织大纲》,确定在《临时约法》未完全恢复之前,行政权由大元帅执掌,对外代表中华民国。

当时,在广州的国会议员有四大派,秦锡圭为政学系成员。他们以欧事研究会成员为骨干,联络相同政见者组成政学会,时常在长堤石行会馆集会,领袖是国民党元老李根源(字印泉)。

次年,广州国会非常会议召开正式会议,后又召开制宪会议,秦锡圭均出席。

1922 年 8 月,第一届国会恢复,召开第三期常会。秦锡圭又赶到北京参加会议,得了三等嘉禾章。翌年,又获得大总统黎元洪和国会二等大绶勋章。不久,直系军阀首领曹锟指使其党羽采用各种手段进行“逼宫”,把总统黎元洪逼出北京,为自己上台当总统扫清了道路。9月,在总统选举的预选会上,曹锟以5000元一张选票的贿赂,到处收买议员。秦锡圭拒绝贿选,扭头离开北京。

1923年7月14日,秦锡圭与部分南下议员在上海集会,因不足法定人数,难以继续。就此,秦锡圭只得闲居在陈行镇上。

在兵荒马乱的岁月里,秦锡圭南北来回奔波,随着政治局势起伏而时沉时浮,弄得身心极度疲惫。同时,他沾上鸦片烟瘾,伤害了身体,又未能照料全家老小,家中矛盾重重,令他烦躁不已,以致积劳成疾。返回家乡后,只得以休养为主。好在他喜爱金石书画,善别碑版,中年而后,学问尤进,于是索性做个隐士,将自己的字号介侯改成见斋,唯求心态安宁。

然而,秦锡圭在家乡不满一年,病情突然恶化。1924年5月24日,他病逝于故里,终年61岁。

秦锡田深情地撰写了《仲弟介侯行状》和《仲弟介侯秦君墓志铭》,字字含泪:“弟姿禀颖异,读书目数行下,年十一读《通鉴纲目》,故操觚为文喜运用史事上下议论。及长,客姑夫奚子祈太常家,太常故多藏书,尤富金石,弟寝馈其中学大进,与余合校《晋书》,着有《补晋执政表》《方镇表》各二卷,《宣景文三王年谱》一卷。中年以后,饱经世故,遍游南北名山大川,其学问益深造,其志气益豪壮,其诗文益精粹,著《西征草》《粤游草》《见斋文》《见斋诗》各若干卷。善鉴别碑版书画,入手即辨其优劣,偶得精本手自校,跋语皆精,禀性明敏,刚果勇于任事。”“弟志气豪迈,学问淹博,诗文皆雅健可传。宦晋三年,建奇勋而负奇冤,卒不获再用,于世有才无命,悲夫!”

1927年,秦锡田为其整理出文牍71篇、诗词343首,刊印《见斋遗稿》。黄炎培为恩师文集作序,称“先生诗文,一变为玉堂华贵,再变而簿书鞅掌,三变而绝塞风霜。迨生入玉门而亲故物,化天地变色,肝肠血泪,一寄之于诗。国步既更,议席膺选,而先生之心亦稍稍腐矣。顾骨鲠之风犹未少衰。苞苴之来避之,若浼,则先生之所以为,先生如见也”。

老当益壮

又被推上前台

历来时势不由人，本想静心守望家园的秦锡田还是被上海城区的老友们请出书斋，推到上海社会公共事务管理机构的前台。

1921年10月，秦锡田刚刚安葬好病故的老母，想在陈行镇上静心修养之际，却传来消息，他被公推接任上海县地方公款公产管理处总董。他考虑再三，难以推却故旧挚友们的厚望，同意进城就职，继续为上海地方公共事务办点实事。

秦锡田一上任，就面临要负责筹备清丈上海县境内的田地。当时，众多上海地方士绅认为，“本县田地自咸丰五年清粮以还60余年，浦滨坍涨，租界变迁。今昔形势久已不同，且粮与地不尽合，单与地不尽符，移罩朦混，百弊丛生，厘正经界，实为要务”。因此，上海县地方公款公产管理处董事会决定设立清丈筹备处，公推姚文楠为筹备主任。次年五月，上海县知事正式函聘姚文楠为筹备主任，并聘秦锡田、沈周（字步瀛）为副主任，筹备处即拟订《清丈局章程十八条》《清丈规程八十条》《公断处规程二十条》，确定丈费每亩三角二分。

1924年3月，江苏省公署批上海举办清丈事出民应即照准。清丈筹备会即选姚文楠为总董,秦锡田、刘增祥、胡人凤、黄申锡为董事,各市乡议董同时选出。四月,田地清丈事务在上海城乡推开后,情况复杂,纠纷频发。秦锡田为之消耗了大量精力。

而此时秦锡圭偏偏在家病故,作为兄长的秦锡田急忙回家主持料理其后事。接连几个月,他只得浦东浦西两头奔波。

直到1927年6月,因上海改称特别市,各乡清丈事务遂告停顿,秦锡田也松了一口气。

在此期间,在秦锡田的主持下,三林学校建造了建校20周年纪念堂。他还筹款修缮位于河南路桥的"天后宫"(又名天妃宫),并从公共租界收回其产权,设立县立第三小学。他会同上海地方人士依据《辛丑条约》,向外交部呈文,反对外国工程师利用濬浦局开挖铜沙。他集合各乡乡董,向江苏省省长呈文,要求收回被濬浦局擅收的滩地,并要求广浚黄浦江两岸支港,保护农田。各乡乡董请他出面,反对当局为组建"马队巡查"队伍而摊派相关费用的举措。

秉公讨债

秦锡田一向恪守"清、慎、勤"的人生原则,接任上海县地方公款公产管理处总董之后,亲自对地方经费收支管理严格把关。他主张地方公款公产是"市乡汗血之资,不容丝毫滥费",无论谁都休想违规动用。为此,他曾冲撞军阀,险遭不测。

1924年9月3日,盘踞江苏的直系军阀齐燮元,为夺取浙江皖系军阀卢永祥控制的上海地区,爆发了"齐卢之战"(又称江浙战争)。双方打得不可开交,以致水路旱路受阻,人潮蜂拥而至,冲进上海滩。战祸波及上海县境内,百姓深受其害。

9月21日,时任浙卢联军第一军总司令的淞沪护军使何丰林(字茂如),匆匆来到上海县地方公款公产管理处,强行提借上海地方公款。

秦锡田秉公守职,严词拒绝。

何丰林恼羞成怒,公然动用武力,赶到款产管理处拘押了副主任沈周。秦锡田幸亏闻讯避到浦东,方才躲过军阀毒手。

结果,何丰林强行取走上海地方公款银洋10.62万元,只留下一纸“护军使令”。

秦锡田忧愤交加,患上了湿温症,10月15日被送进上海医院,经秦之济及其尊师丁甘仁等会诊医治,直至27日病退,到11月16日才能起坐,但两足乏力,不能行走。

如此一番折腾,秦锡田感觉恍若过了一次鬼门关。只觉得大彻大悟,胆子反而变大了,因此特意赋诗《病室杂述》,还自号“更生”。他还给秦之济写了几首《示从侄伯未》,希望以魏末晋初“竹林七贤”之一阮籍为楷模,奋发创业。其中吟道:“吾祖平生度量宽,不将旧怨间新欢。问心在我能无愧,唾面由人任自干。懿行传家成矩矱,后昆奕叶尽芝兰。竹林小阮尤勤学,莫忘当年创业难。”

因此,对于何丰林强行取款之事,秦锡田不甘罢休,决意拼死也要紧追不放。等战事平息,他专程赶到南京,向江苏省公署追讨这笔款项,总算订立合同,确认“在上海兵工厂变价项下归还”。秦锡田生怕日后变故,小心保存护军使令文及相关合同,并将事实载入民国《上海县志》,特意点明“截至十七年六月底止,应加息洋四万零六百零七元五角九分”,“此项令文及合同均经公款公产处保存,迄未结束,此为阖邑人士所群感不满者也”。

后来,这笔款项终于收回,而且利息照算。秦锡田的不屈不挠,赢得了上海各界的尊敬,传为佳话。

重修城隍庙

1924年8月15日,上海城隍庙举办中元节巡会。时近正午神像出庙后,忽报有人碰翻烛台,酿成霍光殿起火。当时天气异常干燥,庙体结构又都是木质的,顷刻之间大火穿顶,形成一片火海。一直烧到下午一时许,始得救熄,但大部分建筑已毁,只有城隍老爷神像因出巡而无恙。

同年 11 月,上海城隍庙再一次不慎失火,烧了东楼,殃及殿宇,损失惨重。

被称作上海道观圣地的城隍庙,竟然接连遭受两场大火,几乎成了一片废墟,顿时轰动沪上,众说纷纭。上海各界纷纷谴责管理庙宇的住持道士,而住持道士也想抓紧灾后重建,但是已失去民心,陷入了困境。

如此局面,令秦锡田焦虑万分。他时任上海县地方公款公产管理处总董,又身为"上海县城隍"秦裕伯裔孙,尽管大病初愈,还是决意出面干预,设法改变局面。

秦锡田四处奔波,多方协商,事情终于有了转机。

1926 年 12 月 5 日,上海县地方公款公产管理处在上海城隍庙萃秀堂召开"邑庙董事会"成立会议,撤销原来由住持道士管理庙宇的传统制度,重新订立简章,改由董事会驻办员出面管理城隍庙。会议公推秦锡田为董事会会长,叶惠钧为副会长。参加会议的还有陈行秦氏家族秦锡贵(字景之)。

秦锡田协同黄金荣、杜月笙、张啸林等上海滩头面人物发动捐资,启动重建工程。重建工程由公利打样公司设计,久记营造厂承包建造,当年 4 月就开了工。

"邑庙董事会"急需一名为人可靠,又能干实事的驻办员,负责重建城隍庙工程的日常工作。秦锡田考虑再三,决定从家乡调派得力干将,结果选中了堂弟秦锡燧。

秦锡燧(1899—1935),字槐新,号宝涵。6 岁丧母,9 岁失父,自幼孤苦,15 岁才读完小学课程。成人后,奋发有为,不到 30 岁即成为上海县教育局教育委员,年轻有为。

1927 年 1 月 23 日,"邑庙董事会"开始办公。秦锡燧以驻办员的身份带领 4 名干事,负责执行董事会的各项决议。

谁料,上海滩又迈入了一个风云激荡的特殊岁月。北伐军攻占上海后,国共两党反目,时局一片混乱。城隍庙重建工程没有因此停顿,董事会为应对种种难题,再三协调,做出了一项又一项决议,秦锡燧则奉命硬着头皮全力推进决议的执行,天天忙得筋疲力尽,但他毫无怨言。

到了夏季,时局逐渐安稳。某日,秦锡田、秦之济、秦之衔、丁仁科(字冠颜,时任私立三林中学校长)等陈行同乡人邀集黄蕴深(名宗麟,号云深,闵行镇人,原吴县县长)、李右之(名维清,后名味青,字右之,闵行镇人,时任上海县志修志局主任)、施舍(字养勇,颛桥镇人,时任上海县教育局督学)、方友琴等甲社上海县籍人士在豫园聚会,一起察看了城隍庙工地,见到工程进展还算顺利,相谈甚欢,还合影留念。

1927 年 11 月,重建的城隍庙终于竣工,建筑全部采用钢骨水泥,“殿高四丈八尺,深六丈三尺三寸,以水泥为材料,不用一砖一木,而彩掾画栋、翠瓦朱檐,仍沾古神庙之仪制”。

上海城隍庙重新开门迎客,秦锡田也因此被上海各界颂扬一时。

力推慈善教育

当时,因天灾频繁,形成流民潮。花花绿绿的上海滩被称作“冒险家的乐园”。同时各地流民大批涌进上海滩,乞丐队伍不断膨胀,甚至形成了一些丐帮组织。对此,政府束手无措,警方管理粗暴,市民怨声载道,游民度日如年,地方治安混乱,成为日趋严峻的社会问题。

光绪二十年(1894),晚清维新思想先驱和著名实业家郑观应(字正翔,号陶斋)撰写《盛世危言》,提出一系列富强救国的对策,其中强调:“所有无告穷民,各教以一工一艺,庶身有所寄,贫有所资,弱者无须乞食市廛,强者不致身罹法网。”秦锡田十分赞同这个主张,他早年就在家乡成功创办了题桥课勤院,积累了丰富的实践经验。面对上海滩上的现实问题,他秉持“教以一艺,俾谋生计”的理念,一再呼吁开展社会救助,大力推进慈善教育,切实解决令人头痛的游民问题。

上海地方各公团合力筹建乞丐教养院。1927 年 1 月,秦锡田被公推为上海乞丐教养院董事会董事。4 月,上海成立慈善团体联合会。不久,上海乞丐教养院改组为上海游民习勤所,秦锡田被公推为董事会董事长。

为筹办上海游民习勤所,秦锡田在漕河泾镇北侧购地 65334 平方米,建屋近百间,同时可容纳500人。1928年4月,新屋建成,开始收容游民。在秦锡田的主持下,游民习勤所开设印刷科、缝纫科、制鞋科、糊盒科、编帽科等作坊,形成产业规模,并注重改良管理方式,教养成效明显提升。这里收容、教化游民和乞丐的人数逐年扩大,至1936年达到800余人,成为民国时期上海规模最大、最正规的民间游民教养和习艺组织。

1929年8月,私立三林学校建立校董会、公立上海医院改组董事会,均推举秦锡田为主席。

当年9月,秦锡田又被上海慈善团聘为普益习艺所主任。

普益习艺所原名贫民习勤所,由上海知名企业家、慈善家陆伯鸿创办,设在南市黄家阙路,每年2万元的日常经费由钱典、丝茶、金木诸业认捐。由于管理失当,时开时闭,处境艰难。秦锡田接收之后,这里仍留养街头流浪儿童及贫家子弟,为了注重以手艺教养之,特聘面塑艺人潘树华等一批高手担任技师,分设木工、铁工、塑真(泥塑)等科,结果教学效果大为改善。后来,不少习艺所学员以高超的手艺在社会谋生自立,有的还成为工艺大师。

主持同仁辅元堂

1929年12月,秦锡田出任上海慈善团体联合会常务董事,并兼任同仁辅元堂主任,成为上海慈善教育机构的领头人之一。

进入19世纪以后,上海地区先后出现了十几所善堂善会,其中同仁辅元堂是晚清以来上海最具代表性的慈善机构,是江南乃至全国规模最大的善堂。自1914年起,上海慈善团以同仁辅元堂为总事务所(位于药局弄95号),统一办理各项善举。秦锡田就此踏上一生中最为显赫的立功舞台。

秦锡田主持同仁辅元堂之后,实心办实事,除继续办理养老、恤寡、育婴、济贫、施衣、施棺、义学、救生、水龙(消防)等社会公益事业外,还扩大慈善救助的范围,增设验尸、清除垃圾、安装路灯、修路筑桥等内容,广泛参与社会活动。每逢端午及中秋节,这里都会举办施医给药活动,曹颖甫、丁甘仁、秦伯未等众多中医名师经常前去坐堂问诊,无偿为患者诊疗。同仁辅元堂的善举，深受社会好评，也得到了慈善团董事会和上海当局的肯定。

“齐卢之战”结束后成立的上海市乡行政联合会（主席李平书），每月都要在同仁辅元堂召集会议，协调市乡政务，秦锡田每次都被邀出席，他与市郊乡贤们的关系更加密切了。

秦锡田年近70，在当时上海滩的士绅阶层中属于德高望重的长辈，因此一再获得推崇，负责掌管上海民间慈善公益组织的具体事务。秦锡田难以推却，头衔越积越多，陷入了事情忙不完、推不开的矛盾之中。正如李右之吟咏所记：秦锡田“三膺省政议席参，兴利除弊卷盈椟。两次志书任纂修，梓桑文献勤收录。全县财政总其成，不畏强御逆鳞触。全市慈善握其枢，不避嫌怨苏劳独”。

苍茫上海滩，繁华大都会，无数渴望行善施救的人们等待着秦锡田之辈。而秦锡田早已看破红尘，与世无争，不避嫌怨，乐意埋头办实事，甘愿为贫困者多做些善事，因此坚持以同仁辅元堂事务为主，每日里来来去去，忙忙碌碌，走完人生的最后一段路程。

修造秦氏宗祠

这几年，秦锡田常住在城内“也是园”中的公款公产管理处用房内，难得回到陈行镇上。每次归家时，他总觉得“忽忽春过半，倦游客到家。绿杨新放叶，红药嫩抽芽。风定炊烟直，天低日落斜。苦吟诗未就，汲水自煎茶”。不论走到哪里，陈行的风光一直萦绕在他的心头，尤其难忘镇西武庙中的那两棵梓树，还曾自署“双梓村人”。他身在也是园，心在故乡游，挥笔撰成《梓乡十六景》，以“石梁眺月”“杜浦观潮”“道院读碑”“臞园拜石”“蔡厅访古”“斗室谈玄”“小亭迟友”“官道迎神”“方场打麦”“阔街晒棉”“唐湾帆影”“徐渡橹声”“焦墓寒鸦”“胡祠秋蟀”“神庭树古”“寿水波清”等为题，描绘少年时的钓游胜趣，寄托思乡之情。

秦锡田身边由小妾张氏相随，相处少不了有些磕碰。他告诫：“汝来侍我十七载，怜汝勤劳惜汝衰。儿女双双看长大，米盐一一费操持。听言莫被谗谀误,处事须加缜密思。唯有安贫能养福,豆羹麦饭味如饴。”

而更令秦锡田真正牵挂的,则是陈行秦氏家族的现状。

秦锡田具有传统的宗族观念,认为族内有家,但宗族是家庭的联合体,是维系社会结构的纽带。陈行秦氏已传世13代,历时400多年,却未有宗祠,父亲秦荣光曾筹办此事,可惜终未结果。而同宗的闸港秦氏已建“绥禄堂”,九团秦氏已建“繁祉堂”,陈行秦氏显得落伍了。

作为陈行秦氏家族的长房长孙,又是“大老爷”,秦锡田对以养真堂、诒谷堂、玉涵堂子弟为主的家族业绩并不满足,反而感到自己家族正在日趋衰落,因此决意要重整旗鼓,希望通过修造秦氏宗祠来祭拜祖先,加强家族的凝聚力。

三弟秦锡芝(字葭春)留学日本归来后,一直在学校执教。1924年9月,被公推为陈行乡议事会副议长。

这一年冬天,秦锡田在陈行镇东首购地备下基址。次年3月,由秦锡芝主持,秦氏宗祠正式动工建造。奔忙了4个月,至7月份终于建成祠屋5楹及2间厢房,前绕墙垣,杂莳花木,其中大堂造得十分气派,可同时容纳800多人。这祠屋,定名为“秩祐堂”,特请时任上海市临时参议会秘书长的陈公瑶(字陶遗,号道一)题匾。堂柱悬联有国会参议院议员沈惟贤(字思齐,晚号逋翁、逋居士,华亭人)、中华民国教育部佥事沈彭年(字商耆,青浦人)、以诗文书法三绝而名噪江南的方还(字唯一,晚号螾庵,江苏昆山人)等名家之作。

当年10月,陈行秦氏家族在秩祐堂隆重举行了首次祭礼。

从此,每年举行春、秋两次祭祀。为此,秦锡田特作《陈行秦氏宗祠记》,称:“和气致祥,乖气致戾,治乱兴亡之几,皆伏于家庭骨肉之际。愿我族人,相亲相爱,相依相辅,毋忝前人,毋隳先业,斯则我祖我父建祠之微旨也。”

秦氏宗祠建造后,秦锡田认真订立了祭礼仪规,期望子孙延续,其中对秦氏宗祠神主入祠规则做了详细规定:

不得入祠者:(一)异姓为后者;(二)赘婿或外孙、外甥为后者;(三)出嗣于他姓者;(四)出赘而为之后者;(五)出赘人家而为之后者;

(六)殇子十九岁以下未有配偶未为立后者;(七)妾之无子者;(八)妇之出醮者;(九)出醮之妇携子同去即为他姓之后者;(十)他姓之子随母同来者;(十一)妻妾之非正式者;(十二)兄死而以嫂为妻,弟死而以弟妇为妻及其他乱伦逆纪在五服之内者。

暂缓入祠者:(一)妇死而夫尚在者;(二)新丧未葬者。

人到七十

自1929年起,秦锡田、胡祖德、孔祥百等相继踏上"七十大寿"的人生台阶,怀旧的心情自然涌上他们的心头。平日他们分居在城乡,此时却不约而同地撰写《七十自述》,自我检阅人生道路和心路历程,并互相邮寄彼此题写的祝寿诗词,回顾往事,倾诉情谊,叙谈夙愿,检讨遗憾。

孔祥百的《胡君云翘七十寿》诗,也许表达了他们共同的心情:"逢君七十诞,扶病一长吟。慷慨思今昔,缠绵溯腹心。光分匡壁朗,情比澧溪深。相见每回老,相携倍惜阴。"

秦锡田的小儿子"阿苟"如今快10岁出头了,每日里蹦蹦跳跳,时而诵诗声琅琅,时而舞剑气赳赳。秦锡田深感心满意足,心态变得极为平和,为儿子庆10岁生日之际,不由赋诗感叹自己对未来的人生追求:"吾身清白守家声,逃出名场与利薮。地棘天荆行路难,闭门书自研蝌蚪。原儿抗志希圣贤,勿慕金章青紫绶。人生天爵最清高,何必蝇营与狗苟。寒素传家贫亦乐,微沾铜臭即含垢。守身如玉口如瓶,道义切磋求益友。我有近市屋三椽,屋畔薄田五六亩。田可耕兮屋可居,青毡旧物须常守。待儿弱冠赋宜家,娶得布衣椎髻妇。偕隐田间志趣同,一耕一馌成佳偶。秋菘春韭味流甘,马磨牛医交耐久。五夜机声灯火荧,三余书味醇醪厚。与世无争物无竞,逍遥尘外松乔寿。家庭雍睦我愿足,北窗高卧傲五柳。盼儿生子子生孙,安然我做鸡窠叟。"

1930年3月,亲友和同人给秦锡田祝寿,并集资编印其诗文集。秦锡田坚拒不允,但款已集成,却之不恭。至10月,他的诗文集编成,定名为《享帚录》(文三卷、诗一卷、周浦塘棹歌一卷、怀旧吟一卷、征诗杂咏一卷、七十自述一卷)。翌年,《享帚录》付印发行。

6月,仍担任私立三林小学校董会主席的秦锡田,全力推动担任校长的丁甘仁开办中学部,定位为私立三林职业中学(翌年改称"三林初级商科职业学校")。建造校舍时,他捐资建造大门甬道,因而此道被命名为"适庵路"。9月10日,三林职业中学开学。11月2日起,学生们搬进新校舍上课。

年底,为纪念秦荣光90诞辰,秦锡田恭敬地将《显考温毅府君年谱》付印。这本年谱经"秦锡田谨述,孔祥百填讳",秦翰才校刊,终于问世了。一起刊印的还有秦荣光生前所著《补〈晋书〉艺文志》等。

1931年,秦锡田出面与上海县教育局达成协议,终于解决了三林学校在豫园的产权纠葛。

当年7月1日,秦锡田总算从已承担11年的上海县公款公产管理处主任之职卸任,心情轻松了许多,特赋诗感叹:"手操全县度支权,四届瓜期四展延。只恨华年如水逝,敢夸介节似冰坚。枯棋一角还留劫,重担千金部卸肩。多谢邻翁贻好句,雪泥鸿爪记因缘。"而写完诗句后,深感意犹未尽,挥笔又续成一首律诗:"人生欲壑最难填,括尽民间血汗钱。入海毒龙才敛吻,出山饿虎又垂涎。个中甘苦都当遍,事后思量总惘然。今日脱离尘网去,丹心上可质苍天。"

奠定"浦东学派"基石

1931年8月,"浦东旅沪同乡会"建立,秦锡田为常务监事。它的前身是由李平书于清光绪三十一年(1905)创办的"浦东同人会",曾名"浦左同人会"。当时凡黄浦江东岸的宝山、上海、川沙、南汇、奉贤、金山、松江7县的同乡均可参加该会,实际上包括了浦东、浦东南和浦南的一大片区域。上述7县当时属江苏省管辖,而上海是直属南京国民政府的特别市,尽管浦东这一区域与上海特别市仅一江之隔,但浦东人一到上海市区,就以乡亲地缘为纽带结成组织,显示出一种互帮互助的乡情。浦东同乡会会员最多时达2万多人。

黄炎培在他所起草的《浦东旅沪同乡会宣言》中,对浦东自清末到民国近百年的人才情况,做了概括性叙述。1940 年 6 月,他为纪念秦锡田的逝世,以《述百年来浦东学派》为题,写了一首长诗。这首长诗,对自 19 世纪 40 年代上海开埠,至 20 世纪 30 年代百年间浦东学派的渊源演变、所做贡献及其代表人物,如张文虎、于香草、沈树镛、沈毓庆、秦荣光、秦锡田、秦锡圭、顾冰一、张伯初、秦翰才、姚惠泉等,通过诗的讴歌和文字批注,做了周详的介绍。

浦东学派由周浦张文虎(1808—1885,字啸山,别号天目山樵)开辟于前,陈行秦氏父子奠定基石。川沙黄炎培等发挥于后。前后经过三四代人的努力,火播薪传,逐渐发展而最后孕成。“浦东学派”的特点,可以概括为“于学无不窥,浑灏真体充。课实以致用,一时靡然从”。

秦荣光博学能文,殚心书史,重于求实,尤对上海地方历史的研究造诣很深,一生著述累累。秦锡田继承家学,为修纂地方志乘颇具贡献,唐文治为其作传时称“先生所著书,志在扶植世道,非苟作也。”

秦荣光和秦锡田父子一如既往地坚守着传统士人的职责与义务,并与时俱进,兼及新学,他们的社会活动使其获得士人身份认可,确立其社会地位。他们的著作已成为后人研究上海历史和文化的必备资料,是一笔极其可贵的文化遗产。

处于中国近现代激烈变革时期的浦东学派,提出种种主张,并努力将之实现。秦荣光总结其一生经验时说:“学贵实践,不尚空言。”

秦锡田曾无情地揭露近代士人的不义之举,叹士风衰败,斯文扫地。他在《浦东中学校杂志序》中叹息:

> 近世士大夫高谈性命,弋取功名,甚者侈称四万万同胞,而兄弟手足视为陌路,见小利且下石焉。呜呼!大言不惭为之也难,空言曷足贵哉。近世风俗日敝,士习亦偷嗜利而忘义,徇私而害公,党同而伐异,而犹色壮言侃,文过饰非,觍颜自附于士林之内,呜呼!壮不如人老,尤失

德偷息人间,为世诟病。阳清季立宪,国有资政院,省有諮议局,县有议事会,城镇乡亦各有议会;民国因之,略变其名称,上下四级,촐然秩然,于是士之怀抱利器与乎锐志功名者罔弗奔走踊跃,谋占议席,以为宗族,交游光宠,然求其心术纯、学问粹、经验富,遍历四级,罄无不宜。

鸣呼!近世人心不古,风俗日偷,暮楚朝秦,恬不知耻,偶遇难险,弃职而逃,或且据为己有,转献于人,以博取功名富贵,嗜利忘义,卖友判主者比比然也。

鸣呼!近世士大夫好大喜功,昌言建设,竭其岁之入不足供其岁之出,于是倒行逆施,量出为入,掊克聚敛,恣意挥霍,而其所建设大都无益于国,有损于民,一遇变故,半途废弃,举小民汗血之钱,掷之虚牝,而一事无成者比比然也。

1936年11月21日,浦东同乡会新会所(浦东大厦)落成典礼暨第五届会员大会隆重举行。来宾及同乡到会者2万余人。秦锡田、黄炎培为主席团成员。

夕阳余晖

求证先祖荣与辱

1933年(10月27日农历九月初九)为重阳节,秦锡田组织举办秦公祠建祠60周年祭祀活动,由上海县县长潘甲忠主祭,上海士绅纷纷赶来参拜,场面十分隆重。

秦锡田步入晚年之后,不由想到了"身后事"。经历了重重人生曲折后,他担忧日后被世人曲解误传。作为"上海县城隍"秦裕伯的后人,他一直为先祖的遭遇愤愤不平。

自明代起,秦裕伯高高地供在神位上,而其家乡的人们始终将他视作一个真实的人,时常会想起他的故事,念叨他的一切。然而,明清两代数百年间,世人对秦裕伯的生平事迹知之有限,存在诸多疑问。

秦裕伯生前,明太祖朱元璋三次征召而不受。之后,他是否入朝,是否受职?有人还怀疑担当保佑天下之责的"城隍老爷"当初"不守忠节"?秦裕伯没有直系后裔传世,没有人编印相关文集,"城隍老爷"的人生故事,真真假假,是是非非,弄得秦公后裔"不能详细讲述",秦氏修谱人有意忽略不计,以致这一历史悬案争论不休,400多年未有定论。

父亲秦荣光为此深感忧虑,曾撰写《上海县城隍说》,首次宣称:吾家

《淮海宗谱·景容公传》曰:“公卒于洪武六年,讣闻于朝,太祖震悼曰:生不为我臣,死当卫吾土,着即敕封为本邑城隍神。”

人们由此看到了朱元璋敕封秦裕伯为城隍的依据,但是有不少文士对此说并不认可。

秦锡田查阅大量史料,却收获不大,便决意要尽最大的努力,为先祖厘清史实,不留遗憾。

于是,秦锡田撰写洋洋洒洒的《秦景容先生事迹考》,摘录大量地方文献,来判断对秦裕伯事迹记载的真伪和详略,并做出24处按语,进行考证。全书分为家世篇、仕履篇、遗事篇、遗著篇、遗迹篇。在他自撰的序文中,对秦裕伯的生平事迹提出了六个“不可解”:一是郡邑新旧志乘所记为何那么简单;二是志书为何不书秦公为官有所建树;三是秦公故里为何几乎无迹可寻;四是秦公有文名而为何无篇章流传;五是秦氏宗谱为何仅称其无子;六是《淮海宗谱》问世距秦公去世仅百年,为何只记赞语而不书其生平事迹。秦锡田博采群书,以做考证,得出结论:“曾观察当时朝野之情势,颇疑公操心危虑患深,息交绝游,销声匿迹,毁其著作,减其事功,甚且绝其胤嗣,以泯身后之祸。盖公之用心苦矣,呜呼。”他认定,秦裕伯“不愿以身后之名为乡里宗族贾祸,故毅然舍弃”,临终之前自毁生平实证,叮嘱亲友匿迹。因此,尽管朱元璋敕封秦公为神,族人仍长期处于惊恐之中,既怕朝廷随意施恶,又怕故里民众会谴责秦公“不守忠节”。

秦锡田的考证,让世人对“上海县城隍”有了更清晰、准确的认识。也许,因为这是秦家人说秦家事,所以总有自夸之嫌,加上秦家办事谨慎,该书没有公开出版,印量很少,流传不广,因此没有得到社会广泛的引用和认同。

翌年,秦锡田以邑庙董事会出面,在题桥秦公祠建造景容小学校舍,兼委派秦氏家族子弟秦光斗、秦之甘先后驻校执教。

为民诉求

秦锡田无论在官在野,均体恤民困,敢于抵制强权维护地方权益。上海地方乡绅凡遇大事,总要请他出面与政府交涉。秦锡田从不推辞,乐意为民诉求。

1931 年,秦锡田会同地方人士公开反对上海县县长随意增加地价的主张。

1932 年,秦锡田又会同地方人士反对由官方做主标卖由民间捐办的积谷仓地产,并为浦东同乡会执笔呈文行政院反对漕粮加价增添人民负担。

1933 年 1 月 15 日,浦东同乡会为请求免去冬季漕粮加征二元税费,致电国民政府行政院,秦锡田、黄炎培与马相伯、姚文枏等在呈文上署了名。呈文中揭露了国民党当局肆意向人民搜刮,“言而无信”。请行政院迅电苏省“永免加征,毋再食言”。

1934 年,秦锡田又会同地方人士呈请财政部门,严惩劫财掳人的税警;还联合地方公团向市政府诉愿,反对市卫生局强制接收私立上海医院。

1935 年,秦锡田在浦东同乡会会议上提出整理黄浦水道案,据历史资料分析黄浦江两岸坍涨情况,主张应加疏浚,全面整治。他还给担任过江苏省主席的钮永建写信,提出“上海县税捐綦重,难负水巡支出,政府轻徭薄赋实为实际之救民,水巡应缓办”,减轻民众负担。他还为浦东同乡会执笔呈文江苏省财政厅,要求重定上海县地价。

乡情脉脉

秦锡田与市郊各乡镇始终保持着密切联系,各地乡绅遇事就会与他相商,推举他出面与官府交涉。如今,好友们大多已经七老八十,秦锡田难忘旧情,凡应邀题词作文均来者不拒。

1933 年 9 月 18 日,闵行镇乡董、上海县劝学所协董李祖佑(字蕉轩)病逝,享年 72 岁。其主持乡政 10 年间,推进公益、教育事业,支持农田水利工程,贡献甚巨。秦锡田与其交往颇深,闻讯即挥笔撰写《上海蕉轩李君行述》,历数其生平事迹,并给予极高的评价:“君者可谓知本者。”“秉性诚笃,孝于亲,恭于兄,信于友,忠于社会。自奉薄而待人厚,持躬严而驭下宽。故人皆爱而敬之,尊而亲之。”

1935年,秦锡田得知由三林镇商绅康锡涛慷慨捐资,三林学校建成一座西式体育馆,便为之撰写《三林学校新建体育馆记》,称“今之言教育者曰德、曰智、曰体,尚矣!然德非体不立,智非体不长,体固德与知之质干也”。他还特意邀请民国政要中书法出众又乡情浓郁的钮永建书就碑文。此时,钮永建已辞职返回马桥俞塘创办民众教育馆,应秦锡田之邀,他欣然挥毫,洋洋洒洒,字字精巧,留下了传世之作。

1936年2月,因上海县第二区前区长彭召棠(字荫乔)之请,秦锡田撰写了《塘湾小学立校三十周年纪念碑记》,深情地记述塘湾镇30年艰难办学的历程,并感叹称:“天下事开创困难,守成亦不易,塘湾借此基础发挥而光大之,学术日益优美,程度日益高深,人才日益发达,再三十年必有光荣之校史,表现于世界。”

这一时期,秦锡田还为市郊各地撰写很多纪事碑记、丛刊序言、人物传略等,既表达了自己对故土的脉脉乡情,又为后人留下了珍贵的文献史料。

年近八十

1935年2月,妻子、儿子特地从陈行镇上进上海中心城区一游,秦锡田与他们合影留念,并在照片背后题了一首诗,吐露自己的心声:“无端小病示维摩,总为闲愁闲恨多。妆阁日斜还偃卧,墒乡风暖好经过。药炉经卷寻生计,铁板铜琵听旧歌。十月江城游已倦,好寻归棹泛烟波。手爇心香篆袅烟,不将愁绪诉苍天。为儿觅媳萦怀切,看女生孙入抱怜。默数驹光将八秩,重温鸳牒待三年。镜前一瞥留双影,珍重题诗写锦笺。”

秦锡田深切感受到时代日新月异,后生可畏,前途无限,心中为之十分欣慰,在《示从侄伯未》诗中恳切地勉励小辈们:“不为良相即良医,医理精深贵得师。莫泥古方求愈病,尽抛尘事独吟诗。文心皓月三潭影,家学微云一阕词。努力读书破万卷,自然笔底露秋垂。”

年近80,秦锡田心境不佳,寡言少语,时而作《伤春词》,时而又作《悲秋词》,寄托情感。唯有定期到八仙桥青年会去参加“江浙同乡聚餐会”,或赴马相伯在沪寓所参加丙子同庚会举办的花甲同乐“千龄宴”活动时,他才欢笑如初。

某日,秦锡田再次相邀上海县籍的甲社好友聚会叙旧。私立三林中学校长丁仁科当场作了一幅充满活力的《甲社图》。当过外交官的原吴县县长黄蕴深生性乐观,不禁吟诗抒怀,再现青年时代的风采。秦锡田深受感触,随之即席纵情吟唱:“真率会赓续,申江选胜流。月华三五满,酒价十千酬。少长欣咸集,园林乐共游。帖临争坐位,传补醉乡侯。樱筍厨开夏,莼鲈羹煮秋。解馋忙下箸,赌饮笑藏钩。拇战猛逾虎,觞飞捷如猴。哄堂缨屡绝,键户辖先投。瓶罄仆俱倦,灯残客尚留。眼花刚酩酊,情话愈绸缪。烟水图成米,云峰诗拟刘。玉山我颓矣,拍手唱渔讴。”这一群老友,一起回到了遥远且难忘的童年时代,竟然快乐得几乎忘形了。

更有趣的是,秦锡田还不时在睡梦中遇见老友们的种种奇事。一次,他在梦中看见80岁的老友黄文琛(号云门)新纳了一位18岁的新娘,便不由狂笑难止,醒来还特意赋诗一首寄给老友:“忙里光阴梦里身,梦醒说梦是痴人。为君觅得邯郸枕,来了槐安未了因。情魔颠倒梦魂中,幻出情场亡是公。一笑拈花悟真谛,人天色相总虚空。”

一天,家人通报,说有高官前来家访。秦锡田忙起身相迎,来者竟然是民国风云人物曹汝霖。此时,曹汝霖也已60岁出头了,这次来到上海,不由怀念起少年时代的启蒙老师,特意上门来拜访秦锡田。

曹汝霖见到秦锡田,就上前下拜。秦锡田急忙还拜,今非昔比,“盖不以弟子目之”。

当时抗日战争已经爆发,秦锡田自然关切时局变化,询问其今后去向。曹汝霖则表示要以“晚节挽回前誉之失”,不会再做傻事。

秦锡田欣然一笑,未做评价。曹汝霖见礼节已到,便告辞而别。

秦锡田望着远去的曹汝霖背影,默默地在家门口站立了很久很久。

年近八十,秦锡田快乐时似顽童,忧愁时如怨妇,旁人难以理解,唯有他自己明白。

噩耗惊魂

1937年“八·一三事变”后,侵华日军的炮火打破了秦锡田晚年的平静。

侵华日军逼境,三林学校只得迁至上海公共租界的爱文义路(今北京西路黄河路口)平和里44号续办,并设高中商科。而三林学校原址被汉奸把持,竟然开起鸦片烟馆。

上海慈善团及同仁辅元堂、普益习艺所等遭到日军飞机轰炸,损失惨重,秦锡田的私人财物大多随之被毁。他只得将同仁辅元堂迁至原法租界内八仙桥(后又迁到宁波路)办公,将普益习艺所迁至新闸路。

不久,在漕河泾的游民习勤所被迫停办,房屋全部被日本军机炸毁。

在日军飞机持续轰炸下,万人横尸街头。秦锡田安排同仁辅元堂组织临时掩埋队上街收尸,分批掩埋。他为《同仁辅元堂临时掩埋队报告册》撰写序言,深情感叹:“救死亡仁也,冒危险勇也,同心协助义也,当机立断智也,有此四德,功何往而不立,事何往而不成哉。余喜诸善士之慷慨乐输,诸董之热心公益,与诸君之协力赞助,以相与有成也。爰述其言,以为任事者勖。”

1938年3月,以秦锡田为首的上海城郊十县名士联名致函上海国际救济会,反映当地农作物受灾情况,请求救济春耕,信中写道:“大兵之后,必有凶年,历史皆然,于今为烈。自去秋战事勃发,江浙一带,膏腴之地,尽成焦土,阡陌尽废,庐舍为墟,牛具种子之属荡然无存。”4月1日,秦锡田等应邀赴上海国际救济会,研究救济春耕方案。

令秦锡田大为吃惊的是,这一年的春夏时节,侵华日军占据陈行镇。日伪军警横行乡间,他亲手建造的敬简堂宅院被占据,暂存家中的为上海博物馆“东南文献展览会”所征集的文物全部流失。不久,矗立在西园内的秦荣光铜像被日军损毁。

秦锡田还得知,同乡好友孔祥百因日寇横行,乡居不宁,义愤填膺,触发旧疾,卧床不起,已含恨去世,终年73岁。秦锡田闻讯,含悲接连撰写了《三林校友会祭孔志怡先生文》《仁社祭孔志怡君文》和《上海县茂才孔府君家传》，文章开头便呼号："天祸神州有瓦土崩之势，人栖孤岛在水深火热之中，听杜宇而催归，望梓乡而饮泣。""先生生而为英，死而为灵，其乘龙驭凤归蓬瀛乎，其排空御气上玉京乎！"他对好友的思念之情绵绵不绝。

不久，秦锡田又得知，守在陈行镇上的好友胡祖德也已经身心不爽，便急忙吩咐将其接到市区来避难。

胡祖德躲进市区后，终日以著述自娱，心情好转。谁知道，到了1939年正月，他忽感微疾，自知将难以康复，便邀其内弟朱绳武（字敏侯）处理家事。春夏之交时节，胡祖德拖着病体返回陈行镇上，想最后一次探望故土的一草一木，未曾如愿就病逝于祖屋内，享年79岁。

秦锡田为失去老友而极度悲伤，含泪撰成《云翘胡君家传》，深情地写道："君长余一岁，为余居同里闬学同笔砚，固未曾一日相离也。弱冠以后，余衣食于奔走，君服务于乡邦，或数月一相见，或一年一相见、数年一相见，见则各谈别后之经历，以为笑乐。甲辰七月，余奉讳旋里董地方公事时，地方游民滋多，四出扰事，余禀先君子之遗意，设课勤院，以教养之，推君掌财政。鼎革之际，游民乘闲四散，君维持善后，心力交瘁。既而余客�溪君寓沪北，阔别五年，萍踪复聚，头痛齿豁，老态陡增……吾作君传，不徒为君悲，并为吾一乡一邑悲泪涔涔下矣。"

胡祖德一生布衣素食，俭以自奉，却不吝投巨资于地方公益，人称"慈善家"。他也形诸歌咏，演诸新剧，言语不多但通俗幽默。秦锡田评价他"外柔而内刚，多谋而善断，能耐劳苦，不避艰难，不畏疑谤，不喜与人合作，故不乐受人之干涉，亦不愿受人之赞美，特立独行而不露圭角。其思想之新颖，适合世界之潮流，假使君能遍游天下名山大川，广交天下奇人杰士，日聆其惊人之议论，亲见其经天纬地之规模，其所成就当更伟大。惜其襟怀未广，目光未远，建设仅囿于一乡也"。

1939年春，正在长沙的次子秦浩（原名之泉）传来结婚的喜讯。因战火相隔，秦锡田难以到场，深感儿子的喜事竟然蒙受悲情。儿子久而不归，他心绪不佳。为了安抚他，家人请他的好友吴湖帆为他画了一幅《招鹤图》。

入冬时，秦浩终于回来了，外孙张守成又为秦锡田画了一幅《鹤归图》。他的心境顿时好转，欣然挥笔作《自题鹤归图》，对儿子的婚事赞美一番之后，叹曰："云路三千兮振翼速，今岁故乡五谷熟，饱鱼虾兮友麋鹿，飞鸣上下兮故乡乐。感扬州之梦觉兮寻陆机之芳躅，屏华轩而勿御兮守寒梅之清馥。衔得仙寿添海屋，千春万岁兮为君祝。"

重游泮池

1939年3月某日，79岁的秦锡田再次来到上海文庙，"重游泮池"。

上海文庙，过正门有3座石碑坊，坊后有3座石桥，筑于半圆形的池上，池名"泮池"。本邑庠生（秀才）年满60岁可在此三桥上行走，所谓"重游泮水"。过"泮池"有一狭长的房屋，左右各有木栅栏，悬有清代的上海群贤榜，秦锡圭、秦锡田等名士在榜上列名。

此时，科举制度已经废除30多年，秦锡田思绪绵绵，不胜感伤。眼看故国河山破碎，更是悲情难抑，他写下这样一段文字：

> 光绪五年（1879）己卯三月，余得入上海县学，迄今甲子一周。例得重游泮水，但科举久废，已无续登黉籍之秀才。祀典改称纪念，亦无释彩之仪文，学宫变为公园，并无圜桥观礼之士子。吾辈酸丁已成不合时宜之废物矣。况故国之河山破碎，辟雍之钟鼓销沉。回念旧游，潸焉出涕，敬用先曾叔祖治香先生同治丙寅重游泮水诗韵，得七律二章：
>
> 宫墙咫尺久暌违，中露流离慨式微。
> 学问自渐名士饼，勋劳未著太常旂。
> 鸾声旧句悲难续，驹隙流光去若飞。
> 前度刘郎今又到，且揩泪眼看桃绯。
>
> 白头伉俪尚多情，旧事重提百感生。

芹藻馨香成梦幻，棣华零落负科名。
三年薄宦来听鼓，万卷遗书守鉴楹。
一领青衫抛不得，几回盛曾启耆英。

曾经“敢将性命搏科名”，又曾经饱受应试之苦的秦锡田，走过了近 80 年的人生道路，此时面对多变的时局，仍身不由己地表现出对当年科举生涯的眷恋之情。1939 年夏天，秦锡田特意撰文《考试琐记》，回顾自己参加科举考试的曲折经历和废除科举制度前后的感受，忧喜交集。

时有海上学者王夔功（字慕洁）重裱其秀才装肖像，请秦锡田为之题诗。秦锡田在《题王慕洁兄秀才装肖像》中叹息道：

六经糟粕五典湮，辟雍钟鼓凝埃尘。曲指校官旧桃李，余霞散暮星稀晨。乌衣公子成名早，三月春风采芹藻。茂才异等署头衔，典册高文藏腹稿。三晋云山两浙朝，莲花幕底诗情好。流光驹隙去匆匆，浩劫虫沙看草草。三十年前旧画图，儒冠儒服经氍毹。天衔新放棣华榜，伯仲埙篪乐友余。困图黯淡重新写，不信今我即故我。少年裙履尚蹁跹，故国衣冠转庄雅。半生事业悔蹉跎，瘦骨支离衰鬓皤。大好河山驰铁蹄，可怜荆棘没铜驼。青衫落拓今何用，泪比江州司马多。我亦红羊经险扼，怆怀身世悲家国。白头宫女话开元，老泪潸潸情恻恻。君不见，泮池涸，宫墙倾，圜桥无复集诸生。又不见，官廨毁，公园成，牛医马磨皆游黉。玄黄反覆日星晦，世界沧桑正朔改。时乎时乎不再来！昔日童颜今老态。

正巧，又有新学之士恳请秦锡田为自己的中学装图题诗。秦锡田在赞其“抛儒巾”行为时，睹新思旧，却有所感伤：“蓉湖风景近如何，堤绕垂柳水贴荷。胜地雅宜奇士住，刘岘夜夜枕雕戈。十年求学学初成，赢得头衔学士荣。满腹经纶须展布，盼君竹帛早题名。手抛前代腐头巾，儒服儒冠雅称身。却羡翰林苏学士，神传笠屐书中人。王郎图展秀才装，索我题诗意自伤,旧恨新愁纷感触,忍看浩劫堕红羊。”

匆匆离世

1939 年三月二十六日(5 月 15 日),闵行镇的老友黄蕴深、黄申锡、黄艺锡等又相邀秦锡田到酒楼叙饮。秦锡田当场赋诗叹曰:“垂老投孤岛,相邀上酒楼。精神都矍铄,情话转绸缪。莫惜春归去,翻愁客滞留。加餐各努力,伫看复神州。”

不久,亲友们在福州路万利酒楼设宴,预祝秦锡田八十寿庆愉快。而秦锡田心绪依旧难以快活。

1940 年年初,因战争无奈离开故乡,蜗居在城区斗室中的秦锡田写下《孤岛吟》,叹曰:“春申江水咽寒潮,江上烟尘障九霄。远望当归歌当哭,客中情况总无聊。”“不信神州竟陆沉,风声鹤唳日惊心。辟雍钟鼓成灰烬,一任鸱鸮集泮林。”“故乡咫尺即天涯,胡越翻能作一家。只是局天还蹐地,任人摧折自由花。”

好友王一亭(名震,别号白龙山人)去世后,秦锡田被公推继任上海残疾院董事会董事长。他难以推辞,但也只能挂个虚名了。

儿子秦浩从上海美术专科学校图案系毕业了,秦锡田甚感欣慰。

3 月 13 日,秦锡田应邀为李右之所辑《上海闵行李氏易园三代清芬集》撰写了序言。

当晚,秦锡田觉得气喘不适,家人慌忙请秦之济赶来诊治。谁知,病情转眼加剧,又急请名医姜振勋、夏慎初过来会诊,确诊为急性肺炎。

第二天,他被送进丁香花园汪企张疗养院救治,病情仍不见好转。

3 月 16 日(农历二月初八)上午,家人又请中医名家徐尚志(字相任)来诊视。至中午 11 时,抢救无效,秦锡田带着无限的愁思匆匆离世,享年 80 岁。

徐尚志医师沉重地说:“十天前,我遇到先生,见他脸色不佳,想为他诊治,便问其安否?先生笑着却之,回家还以为笑谈。想不到,仅仅三天,先生就……走了。”

家人从书桌边发现了墨迹未干的《上海闵行李氏易园三代清芬集序》，将这篇秦锡田的绝笔之作交给李右之时，令他感慨万千，当即写下一首怀旧诗：“父执忘年交莫逆，志书县会两相随。每逢甲社微醺后，愤世忧时悉屏之。”

三天后，在斜土路上海殡仪馆举行大殓。秦锡田灵柩寄放在国泰殡仪馆。

1940年5月5日，浦东同乡会在浦东大厦隆重举行秦锡田追悼会，上海慈善团、同仁辅元堂、上海县公款公产管理处、浦东同乡会、三林中学、浦东中学、沪南救火会、上南汽车公司等30多个团体做公祭。

人们追谥秦锡田为“恭惠先生”。

6月，黄炎培撰写长诗《述百年来浦东学派》，以示对秦锡田逝世的纪念。黄炎培诗曰：“最近得公诗，琢句老益工：入学六十年，何地寻辟雍（指其入县学时已60年）。结缡六十年，恩情皓首浓（指其结婚也已60年）。有家不得归，垂暮遭闵凶。讽诵未终篇，奉讣泪湿封。公寿已绵绵，公去何匆匆。”“公德我所尊，乡学我所崇。相思不相见，余子付萍蓬。诗成急投穴，敌弹訇遥穹。”

主持无锡国学专修馆的国学大师唐文治（字蔚芝，别署茹经堂主）特撰《秦砚畦先生家传》，感叹不已。

1941年，秦家子弟整理秦锡田的文稿、吟稿，辑成《享录续录》刊行。

1946年，秦之济重新修订秦荣光整理的《陈行秦氏支谱》初稿，并正式刊行。

当年11月13日，秦锡田被安葬于上海县二十一保十七图（三官堂东南）。

1956年10月，秦之衔被上海市人民委员会聘为上海市文史馆馆员。他长期坚持积累、整理秦锡田生平资料，经多年努力，撰成《秦砚畦先生年谱简录》。1961年冬季，因病退休蛰居乡里的孔祥百之子孔令谷（1901—1978，字君诒，号谷成）认真校阅，并誊抄成册。

1983年3月,陈行镇(时为公社)组建《陈行志》编写组。参与修志的陈行陈氏十二世后人陈葆林、秦氏“玉涵堂”后人秦蝺裁等以极为负责的态度,多方征集、倾心整理历史资料。当年5月起,秦蝺裁以蝇头小楷精心抄写《秦砚畦先生年谱简录》等稀有史料,陈葆林四处采访,编写出《陈行陈氏宗谱》(至1987年秋完成)等研究成果。1990年,为纪念秦锡田逝世50周年,他们刻写油印了一册专集以及《乡梓杂录》等文献。由于他们的努力,一大批行将消逝的地方文献得到保全。

由于陈行秦氏家族曾有所作为,并且留下大量文献,因此赢得了国内外不少学者的关注,并先后推出一批研究成果,促使秦荣光、秦锡田等乡绅的社会影响至今不衰。

秦荣光、秦锡田等地方贤达受到后人敬仰,其事迹广为流传。

杨光霖

杨光霖（1862—1907），字雨苍，廪贡生，七宝镇北镇人。热心地方公益事业，顺应时代潮流，注重开启民智，发起捐资创办明强公学。1906年，当得知工部局的野心后，即愤然发动当地绅耆20多人联名上书青浦知县，力陈利害，敦促政府加以干涉。上海道台迫于民意，照会英领事，要求停止越界筑路。四乡民众在杨光霖等的支持下，将沿路竖下的界桩全部拔除，退还定金，收回地基。次年10月，在上海公共租界因车祸不治而终。

七宝北镇杨氏家族

明万历《青浦县志》称七宝镇“居民繁庶，商贾骈集，文儒辈出，盖邑之巨镇”。清嘉庆十年(1805)，松江府设娄县。随之，蒲汇塘南由华亭县改属娄县(1912年废松江府，华亭、娄县合并为华亭县。1914年改称松江县)。就此，七宝镇区形成“一镇三县分治”的局面，以蒲汇塘为界，南部归娄县华亭乡三十五保一区，东面仍属上海县。如此三县分治，使七宝镇区长期处于特殊的格局之中。

经历清代“咸丰兵灾”，七宝地区惨遭劫掠，元气大伤。到了光绪年间，七宝老街才恢复当初的巨镇形态。镇民大多重商，沿街无家不店。老街上既有本地农产品、南北杂货交易，又有酒肆茶楼、银楼典当待客，农户、士人与商家穿插其间，寺庙与店铺共享繁荣。

光绪二十年(1894)，为庆贺慈禧太后60岁生日，在南镇与北镇分治的情况下，联手举办了10天彩灯赛会，盛况空前。

此时，七宝镇北东街的杨崇道在镇上开设商号，颇具声望，出任七宝北镇乡董。

杨崇道之子杨光霖(1862—1907)，字雨苍，颇有才识，热心地方公益，曾协助父亲负责经理“平粜”(在荒年缺粮时，官府将库存粮食平价出售)，带队参与蒲汇塘、横沥港、小涞江疏浚工程，在地方事务中有所作为，赢得乡人敬重。

同族杨光华(1872—1944),字雪樵,世居七宝北镇。6岁丧父,10岁丧母,由兄长抚养长大。成人后,始以捕鱼为生,后全力经商。光绪十五年(1889),跟随兄长创建“杨鼎源商号”,经营酿造、纺织业,产品销四乡。民国初期,独立经营轧花业,用脚踏轧车代客加工。并在老街设有南、北酿酒糟坊,分别酿制黄酒、白酒,所酿“七宝烧酒”适合本地人口味,广受好评。1930年,又增设东、西糟坊,提高白酒生产能力,为了确保老酒质量,不惜工本,决意到青浦淀山湖取水酿酒,并在北横沥港扩建专用码头。又率先购买40台轧花机,后又购进柴油机,扩大轧花工场规模,轧机增至近百台,生产效率倍增,业务领先同业,产品主销上海荣氏纱厂,所需棉花除本地外,还从浙江大量采购。1934年底,又增设酱园,购进永记酱园原有设备,生产酱酒、豆瓣酱及酱菜,拥有缸千余只,甏万余只。酱菜以食指萝卜闻名。

杨光华比杨光霖年轻10岁,始终是杨光霖为民办实事的有力支持者。1928年起,杨光华出任七宝北镇镇长。1944年,病逝于家中,享年72岁。

创办明强学堂

光绪三十一年(1905),七宝北东街杨光霖与北西街张之珍(1871—1925,字伯藩)发起捐资创办新式学堂,最初拟名"明溪小学"。

张之珍为光绪年间廪贡生,由张氏家族东房出资捐得官衔,1902年出任杭州城北保甲局局长。次年因东房张鲁卿病故,即辞职归里服丧,主动宣布放弃其东房立嗣子身份回归西房,放弃本可继承的东房部分家产,此举在乡间被传为美谈。

杨光霖深感"开启民智"的重要,竭力主张同"西人争学",提倡普及教育以救国图强。他亲撰《蒲溪明强学堂捐启》宣称:

> 世界一竞争场所耳,始以兵争,继而商争,今且以学争……而影响之所及,有非土地、经济之丧失所能比,其惨烈者,凡达灭种之浩劫焉!
>
> 白人以洪水猛兽之势,横行于中国,吾镇逼近沪江,密迩异族,奴隶犬马之辱,实先内地各乡镇而受之。今以地方之资财,培地方之子弟,到他日者,内以养成国民之资格,外以抵御学战之风潮,不独某等之幸,抑或民生国势之赖以明赖以强也。

可见"明强"两字跃然而出,立意明确。

张之珍与杨光霖志同道合，带头捐资办学，赢得各界人士响应。于是，杨光霖手订章程，筹建校舍。学堂开办之初，租借北西街56号项姓房室作为教室。台桌椅凳、图书典籍、体操用具，由管姓人家捐助鹰洋200元置办。杨光霖亲任校长兼总务，聘用中英文教师各一名。

五月二十七日，“明强学堂”正式挂牌开学，隶属青浦县。首批学生36人，为复式班。乡人称之为“新法学堂”。

学堂创立后，杨光霖自任校长，除聘请中英文教员各一人之外，举凡校务、教务、杂务等职均由其独力兼任，夜以继日，备尝辛苦，离家咫尺，却往往过门而不入。

半年后，学堂搬到七宝教寺已废黜的财神堂内。杨光霖聘秀才丁先生接任校长。《学堂校规》明确学科分10门，含有修身、讲经、句读、国文、英文、算术、地理、历史、物理、体操课，并称“遵例不收学费”，“有志于愿任义务，不拘何门，尽可随时来堂教授”。

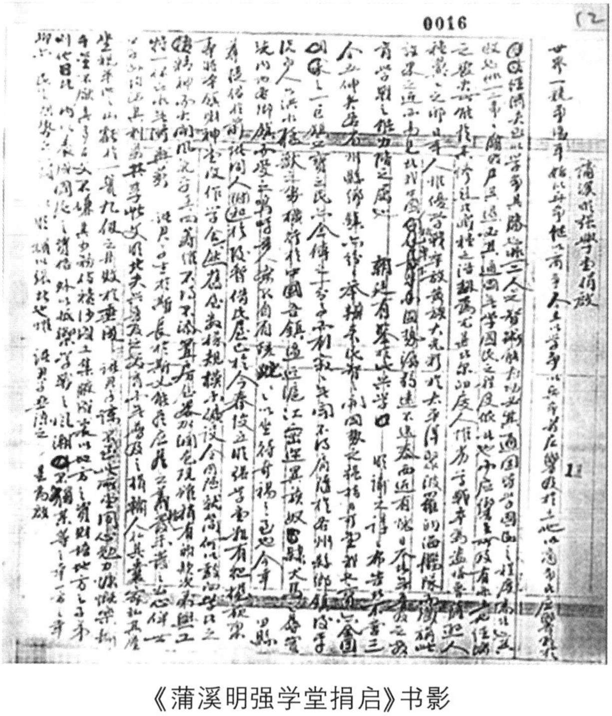
0016

《蒲溪明强学堂捐启》书影

两年后,学堂扩展,改称"蒲溪明强两等公学",为完全小学,学生达100多名。前后三进有房11间,西有操场,北有旱船及放生池。有学田18亩。

今幸存杨光霖亲笔记录的学校创始手册,详细记载了经费收支情况。当时,杨光霖将商铺出租给得月楼、沈大成等店家,每间房屋每月租金10块大洋,均纳入校产。

随之,七宝地区又办起3所新学堂。1906年,张之珍、李昌然、李启仁、杨伯棠、阮毓根等利用北城隍庙房屋,开办公立启秀女子初等小学,首批学生24人,课程有国文、尺牍、修身、家事、算术、音乐、美术等。1908年,张之珍、李绮城还在镇北观音堂庙内创办了公立民铸初等小学堂。南镇望族李芳泽在三善堂内开办新民小学。

1922年,"蒲溪明强两等公学"改称"青浦县立七宝小学"(1946年恢复"明强小学"的校名)。

抵抗越界筑路案

光绪三十二年(1906),上海公共租界当局以"便利华洋马车往来"为由,筹划建造由虹桥通往七宝和佘山的公路,企图趁机扩展势力范围。工部局勾结青浦县张秋成、倪逢伯、蒋鹤年等,盗用地方绅士名义,具状英国驻沪总领事。在英总领事的支持下,公共租界工部局即据以挂牌,招雇民工,筹备动工,并委张、倪、蒋等负责在青浦、上海两县按其所定线路,勘测路面,丈量插标,收买沿线地基。

本地乡人或不知内情,或迫于淫威,同意出卖若干田地。而"洋人越界筑路"之举,立即引起社会各界关注,时任七宝乡董的杨光霖吩咐乡人不要盲从。

十月初二中午,10余个洋人趁乡民用膳之时,船泊七宝横沥港内,车停在上(海)青(浦)娄三县要冲地带。他们督工匠50余人,从青浦县三十五保头图(七宝北镇)开始,按其所定线路正式立标打桩。

乡民见状诧异,急忙奔告杨光霖。

信息传到七宝镇上,顿时群情哗然。

杨光霖立即带领数十人,赶往出事地点。他先礼貌地发问:"汝等作此何为?"洋人答:"为便利交通兼传教,修筑马路。"杨光霖严正指出:"此系我国内地,岂可擅毁良田民宅,越我地界,侵我民权,无视我领土尊严!汝等应即住手!”洋人不理睬,令工匠继续立标打桩。

于是,杨光霖当机立断,吩咐鸣锣呼号。乡民们听闻呼唤,手持锄头、铁鎝、插刀、粪勺等潮涌而至,纷纷拔桩砸标。洋人眼见群情愤怒,不由心慌,转身狼狈而逃。

当夜,杨光霖与好友张之珍一起,发动当地绅耆20余人联名上书青浦知县田宝荣,认为“青浦系属内地,并非通商口岸,其沿河一带塘路皆系田头踏车戽水、塘粪溉田之处,在在本基,若使开筑马路必致壅塞,田头碍难戽水,抛荒农田。伏查中西所立约章,期予各沾利益,并无不便于民之事,是以通商条约只在外埠口岸,现若占入内地,既于约章不符,且稻田戽水耕种之区势不能筑为马路”。并认为即使按中英之间的不平等条约,越界筑路也属违约之举。申述状力陈利害,敦促当局为民做主,主即出面干涉。

青浦知县田宝荣不敢怠慢,急忙呈报上海道衙门。道台袁树勋迫于民意,即照会英国总领事,不同意英人擅自越界筑路。

同时,杨光霖把禀文抄送《上海时报》。报社编辑支持正义,隔日即在本埠新闻栏发表杨光霖禀文及道台袁树勋的抗议批示。

上海各界为之震怒,群情激愤。

而租界工部局不甘心,竟动用武力前来威胁。农历十月廿一日(12月6日),洋人出动两条小火轮,载兵若干和雇工四五十人,驶入蒲汇塘示威恫吓乡人,并再次在沿线强行立标打桩。

杨光霖早召开过镇人乡民大会,七宝人已经齐心协力。此时,锣声一响,蒲汇塘边万众云集。洋人慑于形势,不得不退去。

农历十月廿二日(12月6日)上午,租界工部局英副办、董事贾福来等率译员史悠明,由买办费锡章、倪逢伯、蒋鹤年等人陪同赶到七宝镇上,闯进杨光霖家交涉。

杨光霖毫不胆怯,坦然相告:“私室洽谈公事,须作笔录。”吩咐手下做好现场笔录。英副办贾福来气势汹汹,劈面威胁称:“筑路一事,远近乡民均无异言,阁下为何独自阻拦?”

杨光霖当场回击:“我国境内,外人不容侵入。深入内地筑路,系侵犯我国主权,人人均可反对。贵国素号文明,岂可自违约章?”英副办又问:“阁下的意思,是否可再做商议?能通融处请通融,一切费用均由大英帝国负担。若佘山公路筑成,大人自可领赏。”说着从手提箱中取出两张价值不菲的银票递向杨光霖。

杨光霖坦然答道:“地方除了谄媚外人之民族,谁会为金钱所诱而任人蹂躏?此种卖国之举,本地父老绝不为也。”说罢,把上千字的现场笔录交洋人签字。洋人吃了闭门羹,哪还肯签字,愤然离去,临出门扬言威胁:“杨某,别后悔!”

杨光霖轻蔑一笑,在场乡人轰然将洋人赶出了七宝老街。

此后,上海道台与工部局继续交涉。英人越界筑路一事慑于上海人民的反对和舆论压力,遂不得已而停止。

然而,颇为蹊跷的是,光绪三十三年(1907)八月二十六日下午一点左右,杨光霖进城区赴约找寻会党朋友,途经英租界工部局附近的四马路(今福州路)时,被奸人用飞镖击中后背,又被一辆疾驶而来的工部局轿车撞伤,以至不治而终,时年仅45岁。

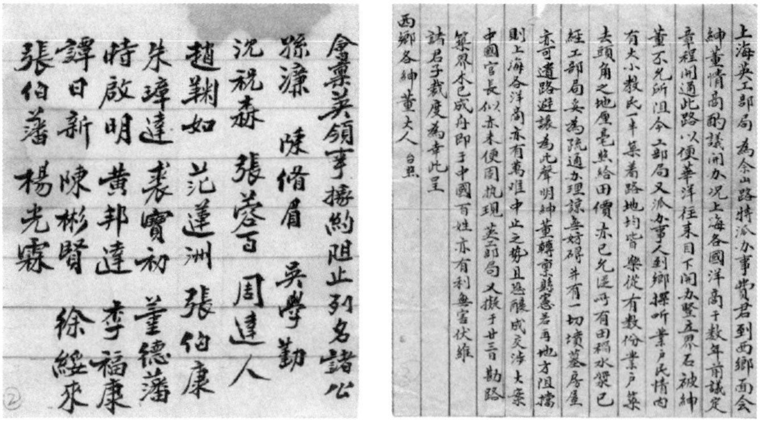
會稟英領事擬明阻止列名諸公
孫濂 陳僧眉 吳學勤
沈祝森 張蓉百 周逵人
趙鞠如 范蓮洲 張伯康
朱璋達 裘實初 董德藩
時啟明 黃邦達 李福康
譚日新 陳彬賢 徐經來
張伯藩 楊光霖

上海英工部局為佘山路特派办事費君到西鄉面会
紳董情商酌議開办況上海各國洋商于數年前議定
章程開通此路以便華洋往來目下開办竪立界石被紳
董不允所阻今工部局又派办事人到鄉探聽業户民情向
有大小數氏一半集着路地均皆樂從有數伶業户築
去頭角之地厘毫無給田價亦已允送呼有田稲水渠已
經工部局妥為疏通办理諒無妨碍并有一切墳墓房屋
亦可遣路避讓為此聲明紳董轉稟憲若再地方阻擋
則上海各洋商亦有萬難中止之勢且恐釀成交涉大案
中國官長似亦未便固執現英工部局又擬于廿三日勘路
築界本已成舟即于中國百姓亦有利無害伏維
諸君子裁度為幸此呈
西鄉各紳董大人台照

七宝父老申诉状

杨纪庚传播新文化

杨光霖之子杨纪庚(1890—1925),字培天。光绪三十四年(1908),考入苏松太道立龙门师范学堂(原为上海龙门书院)。宣统元年(1909)五月,荣获第二学年学科最优等奖单。后转赴南京,考入两江师范学堂(南京大学前身)农学博物科。宣统三年(1911),两江师范学堂毕业后,即在七宝明强两等公校任教,并担任七宝北镇经理员。

步入民国,整个社会开始转型。蒲汇塘桥畔挂灯悬旗,竖起“共和万岁”的标语。街上贴出布告,限期剪发。于是,老年男子剃平头、圆头、光头,年轻男子留短发,分头,考究者吹风。妇女改梳短发,上生发油或刨花水,城镇流行烫发。年轻女子喜好“童花头”。时髦者抹凡士林、香水、口红。中山装成为男性公职人员的制服,因推行服用土布,土布中山装、土布旗袍也成为时尚。

七宝镇上沿街大店铺、大户人家逐渐拥有留声机、无线电收音机等,响起了时代新声。

1912年民国元年,杨纪庚组织建立上海通俗宣讲社七宝支社,在七宝大寺场上进行通俗演讲,宣传新风俗、新知识,渐而扩大到龙华等地。

同时,杨纪庚(笔名非柳)为《申报》“自由谈”栏目先后撰写了“游戏文章”《中华民国全体公民上慧星书》《说五》《忠告各党会勿滥收党员》《太上

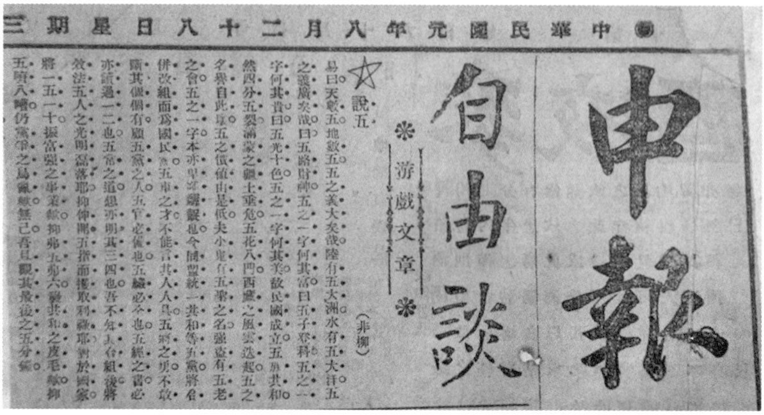

《申报》“自由谈”栏目书影

杨纪庚夫妇遗照

玉皇大帝命令》《责任心与私利心》等，抨击时弊。

不久，杨纪庚应聘担任民国临时政府秘书。1915 年 12 月，因袁世凯窃国，他辞职返沪。

杨纪庚与青浦俞祖望（字渭儒，一字慧殊，号仗之，南社诗人）交往甚密。1920 年 8 月 14 日，俞祖望创办《青浦新报》，杨纪庚时有呼应。

杨纪庚还与南社姚柳俞交好。

1925 年，杨纪庚因病去世，年仅 35 岁。

钮永建

钮永建（1870—1965），字惕生，笔名铁生，又字孝直，号天心。出生于上海县马桥镇俞塘1号。24岁考中举人。1896年入湖北武备学堂。1899年赴日本留学，广交革命志士。1905年末加入中国同盟会。1911年10月参加上海光复起义。1912年任南京临时政府参谋次长。1917年随孙中山南下广州，任大元帅府参谋次长。北伐战争开始后为驻沪特派员，策动上海武装起义。1927年4月任南京国民政府秘书长，10月任江苏省政府主席。1930年后，在家乡创办俞塘民众教育馆，历任内政部长、考试院副院长及代理院长、总统府资政。1949年5月到台湾。1965年12月23日在美国纽约病逝，享年96岁。

从科场冲向战场

一副旗杆五棵松

清同治九年(1870)二月初八,钮永建出生于上海县马桥俞塘1号钮家老宅。

当年,俞塘为乡间小集镇,又名俞家塘,别称"俞滨"。周边渐形成陈家宅、陆家宅、翁家宅、周家宅、王家村、沈家宅、黄家宅、小宅基、梅家里等9个传统村落。

俞塘钮氏家族自称为"吴兴钮氏俞塘支",到钮永建出生时,钮氏家族已在此繁衍了8代。据1909年《松江府属历科采芹录》和清代、民国《上海县志》所见上海县籍秀才统计,自清雍正至光绪的240多年间,俞塘钮氏子弟入庠为秀才者至少有36名,其中雍正年间1名、乾隆年间8名、嘉庆年间5名、道光年间9名、咸丰年间5名、同治年间2名、光绪年间6名。

至清代晚期,俞塘钮氏家族有5房亲属聚居在此,人丁兴旺,老宅占地数亩。这里竖有象征着官员身份的旗杆,俗称"老旗杆"。在钮家花园的西南角上,种有5棵硕大的松树。这"一副旗杆五棵松",标志着在钮永建中举之前,钮氏家族已出了1名进士、3名岁贡生和2名举人,因而显赫一方。

进士钮思恪,字作宾,号省斋。祖父钮正炳,字星若。父亲钮隆培,字月坚,府学教职,廪贡生。乾隆三年(1738)参加顺天乡试中举,乾隆十年(1745)乙丑中礼部明通榜,授安徽省霍山县教谕。乾隆十三年(1748)殿试获三甲第39名进士,改内阁中书,例授征仕郎。后以母老终养归,卒于家中,享年76岁。

岁贡生钮鸿,字跃田,钮思恪从子。乾隆十四年(1749)上海县学庠生,乾隆五十四年(1789)己酉为松江府岁贡生。嘉庆十四年(1809)以耆年重游泮水。

岁贡生钮沅,字斗槎,钮思恪从子。乾隆四十年(1775)上海县学庠生。嘉庆十三年(1808)为戊辰岁贡生。

岁贡生钮元葵,乾隆二十二年(1757)丁丑岁试上海县学庠生,乾隆二十五年(1760)庚戌松江府岁贡生。

举人钮翰,字有良,号墨卿,钮思恪曾孙。少孤家贫,兄殁嫂殉,竭力完成丧葬之事。母亲以孝闻世。咸丰三年(1853)上海县学庠生。同治六年(1867)乡试中举。师从青浦名医何其超(字超群,号古心),治病有神验。遇贫者返其金或给以药资。咸丰年间,马桥镇上万寿禅院大半被毁,同治十二年(1873),钮翰与奚源等募捐重建正厅。曾屡次参加礼部的进士考试,可惜未能考中。后在家乡设馆教学,隐居而终。

父母兄弟

钮永建的祖父钮元蒸,字敦复,号晓园,太学生。博涉群书,工汉隶,不屑科名,而以学授子弟,晚年以课孙为乐。诰赠奉政大夫。

族祖父钮元晏,字静庵。曾任马桥镇商会会长,光绪三十一年(1905)募修俞善庙并增建鼓吹台,与王锡珍等创建俞塘小学堂。民国元年(1912)六月任议事会副议长,1923年十一月任议长。

祖母蔡氏,为太学生之女。

父亲钮世章(1828—1878),字如金,号味三。承家学幼通经史,少年能文,通达时务。咸丰五年(1855)上海县学庠生。同治三年(1864),乡试中举第223名。曾与从父钮翰、从弟钮世慎及里人张庆慈等，主持疏浚俞塘、竹港诸河。同治十一年（1872），为创建吴会书院，购校舍，置良田，虽艰阻不少衰。光绪初年，直隶（今河北）地区遭受大旱饥荒，江苏省集资赈灾，他随江苏武进李金镛航海北上，事后受到松江府嘉奖，被保举为知县加同知衔。光绪三年，赴直隶就职。半年后因病返乡。

母亲王氏（1829—1893），寿64岁。父亲为太学生王鼐，号古樽。兄王家楫，议叙九品衔。

从叔父钮世慎，字荫谷。同治五年（1866）上海县学庠生。光绪四年（1878），与奚源等募款增建万寿禅院山门，并厢房一间，有碑记。热心为创办吴会书院、疏浚河道等地方公益事业效力。

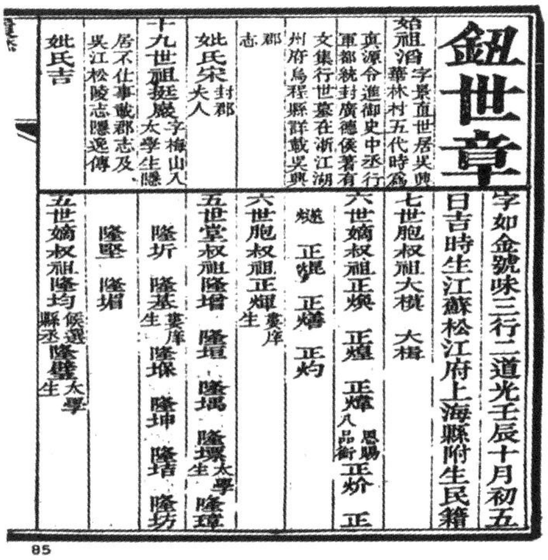
鈕世章
始祖滔 字景直世居吳興華林村五代時爲真源令進御史中丞行軍都統封廣德侯著有文集行世墓在浙江湖州府烏程縣詳載吳興郡志
妣氏宋 封郡夫人
十九世祖挺巖 字梅山入太學生隱居不仕事載郡志及吳江松陵志隱逸傳
妣氏吉
字如金號咏三行二道光壬辰十月初五日吉時生江蘇松江府上海縣附生民籍
七世胞叔祖大楫 大椿
六世嫡叔祖正煥 正熤 正燁 恩賜八品銜 正炌 正燧 正焜 正熔 正灼
六世胞叔祖正煇 廩庠生
五世堂叔祖隆增 隆壇 隆瑀 隆璟 太學生 隆瑋
隆圻 隆基 廩庠生 隆垛 隆坤 隆堵 隆坊
隆堅 隆堉
五世嫡叔祖隆均 候選縣丞 隆壁 太學生
85

钮世章乡试硃卷书影

兄长钮永保（初名永镳），字福生，号价藩。嗣伯父钮世堦。光绪三年（1877）上海县学庠生。后业儒，对其弟钮永建深有影响。

胞兄钮永昭（初名永鋆），字复生，号挹晖。幼承庭训，家学渊源。光绪十三年（1887）上海县学庠生。性情严峻，不苟言笑，肄业于南菁书院，著有《晏子春秋校释》，博赡精敷，多发前人所未发，选刊入《南菁丛书》。生平所学除经史外，兼通医学、周易、天文星象诸书，而尤精于生辰推算之术。曾督浚俞塘，不肖之徒有以土方多寡相蒙者，他当众查考核算，立摘其奸，时人称奇。愤吾国日趋贫弱，以兴学校、办实业为己任，设俞塘公学、广利蚕桑公会，辟桑田数十亩，植桑树数千株，特选派地方志士赴浙江杭州蚕学馆学习，推广育蚕生产。可惜，乡亲见识肤浅，心志不坚，稍受挫折便气馁。荏苒三年，一蹶不振，钮永昭气愤成疾，抑郁而终。

胞兄钮永绍，嗣族伯父钮福康（府学增广生）。

姐妹有二，钮华娟嫁给华亭曹应济，钮芳娟嫁给王全纲，先后殁。

就读吴会书院

钮永建自幼聪慧绝伦,5 岁启蒙,读毕《百家姓》《三字经》《千字文》等书,过目成诵。7 岁,读毕《大学》《中庸》《论语》等书,开笔作文赋诗。11 岁,读毕《十三经》,能撰写完整的八股文。先后师从张文灿(字耕云)、母舅王佐才(字和卿)、岁贡陈镕经(字醉六)、兄长钮永保和钮永昭、上海县学教谕宣敬熙(字琴山)、岁贡秦赞尧(字庸莽)、江苏提督学政杨颐(字子异,号蓉浦)等。

钮永建 16 岁初次应院试,可惜未取,愤而咯血。经乡人指点,他开始修炼华亭名士陈继儒的“小周天法”(一种传统气功),数月后见效。他喜欢接触新鲜事物,见兄长钮永保带回传道者散发的福音书刊,便好奇地拿来阅读,不由感觉此类书刊所论之道诚真切实。他对耶稣舍身救人的事迹极为钦佩,但对其中的宗教语言兴趣不足。胞兄见他好读西洋读物,从格致书院买来《泰西新史揽要》《万国通鉴》以及《格物质学》《算学》等书籍。钮永建越读越喜爱,从而获得了大量新知识。

光绪十五年(1889),钮永建再次应院试,终以第一名的成绩考中了秀才。

担任主考的江苏学政黄体芳(字漱兰,号莼隐,人称瑞安先生)对钮永建十分赏识,经导师杨颐推荐,黄体芳直接让他进入南菁书院求学。

南菁书院闯祸

南菁书院设在江阴城内,被誉为江苏最高学府。光绪十五年(1889)秋,钮永建赴南菁书院途中,结识了吴稚晖(1865—1953,名朓,后名敬恒,以字行)。吴稚晖世居武进雪堰桥,历代以种田为生,家境贫困。母亲早逝后,由无锡外祖母抚养成人。他天资聪颖,学习刻苦,为摆脱困境,18 岁就应聘当私塾教师,边教书,边做学问。

钮永建与吴稚晖同游无锡惠泉山,在二泉亭饮茶谈心,极为投机,誓为终身之交。

在南菁书院，两人形影不离，勤奋好学，立志将书院图书馆内所有的书都看一遍。

此时，钮永建是南菁书院最年轻的学生。他利用课余时间，辑录东晋松阳县令钮滔（字景直）之母孙琼所撰的诗文，取名为《松阳母集》，并题跋，考证出钮滔是他的先祖，曾以浙江吴兴东南华林为故居。

3 年苦读，钮永建攻习高等文学及德行、道艺、经史、时务等学术，学业优异，文才凸显。最为突出的成果是，他用心将《汉纪》之文与《汉书》及《史记》的对应部分相比较，品评了《汉纪》的恰当性，撰写了《两汉纪校释》三卷，被收入南菁书院所编丛书《南菁札记》。

钮永建虽为书生，却喜爱骑烈马。一天，他骑着马奔出江阴县城北门，马鞍突然断裂，人连着马鞍一起被甩在路边的枯水池中，而身子仍屹然稳坐在马鞍之上。正巧吴稚晖急追上来，见此奇迹，不禁欢呼：“惕生，你的骑马本领真是天授的，大可去学习陆军。”

一句戏言，竟使钮永建萌生出弃文从武的志愿。

1892 年 12 月 15 日，江阴知县路过孔庙，傲慢地未下轿施礼，恰被南菁书院科生田自芸、康浩镇、王英冕等撞见，认为父母官“非圣无法”，有辱斯文，便用石块击轿。

钮永建、吴稚晖等同窗闻讯上前相助。

不想下轿的知县被砸得鼻青脸肿，喝令衙役将田自芸捉回衙门。

钮永建和吴稚晖赶回书院，召集 20 多名同学，一起去县署交涉。

按大清律例，举人与知县同级，后者捉拿前者必须先请革除科名，否则有违“王法”。南菁书院黄以周闻讯出面调解。知县识趣，自知过孔庙不下轿理亏，随意拘禁书院科生更是罪加一等，且事闹大了，恐对仕途不利，便用那顶轿子将田自芸送回，就此息事宁人。

不久，吴稚晖看到江苏学政杨颐在画舫上挟妓取乐，便故意捣乱，令其难堪。南菁书院山长缪荃孙（字炎之，又字筱珊）责怪吴稚晖、钮永建等惹是生非，为求得太平，竟劝两人退离书院。

钮永建一腔热血沸腾，与吴稚晖一起愤然离开南菁书院。

双喜临门

光绪十九年(1893)，24 岁的钮永建双喜临门。

这一年秋，钮永建参加癸巳恩科乡试。经考试官安徽定远县知县郑基(字筑平，广东香山人)推荐，钮永建终于以第 94 名考中举人，实现多年的梦想。

钮永建转学到上海经正书院。每日阅《万国公报》和《泰西新史揽要》等书刊，在格致书堂购得《万国通鉴》等书籍，并着意研究《圣经》。

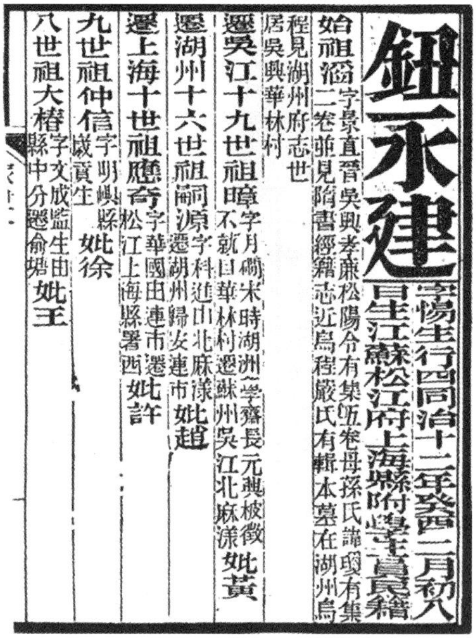
鈕永建 字惕生行四同治十二年癸酉二月初八日生江蘇松江府上海縣附學生員籍
始祖滔 字景直晉吳興孝廉松陽令有集五卷母孫氏諱瓊有集二卷並見隋書經籍志近烏程嚴氏有輯本墓在湖州烏程見湖州府志世居吳興華林村
遷吳江十九世祖暲 字月磵宋時湖洲學齋長元興被徵不就自華林村遷蘇州吳江北麻溇 妣黃
遷湖州十六世祖嗣源 字科進由北麻溇遷湖州歸安連市 妣趙
遷上海十世祖應奇 字華國由連市遷松江上海縣署西 妣許
九世祖仲信 字明嶼縣歲貢生 妣徐
八世祖大椿 字文成監生由縣中分遷俞塘 妣王

钮永建硃卷书影

这一年，钮永建经长辈安排，迎娶吴兴姑娘徐琬蓉为妻。徐琬蓉(1867—1912)，字惠容，以字行，山东、浙江布政使徐恕(字心如，乾隆十六年进士)的玄孙女。父亲徐廷杰，议叙从九品，母亲王氏。祖辈原籍浙江吴兴，世居青浦县白鹤江。徐惠容生于同治六年(1867)三月初三，长钮永建 3 岁，为人婉娴贤淑。

为此，俞塘钮氏族人特意为钮永建在村口植下一棵银杏树，以示庆贺，也炫耀一番。随之，俞塘的乡亲们按规矩改口称钮永建为“新老爷”。

钮永建却不摆“官架子”，拱手对乡亲们连声道谢，并再三声明：“阿伲(我们)都是平等的，实娜(你们)种田，供人穿衣吃饭，功劳比我大得多。今后阿伲以兄弟相称，年老的仍旧是我的叔叔伯伯。”

于是，乡亲们就以他的字亲热地叫他“惕先生”，背后则称他为“好好先生”。

毅然弃文从武

光绪二十年(1894)11月,钮永建读到上海《万国公报》第69、70册上刊载的“广东香山来稿”《上李鸿章书》,只觉得眼前一亮,极为振奋。此文提出了发展资本主义的政纲,即“人尽其才,地尽其利,物尽其用,货畅其流”。作者认为:“此四事者,富强之大经,治国之大本也。”钮永建深深地被作者的胆识所折服,经几番打听,方知此文作者是广东人孙文(孙中山),就此对其钦佩之至,视为人生楷模。

光绪二十一年(1895)4月,甲午战争失败,大清政府迫于日本的军事压力,签订了继《南京条约》后,又一个丧权辱国的条约——《马关条约》,再次把中华民族带入了灾难的深渊。

钮永建目睹时局变迁,深受刺激,奋袂而起。他决意研求“新学”,重视习武,立志为救亡效力。原本醉心科场的一介书生,就此愤而以第一名成绩考入湖北武备学堂,修习陆军知识。

湖北武备学堂设在武昌黄土坡(今首义路)。光绪二十二年(1896),由时任湖广总督的张之洞创建。学堂教师大多来自德国,总教习为德国前军政部部长,后升为参谋总长的德勒根汉。入校学生皆选自“文武举贡生员及文监生、文武候补候选员弁,以及官绅世家子弟”。

为了实现救国夙愿,钮永建在此接受德国式的正规军事教育将近3年,在枯燥、艰苦的学习生活中,刻苦坚毅,学业成绩优异,因而备受学堂主持人、张之洞僚属梁鼎芬(字星海,号节庵)的赏识。他撰写的《投笔从戎争先赴》一文令张之洞赞赏有加。

在这里,钮永建结识了来自湖北云梦的同学吴禄贞(1880—1911,字绶卿)。钮永建与他十分投缘,两人结为逆莫之交,长期相伴从事救国活动。

钮永建还帮助松江同乡好友陈景韩(1878—1965,又名陈冷,后成为《申报》总主笔)考入湖北武备学堂。

上海执教

光绪二十四年(1898)夏,钮永建从湖北武备学堂毕业后,返回上海滩谋职,以便照顾家中妻儿。

10月,钮永建在洋务企业家经元善(1840—1903,原名高泉,字莲珊,号居易子,浙江上虞人)所办的高昌庙桂墅里二等学堂"义学斋"任教。在校学生中,有日后与钮永建作对的曹汝霖(字润田)等。

不久,经元善在上海城南创办的经正女学(又名经氏女学,是中国创办最早的女学之一),急需有人总管校务。钮永建前去应聘,担任教务长。

此时,吴稚晖已成为上海南洋公学(今上海交通大学徐汇教区)师范班第二届师范生,开始担任国文教员,同时兼任师范班学长并主持小学事务,月薪40银圆。

吴稚晖将南洋公学良好的学习环境和兼职待遇告诉了钮永建,希望好友前去相聚。为了能与好友朝夕相伴,钮永建和陈景韩一起前去南洋公学师范班读书。

在南洋公学,钮永建同时兼职当了学生的军体领操员,每月也有30银圆酬贴。他曾建议校方仿国外的军国民教育,购买枪械,训练学生军。但校方总办何梅生表面同意,却迟迟没有行动,使钮永建极为不满,便辞去领操员职务,改任国文教员。

正巧,武昌传来张之洞委托两湖书院山长梁鼎芬选送官费留学日本军事生的消息。钮永建决意听从武备学堂师长的召唤,任职两个月就离开南洋公学,于光绪二十五年(1899)9月赶到武昌。

经过考试,钮永建以第一名的成绩入选湖北官费赴日本留学军事生。

倡办强恕学堂

夏季的某一天,钮永建来到吴会书院,拜访恩师顾言。他自幼在吴会书院读书,对母校怀有特殊的感情,对顾言极为敬重。但是,他毕竟志高而愿大,在书院内转了一圈,就发觉这里的教学已不适应时代的发展,便向顾言提出,应当将吴会书院改建为新式小学堂,增添"新学"课程,使学生得到智育、德育、体育知识,成为适应时代潮流的人才。

顾言办事一向稳健,时年56岁,常年身处乡间,信息来源不畅,又整天忙于闵行局董事务,无暇外出考察探路,视野不够开阔,因此面对不可不变革的局面,深感力不从心,但他支持钮永建的主张。

于是,风华正茂的钮永建在马桥地区广泛宣传"新学",给乡亲们带来了许多时代新气息。他发动亲朋好友出手相助,尤其得到奚佐汤、金庆章、黄宗麟、蒋清镜、严家鼎、张之纲、李祖佑等吴会书院学友的鼎力支持,很快就募集到钱款2000多元和田产224亩4分,并以募捐款买田312亩8分,用作教育基金。

钮永建以举人身份,向上海县知县汪懋琨呈文称:

本邑自西商开埠,为交涉总汇之区,业经建立南洋公学三等学堂,梅溪书院在城厢附廓等处,广肆中西要学,认真培植,将来成效可收。惟邑之西南乡十六、十八、二十一等保,方三四十里之间,离城窎远,走集不便,且上项诸学堂限有额数。乡间不乏聪颖子弟,未免向隅。敬念宪台教养兼至,提供宗风,业于浦东三林塘地方创立三林书院,使僻壤遐陬咸沾德化,今过浦滨,人人忭舞。永建等闻风,景慕称颂,莫名恭读。本年五月初五日,谕旨裁撤时,义以救空疏,是实学振兴,至为当务之急,兹似酌仿城厢各学堂成规,于十八保马桥镇上议立学堂,众姓闻之慨然乐输。永建等量捐,并众姓捐田二百三十余亩,钱一千三百余千,鹰洋三百余元,日后继长,增高扩充在望。伏查马桥镇向有吴会书院,本为生童肄业之区,建有讲舍,除办理甄别外,房屋本属有余,且有余址,足资添造,若就厅处开办学堂,乐育英才,事归一律,舆论已尤,工作亦省,自应请饬吴会书院经董议复核办。永建等仰体仁宪栽培之意,兼顺众人踊跃之心,黾勉从事,不敢游移中辍,惟延聘教习,置办书图,添造房屋,经费甚巨,尚须募捐集事。事属创始,培植攸关,谨请示谕,以昭郑重，为敢粘单，联名环求宪公祖大人俯赐衡裁，恩准通详各宪，一面先给示谕，广为劝募，举办一切，善后细章，俟公举总董，后由总董再行续报，至各户捐款，其田亩一次俟收到印单后赍呈储库，钱洋缴案发典生息，出立收票，并将存根附卷，借资征信。其学堂命名，摄取孟子求仁之义，名曰强恕。是否有当，并候宪裁，上禀。

顾言由此信心倍增，让钮永建尽情发挥所能。

钮永建思路开阔，办事周到，为小学堂的建设制订发展规划，将自己在湖北武备学堂所学的知识、在经正女学担任教务长的实践经验以及在日本游学时的所见所思，又根据马桥地区的实际情况，予以灵活应用。他尝试参照日本小学堂的课程设置和教材，并有所创新，确定正课为汉文，外课为英语，以及修身、读经、讲经、历史、地理、画图、乐歌、游戏等科目，还特意增设了以体操为主的体育课，体现他“勤修武德，增强体质”的主张。

光绪二十五年(1899)春，强恕学堂在马桥镇上最热闹的中市街正式开学。学堂按照钮永建的规划，依据清政府颁布的《学堂章程》，办学水准很快进入两等小学堂之列，在上海地区脱颖而出。

9月，钮永建匆匆赶到武昌，12月底前往日本，报考陆军士官学校。他始终关心着强恕学堂的建设，不时将新的教育内容和教育方法等信息传回家乡。在日本东京弘文学院师范科留学的马桥青年金庆章十分关心强恕学堂，特意从日文翻译《学校管理法》，提供给学堂作为办学借鉴。

初展锋芒

结识孙中山

光绪二十五年(1899)12月,钮永建到达日本东京,准备报考日本陆军士官学校。谁料,因船期延误,已逾考期,只能等待1年。

来到东京,年近30岁的钮永建步入了一个新的天地,他每日激情洋溢,一边补习日文,一边到处奔走,广交革命志士,组织江苏留学生同乡会,进而联络各省留学生,促成建立联合总会机关"中国协会"。

光绪二十七年(1901)3月,吴稚晖来到日本,与钮永建一起租住在东京神田区的明凌馆,同习日文。这里,成了志士们相聚交流的地方。

此时,孙中山正在日本策动反清起义。

6月间的一天,钮永建与湖北武备学堂同窗好友吴禄贞(时在成城学校)和同学程家柽(1874—1914,字韵荪)相约要到横滨去拜访孙中山,邀吴稚晖同去。而吴稚晖不以为然道:"我连梁启超都不想去拜访,何况是孙文。充其量,一个草泽英雄,有什么看头?"钮永建、吴禄贞、程家柽也不强求,三人微笑离去。

于是,钮永建在横滨山丁町初次与孙中山有了一席长谈。深感一见如故,十分投机。孙中山问他:"革命应从何处下手?"

钮永建提出应在清廷统治能力薄弱的边陲地区下手的主张，还建议革命应从三个方面推动：一是购买武器并秘密运往发动地区，二是要训练一些干部担任宣传、联络工作，三是派员渗入清军防区及政治组织内，以待内应外合。

孙中山听后，十分赞赏钮永建的卓越见解。

傍晚，吴稚晖见钮永建他们回来了，即问起孙中山的相貌："是否像八蜡庙里的大王爷爷，魁梧奇伟吗？"

钮永建笑笑说："你搞错了，孙先生是一个温文尔雅、气象伟大的绅士。"

程家柽反问吴稚晖："你不相信他是革命的领袖？"

吴稚晖又问："他与梁启超何如？"

程家柽摇头道："梁是书生，没有特别之处。"

钮永建真为吴稚晖遗憾："可惜，你没有看见孙先生，看见了一定出乎你的意料。"

几天后，孙中山特地赶到东京明凌馆，与钮永建再次深谈。

事后，钮永建将此事告诉了吴稚晖。他大吃一惊，劝阻钮永建说："孙某是个朝廷通缉的江洋大盗，你是朝廷的举人，又是官费留学生，怎可去见他呢？不怕后果吗？"

钮永建回答说："你大错特错了，孙先生绝非江洋大盗，那是清廷对一位政治革命家的污蔑之词。他实在是一位颇有见识、热心爱国的伟大志士。"

吴稚晖问："难道孙文有张之洞的气概吗？"

钮永建说："张之洞是大官而已，不能相比，孙文的气概，我没有见过第二个。你将来见了，定然也就知道了。"

但吴稚晖仍不相信。过了段时间，孙中山由横滨来东京明凌馆拜访钮永建。吴稚晖知道了，急忙躲进自己房内。钮永建再三请他出来相见，他硬是不肯露面。

后来，又有一次孙中山来到明凌馆，吴稚晖在钮永建的房门口，与他猝然相遇，在无可躲藏的情况下，由钮永建介绍两人相识，并做叙谈。就此一面，吴稚晖的态度转变了。

应邀赴广州

为编练新军培养初级军官,两广总督岑春煊于原广东水陆师学堂旧址上参仿日本士官学校办学方法,在广州珠江的黄埔岛上开办广东武备学堂,兼有选拔人才赴日进修之用。从6000名考生中,招收180人为首批学员,所招生员多系武秀才或文人出身。

1900年9月26日,陶模(1835—1902,字方之,浙江嘉兴人),接任两广总督。他主张维新变革,与留日革命党人关系密切,接受孙中山先生推荐邀请钮永建与吴稚晖赴广东武备学堂任职,并筹备两广大学堂。

1901年12月,接受孙中山先生推荐钮永建接受陶模的邀请,回国奔赴广州,担任广东武备学堂总教习。

钮永建到任后,即一手操办学堂教育工作。因为他受过德国式军事教育,举止充满军人气质,军事操练动作极为规范,学生们对他十分敬重,戏称他为“洋先生”。

不久,钮永建、吴稚晖联系南洋公学师范学院的同学胡雨人(1868—1928,原名尔霖)、陆尔奎(1862—1935,字浦先,号炜士)、傅运森(1872—1953,字纬平)等10余人,前来担任武备学堂教习、助教、监队。

当时,南洋侨商已为广东武备学堂捐款8万两白银,陶模计划将广雅书院和广东武备学堂合并,成立两广大学堂,聘请吴稚晖前来担任总教习。吴稚晖欣然赶到广州,即组织招生。

然而,陶模已是风烛残年,这项计划遭到广东官场的排斥。陶模为此心力交瘁,光绪二十八年(1902)7月因病辞去两广总督之职。眼见南洋侨商的捐款被继任者德寿中饱私囊,他竟在广州气急身亡。

钮永建、吴稚晖看到广东官场的种种阴暗面,愤恨在胸。当年秋季,钮永建毅然辞去广东武备学堂总教习之职,回到日本继续留学。吴稚晖带着26名广东大学堂学生去日本留学,其中有日后的国民党要员胡汉民。

创办《江苏》

重返日本后,钮永建被孙中山推为“清国留学生会馆”干事。

为了鼓吹革命和民主共和思想,钮永建与江苏留日学生同乡会史久光、秦毓鎏(1880—1937,又名念萱,字晃甫,号效鲁)、黄宗仰(1865—1921,俗名黄浩舜,笔名黄中央)等着手创办《江苏》月刊。

1903 年 4 月 27 日,《江苏》出版创刊号。这一期由钮永建任总纂述。他在《发刊词》中把办刊宗旨概括为“谈腐败”,启发人们正视现实,认清造成腐败的症结所在,“集注于爱国之一点”,从而“去其陈,谋其新”,改造中国,改变现实。他还以“铁生”为笔名发表专论《江苏改革之方针》,主张地方自治,强调“改革中国当自江苏始”。

正在同文书院学习的四川青年邹容(1885—1905,字蔚丹),撰写政论文《革命军》的初稿,慕名赶来寻到钮永建,请他润色。钮永建欣然答应。他发现,年仅 18 岁的邹容在文章中能旗帜鲜明地回答中国民主革命的对象、性质、任务和前程等基本问题,还提出了“中华共和国”的政纲,即动笔帮其更系统地阐发孙中山“建立民国”的设想,并就此与这位热血男儿结为知己,一起在东京为创建“中国协会”而奔忙。后来邹容到上海,钮永建致函吴稚晖介绍邹容投奔爱国学社。

当时,深受钮永建影响的杰出青年还有来自浙江绍兴的徐锡麟(1873—1907,字伯荪)。徐锡麟赴日本参观大阪博览会,由陶成章(1878—1912,字焕卿)引见,钮永建与他结识,向他讲述国内大势和革命理论。徐锡麟深受影响,决意弃改良而从革命,返国后与秋瑾等一起投笔从戎,走上反清救亡的道路。

同时,钮永建靠翻译日文著作稿费贴补生活之用。1903 年,他与林卓南(广东新会人)等翻译了日本学者横山雅南介绍德国社会统计学派理论的《统计讲义录》一书,把“统计”这个词从日本传到了我国。

同乡“大佬”

留日学生一般是以同乡师友关系相联络,江苏留日学生同乡会的建立是为了“联情谊”和“立自治之本”。他们对家乡故土的热爱,表现在对家乡故土的热情赞美,并寄予无限希望。这种眷恋乡土之情进而推广及更加崇高而伟大的爱国主义。《江苏》创刊时就号召“爱国必自爱乡始”。

当时在东京地区,有不少同为上海县籍的留日学生。钮永建年已34岁,文武兼备,善于与人沟通,最为活跃,被同乡师友们尊称为“大佬”。

同为上海县籍的留日学生还有:

钮永建的侄女钮勤华(钮永保之女),时年十五六岁。1902年秋赴日留学,考入东京青山实践女学校。

刘钟龢(1878—1938),字季平,自署“江南刘三”,华泾镇人。1902年初到日本后,进入东京成城学校骑兵科学习。

钱桐(1874—1938),字孟材,塘湾双溪村人。1902年自费到日本,与刘钟龢同入成城学校骑兵科。

朱光(1883—1966),又名冲,字天梵,浦东三林塘人,与钮永建是南菁书院校友。1903年,经三林学堂秦荣光同意,借用代办物资的40元鹰洋赴日留学。到东京之初,与钮永建同寓。后入弘文书院速成师范。著《最近支那之革命运动》,书稿与邹容的《革命军》相呼应。

朱孔文(1870—1951),字书楼,号六先,朱光叔父,三林塘人。光绪二十六年(1900)在强恕学堂执教。

李显谟(1882—1933),字英石,闵行镇人。光绪二十八年(1902)入南京陆师学堂。毕业后赴日本振武学校,因参与日本成城学校自费学生抗议事件回国。光绪三十三年(1907),转入日本陆军士官学校第六期骑兵科。

金庆章(1873—1946),字静初,马桥乡荷巷桥人。光绪二十六年(1900)在强恕学堂执教。光绪二十八年(1902)以半官费生进东京弘文书院速成师范,后就学于法政大学速成科,早稻田大学法科毕业。他的外甥女孙世雄

(1888—1966)相随,考入埼玉县市女子师范学校。

黄宗麟(1873—1953),字蕴深,闵行镇人。光绪二十九年(1903)赴日本,入弘文学院速成师范科进修。光绪三十二年(1906)8月入东京法政学大学速成科第五期,次年5月毕业。

黄艺锡(1878—1953),字润书,闵行镇人。光绪二十九年(1903)冬由京师大学堂选派官费赴日本留学,先入弘文书院补习日语和基础学科,1908年由东京第一高等学校升入东京帝国大学农科大学农艺专业科。

孔祥百(1866—1938),字志饴,陈行镇人。光绪二十八年(1902)受三林学堂秦荣光派遣,赴日本弘文速成师范进修。留学归来后,即在三林学堂任教。

朱绳武,字敏侯,陈行鹤坡塘人。光绪二十八年(1902)受秦荣光派遣,赴日本弘文速成师范进修。返乡后任三林学堂教师。

秦锡芝,字葭春,陈行镇人,秦荣光之子。光绪二十九年(1903)5月至11月,在日本弘文速成师范进修。

孔祥里(1868—1905),字紫馨,陈行镇人。光绪二十九年(1903)5月至11月,在日本弘文速成师范进修。

周岐凤,字又福,号佑初,陈行镇人。小学教师。光绪二十九年(1903)5月至11月,在日本弘文速成师范进修。归国后长期在陈行地区担任乡村教师。

钮瑗,马桥人。因参与光绪二十八年(1902)日本成城学校自费学生抗议事件被遣送回国。

大家都是同乡人,此时同在东京留学,虽所学不同,文武有别,性格各异,但钮永建主动联系,邀他们加入"江苏留学生同乡会"。

发动拒俄运动

光绪二十九年(1903)4月,因沙俄交还营口到期,毁约拒不撤走侵占我国东北领土的军队,并向清政府提出7项无理要求,激起中国人民强烈反对。

留日学生闻之无不义愤填膺,各省同乡会纷纷开会研究对策。

钮永建忽发奇想,应当发起成立拒俄义勇队,开赴东北,与沙俄侵略军决一死战。他急忙奔到《江苏》编辑室,滔滔不绝地讲述自己的主张。在场的秦毓鎏、叶澜(字清漪)等立即表示赞成,决定联名作为发起人。钮永建大喜,立即草拟传单,奔走散发。

4 月 29 日下午,500 余名留日学生在东京神田区锦辉馆集会。钮永建发表演说,开场就呼吁:“诸君,当今时局危急,人所共知,俄军侵吞东北,割我土地。环顾列强,思谋我邦国者大有人在。若任凭此局拖延下去,将祸患日深,几何不见帝国联军将复夺我土地,奴役人民。朋友们,我等身上流的都是男儿的血,怎能让寇匪如此肆虐。我提议,我们青年会自今而后,不只做文字口头宣传工作,而要做一个疆场上的勇士、横刀立马的英雄。我建议组织一个拒俄义勇队,穿越祖国,带动大众,走上救国战场。大家看看行否?”会议一致通过成立“拒俄义勇队”的决议。

5 月 2 日,留日学生又在东京锦辉馆集会,决定把拒俄义勇队定名为学生军,制订通过《学生军规则》。会议选举钮永建、王嘉榘、张肇桐、林长民 4 人为学生军日常工作负责人;推举陆军士官学生蓝天蔚为大队长;选拔黄兴等为军事教练。学生军队伍下分 3 个区队,每个区队设 4 个小分队,每小队约 10 人,每天进行操练,随时准备开赴东北前线。

消息传开,留日女学生们也同仇敌忾。其中光绪二十八年(1902)6 月随吴稚晖赴日本的无锡姑娘胡彬夏(1888—1931),年仅 15 岁,在东京青山实践女学校学习,是《江苏》月刊的女编辑。她有胆有识,领头与林宗素、曹汝锦、陈撷芬、钮勤华等 9 名女留学生结成女子“特别共爱会”,召开特别会议,决定成立志愿护士会“赤十字社”,要随同学生军北征。

在学生军的正式名单中,钮永建为乙区队第三分队长。同乡中有刘钟龢、朱孔文、杨士照和诸翔等,钮勤华为 12 名女生之一。

5 月 8 日,所有签名参军的留学生全部到场再开大会。大会讨论拒俄义勇队章程,并表决通过。大会公推钮永建和汤尔和为特派员,专程赴天津向袁世凯联系装备和出兵的事。

几天后,同学们为钮永建和汤尔和送行。钮永建慷慨陈词:“吾中国向无尚武精神,蓄缩畏事,浸为性尚,自此辈人眼中视之,吾今日所为事皆足惊怪。学生军之立,其初有非笑吾辈者,益以日本政府之干涉,势亦颇殆。唯我同志有此团结力,有此爱国心,乃克排议任谤,成此绝大光彩之团体。上海教育会受此影响,亦有所成立;京师学堂复有来电,内地各处咸起响应。可见吾国人爱国之心,排外之力,敢死之气,非绝无根性,断断不沦为奴隶。从此益加奋迅,益加扩充,大有全国皆兵之望,在诸君力为之而已。天下事欲有所希望,有不为其难,不任人非笑,而能成者乎?愿诸君忍之贞之也。”

此时,有来自湖北的留学生王璟芳(字小宋),是钮永建在湖北武备学堂的同学。他对建立拒俄义勇队之事摇摆不定,时而咬指用血签名,时而又想退出义勇队。最后,他向清廷驻日本公使蔡钧告了密。

清政府得知东京留学生建立义勇队,“名为拒俄,实则革命”,现已奔赴内地,便立即下令各州县严密查拿:“地方督抚于各学生回国者,遇有行踪诡秘,访闻有革命本心者,即可随时获到,就地正法。”

由于清政府的干预,日本警方出面传讯学生军领导人,强令解散拒俄义勇队。于是,秦毓鎏等决定表面上解散义勇军,而实际保留内部组织,秘密将“拒俄义勇队”改组为“军国民教育会”。

首遭通缉

光绪二十九年(1903)5月初,作为学生军特派员的钮永建和拒俄义勇队临时议长汤尔和到达上海。他俩本是要北上天津北洋新军大营去找袁世凯的,来到上海后,找到蔡元培、吴稚晖、邹容等友人,在此看到中国教育会创办的爱国学社的热烈场面,不禁也到张园参加了几次演讲会。

钮永建与邹容心意相通,同时产生把全中国爱国学生联合起来的主张,不约而同地在张园集会上提出了建立“学生同盟会”的建议。只可惜,他们后来没机会共同为这事继续努力。

钮永建、汤尔和住在老同学王培荪创办的育才书院内。邹容在日本也是拒俄运动的积极参与者,到上海后发现上海反清革命气势强烈,就劝钮永建和汤尔和不必要去天津找袁世凯。而钮永建、汤尔和则认为,既然已接受众托要找袁世凯,总不能半途而废,应当把事情办到底,回去向众人有个交代。同时,他俩真心希望清廷能顺应国民愿望,在争回国土方面有所作为。于是,两人仍然决计北上。

钮永建和汤尔和在张园的出现,引起了清廷的注意。商约大臣吕海寰开列逮捕名单,要上海道台马上执行。第一份黑名单上有蔡元培、吴稚晖、钮永建和汤尔和 4 人。

此时,钮永建和汤尔和已到达天津,马上去了北洋新军大营。大营卫队先是武装阻挡,门官以没有通报预约为由拒绝。次日,他们又在门口受阻,后来两人被卫兵拥着进去,却许久不见他们走出来。前来采访的记者以为他俩必定遇害了,于是就有了上海《同文沪报》的误传。

其实,钮永建和汤尔和进入大营后,没有遇到袁世凯,而副官手中已拿到袁世凯给的"上谕"电文,那上面写明可以对他们"就地正法"。这分明是陷阱。好在兵营中有人同情他们,悄悄引两人从边门逃了出去,并告知:"上海要拿革命党开刀了,你们还不趁早到外国去?"

钮永建有幸逃过这一劫。

创办"紫冈学舍"

钮永建就此被清廷列入"就地正法"的黑名单,难以继续在日本留学。

光绪二十九年(1903)9 月,钮永建带着侄女钮勤华悄然潜回上海,避于俞塘。尽管处境依然危险,但他不甘于无所作为,便着手在家乡子弟中培养革命军事人才。于是,钮永建以创办"紫冈学舍"的名义,招收本地有志青年学生,训练新式兵操,灌输革命思想。

"紫冈学舍"招生的信息一公开,乡人对于到俞塘可学习新式兵操的事都感到新鲜,信息越传越远。松江、金山、奉贤县及浙江平湖等地正想学习新式兵操的青年人,纷纷赶来参加训练,谋求出路。

在学员中,有马桥本地的焦忠祖(1886—1930,字德一),也有来自金山县钱圩的陆丕谟(1990—1921,字佑人,时年仅14岁),金山县松隐乡浩光村的徐乐同(1888—1970,又名桂八,字仰高),甚至有来自浙江平湖新仓的陈惟俭(1883—1951,字廉斋),以及陆翊仁等。后来,他们都成为钮永建的得力助手。

夫人徐惠容十分理解和支持钮永建办学,她"严治庶务,亲就饮粟,晨夜不遑休息,以佐其成"(钮永建撰徐惠容祭文用语)。

而清廷通缉的风声越来越紧,连家乡也不是安身之地,钮永建只得远赴他乡。年末,"紫冈学舍"停办,学员们各奔东西。

在革命洪流中

广西练军

光绪二十九年(1903)夏,孙中山自在日本青山开办革命军事学校起,再度将“驱除鞑虏,恢复中华,创立民国,平均地权”设为革命誓词。钮永建誓为革命冲锋陷阵,从一名热血青年,正逐渐成长为胸有韬略的革命家。

光绪三十年(1904)初,钮永建奔赴武昌,在湖北武备学堂工作。因缺乏人脉,一时难以施展才能。

光绪三十一年(1905)8月20日,中国同盟会在日本东京成立,大家推举孙中山为总理,黄兴为庶务长。

光绪三十二年(1906),钮永建由黄兴介绍,秘密加入中国同盟会。

此时,南菁书院的同学庄蕴宽(1866—1932,字思缄,号抱闳,江苏武进人)调到桂林,出任广西太平思顺兵备道兼广西边防督办,听说钮永建想回上海,便与很有影响的立宪派代表人物赵凤昌(1856—1938,字竹君)取得联系,帮他写了一封给赵凤昌的举荐信。

庄蕴宽在广西,计划大干一场,来信邀请钮永建前去相助,出任帮办,兼筹办广西讲武堂及陆军小学。

钮永建欣然前往广西龙州,助庄蕴宽开创新局面。

钮永建在广西

光绪三十三年(1907)初,庄蕴宽创办广西边防陆军步兵教导团,邀钮永建出任团长,留日本时的同学蔡锷(1882—1916,原名艮寅,字松坡)为教导团总教官。

在这里,钮永建秘密发展庄蕴宽为同盟会会员,并与孙中山、黄兴等保持着密切联系。

钮永建经多方联络,一批革命党人逐渐会集到了龙州。

在陆军步兵教导团,同为新军军官身份的钮永建与蔡锷互相配合,以训练新军为掩护,改良省军,组训新军,暗助西南边疆的革命起义,为广西革命培养了大量的军事和政治人才,其中有李济深、黄绍竑、李宗仁、白崇禧等。

钮永建借助龙州这块地盘,四处召集好友、学生。当初"紫冈学舍"的学生徐乐同、陆丕谟等正在上海中国公学中学部读书,闻听钮永建召唤,便不远千里赶到龙州。他们在此先后毕业于教导团及广西省陆军讲武堂,即委充学兵营排长。

夏季,黄兴受孙中山之托,化名张守正,乔装成僧人,自桂林赶到广西龙州,与钮永建、秦毓鎏等密商在秋季发动桂林起义。黄兴在龙州滞留数月,方知钮永建处境困难,起义未到时机,便匆匆离去。

12 月 1 日,在孙中山、黄兴策动下,革命党人在广西镇南关(今友谊关)举行武装起义,却因革命力量薄弱,坚持了不到一周,起义失败。

庄蕴宽与钮永建因此受到牵连,广西巡抚张鸣岐(字坚白,山东无棣人)得到密报,生怕声张出去与己不利,便未予深究。

光绪三十四年(1908)2 月,张鸣岐将庄蕴宽调赴桂林,任广西督练公所参议兼兵备参谋教练三处总办。

钮永建、蔡锷仍坚守在龙州。

5月25日,钮永建署名"铁生"在广西《武学》杂志发表军事论文《马术之必要》。

7月3日,设在龙州南标营的广西陆军讲武堂开学。吴元泽、蔡锷先后任总办,钮永建为监督。

当时,进入讲武堂的学员大多当过"小官",日常纪律松懈,按规定应轮流到大门口站岗当守卫,却无人认真执行。钮永建亲自在大门口站岗4小时,凡有学员进出,他均举枪行军礼。学员们见其以身作则,由衷敬佩。

10月,钮永建随庄蕴宽赴日本考察军政建设,参观日本陆军士官学校秋季大操,与留学日本的中国学生讨论民族救亡图存等问题。在陆军士官学校第五、六期学员中,他邀约李书城(字晓圆)、王孝缜(字勇公)、陈之骥(字叔亮)等中国留学生以及南洋和北洋学堂毕业生80多人奔赴广西桂林,从而为革命又集聚了一批骨干力量。

宣统元年(1909),钮永建在创办并组训广西全省新军的基础上,成立新军一旅,并先后改良省军10余营。

继蔡锷、蒋尊簋(字百器)后,钮永建接任广西陆军小学堂总办。

8月,广西陆军讲武堂由龙州迁至南宁。

钮永建雄心更壮,以广西兵备道帮办(候选郎中)的身份,大胆地向广西巡抚张鸣岐提出停职5年,赴德国研习高等军事的请求。张鸣岐正计划重用钮永建,便一口答应。

秋季,张鸣岐直接向清廷皇帝呈文奏报,称:

> 据兵备处帮办候选郎中钮永建禀请销差前往德国,留学陆军,专研究高等军学,请给官费等,情查各国军学日新月异,中国编练方始,研究高等军学者尚少,该郎中前在湖北兵备学堂毕业,两次赴日考察军事,于军学颇有心得,此次禀请赴德留学,请以五年为期,因系高级军官,与普通学生有别,学费每月给银三百两,另给治装费五百两,均有新军经费项下拨给,以资造就。

摄政王载沣审阅此件后，批复称："该部知道。"（原件存中国第一历史档案馆）批准钮永建赴德国学习的请求，并给予公费留学生的待遇。

流亡柏林

12 月，庄蕴宽因练军方略与张鸣岐意见不合，彼此闹翻，一气之下辞职归里。钮永建的处境随之发生变化。

年底时，张鸣岐奏报的批文下达，钮永建兴奋地办理赴德国留学手续。谁料想，此时广西巡抚沈秉坤已经得到线人的密报，发现庄蕴宽、钮永建等曾参与策动镇南关起义。

一场危机骤然扑面而来。

宣统二年（1910）初，钮永建再次遭到清廷通缉。他闻讯迅速出逃，脱险后，辗转抵达香港避难。

想起 10 多年前在湖北武备学堂所受的德国式正规军事教育，钮永建一直向往到德国去学习高等军事知识。这几年，他几次力争赴德留学的机会，眼看可以如愿却突遭变故。但钮永建没有消沉，发现避难于香港难以有所作为，便决定索性流亡到德国柏林，去深入考察德国的军事教育和新式武器，掌握现代军事技能，以图再战。

于是，41 岁的钮永建只身漂洋过海前往欧洲。几经周折，他到达德国柏林，与一些革命党朋友相聚。

在柏林，钮永建与吴稚晖、蔡元培、李石曾、张静江等人一起，参加了欧洲同盟会。同时，钮永建四处游历，专心考察德国的军事教育和新式武器，吸收现代军事技能，收获甚丰。

宣统三年（1911）4 月 27 日（农历三月二十九日），黄兴在形势十分不利又不得不起义的情况下，毅然率领革命党先锋队发动广州起义。结果，因敌我悬殊等原因而失败，有 72 人牺牲。

5 月，钮永建在德国柏林得知"广州黄花岗起义"失败的消息，十分悲痛。他早就想返回祖国投身起义大业，只因当时没有飞机，而从欧洲到中国乘船至少要有20多天的海上航程。他7月启程回国,一路辗转,直到10月11日才赶到广州。

黄花岗起义失败后,黄兴负伤撤回香港。钮永建在广州一时找不到朋友,便转身奔赴上海。

好友聚力

10月,钮永建匆匆回到上海。

上海滩似乎也等待着钮永建的到来。正值武昌起义刚取得成功,同盟会中部总会急需江浙各地响应起义。

正巧,钮永建遇见李显谟。李显谟奉陆军第九镇统制(首领)徐绍祯(1861—1936,字固卿)之命,乔装来到上海,担负第九镇与上海革命势力的联络任务,并接受李平书之邀,出任上海商团军事教练,帮助其按照新军编制重整商团力量,提升军事素质,进入备战状态。

钮永建与李显谟是远房亲戚。李显谟家的大嫂是钮永建父亲钮世章的亲侄女,两家父辈时有往来,而他俩又同为赴日留学生,但是近十年来总是失之交臂,未曾同事。如今,两人有幸相聚,共谋伟业,自然贴心贴肺、极为投缘。钮永建通过李显谟,代表同盟会与李平书共商大计。

当时,上海地区有中国同盟会中部总会、光复会上海支部和上海商团公会等三方革命力量。同盟会、光复会主张尽快发动武装起义,但是自身缺乏军事实力,而上海商团公会是一支较有实力的地方武装,会长李平书时任上海县地方自治公所总董,在上海颇具号召力。因此,同盟会成员非常想和李平书及商团合力发动起义。

李平书以及自治公所议员们大都还不了解革命党人,认为自己的责任就是保护地方人民的利益。同盟会与李平书经过多次协商,增进沟通,议员们才同意今后彼此互相尊重,避免产生矛盾。随着形势发展,他们感觉到一场风暴即将来临,于是李平书每夜都在南市救火联合会秘密召开会议,商量应对措施。议员们各怀心事,大多主张“要革命,但不要流血”。

正当李平书举棋不定之际,李显谟来到他身边。李显谟当即表示,愿为叔父效力,回报师恩。李平书眼见侄儿学有所成,又视野开阔,满怀激情,便决意重用李显谟,以解困境。

而李显谟明白,自己的使命并不局限于整合商团力量,他雄心勃发,关注的是整个上海滩。正巧,他在与同盟会的联系过程中,遇到了钮永建。

10 月下旬,钮永建、李显谟每天晚上来到白克路(今凤阳路)贞吉里李平书寓所,讨论时局进展,密议起义方案。大家都是上海本地人,满屋乡音,无限乡情,共同为光复上海迸发着激情。同盟会的起义主张,终于得到了李平书及商团力量的全力支持。

同时,钮永建又将光复会首领李燮和介绍给李显谟,使三方革命力量结成起义联盟。然而,令人恼心的事也随之而来。李燮和想邀请李显谟加入光复会,而同盟会得知消息后,也忙劝说李显谟加入同盟会。李显谟左右为难,就找钮永建商量。钮永建认为,这次革命能否成功还很难说,为了避免牵累李平书,让他留待万一起义失败能做一个收拾残局的人,就劝说李显谟暂时不要参加任何政党。谁料想,好心人的这一个“小聪明”,给李显谟以后的人生道路招来一连串烦恼。

宣统三年(1911)11 月 1 日(农历九月十一日)上午,上海 23 个商团在南市“九亩地”演武场举行有 2000 余人参加的检阅典礼,公开身份为“兵科举人”的李显谟应邀担任总检阅官,与全体商团人员见面。

李显谟办事有魄力,又善用兵,常骑马出行,颇具大将之风。他在台上即席阐述军事观点和介绍经验后,大家都很钦服。商团各单位负责人兴高采烈,当场公推李显谟为上海商团临时总司令。

当天晚上,同盟会、光复会和商团三方力量的代表钮永建、陈英士、李燮和、李平书、李显谟等紧急聚会。传来消息称,清廷五艘军舰自汉口下驶,泊吴淞口,运江南制造局所造枪械以济汉口清军。汉口方面致信上海同盟会员,告之亟盼上海等地响应,以绝清廷海军后援。根据情况变化,大家当机立断,改变行动方案,将原议“上海视南京举动而定进止”改为“上海首先发动,苏杭继起响应,随即进攻南京”。

11 月 2 日，为了增强商团作战经验，实授攻守战术，李显谟在南市斜桥集合全体商团成员，举行野外大演习。他骑马亲自指挥，讲解“攻易守难”的军事思想，鼓励大家做好殊死一战的精神准备。通过这场演习，商团士气大振。

然而，江西传来信息称，武昌战况不利，汉阳可能失守。

三方代表都感到在上海发动起义已经刻不容缓。当天晚上，在自治公所召开秘密会议时，与会者多数同意，决定携手合作，于第二天下午三时在上海南市和宝山、闸北同时发动起义，主攻目标为江南制造局。三方一致推举由李显谟担任军事行动指挥官，具体组织和指挥军事行动，对外称作“民军代表”。

上海光复之役打响前夕，有一批上海本地热血青年匆匆赶到钮永建、李显谟的身边，其中有来自新军第九镇的李卓民（1885—1940，又名植民，字犹龙，号倬云，闵行镇人）、来自江苏武备学校的范钦翰（字雪岑，奉贤县泰日乡人）以及姜遇文（奉贤县南桥人）、太保阿连（奉贤县南桥人）、范钦侯（字学洲，奉贤县肖塘人）、庄韵笙（金山县人）、钱叔仁、鲍寄堂、吴彩堂、胡坤生等 60 个同学，钮永建在俞塘办“紫冈学舍”时培养的陈惟俭、徐乐同、焦忠祖、陆丕谟、陆翊仁、翁象贤、王伯仁等。就此，一支共有 66 人的学生军悄然形成，他们配备了武器和战马，成为光复起义的先锋队。

光复上海

11 月 3 日上午 9 时，各商团队伍以“领枪”为名，在江南制造局附近的南操场集合。没有想到，上海商余公会当天发行的《商余报》刊发了一篇《观战记》，绘声绘色地报道了李显谟组织野外大演习的情况。而敏感的清廷官员从中嗅出了秘密。

就此，李显谟的革命党身份暴露了，起义随即爆发。李显谟闻讯下令，商团全体团员、学生军成员、“军国民联合会敢死队”成员和沪军巡防四营起义官兵立即到城南沪军营操场集合。

下午2时，小南门救火联合会的救火钟鸣钟9响，继又13响，连鸣了2次（寓意为当天是农历九月十三日），这是各方事先约定的武装起义号音。上海滩随之枪炮声持续不断。

上海全面光复，成为奠定东南地区大局的转折点。

宣统三年(1911)11月6日下午2时，上海各界代表近60人在小东门内大街原海防厅署组织上海军政府事召开会议，筹组上海军政分府。结果，各方意见无法统一，李平书只得宣布散会。

会后，李平书居间斡旋，几经协商，达成妥协，同意由陈英士出任都督，李平书出任民政总长，钮永建任军务部部长。

此时，南京送来"十万火急电"，第九镇起义失利，李显谟急于组织援军，无心与陈英士争功。他为了避免李平书为难，便顾全大局，同意出任军政府军务部副部长。

转战松江

就此，钮永建出任沪军都督府军务部部长。他从大局考虑，认为此时最要紧的是危急的时局，上海的左右翼是苏州和松江，这两地不光复，上海必然孤掌难鸣。

于是，钮永建只身赶赴松江城，抓紧策动更大规模的武装起义，力争早日攻下南京城。他在松江及周边各县有很多学生，此刻一呼百应，迅速形成气势。松江知府戚扬闻讯不知所措，知趣地自愿交出了印信，并于三日内交代地方公款及未了事宜。

11月6日，松江宣布独立，松江城内即建立军政分府，推举钮永建任军政部长，谢宰平为民政部部长，钱选青为财政部部长，沈思齐为执法部部长，朱孔文任司法部部长，正创办开明女校的松江名宿杨锡章(1864—1929，字至文，号了公、寥功)任参谋部部长。

随即，钮永建建立松军干部学校和弁目营，任命刘郁周为校长，招纳新生，半年毕业。他组织起颇具规模的学生军，作为支持光复南京的军事力量。他为学生军明确宗旨,要每个成员铭心切记三件大事:一是尽义务,二是担责任,三是振纪律。他还规定了参军的资格:一是身体健全,无嗜好者;二是国文清顺,具有普通常识者;三是年龄在16岁以上、30岁以下者。因此,松江学生军非同一般,生机勃勃。

在学生军和弁目营中,松江人何嘉禄(字子钧)原为江苏飞划水师管带,响应钮永建召唤赶到松江,任松江水师帮统,后任松军总指挥。当初紫冈学舍的学生陈惟俭担任弁目营营长、徐乐同为弁目营的队长。殷石笙(1880—1951,金山县亭新乡人)为学生军营长,保安营统领沈梦莲(1874—1940,奉贤庙泾村人)任飞划营水师第三营和盐捕中营管带。其他紫冈学舍学生焦忠祖、陆丕谟、陆翊仁等到此担任教员,焦忠祖具体负责松军干部学校的日常管理。来自吴县的钱大钧(字慕尹)此时报考了松军干部学校,毕业后即担任弁目营班长。参加松江学生军的马桥乡人有翁象贤、王伯仁等,奉贤县人还有庄仁鸿(字印石,光绪年间岁贡生)、范钦翰(字雪岑,为一营营长)、范钦侯(字学洲,任连长)、姜遇文、钱叔仁、庄韵笙、鲍寄堂、吴彩堂、胡坤生和太保阿连等南桥文游学堂同学。

此时,因起义失败而逃到上海的安徽新军协统顾忠琛,给钮永建带来徐绍祯进攻南京雨花台失败的消息。钮永建认为,徐绍祯虽然失败,但第九镇的旧部仍为数不少,只要有相当经费就可重整旗鼓。他当即与顾忠琛一起,走访三北轮船公司老板虞洽卿,向其商借银圆20万元,约定革命成功后偿还。虞洽卿一向极为信任钮永建,闻言即答应,约定次日早晨交款。第二天一早,他将一张15万元银圆的汇丰银行支票交给钮永建。徐绍祯得此巨款,会同营管带林述庆(字颂亭)集合旧部,担任攻打南京的任务。

光复镇江后,钮永建组建起苏沪浙起义联军。

11月5日,江苏巡抚程德全见清朝大势已去,宣布独立。

12月2日,起义联军攻克南京,江苏军政府即日成立。

清廷只得派唐绍仪为全权代表,要求与革命军议和。不久,已宣布独立的14省代表齐集在南京开会。19日,推举伍廷芳为革命军全权代表,钮永建为伍廷芳的四参赞之一。

12月18日起，清廷全权代表唐绍仪与革命军全权代表在上海南京路工部局市政厅开议南北和谈。此时，上海南阳路十号赵凤昌宅的“惜阴堂”，成了各派要人聚会之所。经时任上海商船学堂监督的好友庄蕴宽引荐，钮永建与赵凤昌、庄蕴宽等商洽国事，并在那里结识了各色人等。

民国之初

12月25日上午，孙中山先生在海外政治流亡了整整16年后，乘坐“地湾夏”号抵租界的十六铺金利源码头，在激昂的《向往共和》的乐曲声中，第一次以真正胜利者的姿态凯旋。

1912年1月1日上午11时，上海北火车站彩旗飞扬，军乐雄壮。上海各界代表、民众及军人数千人聚集在此，欢送革命党领袖孙中山赴南京就任中华民国临时大总统。孙中山检阅了钮永建率领的松江学生军，并一起留影纪念。总统卫队由45名松江军敢死队员组成，李显谟以卫队长的身份率领卫队登上沪宁铁路专车，寸步不离孙中山先生。

1月3日，南京临时政府成立。1月9日，孙中山任命黄兴为参谋本部总参谋长，钮永建为参谋次长，代行总长职务，主要任务为提出六路北伐计划和筹备军事装备。按照孙中山的指示，总统府卫队由松江学生军担当。

在光复之役中，钮永建与俞锷（1886—1936，原名侧，字剑华，江苏太仓人）、陈仲权（1880—1915，字以义，号西溪，浙江嘉兴人）两位同盟会成员不仅结下了战友情谊，而且互相赏识，成为世交。此时俞锷任南京临时政府秘书，后来他的小女儿俞成椿嫁给了钮永建大侄子钮长耀。陈仲权时为同盟会嘉兴同乡会会长。钮永建很器重他，见其因革命而被迫离异，就决意将女儿钮婷华嫁给他。

1月22日，孙中山发表声明表示，倘若清朝内阁总理大臣袁世凯能宣布赞成共和体制，将辞去临时大总统职位，并推举其担任临时大总统。

2月15日，临时参议院选举袁世凯任临时大总统，并决定设都南京。而袁世凯不肯赴南京就职。

为促使袁世凯尽快到南京就职，孙中山派出以蔡元培为团长，钮永建、汪精卫、宋教仁、魏宸祖为成员的专使团前往北京，迎接袁世凯南下。

4月，钮永建出任北京总统府军事顾问。

失妻丧子

钮永建连年累月在外闯荡，夫人徐惠容长期带病抚养2个儿子、3个女儿，天天为丈夫的安危提心吊胆。2个儿子和1个女儿先后遭遇不幸。长子钮长毅，字宽一。爱好运动，因撑竿跳而跌伤身亡。次子钮长敬，字乾一，因故早殇。长女钮婷华嫁革命党人陈仲权，婚后仅8个月，因患肺结核身亡。

1912年7月4日，徐惠容因肺病在松江城西寓所逝世，年仅46岁。8月14日，钮永建将夫人安葬在马桥青登村，还亲笔撰写墓志（今存闵行区博物馆）。《钮夫人徐惠容墓志》全文如下：

夫人徐氏，字惠容，前清山东布政使讳恕之玄孙，父讳廷杰，母王氏，世居青浦之白鹤江。以前清同治六年三月三日生，年二十七来归，民国元年七月四号殁于松江城西寓舍，年四十有六。以八月十四号葬于上海马桥乡二三图七十一号田内。子五，长次女婷华、奸华，三四男长毅、长敬，五女珉华。

中华民国元年八月二号，左将军府参谋部次（长）、夫君钮永建谨撰。

钮永建还为徐惠容撰写祭文：

时清政不纲，国势大缞。余常奔走四方，谋以武力改良国家。凡族党交际、子女教育与大家庭琐务，咸以委之，夫人莫不定夺而处理之裕如焉。迨壬寅间，余与江浙间志士组织紫冈学舍，时贤代出。夫人严治庶务，亲就饮粟，晨夜不遑休息，以佐其成。光复之际，余有预焉，然遂以积劳太过，不永其年。悲夫！当民国既造之际，夫人已病甚，余以非才肩重任，常处中枢，偶一谒参，夫人谏促之，出曰：毋以我故误国事。当其弥留之际，余自燕都南归，犹促余外出，曰：毋以病妻为念。观夫人生平，恒舍己以成吾所志，与余相处十九年，尽一己之艰耳。

1912年5月13日，北京总统府成立参谋本部，任命钮永建为参谋部次长。

钮永建的好友钱桐是前清军谘府人员，经钮永建举荐，受到袁世凯的器重，被委任为参谋本部国防科科长，获上校军衔。此时，钮爱华（钮永建侄女）携尚不满2岁长女来到北京，居住在北京府右街盔头作7号。

8月，孙中山应袁世凯之邀北上，钮永建随行至北京。

11月26日，民国北京政府授予钮永建陆军中将军衔。

12月3日，钮永建以军事咨询官的身份向北京政府国务总理赵秉钧、陆军总长段祺瑞呈文，请求收回陆军中将成命，自称“永建功能学术无一，何敢谬膺”。12月8日，赵秉钧、段祺瑞批复“该中将懋著勋勤，允膺殊奖，所请收回成命之处应毋庸议”。

数月前，钮永建痛失夫人徐惠容，心情十分压抑。因此，他凡是来北京办事，总会赶到钱桐家中来探望亲侄女。钮爱华善于为其解闷，钱桐更是陪他议论时局，求教报国之策。

不久，钱桐陪同钮永建、吴稚晖等到内蒙古地区游玩了近一个月。

入教再婚

家庭生活接连遭受重大打击的钮永建，此时结识了美国监理会宣教士步惠廉（1854—1947）。步惠廉在松江地区建立“同乐堂”教会，创办松江孤贫儿院并担任院长。

经步惠廉的指点，钮永建对基督教有了全新的认识。

1913年2月，钮永建接受上海美以美会（基督新教宗派）慕尔堂牧师江长川(1884—1958,上海人)的施洗,加入基督教。

同时,由好友殷石笙介绍,钮永建结识了30岁的“老姑娘”黄梅仙。黄梅仙(1883—1970),江西九江人,松江女子师范学校毕业生,正在上海中西女塾当教员。钮永建比她年长13岁,称其“福妹”。

1913年3月,钮永建与黄梅仙在上海城区三马路(今汉口路)的慕尔堂(今沐恩堂)教会举行婚礼。婚礼上,满壁悬挂着贺联,而其中有一副联额特别引人关注,联曰“不破坏焉能进步,大冲突乃有感情”,额曰“饮中将汤”。“中将汤”乃是当时流行的中成药冲剂,尤适合女性调理之用,而受联者钮永建刚授陆军中将,一语双关。众宾客读之,无不称趣。此联由松江军政分府参谋部部长杨了公所撰,就此成为文坛佳话。

婚后,钮永建寓居黄家。黄梅仙的母亲坚持每周参加慕尔堂礼拜典礼,钮永建时常跟随“丈母娘”到教堂去“做礼拜”,总是穿着青鞋布袜,毫无将军的气派。旁人难免议论纷纷,但为人慈蔼的“丈母娘”对他的淡泊,极为赞赏。

身为民国中将的钮永建,入基督教,娶黄梅仙,家庭生活由此步入新的天地。黄梅仙依然醉心于教育事业。1919年7月1日,她与博文女校校长李果等发起成立上海“女界联合会”,两人分别担任会长和副会长,致力于宣传爱国思想,普及科学知识,唤醒妇女参与社会改造。1926年,黄梅仙与侄女钮恂言等创办上海女子审美学校。1927年,她又与胞妹黄轶如(字馥贞)创办私立协进女子中学。

钮永建与徐惠容所生的次女钮妍华,毕业于上海中西女塾。后嫁给沈奎侯博士,曾留居美国,1931年病逝于南京。女儿钮珉华,美国爱荷华大学硕士,1928年江苏省政府秘书兼党部妇女部部长,嫁项康元,再嫁梅宗庆。梅宗庆曾任中央建设委员会技正,亦在美国病逝。

二次革命

讨袁军司令

1913年7月8日，袁世凯窃据中华民国临时大总统之位后，露出狼子野心，图谋复辟帝制。

于是，讨伐袁世凯的“二次革命”爆发了。

7月16日，钮永建匆匆赶到松江城里，调集部队。此时，当初的学生军已改建为弁目队，调往苏州。钮永建命其星夜返回松江，称之为松军别动队，同时他建立敢死队，协同作战。

7月17日，应驻沪讨袁军总司令陈英士的借调，钮永建率领松江军步兵、水师开赴上海城区。次日《民立报》即报道：“松军讨袁军举钮永建为司令，何子钧（即何嘉禄）为总指挥，誓师出征。于昨日正午，第一支队由松江出发，12时40分钟抵本埠梅家弄，距江南制造局约10里，即于该地驻扎。午后五时正，第二支队亦到该军，编成计第一队共步兵四营、别动队一营、机关枪两连。第二支队步兵一营、炮兵一营、攻城炮一营，共计战斗员4000余人。该军训练充足，精神强健，钮素名知兵，闻已准备，若北军不退出制造局，并树立讨袁旗帜，当立时开始攻击，绝不姑息云。”

7月18日，陈英士宣布上海独立。江苏讨袁军总司令黄兴任命钮永建为苏沪讨袁联军总司令。这时,钮永建带领松江讨袁军归附上海讨袁军。这样,加上已经抵沪的刘福彪福字营和原驻军第三十七、六十一团,上海讨袁军约有7500人。陈英士认为兵工厂是军队的命脉,希望通过"磋商"和平接收江南制造局,但遭到驻防该局的袁军拒绝。随后即决定集兵进攻江南制造局。

当天下午7时,何嘉禄奉钮永建之命,由梅家弄督令步兵一营沿沪杭铁路行抵龙华,占领了龙华火药厂。

7月23日凌晨,钮永建与刘福彪等率第三十七团、六十一团、松江军、镇江军及福字营分路向江南制造局发动进攻。

驻守制造局的袁军,有新从北方调来的海军警卫队3个营、北洋军第四师2个团和原驻该局之水师一个营,共约一个师的兵力。袁世凯任命驻守上海的海军警卫队总执事郑汝成(字子敬)和驻沪海军总司令李鼎新(字承梅)为前敌指挥。郑、李躲在停泊于黄浦江的军舰上,指挥制造局守军抵抗讨袁军的进攻。由于袁军筑有坚固工事,火炮亦多,讨袁军虽日夜猛攻,终不能克。

7月24日上午,讨袁军退出南市,集中在新龙华方面,开炮攻击江南制造局,袁军也开炮还击,战至午后而止。

当天晚上,钮永建又率军沿铁路佯攻江南制造局,诱袁军出局。另一路军猛攻制造局西栅门,自9时起至翌晨6时持续轮番冲击,消灭袁军600余人。事前袁军统领得知沪杭车站附近驻有钮永建所部新到松江军2000名,即派500名兵士前去攻击,两军在车站附近交火。战事极为猛烈,一直持续到25日晨。

7月25日起,钮永建继续率军分三路(龙华、湖南会馆、陆家浜)昼夜轮番进攻,因袁军有海军大炮掩护,仍未能攻克。

7月28日下午3时30分,钮永建亲率松江讨袁军先锋营,及何嘉禄所部兵士及步兵一营再次攻击制造局。钮军先在西栅外铁路西北望道桥外的火车站左道散队埋伏同时攻击,袁军用探照灯照见,立即用枪、炮攻击,讨袁军稍退。一小时后,陈英士、钮永建又令全力进攻,怎奈袁军炮火猛烈,讨袁军无法取胜。

7月29日深夜2时起,袁军以80磅重炮弹,连续向讨袁军轰击40余分钟。讨袁军只得渐退,彼此又以机枪互射,战斗至凌晨方停。

制造局久攻难克,袁军开始疯狂反扑。讨袁军兵力损失严重,钮永建、刘福彪等只得率部撤往吴淞及宝山一带。途中,因刘福彪福字营企图投敌,虽被钮永建等察觉,将该部缴械,但是讨袁军的实力已大为削弱。

钮永建率部退到吴淞,与吴淞要塞司令居正(1876—1951,原名之骏,字觉生,号梅川)会合。袁军紧追不放,吴淞炮台要塞四面被围。钮永建决意坚守,与居正发表通告坚守吴淞,电称:"吴淞江为长江门户,一进一退,均关系两军强弱。正等以百死之身,率诸健儿守此要塞,身可毁而志不可夺,家可破而气不可馁。"

8月2日,各舰环列吴淞江面,轮番轰击炮台。炮台守军奋勇还击,重创旗舰"海圻"号。13日,袁军水陆夹击吴淞炮台。

终因寡不敌众,孤立无援,钮永建、居正率部接受红十字会调停,下令放弃炮台,退往嘉定。不久,退至太仓,即解散了部队,分赴海外。

上海民众为此深感遗憾。8月25日,《民立报》刊出居正的《嘉定军中与诸同志书》,深刻分析反袁斗争失败的真正原因,如实介绍钮永建作为总司令的实际行动,表明他是一位坚强的反袁斗士:"况此次与仆共生死者,皆具有百折不回之志。如总司令钮先生,尤吾辈所奉为圭臬者乎。夫以钮先生之学问道德,为中国一般人士所崇拜,不待仆之赘辞。然仆亲承教者旬有余,其在军中,口讲指画,无一不与古名将相吻合。吾国长此终古则已,一旦有事,仆敢谓中国之能将将、将兵者,舍钮先生莫属也。"

唤起海外华人

各省讨袁相继失败。1913年9月15日,钮永建被袁世凯指定为"一等犯"。遭到通缉后,他被迫与女婿陈仲权逃亡到日本。

10月15日,北京政府总警察厅厅长罗元干通电各省都督,悬赏通缉"二次革命”的重要人物70余人，称陈英士、钮永建为“守沪之乱首魁”。

12月11日，上海镇守使郑汝成转饬警察厅开列赏格，拿获黄兴为10万元，陈英士为5万元，钮永建、李烈钧等为2万元。

此后，钮永建化名“林耕”“林天心”，与夫人黄梅仙留居东京近半年，陈惟俭（字廉斋）随行，与戴传贤（字季陶）、马素（字绘斋，孙中山私人秘书）同住。在此期间，孙中山、黄兴、陈英士不时到钮永建寓所会晤。

1914年初，徐乐同与钱大钧等在日本经钮永建介绍拜见孙中山先生，进入革命党在东京郊外创办的大森浩然庐学校。

当时，革命党人已分成两派，一是以孙中山为代表的中华革命党（中国国民党前身），一是以黄兴为首的，因目击日本对德宣战，欧事严重，则集会组织讨论研究，称为“欧事研究会”。钮永建与两派都有联系，两派也都很尊重他，都吸收他为成员。

在日本停留半年后，钮永建见一时未有善后之计，于1914年3月7日乘船前往英国伦敦，与吴稚晖相会，同游荷兰。

在旅途中，钮永建给吴稚晖发出一封信，专门讨论欧事研究会一事，再次表明自己的志向。此前，他已致信某君坦露心迹，称：“转战弥月，阵地中常雨餐露宿，顽癣大发，来东（京）后得温泉浴，已痊愈，还我清白身体。虽然我同袍之士，流落散离。既不能携之成大功业，复不能救围困。仆一人健在，亦何为乎。以是可以知余心之戚也。”

流亡途中，钮永建时常身无分文，忍饥受冻。然而，他依然志存高远，坚韧不拔。

1915年，钮永建游览英国利物浦和法国巴黎后，前往美国。他在纽约和旧金山走访华人社团，参加华人集会，发表长篇演说。

2月25日，北京、上海报纸发布黄兴、钮永建、陈炯明、柏文蔚、李烈钧等联名通电，坦承在南北议和后的过错，严正声明自己的民族立场，并总结民国建立以来的政治经验。

2月28日，钮永建在纽约第二次救国大会上呼吁：“一、全国人民，不论何党何派，应协力一致为政府之后援，俾政府得以全力为对日之交涉；二、我民党中人,亦勿于此对日期内为掣肘政府之动作,且当善劝国民实行右第一项之义务。"

春,钮永建专访正在美国费城的黄兴,促其回国谋党内团结。钮永建在为《黄兴信函》题跋文中写道:"民四春间,以帝制渐露,特访克强于费城,有所计划。克强以民党分裂,宜速筹和解,嘱永建急回国挽救,并赠美金三百,促之行。翌日,永建遂首途纽约桑港,迭与林子超、冯自由商党内调和事。"

3月5日,钮永建出席纽约华人集会,演说救亡要策。纽约出版的《民国公报》于次日刊发新闻,介绍其演说要点和听众反响,称钮永建为"堂堂正正的革命党中的健将军"。

5月间,钮永建在纽约游历各大学,访知名留学生,宣传革命大旨。

5月2日,国民党演说会在华埠丽蝉戏院举行,到会3000多人,并列队游行。钮永建即席发表长篇演讲,呼吁海内外华人同仇敌忾,"舍死以救亡",认为"天下事总在人为,而国家之事,尤在各人民各尽其力,方能有济;若有一人不尽力,即国家失去一分力量"。次日,旧金山《少年中国晨报》刊发了钮永建的长篇演讲,称"钮将军将国民对于中日交涉案之救亡方法及国民党救国的宗旨,详细发挥,听众无不动容,一语一击掌"。

5月10日,钮永建参加革命党美洲支部召开的欢迎大会。

归国倒袁

1915年5月15日,钮永建离开旧金山,经过檀香山回国。

5月21日,黄兴、钮永建、李烈钧、陈炯明、柏文蔚、林虎(字隐青)、熊克武、程潜、李根源等17人联名通电,斥责袁世凯置国家利益于不顾,于5月9日接受辱国丧权的"二十一条"修正案。

6月1日,钮永建抵达日本神户,暂住须磨租屋。

9月19日至24日,钮永建与孙中山先生相会,多次商讨"团结各派,拥护共和,一致倒袁"之策。

10月10日,钮永建与陈独秀、章士钊、李根源、程潜、林虎等一起由日本回国，15 日抵沪。

10 月间，钮永建被公推为《中华新报》总经理。《中华新报》是欧事研究会反对帝制的喉舌，为全国讨袁阵营中第一家报纸。创刊之后，即同筹安会展开国体问题论战。他邀请吴稚晖从英国返沪，担任主笔。该报辟有杂俎、小说、文苑等栏，成为革命党人发表作品的重要场所。

11 月，欧事研究会分散在海外的各路人马聚集上海，重新制定了下一步的行动方针。

12 月初，钮永建到达湖南。会晤湖南都督府高等顾问夏寿华（字卓春，号思痛）。

12 月 12 日，袁世凯称帝，引起全国各地声讨。

12 月 25 日，蔡锷等在云南率先举起“护国”旗帜，讨伐袁世凯，得到各地响应。

12 月，钮永建与林虎分别冒险赴广西南宁，劝说在老家称病休养的军阀陆荣廷（字干卿）参加护国讨袁斗争。

钮永建由香港搭轮船到梧州后转去南宁，到达南宁即与第一师师长陈炳焜密谈。陈炳焜代表陆荣廷表示接受“海外同志对桂今日的要求”，所虑者“龙济光冥顽，非以兵力平之不可”。为缜密计，陆荣廷请钮永建、林虎两人先回香港，并派曾其衡、雷殷随同到港，以便于相互之间的通信联络。随后，陆荣廷还下令“悬五万金购拿李根源、钮永建、林虎”，以遮掩袁世凯的耳目。

12 月下旬，钮永建返回香港。在港期间，得到华商张木欣（1881—1964，字荣庭，云南腾冲城关人）的鼎力资助。

12 月底，钮永建由香港返回上海，策动长江各省接应讨袁事。

钮永建为《黄兴信函》一书题跋，回忆此次战斗历程：“永建遂于 10 月 10 日离东京回国。15 日抵沪，则同人已先群集，拟就江浙起兵，破袁氏逆谋，属永建任其事。永建以袁势方张，力立由滇先发，桂次之，江浙又次之，如再无效，则以近畿同志从中起。同人然之。永建即乘轮之香港，遂至南宁说桂中诸当局出师，并陈下粤出湘之计。议既定，乃回香港。时方 11 月初，李君印泉、蔡君松坡、李君协和、熊君锦帆先后至，闻之甚喜。松坡、协和、锦帆赴滇，永建亦回沪，于舟中作书至费城报告克强。屈指计之，当在克强发此信前也（指 1915 年 12 月 21 日黄兴致张謇、汤寿潜、唐绍仪、伍廷芳的信）。既而诸计划均克实行，袁氏帝制竟以失败。”

钮永建流亡期间，得知女婿陈仲权策划刺杀上海镇守使郑汝成，甚为兴奋。而 10 月 7 日，陈仲权被山东军阀张宗昌派人在食品中下毒而暴亡，时年 35 岁。钮永建大女儿刚病逝不久，大女婿又遭此谋害，他极为悲愤，急忙赶回上海。

钮永建返回上海后，即积极筹募革命经费。

1916 年初，钮永建找到原任江苏省官产处处长的曾朴（1872—1935，别名朴华，字孟林）。他是著名出版家，又正在上海处分旧县署基事务。钮永建向他提出，当今反袁运动各处军队虽已有了接洽，但没有资金支持，总感觉困难重重，因此希望其鼎力支持。钮永建见曾朴尚存疑虑，便连夜驱车将他接来参加秘密军事会议。曾朴为此深受感染，慨然表示愿担当筹款之责。为表心迹，曾朴第二天囊括私蓄送到钮永建手中，以充军实。

钮永建人脉广泛，为人真诚，因此筹款得到了各界响应。商务印书馆经理张元济，闻讯就向他捐了数万银元的巨款。松江的步惠廉牧师将拟建孤儿院的基金全部交给钮永建使用。马桥的金庆章此时仍任驻朝鲜仁川领事，汇来银圆 400 元。夫人黄梅仙将首饰折价银圆 500 元捐作革命经费。

3 月 25 日，《民国日报》刊载钮永建致挚友某君的信。

4 月 20 日，钮永建协助陈英士主持上海讨袁斗争。派何嘉禄由上海赴吴江策动水警宣布独立。

5 月 1 日，钮永建等迎接孙中山先生自美国经日本返抵上海。

两广都司令部在广东肇庆成立，钮永建出任驻沪军事代表。

5 月 18 日，陈英士在上海寓所遇刺殉难。钮永建受命和王宠惠筹办陈英士丧事。

1916 年 6 月 6 日，袁世凯在众叛亲离中愤恚病死。掌握北京政府实权的段祺瑞，拒绝恢复《临时约法》和召集国会。为此，孙中山号召全国进行

“护法运动”。

6月16日，钮永建以护国军驻沪军事代表的身份发表通电《请恢复临时约法召集国会严惩帝制诸凶电》，提出“恢复旧约法(《临时约法》)、召集众参两院、依法组织内阁、惩治帝制祸首”等建议。

6月18日，钮永建与李平书联名致电黎元洪，要求将“废法、乱法、犯法之人”立予罢黜，付诸法庭。

7月17日，钮永建在张园参加茶话会，聆听孙中山先生讲话。

8月13日，钮永建与孙中山、黄兴等64人发起在上海霞飞路尚贤堂举行陈英士及癸丑以来诸烈士追悼大会。

8月25日，钮永建致电黎元洪《请中央与岑春煊等接洽解决粤事电》。

8月26日，钮永建致电黎元洪《报告两广情势与岑陆会谈情形电》。

10月8日，北洋政府将军府授予钮永建陆军少将加中将衔。

10月31日，北洋政府将军府授予钮永建陆军中将衔。

黄兴在上海寓所病逝，钮永建参与经办丧事。

11月19日，钮永建担任政学会副主席。政学会是国民党分化后形成的重要政治派别。主席张耀曾(著名稳健派议员)，副主席钮永建、李根源、谷钟秀，骨干多为原欧事研究会成员。

12月21日，钮永建出席黄兴追悼大会。

1917年春，钮永建时常到上海法租界环龙路63号(今南昌路59号)孙中山寓所面见孙中山先生。

6月19日，孙中山先生通告中华革命党成员：近日张勋倡乱复辟清室，胁迫解散国会，救国需赖义师，希速行筹款，兴师讨逆护法，维持共和。

7月1日，张勋拥立溥仪复辟。当晚，孙中山先生召集要员商议对策，钮永建参加。

7月3日，钮永建参加党人在上海集会商讨对策。孙中山先生在会上发表演讲。

奔赴广州

1917 年 7 月 6 日,钮永建乘“海琛号”启程赴广州。

9 月 1 日,在广州举行的国会非常会议,推举孙中山先生为中华民国军政府海陆军大元帅,领导护法运动与北洋军阀进行斗争。

9 月 10 日,孙中山先生在广州就任中华民国军政府海陆军大元帅,大本营设在珠江南岸的士敏土(水泥)厂。

钮永建召集一批得力学生奔赴广州革命大本营,入住濠畔街。

奉孙中山先生命令,钮永建接管十五营,派任为师长。

1918 年 1 月 20 日,钮永建出任广州大元帅府参谋次长。

1 月 22 日,钮永建向西南各省发出《建议西南成立统一机关密电》。

2 月 27 日,钮永建在上海《民国日报》向西南各省发出《钮永建统筹兼顾之要电》,指出设立统一机关为时势所趋,“万难搁置,似未便再行拘泥”。

4 月,钮永建兼任石井兵工厂督办。石井兵工厂已成为华南地区最大的军工厂。

5 月,广州军政府明令设置军事委员会,由各省军长官所派之军事代表组成,其职权为:“建议军事上之计划及备政府之咨询,但关于各军之特别事宜,得由该军单独建议”。以李烈钧为委员长,邓铿、钮永建、李书城、林虎等 26 人为委员。

此时,钮永建委广西陆军讲武堂时的学生陆丕谟为卫队总教练官并第一连连长。次年,徐乐同任广东大本营海军陆战队第一联队长,陆丕谟调充广东海军陆战队第一联队少校联副,旋任陆战队司令部参议。当年秋,陆丕谟奉命赴湖南跟随桂军团长刘梅乡,任该团弁目养成所所长,后转战广东,任旅参谋长、前敌总指挥。1921 年在战斗中牺牲,时年仅 31 岁。徐乐同在珠江南岸作战受伤后,调任大元帅府副官。

钮永建本着正直勇毅的精神办事,却遭人所忌,危在旦夕。

1918 年 12 月 24 日傍晚,钮永建与好友同往太平馆共用西餐。食事既毕,即与友人相继下楼,8 时 15 分许刚走出大巷口,忽闻背后枪声响起。广西军阀指使的凶徒从背后冷枪袭击,而钮永建未及回顾,臀部已被弹子洞穿,血流如注,当即被送往中法韬美医院急救。中法韬美医院是广州政要疗养院,更是突发事件急救医院。钮永建刚一到达,医生即用药为之止血,复将子弹取出,幸未伤及要害,数日后痊愈。

正在上海闭门潜心著作的孙中山,闻讯后颇为忧念,12 月 28 日发电慰问,叮嘱钮永建“勉事调治,以期速痊。出入戒慎,以防未然”,全文如下:

前日接新闻传说,执事在粤,猝遇凶徒,致受枪创,闻之深为骇愕。犹幸吉人天相,化险为夷,尚足相慰。惟粤为通都大邑,而奸宄横行,弁髦法纪,宜严惩凶党,以儆将来,并望勉事调治,以期速痊。出入戒慎,以防未然。临书悬念,借颂痊祉。

孙　文

十二月二十八日

12 月 30 日,上海《申报》刊发《广东石井兵工厂总办钮永建遇刺》的报道。

走南闯北

就此,年已 50 岁的钮永建辞去军职,脱下戎装,返回上海疗养,在哈同路(今铜仁路)民厚里购置了寓所。养病期间,钮永建兼任中西女塾国文教员,以这著名教会学校教师的身份作掩护,继续开展革命活动。

时值五四运动爆发,孙中山正在上海专理党务,总结第二次护法运动失败的教训,探索新的救国之路。钮永建不时前去密商,献计献策,始终是孙中山身处逆境时最真诚的战友。

1919 年 7 月,钮永建助夫人黄梅仙出任上海女界联合会会长,推进革命宣传和团结进步力量。还与徐谦(1871—1940,字季龙,安徽歙县人)在上海基督教青年会开办“查经班”，宣传“基督救国”。

12月7日，钮永建致函孙中山先生，汇报相助中西女塾校长连吉生为购地造屋所需筹集捐款事宜。

1920年5月16日，孙中山先生在上海国民党本部发表“要造成真正的中华民国”的演讲。钮永建等出席并座谈。

8月5日，钮永建出席孙中山先生为欢迎前驻华公使芮恩施为团长的美国议员团举办的欢迎会。

9月底，钮永建持孙中山先生亲笔书信，与徐谦同赴汉口，联络策动直系军阀将领冯玉祥，表达“一致从事革命工作”之意。冯玉祥大受鼓舞，当即表示：“四万万五千万人民都把眼睛望着中山先生和他所领导的团体”。冯玉祥在《我的生活》中回忆道：“九月尾上，中山先生派了徐季龙和钮惕生两位先生带着信到汉口来看我。两位都是基督徒，又是我平时所稔知的朋友。他们对我说了很多勉励和鼓舞的话，希望能够一致从事革命工作，使我很是兴奋感激。”

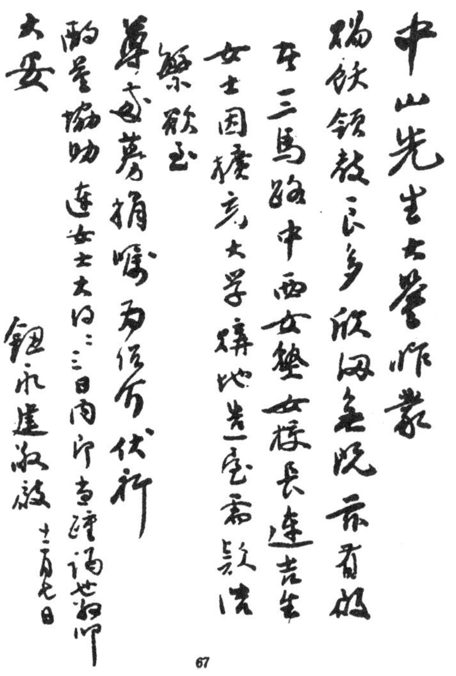

钮永建手迹

11月4日、9日，钮永建出席孙中山先生召集的沪地国民党同志会议并做发言。讨论修改中国国民党总章及海外总支部章程，并听取孙中山先生为“训政”所做的解释讲演。

会后，钮永建赶赴河南信阳，对冯玉祥传达孙中山先生属望，称“北方革命非冯莫属”。

11月25日，孙中山先生偕伍廷芳、唐绍仪和宋庆龄等乘轮船离上海经香港赴广州，钮永建到码头送别。

12月11日，旅沪各省区自治联

合会成立，钮永建被公推为干事。

1921年4月7日，孙中山先生在广州召开的国会参众两院非常会议上当选，并于5月5日就任非常大总统。

孙中山任命钮永建为江苏省省长，还派汪精卫专程将省长印信送到上海。但钮永建以当时上海尚无部署，仅能先做些筹备呼应工作，要求容后就职。

1922年8月10日，孙中山因部下陈炯明叛变，被迫撤离广州，避赴上海。8月14日，钮永建到码头迎接从广州抵达上海的孙中山先生。

送别孙中山

民主革命艰难曲折，孙中山屡经失败，仍坚持着自己的信念。他在几乎绝望之际，得到了中国共产党人的帮助，决定彻底改组国民党。

1922年9月4日，在上海民厚里寓所，钮永建召集有共产党人参加的会议，讨论时局问题。孙中山先生到会。

11月15日至16日，孙中山在上海召集各省党员59人，审议《中国国民党党务改进案》，推胡汉民、汪兆铭为宣言起草人。

1923年1月1日，孙中山发表《中国国民党宣言》。2月21日，孙中山离开上海前往广州，第三次建立革命政权，任海陆军大元帅，再次准备北伐。

此时，钮永建在上海直接参与有关工作，公开身份仍为中西女塾国文教员。

1924年1月，孙中山提出"联俄、联共、扶助农工"三大政策，国共两党实现合作，很快开创了反帝反封建的革命新局面。

6月，孙中山在广州黄埔长洲岛上创办的陆军军官学校（简称"黄埔军校"）。钮永建即在上海主持秘密招生，保荐冷欣（1900—1987，字容庵，江苏兴化人）等一批苏浙沪地区的有志青年前去学习，成了黄埔军校第一期学员。徐乐同与钱大钧等奉派去军校筹备处工作。徐乐同任军校第一期特别官佐兼区队长，钱大钧为教官。

孙中山为了恢复北方的党务活动，特派徐谦、钮永建常驻冯玉祥部队。6月17日，孙中山任命徐谦为特务宣传员，10月19日又任命其为冯军“慰问使”。

10月23日，钮永建与徐谦促成冯玉祥率部发动震惊全国的“北京政变”，囚禁了贿选的直系总统曹锟，将溥仪驱逐出紫禁城。25日，冯玉祥发出通电，邀请孙中山北上，共商国是，并提出召开由各实力派参加的和平会议，产生正式政府。

11月10日，孙中山发表《时局宣言》（即《北上宣言》）。

11月25日，钮永建与吴稚晖同乘“新铭轮”离沪。28日抵天津，次日到达北京，入住泰安栈。

12月1日，钮永建看望次女钮奸华，女婿沈奎侯（曾任南京河海工程学校校长、博士）时在交通部工作。

应冯玉祥电邀商议国是大计，孙中山抱病离开广州，绕道日本，开始北上之行。途中，孙中山的健康急剧恶化，终于在天津卧床不起。但他又挣扎着要去北京。

12月5日，钮永建前往天津火车站，以国民军代表的身份护送孙中山先生进京。

钮永建到达北京，即将孙中山已患肝癌的情况告诉了吴稚晖。此后数日，他在东安市场青云阁、中兴茶楼会见众好友。

12月24日，钮永建与吴稚晖、徐谦、李煜瀛（字石曾）至天泰山，访问冯玉祥及部下。钮永建赞叹冯玉祥“善理财”。

12月30日夜，钮永建赴开封。

1925年1月8日，钮永建从开封赶赴北京，被孙中山任命为中央政治委员会委员（共4人）。

1月10日起，钮永建被冯玉祥聘为“检阅使”，由王海门旅长陪同到宣化、张家口、绥远等处检阅部队。冯玉祥还聘钮永建为“总参议”，策划军事建设。因此，冯玉祥公开称：“钮先生跟我当过参议，既有学问，又很谨慎，是个真正的革命党。”

1月22日,钮永建从宣化返回北京。

3月12日,孙中山不幸在北京病逝,钮永建随侍在侧。

悼念仪式在北京盛大举行,钮永建全程参与,表达了对孙中山先生的崇敬和缅怀。3月19日,孙中山灵柩移置社稷坛。钮永建被列为党内重要同志24人之一,为第二组执绋守灵人员。4月2日,孙中山灵柩移置香山碧云寺,钮永建亲往执绋送殡。

孙中山逝世后,国民党内部展开了一场争夺继承权的斗争,人际关系日趋复杂。钮永建时常往返于南京、上海、北京之间。

5月9日,钮永建与吴稚晖同赴广州,到黄埔军校拜访校长蒋介石,商谈徐州军事,并参观黄埔军校设施。

5月30日,五卅运动在上海爆发。一周内,形成全民反帝爱国运动。钮永建紧急回到上海,观察时局发展趋势。

钮永建1922年在上海

主政江苏

策动上海武装起义

1926 年 3 月 12 日，钮永建在北京故宫太和殿参加孙中山先生逝世一周年纪念活动。

4 月 15 日，奉军和直鲁联军攻占北京城。钮永建与吴稚晖正在北京，见京城大乱，他俩只得化装混在难民之中，悄悄逃出城，乘火车至天津，又搭轮船奔赴广州。

4 月 20 日下午，钮永建与吴稚晖等到达广州，一些好友的子女随行。

不久，钮永建被广州国民政府任命为中央政治会议秘书长。

5 月 25 日，钮永建参加以蒋介石、张静江、谭延闿名义召集的晚宴。

此时，国民党内部出现明显分裂，钮永建左右为难，汪精卫、蒋介石等并不看好他。

6 月 1 日，蒋介石找钮永建谈话，商议革命大势和计划。

6 月 4 日，国民党中央执行委员会举行临时全体会议，通过迅行出师北伐案，并决定任命蒋介石为国民革命军总司令。

6 月 5 日、7 日，钮永建在张静江处，商量赴沪事。

6 月某日，蒋介石问李宗仁关于国民革命军参谋长人选问题。李宗仁说:“钮永建先生应该最适当了。按资望,惕老是辛亥革命的元勋,总理的战友。论才干,惕老在护国护法诸役中俱膺要职,以干练闻名国内……而他本人又是长江流域人,当我军师次长江时,他的声望可能有极大的号召力。”蒋介石沉默片刻,说:“钮先生我另有借重。”

6月14日,国民党中央政治局委员会第十四次会议决定将原大元帅大本营改组为国民政府。

7月1日,第一届国民政府宣告成立,以汪精卫为主席。国民政府军事委员会颁布北伐动员令。7月9日,国民革命军北伐誓师。

7月14日,钮永建被委任为国民革命军总司令部总参议。其部下徐乐同任总司令部参事。

不久,钮永建奉命以广州国民党中央驻沪特派员身份,返回上海,在法租界环龙路(今南昌路)志丰里5号设立秘密机关,由杜月笙负责保护其安全。而他的公开身份为基督教美以美会设立的中西女塾国文教员,还在夫人黄梅仙正在创办的审美女中挂了一个校长的头衔。每日里,他一袭青衫,毫不惹眼,在各处信步往来,行若无事,暗中依靠人脉,集资筹枪。

同时,钮永建频繁地会晤上海总工会代理委员长汪寿华,商谈上海形势和起义方案。汪寿华(1901—1927),原名何纪元,字介尘,浙江诸暨人,1923年加入中国共产党,时任中共中央特别委员会委员,负责联络上海各派政治势力,筹建上海民众政权。他年轻有为,钮永建乐于与其交往,言行中自然也会流露出故意谦让的意味。

9月4日,国民党中央政治会议根据吴稚晖、钮永建、叶楚伧的建议,决定成立江苏特务委员会,7人为委员,以钮永建主其事。

10月10日,钮永建与浙江省省长夏超进行谈判,约定脱离军阀孙传芳,归附国民政府,并向上海进军。当年,夏超曾在钮永建手下担任广西兵备处筹备科长兼教练所训练科长,彼此自然结下情义。

10月11日,钮永建与汪寿华再次会晤,商谈上海形势。

10月16日,夏超正式接受国民革命军第十八军军长的任命,公开宣布浙江独立,并向上海进军。

10月17日，钮永建表示，要听从国民党上海市党部的统一指挥，依靠工人、学生的力量发动暴动。至此，正式确定了国共合作发动第一次武装起义的方针。

10月23日，上海发动第一次武装起义。因起义准备不足，工人力量薄弱、夏超部队作战失利，结果遭孙传芳部队的镇压而失败。

各方的革命情绪不由陷入低潮，分歧随之加深。

10月24日上午，钮永建与共产党代表罗亦农、汪寿华会晤，商讨这次起义失败的经验教训。

10月28日，共产国际远东局委员与中共中央委员召开联席会议。共产国际远东局委员维经斯基、拉菲斯等和中共代表陈独秀、彭述之、罗亦农等出席会议。

11月6日，汪寿华陪同时任中共临时中央政治局常委的罗亦农（1902—1928，原名罗善扬，字慎斋），上门与钮永建会晤，讨论上海再次发动武装起义事宜。商谈中，尽管有不少分歧一时难解，但共产党代表仍推钮永建为军事领袖。

身陷旋涡

当时，钮永建只身来到上海滩，依靠拥有的人脉和威望，手中掌握着一定数量的军事力量和军事物资。同时，受到左右夹击的态势日趋明显，身不由己地陷入重重漩涡之中。

1926年11月20日，钮永建致吴稚晖函并转蒋介石和广州国民政府，告孙传芳正拟“联蒋拒奉”。

11月24日，蒋介石致电陈果夫，拨给钮永建和海军、上海分会款项。

不料，夏超意外遇害身亡。钮永建突然失去了这一脉力量。

12月17日，国民政府正式通告全国，政府由广州迁往武汉。

12月30日，蒋介石致电张人杰、谭延闿、钮永建促江浙两党进行沪宁路罢工。

12 月，钮永建与张之江（原为冯玉祥部下）、李景林等在南京创建武术研究所（后改名为“国术研究所”），并倡议将“武术”称为“国术”。

1927 年 1 月 1 日，蒋介石电催南昌总部陈果夫年内汇交钮永建银圆 2 万元。

2 月初，钮永建联络上海地方势力，抵制直鲁联军，并接受各方投诚。

2 月 3 日，蒋介石致电殷汝耕（号亦农）转钮永建，沪宁路如未罢工，请从速罢工。又致电在上海的吴忠信面告钮永建，以后有事直接电告九江，且文电须守密。

1927 年 2 月，钮永建写信给蒋介石，希望北伐军加速进军，并提出包抄上海和南京的计划。蒋介石收到计划后，大动肝火，传话指责钮永建，说他“为 C. P（即共产党）包围，做事无能力，其政治分会主席应撤销，结束一切”。

2 月 18 日，北伐军占领杭州，先头部队到达嘉兴。上海总工会在未经中共中央和上海区委批准的情况下发布通告，决定于次日举行全沪工人总同盟罢工，援助北伐军，打倒孙传芳，夺取上海。

次日，上海总工会发布总同盟罢工令。上海防守司令李宝章勾结公共租界工部局，对罢工工人进行残酷镇压。上海工人、学生、市民奋起反击，不断与军警发生局部战斗。

2 月 20 日，到达嘉兴的北伐军先头部队接到蒋介石命令，停止进军。蒋介石派邵元冲（时任国民党中央青年部部长、浙江省政治分会委员兼杭州市市长）拜访吴稚晖和钮永建，并传话。钮永建得知，蒋介石已在背后指责自己，顿时明白如此“吃力不讨好”，会陷入难解难辩的苦恼之中。

2 月 21 日，中共中央及上海区委决定，积极准备，组织广大群众的市民暴动，进而成立“临时市民代表大会”。

当天晚上，中共上海区委与钮永建、吴稚晖等决定，将国民党江苏特务委员会、江苏省党部、上海特别市党部等合并，准备成立上海市政府。

2 月 22 日，国民党中央政治会议在南昌通过决议，成立上海临时政治委员会，任命蔡元培、吴稚晖、钮永建、何应钦等为委员，以钮永建为主席。

中午 12 时，中共上海区委宣布成立上海市民临时革命委员会。

下午4时，中共上海区委发出《特别紧急通告》，宣布“上海市民临时革命委员会今早12时正式成立。委员汪寿华、罗亦农、钮永建、杨杏佛、虞洽卿、王晓籁、章郁庵、王承伟、刘荣简、周孝公、张曙时，此委员会即为未来上海市政府”。同时，通知下午6时动员暴动。

下午6时，全市罢工人数达36万多人。

6时半时，海军两艘军舰盲目发炮，以示起义。但是，各区并未按计划行动。结果，武装起义因准备不足、宣传不力、时机不巧而再次失败。

2月23日，考虑到起义难以成功，中共中央与中共上海区委发出“为准备进攻而停止暴动”的命令。同时，决定组织特别委员会，由陈独秀、罗亦农、赵世炎、汪寿华、尹宽、彭述之、周恩来、萧子璋等8人组成，并下设军事委员会和宣传委员会，周恩来担任军委书记。

2月24日，中共领导人瞿秋白拟就《上海二·二二暴动后之政策及工作计划意见书》，指出在策略上与钮永建保持联络，又有防范。

2月25日、27日，钮永建与罗亦农、汪寿华讨论第二次起义失败，表示不同意再搞工人武装暴动，主张“和平策动”。

同时，南昌国民党中央政治会议与武汉中央临时联席会议的对立进一步公开化。

2月27日上午，邵元冲再次访谈吴稚晖、钮永建，传达蒋介石的意见。

2月28日，钮永建进一步策反上海防守司令李宝章归降，蒋介石同意委李宝章为第十八军军长。

3月2日，钮永建与汪寿华再次商谈。

3月4日，上海总工会召开工会代表大会，通过第二次总同盟罢工案。

3月5日，钮永建与吴稚晖、杨杏佛一起，约罗亦农、汪寿华商谈。他对再次发动起义表示异议，认为“松江已下，这样的暴动就无对象”，“不要徒然牺牲”。经再三商议，最终钮永建认可了筹备民选的市民政府和筹委会委员名单，并同意负责军事并担任临时市政府成立大会主席。

是日，中共上海区委召开各党团书记会议，指出“与国民党争斗已开始”，“根本出路在谁有群众”。

3月6日夜,陈独秀、罗亦农约吴稚晖在钮永建处商谈。沟通中,陈独秀关于“20年在中国实行列宁式共产主义”的说法,引起双方争议。钮永建离席走了。

3月10日至17日,在汉口召开的国民党第二届中央执行委员会第三次全体会议上,钮永建当选为中央委员。

3月11日,钮永建与汪寿华再次会晤。

是日,国民党二届三次全会继续召开,钮永建被推选为国民政府委员。

急流勇退

1927年3月12日,上海各团体举行临时市民代表大会,选举产生临时执行委员会,提出组织市民代表会议。下午,上海第一次临时市民代表会议召开,钮永建被选举为31名市民代表会议执行委员之首。

3月14日,钮永建策动北洋舰队总司令杨树庄在上海集中全国海军,宣布易帜为国民革命军海军。

3月15日,陈独秀致函吴稚晖、钮永建,建议紧急发展15万国民党党员。

3月16日,吴稚晖致函蒋介石称:“沪事复杂,半年以来,赖钮永建之明允笃诚,得以坐镇宁息,殊为不易。将来繁剧之局,为驾轻就熟,洵非钮永建莫能胜任,且愿竭驽骀而协赞。”

3月19日,中共上海区委召开会议研究第二次总同盟罢工和第三次武装暴动问题。

同日,钮永建向蒋介石发了一份电报,提出辞职。全文如下:

介公总司令钧鉴:

本日得确报,党军已抵松江,不日上海即可解决。建驻沪任务已终结,应即停止进行。亟办收束,借清界限。自下星期一(3月21日)起,所有军务接洽事宜,应由何、白两总指挥直接办理,其江苏特务事宜,应由上海政治分会正式建设办理。建身涉嫌疑，所有政治、军事，自应暂免参加，免滋贻误。自去年九月以来，经手事件及出入款项，异常复杂，拟闭门谢客，从事清理。俟有眉目，即当西上报告，敬领训诲。除电陈外，合行函报。

肃即勋安。

钮永建　谨上

十六、三、十九、上海发

此中涩苦，耐人寻味。而对此异常举动，时人不解，后人不明，使这段历史几乎成为悬案。其实，这辞职书中的“身涉嫌疑，所有政治、军事，自应暂免参加，免滋贻误”之句，是针对蒋介石对他的不实传言而做出的抱怨，也说明他对于自己在国共合作的武装起义中的作为是问心无愧的。

3月20日，北伐军过松江，傍晚到达上海近郊龙华。

3月21日上午9时，上海市民代表会议执委会常委召开紧急会议，决定中午12时起实行总同盟罢工、罢课、罢市，以响应北伐军对封建军阀残余势力总攻击。中午12时正，中共上海区委发出起义指令，全市80万工人举行总罢工。周恩来任起义总指挥，赵世炎任副总指挥。

当天，《申报》刊登《钮永建函蒋辞职》的消息。

经过2天1夜共30小时激烈战斗，武装起义终于取得胜利。

3月22日上午，第二次上海市民代表会议在九亩地新舞台召开，到会代表4000人。会议决议成立上海特别市临时市政府（简称“上海临时市政府”），公选白崇禧、钮永建、杨杏佛、王晓籁、虞洽卿、陈光甫、罗亦农、汪寿华、林钧、何洛、丁晓先、侯绍裘、李震瀛、陆文韶、王汉良、郑毓秀、谢福生、顾顺章、王景云等19人为临时市政府委员。规定全市最高权力机关为上海特别市市民代表会议，代表会议产生的政府隶属于国民政府。

下午2时，在西门公共体育场举行上海市民欢迎北伐军大会。

就在这一天，武汉国民党中央政治委员会派遣陈友仁、宋子文、孙科赴沪指导工作，并指定吴稚晖、钮永建、杨杏佛、侯绍裘、白崇禧、张曙时、汪寿华等7人组织国民党中央政治委员会上海分会。

是日，国民政府任命钮永建为淞沪防卫总司令。

是日，《申报》刊发钮永建《公函各界新警厅长邹竞接事》。

电通社报道："钮永建袭领闸北各警署之举，蒋中正认为手段适宜，已委钮任临时警备之责。"

蒋介石致电白崇禧，要求他转告钮永建："请即命驾来宁襄理"。

而钮永建决意"请假休养，无论何事概不闻问"，给蒋介石回复了一封信。

3月23日，上海临时市政府迁入蓬莱路上海县署办公。到会委员13人（钮永建、白崇禧等6人缺席），推钮永建、白崇禧、杨杏佛、王晓籁、汪寿华等5人为上海市临时政府常委。

3月24日，武汉国民党中央执行委员会电告上海市党部，承认上海市民大会为上海市民正式代表机关，承认由市民代表会议选举产生的市政府委员会。

3月25日，《申报》刊发钮永建《致市党部辞市委员职》报道。《民国日报》转载《钮永建函蒋辞职》全文。

3月26日，蒋介石抵达上海。钮永建意为上海党政军各机关均已接收成立，责有所归，坚辞上海政治分会主席。

3月28日，《申报》头版刊发《钮永建启事》云：

> 鄙人业已请假休养，无论何事概不闻问。公私团体如列贱名亦不负责。凡军事政治各问题，请直向蒋总司令、白总指挥接洽为荷。

3月29日，上海市民政府正式成立。而武汉国民政府任命钮永建为淞沪防卫总司令。

3月30日，蒋介石要求武汉国民政府委派钮永建担任新编第七军军长。而武汉国民政府任命钮永建为安徽、浙江视察财政专员。

4月8日，钮永建被蒋介石指派列名为上海临时政治委员会成员。

4月11日深夜，以蒋介石为首的国民党新右派在上海发动反对国民党左派和共产党的武装政变，大肆屠杀共产党员、国民党左派及革命群众。

定都南京后

1927年4月18日，南京国民政府成立。初期，政府组织结构较简单，采用会议制。

钮永建奔赴南京，出任首任南京国民政府秘书长，并任中央会议委员兼秘书长，又兼任新编第七军军长(结果该军未正式成立)。

4月23日，江苏省财政委员会成立，上海设总会，南京设分会。南京分会由钮永建、陈光法主持。

4月26日，江苏省政府第一届委员会组成，南京国民政府任命钮永建为江苏省政务委员会委员，兼民政厅厅长，并命何应钦等为政务委员兼各厅厅长，行文则以江苏省政府常务委员钮永建、高鲁、陈和铣、何玉书、叶楚伧署名行之。

4月27日，南京中央政治委员会议任命钮永建为法制委员会委员。

4月28日，钮永建召集江苏省政务委员会委员，在铁汤池丁家花园召开筹备会议，决议就职日期和办公地点。

5月2日，钮永建赴国府大礼堂出席江苏省政府成立典礼，召开第一次政务会议，并合影留念。

5月8日，钮永建致电蒋介石，转呈孙传芳密告其军，我方军力不足，令各军团集中军力决战。

5月19日至23日，钮永建赴徐州参加军事会议，决定继续北伐。

6月3日，钮永建等5人，奉命改组江苏省党部。

6月13日，钮永建出席国民政府秘书长及秘书处就职典礼。

6月20日，钮永建在徐州参加军事会议，会商同武汉合作及北伐问题。

7月6日，钮永建被推选为军事委员会委员(共16人)。

7月18日，钮永建与胡汉民、吴稚晖联名复电冯玉祥，要冯转告汪精卫，停止东征。

8月13日,蒋介石在内部矛盾的逼迫下通电宣布下野。南京国民政府不少政要随之纷纷离去,时局日趋动荡。

身为南京国民政府秘书长的钮永建坚持留守江苏省府,并主持中枢大政。谁料想,8月24日夜,退守江北的军阀孙传芳,纠集部队在南京与镇江的江面上实行强渡,乘虚进攻南京。而此时南京城内兵力不足,实在难以抵挡,处境危殆。南京城内人心惶惶,政府机关、党部、报馆纷纷将招牌取下,各人收拾行李,准备逃难,一片混乱。

留守南京的钮永建与李烈钧协调各军,指挥李宗仁、白崇禧等老部下在龙潭、栖霞抵抗孙传芳部队。

8月31日,取得龙潭大捷,南京城转危为安。

9月1日,钮永建在江苏省市机关、团体代表联席会议做演说。他致力安抚团结流亡在外的人,维护地方秩序,使南京城恢复了平静。

9月21日,钮永建辞去南京国民政府秘书长职务。

9月,钮永建任国民党中央特别委员会委员。

主政江苏

1927年10月28日,南京国民政府通过江苏省政府改组案,指定钮永建为省政府委员会主席。是日,钮永建陪同谭延闿抵达上海。

11月3日,江苏省政府第二届委员会成立,指定钮永建为委员会主席。11月11日上午,在省政府礼堂举行委员就职宣誓仪式。

12月,钮永建在苏州阊门创办江苏民众教育学院。

在钮永建的主持下,江苏省政府先后制定、颁布了《各县村制组织大纲》《江苏省市乡行政局组织大纲》《征收房租(房租济饷捐)条例》《江苏省土地税办法大纲》等地方性法规。

繁忙的公务和从政的压力弄得钮永建身心疲惫,积劳成疾,疑似得了“偏中风”。他突然感觉到自己“行年已六十”,不由产生了早日引退“回家送老”的念头。1928 年 1 月 15 日，钮永建在南京致函吴稚晖，信中称：“昨以病回沪就医。”“此病头微痛，左右颊血不仁，左目及左唇甚至不能动，咳吐语言皆不便，舌左边觉微麻。未知世识偏中风者果何若，抑或脑炎之轻者耶？果为偏中风也，弟必辞去本兼各职，决不贻党国。生平无德而居名，无功而窃位，无劳而食厚禄，自当恭受天之罚。行年既已六十矣，回家送老为侥幸。”

1 月 23 日，钮永建等致电蒋介石，贺其复行职权，则北伐完成有日。并报告叶挺在江西与唐生智、张发奎等部冲突，查叶挺前派妻来称允作内应等情况，请派兵赴江西相机办理。

3 月 12 日，钮永建在南京参加植树节活动并留影。

3 月，钮永建与张之江（字紫珉，号子茳，人称“主教将军”）在第 128 次政治会议席上提出《实行信仰自由，取消反宗教口号案》。中央执行委员会秘书处，并国民政府复函准之。

5 月 7 日，江苏省政府举行第 50 次纪念周活动，钮永建就 3 日发生的“济南惨案”及侵华日军罪行发表演讲，表达了极大愤慨。他提议全场起立静默 3 分钟，哀悼死难同胞。他指出：“就民族主义讲，先要将自己的民族独立起来，然后才能扶助弱小的民族，求世界上各民族的平等。且世界上的人群是讲博爱的，要爱世界的民族，我们应该先和东亚的日本携手，但是日本残害同种的暴行是如此的，所以我们为民族自卫计，不得不求日本人民的反省和觉悟。这次日本的暴行，更其使我们增加一番的兴奋，我们应该好好发挥，未始不是我们多难兴邦的过程。”

5 月 28 日，钮永建出席江苏省政府第 63 次会议。

5 月间，为纪念在战争中牺牲的 4 名江苏籍烈士，钮永建深情地撰写《陆丕谟、姚士雄、何嘉禄、徐上致四烈士事略》。陆丕谟，字佑人，金山县钱圩人，14 岁加入钮永建创办的紫冈学舍，长期追随钮永建转战南北，出生入死。1921 年在广西桂林被害，时年 31 岁。姚士雄，字雨亭，金山县廊下人。1912 年 9 月在严家楼之役中捐躯，年仅 25 岁。何嘉禄，字子钧，松江县人，金山卫之役中捐躯。徐上致，字仲书，金山县朱泾镇人。北伐军奋勇队队长，在广西高州阵亡,葬于广州九岗烈士墓,时年33岁。四烈士纪念碑由朱天梵书,曹浩镌石于金山县朱泾镇原第一公园内。

5月间,在钮永建的支持下,第四中山大学教授兼扩充教育处处长俞庆棠在苏州留园路创立的中央大学区民众教育学校,迁到无锡荣巷,改名为“江苏省立民众教育学院”。同年10月,在无锡筹建江苏省立劳农学院。钮永建对俞庆棠的主张十分赏识,长期互相支持,志同道合。

7月1日,江苏省国术馆在南京成立,推举钮永建任董事长兼馆长,钱佐伊为副馆长,聘武术大师孙福全(字禄堂)为教务长。后钮永建特为重印其武学著作撰写序言。

8月8日至15日,国民党二届五中全会在南京召开,宣称全国进入训政时期,由国民政府执行训政职责,并决定以五院制(行政院、立法院、司法院、考试院、监察院)组成国民政府,推举蒋介石为国民政府主席。

8月,钮永建呈文国民政府,指出北洋政府颁布的《修正管理寺庙条例》已不合时宜,建议另颁新条例,称:“训政开始,社会积习急宜革除,现在处理寺庙财产争执,若照从前管理寺庙条例办理,不免与党国精神有所抵触,应另行颁订,以资遵守。”

10月10日,蒋介石正式履职为国民政府主席,集党政军大权于一身。

10月26日,钮永建再度呈文国民政府,申明另颁管理寺庙条例的必要,并提出在新条例“未经颁布以前,管理寺庙条例是否继续有效”的质疑。

11月6日,国民政府通过江苏省政府第二次改组案,钮永建继任省政府委员会主席。

11月7日,蒋介石致电钮永建,要求详查前盐城劫案,询问溧水公安局长是否押解到京。

11月12日,钮永建在镇江出席江苏省政府委员就职仪式,合影留念。

11月,钮永建任立法院立法委员。

12月,钮永建创设“江苏训政人员训练所”,主张为政“清、慎、勤”。他还到校讲解孙中山先生的《国民政府建国大纲》。

这一年里,钮永建将三女儿钮珉华调到南京,担任江苏省政府秘书。钮珉华在美国爱荷华大学硕士毕业后，即到北京闯荡，嫁项康元，再嫁梅宗庆，梅宗庆时为美国福特汽车驻华代办。不久，钮珉华任江苏省党部临时执监委员会临时执行委员。后任中华基督教女青年会全国协会经济干事。

小女儿钮幼华，在南京就读中华女子中学，后入金陵大学。

1929 年 4 月，钮永建创立江苏省警官学校。

5 月，钮永建任内政部禁烟委员会副委员长。

6 月，"首都中央行政区"选址之事引发争议。钮永建与叶楚伧在呈国民政府的公函中，批评南京"市府在未付地价的情况下限期拆除民居，规定未免不合人情，太过急促，建议国民政府进行干预"。

9 月 28 日，钮永建训令上海县，宣布没收盛宣怀财产。

9 月 29 日，应黄炎培之邀，钮永建参观太仓徐公桥村民秋季大会，并发表讲话，题为《改进地方自治与民众生计教育》。

10 月 5 日，钮永建在江苏省立民众教育馆及劳农学院发表演讲，题为《中国全民教育的必要与民众教育学院学生的责任》。

年近花甲

1929 年 2 月 18 日，江苏省政府由南京迁到镇江办公。次日，钮永建与省政府秘书长叶楚伧到达，下午召开了省政府第 183 次例会。

在镇江，钮永建悉力扩整机关内部，成立水陆公安管理处，自兼处长；全省遍设民众教育馆，又在大港特设民众教育实验区；在焦山筹组江苏省通志委员会，聘请庄蕴宽为江苏通志编委会总纂；成立省教育经费管理处，自兼处长。

钮永建待人接物平易近人。无论何人，即使是属下小职员，如去见他，也必亲自接见，并当作宾客招待。晤谈时，谁都可以在他面前发表长篇大论。他总是耐心地听着，中途绝不会插话打断。即使说者有错，他也不当面责难，始终以和颜悦色的态度解释、安慰、鼓励，使人如沐春风。辞别时，他还亲自送出大门。

钮永建赋性和易，威而不猛，有见解而无锋芒。与人论事，总是针对问题，心平气和地实话实讲，是则是之，非则非之，绝不含混、夸张、虚假。他深信做人做事，只要能够言顾行、行顾言，坦白真诚，实事求是，必可得道多助，而欺人适足以自欺，徒使自己人格破产，不能立足于社会。他常引用“立己达人”“诚可格天”“诚者仁也，不诚无物”等中华传统格言和“诚实是最好的政策”欧美政界流行格言，以及美国总统林肯的名言“你能骗所有人于一时，你也能骗少数人于永久，但你绝不能骗所有的人于永久”等，作为自勉和勉人的依据。

无论何时何地，钮永建一口乡音未改。他持躬俭约，平常生活简单如平民。早晚爱吃清粥，配以“酱豆瓣（炸过的蚕豆和甜面酱混合）”“香干（豆腐干）”等“家乡菜”；中午，白饭配以青菜（或萝卜、豆芽等）、炒鸡蛋，主菜时常是“香干红烧肉”。在家中请客，由夫人黄梅仙亲自下厨，烧两道马桥土菜，每次不过三或四菜加一汤。夏天，他喜欢穿灰布马裤，脚蹬高筒皮靴，上身穿白色香港衫。冬天，常穿布质的长袍马褂。每天早上5时起身，正襟危坐在灯下看公文、写工作纲要、阅读古今书籍，用功不懈。

钮永建乐于慷慨捐赠，为革命事业散尽家产。为此，终身不想做官的老同学吴稚晖，称钮永建是“大官群中的大好人”。钮永建的亲友、部下、学生都以他“坚贞奋斗的精神，忠诚谋国的风范，淡泊持躬的志操，培育后进的热忱”为人生楷模。

此时，钮永建已年近花甲，在镇江夙夜匪懈，顿觉雕镌肝肾、心力交瘁。7月27日，他致函吴稚晖，称当天冒着大雨赶回镇江，深感“病后体弱”，“昨今又略觉头痛，惊弓之鸟，殊然再发，故一切公事尚不敢放手去做”。

自1930年起，钮永建以患“偏中风”为由，再三申请，决意辞去军政要职。而在家乡创办私立园艺学校的成功和对俞塘乡愁的眷恋，更使他切实地谋划起自己老年的解甲归田的生活。

归乡创大业

巡视故土

1929年3月,钮永建专程巡视上海县。

自从1928年7月1日,南京国民政府组建上海特别市政府后,实行市县分治,上海县仍属江苏省,但县境减缩,仅存马桥、北桥、颛桥、曹行、塘湾、陈行、三林、闵行8个乡和闵行镇。上海县治就此离开了上海中心城区,迁到了北桥。1929年,江苏省以地方收入多寡为标准划分各县等级,将上海县列为三等县。

此时,钮永建告别出生入死的戎马生涯,定下心来主政江苏省。作为自己家乡的上海县,自然是他心中关注的一个重点地区。然而,他发现农村的贫困落后日趋严重,农村经济已经普遍破产,连原本比较富饶的沪郊,此时也是危机四伏,隐忧未已。农村经济破产,又引发了城市经济恐慌。

同时,上海城市的不断扩张,造成沪郊大批农民失去赖以生存的土地。上海城内有些资本家、机关团体,看到沪闵公路、上松公路交通便利,沿途地价便宜,纷纷前来购地置产,致使数万亩农田一时被改建为园圃、工厂、祠堂、公墓等。而当时的“种田难”又加剧成卖地的狂潮,沪闵公路一带的田主莫不待价而沽,失地失业的农民日益增加,流落四方。

沪郊农村经济的破产趋势,加剧了农民的“愚”“穷”“弱”“私”,城乡差距越加扩大,危害日益严重。而农村经济的破产,又自然引起上海经济恐慌,都市商业因此衰落,濒临崩溃。

一路上,钮永建邀集亲朋好友,告知他们自己将于农历二月初八在俞塘操办“六十大寿”。人们不解,钮惕老一向低调,这次为何如此张扬?

面对沪郊农村的局面,钮永建决心在“无锡实验区”之外,亲自以故乡俞塘为基地,建立一个更符合实际需要的民众教育馆。为了率先践行自己的主张,实现自己的理想,他不畏风险,竟然以私人捐资创办私立性质的机构进行乡村建设实验。

1929 年 3 月 18 日(农历二月初八),钮永建如期在俞塘操办六十大寿。寿宴开始后,人们才得知他的真实用意。钮永建当众宣布:捐出宅基地 4 千平方米、房屋 2 间,带头在俞塘集资造屋,要亲手创办一所民众教育馆。他是借寿宴之际,动员乡亲们共同努力,培养一代新人,改善家乡面貌,改变破产命运,为江苏全省树立起推进民众教育和乡村建设的范例。

人们闻讯顿时肃然起敬,群情振奋。

马桥镇已于 1928 年 8 月建立了马桥民众教育馆,由强恕小学校长张櫄(字经野)兼任馆长。现在钮永建要亲自在俞塘再建个民教馆,必定大有讲究。

11 月初,钮永建要筹办“双亲百年冥寿”的消息传出后,各界纷纷要来庆贺。钮永建决定借机为俞塘民众教育馆筹资。11 月 8 日,钮永建在上海《申报》刊登了一则《钮永建启事》,全文如下:

> 敬启者本年十一月十六日为先父味三公、先母王太夫人树立百岁纪念碑,并创办民众教育馆于上海县第六区俞塘乡之墓次,亲朋赠送礼物概不敢受。如蒙不弃,敢代民众教育馆敬请诸公捐助建筑经费,共为民众谋幸福。将来馆舍落成,当恭志诸公芳名,泐石纪念,以垂不朽。此启。

钮永建叮嘱家属，家中不设寿堂。亲友为祝寿来送礼，凡月薪收入80元以下者，每人只收礼金银洋一元，并全部转入民众教育馆账户充作经费。

11月18日，寿庆结束后集所收礼金6000余元，钮永建自捐的宅地4千平方米、房屋2间，以及购置的田地33亩，建造房屋12间，均作为俞塘民众教育馆创办经费。

12月16日(农历十一月十六日)中午，钮永建在钮氏老宅的爱日堂宴请宾客，下午举行民众教育馆奠基仪式，同时立《钮氏味三公王夫人百岁纪念碑》。

不恋官场忙建馆

1929年12月，钮永建以“脑疾复发，体力难胜”为由，向国民政府行政院请假20天回上海“静心调治”。此时，蒋介石亲自兼任行政院院长，12月28日批准钮永建返沪休养。期满后，钮永建要求续假15天。1930年1月23日，行政院发出训令，同意他继续休假。眼看期满，钮永建要求再续假15天。2月13日，钮永建返回南京销假，同时正式要求卸去江苏省政府委员兼主席职。2月21日，行政院发出指令，称“首都政务重要，主持筹策端赖老成。据称遵谕销假，力疾从公，具徵体念时难，慎重职守，殊甚慰嘉”。

国民政府希望钮永建继续留在南京，即任命其为立法院军事委员会委员长。3月20日，又任命其代理行政院内政部部长，要求6月3日就职。而钮永建以正患病治疗为由，再三恳辞。

3月27日，钮永建终于获准辞去省政府主席之职，即回到上海“休养”。其实，他一天也没有静养，一心牵挂的是筹建俞塘民众教育馆。经过紧张的筹办工作，私立俞塘民众教育馆终于在5月份正式宣布开放。

因钮永建迟迟未报就职日期，行政院再三来电催促，他则以养病为由一拖再拖。6月5日，行政院公开下达指令，要求钮永建呈报代理行政院内政部部长就职日期。钮永建难以再拖延，只得赴南京去应对一下。6月3日下午3时，他到达内政部视事，解释自己患病治疗经过，并称当此“国家危急存亡之秋，整理后方，尤为吾辈职责”。“惟精神尚未复原，一时难膺艰巨，仍拟在京稍加休养,部中事务仍请次长暂时偏劳”。但是,行政院仍一再催促,钮永建只能步步应付。

6月间,钮永建力促江苏省立民众教育学院和江苏省立劳农学院两院合并,定名江苏省立教育学院。这是我国第一所培养从事民众教育专业人才的高等学校。延聘美国康奈尔大学毕业的高阳为院长。

6月9日,钮永建正式出任代理内政部部长,在政府大礼堂宣誓。

9月,钮永建又奉命接任行政院内政部部长兼立法院军事委员会委员长。老部下徐乐同为立法院军委会军事专员。

11月,内政部警官高等学校学生自治会组队赶到内政部请愿,要求从北平南迁到南京,闹成一场风潮。钮永建以内政部部长身份接待了学生代表,言明时局,要求他们耐心等待。而兼任行政院长的蒋介石责备钮永建处置不当,强令学生代表立即回校。

钮永建无心在南京当官,这场警校风潮更使他不愿在蒋介石眼皮底下过日子。11月24日,他趁势请辞内政部部长之职。12月4日,终于获准辞去官职。

可是,12月11日,钮永建又被任命为考试院铨叙部第二任部长。

改良宗族组织

在俞塘,钮氏家族以始设于清康熙元年(1662)的“爱日堂”为家族之魂。不少族人见钮永建夫妇归乡兴建“牧爱堂”,也随之信奉基督教。

1930年3月9日,钮永建主持修订的俞塘钮氏族训及宗族公约由吴兴钮氏俞塘支宗族大会通过。

此前,钮永建着重做了几件大事:一是研究、校订《黄钮同宗谱》,并撰写《钮氏源流新考》;二是在俞塘倡导试办“三民主义的宗族组织”,订立“族训”及各种规章制度,撰成《俞塘钮氏宗族组织》一书。

钮永建认为,其先世可追溯吴兴钮氏始祖为钮滔(字景直),东晋永和四年(348)举人,为松阳县令。其母孙琼,为孙权第五世族孙女。以浙江吴兴

（今属湖州市）东南华林村（属归安县）为故居。后确认吴兴钮氏一世祖为宋时人钮挺岩（字梅山），隐居不仕。

钮氏马桥俞塘支始迁祖是钮大椿，为吴兴钮梅山之十三世孙，于清康熙元年（1662）从上海县城始迁居马桥镇东，即十八保十三图俞塘河北岸的俞塘村。

俞塘钮氏在永字辈之前，已经形成东房（钮永建支）、西房（钮永祥支）、中房（钮永曜支）以及钮永杰支、钮永爵支等“五房”格局。但是，延续至民国之后，由于各房兴衰相异，有的已经外迁，宗族组织难以恢复祖传的状态，以致族务及族产长期无人统一管理。

钮永建对孙中山的三民主义学说极为重视且深有研究，认为孙中山在《建国方略》中所主张的改造中国的计划，首在民族主义，其在第五讲中专题论述了改良宗族组织。钮永建倡导试办的俞塘钮氏宗族组织，是实践孙中山的主张。他认为：“求民族之生存，而有政治的组织，是为国家。有国家政治所不及者，则以宗族组织办之。宗族者民族之分支也，又家庭之扩大也。有男女，即有夫妇，有夫妇，即有父子，夫妇父子而家庭之形体成。积家庭而成民族，故民族之治，始于家庭。”而如今，“对于国家、地方、家庭、个人既多有规划，而宗族方面独未之详，此不可不加以用心也”。

可见，钮永建的宗族观念，对于俞塘钮氏宗族组织的构想和建设，自有一整套独到而新颖的主张，富有鲜明的时代特征。

1922 年春，他与俞塘族众都感觉到，族长制及长房制已不适应时代的发展，但族务及族财产又不宜长期无人管理，于是经过数年的讨论，集思广益，形成一系列相关公约和细则。1933 年 1 月，吴兴钮氏俞塘支编审委员会编印《三民主义下之宗族组织》（又称《俞塘钮氏宗族组织》）。钮永建在引言中如此阐述：

> 吴兴钮氏俞塘支，根据民族主义，谋为族人提高人格、充裕生计、健康身体、增进能力、改良家族。俾得生存及发展于此人类大竞争之世界，保持及发展我汉、晋以来千余年优秀之族望。公定族训，期以本支

之努力，进而与吾钮氏全族，及中国全民族之大结合，以发挥我大中华之民族精神。凡我族人，务须切实奉行，自求多福。

俞塘钮氏宗族组织的改良，延续“五房”格局，没有恢复原有宗祠，而是贴近时代现实。

《俞塘钮氏宗族组织》列出的28条族训，足见钮永建用心之良苦。其中，“提高人格”有4条：一为族人须以忠孝、仁爱、信义、和平为道德标准，格致、诚正、修齐、治平为智能标准，以振奋民族精神；二为须刻苦奋勉，力行克己功夫，禁戒一切不良行为和嗜好；三为自觉陶冶思想，适应时代潮流，破除迷信习惯，去邪念，弃偏见，绝傲慢，保持公平之心；四为群治的力行，尽力为人群服务，与人群合作，成为文质兼备。

“充裕生计”有4条：一为族人要适应现代生活程度，适应江苏之地位，尤其像上海这样竞争激烈的大城市，先要养成创造精神，并提倡从事生计的职业；二为职业应以有益于社会国家为原则，熟悉乡村平民生活、农事作业，为生计之根本；三为日常生活事务，不得奢华或铺张，切实量力从俭。四为养成勤俭质朴储蓄习惯。

“健康身体”有4条：一为每日适当体力劳动，注意施行流汗与沐浴，积极参加体育锻炼，起居饮食讲究卫生；二为妇女须切实讲究妇幼保健、妊娠哺乳期卫生；三为重视改善环境，促进整治市容、乡容、村貌。

“增进能力”有3条：一为族人应认识科学知识是人的能力之源泉，必须有人为竞胜之觉悟。对子女须因材施教，尽力培植；二为正确认识、处理体力劳动和智力劳动的两者关系；三为族人尽可能多输送有志青年上学，在高等学校或专门学校毕业。

“改良家族”有13条：包括子女婚嫁择配、父母赡养、亲友交往、公墓营葬等。尤为注重破除家中一切迷信的事例，如改良祭扫祖墓等方式，废除焚纸烧香等风俗，而使子孙能思念祖先之恩，期能以团结互助精神收实践之效果。

这28条族训富有针对性和操作性，是钮氏前辈为人处世经验的总结，又是为适应时代发展所提出的要求,对俞塘钮氏家族后人产生了深远的影响。

创办强恕园艺学校

尽管省政府公务繁忙,但钮永建总是惦记着家乡的发展和自己的抱负,决意办成几件自己最想造福于民的实事。

1928年,钮永建在马桥镇上筹建“私立强恕职业中学”,注重园艺农事。1930年9月1日正式开学,入秋后改称“强恕园艺学校”。钮永建亲自担任校务委员会负责人,特聘国立西北农林专科学校校长郭须静(字厚庵)为名誉校长,由马桥乡立强恕小学校长怀仁(字伯明)兼任校长,李传缙任校务主任,上海县立农场技术员潘道昌(1901—1970,字吾行)受聘为总务主任兼教员。12月13日,钮永建在《民国日报》刊发消息,宣告年末前后,面向社会举办为期10天的“园艺讲演会”,特邀留法园艺专家沈道南、周士礼、郭静,留美园艺专家陆费贽和俞塘民众教育馆长高阳等10人前来讲课,听讲者限60名,免费提供膳宿。

1931年初,“强恕园艺学校”迁至上松公路竹冈桥畔,校舍设于钮氏“宝德堂”旧址,另为实习班新建茅屋,共计30余间。

1932年起,招收初中班(学制3年,2年学习,1年实习)和实习班(学制2年),课程分为文化课程和经济生产课程。文化课程包括国文、算学、日文、党义、图画、农村调查、农业概况等,经济生产课程包括蔬菜、栽培、果树、畜牧、花卉、庭园、庭园制图、病虫害、农用理化(包括生物、土壤、肥料、气象、农具等)、农村管理等,初中班还有偏重于实践的专业选修科目,专修科目有花卉园艺、果树园艺、蔬菜园艺、造庭园艺,辅助科目有动物饲养、水产、造林、农产制造、合作、农村社会、农场管理、民众教育、园艺推广、农村建设。园艺学校师生在俞善庙西厢房内,安装了设备,提炼薄荷油。

强恕园艺学校农场占地约6.67万平方米,划分为7个区(校基区、河东区、校西区、河南区、俞西区、紫冈区、桃园区),学生分成7个组。学校不雇杂务工,师生同生活共甘苦,饮食同桌,作息同时,实习同区。在这里,没有摩登的公子哥儿，个个都是甘受艰苦的青年，同教师一起住茅屋，吃粗粮，在灯光下读书，在阳光下荷锄，流汗。

中共“十三大”中顾委委员项南，曾是俞塘私立强恕园艺学校首届毕业生。项南（1918—1997），原名项德崇，福建省连城县人。父亲项与年（1894—1978），1925 年加入中国共产党，1927 年以南京华侨事务委员会科长的身份，在上海劳勃生路（今长寿路）创办复炎小学，自任校长，而实际是在中国共产党中央机关工作。党中央机关迁往江西革命根据地后，继续从事上海与苏区的秘密情报联络工作。1928 年，年仅 10 周岁的项南到上海寻父。1930 年，父亲就将他送到马桥，进入刚开办的强恕园艺学校学习。1932 年初，项南正读到 3 年级，父亲因组织安排急于撤离上海，就将他委托给同乡好友、当时在中华职教社工作的张雪澄（1905—1988，中国民主建国会的创始元老）。从此，张雪澄时常抽空来到俞塘项南住处，每月给他 5 块大洋，供学习和生活之用。

1933 年 7 月 9 日，强恕园艺学校建立校董会。同时，在新建的校舍内为 12 位首届毕业生举行毕业典礼。项南从强恕园艺学校毕业后回到福建，在长乐县从事园艺工作，并走上革命道路。

从 1934 年起，强恕园艺学校分为 3 年制初中本科和 2 年制实习班 2 部。由黄梅仙兼任校长，教员还有王元辅、李建业、陆志忠、冯赞元等。后来，潘道昌、王元辅接任教务主任。改为俞塘民众教育馆属下的园艺专馆，办理园艺作物的推广事宜，定期编印《园艺通讯》。

大手笔

当时，由于钮永建和被誉为“民众教育保姆”的女教育家俞庆棠的努力，江苏全省已建立起 300 多所民众教育馆、82 所农民教育馆。然而，还没有一所是私立的。

钮永建在俞塘创办的私立民众教育馆，虽非正规的教学机构，但他主张要由懂教育的行家来实施管理。他特聘江苏省立教育学院院长、享有盛誉的乡村教育家高阳(1892—1943,字践四)为馆长。高阳一口答应兼职,可他不可能坐守在俞塘,选派无锡教育学院毕业生陆盖、韦瑞墀前来经办具体事务。

于是,钮永建只得动用身边正从事教育工作的夫人黄梅仙、侄儿钮长耀和侄女钮恂言。黄梅仙与钮恂言于1927年8月在上海南市方浜路创立上海私立女子审美初级中校,特聘时任上海法科大学教务长的沈钧儒兼任校长,并由吴稚晖、钮永建、王一亭等担任校董,在上海滩颇具号召力。钮长耀(1903—1993),乳名文光,钮永祥长子。幼年启蒙于强恕学校,旋升读省立第三中学,毕业于上海法学院后又留学日本攻读社教系。归国后,任市立敬业中学校长,时为国民党上海县第一届执行委员会常务委员。

钮永建一声令下,黄梅仙二话没说,立即将"审美女中"交给钮恂言,匆匆赶到俞塘。钮长耀时年25岁,毅然回乡出任民众教育馆副馆长,主持日常工作。

钮永祥长女钮恂言(1898—1972),江苏省第一代女中毕业生,民国初赴日本大学进修,专攻社会教育,以论文《社会教育设施的研究》获学士学位。她酷爱中国书画艺术,为开创女子美术教育事业做出了不懈的努力。1934年4月起,她成为中国第一个女子书画团体"中国女子书画会"会员,人称"海上闺秀"之一。钮恂言如此喜爱美术,正好可以教授审美女中的刺绣、图画等科目,还被松江松筠女校邀聘去当校长。钮永建理解她的爱好和志向,没有强求,而钮恂言理解钮永建的雄心和脾性,有空便回乡来助阵。

钮永建为俞塘民众教育馆组建了一个强大的董事会。他特聘吴稚晖和全国著名教育家、社会学家陶行知、晏阳初、梁漱溟、黄炎培等为俞塘教育事业指导委员会成员,由俞庆棠担任俞塘民众教育馆董事会董事长,江问渔(名恒源,字问渔)、李云亭等11人为董事。同时,还设有理事会、监事会,由钮永建亲自主持理事会。

当年7月,钮永建在江苏省立教育学院社会教育暑期学校发表演讲,题为《民众教育机关应发起组织乡村经济委员会说明书》。

8月,钮永建在江苏省立民众教育馆(由无锡民众教育学院和劳农学院合并）首次大会上发表演说，阐述社会教育的意义。以后一段时间内，他每周必到校巡视，时常做演讲，间亦小住院中，与学员共同生活。

同时，钮永建亲自主持制订《俞塘民众教育馆计划大纲》，回答了几个社会热点问题。

为什么要创办民众教育馆？《计划大纲》做了这样的阐述："清季末叶之'简易识字学塾'与近年之平民学校，均以为人之能识字，则普及教育之目的已达。即今日社会中人，亦每以为教育即识字，使民众皆能识字，则可谓普及民众教育。此种见解，窃以为不当。""夫社会者乃整个单元之物，其各方面有连环性。社会之进步，甚似海水潮涨，为整个之推进。欲其局部或畸形之发展，不特事倍功半，抑且杯水车薪，此种事业之例证，无论在社会任何方面，皆可开眼便见。"

那么，真正的民众教育是怎样的呢？《计划大纲》指出："今吾人洞鉴前人之非，宜如何谋入正轨而不蹈其故辙，则当深究社会之底蕴，作对症发药之方。"强调其特点是："'全民教育'与日本教育家山崎延吉氏之所谓'全村教育'不同，不为办在小范围之农村而言，扩而大之，以一社会一民族而言。俞塘民众教育馆，为实施全民教育而设。所以预期达到之目的，不但使教育与政治联合，使产业兴发，民生裕如，更须予民众以艺术之教育，道德上之修养，高尚之理想。"同时，"就个人方面言，成健全之良民。在社会方面言，成社会之能员。然后社会进步，民族自光荣，人群进化，世界大同。此即所谓全民教育之普及"。

钮永建确定俞塘民众教育馆的工作目标，一是从农民的实际生活出发，谋增进农村生活；二是从完成地方自治上着眼，谋改良农村组织；三是根据三民主义，完成训政，促进世界大同。根据这一思想，民众教育馆着重开展：民众生计教育、健康教育、艺术教育、家事教育、文字教育和公民教育，以增进农村生活，改良农村组织。进一步普及全民教育，实现产业兴发，地方自治，生活圆满，社会进步，民族富昌，世界大同。

因此，办馆之初民教馆分设 5 个股：教育股（职掌民众学校、巡回文库、民众茶园及俱乐部等），生计股（职掌合作社、农业改进、副业提倡等），健康股(职掌民众医院、体育场、清洁运动等),家事股(职掌乡村幼稚园、母道学校、模范家庭等),事务股(职掌文书、保管、庶务、会计等)。依上述目标和分工,先以俞塘村为实施全民教育实验区域,同时兼顾马桥、北桥及其他附近地方,谋将来扩大。

通过近一年的实践,随着业务的扩大,俞塘民众教育馆的工作目标和实施原则越来越明确。对于具体施教内容的实施,钮永建主张坚持如下原则:一是施教时以教、学、做一贯为原则。二是以建设、繁荣农村为首要,以民生为本位。三是设立生产训练机关,使民众有专门学习的机会和场所。四是根据互助及合作之原则,使民众有具体之组织和严明纪律。五是培养并利用本地人才、本地财力,办本地事业。

同乐同忧

回到家乡,钮永建疲惫的身心得以放松。俞塘河口的紫冈桥畔,繁花缤纷,掩映着的钮永建私邸,此时成了俞塘教育事业指导委员会的所在地。

钮永建认为“要在最速期内,迎头赶上世界上先进国家的基本水平,关键是以繁荣农村为主点,整理市集为辅点;以发挥人类体力脑力、开发地上地下一切物料之质力为起点;以养成伟大固有之国力、地方力为终点”。他决意要在家乡开创乡村新生活。

此时,钮永建创办的强恕小学已有30多年的历史,发展到拥有6个班级、256名学生、11名教员的规模。但是,马桥地区地广人多,学校太少,贫苦农家子弟入学更难。为此,俞塘民众教育馆在俞塘、马桥、青登、西村、俞南等5处设点,创办“没有门槛”的民众夜校。

民众教育馆在俞塘办了“民众茶园”。白天供老年人喝茶聊天,晚上则是中青年的娱乐天地。

1930年夏天,俞塘民众教育馆自备科达摄影机和放映机,放映无声电影《苹果小姐》,轰动四乡。还派瞿伯然至强声公司受训,回馆自拍反映民众学文化和科技方面的影片并放映,观者如潮。

在11月份秋高气爽的时节里，俞塘民众教育馆首次举办庙会式的大型游园活动，展示民众教育成果，钮永建为之取名“菊花大会”。

1931年1月1日，钮永建在俞塘参加“首届民众同乐大会”，各种民俗文化大展身手，热闹了3天。钮永建品尝了乡亲们自制的三角粽、鸡油塌饼、豆黄锦团、炒粢饭、烧饼等“吃头”，盛赞家乡风味“逢熟吃熟，粗中有细”。

钮永建酷爱武术，常年健身，虽个子不高，却身板硬朗，英姿勃勃。在他的倡导下，俞塘村成立了武术团，经常献艺传技。民众教育馆还特聘武术教师，组织青年坚持训练拳操，强身健体。本地流行独具特色的手狮灯舞，当时俗称“跳狮”，此时成为民众同乐时的保留节目。

1月10日，钮永建赴南京出席立法院会议。13日，他卸去所兼禁烟委员会副委员长之职。不久，钮永建夫妇即回俞塘。

这天，钮永建刚回到俞塘村，就吩咐邀请宅上老邻居来做客。钮府客堂间里顿时挤满乡亲。只见八仙桌上放着广漆长盘，盘中有只黄褐色的瓜果，椭圆形状，在场的人们纷纷称奇。钮永建告诉大家：这是张治中将军从千里之外的新疆带回来的，产在哈密，所以叫哈密瓜。说是名贵之物，今日大家共享。大家都想尝尝鲜，可又不好意思上前占了惕老的口福。钮永建笑笑，说：一只瓜，那么多人，如何吃法呢？从前有位高僧，有日捧出8只生梨，要给弟子们共享，就将生梨打碎，煮了一锅梨水汤，每僧一杯。今朝，我伲效仿前贤，分瓜共享。说罢，钮永建点了点在场的人头数，亲自操刀，将瓜如数分切，每人一小块。人们吃得有滋有味，钮永建又吩咐说：“各位，不要把瓜籽也吃了，千万留下瓜籽，给我留下瓜籽。”他端着碗，将一粒粒哈密瓜籽收了起来，派人送到强恕园艺学校栽培试种。

3月5日，钮永建出席俞塘民众教育馆第3次董事会议。

3月8日，俞塘“妇女家事研究会”成立，由黄梅仙任会长。

这一年春季，黄梅仙组织举办了一场婴儿健康比赛，对健壮的婴儿进行评定并颁奖，结果评出优胜奖10名、普通奖130名。不久，又举办产婆训练班，有效地提高农民的妇幼卫生意识。

谁料，入春之后，俞塘地区突然遭遇严重的病虫害，农作物产量普遍受损达30%以上,灾情持续蔓延。

钮永建眼看乡亲们万般焦虑却束手无策,即由俞塘的现状联想到全国的农民也会遭受如此巨大的损失。他发急了,似当年战场杀敌般地下发“将军令”,吩咐民教馆主任瞿嘉猷立即向江苏省政府农矿厅求救,主张尽快拿出对策,帮农民度过灾害。

农矿厅闻讯即派出李凤荪等农科人员到俞塘做专题科研。5月的一天,农矿厅长何玉书(1892—1969,福建光泽人)亲临俞塘村,参加科研会议。当天风雨交加,因上松路新铺砖石未竟,汽车不能通行,何玉书一行在北桥沪闵路口下车后,冒雨步行赶到俞塘,与农科人员议定消除病虫害的对策。钮永建见之,深为感动,8月13日为《俞塘》季刊撰写序言时专门叙述了这件事,并指出:“农业三大要务,为选种、施肥、去病害虫害。而虫害多为病害之因,故去虫害为农政尤要之务。”因此,他将农科人员在俞塘实践中形成的十多篇防治病虫害的文章集中刊发于《俞塘》季刊,供各地共享。就此,农业科研工作成为俞塘民众教育的一项重点工作。

1931年夏季,黄梅仙在钮氏老宅“爱日堂”里创办“妇女半日学校”(分上午班和下午班)。1932年起,扩充为全日制的“俞塘妇女自助学社”,黄梅仙兼任社长,聘程蔼娟(1903—1939,又名程衍)任主任,钟品彝任教员,周道富任技师主任。参加者每天下午集合读书识字,并学习缝纫、刺绣、黄草编织、机制线袜等技艺。天真未泯的村姑个个眉飞色舞,天天带着书包、针线到这里来学习。黄梅仙特意为妇女自助学社撰写了一首朗朗上口的《妇女自助学社社歌》。

乡村“造园”

为了改进上海乡村文化,钮永建重点抓的是“造园”。他指出“所主张的造园,不仅一家宅之庭园,亦不仅一地方之公园,乃欲使全地方并全县、全省、全国,造成一天然大公园”。他告诉乡亲们,“在此上海大都市之近旁,利用天然之胜景,温和之气候,使各区各乡所有地方天然物、人造物,无不整理得宜，成为全部天然好景，则中外名流、都市民众，必且趋之恐后，以为天堂乐园。此则无异为上海特别市数百万人民预备一临时大别墅，而为其不费钱，不费劳力和精神之享用地。”

钮永建特意撰写《改进村容野貌之研究》，认为“欲使全地方造成一天然大公园，其要诀全在改进村容野貌。因村野为地方之最大部分，且其天然好景实无不为村野之专有”。

于是，俞塘民众教育馆组织村民一起行动，从清洁、整齐、卫生、美观入手，对村宅环境建设花了真功夫，终于使这里的学校、农场、村宅、小镇融为一体，这里的住宅、绿化、农田、河道，可谓赏心悦目。他号召家乡父老“立定志愿，以上海全县之进步，成苏浙两省之模范，促进上海特别市之整理，并振起全国向上之心理，其效果之所至，须成为全国国容改良之发祥地”。

俞塘成了乡村改造的样板，前来参观者齐声叫好。钮永建《改进村容野貌之研究》一文 1937 年 2 月 15 日在南京《新运导报》杂志第 2 期刊发。3 月 2 日被重庆《中央日报》转发。5 月 10 日又被农林部中央农业实验所《农报旬刊》第 4 卷第 13 期转载。随之在各地广泛传播，产生深远的社会影响。

俞塘合作社

钮永建亲眼看见中国农村的落后和贫穷，为农村破产的普遍现状焦虑万分。他把改造家乡之事落脚于乡村建设，以创办俞塘民众教育馆为基地，从进行信用合作着手，发展到运销合作、生产合作(时称“三大合作”)。

针对农业经济发展中的实际问题，钮永建部署大胆的尝试。1930 年 9 月 20 日，在俞塘村筹建新兴经济实体，取名“俞塘农产运销兼营购买利用信用保证合作社”，简称“俞塘合作社”，同时建立理事会、监事会。钮永建指派黄梅仙任监事会主席，乡董王承尧(字益仁)为理事会主席、钮长耀的父亲钮永祥任理事兼总经理，理事还有钮长廉(字志夷，钮氏东房代表，上海县教育局教育委员兼强恕小学校长)、钮长庆(字兢伯，钮氏东房代表，跟随金庆章在外任职)和孙健君(民教馆总务部干事)。

钮永祥,字锡三,钮长耀的父亲,钮氏西房代表人物。乐善好施,广结人缘。曾任十八保十三图图董。1911 年起,任马桥乡议事会议员。1924 年 4 月,经钮氏宗族会议推举,担任家族事务执行委员之一和常务委员。

1931 年 1 月 2 日,俞塘合作社正式营业,首批入社农民 70 余人,每股国币 4 元。业务分设运销、利用、购买、信用 4 个部门。利用部经营榨油、碾米等加工业务;购买部经营南北杂货,油、酒、烟、纸张等日用品;信用部业务以供存储和借贷资金为主,兼理社内各部资金调剂及会计,代理省立俞塘民众教育馆钱款收付事项。与松江农民银行、上海商业储蓄银行、上海农民银行订有借款合同,可随时借用信用部为当地农民提供零星小额贷款,利息低于私人借贷或银行贷款。

钮永建夫人黄梅仙

俞塘民众教育馆属下的合作专馆,与俞塘合作社信用部联合办公,其业务为合作社组织和人员培养。

钮永建要求大力推广俞塘合作社的成功经验,组织编印《合作事业专刊》小册子,进行广泛宣传。

1933 年 5 月 9 日,上海县农民教育馆发起组织新上海农村信用兼营合作社,有信贷、储蓄和运销农产、织布、养鸡等业务。1935 年,上海县有 10 个乡办合作社。而俞塘合作社的规模最大,至 1935 年 6 月底,附近 9 成以上农民加入俞塘合作社,社员 281 人,其中团体社员 3 户 93 人、股金 1368 元,工作人员 15 人。

宏图大展

引退也难

俞塘民众教育馆的业务范围和影响力日益扩大，推动上海县境内相继建立了颛桥农民教育馆、三林民众教育实验馆、塘湾民众教育馆、闵行民众教育馆、鲁汇民众教育馆、陈行民众教育馆等。

此时的俞塘，成了上海西南诸乡的文化源泉、交流中心。

钮永建一心想趁势推进家乡建设，实现夙愿，可是国民政府诸位老友一再劝他重返南京，弄得他左右为难。

1931年6月19日，钮永建在南京参加会议，决意请辞铨叙部部长之职，因在会上不容其细述，特致函考试院院长戴季陶，以书面形式具体陈述引退的理由。

时任考试院院长的戴季陶（1891—1949，初名良弼，后名传贤，字季陶）比钮永建年轻21岁，曾随钮永建参加光复上海之役，其原配夫人钮有恒（1886—1942）与钮永建又是吴兴同宗族亲，因此戴季陶借彼此关系密切，缠住钮永建不让其引退。钮永建心软，同意把引退之事暂且搁置。

6月，长江中下游地区遭受严重水灾。钮永建忧思忡忡，深感自己若是守在俞塘而远离时局会显得不义，有负孙中山先生的遗训，便将引退的念头再次搁下。他在南京发出“助赈征书画”函,称:“苏省今岁水灾,近所未有。田庐漂浚,家室星散,极目千里,水天一色,鱼龙夜寂,野哭相闻,求臼大难,死生莫卜,霜露未已,风雪待时,人非金石,其何以堪。适首都人士,有书画筹赈之议,拟附设江苏组,将以所获,惠彼灾黎,夙仰德惠旁流,行义高劭,耽乐术艺,海内宗仰,恳赐数纸,俾易钱米,思逾冬日,民不能忘。”

几年前,钮永建以女儿钮妍华的名义在南京赤壁路三号购买了一幢小红楼作为寓所。钮妍华嫁给沈奎侯博士后,时常留居美国,这一年返回南京与父亲团聚,谁料突患暴病逝世。钮永建的心头又被深深地扎了一刀,待在小红楼里不想再出门。

7 月,考试院在南京组织举行第一届高等考试(俗称“高等文官考试”),钮永建忙了一个月。8 月 10 日午间,钮永建陪戴季陶在考试院宴请全体荣登金榜者。

钮永建就此滞留南京,但内心始终牵挂着俞塘,思考着民众教育工作。出席江苏省社会教育暑期讲习会时,他发表了题为《实行全民训练之方法》的演讲,以私立俞塘民众教育馆为例宣传自己的主张。

为了扩大俞塘民众教育馆的影响力,7 月 15 日,钮永建亲自创办的《俞塘》季刊创刊号出版,内容有钮永建的《改进村容野貌之研究》,以及本区调查,还报道了俞塘托儿所、合作社、园艺等方面的情况。

随迁洛阳

1932 年,日本发动“一·二八”事变,悍然进攻上海,淞沪抗战爆发了。同时,日军又集结数艘军舰,逼近南京下关江面,直接威胁南京国民政府。1 月 29 日,国民政府宣布迁都洛阳的决定。面对国难,钮永建身不由己,忙着奉命率铨叙部迁往洛阳。

2 月 26 日,钮永建率朱孔文、黄蕴深等铨叙部人马迁到了河南洛阳县城内,办公处设在吕氏街 18 号。此时,洛阳只是个 8 万人口的小县城,国民政府各大机构迁入后,只好因陋就简。

3月11日,钮永建又被选任为考试院副院长,兼铨叙部部长。

4月7至12日,钮永建在洛阳出席"国难会议"。

不久,钮永建在国民政府纪念周上做报告,题为《建设中的洛阳行都》。在洛阳,钮永建以私资修建周公庙、五贤祠等老建筑,并将周公庙作为考试院办公地。

5月25日,钮永建从洛阳返回北京。

6月,钮永建辞去立法委员兼军事委员会委员长职务。

7月4日,钮永建抵达开封,与吴稚晖等同游嵩山。

7月11日,钮永建抵达北京,计划月底返回洛阳。

11月3日,钮永建抵达北京。

11月6日,钮永建与国民政府主席林森等同车赴洛阳。

11月,钮永建与戴季陶、吴稚晖等同游龙门;又与张继(字溥泉)等同游孟泽,至汉光武帝陵,归途中登汉明帝陵,游白马寺。

11月20日,钮永建次女钮奸华婿沈奎侯(南京河海工程学校校长、博士)病逝于南京,钮永建十分悲痛。

11月23日,钮永建随考试院由洛阳迁回南京办公。

考试院从周公庙撤离时,钮永建协助在此创设以"宏储古典,借以发扬东方文化"为宗旨的"中原社会教育馆",聘陈大白为馆长,内设民众学校、儿童简易班、阅报室等。

1933年3月3日,钮永建卸任铨叙部部长,专任考试院副院长。

升格省立

1933年2月,南京国民政府邀集各地民众教育专家讨论"推行民众教育方案",会议推选钮永建、梁漱溟、孟宪承、高践四、陈礼江等5人负责起草《民众教育在教育系统上的地位》草案。8月,《社会本位的教育系统草案》完成。

私立俞塘民众教育馆2年多来的实践,在江苏省引起巨大反响。政府教育机构也非常重视,希望升格为公立。

1933 年夏,经钮永建同意,董事会呈请江苏省教育厅收归为公立。7 月,申请被批准,改名为“江苏省立俞塘民众教育馆”,直属江苏省教育厅管辖,任命钮长耀为馆长。对教育工作纲要做了相应的补充,基本施教区为马桥、北桥地区;推广施教区为上海县全境;辅导施教区为松江、金山、上海、青浦、奉贤、南汇、川沙、宝山、嘉定和太仓等 11 个县。

俞塘民众教育馆所需经费,私立时期主要由创办人和各董事以及社会各界捐助,省教育厅每年补助 1.2 万元;升格为省立后,改由省政府负担,年拨银元 2.5 万元,加临时费 1000 元。

1934 年 3 月,俞塘民众教育馆用俞庆棠在合作社创建之初捐助的巨款,兴建了“庆棠厅”。设分馆、专馆,有馆舍 200 余间(含借用)、实验及示范农田 200 余亩,有花房、温室,普及教育汽车一辆,电影摄影机、放映机各一台,并有幻灯机、无线电收音机等教育设备及戏剧、音乐、图画、讲演方面用具,图书杂志 2600 册,反映抗日及识字运动图片 50 幅。

俞塘民教馆本部的规模又有大发展,分为生计、教导、研究辅导、总务 4 部,成立了园艺、农艺、合作 3 个专馆。

此时,俞塘民众教育馆调入一批专业工作人员,业务人员增加到 38 人。

为丰富农村文化生活,民众教育馆在俞塘村与马桥、荷巷桥、紫藤棚 3 地开设了 4 家民众茶园,作为宣传教育场所;在马桥镇组织马桥剧社,排演劝人为善的通俗戏剧。同时,馆聘武术教师,组织青年训练拳操,成立武术团。1934 年起,这里每年举办俞塘民众业余运动会,逢 4 月为体育运动会,6 月为卫生运动会。

不久,在俞塘东、西 5000 米外,民众教育馆分别增设了北桥乡的瓶山分馆和马桥乡的荷巷桥分馆。

1934 年元旦,“荷溪女校”在荷巷桥西北的王家塘借用民房开办,黄梅仙倡导设立《怎样行传统礼仪“鞠躬”》一课。女校老师示范、教习按辈分、男女、官场以及婚丧喜事和农事重要节庆等不同场合的鞠躬礼仪,收效甚佳。

考察与思考

1933年8月6日，钮永建自南京返回上海，一到俞塘，喜见圃内鲜桃已熟，便特派专人将鲜桃及信送到吴稚晖上海住处，让其品尝，分享“俞塘园艺尚有成绩”。

11月6日，提倡国货运动宣传周，钮永建在国民大戏院发表演讲《一般人对国货与洋货之观念》。

1934年2月，钮永建在南京国民政府做报告，题为《国民本位之民众教育》，并在第2期《国货月报》刊发《提倡国货就是救国家救自己》。

3月，钮永建等请求国民政府，将上海县列为自治实验县。

钮永建喜欢游历，常与老友一起到各地去考察。

1934年4月5日清明节，钮永建与戴季陶、于右任（时任监察院院长）一起到黄山旅游，陪同戴季陶在徽州隆阜村祭祖，参观戴震（字东原）读书处、东原图书馆。他们冒雨登黄山，游茅蓬、文殊院、天海、狮子林等名胜，又经屯溪、富阳，才返回上海。

5月14日起，钮永建与吴稚晖同游杭州、奉化。

到了暑期，钮永建计划对各地社会教育运动做一次深入考察。当时国内开展社教运动的重点场馆有5处，各有特点，除俞塘民教馆外，还有开封的中国社会教育社年会（以乡村建设为复兴民族之中心问题）、洛阳的中原社会教育馆（专力于民众学校，以严格训练养成民众纪律为目的）、北乡吕家庙实验区（以试办征学制，试办普通教育机关，兼办民众教育的新组织为出发点）、徐州民众教育馆（就民众必要生活随事指导）。

7月，俞庆棠等在洛阳创办民众教育实验区，钮永建赶去参加第一次董事会会议。

8月17日，钮永建赴开封，参加中国社会教育社第三届年会活动。

9月17日，钮永建在国府纪念周发表演讲《参加社教运动的感想》，介绍了开展社教运动的5处场馆的各自特点。

10月9日,钮永建经北京赴山东省邹平县,参观梁漱溟创办的乡村研究院。

10月18日,钮永建经北京赴河北省定县,参观平民教育实施情形。认为定县平民教育发展迟缓原因主要是未得到政治辅助。

10月28日,钮永建在南京民众教育馆出席中国社会教育社第10次理事会会议,夫人黄梅仙列席。

钮永建的侄儿钮长铸(1905—1929,字镕才),上海法科大学政治系毕业后,任上海市立敬业中学校长。1929年9月,因患急性肠炎腹泻去世,年仅25岁,社会各界深感惋惜。1935年春,张群、吴开先、沈钧儒联名发起筹款在俞塘民众教育馆兴建“镕才堂”,以资纪念。

“镕才堂”刚建好,3月1日钮永建亲迎71岁的吴稚晖到俞塘参观。

沪郊联动

自1928年起,沪郊各县纷纷成立县立民众教育馆,大多由原通俗教育馆改组改名而成,一般有工作人员7至10人,工作任务为开展生计、语文、公民、健康、家事和休闲等6项教育工作。

省立俞塘民众教育馆针对沪郊实际情况,连续组织民众教育工作者进行专业培训,使各县民众教育馆工作开创了新局面。

1934年6月17日,省立俞塘民众教育馆在“庆棠厅”召开社会教育研究会,钮永建、俞庆棠到会发表演讲。参加者有周边十县教育局及59所社会教育机关。同时,俞塘举办了生计教育展览会。

1935年2月,为扩大影响,交流信息,钮永建即指导俞塘民众教育馆创办《社教通讯》杂志。3月15日,《社教通讯》第一卷第二期出版,刊发钮永建演讲稿《民众教育推行上必要之条件》。

《社教通讯》杂志为月刊,向江苏全省发行,每期40多页,在其封面称自己的特色为“凭着实践发掘社教新的法则新的理论而服务的刊物”,先后刊出了诸多有关民众教育的学术研究论文、典型个案、调查报告和实时动态,因此在全国颇具影响力。

当时,农村普遍性的破产,引发了上海的经济恐慌,社会亟需对策。1935 年 3 月 24 日,由钮永建、黄炎培、江问渔、姚惠泉、陶行知等发起在俞塘召开沪郊农村工作协会成立大会,共谋上海市郊的乡村建设大计。会议提出:沪郊各县环抱上海市,应当对准上海市场组织农业生产,使农民有利可图,从而稳定农村。

钮永建在会上做了重要演讲,他指出:“我们做事情,要从浅近做起,而眼光要远大。沪郊地位比其他地方重要,五洲万国人物都到上海来,万国的势力都在上海盘踞,所以是万恶的薮渊。我们在这里办这种事情,要看清是五洲万国为邻,各种事业应与之为比,应做出好榜样来。我们不去比,人家来比的。因此,我们不能不觉悟。”

4 月初,钮永建赴武昌参加“教育专家讨论会议”,发表题为《军国民教育》和《民众教育之方法》的讲话,他追忆当年在湖北武备学堂时的生活,号召大力推进民众教育。

创建实验区

在钮永建主持下,俞塘民众教育馆决定划出俞塘和周边金家湾、董家塘、赵家塘(今均属联工村)、北翁(今属星星村)、西村(今属望海村)五个村宅及瓶山道院地区(今属北桥)为俞塘乡村新生活实验区(后扩至十平方千米)。为此,急需各路英才前来俞塘显身手。

1935 年 3 月 24 日,沪郊农村工作协会成立大会在俞塘召开。时年 21 岁的张劲夫(1914—2015,原名张世德,1982 年起任国务院国务委员兼国家经济委员会主任)随陶行知到俞塘参加活动。

之后,受陶行知派遣,张劲夫决定到俞塘民众教育馆工作,以“张新夫”为名任《社教通讯》杂志编辑。

陶行知又调冯国华(1901—1938,字迈樱,宝山县城厢镇人)到俞塘民众教育馆工作,任实验区主任。张劲夫和王佐舟(河南信阳人)任实验区干事。

张劲夫始终与“中国左翼教育工作者联盟”保持着密切联系，并将相关指示在俞塘贯彻落实。1935 年 12 月，张劲夫加入中国共产党。

1936 年 2 月，上海文化界救国会教育委员会主任委员陶行知发起成立“上海国难教育社”，陶行知为社长。执行委员会下设干事会，张劲夫担任总干事，离开俞塘。

冯国华任俞塘民众教育馆“民教服务人员训练班”主任，前来任教的有不少陶行知的追随者和沪上名士。其中有：陆静山，1904 年出生于江苏省无锡市，1926 年结识陶行知，晓庄师范创校时任指导员，从此长期追随陶行知，参加生活教育理论的探讨与实践工作。苏德隆（1906—1985，南京市人），1935 年国立上海医学院本科毕业，获医学博士学位。

推广“小先生”

1935 年 3 月 24 日，钮永建邀请著名教育家陶行知在俞塘民众教育馆做了推行“小先生制”的专题报告。他告诉大家，世界上人传人，有大人传大人、大人传小孩、小孩传小孩和小孩传大人，前两种已被大家所熟悉，而后两种却被忽视了，所以应当提倡。希望大家对这 4 种力量兼取并用。

在试验的基础上，俞塘民众教育馆集中了 700 多名“小先生”，成立了“小先生同盟会”，隆重举行儿童普及教育授旗典礼。俞塘小学还制定了《小先生工作考查及奖惩办法》，规定每人招收扫盲学生 2 人以上。然而，儿童的能力毕竟太弱，自信心不强，民众教育馆便举办了一期有 40 多人参加的“俞塘小先生训练班”，针对性地进行集中训练、分团训练和个别训练。经过一个多月的训练，学员的责任心、纪律性和组织能力得到加强。训练班结业时，钮永建亲临会场，并用一口本地土话做了生动有趣的演讲，鼓励孩子们争做好汉，当好“小先生”。

钮永建主张“小先生制”应有所创新，不仅组织青少年参与扫盲，而且要求他们以“即知即传人”的原则，随时随地将学到的本领和文化教给别人，使更多的农民参与乡村建设活动。

民众教育馆发动“小先生”们在各村建立生活教育团，由实验区干事王佐舟任生活教育团理事长。

5月，实验区西村生活教育团的46名小先生，发起了改善村容村貌的“筑路运动”，按计划分头负责实施。他们唱着《大路歌》，奋战了3天，一举将原路加阔了约60厘米。

9月18日，钮永建在俞塘民众教育馆出席“小先生训练班”开学仪式，并发表讲话。

以“共学互教”“即知即传人”为行动口号的“小先生”们活跃在田间地头，给农村带来了活力和希望。不少农民高兴地称赞说：“今后应当把小孩当作大好佬。”

黄梅仙卖草莓

黄梅仙在俞塘民众教育馆还负责经营农事的实验和推广工作，兼任马桥强恕园艺中学校长。

馆属下的农艺专馆在盛家桥，亦即县立农业推广所，由黄梅仙负责经营农事的实验和推广工作，对农事干部、技术人员进行培训。农友们发扬“即知即传人”的精神，一面过来学，一面回去教。园艺、农艺专馆引导家乡父老进行麦作地试验，改良油菜，选育蚕豆良种，引进种植薄荷、芦笋、番茄、草莓，嫁接桃苗，繁殖来杭鸡、北京鸭，试养波斯猪。这就拓展了农村经济结构，使农民有了更多的生财途径，同时给乡村带来了科学文明的理念，培养了大批服务于当地民生的人才，使农村经济得以持续发展。

人们看到，黄梅仙设法买来草莓籽，交给园艺馆“紫冈小圃”培植后，推广到大田种植。收获后，她亲自上街去卖草莓，还组织力量制成草莓露、草莓酱供应市场。

1936年7月7日，上海《申报》刊登《钮黄梅仙组织土产运销社》一文，报道称：“钮永建的夫人黄梅仙女士有鉴于上海市县划分界域后生产落后于消费，沪县所生产的土产品如鲜鸡、鲜鸭、鲜鱼等农村副产品，每天早晨从四五十里之外由乡民肩挑来沪供给消费，对于农民来说耗费时间、体力，极不经济，而对于鲜货价值、卫生等方面也有妨碍，所以组织土产运销社，置备汽车，用极低的价格来运输农产品，实现‘调剂农村金融，平衡生产消费’。”

俞塘地区的一切都在迅速地发生着巨大的变化，成了当地农民的“快乐之乡”。黄梅仙亲自写下一首《俞塘歌》，特请上海国立音乐专科学校女教授兼声乐系主任胡周淑安谱曲后，组织村民传唱。歌中唱道：

> 我爱俞塘，我爱俞塘快乐乡。沪杭公路，上松县道，近接东亚大市场。倡新生活，组合作社，建设首要民生昌。教育全民，实现主义，在我俞塘快乐乡。创造俞塘，会聚人才集众长。辛苦经营，民十八起，事业初步开天荒。农场园校，女织男耕，乡容渐好民渐康。不问收获，但问耕耘，在我俞塘快乐乡……

黄梅仙对这段经历感触很深，撰写了长篇专论《生产事业经历谈》，由好几家杂志发表、转载，被视作全国妇女界从事民生事业的范例，影响深远。

工作方向之争

1935年10月25日，俞塘民众教育馆创办《海燕报》，每月两期，由钮长耀任顾问，主编为李宗孟、张劲夫，时称“沪郊十县唯一小报”“民众业余的进修读品”。

10月30日，钮永建邀请俞塘民众教育馆同人40多人在牧爱堂三余草堂聚餐、观剧，并放映自行拍摄的电影纪录片《俞塘》。

12月，《社教通讯》第一卷第十期出版，刊发钮永建在国民政府纪念周演讲词全文，题为《对民众教育之观念》，明确提出社会教育与民众教育概念的异同。

然而，俞塘民众教育馆编印的《社教通讯》第二卷第一期，原定继续为“周年纪念专号”。可是，1936年2月正式出版的第一期却意外地进行了“自我批判”。编辑室发表声明称“因为蓦地里来了一个非常的波动”,民众教育馆人员被省政府召去“集中受训”3个月,所以今后期刊将暂行“延期出版”。钮长耀撰文感叹:“数月前的酝酿,一刹那的决定,把我们工作方向骤然间改变了。”此事惊动八方,关于俞塘民众教育工作方向的争议,不可避免地公开化了。

俞塘民众教育馆自从从“私立”改为“省立”之后,必然要受到当局的指挥。而指导思想的差异,也就必然会产生种种冲撞。俞塘民众教育馆的骨干称之为“遇上了倒春寒”。

首先,当局转变方针,要求民众教育从“文的”“软性的”方面转移到“武的”“硬性的”方面。于是,引发一番“标准问题”大讨论。随后,不少政府部门试图以民众教育为政绩,一时有所谓“政教合一”“党教合一”“军教合一”“保教合一”等做法,焦点为当局要求将民众教育纳入政治轨道。显然,这些主张与钮永建的办馆初衷,与俞塘民众教育馆以往几年的实践经验不符。俞塘民众教育馆既要应对当局的要求,又想坚持自己既定的主张,《社教通讯》杂志自然成了这一场论战的前线。

钮永建憋不住发话了,在《社教通讯》“周年纪念专号”上刊发《对民众教育之观念》一文。他提出应明确社会教育与民众教育概念的异同。结合俞塘民众教育馆的实践,他将民众教育概括为富的教育、强的教育、公民的教育及其他预备或辅助的教育。若以三民主义言之,富的教育即民生主义之教育,强的教育即民族主义之教育,公民的教育即民权主义之教育。

然而,当政者随着时局的发展,千方百计要将民众教育纳入政治轨道。他们更多考虑的是政府偏好和政党意愿。明显存在的制度缺陷和种种弊端,妨碍了民众教育馆最大绩效的发挥,最终必将导致整个民众教育运动走向失败。《社教通讯》的编辑们以直觉发现了问题的严重性,当时却有话难言,只得以“休刊”对抗。

半年之后,事态有所缓和,《社教通讯》于10月重新复刊。

事后证明,这次“方向问题”之争的幕后推手,是日后沦落为大汉奸的周佛海(1897—1948)。他时任江苏省政府委员兼教育厅长、国民党中央民众训练部部长。他阴险狡诈,反复无常,表面上对钮永建尊为"元老",却处处设陷阱或放暗箭。1934 年 9 月,他故作姿态,写信邀请钮永建为江苏《教育月刊》撰稿,实则引作箭靶。钮永建真诚地根据多年的心得,撰写了长文《民众教育推行上之必要条件》,明确提出民众教育"应先定致用之目标,而后就目标所应有之条件以施教育","应作为学与教的重心","在施教中间应有注意于管理之必要","必须于教育制度上根据全民训练之要旨,以统制的意义,行通盘的计划"。而周佛海故弄玄虚,搬出"党教合一""政教合一""军教合一""保教合一"等,以及所谓"特种教育"唬人。《社教通讯》能重新复刊,是以周佛海的题笺作刊头为条件的。

因此,争论还在延续。为了澄清这一乱象,坚持钮永建的民众教育思想,进一步扩大其影响,《社教通讯》不时刊发观点鲜明的论文和调查报告,俞塘民众教育馆还将由钮长耀、陆盖编辑的《钮惕生先生民众教育言论集》交由中华书局出版。此书发行后,在全国各地产生了广泛的影响。

知错自罚

1935 年 5 月,考试院院长戴季陶以"神经痛不可耐",急着去疗养,将院务工作全部交给副院长钮永建代理。钮永建真是个"好好先生",居然又答应了戴季陶。

这几年,钮永建身兼数职,一心多用,身处极为特殊的境地,不断转换着自己的身份,以致白天守在俞塘,无所顾忌地与乡亲们同乐同忧,轰轰烈烈地推进乡村改造,过了黄昏匆匆动身赶往南京,次日上午即一本正经地与官场同僚们讨论政务,按部就班地履行职责,而当天晚上,他又匆匆赶回上海,次日早晨便出现在俞塘的村口田头。

当年 11 月 1 日,中央考试院组织的第三届"高等九类考试"在南京、北平、西安、广州四地同时举行,如此大张旗鼓地招考公职人员,顿时轰动天下。德高望重的钮永建被推举为典试委员会委员长。

谁也没料到,这场全国性高等考试遇到了一件不大不小的意外事:因缮印人员疏忽,在“国际公法”科目的试卷中,将“地役权”误写成了“地域权”。

钮永建得知后,认为堂堂考试院出的试题竟有如此“一字之错”,这绝非小事。他立即通报,并自己请求严正处分。

结果,考试院决定“典试委员会委员长罚俸一个月”。出此试题的典试委员徐谟不忍心,忙掏出800元,交给钮永建作为补偿。而钮永建如数退还。

钮永建“知错自罚”的举措,再次轰动全国。他的威望更加提升,随之也更加无法引退。

共赴国难

关注杭州湾

1937年2月15日至22日，国民党五届三中全会在南京举行，钮永建出席。会上，国民党抗日派和亲日派分别就停止内战、一致抗日问题展开了激烈的辩论。在对内政策上，基本确定了停止内战、实行国共合作的原则；在对外政策上，公开表示“如果让步超出了限度，只有出于抗战之一途”。

3月13日，钮永建与吴稚晖、叶楚伧等前往无锡大力嘴察查山田，筹备兴建民政大学，并商讨复旦大学迁校事宜。次日上午8时，又与吴稚晖前往社桥头省立教育学院演讲。

4月4日清明节前，钮永建赶回俞塘，参加俞塘民众教育馆组织的“第一届俞塘桃花节”，与乡亲们同乐了3天。

不久，钮永建与刚从日本考察归来的钮长耀、钮惕言，在俞塘做出了新的发展规划。

6月7日，钮永建亲临金山县戚家墩强恕第二实验区，认为海滨是国防重地，更需要加快开发，筹划在这里建立海滨民众教育馆基地，并愿捐资建造以明代抗倭名将戚继光命名的大礼堂。

这几年，钮永建一直关注着杭州湾地区的国防安全，主张加强当地的经济社会建设。早在 1933 年 9 月下旬，钮永建约集水产专家侯朝海、王文泰、陈椿寿和松江县教育局局长朱松建等，搭乘汽车循新建的沪杭公路，巡视杭州湾口、金山嘴、柘林沿海一带，又登上佘山，俯瞰海岸及湖川形势后，改乘汽船，航巡松江、青浦、吴县之间的淀山湖、莲湖、泖湖等处，认为水产事业关系国权和民生至巨，应当先在这里筹建一两个渔民民众教育馆，灌输渔民智识，提倡渔业合作社，救济渔村，渐次着手渔业之改进，渔场之推广。10 月 1 日，钮永建又在上海约集教育家高践四、俞庆棠和水产专家侯朝海、金志铨等，讨论筹建渔民民众教育馆的具体方案，并决定遣派俞塘民众教育馆教员凌鹏程（又名凌凌九，崇明县城人）等赴无锡教育学院考察，计划次年一月在金山嘴正式开办。

1934 年，钮永建安排马桥强恕学校的师资力量，在金山卫戚家墩建立了强恕第二实验区。

1935 年秋，原南京古物保存所所长卫聚贤等在戚家墩发现古文化遗存。钮永建闻知此事，即介绍他们到戚家墩强恕实验区，去找强恕教员做导引。卫聚贤等赶到戚家墩海滨浴场，改道走里海塘找到小学堂，结果发现了含有鼎足、鬲片的一处遗址，并再度获得一批几何硬纹陶片等。钮永建还为他们的田野考古调查报告《金山卫访古记纲要》题签。这是上海地区第一次专业性田野考古发掘活动。

钮永建真诚地希望杭州湾一带能够尽快发展。1935 年 11 月，他为《金山县教育年报》创刊题词：

> 金山位于大海之滨，当江浙之会。所谓教育国防者，应首宜注意于此。县教育局最努力于实施，成绩灿然，庶可纾中央筹海之忧乎。

谁料想，金山卫的开发建设刚刚起步，侵华日军已经虎视眈眈地盯上了这一块战略要地。

壮丁集训

1936年夏季,冯国华等在松江城接受了31个月的军事训练。

自10月起,俞塘民众教育馆奉命集中力量开展"壮丁受训",而且为期九个月。松江专区"壮丁训练教练员学习班"在俞塘民众教育馆举办,冯国华受聘为教育长,各中心民校校长、教员参加,11月初结束。

10月16日,钮永建夫妇在俞塘出席庆祝地方纪念活动。上午,集体谒味三公(钮世章)墓。下午,钮永建致训词。

11月1日,钮永建在俞塘民众教育馆各机构联合纪念周集会上发表演讲,题为《我们应有而必要尽的责任》。他发出震撼人们心灵的呼吁:

> 中国现在种种受欺,与其说欺中国之弱,毋宁说欺中国之大。此吾人所当觉悟者也。然则中国在此时究竟应如何是好?这是很简单的,就是中国人须要自己定一个宗旨才是。就是:中国人应该负起我们应有的责任,来发挥中国应有伟大的能力,维持世界今后永久的和平。
>
> 中国人若不定这个宗旨或没有这个志气,中国人就得做猫脚爪。赴汤蹈火,拿东西的是脚爪,吃东西的却是猫嘴巴,你想冤枉不冤枉?因此,可知我中国处到这样优越的地位,就应该从速努力,自求进步,断不可以再糊涂或迟疑。有人说过去的中国好比是一头睡着的狮子,但到现在总应该醒了。

1936年11月7日至9日,民众教育馆在俞塘组织举办了别开生面的第六届菊花大会。活动以各类展览为主,间有永安班马戏表演、武术表演等游艺项目,重点是展示民众教育馆各项办学、生产、经营的概况,以求扩大社会影响。

强恕园艺学校的菊展,沿北松公路布置了2万余盆菊花,长达数千米。校门口的"俞滨公园",俞塘河畔的"须静亭""潘使君亭",以菊坛及蔷薇花架装饰一新，用法国苋绣成了园名，用松枝扎成了牌楼，用菊花制成了大炮、飞机和狮子、孔雀等。

开幕第二天，举行第二期“壮丁训练教练员学习班”开班典礼和永孚染织工学厂开工典礼。这一天，沪江大学、无锡教育学院和众多中学以及沪上不少金融机构，都组队赶来参与活动，共有3万多观众。书画展览会除展出民众教育馆师生的50多件作品外，还征得上海著名画家张聿光、汪亚尘的20多件作品。晚上，还燃放焰火，场面极为热烈。

根据钮永建提出的“凡本馆所属生产单位的产品，均可面向大众”的意见，展出了妇女自助学社学员制作的各种呢布透凉纳、男女童装、毛巾袜子等。现场还出售民众教育馆农场生产的加工食品，有无花果糖、绿豆糕、草莓酱等。园艺学校出售的盆景菊花成了抢手货。

瓶山分馆的防空防毒展览也吸引了8000多名观众。

11月25日上午，俞塘民众教育馆成立“俞塘卫生救护队”，钮永建到会做动员。推举黄梅仙任总队长，特邀名医苏德隆任副总队长，钮长耀任队长，冯国华、张一飞任副队长，有职员14人。这一天，松江专区第三期“壮丁训练教练员学习班”开班，各地中心民校组织每期训练120名壮丁。

1937年4月清明时节，俞塘民众教育馆又组织举办3天春季游园会，名为“第一届俞塘桃花节”。自4月4日起，在大礼堂内，有园艺学校的园艺展览会。在妇女自助学社的营业部里，有妇女手工艺展览会。在农业推广所，有家畜家禽展览会。在大操场举行儿童运动会。

4日晚上，整个俞塘的夜空，被灯光照得通红。俞塘大操场上举行龙灯大会彩，数百副锣鼓交响，舞龙灯，舞手狮，人山人海，“热闹赛过上海南京路”。

5日下午，举行母教演讲会。晚上，放映电影《共赴国难》，片中的抗战史迹，又激起了人们抗日救亡的热情。

在一个乡村，举办如此规模的文化活动，其社会影响必然是很大的。钮长耀馆长在游园会开幕时满怀深情地做了这样一段讲话：“俞塘，在秋季有菊花会，现在春季又有园艺会，不仅对自然界有个对称，而且在教育价值上有特殊意义。春耕、夏耘、秋收、冬藏，生命的泉源维系在春天。春天是工作开始的季节。现在冬藏已尽，春耕未作之时，我们举行游园会，很希望借自然的力量，来提高工作效率，来滋长生命泉源!”

迎战救亡

1937年7月7日夜，“七七”卢沟桥事变爆发了，日军入侵华北，举国震惊。俞塘民众教育馆通过《社教通讯》刊发《华北的烽火燃烧了》一文，发出抗日救亡的强烈呼声，号召同仁奋起行动，并指出在此中华民族决定生死存亡的时刻，“我们有所警惕，很难保证有的人不当汉奸”。

8月，上海爆发“八一三”事变，打响淞沪战役。

8月21日，三架侵华日军飞机突然闯到北桥镇上空，一阵轰炸，10多间房屋被毁。9月10日上午，5架日机又疯狂地飞到北桥地区示威，北桥小学被炸毁，炸弹也在俞塘炸响。

俞塘民众教育馆立即建立“马桥抗日爱国救亡联合会”，黄梅仙出任会长。一个月内，筹集到民众缝制的棉背心500件、布鞋500双。黄梅仙亲自带队，将捐物送达上海抗日救亡总部。

俞塘民众教育馆众多师生迎着战火，慷慨地走上了抗日前线。

冯国华心头涌现了钮永建的一番话:“吾人做事，要有决心，要有拼命的精神，要有劳动的身手。拼命的结果是‘血’，劳动的结果是‘汗’。凡人能做、能拼、能有决死精神者必成功。现在世界战术进步，拼命的精神亦进步。战争是最拼命的了，但陆军之拼命精神，不如海军，海军则不如空军。故决战之胜败，在于空军。吾国欲与世界各国相颉颃，非着重空军，发扬拼死精神不可。吾国欲参与国际竞争，自当培养拼命精神不可。欲培训拼命精神，当然先要锻炼体魄，强壮身体。希望大家养成健全的体魄，能刻苦耐劳，为社会国家服务。所以俞塘民众教育目标的第一个字，就是‘强’字。”

于是，冯国华率领俞塘民众教育馆受训的壮丁，为战地输送弹药、运送伤员、挖掘战壕;还通过战地服务训练班，召集上海近郊各县的失业教师和失学青年500多人,组织敌后游击队,出没在上海、松江、青浦一带,开展游击战争。1938年10月6日深夜,冯国华在泗泾壮烈牺牲。

俞塘遭难

1937年11月4日,侵华日军第十军在杭州湾金山嘴、金山卫一带登陆。淞沪战场的中国军队已处于即将被包围的危险境地,蒋介石下令撤退。11日,日军由松江方向沿上松路(今北松公路)烧杀而来,国民党军第108师一部奉命从泗泾赶来阻击。这天夜里,细雨茫茫,国军在上松路北桥瓶山道院附近与日军短兵相接,难辨敌我。激战持续到第二天上午9时才停下来,国军勇士横尸遍野。

战火骤然烧到俞塘村,强盗疯狂杀进家门口,村民们震惊了,民众教育馆被迫闭馆。

上海县沦陷后,俞塘民众教育馆及整个俞塘地区惨遭劫掠。据1948年9月29日上报江苏省教育厅的《俞塘民众教育馆被掠夺文物索赔清册》显示,除200余间馆舍被化为灰烬外,3000余册馆藏珍稀图书,供教学和实验用的显微镜、电影放映机、摄影机、电影胶片、大号钢琴、留声机、唱片、名人字画等,合计损失近500万元国币。

1938年6月,俞塘合作社被日军改为营房,门窗、器具、货物不为日军拆毁即遭土匪抢劫。合作社内未曾运销的1293包棉花(社员未收货款,作活期存款),也被日军抢走。

日军将钮永建家宅的门窗、粗重木料全部拆下,作烤火取暖之用,又强拉民夫将他家所有贵重器物搬运一空,偌大的宅院成为空屋。日军恐防华军偷袭无援,将部队及马桥镇区治安会一并进驻钮宅。

7月初,有个地痞引日军赶至巨漕渡,将钮氏坟园屋及浮厝、树林等一把火烧了。钮永建的族叔钮世英,曾任奉贤县警察局泥城分局局长,时年四十岁。他正巧隐居在坟园屋内,被日军拘捕,押解至部,遭百端威讯。钮世英不肯说出本地游击队去向,于7月15日被日军拉到马桥城隍庙后杀害。

11月,日军宣抚班长森三强迫俞塘一带农民,拆卸了钮永建的家宅和爱日堂。其西俞塘合作社沿塘一带近年新建的房屋,民众教育馆校舍,不论草棚瓦屋,均被纵火烧毁,成为一片焦土。12月3日《文汇报》做了报道,称"景色幽美之俞塘,今已满目凄凉"。

俞塘村内,被毁的还有顾氏雕花楼、医学博士的牛惠霖别墅及永孚织造厂等。

在重庆

1937年8月21日,钮永建奔赴西安,兼任考试院核定临时分区办事处处长。9月7日开始办公。旋因公回南京。

11月15日,国民政府决定迁移到数千里外的四川重庆,铨叙部与国民政府有密切关系,必须立即随迁。

未容钮永建自行思考和安排,11月17日又任命其兼铨叙部部长。次日,钮永建为顾全大局,即率领考试院、铨叙部30多人乘上轮船,迁往重庆。

11月23日,钮永建途经九江时,应约与蒋介石面谈。

11月30日,钮永建、吴稚晖、叶楚伧等一起抵达重庆。

到达重庆后,眼看大批流亡青年急需安置,钮永建与吴稚晖、顾祝同等立即发起成立"救济失学失业青年委员会",每周与会做精神讲话。

12月4日起,钮永建率考试院人马在重庆上清寺陶园(今中山四路11号)办公。

1938年1月1日,钮永建赴上清寺范庄国民党中央党部出席中华民国开国纪念会。

2月28日上午,钮永建以新任铨叙部部长的身份参加宣誓就职典礼,并致答词。

3月29日,钮永建参加黄花岗先烈革命纪念会,并致祭烈士公墓。

4月18日,钮永建参加纪念建都南京11周年活动。

5月23日，钮永建参加总理纪念周活动。

6月2日，钮永建与吴稚晖等同游陕西省汉中铜梁，在天台山脚下的南郑圣水寺考察刚从洛阳迁来的中央陆军军官学校第一分校。

8月8日，钮永建参加总理纪念周活动。

9月16日，钮永建与吴稚晖、叶楚伧等参加周佛海召集的“江苏放款支付办法”座谈会。

10月28日起，钮永建在重庆参加“国民参政会”二届一次会议。

11月12日，钮永建参加总理诞辰纪念礼活动。

12月6日，钮永建外出返回重庆。

这一年，钮长耀和钮长震、钮文运、钮孝威等俞塘钮氏子弟，民众教育馆李宗孟等奔赴重庆。

钮珉华在新组建的“新生活运动促进总会妇女指导委员会”（简称“妇指会”）担任儿童保育组组长。5月下旬，兼任“中国战时儿童保育会”第一任总干事。

钮长耀先后出任国民党中央党部宣传委员、社会部编审处长、视导室主任，并创办私立江苏复兴中学，收容流亡的教职员工。

钮长震奉命在永川县古镇松溉创办纺织实验区及实验区农场，解决聚居四川的抗战人士家属生活问题。钮文运、钮孝威被委任为农场正副场长，应用俞塘民众教育馆的实践经验建立了园艺、饲养、植树、苗圃四个分场。

钮永建的老部下徐乐同携妻儿到重庆避难。钮永建及时安顿他们全家的生活，让徐乐同暂留考试院担任文职官员。

1938年，钮永建与徐乐同、钱大钧（时任国民政府航空委员会主任）、冷欣（时任陆军52师师长）等十名老部下在重庆上清寺陶园相聚，并合影留念。钮永建称他们为“十只老虎”，激励他们为抗战再立新功。当年10月，徐乐同奉派只身返回家乡，组建金山县抗日政府，出任县长兼淞沪游击队第九支队长。

七十不老

1939年2月9日,钮永建的堂弟、钮长耀的父亲、曾任俞塘合作社总经理的钮永祥(字锡三)在上海因病突然离世。消息传来,钮永建一声长叹,整天埋头无语。

3月9日,钮永建年达70周岁,虽说身板依然硬朗,但毕竟日渐衰老,心有余而力不足。家人和好友都劝他应该退休了,可是他认为国难之际,自己岂能静心养老。

身处陪都重庆,人心惶惶。为防空疏散,钮永建等迁至重庆西郊歌乐山镇静石湾办公。

5月19日,钮永建免兼铨叙部部长。6月19日起,专任考试院副院长,留居重庆疏散区主持院务。

为"广于搜罗,以资奖进起见",考试院决定恢复全国高等考试,钮永建出任典试委员会委员长。在钮永建主持下,1939年10月,在重庆、成都等7处同时举行初试,及格人员全部送中央政治学校训练,次年8月8日在重庆举行再试。1940年7月,举行高等财政金融人员考试初试,及格人员经中央政治学校训练,次年5月举行再试。

1939年11月12日至20日,钮永建在重庆参加国民党五届六中全会。全会决定抗战方针。

1940年3月4日至10日,钮永建主持召开中央人事行政会议。

6月12日,钮永建闻听好友吴稚晖寓所左邻遭日军飞机轰炸,便邀他到上清寺地区同住。吴稚晖在重庆被挂了许多虚职,但是从来都不到任,依然不修边幅,当局专为他在曾家岩修建了一座小楼,但他拒不领情,而在大田鸡山坡上,自盖一座茅草屋,屋内一挂旧蚊帐,一张竹板床上,一个大马桶和一位老伴而已。他外出从不坐专车,每次都由老伴搀扶着走出草屋拄着拐杖排队上公车。

1940年9月23日、24日,钮永建兼任县长挑选委员会委员,甄试县长人选。

1941 年 2 月，钮永建被聘为国防部最高委员会党政工作考核委员会专任委员。

3 月，钮永建为《新生活运动促进总会妇女指导委员会三周年纪念特刊》题词“养成新中国新妇女抗建能力，实行三民主义，创造世界和平”。

12 月 23 日，钮永建当选为国民政府委员。因朱家骅继任考试院副院长，改聘他为考试院顾问。

1942 年 1 月，钮永建专任国民政府委员，兼任政务官惩戒委员会委员长，主持简任官以上政务官的惩戒事宜。

8 月 1 日，钮永建与吴稚晖等由重庆乘专机至兰州，参加中国工程师学会第 11 届联合年会。会后，钮永建参观左宗棠遗迹，乘羊皮筏渡黄河，考察西北各地，并赴玉门油矿，参观敦煌石窟，至 10 月返回重庆。

游历湘桂

1943 年，钮永建以“养疴”为由游历湘黔粤桂，前后两个月。

5 月初，钮永建从广东韶关到达湖南省耒阳（今属衡阳），走访了第九战区司令兼湖南省主席薛岳（原名薛仰岳，字伯陵）。

然后，由军委员办公厅参谋马义勇陪同，钮永建登上南岳衡山，浏览好山好水，抒发爱国豪情。他虽年已 74 岁，却始终精神饱满，健步如壮年，一身蓝布长衫，英气勃勃。

下山后，钮永建约见同乡张翼。张翼于 1941 年 2 月惜别湘桂铁路职工教育实验区，转战来到《苏讯》社，当年秋季特聘为《苏讯》社法定发行人，负责刊物的出版和发行。时任江苏旅湘同乡会秘书。

张翼与钮永建在此重逢，极为兴奋。

5 月 10 日下午，张翼陪同钮永建到达衡阳市，2 时应邀到江苏旅湘同乡会所休息（衡阳市内天津馆）。钮永建原计划赶来参加江苏旅湘同乡通讯处首届会员大会，因在韶关未赶上，寄了祝词。此时，他与同乡会过钟粹

(1890—1970,字楫人,无锡人,时任《苏讯》代社长)、俞庆礼、陈子山、王大济、张翼等以及《大公报》记者吉彭信、《大华晚报》舒名世等亲切交谈。钮永建面对江苏老乡,感慨不已,深切地为江苏未能守住南京而大憾,主张今后必须大力发展海军、空军,增强卫国守土的军事力量。他们希望钮永建能多留一天,为同乡们做一次演讲,而他行程紧张,无法停留,要求转告旅湘同乡们消除江苏人"文弱"的社会形象,共同努力,坚信"抗战必胜"。傍晚6时,钮永建搭乘湘桂线火车赴桂林。张翼与其难舍难离,坚持一路陪同护送。

到达桂林后,钮永建即受到各方关注,而他以暑热不适,婉辞各方的盛情邀宴。旅桂同乡葛禹平等上门邀请,说起设宴款待,遭到拒绝。钮永建严词回答,称国难当头,早已不该食肉。

民国初期,钮永建曾在八桂地区主持练军。今日旧地重游,感慨万千。他已20年无暇赋诗,而此时诗情勃发,撰写了《重游桂林有感》,诗云:

三十余年忆旧游,桂林山水甲神州。
江边鱼鸟惊人老,山外烟云锁客愁。
莫道冯唐嗟白发,拟寻李耳跨青牛。
重过八府塘边路,磊落情怀尚未休。
当年军事费裁量,创造中华意算长。
海外奇英多应召,寰中豪士更相将。
才疏志大终何济,蚕食鲸吞尚未央。
幸有桓桓三百辈,未来世界赖担当。

5月13日清晨,钮永建搭乘中航飞机返回重庆,桂林首长到场欢送。

准备复兴

在抗战时期的陪都重庆,对众多离乡背井躲避战火来渝的外地人来说,同乡会是一个既温暖又安全的庇护所。江苏旅渝同乡会1938年成立后,会所设在重庆市林森路重庆商会大厦内,次年遭遇空袭后,居无定所。1941年4月,在林森路574号设通讯处。1942年5月,召开第一次联席会议,筹划建造会所用房。后暂借江南商会乡贤祠旧屋。几经周折,在民生路觅得地块,决定建造会所新房。

1944年6月15日,江苏旅渝同乡会给钮永建来信,称"会所落成有期"。钮永建闻讯大喜,即于6月23日给江苏旅渝同乡会回了信,对《复苏》月刊准备编印专辑纪念会所落成,并以"团结同乡与准备复兴"为题组织江苏同乡开展大讨论的举措,大加赞赏。《复苏》月刊即时刊发了钮永建的这封回信,题为《同乡组织与复员复兴》。

7月,江苏旅渝同乡会新厦落成之前,钮永建为全面推动"复兴江苏"的准备工作,欣然挥毫为其题写楹联:

别启邦畿造西土,创开新宇庆中兴。

并附言云:江苏为首都所在,亦抗战发源地。军兴以来,苏同乡忠勇奋发,扈从国民政府西来,致力大后方抗建业务,于兹八年,经营遍西部各省区,而以渝都为总汇。今胜利在即,我中华民国已被推为世界四强之一,将以建设永久和平,我旅渝同乡会会所亦于斯时落成,甚盛业也。爰书此祝之。

乐在俞塘

返乡宣慰

抗战胜利，大地重光。

1945 年 10 月 15 日，上海县政府迁到闵行镇北庙路古刹度门寺原址（时为闵行乡公所）办公，即将本县实情和重建计划报送给钮永建。

12 月 1 日，重庆国民政府任命叶楚伧、钮永建为苏、浙、皖、京、沪宣慰使。于是，钮永建成了新闻热点人物，上海的大小报刊时有报道，《钮永建小史》《允文允武的钮永建》《钮永建之家庭》等有关钮永建人生传奇的花絮故事成了人们的谈资。

钮永建自然惦记着家乡父老，思考着重建家园的大事。12 月 5 日，他在重庆新生路特一号致函国民政府行政院长兼外交部部长宋子文，建议将上海县改为实验县，并附送《上海实验县计划纲领》，提出旨在发展地方经济，改善民众生计的工作要旨。

12 月 11 日，钮永建与叶楚伧乘专机从成都抵达上海。因叶楚伧患急病，钮永建护送其赴南京，次日即从南京返回上海。

12 月 13 日下午，钮永建以中央特派宣慰使的身份出席上海市市长在康乐酒家举办的集体欢迎茶会。

12 月 16 日，上午，钮永建以中央特派宣慰使的身份出席上海学生总会在育才中学举办的上海大中学校代表会议。

12 月 19 日，钮永建与叶楚伧等致电蒋介石，称宣慰上海工作大体已完成。

12 月 24 日，钮永建以中央监察委员会特派委员的身份出席上海党团联合工作汇报会。

12 月 30 日，钮永建以中央特派宣慰使的身份重返故乡。

1946 年 1 月，钮永建又出发宣抚，先后赴浙江、上海、镇江、南京、皖北各地，沿途发表谈话。

2 月 5 日，钮永建抵达松江县城，出席民众大会。

2 月 11 日，钮永建抵达南京。对新闻记者发表讲话，希望老百姓尽量诉冤，新闻记者敢于批评政府。

2 月 25 日，钮永建刚抵合肥，闻知叶楚伧逝世，急返上海料理丧事。

3 月 1 日，钮永建赴重庆参加国民党六届二中全会。4 日返南京，处理政务官惩戒委员会公务。

4 月 7 日，钮永建以宣慰特使的身份重返故乡，来到闵行老镇。上海县各界欢欣鼓舞，一时热议要将上海县改名为“永建县”。钮永建再三阻止，号召乡亲父老抓紧时机，以复兴教育入手，重建家园。

下午二时，上海县县长徐今予召集各界知名人士黄宗麟（字蕴深）、施舍（字养勇）、丁仁科（字冠颜）、李维华（字衡斋）等和各区区长及民众团体代表 500 多人汇聚在政府礼堂内，举行欢迎大会，聆听钮永建的演讲《实现生产的教育》。

面对乡亲们，钮永建坦诚地畅叙他此刻的心境：“抗战虽然胜利了，但战后建设真是千头万绪。我所经过的地方，看到敌伪破坏的惨烈，以及民生的痛苦，心中真引起了无限的悲悯。就拿我的家乡马桥俞塘来说，只是从俞塘到汇桥一带，已觉面目全非，我一手创办的俞塘民众教育馆，不但内部的一切被破坏无遗，连房屋都拆得不像样子了。我看到这种情形，倒并不痛心于物资的损失，我认为最痛心的，我们中国数十年来教育的失败，才以致造成今天这样的局面。”他认为当今中国的状况,除了遭受敌伪的破坏,还因为国人道德的沦亡。当下,“再不自力更生,再不提倡民主,再不恢复固有的道德,则前途不忍想象”。因此,他呼吁赶紧对民众实施生产教育,不但教人读书识字,而且要明白做人的道理,明白“礼义廉耻”,爱国家,爱民族,尤其要使教育的人,个个都有一技之长,都有生产的能力,整个国家才能富强起来,才不愧为世界强国之一。他希望“先从上海县做起,来实施生产的教育,进而再来扩充到全省、全国”。

4月16日,江苏省政府第25次例会通过,主张将上海县更名为“永建县”,一以纪念钮永建先生,二以免除与上海市混淆。

钮永建闻讯,急忙阻止此议案。

6月,钮永建视察上海县闵行镇,在闵行中心小学与黄蕴深等地方绅商座谈时,叮嘱说:“有人提及要把上海县改为永建县,这是要中央承认,江苏省政府各厅、处都需认可,谈何容易。现在见到胜利后的闵行,情景比战前更不安宁,民不聊生,怎能恢复?我看大家先咬紧牙关,任劳任怨,然后上下一心,待此时间再作计议。”

7月,就上松公路(今北松路)北桥“支那勇士之墓”改建事宜,钮永建批示:“此实为抗战中惨烈光荣史迹之一,予以表彰,立碑纪念,并定期公祭,改为无名英雄之墓。”

上海正气书局出版冯子超所著《中国抗战史》时,钮永建为其题签,并撰写《题中国抗战史》一文。

重建家园

回到南京后,钮永建及时邀集热心公益人士,多次商议俞塘民众教育馆复兴之计。他叮嘱家乡子弟,应加紧修复被日寇炸毁的民众教育馆设施。他对乡亲们说:“筹集经费是我的责任。我即使在帽子里拆出破絮来,也要设法将民众教育馆维持下去。”因他的书法效颜体,熟而生变,苍劲有力,富有气质,在上海与吴稚晖、沈尹默鼎足而三,就多次鬻字为家乡筹款。

1946 年出版的《新上海》周报刊登了钮永建撰写的《短灯檠歌》，诗云：

凉风吹雨茅堂秋，永夜蛩语声啾啾。
太学先生不能寐，坐对短檠发牢秋。
寒光一粒昏如漆，照我儒冠已白发，
背移墙角长叹吁，深宵光坠天无月。
谁家朱幙敞绮筵，长檠八尺华且妍。
清歌曼舞拥晖丽，绛蜡不惜黄金钱。
嗟尔短檠何太苦，萧然常作此环堵。
绳床瑟缩照独醒，荒寮数尽五更鼓。
翻身披衣忽大叫，长檠安敌短檠妙，
卅载故人贫贱心，惟有短檠长相照。

唐朝诗人韩愈有一首读书诗《短灯檠歌》，借咏灯檠讽刺那些富贵后忘本的人，诗中写了一个 20 岁辞家到太学就学的山东书生，开始时在短檠下刻苦攻读，将短檠视为宝贝，而一旦高考擢第后，就放纵自己，把短檠抛到一边，爱用长檠来了。“长檠高张短檠弃”写出了书生忘本蜕变、嫌贫爱富的心态。如今，钮永建面对世道变迁，引起了很多感慨。

钮永建从不居功自傲。在俞塘对乡亲们谈及往事，总是谦逊地说：“我是常败将军，两次攻打南铁厂，都是吃了败仗回来；半生追随孙总理，庸庸碌碌，毫无建树，惭愧！惭愧！”他总是用乡间土话与乡亲交流，“叫啥末事”成了他的口头禅。他在家乡，宅屋前亲植菊花，敞开大门供人们欣赏。新春时节自有众多小学生赶到拜年，他也准备了花生、瓜子，分发给孩子们当作“压岁钱”。

据 1947 年在县立初级中学兼课任教的朱立奇回忆称，校长薛惠康邀请钮永建前去为师生作报告，那天钮永建一个人从俞塘乘公交车来到闵行镇，做报告时一直站立着，精神矍铄，声音洪亮。钮永建说，帝国主义多家对我们中国一直虎视眈眈，侵略不止，妄图鲸吞，多年抗战，艰苦卓绝，中国人民做出了巨大的牺牲,胜利来之不易。他嘱咐大家要努力求学,长大后报效祖国人民,自强不息。

1947 年 11 月,江苏省政府批准恢复俞塘民众教育馆。

12 月 1 日,钮永建为张翼创办的《明心报》创刊号题写报头,并题词:

尊重联合国宪章,发挥大同主义。内修政治,以保育全民,外抗强权,以安定全世界,此吾同人之帜志也。

12 月 22 日,钮永建重返俞塘。在马桥耶稣堂发表谈话,亲自协调、规划恢复俞塘民众教育馆的建设。

钮永建劝说时任上海女子审美学校校长的侄女钮恂言返回俞塘,参与民教馆管理工作。钮恂言就此担任俞塘社会教育推行委员会常务委员,埋头为家乡的民众教育事业做出贡献。

是年,钮永建出资在俞塘兴建了一幢七开间二层楼房。

张翼上任

此时,钮长耀已在南京担任省政府社会处处长,钮永建特意指定由“江苏怪人”张翼出任俞塘民众教育馆馆长。

1948 年 2 月 15 日下午,钮永建夫妇、钮长耀等亲自在俞塘民众教育馆镕才堂为张翼召开就任欢迎会。

俞塘民众教育馆原有设施绝大多数已毁于侵华日军之手,要在一片焦土上重新恢复当年风貌则困难重重。张翼不负众望,勇担重任,当即在俞塘实验小学租屋 7 间,作为临时办公点,筹措营建新馆;聘请董承千、孙健君、邹宗孟、刘平、许汉宾、瞿伯然、潘吾行等入馆任事。

3 月,民众教育馆购买来大批苗木,发动植树运动,改善环境。

6 月,民众教育馆以“美援”物资筹建了俞塘乡村卫生服务站(又称“民众医院”),有医师和助产士各一人,承理内、外科门诊及接生,日平均接诊十多人。村民前来医疗不收费,药品只收成本费。

8月10日,钮永建在俞塘发表谈话,强调做人做事要吃苦耐劳,节约为先。

8月24日,钮永建在俞塘设家宴,招待张翼、陈逸尘、陈兆题、钮惃言、洪锦昌、张书耕等社教工作人员,中菜西吃,席间畅言社教,努力服务,总使无愧天地之所生。

8月27日,钮永建参加俞塘民众教育馆召开的纪念孔子诞辰暨教师节庆祝大会,并发表演说。

9月5日,俞塘合作社恢复运作,钮永建到场指导制订工作计划,民众教育馆派员筹建相应的各个部门。

9月11日,由黄梅仙任指导的俞塘妇女自助学社恢复开业,继续面向社会招生,开展职业技能教育。由沈道因(上海江湾神学院毕业生)任社长,除文化课外,还设缝纫和刺绣课。

9月18日,时逢中秋节,又是"九一八"事变17周年纪念日,俞塘民众教育馆召开大会,发动师生参加"勤俭建国运动"。钮永建到会讲话,并对张翼的组织"力行团"发表祝词:"卧薪尝胆古有垂训,畏天者有其国,吾人其勉乎哉。"

故土情深

1948年3月9日,钮永建偕夫人黄梅仙、儿子钮长德及俞塘民众教育馆张翼等赴浙江乍浦,访问平湖县参议员"双枪黄八妹"(姓黄,字百梅,亦称百器)。

3月16日,《明心报》刊发钮永建为某君题一联:

仁者安仁,即是利人。与人同乐,胜于自乐。

3月29日至5月1日,钮永建赴南京,参加国民大会。

4月4日,钮永建参加国民党六届五中临时全体会议。

5月12日至14日，钮永建在俞塘，召集乡亲叙谈做人做事，认为：

“国家危难，民众困难，我何能独好？茅屋三间，以避风雨，于愿已足。稍待国事宁静，我必告老归乡，与父老昆季研究农业生产。”

他还再三强调：

“俞塘事业复兴，应从小处做起，不要多费钱，只要大家努力。竹的凳子很好，木的脸盆也不差，土地必须渐渐利用，水利非常重要。中国以农立国，大部分是农业社会，农村得安，国运斯亨。”

5月18日，钮永建为强恕学校建校50周年纪念献言，题为《复兴强恕学校管见》，既热情地为复兴地方教育呼吁，更恳切地强调“国民学校与民众教育两者并进”，号召家乡父老推进民众教育，提高文化水平，“为国家建立基础，为家族建立基础，又为社会建立基础，更为其本身建立立身处世、立功立业，贯彻其位育天地万物，达到人类高尚本份之基础”。

5月20日，钮永建参加蒋介石就任第一任中华民国总统、李宗仁就任国民党政府副总统庆典并合影（于第一排就坐）。

总统府成立，钮永建奉聘为总统府资政，即办理政务官惩戒委员会结束工作。此后，他时常留居上海，专心发展俞塘民众教育馆。余闲时鬻书，由云林书画社代订润例并为收件，借资补助俞塘事业。

6月15日下午，钮永建赴上海县北桥镇，视察上海县政府办公楼，参加上海县治迁回北桥庆祝大会，强调“上海县地位之重要”，赠送亲书立轴“重建斯邦”。

6月，钮永建为上海县塘湾中心国民学校大礼堂题额。

10月，颛桥地区筹备隆重举行颛桥乡中心国民学校40周年纪念活动。钮永建应张翼之邀，在《明心报》上刊发祝词，称赞“颛桥为上海县重要地点，得风气之先，建立国民学校，于今40年，造就多才革新民俗，为全县模范，以诸先进之努力,得有今日之盛。今既为地方民众学校之中心,必将顺应潮流,及扩大其教育上之新性质,俾及时之基层民众,得有现代之新知识新技能,以应对现在及将来之时代潮流,斯地方莫大之伟举,亦即社会与国家最有力之建设也。于其纪念之辰,敬以此义祝之”。

此时,俞塘民众教育馆新落成办公室 7 间、农舍 2 间、宿舍 4 间、大礼堂一所及厨房等附属设施。大礼堂取名为“永建堂”。为增添喜气,在大礼堂里为俞塘钮顺威和马桥邵顺芳举办订婚礼。

儿子出洋

钮永建在百忙中,想到了一件大事:自己与黄梅仙所生的儿子钮长德已经 20 岁出头,为金陵大学毕业生,该成家立业了。钮永建一向不为私事多费心机,而一生所养育的四个儿子,至当下仅存钮长德这一条传代的根脉,不得不当作一件大事。

老友们得知此讯,纷纷伸手相助。

原湖南省财政厅厅长尹任先与钮永建是知交,他借助钮永建的支持,正在南京创建圣光学校。在钮家,他亲见钮长德才德并茂,便有心为其与女尹德仪牵了红线。

钮永建夫妇欣然赞同。

1946 年 6 月 9 日,钮长德与尹德仪在圣光学校礼堂举行订婚礼。仪式由彭励生牧师主持,亲友 50 余人到场祝贺,气氛热烈。新郎新娘彼此钟情,并清楚这是“神的配合”。

钮永建夫妇指望儿子继承父志,有所作为。而此时南京爆出一大新闻,钮长耀夫人俞成椿宁愿不当“国大”代表而决意赴美国俄亥俄大学留学,成为社会争议的热点。

钮长德喜爱理科,又拥有俞成椿那样的情怀,不想依靠父亲在军政界的威望去谋求仕途,决意远走高飞,赴美国留学,从事自己喜欢的事业。

老友们得知此讯,又纷纷前来相劝。而钮永建一向主张“不强人谓之恕,不恕已谓之强",叮嘱儿子将其列为做人处世的原则。

1948 年 8 月 18 日,钮永建夫妇设家宴,欢送儿子赴美留学深造。

11 月 29 日,钮永建致函中央银行业务局,申明因儿子钮长德赴美国留学,急需汇出外币 1280.9 元。留下通讯地址为上海市愚园路 749 弄 85 号。

钮长德始终保持为人低调,在美国伊利诺大学毕业后,服务于美国西屋电机公司,为电气工程师。钮永建与黄梅仙所生的女儿钮幼华,与哥哥一样,为金陵大学及美国伊利诺大学毕业生,后服务于联合国秘书处,提任审校职务多年,后来嫁给在美行医的李鲁贻博士。

醉心扫盲

在钮永建的倾力支持下,张翼借助当年创办上海县农民教育馆的实践经验,更大规模地组织起平民教育活动。他精心制订教学纲要,研究民众教育的途径和方法,大力培训师资人才,辅导邻近九个点的工作。

当时,中国时局更加动荡,钮永建谦辞考试院副院长之职,而醉心于民众教育,特"请假三个月",坚持蹲点在俞塘,支持张翼推进扫除文盲工作。乡亲们看到,他年近 80 岁,依然是一身蓝土布长衫,足穿原色皮鞋,既无随从,也不坐车,天天奔走在故乡的小道上。

张翼反映江苏省级官员一再拖欠扫盲经费。钮永建闻讯,当即亲自协调地方官员,要求尽快解决问题。眼看省里拨款未能及时下达,他要求上海县参议会议长王益仁先出资借垫,确保张翼能够如期开展工作。

可是,王益仁却推脱不办,故意为难张翼。这下,钮永建大发怒火,立即向他致函,亲自为张翼做担保。王益仁只得听从,这才确保"扫盲干部特别训练班"的开办和识字班的推广。11 月 12 日,是孙中山先生诞辰纪念日,钮永建特意选了这一天,在俞塘民众教育馆召开扩大民众教育动员大会。钮永建在会上发表演讲,古今中外,引经据典,说明国家之利害,即人民之利害,希望齐力于文盲扫除。

1948 年 11 月,俞塘馆"社会教育推行委员会"成立,黄梅仙、钮恂言任常务委员。

在张翼的主持下，马桥镇各保民众学校相继成立，分设了青年班（136人）、少年班（66人）、成人班（38人）。11月27日上午，第二保师生们汇集在俞塘民众教育馆礼堂内，举行开学典礼，钮永建夫妇亲临会场。下午，第一保妇女班学员也来举行开学典礼，钮永建夫妇又到场祝贺，直到散会后才赶往车站，搭“夜火车”赴南京出席重要会议。

俞塘民众教育馆内，新栽的大批菊花盛开，尽管新建的校舍大多只是茅屋竹篱，却四处充满着勃勃生机。

钮永建对张翼极为信任，张翼也信心满怀，这里必定能重新成为苏浙沪地区平民教育的一面旗帜。

为了继续在乡村更广泛地开办识字班，张翼着手努力培养“小先生”。他决定，开办“民众教育辅助人员（又称扫除文盲干部）特别训练班”，面向全县招生，12月25日开学。

不久，按照要求，招收了学员59人（含女性8人），计划训练一个月。张翼还邀请钮永建、钮长耀（时任江苏省政府社会处处长）、奚永之（时任奉贤县县长）等亲自前来授课。第一期有46名学员考试及格后，即分赴马桥乡各保开设识字班。

张翼的不懈努力，很快产生了社会效应。不久，马桥地区同时建立起三十二个识字班教学点，每处分别设三个班，每个班每天授课50分钟，施教期为三个月。每个执教者每月津贴为白米25千克。所有识字班学员均不收任何费用，还给贫苦学员提供学习用品。仅这一项举措，就有200多名农民走进识字班扫盲。

12月7日，钮永建出席马桥镇民众教育馆推行委员会首次大会，推进当地扫盲工作。

12月10日，俞塘民众教育馆指导的青登村农业合作社也开业了。钮永建欣然为之题词：

合作事业，为平民经济事业之中心，亦即培植民主政权之基本，生产合作，尤基本之中心也。青登为上海县要区，同人有志于此，可谓得控制时局之要领矣！

邑公民钮永建敬祝　时年七十有九

12月15日上午，张翼应县立初级中学校长薛惠康之邀，前去为师范班学生做演讲，题为《自救、救国与教育》。

张翼干得十分出色，令钮永建满心欢喜。

年底时，几乎已经忘却钮永建的蒋介石，突然将一份“总统府资政”的正式聘书发到了俞塘村。钮永建不以为然，仍一步未曾离开故乡，只在俞塘民众教育馆内设了个“钮资政办公室”。他依然醉心于推进俞塘民众教育馆的进一步发展，因此给蒋介石发出电报：“呈请自元旦起给假一个月，俟训练班结束，当即趋京销假。”

乡村夜巡

1949年1月1日，钮永建出席俞塘民众教育馆元旦庆祝会。张冀号召民众要自强不息。

为了筹集发展资金，钮永建在《明心报》元旦专刊上发了个广告，宣布由云林书画社代他面向南京、上海各界“鬻书”。后来又发起“春联运动”，以字换白米，为“小先生”们筹粮。

1月4日，钮永建、张翼等在俞塘民众教育馆出席特训班学员座谈会，并做了报告。

“扫盲干部”下乡上课3周之后，钮永建和张翼为了摸清实情，于1月13日下午，一起先后走访了马桥乡乡民朱全龙、周运浦、郭竹兴、翁达才、翁根良、陈恩德、孙启华等家庭，深入了解扫盲工作的实际状态和乡村生活的真实情况。

1月25日，“民众教育辅助人员特别训练班”结业，学员们回乡走上扫盲讲台。

2月5日下午，张翼陪同钮永建步行到马桥西贤乡劝学，并到荷巷桥镇视察。一路上，钮永建盛赞本地前辈顾言（字丹泉，吴会书院创办人）、金庆章（字静初，近代外交家）的贤德，得知昨日金庆章刚移灵入祠，特地赶到金家宗祠去瞻仰，直至星夜才踏月返回俞塘村。

2月17日，张翼召开俞塘民众教育馆民教特训班学员第二次座谈会。19日，又召开第三次座谈会，具体安排识字班教学工作。钮永建都亲临指导。

2月24日，风雨交加，道路泥泞，张翼陪同钮永建赶到溪南、沙西、必科、三余、青登等处识字班视察。每到一处，钮永建都做了即席讲话，勉励学生们勤奋向学。张翼则强调“识字与生产”的关系，使大家知所进取。

2月26日晚上，天寒风紧，钮永建不顾年迈，在张翼的陪同下，自带粽子当饭粮，从俞塘出发，步行15千米，巡视察访了贺家宅、沈家村、紫藤、溪家达、汀漕、荷溪、吴会等地的识字班，实地督导扫盲工作。

年近80岁的“总统府资政”竟然冒着寒风，走访普通农民家庭，星夜下乡巡视工作，消息传开，乡民无不为之感动。《明心报》特意及时做了报道。

据马桥镇退休教师王国嗣回忆：

那个冬夜里，他正在沙脊夜校识字班授课，将近放学时，忽然进来两个人，想不到竟是钮永建与张翼。

学员们为之振奋不已，全体起立鼓掌欢迎。

钮永建摆手示意大家坐定后，亲切地说：“我在门外已听了好久。王老师的课讲得不差，深入浅出，很易接受。有人说种田人红脚爪（常年赤脚足趾变红），读书有啥用，倒不如去听书，这话错了！读了书就懂道理，能接受知识。现在科学很发达，外国人用机器种田，既省力又高产，我伲也要学过来，不但多收稻谷，还增加收入。所以大家要认真读书，不要做睁眼瞎子。”

张翼也讲了些勉励的话。讲完后，他们不要旁人送行，打着手电筒，消失在夜幕之中。

2月27日下午，张翼召开俞塘民教特训班学员第四次座谈会。钮永建又赶来出席会议。

3月1日上午,即将重现于世人面前的颛桥农民教育馆召开第三次复馆筹备会议,张翼再度被推举出任馆长,一致决定3月12日举行复馆庆典活动。

当天下午,上海县基层教育推进委员会成立,钮永建、张翼等被特聘为委员。本地区更大规模的劝学运动即将全面展开。

八十避寿

1949年1月21日,蒋介石宣布下野,钮永建的学生李宗仁出任代总统。钮永建仍不感兴趣,计划辞去一切官职,彻底告老还乡。

2月21日,钮永建在《明心报》刊发《钮永建启事》,恳辞"八十寿庆"。2月26日,《明心报》又发《钮永建启事》,再告亲友恳辞"八十寿庆"。

3月7日(农历二月初八),是钮永建"八十大寿"的日子。江苏省政府主席丁治磐专程赶到俞塘,登门祝寿。钮永建却无心接待,要紧赶到强恕中学去,参加校董扩大会议,研究学校面临的困境。他担心县参议会议长王益仁等官员的办事作风,特地将县长、议长、局长等都叫来了,要求他们当场解决学校员工的工资问题。为做出表率,钮永建在会议之前发动捐款并义卖他的书法作品。

那些地方官员们在"总统府资政"面前岂敢迟疑,纷纷做出响应。结果,问题顺利解决,强恕中学获得大米约7500千克,可抵6个月的教学经费。

乡亲们要为钮永建祝寿,而他坚持阻止。为尊重他,张翼便组织民教馆师生一起植树表达敬意,然后各吃了一碗寿面。

两天后,钮永建偕黄梅仙赴南京,正逢阴雨寒凉。3月10日,在南京寓所休息。11日,阅公文书,接待来访。以"身体不适"为由,未见李宗仁就"再请假三个月"。17日返回上海,次日赶到俞塘问起扫盲工作情况,他又显得精神十足,步履不减壮年。他要求,第二期"扫除文盲干部特别训练班"再招收240名学员。

挥手远去

匆匆辞行

1949年4月3日，时逢周日，钮永建与张翼及“抗战义女”凌其瑞等率俞塘民众教育馆的部分师生，在上松路（今北松路）边修葺一新的“无名英雄之墓”前，植树献花，缅怀安葬于此的抗战勇士。

4月4日，代总统李宗仁来信又催钮永建返京就职。

4月13日，钮永建出席俞塘民众教育馆馆务会议。当晚回上海寓所。

4月17日晚上，钮永建回到俞塘，参加耶稣复活节活动。

4月18日，钮永建出席民众教育馆座谈会，匆匆挥手告别。他致电考试院副院长贾景德，拟下周返南京。

然而，时局骤然发生巨变。

4月20日，国共两党在北平的和谈破裂。

4月21日，中共中央毛泽东主席和朱德总司令向中国人民解放军发出《向全国进军的命令》。

4月23日，人民解放军占领南京。

退守到广州的李宗仁几番急电催促钮永建，邀其前去，说是考试院有急事待议。4月26日，钮永建原定上午飞赴广州，未成行。

4月28日,钮永建商洽先飞赴台北,再转广州。

4月30日下午三时,钮永建及家眷共7人,与考试委员卢毓骏(著名建筑师)和张默君(女,著名教育家)、参事陈天锡等,由上海飞赴台北。傍晚6时,抵达台北机场,台湾省政府秘书长浦薛凤接机,暂住南京西路12号。

5月2日,上海《新闻报》刊发"钮永建飞台湾"的消息。

5月12日,钮永建与陈天锡从台北飞达广州,入住德宜街两广考铨处,设考试院广州办事处。钮永建家眷因在台北难以安顿,同赴广州。

钮永建托人为张翼买好了去广州的飞机票,来信劝他尽快离开上海。张翼却毫无离乡流亡的念头,他心中坦荡,满怀正义,要与民众站在一起。5月14日,人民解放军第20军某部占领马桥地区,次日占领上海县治北桥镇。27日上海宣告解放。不久,俞塘民众教育馆奉命闭馆。

新中国成立后,当地民众教育工作转由国家的文化、教育机构负责。1951年春,上海县文化馆在闵行镇成立。俞塘民众教育馆随之正式撤销,部分人员和器材移交县文化馆。

台北办学

1949年6月1日,钮永建在广州就任考试院副院长职,代理院务。

而钮永建对此兴趣不大,于9月26日主动解除代理考试院长职务。

8月27日,钮永建在广州广府学宫参加孔子两千五百周年诞辰纪念活动。

9月20日,钮永建给黄梅仙回信,写道:

> 来信云在台之新屋仅半房而略嫌其小,但在此时亦已不易,余但觉上帝赏赐之厚,心殊不安,因实觉无以报答上帝也。妹但求购竹榻四只而并不求其他,一律听公家安排,极为合理。必如此始不枉为基督家庭,上帝也更将赐福于吾等也。

10月7日，钮永建请假两周，飞回台北视察运台物资和办理民众教育。一周后，考试院广州办事处撤守。钮永建无法返广州，拟飞赴重庆，屡定屡改，终不果行。

11月25日，钮永建又被请去暂行代理考试院长职务，临时在台北大龙峒孔庙设立考试院办公处所。

11月，为济助在台失业失学青年，钮永建与吴稚晖、余井塘（名愉），等发起在台北再建一所强恕中学，收容到台湾的江苏省籍学子。推举吴稚晖任学校董事会董事长，钮永建、顾祝同任副董事长，钮长耀任校长。

台北强恕中学经过紧张筹备，终于1950年4月10日起在台北市同安街28巷正式上课。

入夏时节，钮永建为强恕中学题词："不强人便是恕，不自恕便是强，此之谓强恕。""经世文编魏际端先生德敬录之，为本校明释义，亦即我宪法博学、平等、自由之意也。"

8月5日，国民党中央改造委员会成立，钮永建、吴稚晖、于右任等被聘为中央评议委员。

9月15日至21日，钮永建担任典试委员会委员长，主持高等及普通检定考试。

1951年4月5日，清明节，钮永建与顾祝同等在台北强恕中学举办遥祭江苏先贤先烈活动，并合影。

1952年年初，钮永建主张先确保同仁的子女及附近民众子弟得到适时就学的机会，应当创办一所小学。他认为，这是比任何事情都重要的事。他东拉西借筹得5000元，建起2间教室。

4月1日，小学校终于开学，取名为中兴小学（1970年改名永建国民小学）。

4月12日，钮永建以年迈体衰请辞本兼各职。

4月21日，钮永建交卸考试院各职。交办结束后，不肯再坐小轿车，坚持搭乘公路局班车回家，令列队欢送的中兴小学师生流下热泪。

4月22日，钮永建执意搬出公家宿舍，恰宋美龄赶来相劝，方暂停搬家。

赴美依亲治病

1953年3月15日,钮永建赴台大医院祝贺吴稚晖89岁诞辰。

不久,钮永建时感头眩,并发现患摄护腺(前列腺)肥大症。7月3日,他由夫人黄梅仙及秘书钮敬华陪同赴美国治病,张群、彭清、王世杰等送行。

7月5日,钮永建抵纽约长岛,入住幼女钮幼华家。女婿李鲁贻博士是留美名医,便于照料。

7月15日,钮永建抵达费城。进医院做了治疗前列腺肥大的手术。

8月28日,私立中坜农工学院筹备处第一次董事会在台北市中山北路二段53号召开,公推钮永建为私立中原理工学院(中原大学前身)创办人,出任第一任董事长。

10月30日晚,吴稚晖病逝于台北,终年88岁。钮永建得知噩耗,悲痛万分,饮食锐减。11月7日,他亲撰吴稚晖挽联挽匾,航寄台北。

经静心休养,钮永建身体逐步康复。1954年9月,由儿子钮长德迎养于匹次堡。

11月,钮永建周游考察了美国西部。

12月,钮永建由旧金山回华盛顿,仍住在匹次堡。

1957年,钮永建回到台北,入住博爱路222号,精神饱满,谈笑风生,步履如常人。

1958年3月27日(农历二月初八),全家在台北市博爱路寓邸庆祝钮永建89岁寿辰,但未设寿堂寿宴。

孟夏,钮永建书联:“不着一字具备万物,箭招三辰横绝太空。”“海风碧云俱似大道,乱山乔木如泻阳春。”并书录《中庸》篇语:“天命之谓性,率性之谓道,修道之谓教。道也者,不可须臾离也;可离,非道也。致中和,天地位焉,万物育焉。仲尼曰:君子中庸,小人反中庸。君子之中庸也,君子而时中;小人之反中庸也。小人而无忌惮也。”

1959年8月,钮永建在美国为台北强恕中学第十五届毕业生题词:

少壮不努力，老大徒伤悲。此永建近年常以自遣语也。诸君毕业于此，将进修高中或大专学程，或就科学实业，与世相见，前途诚不可量。昔岳鹏举在军中示同志词，有云：莫等闲，白了少年头，空悲切。尤使人不忍卒读。今何时乎？读国父学说“有志竟成”章，发端语，与先圣孔氏以治国平天下之业，为修齐诚正之动机，而以克明峻德，顾从天之明命。释其旨，何其言之相似耶！此同人所宜三复者也。欣感诸君乞言之雅，因率举上述诸节以复之。

1958 年 3 月钮永建夫妇在台北寓邸庆寿

胡适赠诗

1958 年 11 月 16 日，钮永建再赴美国看病。

途中，钮永建在日本冲绳岛休息时，巧遇“中央研究院”院长胡适。两人一起到海滩散步。

钮永建谈及年轻时在南菁书院的故事，胡适大感兴趣，便“口占一绝”赠予钮永建：

冲绳岛上话南菁，海浪天风不解听。
乞与人间留记录，当年朋辈剩先生。

1959年3月9日，钮永建90诞辰，家人同庆。

1960年夏，胡适将这首《冲绳岛上口占·赠钮惕生先生》交给美籍华人学者唐德刚，请他与哥伦比亚大学中国口述历史学部联络，希望及时记录钮永建口述史，把史实保存下来。

是年，钮永建留居纽约长岛休养。又因前列腺肥大，在美国住院治疗。

最后的日子

1963年，在美国纽约长岛休养的钮永建再次入院，做了治疗前列腺肥大的手术。11月，他未回台湾，仍被提名为中央评议委员。

1964年8月，钮永建在美国再次抄写给台北强恕中学的题词。

平日，钮永建喜挥笔题字送人留念。专写大"寿"字于大红纸，落款"钮永建书时九十有六"。

1965年12月上旬，钮永建因肺气肿转为肺炎，连日发高烧，被送入纽约占美加圣安东医院。延至12月23日下午5时(当地时间)，钮永建安然逝世，享年96岁。其夫人黄梅仙、儿子钮长德和女儿钮珉华、钮幼华等均随侍在侧。

当日，钮永建的遗体移送纽约市麦迪逊大道凯倍尔殡仪馆。

12月27日，国民党中央常务委员会开会期间，全体委员肃立为钮永建逝世表示哀悼。

12月28日至29日，亲友前往凯倍尔殡仪馆瞻拜钮永建遗容者有200多人。

12月29日，钮永建遗体在凯倍尔殡仪馆大殓。

12月30日，下午举行由江守道牧师主领钮永建追思礼拜，亲朋故友到场150多人。

12 月，台北强恕中学全体师生在“敦说堂”举行公祭。

美国《纽约日报》特刊发长篇报道，称钮永建先生为孙中山先生助理，扼要叙述求学、革命和服官经历，表示哀悼。

1966 年 2 月 25 日，蒋介石、严家淦联名颁发“永念耆勋”挽额和《总统褒扬令》。

2 月 27 日上午，钮永建追悼会在台北市国际学舍举行，到会 3000 余人，其中有蒋经国、张群、孙科、严家淦、顾祝同、钱大钧等。追悼会由张群主持，顾祝同报告钮永建生平事略，钮长耀宣读黄梅仙来函。

台北强恕中学全体挽联云：

廿年心系旧神州，淡泊见平生，追怀革命殊勋彪炳，长留开国史。

万里耗传新大陆，悲歌痛元老，回首俞塘立教弦诵，难忘创校功。

事后，钮永建追悼筹备会编印《钮永建先生纪念集》。

家属按黄梅仙的意愿，将抚恤金分赠给中原理工学院、强恕中学和基督教循理会等单位。

12 月 23 日，在台亲友 500 余人在信友堂举行钮永建逝世周年追思礼拜，并分赠纪念集，放映纪念电影。

1969 年 4 月 1 日，钮永建女儿钮幼华为台北私立金陵女子高级学校设立“钮氏纪念奖学基金”，以纪念父亲。

1970 年 3 月 12 日，黄梅仙在美国因病逝世，享年 87 岁。钮永建、黄梅仙灵榇暂时安厝在美国纽约北郊白平原镇草山墓园，筑以大理石壁室，计划待日后运回故乡安葬。

钮永建夫妇几乎没有积蓄，更没有留下私产。

俞塘留痕

2011 年，为纪念辛亥革命 100 周年，马桥镇政府对俞塘民众教育馆遗存建筑“镕才堂”重新修缮,在此建立“俞塘民众教育纪念馆”,陈列钮永建生平事迹史料和实物,并立钮永建铜像,向公众开放,列为闵行区级文物保护单位。

身处世界各地的俞塘钮氏家族后人,大多保持着钮永建热爱故土、亲近乡邻的遗风。“俞塘民众教育纪念馆”建成后,每年都有奔波在外的钮氏后人回到俞塘,寻根探祖访乡亲,奉献爱心。

2011 年 10 月 9 日俞塘民众教育纪念馆开馆仪式

闵行历史名人传记（下）

张乃清 著

上海闵行地方文史丛书（第三辑）

李显谟 冯国华 赵瑞卿 张翼 秦之济 钱鸿升 张充仁

中西書局

图书在版编目(CIP)数据

闵行历史名人传记 / 张乃清著. -- 上海 : 中西书局, 2025. --(上海闵行地方文史丛书). -- ISBN 978-7-5475-2380-3

Ⅰ. K820.851.3

中国国家版本馆 CIP 数据核字第 2025K0D753 号

基金项目：上海市闵行区文化发展专项资金扶持项目

闵行历史名人传记

张乃清　著

责任编辑　刘　博
封面设计　梁业礼
责任印制　朱人杰

出版发行　上海世纪出版集团
中西書局(www.zxpress.com.cn)
地　　址　上海市闵行区号景路 159 弄 B 座(邮政编码：201101)
印　　刷　常熟市人民印刷有限公司
开　　本　700 毫米×1000 毫米　1/16
印　　张　63.5
字　　数　911 000
版　　次　2025 年 4 月第 1 版　2025 年 4 月第 1 次印刷
书　　号　ISBN 978-7-5475-2380-3/K·490
定　　价　358.00 元

目录

Contents

张充仁

李显谟

李显谟（1881—1933），字英石，上海县闵行镇（今闵行区江川路街道）人。1902年自费留学日本，遭指控为『革命党』后被遣送回国。遂入南京陆师学堂，后入将弁学堂，毕业后再次东渡，进日本陆军士官学校骑兵科。1910年回国，钦赐武举人。次年被公推为上海商团临时总司令，领导上海光复之役。1914年任江苏省警备队总司令，加陆军中将衔。1920年，回乡创办沪闵南柘长途汽车公司，主持修建沪闵公路，建造敏园，有效推进了上海西南乡建设。1933年11月13日，赍志长逝，终年52岁。

誓做革命党

闵行李园

清光绪七年(1881)九月十二日,李显谟(字英石)出生于上海县闵行镇新西街李园养素堂。

李显谟的父亲李祖锡(1853—1917,原名毓琛,字子莲,号永怀、祉联),生于咸丰三年(1853)三月。祖父李恒(字坤成,号厚栽),为松江府学庠生,慷慨好施,嘉庆二十一年(1816)遭西邻火灾后,捐出家宅基地创建新西街,里人便之。太祖义李荣棣(字古唐,号少亭),道光二十九年(1849),荒赈有功,诰封议叙从九品衔。咸丰三年,因团防军功,归部选用。母亲张氏,例赠孺人。咸丰十年(1860),李祖锡年仅七岁,随父亲避难到河北省通州地区,仍每日坚持阅读,不以乱离而废学。同治十三年(1874),以县试第一名考入松江府学,补为增广生员。光绪十一年(1885),以乡试第 13 名中举人后,又成为副贡生。光绪十三年(1887),获得候选县学训导的身份。一时无处应聘,他就在家设馆授徒,谁知竟延续了 16 年,后又在竹冈黄家河圈设馆 8 年。其间,他出任闵行局董,组织团防、疏浚河道、重建老街启秀桥、经理普安衎善堂。

李显谟的堂叔李祖佑(1862—1933,字蕉轩,晚号适叟),同治元年

(1862)五月二十八日生于河北通州,因此乳名阿通。光绪十年(1884),入松江府学庠生。父亲李荣滋,字树九,号畹香、心兰。道光十七年(1837),创捐施棺并置义塚田。咸丰二年(1852),重修镇北广明庵时改为衍善堂。光绪元年(1875),又捐地建造“闵行仓”。母亲顾氏,荷巷桥顾月峰之女(顾言之姑母)。

据李祖佑与李树则等续修的《上海松江陇西李氏宗谱》记载,南宋时先世李守溪自河南迁松江华亭县泗泾镇,五世祖李少泉迁到华阳桥,七世祖李顺初(太学生)于明崇祯十六年(1643)迁居闵行镇,遂占籍上海县。李祖锡与李祖佑为第十三代。李氏家族在闵行镇西新街建有养素堂,人称“李园”。这里原为李氏宗祠,清光绪年间在镇东戚家桥附近重建李氏宗祠,额“务本堂”。

李氏家族一向热心地方公益。光绪二十八年(1902),40岁的李祖佑与49岁的李祖锡、59岁的内兄顾言(1843—1914,字丹泉)一起捐募银圆800余,在镇西南积谷仓处创办务敏学堂。

同年五月,米价奇昂,每石8元,当地发生难民抢米事件。李祖锡呈请上海知县汪懋琨给谷息每亩40文,补贴购米平粜,以慰民心。上海知县通详准行。

就在这一年,李祖锡毅然支持儿子李显谟自费远赴日本留学,寻求报国之路。

弃文从武

李显谟自幼受到父亲的慈爱和严管。少年时,父亲每月送其在马桥镇上的吴会书院会课,师从顾言,结识了不少好友。母亲严氏来自书香之家,其娘家兄弟均是太学生,因此指望自己的儿子也学有所成,眼看大儿子、二儿子学业平庸,她便特别疼爱小儿子,盼其早日成才。

光绪二十二年(1896),15岁的李显谟考入上海县学,成为一名秀才,李氏家族合家欢喜。他聪颖早慧,虽说个子不算高大,但肩宽体壮,长得十分结实。他不喜欢“死读书”,闲暇时好谈兵事,娴习马术。每当夕阳西下时,驰骋于长林丰草间,是他最感痛快的时刻。日长岁久,他便立下尚武报国之志。

而父亲对李显谟寄予厚望,急切地盼望他通过科考,走向仕途。于是设法通过纳捐,为他获取了附贡生的名分。

转眼间,李显谟年满20岁。光绪二十二年,清政府派出13名学生赴日本留学,开启了中国近代史上赴日留学的时代新潮。随之,各省督抚相继派遣赴日留学生(称官费生)。

光绪二十四年(1898),闵行镇上的项文瑞(字莲生)以旁听生的身份,进入日本宏文学院师范科学习。归国后即在上海滩大有作为,担任敬业学堂监学、养正学堂总理。

此事在闵行镇的年轻学子中引起热议,学子们纷纷有意仿效。

镇上的黄宗麟(1873—1953,字蕴深,号懒云,以字行)和黄艺锡(字润书)是李祖锡的门生,李显谟的伙伴。光绪二十八年(1902)年初他们正在奋力谋求赴日留学“官费生”的名额,且已有眉目。

一向好胜的李显谟显然落伍了,他虽也擅于舆地、帖括、词章之学,却不屑于此,不想随同他们去攻学文理科。他闻听日本有出色的军事学校,擅长培养新式陆军人才,因此极想前去留学,却一时寻不到成为“官费生”的途径。

于是,李显谟决意投笔从戎,依托宽裕家境,索性决定自费赴日本留学军事。母亲为之忧心忡忡,不想让儿子远行受苦。而父亲虽未深知他的理想,但支持他赴日留学的志愿,希望他早日成才。

逼迫革命

在谋求自费赴日留学的旅途中,李显谟遇到了同样热衷于赴日学习军事的吴稚晖。

吴稚晖(1865—1953),原在上海南洋公学任教,1901年3月到日本,与最要好的学友钮永建(1870—1965,字惕生,号天心,马桥乡俞塘村人)相聚在一起,同习日文。在日本,钮永建有幸结识了孙中山先生。与钮永建一起几次讨论反清斗争策略,使吴稚晖逐步接受了革命思想。同年12月,钮永建经孙中山推荐,回国奔赴广州帮忙筹办广东武备学堂,而吴稚晖正忙于帮助自费生赴日留学。

吴稚晖能言善语,又去过日本,熟悉相关途径,李显谟自然认其为"老大哥"。

光绪二十八年(1902)7月初,李显谟与蔡锷(字松坡)、胡汉民(字展堂)等七人,跟随吴稚晖会聚上海港,一起乘邮轮前往日本留学。

李显谟刚满21岁,与同行者大多是初次相识。一路上,同行者激情四射的言论和举动,使他也热血沸腾。

经过四天多的航行,他们终于到达岛国日本。当时,报考日本陆军士官学校,先要入其军事预备学校(成城学校)学习一年。清廷生怕中国留学生赴日留学后加入反清队伍,因此照会日本政府并约定:凡是中国自费学生要进成城学校,必须由清政府派驻日本公使具函保送。

于是,李显谟与蔡锷、许嘉澍、钮瑗、孙揆均、顾乃珍、刘钟英、吴慕良等九名苏浙赣自费留学生,前去拜见清公使蔡钧(字和甫,浙江仁和人),请求其保送他们去成城学校学习。但是,他们的要求遭到蔡钧的故意阻挠,推说必须先由学生原籍的官府出具保证。

李显谟他们一下子没了办法,眼看马上就要开学,而手头没有来回的路费,怎么办?只得找"老大哥"帮忙。

吴稚晖得知后,急忙发动自己熟悉的留学生,为他们每人相配五位担保人。可是,蔡钧耍花招,不以公使馆的名义制作保证书,直接将他们的担保书派人送往日军参谋本部,敷衍了事。

眼看事情没有着落,大家急了。

七月二十八日上午,李显谟与吴稚晖等26人赴公使馆请愿。而蔡钧依然刁难,拒不理会。那日天气炎热,时过中午,还不见蔡钧出面,李显谟等人已饥渴难忍。等到下午3时,蔡钧仍不见踪影,他们虽内心焦急,但横下一条心,不解决问题就不走。直到晚间7时30分,蔡钧才摆足排场,勉强出来接见。吴稚晖忍气吞声急忙趋前,屈膝长跪于蔡钧面前,逐条陈述求见理由。蔡钧虎着脸,严斥他们:“纯是目无纲纪,无理取闹。”李显谟等人毫不示弱,唇枪舌剑,据理驳斥。蔡钧词穷理屈,拂袖而去。日本警察蜂拥而上,抓走了吴稚晖。

于是,李显谟一行在公使馆集体静坐示威,持续数日不散。

八月五日,蔡钧恼羞成怒,指控他们为“革命党”,竟然下令动手抓捕。李显谟等人群情激愤,砸了公使官邸的陈设。蔡钧喊来日本警察,扣押了在场学生,并以扰乱治安为名,限他们24小时内离境。

吴稚晖愤懑不已,写下绝命书:“信之已死,明不作贼,民权自由,健邦天则。……孔曰成仁,孟曰取义,亡国之惨,将有如是。诸公努力,仆终不死。”还沿途喊叫:“士可杀,不可辱也!”

李显谟深受感染,决意陪同吴稚晖奋战到底。

就此,吴稚晖、李显谟等被押往横滨码头,遣送回国。

初学军事

李显谟壮志未酬,千方百计寻找新的途径。经父亲指点,他想到去找上海滩名士李平书(1854—1927)。李显谟知道,李平书与父亲曾为同榜贡生,互称“同年”,年轻时交往密切。又因李祖锡年长一岁,李平书称其为“宗兄”。李显谟要比李平书年轻27岁,即借父亲的声誉前去拜见“叔父”。

李平书一向不忘老友旧情,闻讯立即答应帮助李显谟寻找报考军事学堂的门路。

不久,经李平书推荐,李显谟顺利迈入由两江总督张之洞在南京城北三牌楼创办的江南陆师学堂。

江南陆师学堂总办俞明震(1860—1918,字恪士,又字启东,号觚庵)是一位识才善教者,其学生成才者甚众,如国学大师王伯沆、作家鲁迅等。俞明震几经观察,认定李显谟可成为将才。李显谟在陆师学堂学到了丰富的军事知识,经历了正规的军事训练,愈加增强了从军报国的信念。

光绪三十年(1904),李显谟转入金陵将弁学堂。这所学堂“以忠君爱国为本原”,但是李显谟感兴趣的是这里的尚武精神,因此深感如鱼得水。

李显谟难忘当初赴日求学遭拒之痛,从金陵将弁学堂毕业之后,急忙返回上海,指望父亲继续资助他赴日留学。

兄弟异见

李祖锡娶严氏为妻,生有三子二女,长子李显澄(1865—1904,号景伊),太学生,娶马桥乡俞塘村钮世慎(字荫谷)长女为妻;二子李显常(1871—1917,初名显清,字镜海),县学庠生,娶国学生董翼如次女为妻;三子即李显谟,初名显沖,为李祖锡28岁时所生。

李显谟的两个哥哥天性率直,不慕荣显,无意走通仕途,便懒于去科场拼搏,始终守望在闵行老街上,以儒学为业,陪伴父母,虽无大作为但日子过得安安稳稳。

而李显谟却人小志高,生性豪放,胆子也大,一心尚武从军,行侠取义。然而父亲李祖锡并不赞赏,他主张实业救国,希望子女们在家乡创业。

光绪三十年,李祖锡帮助二儿子李显常在闵行镇上集资组建了一家内河轮船公司,取名“敏航轮船局”。

李显常遵照父命,购置了两艘有200只客座的内河铁壳蒸汽内燃机小火轮,分别取名“闵馨”和“湖江”,首辟闵行至上海南市关桥码头的内河客运航线。还在黄浦江对岸西渡,设脚划船两艘,定时驶往闵行,与敏航客轮启航时间对接。从此,从闵行老街到上海城区老城厢,仅“一潮水”即可到达,百姓称便。

李显谟回到家,眼见二哥创业有成,颇为兴奋。家人见他英姿勃发,激情漾动,甚为宽慰。然而,当他提及打算再次赴日本留学时,家人顿感不安。

李显谟慷慨陈词,胜似演说。家人目瞪口呆,无言以对。

偏偏父亲在外谋职,家中缺了权威人物。母亲含泪叮嘱,苦口相劝。二哥则一言不发,漠然冷对。事实明摆着,上次自费赴日留学,结果惹出祸端,为何还要去瞎撞硬闯,再冒风险?在家帮助二哥经营实业,陪伴母亲,岂不是更好吗?

李显谟自有主张,脾性爽直,岂肯轻易退却。

对于李显谟醉心于戎马天涯的志向,李显常明确表示难以相助。

兄弟俩话不投机,自然无法商议赴日留学的事项。

骏马奔腾

李显谟只得再去找叔父李平书。

李平书此时正主持上海城厢内外总工程局,实施大规模的现代化市政建设,深切感受到青年人才的重要性。他一向偏爱老友子弟,如今看到李显谟经过军事学堂数年培养,更加具有豪气壮志,自然十分赞赏。于是,他再次热情地出手相助,为其做赴日留学的担保,通过南京好友,很快就争取到了“官费生”的名额。

光绪三十二年(1906),李显谟终于如愿,以官费生的身份考入日本官立东京振武学校(原名成城学校),接受留学预备教育。

在这里,李显谟开始接受军训和学习日文。他不怕严酷的考试,而面对教学中的日本军国主义论调,他只能“隐忍不发”。

数月后,李显谟以“士官候补生”的身份,被分派到驻扎在兵库县姬路市的日本陆军基层部队实习,授予一等兵军衔。经历数月磨炼,有了几次升迁,获得了下士军衔,并参加了姬路市的骑兵联队,能与心爱的战马相伴。

一天,李显谟特意拍摄了一张“戎装骑马照”邮寄给父母亲,并挥笔题词宣称:

谟儿二十有五,入日本姬路骑兵联队,实受军事教育。乘骏马策之以道，纵横驰骤，髀肉不复生，得其所哉。小子于是乎欣然矣，强国必先强身也。

光绪三十三年(1907)十二月，李显谟以军曹(中士)军衔进入陆军士官学校第六期步科(骑兵科)。当时，在日本学习文法科的上海学生不少，而专攻陆军科目的只有李显谟一人。

因此，李显谟甚为自豪，撰文向《苏报》投稿，畅谈“武力革命为救国之道”。

李显谟戎装骑马照

当时东京是中国热血青年的大本营。李显谟利用课余时间，参加留日同学的一系列聚会，还结识了黄兴(字克强，号庆午、竞武，孙中山先生第一知交)和宋教仁(字钝初，号渔父，时任同盟会中部总会总务干事)等中国革命同盟会主要成员。

李显谟的革命思想日益增强，希望加入同盟会。然而，同盟会人员认为李显谟曾经殴打过清公使蔡钧，在日本容易被指认为革命党徒，目标过于显露，因此力劝其暂勿入会，以免招惹官方侦知而勒令其退学。李显谟理解大家的好意，行事也更加谨慎。

光绪三十四年(1908)十二月，李显谟从日本陆军士官学校毕业之后，按规定，以“见习士官”的身份回到姬路市的骑兵联队再次实习了半年多，获少尉官衔。

次年暑期，李显谟以陆军士官的资质回国。

血战上海滩

辛亥前夜

宣统元年(1909),李显谟随同留日毕业学员回国,即奔赴武昌城,被编入新军营。两江总督张人骏(原字健庵,改千里,号安圃)器重李显谟的文才武略,推荐他担任新军书局军事书籍编译长。在那里,他与新军第八镇内的革命组织“振武学社”(文学社前身,密谋兴汉灭清)建立联系。

在武昌工作了10个月之后,李显谟被张人骏召回江宁,加入新军陆军第九镇,来到江宁城关。

宣统二年(1910),李显谟隐蔽革命者身份,参加清廷部试,获得“钦赐武举人”的名分。

李显谟为人真诚,办事干练,熟悉军事,又精于骑兵战术,因此被陆军第九镇统制(首领)徐绍祯(1861—1936,字固卿)叹为“奇才”。于是,徐绍祯任命他为第九镇马标第一营管带(即骑兵团营长)。

徐绍桢出身官宦之家。他怨恨清廷政治的黑暗,是个立宪派人士,主张改良主义。因此他重视新军官兵的思想文化教育,注重吸收知识青年入伍,有心打造一支文武兼备的新型军队。

李显谟遂与步兵管带张承樾(字蓬生,湖北枝江人)密切合作,发展组织,并一起说动徐绍桢一起革命。徐绍桢深切地被李显谟的大义所感染,视为知己。

此时的李显谟英俊潇洒,娶妻生了两个女儿后,总盼望有个儿子,于是纳妾求子,企望生活过得更加美满。

然而,革命的暴风雨悄然来临了。

宣统三年(1911)十月十日,武昌新军第八镇工兵营带头发难,举行起义。消息传到上海,极大地鼓舞了革命党人的斗志,决心策划江苏、浙江、上海的武装起义,响应武昌。

徐绍桢正观望着时局,鉴于无法与武昌取得联系,情况不明,一时无法行动。10月25日,他指派李显谟秘密奔赴武汉,计划通过原有人脉接近第二军军统冯国璋(字华甫),探明实讯,以利决策行动方案。

此时,江宁的时局已变得十分严峻,车站、轮埠布满了清廷密探,正疯狂搜捕革命党人。若在江宁直接奔赴武昌,必将会引人注目。徐绍桢不让李显谟冒此风险。

10月27日,李显谟不得不悄悄来到上海,等待时机再转道前往武昌。

第二天,李显谟有幸遇到好友黄兴,并通过他与陈其美(字英士)、宋教仁、杨谱笙等同盟会主要成员见了面,将衔命赴江西联络的计划做了通报。

然而,几位同盟会成员都希望第九镇参加他们谋取建立南方军事根据地的行动。黄兴早就赏识李显谟的才干,由于李显谟是上海本地人,因此黄兴极为热情地劝说他留在上海,参与组织领导军事力量。陈其美说:"上海为南数省扼要之地。上海即举,则长江一带迎刃而解。你不用再往武昌去了。"

李显谟认为此说有理,立即将同盟会的建议以密电请示徐绍桢。

徐绍祯迅速回电,同意李显谟留驻上海,担负第九镇与上海革命势力的联络任务,并与负责江宁起义的张承槱互相策应。

于是李显谟留在上海,接受李平书之邀,出任上海商团军事教练,帮助其按照新军编制重整商团力量,提升军事素质,进入备战状态。同时,他通过"军国民联合会"(留日军事学生的革命组织),动员已回国的士官学校同学来沪组团参加上海起义。不少同学积极呼应，蒋志清（即蒋介石）即为其中之一。

好友聚力

当时，上海地区有中国同盟会中部总会、光复会上海支部和上海商团公会等三方革命力量。同盟会、光复会主张尽快发动武装起义，但其自身缺乏军事实力，而上海商团公会是一支较有实力的地方武装，会长李平书时任上海县地方自治公所总董，在上海颇具号召力。因此，同盟会成员极想和李平书及商团合力发动起义。

李平书和自治公所议员们大都还不了解那些革命党人，认为自己的责任就是保护地方人民的利益。同盟会与李平书经过多次协商，增进沟通，议员们才同意今后彼此互相尊重，避免产生矛盾。随着形势发展，他们感觉到一场风暴即将来临，于是李平书每夜都在南市救火联合会秘密召开会议，商量应对措施。议员们各怀心事，七嘴八舌，大多主张“要革命，但不要流血”。

正当李平书举棋不定之际，李显谟来到他身边。并当即表示，愿为叔父效力，回报师恩。李平书眼见侄儿学有所成，又视野开阔，满怀激情，便决意重用李显谟，以解困境。而李显谟明白，自己的使命并不局限于整合商团力量，他关注的是整个上海滩。正巧，他在与同盟会的联系过程中，遇到了同乡钮永建。

钮永建与李显谟是远房亲戚。李显谟家的大嫂是钮永建父亲钮世章的亲侄女，两家父辈时有往来，而他俩又同为赴日留学生，但是近十年来总是擦肩而过，未曾同事。如今，两人有幸相聚，共谋伟业，自然贴心贴肺极为投缘。钮永建紧随孙中山先生走南闯北，搏击在革命洪流中。不久前，从国外潜回广州，又奉命来到上海。

10月下旬，钮永建、李显谟每天晚上会前往武昌路贞吉里李平书寓所，讨论时局进展，密议起义方案。大家都是上海本地人，满屋乡音，无限乡情，共同为光复上海迸发着激情。同盟会的起义主张，终于得到李平书及商团力量的全力支持。

同时，钮永建又将光复会首领李燮和介绍给李显谟，使三方革命力量结成起义联盟。然而，烦恼也相随而至。李燮和趁机邀请李显谟加入光复会，而同盟会得知消息，忙劝说李显谟加入同盟会。李显谟左右为难，就找钮永建商量。钮永建认为，这次革命能否成功还很难说，为了避免牵累李平书，让他留待万一起义失败能做一个收拾残局的人，就劝说李显谟暂时不要参加任何政党。谁料想，好心人的这一个“小聪明”，给李显谟以后的人生道路招来一连串烦恼。

商团司令

宣统三年(1911)九月十一日上午，上海23个商团在南市“九亩地”演武场举行有2000余人参加的检阅典礼，公开身份为“兵科举人”的李显谟应邀担任总检阅官，与全体商团人员见面。“九亩地”位于老城厢西北角露香园路一带，邻近法租界，在清嘉庆年间为驻军演武场，近几年建成极为热闹的游乐场所。

李显谟时年30岁，办事有魄力，又善用兵，常骑马出行，颇具大将之风。他在台上即席阐述军事观点和介绍经验后，大家都很钦服。

商团各单位负责人兴高采烈，当场公推李显谟为上海商团临时总司令，统一负责指挥教练，还争相出资买来一匹赤褐色阿拉伯高头战马赠送给李显谟，让他骑马指挥作战。

此前，上海各业商团之间组织涣散，各自为政，加之人事复杂，派系成见较深，不能团结一致。李平书有意通过这场检阅典礼，统一思想，加强指挥。李显谟的出色才干获得公认，李平书心里踏实了。

为了掩护起义的意图，商团对外则宣称：“上海商团为了更好地保护地方治安，邀请第九镇军官来沪加强商团训练。”李显谟虽任商团总司令，但发布命令则用“民军代表”的名义。当时，商团总司令部下辖6个分团，即沪学会商团、商余学会商团、沪西士商商团、商业体操会商团、商业补习会商团和闸北商团。其前身是青年人发起组织的体育会,团员大都是青年工商业从业人员和学界人士,具有强烈的爱国热忱,但参加活动主要是希望通过学习军事强身健体,掌握新式武器的战斗本领,当国家需要时为民族效力,并没有“反清革命”的意图。

当天晚上,同盟会、光复会和商团三方力量的代表钮永建、陈其美、李燮和、李平书、李显谟等紧急聚会,根据武汉和南京的信息,决定当机立断,改变行动方案,将原议“上海视江宁(南京)举动而定进止”改为“上海首先发动,苏杭继起响应,随即进攻江宁(南京)”。

11 月 2 日,为了增强商团作战经验,实授攻守战术,李显谟在南市斜桥集合全体商团成员,举行野外大演习。他骑马亲自指挥,讲解“攻易守难”的军事思想,鼓励大家做好殊死一战的精神准备。通过这场演习,商团士气大振。

然而,江西传来消息,武昌战况不利,汉阳可能失守。

三方代表都感到在上海策动起义已经刻不容缓。当天晚上,在自治公所召开秘密会议时,与会者多数同意,决定携手合作,将于第二天下午 3 时在上海南市和宝山、闸北同时发动起义,主攻目标为江南机器制造局。三方一致推举由李显谟担任军事行动指挥官,具体组织和指挥军事行动,对外称作“民军代表”。

上海光复之役打响前夕,有一批上海本地热血青年匆匆赶到李显谟的身边。

来自新军第九镇的闵行镇上人李卓民(1885—1940,又名植民,字犹龙,号倬云),少年时就读于上海龙门书院。光绪三十二年(1906)离家奔走,先后毕业于南京两江师范学堂法学科、安徽武备学堂(时称安徽陆军小学堂)。宣统二年(1910),他毅然从武,投奔新军第九镇,得到徐绍桢的器重,担任教练官。近日,他奉命赶赴上海相助李显谟。

李卓民与李显谟自幼是闵行镇上的小伙伴,彼此年龄相差 4 岁,李显谟为兄。此刻,老友相逢在上海滩,彼此更加亲密无间,誓为光复家乡赴汤蹈火。

出生于奉贤县泰日乡的范钦翰(字雪岑)来自江苏武备学校。闻听上海即将起义,他率全班60个同学一起赶到上海,直接向李显谟表达参战的决心。

于是,李显谟委托李卓民与范钦翰利用各自人脉,立即组建一支学生军,配备武器和战马,准备担当光复起义的先锋队,并协助其指挥上海各商团作战。

不久,一支66人的学生军悄然形成,李显谟为此心中更有底气了。

李卓民与范钦翰曾同在南桥文游学堂读过书,因此招来一批好同学,其中有姜遇文(奉贤县南桥人)、太保阿连(南桥人)、范钦侯(字学洲,奉贤县肖塘人)、庄韵笙(金山县人)以及钱叔仁、鲍寄堂、吴彩堂、胡坤生等。另还有钮永建前几年在俞塘紫冈学舍培养的陈惟俭(字渠清、金山县亭林人)、徐乐同(又名桂八,字仰高,金山县松隐乡浩光村人)、焦忠祖、陆丕谟(字佑人,金山县钱圩人)、陆翊仁、翁象贤(马桥乡人)、王伯仁(马桥乡人)等。

光复之役

11月3日上午9时,各商团队伍以“领枪”为名,在江南机器制造局附近的南操场集合。到场的大都是青壮年,有工人、学生和工商企业职工,也有少数工商界上层人物。队伍排列好后,李显谟会同陈其美等到场检阅。李显谟以民军代表的身份,登台演说,鼓舞士气。商团团员领到武器,个个摩拳擦掌,异常兴奋。

可是谁也没有想到,上海商余公会当天发行的《商余报》刊发了一篇《观战记》,绘声绘色地报道了李显谟组织野外大演习的情况。敏感的清廷官员从中嗅出了秘密。

就此,李显谟的革命党身份公开暴露,起义随即爆发。李显谟闻讯下令,商团全体团员、学生军成员、“军国民联合会敢死队”成员和沪军巡防四营起义官兵立即到城南沪军营操场集合。

下午2时正,小南门救火联合会的救火钟鸣钟9响,继又13响,连鸣了

2 次(寓当天是农历九月十三日),这是各方事先约定的武装起义号音。

各路人马准时汇集在沪军营操场上。李显谟率敢死队刘福彪、潘印佛等一露面,即慷慨陈词,宣布起义。当即,有人扯毁清廷龙旗,升起标志“革命”的白旗。全场欢声雷动,经久不息。随即,向参加起义人员分发每人白布一条绕在左臂,统称“革命军”,以资识别。

李显谟逐队检查武器,巡防四营枪支齐备,商团有步枪 500 支,其余均持刀棍。于是,他将随身带来的 50 余支手枪和数百枚炸弹交给商团及敢死队成员。

准备停当,李显谟以“民军代表”的名义当众发布了三道作战命令,宣布正式起义:一、商团协助敢死队攻打江南机器制造局;二、进攻苏淞太沪兵备道;三、商团各分队分段防守城厢内外,维持治安。

只见李显谟举臂鸣枪一响,接着吹起进军号,参加起义的人们高呼着“冲啊!冲啊!”奔赴预定的分防、进攻地点。

上海滩枪炮声随之持续不断。

至 11 月 3 日下午 4 时前后,商团和光复会、敢死队等各路起义军分别占领了预定目标,大批守军和警察投诚起义。

上海老城厢未经激烈战斗即被革命军占领。道署、县衙的官吏早已逃之夭夭,平民百姓争相上街“看热闹”,围睹革命军的一举一动,惊叹这些年轻人“胆大妄为”。各处大街小巷,张贴着由李平书署名的六言安民告示:“照得武昌起义,同胞万众一心,凡我义旗所指,罔不踊跃欢迎,各省各城恢复,从未妨害安宁。上海东南巨埠,通商世界著名,一经大兵云集,损害自必非轻,今奉军政府命,但令各界输诚,兹已纷纷归顺,足见敌忾同情。惟愿亲爱同胞,仍各安分营生,洋人生命财产,切勿乘此相侵,转瞬民国成立,人人共享太平。”

同时,闸北、吴淞地区也顺利光复。

眼看天暗入夜,进攻江南机器制造局的两路起义军接连失利。陈其美以《民立报》访员的身份随往观战,见势不利,冒险入门与守军说降。结果,他被守军拘捕,而敢死队赴救未克。

李显谟得知消息,即陪同李平书亲自赶到制造局。李平书以制造局提调的身份与总办张士珩交涉,称陈其美仅是《民立报》访员,请求释放。总办严词拒绝:“书生不知利害,妄思革命,徒送死耳!”见李平书无奈哑言,李显谟一把拖他退出了制造局大门。

江南机器制造局位于南门外高昌庙附近,创建于同治四年(1865),是当时国内最大的兵工厂之一,生产新式武器,储存着大批枪械弹药。夺取这个特等军事要地,是光复之役能否胜利的关键。

李显谟将李平书送回自治公所,迅即分头组织援军,重新部署进攻兵力。他骑马东奔西走,以同学同僚关系,联系上守卫制造局的炮兵管带陈棍、吴淞炮台守官姜国樑和海军“飞霆”舰长林建章等人,秘密约定让他们按兵不动。又联系上沪军巡防营管带梁敦倬,劝他有意率部避走。随后,命令商团团员设法拆除制造局门前火炮的炮闩。

而此时,两江总督已经得到“上海商团尽叛”的密报,急命南京、松江两地的清军向上海城区进击,并饬令“无论革命党、商团,擒获者全数正法”。

商团公会接得密报,当即在南市施家弄商团会所召开紧急会议,商讨对策。在这危急时刻,商团公会副会长王一亭(名震,以字行)愤然呐喊:“咸谓形势危急,进或不死,退则必死,与其引颈待戮,毋宁为国殉身!”李显谟当机立断,吩咐王一亭立即起草反攻令,并亲自署名发出。

在场的商团团员义愤填膺,荷枪实弹,或持刀斧,或拿棍棒,列队誓师出发。

李显谟骑上战马,出发督阵。

11月4日凌晨1时,各路起义民军700多人向江南机器制造局的大门发起了总攻。李卓民率领学生军成员担任主攻,冲锋在前。而守军早有防备,排枪齐鸣。学生军中有9人先后中弹身亡,但他们仍前仆后继,无人退却。

在战斗中,李卓民的左腿两处受伤,双眼直冒怒火。这几天,他每晚枕戈待旦,都会在梦中感受到先辈李待问(松江明末抗清就义贤士)不时显灵,冥授机宜,以壮其胆。他拖着伤腿,依然坚持进攻。

经通宵激战，制造局的铁制大门终于被攻破。至上午8时，终于攻克清军最后的据点，救出陈其美。

李显谟率部进入制造局，设立了民军临时司令部。在这里，为恢复制造局内部秩序，整理援助江宁的军火，指挥民军军事进展，他日不暇食，夜不得寝，忙了整整两昼夜。制造局的大中小管钥有200多件，此时李平书将其交给李显谟一人收掌。而且库内尚存金条计值巨万，有人献议分肥，李显谟严词力拒，全部归公充作军粮给养。

其间，李显谟得知英租界"万国商团"抢占闸北区沪宁铁路上海北站，即派闸北商团与英人交涉，限其12小时内撤退。闸北商团进驻车站，控制了铁路军运。

南市一隅有人闹事，秩序大乱。李显谟派李卓民担任"城厢内外宣抚官"，率马队60匹周巡南北，安抚居民，很快就控制了局面。

至此，上海全面光复，扩大了全国革命影响，成为奠定东南地区大局的转折点。

意外周折

宣统三年(1911)11月6日下午2时，上海各界代表近60人在小东门内大街原海防厅署就组织上海军政府一事召开会议，筹组上海军政分府(后改名沪军都督府)。

李显谟身穿商团军服，佩戴指挥刀，骑一匹高头大马，来到会场。由于害怕出现意外，他派了80名商团人员担任现场保卫。而陈其美更有心机，随身带了40个便衣卫士。

会场内外充满着兴奋、豪气以及诡秘。

会议由李平书担任主席，开始时秩序很好，但到了推举都督时，发生了严重争执。李平书和商团代表以及起义军官，都推李显谟为都督、叶惠钧为副都督。他们认为李显谟军事学识渊博，指挥上海光复任重功高。而同盟会方面的代表则推陈其美当都督。陈其美当场提出事先拟就的都督府人选。名单一经宣布,全场哗然,秩序大乱。脾气暴躁者拿出手枪威胁李平书,在场的起义军官也都拔出手枪,形成对峙局面。陈其美的保镖刘福彪竟然手持炸弹跳上了桌子,大声吆喝道:"都督非选陈其美不可,倘谁有不从,我即拉响手榴弹,大家同归于尽!"人们顿时面面相觑,吓得纷纷逃离会场。

李平书只得急忙宣布散会。

会后,李平书居间斡旋,几经协商,达成妥协,同意由陈其美出任都督,李平书出任民政总长。

此时,江宁送来"十万火急电",第九镇起义失利,李显谟急于组织军援,无心与陈其美争功。他为了避免李平书为难,便顾全大局,同意出任军政府军务副部长(钮永建任部长)。

事后,钮永建评价说:"论功行赏,李显谟功最大,应该当都督,当时同盟会也议论过,但他不是同盟会员。光复会的李燮和出其不意地立了首功,拿下吴淞、闸北,但如李燮和当了都督,上海可能变成光复会的天下。同盟会方面,黄兴不能从湖北回来,于老(右任)在上海关系不深,杨谱笙威望不够,陈其美这时虽还刚露头角,但他是同盟会在沪的重要干将,就只好由他来充任了。"

挺进郊县

11月5日,钮永建从大局考虑,认为松江与苏州为上海左右翼,这两地不光复,上海必然孤立。因此,他将上海城交给李显谟守护,自己率学生军中的10多个奉贤青年,连夜赶赴松江城组织起义。次日早晨,钮永建宣布松江独立,成立松江军政分府,亲自担任军政部长。

11月6日,来自奉贤、南汇、川沙地区的乡绅士找到李显谟,以"土匪将起,满官欲逃",请求上海民军拨兵光复各县各镇。为将战果扩大到上海城郊地区,李显谟当即答应拨兵。

当晚8时,李显谟召见李卓民,对他说:"浦东奉贤南汇两地潜藏的寇盗甚众,恐将乘机起事,荼毒居民,是不可不防的。你老家属南汇,熟悉地情,派你率商团敢死队前去镇抚,如何?”李卓民当即表示服从命令,并提出:“南汇濒海,民顽不知光复为何物,为防守军抵抗,去的人要多一点。”李显谟答应:“今夜你先率队出发,明日我再续派。”

于是,李卓民和敢死队管带陈汉钦率领民军40余人,连夜乘一艘小火轮、两只抛石船出发了。他们经闸港,到新场,天将黎明。当地商团赶来相会,李卓民登岸传达命令后,又向东进发。

11月7日将近中午,李卓民率队赶到南汇县城外二三里时,列队遥望,见城楼上人潮如鲫,有人挥舞白旗。他即派两人前去打探,只见西城门大开,城内商团成员、学生50余人列队出迎。民军即行举手礼,并彼此鸣枪致敬。民军进城至自治公所,当地已推举南汇县劝学所所长顾忠宣(字旬候)为民政长。他见李卓民到来,即设宴招待。随后,李卓民传南汇知县赖葆臣前来问话,令其缴出印信及所收公款。

当日午后,奉贤县绅商代表赶来面见李卓民,称“县令赵亦欲挟款而逃”,请求民军速去抓捕。于是,李卓民发出动员令,派敢死团队长戴汉斌为驻南汇司令,会同顾民政长维护治安,等候上海城里援军。

11月8日早晨,李卓民带领民军乘船奔赴奉贤县城。路过三墩、大团等地,均即席演说,张贴告示,一路宣传上海光复。这时,突有快马奔来报讯,说南汇武举人樊培生率众在县城闹事,学堂和公所被毁,我军已有数人阵亡。李卓民回头北望,知道情况突变,当即率队登岸,急行军奔回南汇县城。李卓民率队杀回南汇县城,天色已暗,只见民军领队之一俞志云在东门外被杀害。他亲自将其尸体运到纯阳殿,以10枚银圆雇佣4人照料,又将身受重伤的许如柏送到居民家中寄养。当夜,城内万户寂然,民军无处食宿,李卓民只得率队转移到新场城隍庙,并派两名骑兵回沪向李显谟求援。

11月9日午间,一队十字军赶来会合,随李卓民返回南汇县城。城内谣言未息,人心难安。李卓民日夜不息,亲自率队在东门外20里间巡哨,直至10日后将俞志云护送回上海城内,向李显谟报告实情。

身负重任

11月11日,李显谟将都督府军务部迁到上海道署旧址。李卓民奉命在沪军营重整队伍,集聚起二三个营的兵力,担当维护治安重任。

当时,李显谟除了仍兼商团总司令外,还出任沪防水陆全军统领,辖炮步兵共10个营,约有5000多人马。他不计较个人得失,主动与都督府参谋长黄郛(字膺白,号昭甫,李显谟的"盟兄弟")和衷共济,维护着上海城乡的安全。

各省光复之后,大多出现兵匪难分的混乱现象,独有上海一隅安堵如常,关键在于李显谟治军严明,军民融洽,因此上海舆论对他一片赞扬声。

因江苏省军储匮乏,积欠军饷达7个月,中华银行忽然停止兑现,一时军心惶惶。眼看重大危机一触即发,李显谟随时戒备,恩威并济,确保所属各部步调一致。

李显谟无心陶醉胜利成果,即组织沪军力量增援南京起义军,并派出决死队增援在汉阳失守的湖北军政府,以及策应河南光复。

时局动荡多变,革命力量内部因党派纷争,摩擦不断,几番影响战况。时人以李显谟不参加党派为庆幸,在关键时刻能力排众议,协同出兵,支援全国光复。

12月2日,南京城光复,江南革命形势得到稳定。

12月25日上午,孙中山先生在海外政治流亡了整整16年后,所乘的"地湾夏"号抵达租界的十六铺金利源码头,在激昂的《向往共和》的乐曲声中,第一次以真正胜利者的姿态凯旋。

在现场,由李显谟统领的商团担任警卫任务。李显谟当面向孙中山汇报上海光复经过和进军计划,还主动请缨组织北伐。孙中山听罢汇报认为,上海是革命根据地,关系全国,影响巨大。并叮嘱李显谟一定要加强"沪防军事重任",敦促其尽力组织兵源支援各省,以期光复全国。

1912年1月1日上午11时,上海北火车站彩旗飞扬、军乐雄壮。上海各界代表、民众及军人数千人聚集在此，欢送革命党领袖孙中山赴南京就任中华民国临时大总统。

总统卫队由45名松江军敢死队员组成，李显谟以卫队长的身份率领卫队登上沪宁铁路专车，寸步不离孙中山先生。

3月3日，正值元宵之夜，李显谟率队在太湖坐先锋号小艇巡警途中，豪情激荡，口吟七绝二首：

天高月皎正元宵，指望南浔路不遥。
夜坐船头湖光好，先锋樯上一旗招。

戎行跋涉敢辞劳，击鼓扬旗志气豪。
自古行军深夜黑，况当霜月压征袍。

不久，上海著易堂书局出版李显谟撰写的《共和时代大文章（初编）》一书。

7月31日，“沪军都督府”撤销，陈其美调往北京政府任工商总长。

9月12日，李显谟奉江苏都督程德全之命在上海组建第三混成旅，出任旅长，并以沪防水陆全军统领的身份，全面接手上海防务。着手重订编制，共成立20个营。为防止节外生枝，李显谟邀请闵行镇商会的同乡乔世德（字念椿）赶来相助，专职负责办理接收事宜。还委任好友李卓民为陆军部上海兵工厂审检兼统领浙江缉私水陆全军副官长，控制关键环节。

不久，发生“苏宁兵变”，上海地区造谣诽谤者纷起，而李显谟不为所动。此时长江哥老会首领刘彬自愿解散党羽数千人，输诚来归。李显谟即委其为全军探访长，统制会友。他还率部擒剿平湖九龙山山主顾树铭，将其就地正法，解散胁从，一举平息了事变。

11月1日，南京临时政府给李显谟授予陆军少将衔，并授予三等文虎勋章。

南京临时政府成立之后，钮永建担任参谋副长，代行总长职务。他几次提名重用李显谟,但因李显谟不是同盟会会员而未能如愿。对此,血气方刚的李显谟心中难免产生了怨言。

此时,李显谟的妻子为他生了个儿子,取名宗文。数月后,小妾也为他生了个儿子,取名宗武。李显谟如愿以偿,沉浸在温馨的家庭生活之中。

1912 年 4 月 3 日,孙中山先生卸任临时大总统之后回到上海,随后开始周游各省,考察国情,宣传民生主义和“社会变革”的主张,以及“建设新中国”的设想。至 12 月,他足迹遍布近 20 座城市,几乎走遍了半个中国。

12 月 26 日,孙中山先生偕陈其美、戴季陶等人沿黄浦江进行视察。时任沪防水陆全军统领的李显谟安排他们乘坐兵船,并亲自到场督阵。这艘兵船由上海江南机器制造局利用旧炮船改建,马力 80 匹,排水量 354 吨,装备五门克鲁伯炮,时属松沪水陆警察所。

中午,“钧和号”兵船抵达闵行镇,李显谟特意安排停靠闵行码头,希望孙中山先生在此多逗留片刻。孙中山先生在船上用过午餐后,信步走上兵船甲板。为了安全,李显谟不敢安排他上岸行走。孙中山先生站在甲板上巡视闵行外滩,李显谟则热情介绍自己家乡的相关情况。

午后 2 时,兵船起锚,孙中山等人离开闵行码头继续西行。3 时,抵达大涨泾黄浦江口岸后,孙中山一行转乘“安靖号”浅水兵船前往松江县城。

乱世沉浮

谁也没有料想到,袁世凯表面宣布赞成共和,暗中却一再阴谋作梗,孙中山率临时政府全体阁员愤然辞职,革命形势呈现错综复杂的局面。

1913 年 3 月 20 日,国会开会前夕,国民党代理理事长宋教仁被杀。4 月,袁世凯又非法签订善后大借款,准备发动内战,消灭南方革命力量。孙中山看清袁世凯的反动面目,从日本回国,力主武装“讨袁”。

5 月 24 日,北洋军阀势力侵入江苏、浙江两省。袁世凯力图控制上海,派郑汝成率领第七旅和第十九旅来沪。6 月,接收李显谟的沪防水陆全军统领部和第三混成旅之后,任命郑汝成(字子敬)为上海警备地域总司令,兼督江南机器制造局。革命派在上海的军权力量就此丧失,李显谟随之被北洋军阀政府解除了军事实职。

7月8日,袁世凯窃据中华民国临时大总统后,翻脸露真相,动手镇压革命党人,图谋复辟帝制。于是,讨伐袁世凯的“二次革命”爆发了。

7月16日,钮永建匆匆赶到松江,调集由学生军为主力的各路部队。次日,应驻沪讨袁军总司令陈其美借调,率领松江军步兵、水师开往上海。

7月18日,陈其美宣布上海独立,钮永建被任命为苏沪讨袁联军总司令。随即,集兵进攻江南机器制造局,可惜终不能克。于是,钮永建只得率部兵退宝山地区。

此时,李显谟出奇的冷静。他手无军权,难有作为,又因对陈其美之辈心怀不满,因此始终“观棋不语”。

以钮永建为首的讨袁联军接连失利,局势又逆转了。

10月6日,国会选出袁世凯为第一任正式大总统。11月4日,袁世凯以“叛乱”罪名下令解散国民党,“二次革命”随之失败。时局急转,钮永建、陈其美等人被迫流亡海外。上海镇守使郑汝成认定上海商团“通敌”,勒令缴枪解散。李平书、叶惠钧等人只得逃亡日本。

上海滩民主革命的浪涛迅速退落,使李显谟惊呆了。他虽然不是同盟会成员,也未担任显赫的职位,但是人们都知道他与孙中山、钮永建关系密切,自然属于令人瞩目的革命者。他闷在屋里沉思了好几天。

面对危局,李显谟内心十分坦然,不想外出逃亡,但在言行上更为谨慎。未等李显谟决定去向,时局又有变化。

1913年,李显谟奉命将苏省水师各营改组为水上警察。以长江外海各营为第一厅,以内河、飞划、太湖、松军各营为第二厅。江苏军、省两署会委李显谟为江苏水警第二厅厅长。此职属于文官编制,李显谟并不计较,悄悄地离沪,移驻苏州。其时,内河、太湖、飞划、松军各营共计7000余人,改组伊始,头绪纷繁。李显谟擘画周详,很快使规模完备。

1914年8月,第一次世界大战爆发,北京政府就欧战爆发发表中立宣言。此时,江苏军、省两署会委任李显谟为江苏省警备队总司令。江苏都督冯国璋派李显谟会办江苏中立筹备处事务，后又委其赴连云港会办海州、青口等处中立事宜。李显谟刚刚赶到连云港，就得知德国王子在青岛身携贵重物件，乘坐美国飞机逃遁，结果坠落海州防地。随之，人言纷乱，局面更趋复杂化。李显谟排除众议，果断地以“一并申送政府，蒙谕嘉奖”做出处置。好友李卓民相随其后，于 1914 年授为陆军步兵中校(1916 年授为陆军步兵上校)。

不久，李显谟又被委为陆军第三旅旅长，要移驻察哈尔。但是，李显谟深知北洋军阀政府用心不善，辞不就任，静观时局。

同年冬季，北洋政府撤销各省自治，袁世凯直接控制各省军权。李显谟即辞职归乡，屡调不出。

荣升中将

1915 年，江苏督军公署在上海设立台营官地局，认定唯有李显谟熟悉上海地区的情况，便派人上门劝其重新出山。

李显谟难辞好友的劝说，赴上海城区出任台营官地局主任，负责清理苏(州)松(江)太(仓)地区的官地，将田产转为民有，统一颁发执照。当时，上海城濠基地均属营产，而周边人烟繁盛，地价日益高涨，因此人们争相购置，千方百计地钻营抢一口“肥肉”。而李显谟大权在握，却对这“肥肉”视若浮云，坚持丝毫不取。其如此恬淡寡欲，令知情者连声惊叹。

而时局依然动荡，天下难以安宁。直、皖系军阀之间的矛盾日趋尖锐，为争夺民国政府大总统职位，战火四起。李显谟不愿随波逐流，也不再意气风发，仍在静观乱世变迁。

1918 年，李显谟获得二等文虎勋章，李卓民获得五等文虎勋章。

当年 9 月，段祺瑞操纵“安福国会”选举徐世昌为大总统。在英、美两国的推动下，直系军阀新首领曹锟、吴佩孚与西南军阀加紧勾结。

1919 年 2 月 20 日，“南北议和”代表在上海举行“和平会议”。李显谟奉江苏督军李纯(字秀山)派遣，充任南北和议办事处参议，兼办交际事务。又奉派随同长江巡阅副使王廷桢驻沪照料和议。历次军国重事，他均参与其间。为此,以翊赞有功,李显谟获得二等大授宝光嘉禾勋章,加陆军中将衔。

由于各派军阀之间争夺激烈,彼此未能达成妥协。5 月 13 日,“南北议和”最终破裂。5 月 28 日,孙中山先生发表《护法宣言》。

决意返乡

1917 年 7 月,孙中山开始策动护法斗争。9 月 1 日,国会非常会议选举孙中山为大元帅。护法战争拉开战幕,时局正在发生新的变化。

李显谟密切关注着时局的变化,他得知钮永建等同乡好友正在广州,于是赶紧联络,沟通信息。而偏偏在此时,父亲的遭遇又搅乱了他的心思。

李祖锡一向个性耿直,始终醉心于教育事业。光绪十三年(1887)就获得候选县学教师的身份,可惜没有机遇,只能大材小用就地执教候选,直到光绪三十一年(1905)六月,江苏省震泽县(后并入吴江县)急需一名县学训导,他年已 52 岁,不惜离乡远行受聘,八月正式赴任。科举废止后,又被延聘出任震江高等小学校长。宣统二年(1910)二月,李祖锡突患中风。顾言正在南京城里出席省咨议局会议,急忙赶去探望,组织医治。

五年来,李祖锡尽心执教,却积劳成疾,57 岁就身患中风,突然病倒在职位上。而那时李显谟从日本留学回国,获得武举人名分后,急于转赴武昌谋求发展,无法回来照料父亲。于是,顾言帮助李祖锡辞去教职,将其送回家乡。

李祖锡病情初愈,见顾言为创建上海县中等农业学堂忙得够呛,即不肯在家安息,前来相助。于是,顾言索性请他出山坐镇,出任农校监督(即校长)。李祖锡就此抱病全力忙于农校教务,不料七年之后旧疾复发,难以医治。1917 年十月十八日,李祖锡在家中去世,享年仅 69 岁。

谁料祸不单行,李显谟的二哥李显常积劳成疾,也突发疾病,10 月 21 日不治身亡,年仅 46 岁。

李显谟闻讯震惊了,深感自己在外奔波十多年,极少回家省亲,未曾尽心报答父恩,而时局极度纷乱,不值得继续折腾下去了。

于是,李显谟决定立即返乡守孝。

情洒沪闵路

兴建新宅

36 岁的李显谟无心再从政，也不想再尚武，只想退隐在闵行镇上静养生息，陪伴家人。

离家闯荡 15 年来，李显谟志在四方，却没有再安逸地游逛过闵行老街，此时迈步街头，儿时的回忆油然而生，家乡的气息直扑心肺。

二哥李显常生前为了他所创办的敏航轮船局费尽心力，却未曾享受安逸。前几年里，他既要与法商立兴洋行创办的东方轮船公司争夺黄浦江内河航权，又与本镇乔世德，奉贤南桥宋燮君、夏仁华合作经营了“闵南协记内河轮船公司”（简称闵南轮船局），出任董事长干了一番事业。他英年早逝，实在令人痛惜。

李家安葬了李祖锡、李显常两位当家人，平息悲伤，着手安顿今后的生活。李显谟义不容辞地接任家族当家人，眼看李氏家族人丁兴旺，心中甚感欣慰，但是新西街上的李氏祖屋已显得拥挤，亟待重新安排。

李显谟娶荷巷桥顾氏（1880 年生）为妻，生一子二女。又娶侧室尤巧英（1894 年生），生二子。此时一起回到闵行居住，既热闹又尴尬。尤巧英初到闵行镇，难免时有抱怨，于是，李显谟决意择地兴建新宅，以利安顿家人。

新宅院远离老街，建在黄浦江西外滩（今建设路39弄15至19号），占地2000平方米，是一个花园别墅式的宅院。南、西、北三面有六曲河环绕，并建有石驳岸。正屋坐北面南，三开间平房，前置走廊，为中式传统风格。屋前为花园，青瓦、彩瓷拼花铺径，植有松柏、桂花、蜡梅、广玉兰等，西首有一片翠竹林。这里环境幽静，不受外人干扰，盗贼难以潜入，又可闻听黄浦江的涨潮声。

李显谟继承家风，将自己的居室定名为"养素堂"，以表守志不易。

当地人称其新宅院为"李园"。园东有大门，一条小路通往老街。后来，小路拓展为沪闵公路的一条支路，两侧形成街市，被乡人称为"英石路"。1956年，经拓宽延长后，改名为"建设路"。

父老忧愁

李显谟在李园内修身养性，时常与乡邻叙旧谈新，目睹老街现状，不由更加关心起家乡的发展。

1920年3月，闵行乡经董李祖佑卸职，上海县公署指令由副经董朱承鼎（字理卿）接任。

李显谟先后拜访父亲的老友李祖佑和朱承鼎。叙谈中，李显谟得知，步入民国，父辈们力尽所能，护乡图强，但时局动荡，人心不安，闵行老镇并无显著发展。

一天，朱承鼎赶到李园，专程来回访李显谟。他比李显谟年长20岁，先世自南汇新场迁居闵行，15岁成为秀才，虽家境贫困，但少负大志。光绪三十三年（1907），被闵行乡议事会推举为乡董。1912年6月，闵行乡议事会改组时当选为议长。他认真制订地方规划，凡办团防、设商会、兴学校、筹自治、浚河救荒等，皆亲自主持，一丝不苟。在他的主持下，闵行乡的地方自治被列为"江苏全省模范"。然而，朱承鼎心头充满忧愁。

此时，朱承鼎特意找上门来，向李显谟通报近期发生的一件大事：上海英租界当局越界筑路，强制修筑凯旋路、大西路，已接近龙华地区，并照会上海县知事,拟将越界筑路延展至闵行地区。朱承鼎打算联合上海县地方人士,公开表示抗议,希望李显谟能助一臂之力。

这是维护主权的大事,李显谟自然答应全力支持朱承鼎。

谈论之中,李显谟突然提出一个话题:英国人要来筑公路,对闵行地区的发展是个好机遇。但涉及主权,绝不能让步。要维护主权,又要促进家乡发展,不妨我们自己合力筑公路。

送走朱承鼎,李显谟心头难以平静,思考着如何将格局做大,为闵行老街的发展打开新局面。于是,一个极为大胆的设想在他心中油然而生:领头发起修筑公路,聚力为家乡父老闯出一条谋求发展的新路。

闵行老镇自古水陆交通都比较发达,因此能成为黄浦江畔的门户要塞。自从光绪年间,李显谟二哥李显常在这里大力发展内河航运业,陆路交通随之失去了以往的优势,闵行老镇始终有一条交通大动脉贯穿南北,是当地的地标。早在远古时代有古冈身,其高亢的地形使这里免遭水涝之灾,自秦代起又有"秦皇驰道"过境,带来人气和物流,以后历代官府都会持续修整这里的车马道,乡人称其为"官路"。问题是这条"官路"越来越显狭窄,始终只是"乡下烂泥路",遇到雨季泥泞不堪,早已不适应经济社会的发展。李显谟毕竟见过世面,又具侠义豪气,为阻止洋人越界筑路起见,他决心凭借地方力量和社会人脉,开创谋求发展的新局面。

酝酿壮举

于是,李显谟开始关注商办公路的投资和建设,探索自行修筑公路的可行性。令李显谟欣喜的是,彼时我国道路建设的热潮正在兴起,他的想法完全契合时代的节奏。1921 年春,从海外留学归来的王正廷(字儒堂)博士(后任国民政府外交部部长)在上海创办"中华全国道路建设协会"。

李显谟闻讯,即与教育家黄炎培(字任之)、实业家穆湘瑶(字抒斋)等人一起积极响应。

筑路壮举绝非一句口号,李显谟心中逐渐形成实施方案,急需志同道合的合伙人。他首先想到的是闵行镇上时任江苏省议员的老友黄申锡。

黄申锡(1882—1965,字谱蘅),竹冈黄氏二十世孙,与李显谟同年生,自幼是玩伴。光绪三十年(1904),黄申锡助叔父黄宗坚创办竹溪小学,长期在校当教师。宣统二年(1910)秋冬之交,当局推行地方自治,闵行镇上建立乡自治公所。黄申锡年轻有为,被公推为议长,开始走上公务大舞台。1912 年 6 月,闵行乡自治公所改组,选出议事会议员 12 人,由朱承鼎任议长,30 岁的黄申锡任副议长。8 月,上海县议事会成立,闵行乡推选黄申锡、李右之、董炳章三人为县议员。32 岁的李右之为后起之秀,出任上海县议事会副议长。黄申锡还担任上海县参事会参事员(七人之一)。参事会设在县公署,每月开会一次。1913 年 1 月,黄申锡与秦锡田当选为江苏省议员。1918 年 8 月,他又当选江苏省议员。1921 年 8 月,第三次当选江苏省议员。他在上海城乡都具有发言权和影响力,而这正是李显谟当下最需要的。

黄申锡作为省议员,视野开阔,思想开明。当时,黄申锡正强烈反对虞洽卿在上海办的证券物品交易所“以定期买卖为名,营买空卖空之事业”,在省议会和《申报》《大公报》上畅述己见,揭露不法巨商的勾当。

此时,黄申锡听罢李显谟修筑公路的构想,自然十分赞赏,而且极为兴奋。

两位 39 岁的闵行人一拍即合,决心共同为家乡父老办一件实事。他俩文武相配,志同道合,年富力强,满怀豪情,经过几番热议,正式启动了筑路壮举。

他们逐一拜访闵行镇乔世德(字念椿,闵行镇商会会长)、颛桥乡的施其光(字安生,颛桥乡经董)、北桥乡的孙世本(后任乡董)、华泾镇的刘子瑜(曾任松江府督学)等,商议合力自建公路事宜。还先后联络上海、南汇、奉贤、松江四县绅商达 80 多人,听取共同投资筑路的意向。

上海、奉贤两县积极响应,一致主张由民间筹资修筑沪闵南柘公路,推进沪郊地方建设。

同心聚力

1921 年 5 月 15 日,是一个普通的日子,而李显谟使它富有了特殊的意义。

这一天，李显谟在闵行镇李园家中，召集各乡镇头面人物聚会，一起筹划创立沪闵南柘长途汽车公司，商议购地、迁坟、筑路、建桥、设站、购车、招股各项办法。

据5月20日《申报》报道称：是日适值天气晴好，各地乡董到会者甚众。大家热情高涨，当即议决先筹集股本50万元。每股计洋50元。考虑到乡人手头并不富足，为了促进乡人广泛认股，以十零股为一股，每零股计洋5元，可分3次交足，第一次应缴十成之六，第二与第三两次各缴十成之二，全股缴足以九个月或一年为限。当天，莅会各董当场认股者共计21.7万元。同时，大家议定设立4处停车库（一设在上海城区黄家阙路即习艺所南隔壁斜南路口，二设在闵行镇西滩，三设在浦南太平乡，四设在柘林海塘，而以闵行为总库）。并议定经过各站顺序，以上海城内为头等站，漕河泾为二等站，朱家行（并设支路东至华泾，西至梅家弄）、翁板桥、颛桥各为三等站（并设支路可至曹行镇）；北桥为二等站（并设支路东至塘湾，西至马桥），经过长寿庵时略停（并设荷巷桥支路）。闵行镇为头等站（过浦以轮船渡客），太平乡为头等站，萧塘为二等站（设金汇桥支路），南桥镇为头等站（设奉贤城及庄家行支路），新市镇为二等站（设新塘胡家桥支路），柘林为头等站。全路自上海黄家阙路起，经闵行镇到达柘林海滩为止，计长455千米，中途穿越二处铁路，一在漕河泾之北，跨过北站至新龙华之轨道；二在漕河泾之南，跨过沪杭轨道，还须请路局核准。全路应购路基达1000亩以上，自上海城区至漕河泾一带地价每亩折价60元，自漕河泾至柘林每亩折价50元。并规划沿途建设四所公园（上海城区、闵行镇、南桥镇、柘林镇）。全路经过不少桥梁，必须拆建者共有29座，工料约需洋11万元以上。沿途公路宽16.67米，以10米宽之路面专为汽车行驶的路线，路两旁要各掘16.67米宽的沟，再在沟两端各筑1.67米宽的人行道。计划自当年秋季开工，唯因工程浩大，预计须一年方能竣工。计划购置的汽车式样较之一般车辆略为长阔，前后共分6格，每格并坐4人，共坐34人。先订购20辆，每辆预算价洋8000元。还计划沿路设立电话杆线，以便传达消息。

这次具有特殊意义的聚会，使李显谟信心倍增。一场历史性的筑路壮举，由此拉开序幕。

而李显谟深知，此举仅有普通民众支持是不够的，筹款要靠富商慷慨解囊，立案要靠官方点头批复。为了赢得上海滩绅商们和当局者的支持，李显谟一再与李平书（光复后任江苏民政司长兼上海民政总长）、姚文楠（字子让，光复后任上海市长）、莫锡纶（字子经，光复后任上海市政厅厅长）等头面人物沟通，请他们出面担任发起人，以利增强号召力。李平书欣然全力支持李显谟的义举。

8 月，在上海老城厢南车站路上的普益习艺所内，“沪闵南柘长途汽车份有限公司筹备处”正式挂牌运营，李显谟亲自担任主任，由黄申锡任副主任。

奉贤县泰日桥的周赞邦（1888—1955，字雄万），为唐山路矿学院第一届（1911 年）土木系毕业生，时任上海英商浚浦局工程师。李显谟十分器重他，特聘其担任沪闵南柘公司工程主任。

因为企业自建公路并商办长途汽车客运在国内是首创，而官方尚无管理机构，办事没有前例可援，一切都在协商之中推进。李显谟只得一边再三催办，一边先行筹资自费购地筑路。

黄申锡邀集沿途各乡图董组建了“征地委员会”。他德高望重，人脉广泛，办事稳健，又有江苏省议员的身份，说话颇具号召力，征地事宜很快就推开了。

可是到了 6 月间，有人造谣惑众，鼓吹“迁坟即坏风水”，随之风波四起，严重影响了征地进展。

李显谟为此极为恼火，立即呈报上海县公署要求查办。上海县公署批复称：“批示沪闵南柘长途汽车公司筹备员李显谟呈为造谣惑众，破坏路政请究办，转呈由批来牍具悉，已令行县警察所将造谣惑众者严密访拿，呈解核办，并转呈淞沪护军使矣，希查照。”此批复在《申报》上刊出后，一场风波方才平息。

创立公司

1921 年 11 月 1 日，李显谟主持召开创立会，宣告“上海沪闵南柘长途汽车股份有限公司"(简称沪闵南柘公司)正式成立。同时,各股东开始照章缴纳第一期股款。

11月13日,沪闵南柘公司隆重召开第一次股东大会。上午10时,各股东到会者已足法定人数,当即开会。

股东大会讲究公开、公平、公正,李显谟办事光明磊落,一切按当时最严格的程序推进。他预先拟定大会议事规程,此时当众宣布:一是本会议提议事件须得到会股权三分之二以上的同意,方形成议决。二是如有提议事件,必须先提出意见书。三是表决采用投票法,主张可决者在议决权票上写一"可"字,主张否决者在议决权票上写一"否"字。四是通过章程时,必须逐条朗读,如有异议时,即用投票表决之。五是议决事件必须记入议事录,由主席签名盖章。

据11月14日《申报》报道称:大会首先公推临时主席,随后报告公司筹备过程,再通过公司章程,最终公开选举董事及监察人。

当即,公推上海商界名流张逸槎为临时主席,并推举吴静存、方炎初、朱恂如为记录员,又推举毛子坚、刘子瑜、张景垣、沈步瀛4人为监视投票及开票员。

临时主席张逸槎简略报告筹备处基本情况后,由李显谟以公司筹备处主任的身份做报告。李显谟称,"公司之立案,现已呈县由省达部,惟未奉批回"。随后他报告,目前公司开支费用大多靠广告收入,还当场公布了购置上海车辆基地、职员薪资以及杂用等各项支出账目。

接着,筹备处副主任黄申锡做报告,公布了所定公路规划的路线,并已得到沿途各市乡以及各县公署的极端赞成。他还补充说明,为节省开支,办事各员只支付夫马费,均不支取薪水,筹备处设在普益习艺所可不支付房租,因此一切筹备费用甚为节制。公司原当早日成立,因测绘事宜甚为烦琐,非一时所能办成。而购车、购地等事项,必须选出董事会以后方能筹议进行。

在会上,周赞邦工程师当众报告了路线更改情况,以及目前工程进展状况。

随后,黄申锡提议:"谓凡认股者已缴定银而未缴第一期股款者,自应按照公司条例规定之法，再行登报通告定于 11 月终为止，如逾期不缴者准照公司条例办理。”临时主席张逸槎当场征求各股东意见，获得多数赞同。接着，由会计顾君报告筹备处收支细账，又获得多数认可。

事毕，由到会股东当场投票，正式选举董事会成员和监察人。

午后 3 时，开匭检查，得票最多者为李平书、李显谟、沈梦莲(字葆义，时任水上警察第二厅第一区区长)、黄申锡、乔念椿、狄楚青(上海《民报》发行人)、徐辅洲(名国梁，时任淞沪警察厅厅长)、顾岫云、张逸槎、顾馨一(名履桂，光复后任上海市政厅副厅长)、姚紫石(字曾绶，上海县商会会长)、刘子瑜(华泾乡董)、周钺(字惕生，颛桥镇富商)、秦锡圭(字镇谷，陈行镇人，时为国会议员)、祝伊才(茂公洋行买办)、陈梅心等，15 人当选为董事会成员[后秦锡圭、乔念椿改为陆崧侯(商界名流)、张景福]，涉及政府要员、商界巨子、文化界名流。同时，张敬垣、乔念椿、毛子坚、施其光等 4 人当选为公司监察人。

次日午后 2 时，又召开董事会会议，推举李平书为沪闵南柘公司董事长。董事会决定，由李显谟亲自出任公司经理，总管路政。李显谟特聘沈春江为公司协理。

随即公司向社会发行公债，计划集资银圆 50 万元分为 1 万股，每股 50 元，可分 10 小股，股东为本国人为限。发行的公债债券分“拾圆、壹佰圆、伍佰圆”三种，利息壹分贰厘，10 年为期，每年 10 月还本照原额十分之一。

公司设于沪闵南柘路(今斜土东路)，分办事处设在闵行镇。

当年冬天，“中华全国道路建设协会”在上海举行成立大会，推举王正廷任会长，李显谟、黄炎培及上海总商会会长冯少山等人任名誉副会长。次年 2 月，协会创办《中华全国道路月刊》，鼓吹商办道路，介绍筑路经验。李显谟应邀任《道路月刊》社名誉副社长。

在工程主任周赞邦的主持下，筑路规划的实地勘测工作迅速展开。李显谟、黄申锡总不放心，时常奔赴现场了解实情。

经过实地勘测，基本确定了沪闵南拓公路的走向，计划自上海南市国货路起，经土山湾、漕河泾、龙华、新龙华、朱家行、翁板桥、颛桥、北桥、闵行及黄浦江南岸的太平乡、萧塘、南桥、新市等地，终点站为时属松江县的柘林镇钦公塘畔。总称为沪闵南柘路,全线分沪闵(市区至闵行镇,为上海县地界)与南柘(浦南西渡至柘林,以奉贤县地界为主)两段。在南市黄家阙路和闵行西滩等地设停车库。

李显谟还利用当初在商团公会的号召力,动员上海城乡商界共同投资筑路。上海辛亥革命同志会成员如闻进攻号令,立即带头呼应,使沪闵南柘公司发行的公债顿时成为“抢手货”。

不久,沪闵南柘公司以招股、借款、发行公债等方式集得资金银圆 29 万元(为预定筹集资金总额 50 万银圆的 58%),李显谟信心倍增,遂决定着手购买路基土地和筑路机械,准备如期开工筑路。

同时,李显谟依然关注着天下时事,尽力有所作为。1921 年秋,东北五省遭严重旱灾,李显谟为赈灾全力奔忙。灾后,民国政府总统徐世昌为其颁发“急公好义”匾额。

突破阻力

在实地勘测基础上,筑路工程规划基本形成。周工程师用足心思,李显谟、黄申锡尽显豪气,以求建成一条像模像样的等级公路。为了避免筑路影响乡村水利,规划建造永久性砖座涵洞 47 座。为确保船只顺利通行,所建公路桥均为钢筋水泥拱形斜坡度桥梁,成为当时沪郊汽车道路的典范。

筑路工程规划确定后,工程设计人员开始实地放样,沿途乡民才弄明白自己家门口即将发生怎样的变化。由此出现了不少阻力,令李显谟始料不及。

筑路工程需要迁移有主坟墓 800 余座,也为此准备了必要的资金。但是,不少乡人认为祖坟不可动,迁墓破坏风水,必将招惹报应,因此拒绝迁移。虽说这是迷信说法,但是自古流行,极为普遍,无法硬干。李显谟只得派人一户一户地上门软磨,黄申锡则依靠地方贤达一起前去劝说,花费了大量精力,总算妥善解决。为了体恤筑路所涉及的人家,公司议决,迁移坟墓凡砖葬者每具给迁费洋 10 元,土葬者每具洋 6 元,浮尸每具洋 2 元,要求各乡经董、地保及时转发应给之费(棺柩总计多至2340余具)。开工后,农田内的豆麦势必践踏损毁,因此公司又议决,每亩偿给损失洋4元。

当公路放样到北桥地段时,遇到两大难题,工程受阻。

规划中的公路走势是顺着原有的“官路”取直而行。原有“官路”的根基是秦代的“秦皇驰道”,而且立身于“古冈身”,地势高亢,基础扎实,成本可控。然而按此规划,公路需要穿越北桥市街和明心教寺,若有意避让,就会造成极大的遗憾,又增加巨大的投资。

当乡人听说沪闵路工程要横穿北桥市街而过,顿时众说纷纭。当地有人宣扬“市虎过街,危害百姓”,乡人生怕招惹车祸,拒绝筑路方案,图董生怕损失商市人气也不肯出场协调,就这样僵持了好几天。

为了照顾舆情,确保行人安全,李显谟只得做出让步,决定增加投资,在公路之上建一座钢筋水泥大型旱桥,连接街道。此桥,人称街路桥,新建跨俞塘河的九号桥,人称公路桥。

公路穿越明心教寺,需要拆除一批寺房,此举非同小可。明心教寺始建于唐龙纪元年(889),清乾隆年间为鼎盛时期,僧侣上千名,占地一平方千米,拥有“五千四十八间一藏”。可惜嘉庆年以后开始走向衰落。光绪年间,因松江白雀寺淫寺事件闹出风波遭民众火烧,那里的“花和尚”逃到北桥,民众赶来追究,一把火殃及明心寺,使其再也无力复兴。虽说这千年古刹已经风光不再,眼前幸存的只有破殿旧屋和残碑枯木,但这寺基是乡人的精神家园,世人盼望的是早日复兴,而不是就此终结。

在此苦守寺院的定根和尚(族姓罗,北桥人)为保全寺基,强烈要求公路改道避让。李显谟据理力争,坚持不肯让步。结果,他借助县公署和警方之力,强行拆除部分寺屋。定根和尚顽强抵抗,为此坐了63天牢。明心寺随之仅剩数十间寺屋,逐渐断了香火。

负债动工

1922年5月,沪闵南柘路上海县地段率先开工建设。在李显谟的主持下，先后购地涉及上千户人家，迁移坟墓800余座，建造桥梁11座。

为了确保工程质量，也为了切实造福于乡人，李显谟不惜增加建设成本，不断地改进工程方案。因沿途地势有高低，需垫高或挖平，再铺设25.4厘米厚的煤屑，由购买的九吨重滚路机一寸一寸地压坚实。

当年7月，沪闵南柘公司领取国民政府交通部所颁《长字第八号长途汽车公司营业执照》。

令李显谟极为振奋的是，在周工程师的指挥下，路桥施工进展神速。至7月底，沿途9座公路桥梁全部竣工，增建的北桥中市旱桥也能在中秋节之前完工。同时，沿路架设起电话线路，并在漕河泾和闵行车站设立电话间，确保各汽车站之间的即时联络，还可为旅客提供服务。

中秋节之前，沪闵南柘公司通过法商怡和、禅臣新通、华昌公司等3家洋行向德国生产商所购买的20辆客车、货车全部运抵上海。交通部的执照也已领到手。

李显谟邀好友一起登上客车，在城区转了一圈又一圈，兴奋了一天又一天。但是，意外的风险突然袭来。自从沪闵南柘公司的招股公告发出后，认购者十分踊跃，一举超过额定数。因此，李显谟决定加快步伐，启动奉贤县境内南柘路段工程的兴建。不料，在按计划收取认购者第二期股款之际，因为受到交易所肆意投机的影响，金融市场出现持续性波动。公司股东们手握应投的资金却心存犹豫，大多不能按约如期缴付股款，以致沪闵南柘公司顿时资金拮据，危机凸显，情势迅速恶化。

为此，李显谟焦灼万分，与董事长李平书极力筹款弥补，不得不紧急动员15位董事垫款救急，并接连公开发行公司债券、优先股、特别股，商得债权同意将借款作股。结果，实收股本银洋47万余元。虽说就此渡过了难关，但李显谟仍为南柘路段工程计划一时难以实施而遗憾。

整个筑路过程所处的情景，李显谟称之为“春冰虎尾”，如同踏着老虎的尾巴，走在春季的薄冰之上，令人悚然。难能可贵是，在地方各界的支持下，沪闵南柘公司咬紧牙关挺过来了。

李显谟想到，沪闵公路开通之后，闵行、颛桥、北桥3个乡镇最得益，而曹行、塘湾、马桥、漕河泾等乡镇距离沪闵公路还有数里路，若是能修筑支路（本地俗称“里道”），既可以延伸沪闵公路的效应，又让更多的乡人享受出行之便。

于是，李显谟叮嘱闵行镇率先行动，由乡经董顾文郁主持，修筑了从洞真道院至闵行商会停车场的一条支路，受到乡人齐声称颂。

李显谟又想到，从闵行商会停车场往东再筑支路可直达闸港西，往西修筑支路可直达紫藤棚镇。他安排人员进行测量和规划，总计有6千米。

12月9日下午，李显谟召集颛桥乡施其光、北桥乡杨福林、马桥乡杨顺范、曹行乡刘子瑜、塘湾乡钱椒、漕河泾乡张锦福等各乡经董，在沪闵南柘公司专题商议合力修筑各乡支路的事宜。各乡热烈响应，分头实施。

通车盛典

1923年元旦，沪闵南柘公司隆重举行沪闵公路通车典礼，成为沪上“头条新闻”。

当天，李显谟公开发表《沪闵段通车纪念辞》，感慨地宣告：

庚申（1920）七月，本公司发起矣。辛酉（1921）十月，筹备告竣，创立会成矣。至今日（1922）而沪闵段六十里通车矣。回溯创办时，东走西奔，联合上、南、松、奉四县人士，征求意见，各界赞同，呈部立案，积极进行。不数月，开始收地设施工程矣。虽然经过情形，笔难罄述，春冰虎尾，思之悚然。幸赖各界之协助，官厅之提倡，竟观厥成。饮水思源，胥拜地方之赐，夫岂侥幸成功哉。敬陈颠末，以告父老兄弟，敢曰周道如砥，尚希大雅扶输。

《道路月刊》发表吴静存撰写的《颂沪闵南柘汽车路通车》，赞曰：

秦始皇南巡，特开五马驰道。由咸阳迤东南，以燕、鲁、苏渡长江，循丹徒、无锡、苏州等境，而达松江之七宝、莘庄，上海之颛桥、北桥、闵行，再跨春申江而抵柘林之海隅。皇皇大观，复乎尚已。然祖龙以小民汗血之劳，遂其黩武穷兵之志。故数千年后，犹指五马驰道之遗迹，而证其虐政焉。今沪闵南柘长途汽车公司由上海达柘林，建设百里之广道以利交通，创立之目的不同，载道之口碑自异。从此坦途共履，荡荡平平，车声辚辚，风驰电掣，岂独沪闵南柘人士之幸，抑亦我中华民国交通历史之荣也，是为颂。

1月26日，新建的日晖公路桥竣工，沪闵公路终于与上海城区公路贯通，沪闵长途汽车线可以全线通车了。

沪闵公路一举成为全国首创的商办长途汽车运输线，沿途地价飞涨，各项建设加快步伐。

到了清明时节，李显谟在闵行镇上的聚珍楼设宴，邀请上海商界名流和实业家朋友乘坐沪闵客运车前来品尝当地名菜"蟹糊皮"。各路实业家纷纷赞赏沪闵公路开创的新气象，都表示愿意前来投资发展。上海纺织实业家诸文绮（名人龙，字文绮，以字行）捷足先登，抢先在闵行镇上创设浦海商业银行。

黄浦江南岸的奉贤县急切希望沪闵南柘公路早日向南延伸。同年7月上旬，闵行至奉贤南桥段路线勘测完成。可是，资金问题尚未全面落实，何时可以开工修筑，谁也无法敲定。

为此，一向雄心勃勃的李显谟，难免时常忧心如焚。他有足够的勇气冲杀在战场上，也有惊人的豪情发起筑路壮举，但是经营实业毕竟不是军事行动，修筑商用公路在当时是破天荒的经济冒险。他不惜倾家荡产，但是不能辜负家乡父老的厚望，更不能忘却对公司股东们的承诺，而时局动荡，持续"春冰虎尾"的境况足以令人生畏。

人们热切地关注着李显谟的胆略和智慧。

敏园闹春

李显谟早就在思考，城里人无事怎么会乘车到闵行来呢？客流量不足，沪闵南柘公司靠什么盈利？闵行镇如何借势吸纳人气，促进地方经济繁荣？闵行镇人称“小上海”，如何吸引城里人前来“游闵行”呢？

此时，李显谟尽管心力交瘁，债台高筑，但是为了沪闵南柘公司的后续发展，为了完整地实现以筑路振兴家乡的梦想，他毅然决定集资在闵行汽车站附近购田40亩，仿效上海城区营业性私家园林“半淞园”的模式，在闵行老镇东部（今沪闵路以西，华坪路东段）兴建一处大型游乐场。

经过两年的努力，挖土为池，堆土为山，建亭台楼阁，终于将公园建起来了。李显谟特意取闵行古称“敏行”，将公园定名为“敏园”。

1923年8月25日，敏园北部基本建成后，就先行开放营业。李显谟在报刊上大发广告，引起上海城区市民的广泛关注——“沪郊也有大公园了”，“周末旅游，到闵行去！”

1924年3月3日，沪闵南柘公司创办人李显谟、黄申锡、沈葆义在敏园绿野草堂主持盛大“春宴”，来宾有沪上各界名流李平书、姚文楠、姚子让、沈墨石、梁乐齐、姚紫石、许剑青等140余人，公司备专车在上海南车站东沪闵汽车站接应。敏园大门口，军乐队奏响迎宾曲，场面极为热烈。140余人在敏园合影留念，并刊登在《申报》上。

1924年4月18日，敏园全部对外开放。游人们看到，公园占地面积达1.8万平方米，并特邀上海南市半淞园主人姚伯鸿帮助设计，因此人称“半淞园的姐妹园”。公园正门东向沪闵公路，拱形大铁门上方有李显谟题写的“敏园”两字。进门的大甬道将公园分为南北两部分。北部有竹木结构的“绿野草堂”，南部有人工湖和挖湖堆起的两座土丘，登上土丘可眺望黄浦江风光。人工挖出的池塘中植有莲藕，池边有3座太湖石大假山，塘中建有湖心亭，兼作茶室与评弹书场。靠大门甬道两侧，建有大戏台、弹子房、新式浴室等。大戏台主要演出申曲、京剧、话剧等，还可放映电影。建筑物匾额、对联均由清朝末科状元刘春霖和张元济（与李显谟为姻亲），以及何丰林等名家书写。园中设有中西菜馆和西式旅馆。公园还办了《敏园日报》，介绍相关活动，刊登新诗、游记、趣味题。门票售小洋两角，在当时并不便宜。

随之,“周末游闵行”成了上海城里人的一个时尚旅游项目。每逢农历正月十五闵行元宵灯会和五月初五端午节闵行传统庙会,沪闵公路上人潮如流,热闹非凡。

1923 年沪闵公路公交车

魂断黄浦江

陷入困境

谁知时局突变，1924 年 10 月间，江浙军阀争霸，爆发齐（燮元）卢（永祥）之战，百姓遭殃。

10 月 5 日、6 日这两天，卢永祥部队携来两尊大炮，安置在闵行敏园的土山上。镇上顿时人心恐慌，居民十之六七纷纷外逃避难。10 月 13 日，卢永祥宣布下野，逃亡日本。浙卢守军刚退走，军阀孙传芳派卢香亭旅长率队接踵而来，在镇上折腾了 8 天。

事发时，李显谟正巧外出。等他闻讯赶回家乡，只见沪闵长途汽车已全部被官兵劫夺军用了，只得借款重新购置车辆，数月后才恢复了长途客运业务。

李显谟没有灰心丧气，虽然自己已经没有实力直接投资，就再次动用社会人脉，在上海滩东奔西走，组织商界朋友到闵行地区投资开发，希望重新汇聚人气。

时局依旧动荡，好景并不长久——北伐战争打响了。

1927 年二月，军阀孙传芳部 2000 余人进驻闵行地区。至三月中旬，增至 1 万多官兵，所有公共机关及民居用房一律强占。敏园内设施再次遭受驻军的严重破坏，只得关上大门。为了阻击北伐革命军，官兵们强行将沪闵客运汽车全部劫为军用。

沪闵长途汽车公司只得息业。沪闵公路沉寂了数月。

李显谟闻讯极为恼怒,然而他明白战火历来无情,遭遇这场灾难只能自认倒霉。

北伐宣告胜利后,李显谟立即行动,宁可毁家以济,再次借款购得汽车并整修敏园设施,恢复沪闵长途汽车的运营,艰难地维持地方经济发展。

但是,时局依然动荡,经济社会元气大伤。这一年沪闵南柘公司不仅资产损失严重,而且累计外借债务已高达 14 万银圆,增资招股仅得十之三成,危机重重。

无奈之际,沪闵南柘公司董事会经过再三商议,决定出租自筑的沪闵线路段,先渡过难关,再谋发展。此举开创了上海长途汽车客运业出租路权的先例。

人们对李显谟依然抱以厚望,深信他绝不会退却。同年 5 月,李显谟被推举为上海县商会董事。次年 8 月,上海县商会改为委员制,他被推举为执行委员。

然而,市场经济是不讲情面的,世人不会理解经营者的苦楚。当地人出门去上海城区,还是偏爱去乘内河航船,因为船票比汽车票要便宜三角钱,而且可以随身多带些东西,乘客在航船上活动更加自由,还有小吃供应,早上出门,办了事后下午即可返回到闵行。同时,因上海市区至闵行、平湖、湖州等地各轮班客运,在闵行竞相贬价揽客,沪闵长途汽车全程票价不断降价,而且营运时续时断,公路客运人气受限,营业不振,亏蚀甚巨。

1928 年 5 月 3 日,日军侵占山东济南,大肆屠杀中国军民及外交官员,制造“济南惨案”。消息传来,闵行镇各界人士闻讯深感悲愤,纷纷自发地抵制日货,抗议日军暴行。在沪闵路与英石路(今建设路)相交处的路中央,用花岗石建造起一座“救国纪念塔”,成为沪闵公路的新地标。

自从上海特别市政府成立之后,其所辖区域连续发生重大变化。随之爆发了上海市、县分治之争,城郊五县强烈反对随意变更区划,以致政令无法落实。直至1928年7月9日,上海市政府派员到上海县政府办理交接手续,实施市、县划界,开始实行分治。结果,江苏省政府终于同意保留上海县,将塘湾、北桥、马桥、颛桥、曹行、陈行、三林等7个乡和闵行镇列为暂缓接收区。然而,上海县政府仍赖在南市杨家桥原址,不肯迁移到“乡下”来,仅在闵行镇设立上海县政府临时办公处。于是,上海县成了江苏省的一个三等小县,这里与“大上海”之间的距离猛然扩大了。

作为地区交通大动脉的沪闵公路骤然冷落下来,西南乡民众随之怨气冲天。社会的持续动荡更加剧了沪闵公路客运业务的滑坡式下降,至1929年初,沪闵南柘公司的经营已经无法维持了。而李显谟正忙于淞沪保卫团事务,无心也无力挽救沪闵南柘公司的困境,只得托人寻求新的出路。

经过几番周折,沪闵南柘公司董事会痛苦地做出决定,同意本公司与由国民政府交通总长高恩洪(字定安,号铁庵)等人正在筹建的上海交通股份有限公司订立《路线路权租赁合同》,有关沪闵公路公交线的通车行业均转由交通股份有限公司出面运营。在李显谟的坚持下,各公交站点对外仍保留沪闵南柘公司的牌子。

于是,自1929年2月1日起,沪闵南柘公司将沪闵公交线的路权、营业权以及沿线设施,租赁给了上海交通股份有限公司,租赁期为10年。

沪闵公路上,长途汽车总算又能正常运营了,但是沪闵南柘公司几乎名存实亡。面对如此局面,戎马出身的李显谟欲哭无泪,终日借酒消愁愁更愁。

时局颠沛

南京国民政府成立后,钮永建出任首任政府秘书长,后又转任江苏省政府主席。他未曾忘却李显谟的功绩和处境,几次有心推荐重用他,可是阻力重重,只得作罢。

在上海,李显谟还是拥有广泛的人气和应有的地位的,谁也无法否认他是辛亥革命功臣,因此尽管当政者走马灯式地更替着,但是都不得不用李显谟。

上海辛亥革命同志会始终坚持着活动。北洋军阀盘踞上海期间，他们无法公开活动，就以中华武术会为掩护，每年农历九月十三日召开会员大会，纪念上海光复。李显谟被推举为会长。1921年适逢辛亥革命十周年，纪念活动甚为热烈。

1926年，李显谟担任淞沪保卫团监督。次年3月，国民革命北伐军进驻上海后，组织淞沪保卫团办事处，李显谟出任副主任。同年夏，又接任办事处主任。7月，上海特别市政府成立，保卫团改隶市府，改编为沪南、沪北、沪西、浦东四团，其余编为二十六支团，团员5000余人。11月，淞沪卫戍司令白崇禧任命李显谟为淞沪保卫团办事处主任兼沪南区第一团团长。

《市政公报》1927年第五期刊有李显谟为保卫团朱耕泉捕盗殉职申请抚恤的报告，其中申述了第五支团班长朱耕泉10月10日在石皮弄捕盗时身受重伤后，经数日抢救无效殉职的过程，以及其家境艰难的实情。李显谟恳切要求予以从优抚恤，言辞句句动人，充分体现了他体恤下属，坚持正义的作风。

1929年11月，淞沪保卫团办事处被撤销，改组为保卫团整理委员会，李显谟受聘为委员。

历经几番折腾，地方建设陷入低潮，沪闵公路更显路宽人稀，大材小用，乡人不由哀声长叹。

李显谟不擅长于经营实业，因此吃尽苦头，但他未曾后悔过。而他一向尚武，真诚报国，却长期遭到冷落，以致无用武之地，使他心情极为郁闷。

1928年，著名武术家姜容樵在上海创办尚武进德会。为传播武技，组织编写了《写真尚武丛书》，由世界书局连续出版，特请李显谟作序。如此尚武精神，正契合李显谟的心意，因此他欣然答应，于1929年4月为丛书第一册《写真昆吾剑》撰写序言，热情表达其赞赏之意。全文如下：

凡成为一门专门剑术，自有其独到之处，非他家所得而剿袭者也。

然有同出一源,分之则各擅其长,各极其妙,合之则相得益彰。名虽异而实相济,交相辅而实相成者,如昆吾剑之与青萍剑是也。夫二者之初为器名,后皆成为术名。则同,其同出于修士潘元圭,艺通于道也。则又同,而昆吾剑则于进、退、转、旋,扭、卸、踪、跋,诸步法为尤重,此其稍异也。明其所以异,而补其所未备,此昆吾剑之所为作也。今国中远识之士,鉴于外侮之日逼,知技击之不容缓,而苦无专书,有书矣,而或择焉不精,语焉不详,仍不能收事半功倍之效。免斯弊,端赖编者审慎出之。此编既出,海内其有闻风兴起者乎,斯固吾人所馨香祷祝者也。十八年四月上海李显谟书。

1930 年 1 月,姜容樵又编印丛书第三册《写真太师虎尾鞭》,李显谟又为其作序。

耿直不屈

北伐胜利之后,蒋介石一再歪曲辛亥上海光复之役的真相,公开吹嘘自己曾在“都督府军务部任团长之职,攻占制造局”。对此,李显谟未曾反击,仅一笑了之。

1928 年 6 月,已是国民革命军总司令的蒋介石,在江南造船所“海圻号”兵舰下水典礼上,大谈上海辛亥革命,说他任沪军标统,率领攻占制造局,等等。当时,李显谟也被特邀前来观礼,听到此言极为尴尬,而蒋介石还手指着李显谟说:“当时沪军都督府的军务部长就是这位李显谟先生。”在场的人们争相为李显谟鼓掌,而耿直的李显谟反感地扭头转身走开了。

陈其美被袁世凯雇凶杀害后,上海市民深感怀念。于是,为纪念其光复上海的功绩,上海市政府计划在南市西门外方浜桥三角地建造“陈英士纪念塔”。

1930 年 5 月 18 日为陈其美遇难 14 周年纪念日,当日隆重举行了纪念塔破土动工典礼。然而,人们意外发现,所拟碑文《陈英士先生纪念塔记》之中竟然有“上海辛亥革命由陈其美都督命蒋中正率团攻占制造局，张群亦勋勦其事”一句。明知此举会引起异议，上海市市长张群事前就派人上门对李显谟说项，希望他能出席纪念塔破土典礼并发表讲话，公开支持碑文所述，并且许以任命其为“上海市长”作为交换条件。

但是，李显谟不愿再作退让，坚持认为此说有悖于历史事实，严词拒绝张群的“好意”。他愤然对来人说：“商团同志健在者尚有千人，吾奚能将他们血汗功劳换取市长之荣，将来子孙永为人唾骂矣。”

同年11月3日是辛亥革命上海光复19周年纪念日。在绵绵秋雨之中，上海各界代表聚会，陈其美纪念塔同时落成。塔内设有铁梯，游人可登塔顶极目瞭望申城风光，为此轰动沪上。

人们发现，李显谟没有出席落成典礼。他坚持己见，又不便公开揭露，只得以此举表示抗议。

那段碑文果然激起了知情公众的极大愤慨，上海辛亥革命同志会发声质问，报刊上议论纷纷。张群见势不妙，未敢公开发行歪曲事实的《上海辛亥革命史》一书。

蒋介石对此大为恼火，认定是李显谟在背后作梗，于是面谕亲信打压李显谟。

1931年2月16日，正逢农历除夕日。在蒋介石的授意下，淞沪警备司令熊式辉（字天翼）以邀吃“年夜饭”为名，派人将李显谟诱骗到枫林桥警备司令部。

熊式辉并非蒋介石的嫡系，却正渴望在蒋手下飞黄腾达，因此违心作恶。

“年夜饭”席间，熊式辉突然翻脸，亮出了凶相。李显谟面对恫吓，顿时明白了一切，但他誓不屈从。结果，他被软禁了一宵。

李显谟脱困后，避过熊式辉的耳目，躲到新闸路池浜桥亲戚家中。在那里蛰伏数日，才得以返回闵行家中。

自此，李显谟常年杜门谢客，或手植名木，艺花弄草，或寻章赋诗，抒发心情，特意将居室改名“顿素堂”，力求改善精神状态。然而，一生悲情，刻骨铭心，岂可能一笑了之。他生性豪饮，时常借酒浇愁，一醉方休，醒来难免终日长叹。

幸好李园内亭池掩映，花木扶疏，生机勃勃。暑假里，在外求学的子女回家团聚，还自发建立了“闵行旅外学生会”，李宗武任“会长”，数十个读毕初中后到外地区升学的本镇青年为会员。他们时常相聚在李园，举行联谊活动，还借闵行中心小学校舍义务办小学生暑期补习班。

三儿李宗道长大后，在李园内西南角自行设计并兴建了一幢日式小屋，设有壁炉，水泥拉毛墙面，造型简洁大方。屋外还增建了洞石假山三座及水池、秋千架等。

可惜，年仅50岁的李显谟无心悠闲，无法享受子女的快乐。不久，他不幸身患中风，日夜困在此处，度日艰难。

李园紧依着奔腾不息的黄浦江。李显谟每日耳闻黄浦江的浪涛声，不时唉声长叹。

赍志长逝

奉贤县民众一直盼望着能够早日将沪闵公交线延伸到黄浦江南岸，带动浦南地区的发展。可是，浦南西渡一带时属南汇县太平乡，他们认为联手筑路得益的却是奉贤县，让南汇人投资不合理，以致眼看着公交车通到闵行镇即调头返沪，叫了数年的筑路计划始终只是纸上谈兵，而李显谟已不再高调建业，因此难免怨言四起。

李显谟绝非心胸狭窄之人，当初创建沪闵南柘公司也并非虚张声势，如今壮志未酬，心潮难平，也深感愧对浦南民众。

于是，地方贤达一再呼吁，有识之士争相努力，决意要协助李显谟圆梦，要为浦南民众造福。1929年冬季，沪闵南柘公路闵南段(西渡至南桥)终于动工修建。至1931年5月，闵南段道路基本贯通，但资金不足，一时无法开通公交车。

闵南段虽说路已开通，罕有车辆往来，但是无人管理，被乡人当作晒场，以致路面持续受损。

不久，南汇县太平乡划归奉贤县，情况逐渐好转。1932 年 5 月，经各方努力，所需资金总算基本到位，奉贤县只得重修闵南段，并由沪闵南柘公司辟筑南柘段（南桥至柘林）。

同年 9 月，国民政府全国经济委员会投资兴建西闵客渡航线，在闵行西渡和浦南西渡新建钢引桥连趸船浮码头，并建造“经航号”柴油机钢壳车辆渡轮，创办车辆渡。

同年 10 月 10 日，沪闵南柘公路全线完工通车，闵行车辆渡正式开航，实行客、车混装运营，每渡可载两辆客车。此为黄浦江对江车辆轮渡之始，也是全国最早的官办车辆渡航线。

这一天，沪杭公路通车典礼在闵行轮渡码头隆重举行，盛况空前，苏浙沪各界代表、外宾、专家云集，方圆几十里的民众都赶来观看。据当事人记述称，各界人士都激动得热泪盈眶。

1933 年 4 月，沪闵南柘长途汽车股份有限公司南桥汽车站正式营运，浦南民众拍手欢呼。10 月，闵行设西渡汽车站。国民政府全国经济委员会又新建载重达 35 吨的“济航号”渡轮，一次可载小汽车 10 辆。

李显谟闻讯露出久违的笑容，顽强奋斗了 10 多年，心中的筑路梦可望圆满了。

9 月 18 日，族人前来告知，堂叔李祖佑病逝，享年 71 岁。李显谟心头顿感一阵凄凉。

11 月 13 日（农历九月二十六日），李显谟的病情猛然恶化，在李园内赍志长逝，终年仅 52 岁。

上海辛亥革命同志会组织“李显谟将军治丧委员会”，举办大殓，将他安葬于紧贴沪闵路的普安公墓内，墓碑上镌刻着“陆军中将李英石之墓”，希望他安心远去。

闵行人为了纪念这位杰出的乡贤，将靠近李园的一段干道命名为“英石路”。

在讣告中编写李显谟小传时，由闵行人李右之、李衡斋执笔，希望秉笔直书，将上海光复的史实公之于世。然而，治丧委员会成员王一亭、李烈钧、杨谱笙等虽能证明历史如实，但担心若与陈其美纪念碑碑文抵触太大，必将会得罪蒋介石，因此不敢以治丧委员会或个人出面具名。无奈之际，只得恳请钮永建（时任南京考试院铨叙部长）具名发表。

钮永建德高望重，见多识广，向以“老好人”著称。他亲笔修改了《陆军中将李君英石行述》，以一连串圆滑的词句求了个太平。

然而，《陆军中将李君英石行述》一文首次公开发表时，却遭到国民党上海市党部姜怀素（兼淞沪保卫团执行委员会主席）的恶意篡改，其中过分强调陈其美的功绩，而大大削弱了李显谟的风采。

结果，李显谟投身辛亥革命的功绩和受气伤身致逝的原因，就此长期被封存或淡忘了。

上海辛亥革命同志会的一首挽联生动地表达了人们对李显谟的深切怀念，令后人读来感慨万千：

> 临淮壁垒，道济长城，记曩年淞沪提师，倘教际会风云，澄清可俟，岂意弓藏鸟尽，莫假斧柯，实命不犹人，奇数古来悲李广；
>
> 叔子轻裘，信陵醇酒，叹比岁珂乡养晦，每日独浇块垒，抱负难行，何当月落乌啼，遽惊梁屋，深知成隔世，知音从此失钟期。

直到 2006 年，湖北人民出版社出版的《辛亥革命史资料新编》第 2 卷所刊《陆军中将李君英石行述》，根据抄稿做了全面更正，终于还历史原貌。

抗日战争胜利后，百业待兴。1945 年 9 月，沪闵南柘公司奉上海市公用局催令安排复业，建立“股权登记筹备委员会”，并特意邀请李显谟的儿子李宗武返回家乡，出任主任委员。

当时，李宗武（字剑峰）年仅 33 岁，却已有一番特殊的经历。他曾历任驻美大使馆随员、空军第四大队参谋、中央军校新生社上校社长、成都市政府荐任专员、第一战区长官部办事处处长。父老乡亲们认为，李宗武是李显谟的儿子，具有特殊的社会号召力，而且又具有从军从政的经历，由他继承父亲遗志，重振沪闵南拓公司，是最佳选择。

李宗武血气方刚，迅速返回家乡，说干就干，雄心勃勃。在上海滩众多知名人士的支持下，沪闵南柘公司召开公司股东大会，选举产生新一届董事会。最终推选周文彬为沪闵南柘公司董事长，李宗武为总经理。

1945 年 10 月 8 日，中断了 8 年之久的沪闵长途汽车线恢复通车，沪闵公路终于再现当初的盛况。

李显谟李园故居今貌

冯国华

冯国华（1901—1938），字迈樱，宝山县城厢镇人。1932年，任宝山县教育局长，因推广陶行知教育主张，遭当局处罚。1934年9月，受陶行知推荐到俞塘民众教育馆负责民教服务人员培训工作。1935年1月起，任『乡村新生活实验区』主任。1936年10月，松江专区『壮丁训练教练员学习班』在俞塘举办，冯国华受聘为教育长。1937年6月，组织举办『义勇壮丁队训练大会操』。9月，组织500多人举办『战地服务训练班』。上海县沦陷前，率队撤离俞塘奔赴抗战前线。1938年10月6日，壮烈牺牲。1985年11月，由上海市人民政府批准为革命烈士。2020年9月，名列《第三批著名抗日英烈、英雄群体名录》。

历经风波

冯国华在俞塘

冯国华（1901—1938，字迈樱），1901年11月7日出生于宝山县城厢镇。早年丧父，母亲拖着6个儿女靠种田为生，家境贫寒。13岁那年，祖父母看他实在想读书，就咬紧牙关，送他到宝山县立第一高等县学堂读书。小学毕业那年，宝山县选送6人参加龙门师范学校（即后来的江苏省立第二师范学校）入学考试，结果唯有冯国华被录取。1924年，他从江苏省立第二师范学校毕业后，任教于上海和安小学。

1926年，冯国华回到宝山，9月担任县教育委员会委员，同年加入中国国民党。1927年1月，任县督学兼学校教育课主任，被指控为共产党人，险遭迫害。1928至1931年6月，先后任县视学、县督学，1931年10月，受聘筹建江苏省立镇江中心民众学校，任校长。

1932年，“一·二八”抗战爆发，宝山是主战场，也是重灾区。战争过后满目疮痍，生灵涂炭。

此时，冯国华接任宝山县教育局长，不免顾虑重重。黄炎培赠对联寄予厚望："无限青春及时奋进，当前大任来日方长。"陶行知写信鼓励他说："哪里有困难就向哪里上，这是革命教育家的本色，畏避困难的胆小鬼，是不中用的书呆子。"

冯国华任县教育局长后，一面抓宝山教育的整顿，一面推行陶行知的教育主张。淞阳小学曾是他的母校，原校长是他的老师，他也不顾情面撤换下来。他认为"整顿教育要苦干，还要硬干，硬干要同当地封建势力作斗争，不能妥协，宁可不当局长，学校不整顿好对不起百姓子弟"。

1932 年夏，陶行知创办的山海工学团在大场地区孟家木桥成立，冯国华以教育局长的身份给予支持。1932 年 11 月，冯国华参加陶行知在大场地区创办山海工学团授旗礼。

当时，在宝山县任县长的陇体要(字有恒)是江苏省主席陈果夫的亲信，他年少气盛，利用职权，不择手段地把部分教育专用款据为己有。冯国华忍无可忍，印发传单揭露其弊端。陇体要恼羞成怒，竟然以"散发传单，中伤县长"的罪名关押冯国华。陈果夫罗织罪名，下令撤去了冯国华县教育局长的职务。

冯国华难以继续在宝山县寻求发展，1933 年 7 月就读私立上海正风文学院。

1933 年 8 月，母亲逝世后，冯国华"每饭不忘母德"，激励自己继续奋发有为。

冯国华母亲遗像及题词

来到俞塘

1930年，江苏省政府主席钮永建告老归乡，在故土创建私立俞塘民众教育馆，依靠社会资源，开展了一系列乡村改造活动。1933年7月，俞塘民众教育馆升格为江苏省立，推广施教区为上海县全境，辅导施教区为松江、金山、上海、青浦、奉贤、南汇、川沙、宝山、嘉定和太仓等11个县。建有“庆棠厅”“镕才堂”等一批教学楼，成为上海西南地区文化地标。

1934年9月，陶行知推荐冯国华来到俞塘助阵。冯国华一到俞塘，就负责主持民教服务人员培训班工作。9月25日，他第一次同学员见面，就长谈了3个多小时。他给自己制定了作息表，从早上7点起床，到晚上11点就寝，自修、用餐、办公、阅报、写信、日记等，安排得井井有条。上面还写着“莫等闲，须照此”6个字和一副对联：学未到家终是废，品非足色总成空。

作息表

學未到家終是廢

品非足色總成空

7—8	自修
8—8.30	用餐
8.30—11.30	办公
11.30—12	阅报
12—1	休息
1—5	办公
5—7	休息
7—8	写信
8—10	自修
10—11	日記

莫等闲，须照此！

自拟作息表

冯国华到来之后，俞塘民众教育馆划出俞塘和周边金家湾、董家塘、赵家塘（今均属联工村）、北翁（今属星星村）、西村（今属望海村）5个村宅及瓶山道院地区（今属北桥）为“俞塘乡村新生活实验区”(后扩至10平方千米)。1935年1月起,冯国华担任“乡村新生活实验区”主任。他在实验区大力开展“乡村新生活”实验活动,成效卓著,并在《社教通讯》《教育与民众》等刊物发表数篇成人教育理论文章,人称“陶行知迷”。

1935年2月,冯国华在《社教通讯》创刊号上发表《用穷的教育方法扩大下层基础》一文。

1935年6月,冯国华在《社教通讯》第一卷第五期发表《从我的身体说到民族隐忧与民族复兴》一文。他说:“我的身体是不坏的,十年来未与药罐做朋友,虽不是龙马精神、金刚不坏身,但有时身体一时不爽,不到一二日即可复原。前年保险的时候,全身各项指标都经过医生详细地诊断,我保三十年,预备活了六十岁也够了,谁知医生说照你这样体格保到七十岁也无妨,

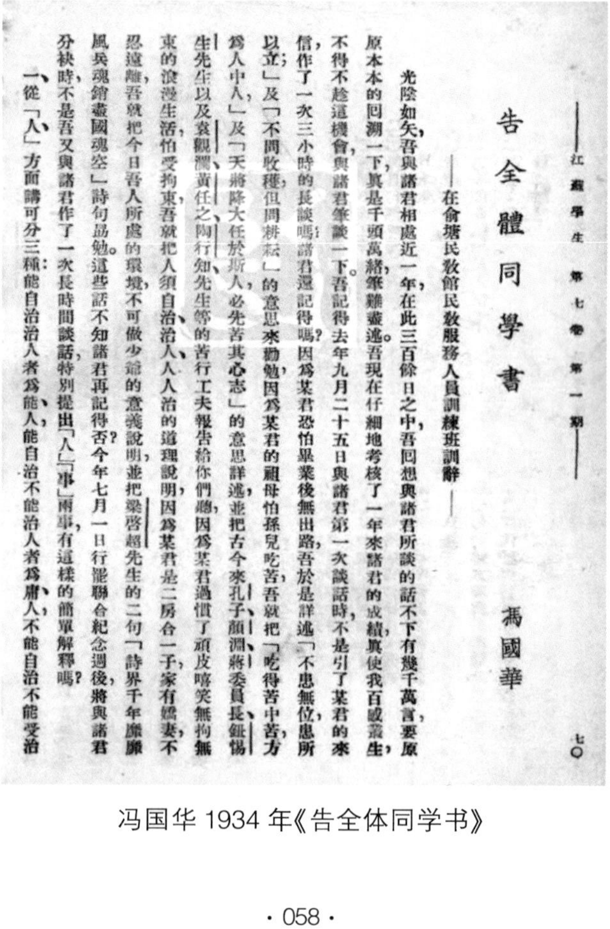
江蘇學生 第七卷 第一期 七〇

告全體同學書

——在俞塘民教館民教服務人員訓練班訓辭——

馮國華

光陰如矢，吾與諸君相處近一年，在此三百餘日之中，吾回想與諸君所談的話不下有幾千萬言，要原原本本的回溯一下，眞是千頭萬緒，筆難盡述。吾現在仔細地考核了一年來諸君的成績，眞使我百感叢生，不得不趁這機會，與諸君筆談一下。吾記得去年九月二十五日與諸君第一次談話時，不是引了某君的來信，作了一次三小時的長談嗎？諸君還記得嗎？因爲某君恐怕畢業後無出路，吾於是詳述「不患無位，患所以立」及「不問收穫，但問耕耘」的意思來勸勉，因爲某君的祖母怕孫兒吃苦，吾就把「吃得苦中苦，方爲人中人」及「天將降大任於斯人，必先苦其心志」的意思詳述，並把古今來孔子、顏淵、蔣委員長、鈕惕生先生以及袁觀瀾、黃任之、陶行知先生等的苦行工夫報告給你們聽，因爲某君過慣了頑皮嘻笑無拘無束的浪漫生活，怕受拘束，吾就把人須自治、治人、人治的道理說明，因爲某君是二房合一子，家有嬌妻，不忍遠離，吾就把今日吾人所處的環境，不可做少爺的意義說明，並把梁啓超先生的二句「詩界千年靡靡風，兵魂銷盡國魂空」詩句勗勉。這些話不知諸君再記得否？今年七月一日行畢聯合紀念週後，將與諸君分袂時，不是吾又與諸君作了一次長時間談話，特別提出「人」「事」兩事，有這樣的簡單解釋嗎？

一、從「人」方面講可分三種：能自治治人者爲能人，能自治不能治人者爲庸人，不能自治不能受治

冯国华1934年《告全体同学书》

我对他说恐怕要老朽罢！乃相视一笑。”在文章中，他对中国青年的体格状况表示极大的担忧，他说：“所以要打起精神来做事，撑起铁肩来担道义，要富强国家，要复兴民族，非得求全体国民个个有健康结实的身体不可。”文章中，还记载了久经沙场的钮永建对他的一番谈话：“吾人做事，要有决心，要有拼命的精神，要有劳动的身手。拼命的结果是‘血’，劳动的结果是‘汗’。凡人能做、能拼、能有决死精神者必成功。现在世界战术进步，拼命的精神亦进步。战争是最拼命的了，但陆军之拼命精神，不如海军，海军则不如空军。故决战之胜败，在于空军。吾国欲与世界各国相颉颃，非着重空军，发扬拼死精神不可。吾国欲参与国际竞争，自当培养拼命精神不可。欲培训拼命精神，当然先要锻炼体魄，强壮身体。希望大家养成健全的体魄，能刻苦耐劳，为社会国家服务。所以俞塘民众教育目标的第一个字，就是‘强’字。”

冯国华的战友

张劲夫

冯国华在俞塘相处得最好的是来自大场山海工学团的张劲夫(1914—2015,原名张世德,1982年起担任国务院国务委员兼国家经济委员会主任)。

1934年初,时年20岁的张劲夫受著名教育家陶行知派遣,以“张新夫”为名到俞塘民众教育馆工作。此时,张劲夫已加入党的外围组织“左翼教育工作者联盟”(亦称“新兴教育社”,介绍人是晓庄学校同学王洞若),并将相关指示在俞塘贯彻落实。

为了宣传九一八事变以来的时局,张劲夫用群众熟悉的语言以民间小调编成歌谣,组织传唱,激发学员的爱国情怀。他还整理出《俞塘诗歌》13首,刊登于1934年第18期《生活教育》杂志。

1935年1月起，张劲夫任“乡村新生活实验区”干事，配合冯国华。

1935年2月15日，《社教通讯》创刊，张劲夫任杂志编辑。发表《民众读物应采用手头字的建议》。

1935年3月24日，沪郊农村工作协会成立大会在俞塘召开，共谋上海市郊的乡村建设大计。冯国华代表陶行知出席并担任会议记录，张劲夫撰写《沪郊农村工作协会大会述略》及时做了报道。

1935年10月11日至12日，张劲夫到无锡江苏教育学院参加了第三次全国乡村工作讨论会，及时撰写《从全国乡村工作讨论会归来》，向《社教通讯》读者介绍各地乡村建设方面的新动态。

“小先生”授课

1935年3月24日，著名教育家陶行知在俞塘民众教育馆做了推行“小先生制”的专题报告。张劲夫十分熟悉陶行知的教育思想，就在俞塘率先开展实验，组织部分小朋友分散到各生活教育团，依照“即知即传人”的原则，自动普及失学儿童及成人生活上需要的智能。“小先生”活动的地点与时间不限，随时随地施教，只要不妨碍对方的职业与自己的功课，在水车棚遇到就在水车棚里教，在牛背上遇到就在牛背上教，甚至把课堂送到灶头旁或摇篮前。不到两个月，23个“小先生”教了55个学生(男生17个，女生38人)，其中年龄最大的是潘雪练55岁的外祖母，最小的是周锡泉6岁的小弟弟。

“小先生”足迹所及将家家户户的文盲都捞在了网里，从个人着手，逐渐普及于一家、一村、全区。“小先生”活动的成效越来越大，成为俞塘地区一道亮丽的人文风景线。

当时,上海白色恐怖极为严重,张劲夫的心情经常处于矛盾斗争中。其同学王洞若于1933年11月加入共产党,时为上海地下党临时工委负责人之一。他一再将社会科学书籍推荐给张劲夫,经常交流心得,使他懂得要救中国,要使劳动人民求自由解放,只有依靠中国共产党的领导。

1935年10月,传来工农红军长征到达延安和弟弟张健已经入党的消息,张劲夫热血沸腾,决心"提着头参加共产党"。他将写稿得来的300元稿费寄给父母,还清了家庭为兄弟俩求学而欠下的债务,就此丢掉后顾之忧,投身革命洪流。

1935年12月,经王洞若介绍,张劲夫秘密加入中国共产党。

1936年2月,张劲夫因党组织安排离开俞塘,调任刚组建的"上海国难教育社"总干事(王洞若任党团书记)。他特意推荐好友陆静山(1904—1996,江苏无锡人)到俞塘接替他的工作,担任教育以及音乐课程的教员,主讲教学法和音乐,继续推行陶行知倡导的"生活教育"。

主持壮丁集训

1936年初，国民政府发布并实施《壮丁训练实施纲要》，要求各省统一训练各县军训教官，各地民众教育馆奉命集中力量开展大规模的“义勇壮丁受训”。“江苏省军训教官训练班”在镇江登云山（今属镇江市润州区）举办。

1936年4月，冯国华被上海县政府选为军训教官培养对象，被派送登云山参加正规的军事训练。一同受训的还有来自陈行中心小学的顾振。

冯国华受训结业照

这是一次青年精英的聚会，一场浴火重生的磨炼。眼看国难临头，冯国华热血沸腾，全身心地学习武艺，锻炼意志，迅速地由文质彬彬的“校长”蜕变为英气勃发的“铁汉”，浑身洋溢着“抗战”的精气神。

1936年11月7日至9日，俞塘民众教育馆正在组织举办第六届菊花大会。活动现场最惹人注目的是一副对联“听枫叶萧萧莫忘国难，看菊花挺挺愧煞汉奸”，这是引用冯国华所撰写的诗句做成的对联。在各种讲习班和训练班上，冯国华义愤填膺地指出：逆民究竟是少数，无疑要铲除他；顺民太多了，应该教育和争取他们做义民；义民是抗日救亡分子，大家都要做义民！

当时，按国民政府《保甲条例》规定，保甲编组以户为单位，设户长；10 户为甲，设甲长；10 甲为保，设保长。保甲组织实施“管、教、养、卫”4 方面工作。“管”包括清查户口，查验枪支等；“教”包括办理保学，训练壮丁等；“养”包括创立合作社等；“卫”包括巡查、警戒等。保长兼任民校校长和壮丁队队长，因此推进军事化训练成为首要事项。

面临民族危亡的非常时期，俞塘民众教育馆奉命集中力量开展“义勇壮丁集训”工作，自 10 月起为期 9 个月。于是，松江专区（涉上海郊区 9 个县）“壮丁训练教练员学习班”在俞塘民众教育馆举办，冯国华受聘为教育长，各中心民校校长、教员参加，11 月初结束。第二期 11 月 8 日开始，各乡镇民校校长、教员参加，11 月 20 日结束。第三期 11 月 25 日开始，各中心民校组织训练，每期 120 名壮丁。

11 月 24 日，冯国华首次穿上西装呢大衣，出发开始为期 10 天的巡察。他去往奉贤南桥、闵行老镇等地，切实了解各处“壮丁集训”实际情况，激昂地鼓动人们抗日救亡。一路走来，他忧喜参半，挥笔撰写了《视察松沪壮训漫记》。

1937 年 2 月 14 日，冯国华收到在北桥镇担任上海县第三区中心民校军事教员顾振撰写的《北桥壮丁义勇队队歌》，希望刊登推广。冯国华与顾振曾同赴镇江登云山接受军事训练，此刻又同在上海县第三区组织集训，顿时热血沸腾，称赞这首歌可称为“军歌”。在 3 月 15 日出版的《社教通讯》月刊上，冯国华以笔名“真夫”发表了有关顾振的《壮丁义勇队队歌的试作》一文及歌谱，引发了各地壮丁集训同唱这首“军歌”的感人场面。

“壮丁集训”在各地持续推进，冯国华决定组织一次大检阅。1937 年 3 月，来自沪郊各地的上千名青年壮丁骨干，在俞塘民众教育馆进行“义勇壮丁队训练大会操”，立志迎战日寇。不久，颇具影响力的商务印书馆大型综合性杂志《东方杂志》刊登了俞塘进行壮丁训练的 4 张照片。

4 月清明时节，俞塘民众教育馆举办“第一届俞塘桃花节”，为期 3 天，放映电影《共赴国难》,激发了人们抗日救亡的热情。

1937 年 4 月,冯国华编印了一册《俞塘同人题名录》,马桥地区及沪郊各县在俞塘受训的主要人员名单赫然展示,颇为壮观。

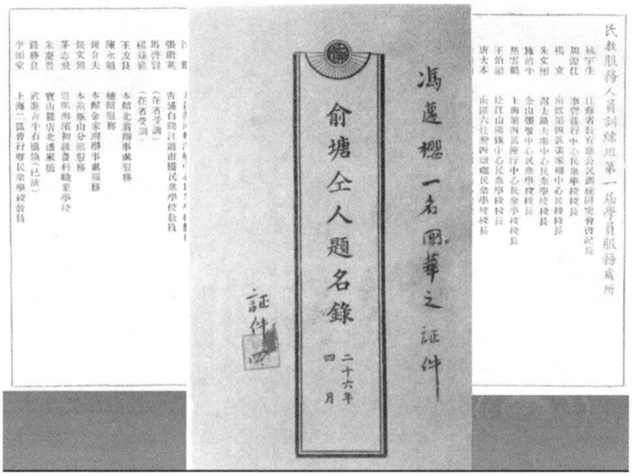

《俞塘同人题名录》书影

1937 年《东方杂志》书影

率众冲上战场

1937年8月，上海爆发八一三事变，打响淞沪战役。冯国华率领俞塘民众教育馆受训的壮丁们，迎着战火，慷慨地走上抗日前线，为战地输送弹药、运送伤员、挖掘战壕。

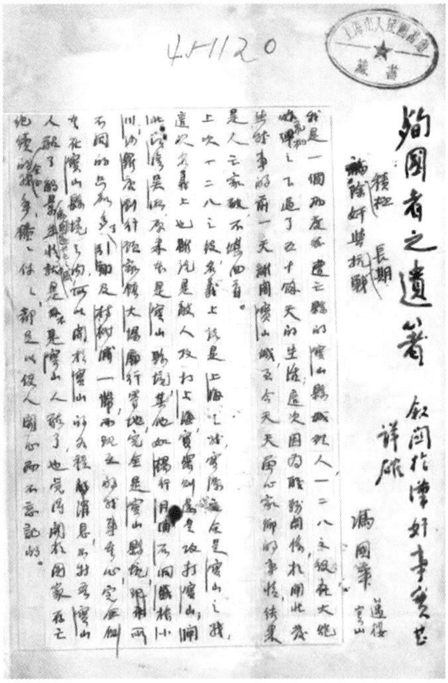
殉國者之遺著

冯国华手稿

9月25日，冯国华撰《论积极除奸与长期抗战》一文寄给宝山好友，列数汉奸行为，呼吁长期抗战，在文末强调："这次的抗战，时间是长期的；这次的抗战，地点是全面的；这次的抗战，分子是全民的。所以凡是中华民族的人，都应当集中精神，直接间接地做抗战的工作，不仅仅是防止汉奸，或消灭汉奸已算尽抗战的能事，同时更应当积极地做抗战工作，来解放垂危的中华民族。"

为了适应抗战第一线的形势，冯国华迅速在俞塘组织举办"战地服务训练班"。消息一传开，近郊各县500

多位失业教师和失学青年纷纷赶到俞塘受训,从而培养出了一批英勇善战的人才。在此基础上,近郊各县迅速组织起一支支自卫游击队。

1937 年 11 月上旬,上海县沦陷前夕,冯国华率队撤离俞塘。他隐居在上海大世界附近的一个小旅馆里,不定期地出没在上海、松江、青浦、金山各县,指挥着他组织的游击队。

1938 年 4 月,冯国华创办《战声》三日刊(16 开大小,每期 4 页),及时报道战事,传授迎战知识,通过俞塘受训人员散发给流入市区的难民及四郊工农群众。

不久,经黄炎培介绍,冯国华与正在浦东地区筹建游击队的连柏生(1908—1992,南汇县人,1941 年加入中国共产党)取得联系。他们每半个月会面一次,共同商议救亡对策,互相配合行动。

据各地史料记载,当年的参与者公认冯国华是沪郊抗日游击队的组织者。1938 年 11 月 24 日《文汇报》所刊江苏省立第二师范同学会纪念文章称:“冯君即率领其素有训练之青年子弟参加游击战,同时更招致同志,以是人数越聚越众,归冯君统率者不下 10 余万人,可为上海邻近各县游击队中之基本队伍。”

不幸殉国

1938年9月底，正流散在松江地区打游击的国民党陆军独立45旅第一团团长张某（辽宁人），约冯国华前去商议“双十”节大举袭击日军的计划。

1938年10月5日，冯国华在上海南京西路“王家沙”附近的一家旅店里陪家人吃了一顿饭，没想到这顿饭成了他与家人最后的诀别。

第二天深夜12点，冯国华与张团长率队夜宿泗泾乡石宅时，遭四五百个日兵包围。面对日兵机枪猛射，他率20余名驻村游击队员应战突围，终因众寡悬殊，弹尽援绝，壮烈牺牲。第二天清晨，乡人收殓烈士遗体，发现其除枪伤外，左额亦被刺刀劈去。

冯国华牺牲后，黄炎培亲自为其召开追悼会。1938年10月22日，上海《导报》报道称“沪郊游击队组织者冯国华在泗泾殉国，四郊游击队领袖半出其门下，亲友莫不哀恸电请中央褒恤”。上海《申报》报道称“教育家冯国华抗战殉国，定期举行追悼呈请当局褒恤”。上海国难教育社主办的《战时教育》第三卷第7期发表“白桃”的文章《追悼为抗战教育而殉国的冯国华先生》。11月，《译报周刊》刊发署名“雷迅”的文章《悼冯迈樱先生》称：“多么诚恳又热情的迈樱先生，个子高高的，面孔方方的，那双炯炯发光又红又润表现着热烈情绪的眼睛，特别在演讲时，数述日军在中国的残暴行为，与

導報

中華民國二十七年十月二十日

滬郊游擊隊組織者 馮國華在泗涇殉國

四郊游擊隊領袖半出其門下 親友莫不哀慟電請中央褒卹

上南路天花庵橋 被游擊隊焚燬

日軍連日大舉搜索 居民已成驚弓之鳥

銀行公會會員 通知銀行寂寞營業

股東時會

公共租界 巡捕檢閱

《导报》书影

中国民众遭难的惨状,他好像要掉下眼泪,用他的指头连续敲着黑板上写出的要点,语气非常坚定,头偏侧着似在思想,同时注视着听众的回应。他那教育家的姿态,和中华民族战士的精神,永远留在我脑海里。”

同年 12 月,回乡建立抗日游击队的顾振在编印的《三义抗战声》诗集中,有一首《吊冯国华师》,诗云:“泗泾水畔集群英,一日江东起义旌。顷刻风波平地起,八千子弟哭先生。”冯国华生前留下“听枫叶萧萧莫忘国难,看菊花挺挺愧煞汉奸”的诗句,为此《三义抗战声》中有一首《菊》与其唱和,诗云:“陶公篱畔好花枝,凛冽西风欲厄之。肝胆全无甘附敌,愧他黄菊挺幽姿。”

1985 年 11 月,上海市人民政府批准冯国华为革命烈士。烈士遗体安葬于天马山麓(后迁宝山烈士陵园)。

2020 年 9 月 2 日,为隆重纪念中国人民抗日战争暨世界反法西斯战争胜利 75 周年,经党中央、国务院批准,退役军人事务部公布《第三批著名抗日英烈、英雄群体名录》,冯国华名列其中。

近年来,马桥镇俞塘民众教育纪念馆以多种方式宣传冯国华烈士事迹,弘扬伟大的抗战精神。

冯国华烈士女儿冯姝到俞塘寻访父亲的足迹

赵瑞卿

赵瑞卿（1909—1949），七宝镇沈家巷（今沪星村）人。1939年春，协助中共青浦工委路南区委在沈家巷建立联络站。同年12月加入中国共产党。1949年3月，组织民众抵制国民党守军修筑碉堡，惨遭杀害。1984年3月16日，被追认为革命烈士。安葬在闵行区烈士陵园。

沈家巷的主心骨

赵瑞卿(1909—1949),闵行区七宝镇沈家巷(长期属青浦县,今属七宝镇沪星村)人,出生于地多人多的富裕家庭。1926年,他从青浦县立初级中学毕业之后,长期在家务农,安于乡村小康生活。他知书达理,又喜欢舞文弄墨,是村里难得的“秀才”,待人接物始终文质彬彬,因此乡人均称其为“赵先生”。

沈家巷是个大村宅,原名陈家巷,清末本地沈氏家族有人在朝廷当了官,为求扬名,就用钱买通各方,将这里改称为沈家巷。

这里地处上海、松江、青浦三县交界处,有近百户人家,分成东西两个宅基,日常难免产生种种纠纷。赵瑞卿仁心厚德,待人和气,办事公正,善于沟通,由他调解纠纷,众人信服。1935年,清查户口,建立保甲制度(10户为甲,10甲为保),赵瑞卿出任沈家巷保长,因此被乡人视为“主心骨”。

1937年11月9日(农历十月初七),七宝地区沦陷在侵华日军的铁蹄之下。赵瑞卿目睹敌焰嚣张,乡人处于水深火热之中,义愤满腔,却苦于无力抗争。

入冬时节,闻说西首杨家巷的杨国材(1900—1939,乳名杨毛)、徐寿昌等人有意出头自建抗日武装,赵瑞卿立即鼓动乡人跟随杨国材抗争,还慷慨解囊,提供粮草。

于是,杨国材组建了一支数十人的“农民自卫游击队”,拿起刀枪,保卫家乡,在七宝集镇以西、杜家巷以东一带和虹桥机场周围展开游击战,人称“杨毛部队”。

1938年春,“杨毛部队”归并“青东人民抗日自卫队”(由1927年加入中国共产党的顾复生领导)。6月,经中共江苏省委同意,在保持独立的原则下接受国民党方面所加委的“淞沪民众抗敌自卫团第三支队”番号,由顾复生任支队长,下辖3个大队和7个中队,共500余人,俗称“顾复生部队”。青浦县七区(辖徐泾镇、七宝镇、蟠龙镇、凤溪镇)常备队为第一大队,杨国材任

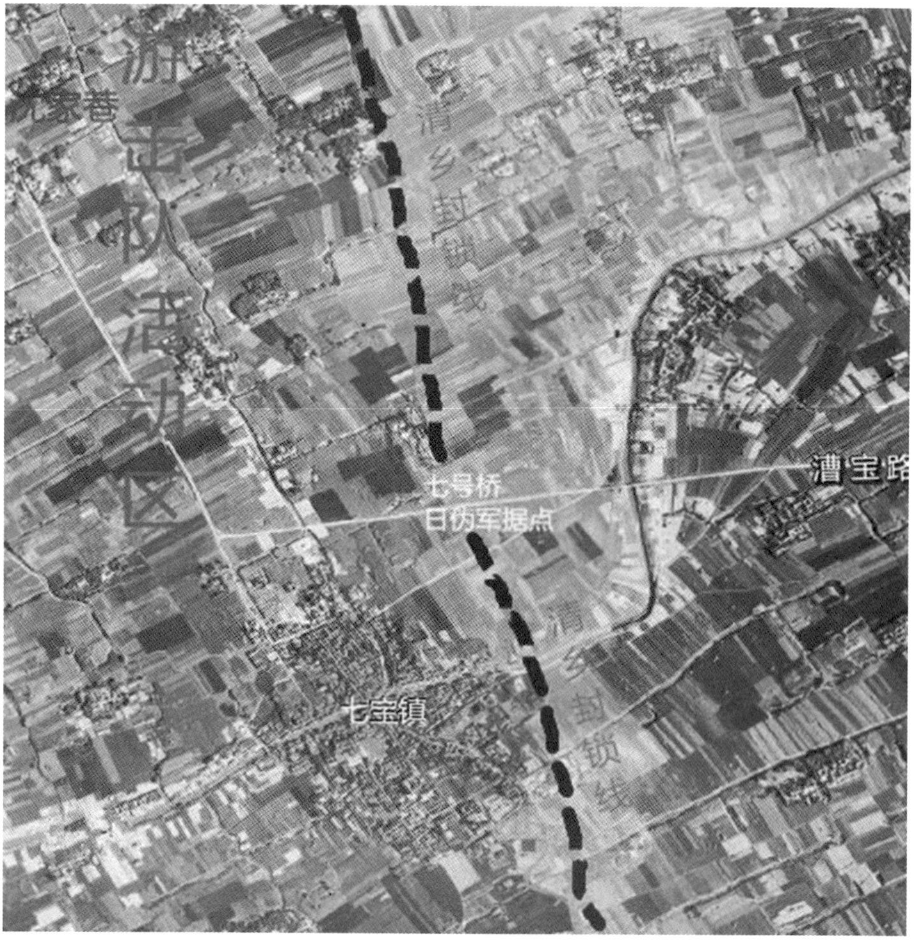

1939年七宝地区形势图

第一大队第三中队队长。同时,青浦县六、七、八区组成“青东联合办事处”,顾复生任主任。沈家巷一带归“路南区六乡镇办事处”,杨国材任主任。

赵瑞卿虽未曾亲自前去参加游击战,但主动筹集粮食、药品等物资,持续支援“顾复生部队”,同时使沈家巷成为游击队活动的重要据点。

1922 年,沈家巷私塾改建为民良国民初级小学,抗战爆发后被迫停课。1938 年秋,赵瑞卿在“路南区六乡镇办事处”的支持下,全力帮助因战乱停课的民良国民初级小学开学复课,并改名为“沈家巷小学”,还亲自开办农民夜校,担任代课教师,坚持宣传抗日救亡主张。

赵家成为秘密联络站

结识朱敏中

1938年7月，朱敏中等同志受派遣到青浦县指导工作。1939年1月，中共江苏省省委决定成立中共青东工委，一支由共产党直接领导的主力游击队终于建成。3月，经中共江苏省委同意，“顾复生部队”改编为国民党淞沪民众自卫团第三支队。

1939年春，中共青东工委派朱敏中担任路南区（青沪公路以南地区）党委书记兼淞沪民众自卫团第三支队第一大队第三中队指导员，杨国材任第三中队中队长。路南区委需要在沈家巷开辟一个秘密联络站，便于在青东根据地与七宝集镇之间设立可进可退的落脚点，而最关键的是必须在沈家巷寻觅到一个能干又可靠的“自家人”。

经杨国材的热情推荐，又经沈家巷小学教师、中共地下党员黄竞之（1916—1999，原名黄勤志，七宝镇人）的再三考察，朱敏中终于正式结识了赵瑞卿。

朱敏中能文能武，为人真诚，初次见面就将《韬奋选集》推荐给赵瑞卿。赵瑞卿便认真阅读，由衷赞赏朱敏中的胆识，两人相见恨晚。于是，朱敏中以“好友”身份经常居住在赵瑞卿家中，赵家就此成为了地下党组织的秘密活动点。赵瑞卿瞒过家教甚严的父母和贤惠出众的妻子，在照顾往来游击队员生活等方面做了大量的工作，朱敏中、杨国材如鱼得水，率领第三中队四处游击，而沈家巷保持着安稳的乡村风情，始终没有招惹日伪军的关注。

地下印刷所

不久，朱敏中又将几位地下党员调入村里的小学校，地处僻乡的沈家巷成为中共路南区委的主要根据地。

朱敏中大胆地在赵瑞卿住宅的后厢房里建立了地下印刷所，先后油印了《抗日救国十大纲领》等文件，分发给各支游击队。还油印了自编小报《大家看》，广泛宣传抗日救亡斗争信息。

赵瑞卿经常亲自扮作商人到城里采购急需的纸张、油墨，用船运回家中。每当印刷品墨迹未干，他就巧妙地将其包装成日常货物，派人闯过横沥河边的日伪检问所，按游击区通信邮路迅速传送到各联络点。

痛别杨国材

1939 年 7 月中旬，朱敏中、杨国材率第三中队配合新四军“江南抗日义勇军”廖政国团，在七宝地区反击打着“忠义救国”旗号的土匪姚友莲部。7 月 23 日夜，廖政国团一举袭击虹桥机场，烧毁敌机 4 架。日寇恼羞成怒，疯狂反扑。

8 月 1 日中午，杨国材在沈家巷召开军事会议，商讨袭击虹桥路日军的作战计划，并将部队从沪青公路北杜家巷驻地向东推进到沈家巷及沈家塘一带。当晚，部队在王娘子桥宿营时，不料被日伪特务探悉。驻虹桥机场的近百日寇，趁夜秘密出动，携带小钢炮、机关枪等武器，夜半至沈家巷，将杨国才部约 50 人包围。8 月 2 日黎明，日寇枪炮齐鸣，猛袭杨部。杨国材沉着指挥，边还击，边突围。激战之中，他突然被敌军手榴弹击中，左手炸毁，腿部重伤，壮烈牺牲。

加入共产党

好友杨国材为国捐躯，赵瑞卿立志要为其报仇。1939 年 12 月，经朱敏中介绍，赵瑞卿秘密加入中国共产党，为了保护他的特殊身份，组织与他只保持单线联系。

1940 年 4 月，日伪军调集重兵在青东地区疯狂的近半个月的“清乡大扫荡”，青东游击队处境极为艰难，朱敏中和第三中队被迫北撤转移。赵瑞卿奉命留守，为部队密藏了部分枪支弹药。

就此，赵瑞卿与朱敏中失去联系，只能以“伪保长”的公开身份，竭力保护沈家巷的安宁。

1945 年 1 月，刚建立的中共淞沪地委决定要开辟浦东沈庄塘口至青浦凤溪古思浜之间的秘密交通线，沿途设立了 5 个联络站点，经赵瑞卿的努力，沈家巷成为上接莘庄西河浜交通站，下连青浦徐泾连庵桥交通站的中转站点。凭借这条交通线，浦东、青东游击区之间的人员往来、书信传递和物资转运有了安全通道，淞沪游击支队支队长顾复生率领部队和中共淞沪地委顺利地从浦东转移到青浦地区。

赵瑞卿住宅复原图

活跃在七宝老街

抗战胜利后，七宝地区的中共地下党员多数随同淞沪支队和浙东纵队北撤。1946年8月，在中共江苏省委青东县委的领导下，七宝地区重建中共党支部，郭建春（1915—1996，七宝镇人）任书记。他继续以北大街23号“泰德祥”商号“老板”的身份，利用人脉，执行使命。

时任七宝北镇镇公所镇长的蒋云辉（兼任明强小学校长）为人宽厚，办事不谋私利，注重地方教育事业发展，对中共地下党活动有所庇护。而赵瑞卿为人正直，能言善说，人脉广泛，在七宝地区颇具威望，蒋云辉对他颇为敬重。于是，中共党支部安排赵瑞卿自荐与蒋云辉搭档，出任七宝北镇镇公所副镇长。

就此，在郭建春的指导下，赵瑞卿以副镇长的合法身份为民办实事，公开支持中共地下党员们以办学的合法形式，在明强小学创办义务民校，建立校友会，在北大街茶楼上辟建文娱活动室、书刊阅览室，开展组织群众和宣传革命的工作，从而培养了一批革命青年。随后，又在本镇和吴家巷村开办第九十五民校的两个班级，推荐进步书刊，宣讲时事要闻，扩大了社会影响，壮大了革命力量。

1946年秋季，沈家巷村里发生了一件命案，死者竟是当地警察所的一个班长。警察所赶到沈家巷随意抓人，还扬言要火烧全村。经赵瑞卿调查，发现事实是当地土匪姚友连谋财杀人，且已潜逃。他挺身据理力争，阻止警察所乘机敲诈。

然而,青浦县警察局给赵瑞卿发来传票,命他出庭受审,严查人命案。事情越闹越大,沈家巷百姓惊恐不安。

赵瑞卿有勇有谋,想到事情起因是为了钱,就只能"以钱斗钱"。他毅然变卖掉家中10亩土地,设法打通关节,终使这场官司不了了之。就此,"识时务的赵瑞卿"赢得反动当局的好感,"舍财护村"的"赵先生"更受到沈家巷百姓的赞扬。

自1947年下半年起,中共七宝地下组织全部划归中共龙华分区区委领导,郭建春担任龙华分区区委宣传委员。11月,七宝地区建立中共党总支委员会,由郭建春任书记,下设3个党支部。七宝地区的革命斗争步步深入,形成新局面。

此时,赵瑞卿回到沈家巷重新担任保长,以沈家巷为基地开展革命工作。

中共七宝地下党联络站旧址今貌

血洒黎明之前

1949年1月下旬，解放战争进展神速，国民党守军急忙在七宝地区修筑起34个碉堡，连贯成群，并在漕宝路一带制造无人地带，以清除射界内障碍物为名，将碉堡周围500米范围内的当地百姓全部强行驱走，将所有建筑物和树木全部拆光、砍光、烧光，还削平了高冈地。为此，七宝地区15个村被烧房屋达820多间。漕宝路是人民解放军进军上海城区的必经通道，而形成如此无人地带且碉堡成群，无疑是陷阱式的战场，易守难攻。

为此，郭建春、赵瑞卿串联50余名正副保长，发动全区性的“为民请命”活动，采取“一避二磨三暗损”的斗争方式，并公开提出建碉堡是营造厂承包的，钱已摊派给老百姓，不应再出民工。七宝民众积极响应，唱出了一首顺口溜：“造碉堡，造碉堡，当官的乘机捞腰包，老百姓毁地，出钱又出工，解放军大炮一轰全报销。有道是‘国军’兵败如山倒，乌龟壳哪能保得牢。”

赵瑞卿利用保长身份，坚持用各种借口，以不派工、少派工、只派女工或童工等方式，故意延缓工期。斗争坚持了5天，无人出工。因此，敌人对赵瑞卿极为恼怒，总想寻机报复。

3月里，军情紧急。赵瑞卿急中生智，决意以“为大儿子操办喜事”，拖住四邻八村劳力。他不惜破财，摆开大场面，招来数十个青壮年和满宅基的贺客“相帮”，搬嫁妆、迎新娘、闹洞房，鞭炮声声，丝竹悠悠，足足闹猛了3天还未曾停息。前来拉夫者心里恼火却无法阻止。

眼看筑碉堡工程无法如期完成,国民党驻军头目恼羞成怒,派出16名士兵冲到沈家巷,突然涌进赵家,动手捆绑赵瑞卿,将他硬拖到两三里路外的小涞桥天主堂。一路上,赵瑞卿惨遭毒打,口吐鲜血,到达小涞桥天主堂时已伤重身亡,时年40岁。

两个多月后,上海解放了。赵瑞卿至死没有把党的秘密告诉他人,而知情人都远行在外。因此,地方干部只知道赵瑞卿当过伪保长,其家属长期被误定为"富农""历史反革命",随之遭受磨难,只能忍痛无言。

直到1984年初,为纪念上海解放35周年,已满头白发的郭建春、朱敏中、黄竞之等革命老干部重访沈家巷,寻找赵瑞卿。他们得知"赵瑞卿是伪保长,解放前就死了",一阵惊愕、心酸、内疚、愤慨的情绪涌上众人心头。他们向当地党组织大声疾呼"赵瑞卿是我们可敬的战友"!其传奇人生终于昭白天下。1984年3月16日,经中共上海市委正式批准,追认赵瑞卿为革命烈士。烈士归葬在闵行区烈士陵园。

革命烈士赵瑞卿(张家素绘)

张 翼

张翼（1899—1975），字凤三，上海县颛桥镇（今闵行区颛桥镇）人。1926年继承父辈遗志，任颛桥小学校长。创办上海县农民教育馆，成为乡村改造示范区。为改善乡民生计，发动『土布运动大会』，轰动上海。抗日战争全面爆发后流亡西南后方，任『江苏失学青年工读服务团』社会服务部主任、江苏旅湘同乡会《苏讯》发行人等职。1946年返乡，当选上海县参议会参议员。1947年，创办《明心报》。1948年任江苏省立俞塘民众教育馆馆长。新中国成立后，被推为上海县各界人民代表会议副主席，受聘成为江苏省人民政府参事、文史馆馆员。1975年12月病逝，享年77岁。

初出茅庐

小镇落户

张翼，字凤三，清光绪二十五年(1899)四月二十七日出生在上海县颛桥镇北街35号张氏松鹤堂。

当年，在颛桥老镇南街与北街之间，跨六磊塘河道，有一座砖石混建的拱桥，名为众安桥，俗称砖桥，后由本地文士借纪念古帝颛顼之意，取“颛”字含有和善、谨慎之义，称呼众安桥为颛桥。约定俗成，地因桥名。

这里地处上海县和松江县(旧称华亭县)交界地，分属于松江、上海两个县管辖，以六磊塘市河和北街为县界，市河以南和北街的东半街以东属上海县，市河以北和北街的西半街以西至竹港属松江县。清乾隆年间，这里形成了相当规模的市面，以众安桥为中心，分东、西、南、北四条街，呈十字形，以西街为主干街市。

张翼的祖籍，相传在江西宜黄凤凰山一带，位于江西省中部偏东、今抚州市南部。清咸丰年间，太平军起义闹得天下大乱，张氏先辈张蒙东为逃荒避难来到上海城郊，先是靠江西人擅长的“搭锅补碗”手艺沿街设摊，艰辛谋生，后来在颛桥镇北的张家塘(今光华路农业银行处)空地上搭建简易房子，开店定居下来。

光绪初年，张蒙东之子张和入赘颛桥镇西街14号的吴家，生有两个儿子。

张和的两个儿子成年后，联手在颛桥镇北街永宁庵（俗称北庙）之南建造起六间门面的二进“小绞圈”房屋及后面两间小屋。于是，张家人从张家塘搬至此处（今北街35号），并开了一爿张永源南货店，经营南北杂货。张氏主屋取名松鹤堂。

长子张月卿，为人朴实，不喜张扬，承父命在家经营烟酒杂货店，主持家务。

二子张国华（1876—1923，字达卿），即张翼之父，生性活跃，颇具才气，又富有善心，喜欢四处奔走，在本地年轻人中脱颖而出，成为追随维新思潮的时代新人。据民国《上海县志》记载，张国华“娴习婚丧礼数，里有事辄为襄助，里人感之。曾创立颛桥学堂，贫苦就学者免费”。清末民初时，其“为任恒堂经理、颛桥议事会议长、教育会会长及清丈筹备委员，尽瘁桑梓三十余年”。

同时期，张氏同族后人张德堂、张德明等在北街开设米店，后在后东街建造新屋。

兴学义举

光绪二十七年（1901），在戊戌变法的推动下，清政府实行新政。次年8月，清政府颁布《钦定学堂章程》，允许并鼓励各地兴办新式学堂，并逐步废止科举制度。

光绪三十四年（1908）年初，颛桥镇上的张国华、周钺（字惕生，号铁铮）、施其光（字淡人，号安生）、何访梅（字兴畲）等中青年人，眼看邻近乡镇的好友们率先兴学，也坐不住了。他们同样饱受科举之累，对维新思潮一拍即合，决定说干就干。在好友们的支持下，张国华腾出自己家宅的两间小屋，创办颛溪小学堂，尝试新式教学方法。他们“有鉴于附近学童之痛苦，乃首先创设门馆学堂，招集学龄稚童，围坐于方桌，先日朗诵。其教学之步骤，始从方块字而联句文，进而读之乎者也古体文，与论言人韵之诗词，写字自描字空格而临帖，作文自联字造句而诗赋八股。其教学之方法，须将文篇读得纯熟，不求详解，每人总须读过几百篇之名著，揣摩呻吟，至能背诵，然后执笔为文，待腕自能熟”。

当年十月，张国华与何其章、姜渭渔等同好租用南街民房，将3所私塾合并，创立了颛区小学堂，推何其章出任校长。当时，虽然只有1个班级，1个教师，30余名学生，但采用新式课本，实施新式教法，令人耳目一新。

张国华和伙伴们的兴学义举，赢得了社会各界的好评，也锻炼了他们走上议政参政道路的勇气。

宣统三年（1911）二月，上海地区实行地方自治制度，上海县颛桥乡即建立议事会，民众选举产生本乡议员8人。经各界推举，由张国华出任乡议事会议长。

乡自治公所设在颛区小学内，张国华等人忙里忙外，按照民众的心愿尽力推进公益事业，地方自治使颛桥地区焕发出时代新风。

张家祖屋

考入农校

张翼自幼在父亲张国华创办的学堂里就读，聪明可爱，才貌出众，令乡人关注。

1913 年,15 岁的张翼考入设在闵行镇西浦滩的上海县立乙种农业学校。农校附设农事试验场,是上海县内第一所农业职业学校和第一个农学研究实践场所。正巧李祖锡因病辞去震泽县江震高等小学校长之职,返回家乡主持校务。

1917 年,张翼从农校毕业后,经友人介绍,进入上海商务印书馆工作。年仅 18 岁的张翼在商务印书馆担任业务科办事员,勤劳肯干,刻苦好学,结识了不少热心于教育事业的人士。遗憾的是,张翼体质较弱,不及 3 年就因患病而辞职回乡养病。

张家秘事

张国华娶妻王绣征(1874—?),先后生有三子三女。

眼看张翼已 20 岁出头,父母张罗着让他成家。颛桥镇郊庄家塘有一大户人家早已盯住张国华,再三派人到张家来提亲,说庄家有个“大小姐”如何出众,与张家大儿子如何般配,简直是天赐良缘。

张国华夫妇爽快地同意了这门亲事,忙于给大儿子分户立灶。按本地风俗,分屋居住即分立门户,分立灶头即自成一家。

不久,张翼便结婚成家了。嫁进张家门的庄爱芬(1894—1969)要比张翼年长 5 岁,虽不识字,却手勤脚健,善于勤俭持家。而张翼对这个新娘子似乎没有多少感情,只因难违父母之命而接受了这段婚姻,却就此不愿在家中多待,寻找各种机会外出奔波。

张翼的母亲王绣征慈祥和善,尤其偏爱大儿子。张翼明理,事母至孝,远近闻名。乡人相传,夏季里蚊虫多,为使母亲入睡后免遭蚊咬,张翼会赤膊钻进母亲睡床的蚊帐内,让躲藏其中的蚊虫咬自己,随后再让母亲入帐上床安睡。他的举动令母亲甚为欣慰,对其更加爱护体贴。

张翼夫妻俩彼此沟通不畅,生活不睦,两人满腹苦水,却都不声不响,好似什么事也没有发生。乡人不知内情,只是为他们久久没有生育而表示遗憾。

张国华逐渐明白了儿子的心事，但木已成舟，只得顺其自然。

这种局面也促使张翼将心思全部扑在他所喜爱的事业上，广阔的社会舞台弥补了张翼精神追求的需要。

张翼的事母至孝，也可说是习得了其父的榜样。张国华个性沉敏，尽管每天忙于出外奔波，但回家总是以孝敬父母为重，因此在乡间以孝友著称。

母亲晚年患病之后，时任颛桥乡议会议长的张国华坚持亲自侍奉，寸步不离，夜夜仰天祷祝。母亲去世后，他悲哀难止，以致伤心成疾。1923 年，他一病不起，抱憾逝世，年仅 49 岁。

学当校长

1920 年，经父亲张国华推荐，张翼到颛桥乡立镇冈小学堂执教。这所小学堂设在镇冈庙内，招收本地学生 40 人左右，只设一个初等年级，全年教学经费只有 360 元，教师只有一人，自然也被称为校长。前任校长走了，张翼前来接替。学校虽小，却成了张翼投身农村教育实践的舞台。

执教期间，张翼成为"孩子王"，索性搬到校内住宿，虽日夜操劳，但干得有滋有味，因此将家庭中的一切烦恼全丢掉了。

在镇冈小学，张翼忙了 5 年多，使学校面貌大有改观，也使他自己得到了历练，提升了独立支撑局面的能力。

1924 年 7 月，经选举，施其光当选为颛桥乡乡董。张国华去世后，他对张翼倍加关照。

1926 年 1 月，施其光大胆起用张翼，将他调任颛桥乡立第一初级小学堂校长。

当时的颛桥小学，以位于老镇南街街口的华阳庙后殿为校舍，只设两个复式班级，与社会需求严重脱节。张翼不负长辈期望，有志大干一番事业。他到任后，即全力筹资，新建一幢校舍。9 月，延聘良师，增设高小班级，将学校扩展成完全小学。次年，商借乡公所办公室作为教室。1929 年，由县教育局拨款和地方人士捐助，又增建校舍 6 间，扩充体育场，更名称上海县颛桥小学。

张翼当校长，自有一套与众不同的做法。为了培养出适应新时代的人才，他坚持厉行“八强教育”，要求师生努力做到“脑力强，视力强，听觉强，呼吸也要强，说话要强，吃饭要强，手和脚也要强，非但要育成强有力的躯干，而且要发扬健全的精神”。

人们对张翼的做法感到新奇，议论纷纷。

奔赴晓庄师范

当时，著名教育家陶行知(1891—1946)大力倡导“办乡村教育”，提出“教育必须下乡”，“知识必须给予农民”的号召，并大胆实施“生活教育”。

张翼对陶行知主办的“中华平民教育促进会”仰慕已久，得知他在南京创办晓庄试验乡村师范(1928 年 8 月 1 日改名为晓庄学校)，就写信联系，希望有机会前去进修，以期实践乡村教育的理想。他再三请求上海县教育局，希望同意其暂弃现职，专心赴晓庄学校进修。

1928 年 8 月，张翼终于获准放下校长事务，奔赴晓庄学校，以实现自己多年的愿望。

张翼进校正遇由陶行知校长倡议、冯玉祥赞助建立晓庄“联村自卫团”。参加自卫团的有晓庄学生及附近农民百余人，参与者共同进行军事训练，保护附近农民免受土匪骚扰。张翼年近 30 岁，加入其中一起参加训练。

不久，晓庄学校成立“晓庄科学社”，由学生自行研究，进行专题讲演，以采集、制作生物标本为主，并设立社会、农事、形艺、音乐、数理化、医药卫生、儿童文学等组织。

谢绝当官梦

1928 年 10 月，已坐镇南京的蒋介石到晓庄学校来视察，看到这里生机勃勃，人才济济，就接见了在校进修生，希望他们转到南京国民政府去工作，谋求更广泛的发展空间。

面对蒋介石的亲切话语和热情召唤,不少进修生为之热血沸腾。而张翼却十分平静,毫不心动。他的想法很纯粹,也未曾梦想过要去做官或求发财。

因此,当蒋介石直接询问他的意愿时,张翼当即表示,自己有志致力于地方教育事业,才来到晓庄进修。

张翼的婉言谢绝,获得陶行知校长的赞赏。

陶行知仅比张翼年长 8 岁,但在张翼眼里,他比自己的父亲更加可敬可亲。于是,他寻找一切机会与陶校长沟通心灵,讨教教育思想和教学方法。

张翼像海绵吸水一样聆听陶校长的教诲,不由深感心明眼亮,对乡村教育的认识更加深化。他体会到,改造乡村社会,是自己的责任,也是实现理想的主要途径。他发誓,要为改变家乡的社会面貌贡献自己的青春。

陶行知对这位来自乡村教育第一线的学生非常赞赏,进修期满,欣然为张翼题赠了一副书联:吃得苦上苦,方为人中人。

未满 30 岁的张翼是幸运儿,从晓庄学校回来,即调入上海县立乡村师范学校和县立初级中学任教(两校校舍合用,教师合聘)。

当时,县立乡村师范学校正处于初创时期,校内事务十分繁杂。张翼始终任劳任怨,还积极参与订制教学纲要,为发展家乡的平民教育献计献策。

同时,他还发挥所学之长,时常利用课余时间在闵行老镇帮助开展民众教育活动,参与民众教育实践,就此与金作宾结为好友,为二人日后的广泛合作打下基础。

大显身手

创办农民教育馆

自 1928 年起，沪郊各县纷纷成立县立民众教育馆，大多数由原通俗教育馆改组改名而成。江苏省政府规定，以征收的“迷信锡箔捐”予以补贴，但是，各县每年只有 2000 元经费用于民众教育，因此大多只局限于开展公益性阵地活动。

1928 年 1 月，上海县教育局为设立县立农民教育馆组织筹建委员会，购下颛桥镇东郊“贰贰居”改建为校舍，另建一座演讲厅。馆舍落成后，又购订农场田地，特聘张翼出任上海县农民教育馆馆长。

据当时在上海县教育局担任总务科文牍的秦之济（字伯未）所撰《农教馆之回忆》记载：张翼任馆长“并非吃的现成汤圆，所有计划筹备，出诸一人之手，可谓辛苦备尝。常常饿着肚皮，满头大汗，跑到局里来商量，经费不能按期发放，他愿私人垫用，建筑没有款可拨，他会私人借贷，一种诚恳而苦干的精神，确实不可多得”，“当时局里有许多同事，笑他有些戆劲”，“谁知社会上一切事业，却都成功在‘戆大’身上呢”。

1929 年 8 月 1 日，上海县农民教育馆（以下或简称“农教馆”）正式开馆，因地处颛桥镇，又称县立颛桥农民教育馆。初设总务、教育、农事、娱乐、卫生、调查、推广等7个股。办馆日常经费由县所收锡箔捐支付,每年约1400元。

这时,张翼还身兼颛桥小学校长职务,尽管日常事务缠身,每天连续工作近20小时,他照样毫无倦意,有志全力践行平民教育思想,亲手创办一个前所未有的农民教育馆。

经过一年的试运转之后,张翼大刀阔斧地进行调整,馆内改设总务、农艺、教育、推广4个股,张翼兼任总务、教育股主任,金荣林任农艺、推广股主任,另有陈友坎、朱伯琴(塘闵小学教师)任助理干事,康春照任专职农夫。

在这一年里,馆内设施不断完善,增建畜舍3间,租用民房3间,农场农田扩充到22亩,辟建了农教路、血汗路等。馆内开设了农民图书馆(藏书1371册)、农民阅览室、运动场(取名待旦场)、演讲厅(取名崇农厅)、农产陈列室、医药室等。农场分蔬菜区、作物区、果树区、花卉区、试验区、畜苗区等。

像模像样的大舞台搭建起来了,张翼满怀激情,有志大干一场。他设定的施教目标是"增进农民智能,改造农民生活,提倡农村合作,发展农村自治"。他计划先从语文教育入手,推动各项教育。在馆务会议上,他经常强调自己的主张:"要用宗教师的手腕接近农民,用慈善家的心灵联络农民,用集会的方式组织农民,用科学的方法教育农民,无论在馆内,还是走在田野、农家、茶园、会集、村庄,运用谈话、访问、集合、演讲、比赛、展览、合作、示范、辅助、救护、文字、图画、歌曲、表演等各种方式,全面开展工作。"

1930年5月,张翼听说江苏省政府主席钮永建在马桥创办了私立俞塘民众教育馆,便赶去参观学习。7月,位于无锡的江苏省立民众教育院(即劳农学院)开办社会教育暑期学校,张翼前去学习了4个星期。

迎难而进

1928年的江苏省上海县只有8乡1镇(三林乡、陈行乡、曹行乡、塘湾乡、马桥乡、北桥乡、颛桥乡、闵行乡和闵行镇)。1929年,划为6个自治区。

农教馆地处颛桥及北桥地区,时属第三区,面积63.83平方千米,1930年区内有3363户,男7414人,女7378人,合计14792人,每平方千米约居住232人,每户占地6000余平方米,每人占地约1400平方米,有职业者9899人,识字者1987人,不识字者8541人,学龄儿童2648人,未入学者1754人。

第三区内有明心教寺,另有1所耶稣教堂,3所天主教堂,乡民每年靡费不赀。婚嫁丧葬好事铺张,为此举债售产屡见不鲜。乡间迷信风气盛行,停柩不葬者比比皆是。田野封土丛丛,耕地日见紧缩,农家副业以纺织、渔、畜为最,而当时土布销路狭窄,渔畜缺乏投资,乡民生活难以安定。

面对这样的社会环境和基本条件,张翼认为,农教馆的工作必须以农民为主体,以生产为中心。于是,他动足脑筋,采取一系列措施,着手对乡民开展生计教育。首先做了一番本地农民生计调查,摸清农家耕地分配、农作物面积比较、经营成本、农家副业生产、农家全年收支、户数统计等情况。

随后,张翼在农科机构指导下,选择江阴白籽棉、金大26号小麦、马铃薯等优良品种,进行示范推广,促进本地农业生产。每年确定二三十家特约农户,由农教馆提供种籽和指导,农户加强田头管理,以利推广良种,改善栽培方法,探索提高产量的方法后,予以推广。同时,在闵行、塘湾、北桥、陈行、三林等乡以及彭家河、横石桥等地建立示范农田,推广江阴白籽棉。

1930年11月18日,农教馆第一次举办农具展览会,展出了玉米脱粒器、打稻机、镰刀散播器、中耕器、九齿耙等新式农具,现场示演,观者如云。

次年6月4日,农教馆举办麦作展览会,现场进行评比。11月12日,又举办第一次农产展览会,评选出20多户农家获奖。

张翼还邀请农科人员下乡,改良种籽和农具,推广先进耕作制度和技术,有力地促进了本地农业生产发展。

耕牛比赛别出心裁

1930年11月8日,农教馆举办第二届耕牛比赛,江苏省农矿厅派第六科科长和上海县相关部门官员到场,并在当月《农矿通讯》做了报道。在比赛会场内,张翼有心组织演唱《老牛歌》《锄头舞歌》等"乡土文娱节目"助兴,还有演讲宣传、新农具试演等活动,热闹非凡,人称"破天荒"。

11 月 13 日,农教馆举办第三届耕牛比赛,有 254 头耕牛参赛。

1932 年 10 月 30 日,农教馆举办第四届耕牛比赛,有 406 头耕牛参赛。

"牛是农家宝,种田少不了",可是人们喜欢吃牛肉,其市场销路好,因此本地贩卖耕牛、随意宰杀之风不绝,直接影响了农业生产。为此,1936 年 11 月 16 日,张翼主持召开颛桥乡村改进会第三十二次会议,专题讨论保护优良耕牛问题。大家一致同意张翼的主张,认为应当由上海县政府发示布告,禁止贩卖优良耕牛,并要求县政府通知各保甲长做好劝导工作,县政府应当将各保甲长的工作成效记录在案。他的呈文上报后,上海县政府即发出民字第 1527 号布告,要求全县各地按张翼的主张执行,禁宰优良耕牛。

1936 年 12 月 24 日,农教馆在馆内举行盛况空前的第七届耕牛比赛,政府实业部、社会局、教育局官员到场。招待处设在崇农厅,登记处设在农教路及血汗路,牛场设在待旦场,参赛的公牛、水牛、黄牛等均以年齿分为满口组、六牙组、四牙组、二牙组、笼头组、其他组。上午检验耕牛体形,每组体形列前二名的耕牛下午检验体力,评判分预赛和决赛,热闹了一整天。上海《申报》及时报道称:"此届耕牛比赛,计参加耕牛 405 头,到各界代表及民众 2000 余人,盛况为空前未有。本届评判耕牛,除审查体形外,并检验其体力。其体力审查标准如下:一、耕田能力。四牙者耕四分之一亩,六牙者耕半亩,耕之深浅规定二寸,不准用人为方法驱策之。二、评分标准。速度 30 分,均匀 30 分,直度 20 分,呼吸情况每畦 10 次 20 分。三、选择总平均第一二三时,以形体为标准,不计体力。"最终评判结果,万生农场获得总分第一。择日又隆重举行了颁奖大会。

深入推进

1931 年起,33 岁的张翼以上海县教育会干事的身份担任上海县教育行政委员会委员,并代表县立社教机关担任教育经费稽核委员会委员。

同年4月10日,上海县成立民众教育委员会,首次会议决议:识字教育分年普及;进行注音符号教学;民众教育以生计教育为中心,从指导合作、提倡副业入手;识字之标准至少以能书写本人简单履历为准;以基本字编成识字教材;教学时间要按民众生活情况而定。

上海县掀起声势浩大的识字运动,县长、教育局局长亲自督阵,张翼被他们指定为"开路先锋"。4月20日下午,张翼组织在颛桥镇举行识字运动宣传周开幕式,到处张贴宣传标语"识字是民族文化的基础""有眼不识字,吃苦一生世""识字不怕年纪大,读起书来快活多"。

为推进农民识字运动,张翼又动足了脑筋。他组织在民治乡赵宅、桐桥,颛桥南宅、倪宅、和茹宅,民有乡王宅开办民众学校,为方便农民参与,设有补习夜校和早晨补习班。又在汽车站旁的空地上开设"露天学校",每天上午、下午各上一小时识字课。在厍桥乡夏宅、赵宅、康宅范围内,每天上午摇铃召集上课,天好在屋外,下雨进室内,人称"流动学校"。张翼还派学员在当地广设问字处、特约代书处,颛桥地区掀起了识字补习的扫盲热潮。

除了识字,农村最急切的是要解决生计问题。张翼继续按照自己的计划推进农教馆工作。

1932年8月7日,张翼正式辞去颛桥小学校长职务,全力以赴主持农教馆工作。农教馆工作人员增加到7人,张翼仍兼任教育股主任,另有凌志英任农艺股主任,张晋康任总务股主任,茹伯才和陈可敏任推广股主任。

从第二学期开始,农教馆组织乡村小学生开展养鸡活动,促进家庭副业生产。

1933年6月10日,张翼在刚落成的上海县政府大厦组织举办的"上海县第二次农展会"隆重开幕。展会口号是:改良农事技术,推进农事生产,增加农事智识,打起农事研究,加造国货材料,抵制舶来货物,发展农村经济,改善农民生活,努力农村复兴,图谋人群进化。

12月6日起,农教馆为提倡农村妇女职业教育,特开设"农村妇女补习学校",专收14岁以上妇女,授以织布、缝纫等技术。同时,设"小工艺传习所",招十四岁以上男女,授以家庭实用工艺。

本地农家流行在农历八月十五中秋节前后祭祀土谷神,热闹一番,俗称“青苗社”。张翼认为在当时的困难时期不宜提倡此风俗,而应当全力促进农业生产。对于自古流行的风俗如何因时改良,张翼自有他独特的办法。上海市农会《沪农》月刊 1934 年第 3—4 期合刊报道《颛桥农教馆利用青苗社实行农产展览》称:“上海县农民教育馆馆长张翼,有鉴本县各乡农民,每届新秋,例有青苗社之举,迎神设宴,召戚呼朋,每年所费不赀。际此社会经济涸竭,农村破产之时,自不应再有此种靡费,故此次本省六区社教研究会对此事有改善之提议,该馆及乡村改进会经召议讨论之后,决定利用青苗社而实行农产展览,不迎神,不设宴,庶名符其实而得节省民财,并决定先从基本施教区域入手,俾收成效。(九月)二十九日为该馆基本施教区康家村青苗社之期,经张馆长召集该地农民举行谈话会,经张君再三解释,并晓以时艰,当即决定改为农产展览会。想青苗会之改革,可从此发端矣。”

张翼看到本地河流交叉,河塘地适宜养鱼,可发展为农民家庭副业。因此,他先在叶家浜组织养鱼实验,取得经验后进行推广。1935 年,农教馆特意从太湖地区采购了大批鱼花,有青鱼、鲤鱼、白鱼、白鲢、黑鲢等多品种,专设两处鱼场,用新法配制食饵,形成示范区。随后,举行为期一周的养鱼运动,让农民自行前来参观,自行饲养,并可合作饲养,以推广新法养鱼。为了普及起见,特意以廉价分让给农户。乡人闻讯,纷纷到农教馆来订购,家庭养鱼就此很快在颛桥乡村形成了规模,当地农民又多了一条增收的门路。

土布运动会

1932 年元旦,张翼组织在农教馆举行了上海县第一次国货展览会,征得展品 7348 件,分成染织、饮食、教育用品、医药用品、艺术品、手工制成品、工业原材料及其他,共八大类。展览七天,第一天为“染织品运动日”,第二天为“饮食品运动日”,第三天为“教育用品运动日”,第四天为“医药用品运动日”,第五天为“艺术品运动日”,第六天为“手工制成品运动日”,第七天为

“工业原材料运动日”,每天邀请专家演讲,还放映电影或有文艺演出,场面极为热闹。

最令人击节赞叹的是张翼倾心组织的“土布运动会”。

上海县是元代棉纺织革新家黄道婆的故乡。明清时期,本地农民以植棉为主,并以土布纺织为主要副业,赖此收入以补耕种之不足。每逢立秋至次年立夏前,家家忙于纺纱织布。女子出嫁时,至少得备上6匹自织土布作为嫁妆,并压在箱底备用应急。在九一八事变以前,全县土布生产事业异常发达,推销到东北三省一带者,年收入不下百万余元。自从东北沦陷后,因战事关系,商运不通,全县土布无法运销。同时,日本人在东三省对进口货故意提高税率,以实行其倾销日货之阴谋。过去运往东三省的土布,每包纳税银由7两增至27两以上。这样,即使战事平靖,河运可通,而本地土布因税率关系,亦必无法推销。因此,全县土布业完全陷入绝境。若要想改销到省市,因美艳的舶来“洋布”日趋行销,土布显得质粗色暗,在市场上遭到冷落。

张翼眼看这一局面直接影响到了以植棉织布为生计的农民命运,感到无比焦虑,苦心寻找摆脱贫困的道路。他决心顺应正在全国各地兴起的“提倡国货”运动,大办“土布运动会”。

1932年6月6日,张翼主持举办的第一次土布展览会在农教馆开幕。事先征得土布1360余匹,经评审,选出837匹,分别编号,加注说明。

6月13日,“上海县土布运动大会”移到上海老城厢蓬莱路中华路口的蓬莱国货市场,连展3天,并在现场开设“上海土布商店”,号召国人“服用土布救中国”,“节俭实用为最好”,唤起广大民众的爱国意识,促进乡村土布生产,挽救濒临破产的沪郊农村。

6月15日举行闭幕式,蓬莱市场创办人、近代著名实业家匡仲谋(名启墉,无锡人)亲自上台宣讲提倡国货的意义,胡蝶、陈玉梅、高倩萍、夏佩珍等10多位电影明星身穿土布旗袍,一起登台亮相,观众为之轰动。大会所陈列的土布,图案新颖,色彩自然,质坚价廉,被人们争购一空。一时,沪上淑女争相以穿土布为荣,认为穿土布不仅朴素大方,更体现了爱国情怀。上海中学、务本女中等学校即统一用大芦纹土布做成校服，学生们纷纷穿上土布学生装或土布旗袍，奔走四方，广泛宣传。上海《申报》及时报道了这一盛况，称赞张翼与“土布运动大会”。

在上海城区展出后，土布展览会巡回到三林、陈行、塘湾、北桥、马桥、闵行等镇上。

10月2日，张翼又征得942匹土布，到沪西泰兴路（原称麦特赫司脱路）465号清凉禅寺举办第二次上海县土布展览会。

10月10日，上海市社会局在蓬莱市场举办国货展览会，为扩大宣传，特地借了一架中国航空公司飞机，下午2时在南市空中散发10万余张传单。农教馆应邀前去开设土布商店，售出土布2000多匹。

10月15日下午，农教馆与上海市社会局、上海农会、上海商会、上海市立民众教育馆、太嘉宝土布改进会、上海县教育局、上海土布商店、中国布衣会等机构联合筹备（张翼被推选为筹委会三名常委之一）的“上海土布运动大会”在市立民众教育馆（上海文庙明伦堂）举行开幕典礼，张翼为主席团九名成员之一。会展宗旨是“提倡土布，救济农村经济”，活动为期15天。

张翼组织的这一项又一项上海土布运动会的效应，很快扩展到苏、浙两省，杭州、嘉兴、无锡、苏州等地相继仿效举行土布展览会，产生了巨大的社会影响。政府因此明令免除土布出口税及土布商店营业税。

改良土布生产

在此基础上，张翼着手改良土布生产，联络机械界、染织界好友，召开土布改良讨论会，募集股款6000元，创立了两所土布织布厂（一所厂名为真善美），拥有15架织布机，自织自染，门面加阔，花样繁多，鲜艳夺目，而且色泽不退，较之舶来品无多逊色。还特约本地织布高手拿出6种新样土布，送到蓬莱市场土布商店销售，受到市民广泛好评。随后，张翼建立土布传习所，劝农民停织白布，除改织芦席纹外，并分劝农民依照洋货花式图案纺织。乡间妇女纺织者日见增多，新样土布生产迅速遍及农家，本地土布生产呈现出一派新气象。过去本地白布盛销到东三省时，织布者每日可收入小洋1角，而如今自织者可得大洋1角5分，织布厂女工可得大洋2角以上，足以一日乡村简单生活的开销。

为此，时有新闻记者李二白专程前去做专访，撰写《参观上海土布商店》一文，特加题注“式样翻新，极尽摩登化；价格便宜，远胜舶来品”，刊登于《上海周报》1933年第22期。他看到蓬莱市场上海土布商店橱窗内各种陈列的布匹，五花八门，鲜艳夺目，怀疑为洋货商店。入门，商店职员殷勤接待，绝无市侩习气，并详述帝国主义者实施经济侵略之手段，我国土布事业之危机，以及该商店组织成立之情形，爱国热情溢于言表，令人肃然起敬。他在店内巡视一周，只见陈列的布匹有数十种，凡大衣呢、花呢、斜纹布、芦席布、直贡呢、围巾布，无所不有，而且无一件比舶来品差。最令人注目是一件土布大衣呢制成的时装大衣，式样时髦，花纹雅洁，而价格不论男式女式概为8元5角，较舶来品更为优美经用，而值不及三分之一，诚可谓价廉物美。还有一种围巾布制成的围巾，异常美观，而所值不过数角，一般女学生都会争购之。他再查店中所售土布的原料，均为申新厂的国产棉纱，因此可称为纯粹之国货。为此，他盛赞“上海县民教馆张翼纠合同志，实行改进村纺织事业，推行土布销路，一年以来惨淡经营之效果，成绩斐然”。他还强烈呼吁：“今日市上各商店大减价出售之布匹，表面上大书国货字样，实则大部分为冒充之日货，故予甚愿爱国的士女们，如不甘为亡国奴，不甘为日货推销员，有志服用国货者，应该到上海土布商店去选购真正的国货布匹。更希望各地有志之士，藉救农村经济的危机。勿让上海县属诸志士专美于前。”

1933年4月25日，张翼又组织举办第四次土布展览会，展示大量本地生产的新型土布。

提倡服用土布

1932年8月，颛桥农教馆组织建立“服用国货布衣会”。张翼得知南京行政院“农村复兴委员会”召开会议，即发去电报，提出主张。电文如下：

行政院农村复兴委员会诸委员钧鉴：织造土布为我国农家重要副业，江海一带恃以为生者数百万户。土布价廉耐用，为最经济之布料。清之曾公，今之于氏，提倡甚力。近年以来，内以国人之日趋虚靡，外以列强之经济侵略，土布销场日以低落，农民生计益形困顿，若不予以救济，其危险诚不堪言者。去年上海县农民教育馆改良土布，提倡服用，已得爱国爱乡人士之同情，惟外物倾销，有加无已，国货提倡，有赖高贤，今值贵会在京集会，敬乞诸委员作进一步之计议，以开农民生活之路，而奠邦国万年之基，不胜企祷之至。

国民党元老、中央监察委员吴稚晖（字敬恒）一向提倡国货，毕生喜欢穿土布大褂，眼看农村经济破产心急如焚，得知张冀倡办土布运动，改良土布生产，即大加赞赏，极力推广。1935 年 3 月 4 日，他参加南京市政府提倡服用土布运动扩大纪念周活动，并发表题为《提倡服用土布救济失业农工》的演讲，开篇即强调：“土布运动实为关系中国生死存亡之运动。”

张翼顺势将事业越做越大，采取多种方法，力求把乡村土布的销路推行得更广泛。同年 9 月，他向全国各地省政府发出提倡服用土布的通电，电文如下：

农民不幸，屡告饥馑，去年旱灾，今岁水患，残伤元气，尤为惨痛。除急赈外，以提倡副业为重要，江海农民主要副业，为织造土布，土布之改良推进，迭蒙中枢及各省、市、区党政领导同声倡导，各地民众亦逐渐服用。唯外货涌进，有加无已，提倡土布，非集中力量，厥功甚微。为此，电请主席俯念提倡土布，足以救济危亡，恳予通令所属一体服用，以维民命，而杜漏卮，不服感祷之至！

9 月 16 日，江西省政府主席熊式辉率先积极响应张翼的呼吁，立即发出训令,通知省内所属机构统一服用土布,批示强调:“事关提倡国货,自应准予照办。”

9月19日,张翼组织了土布运动四周年纪念活动。次日上海《申报》即报道《颛桥农教馆昨日开会土布运动四周年纪念》。

10月13日,上海《新闻报》报道《上海县教育馆电请市府提倡服用土布》。

同道知己

时为上海县教育局局长的施舍(1889—1980,字养勇),也是颛桥乡人,比张翼年长10岁,是张翼身后最有力的支持者。然而,1934年夏季,他离开上海县教育局督学,前往中华职业教育社及中华职业补习学校担任总务主任。

9月间,经施舍联系,张翼接到一份“厚礼”:中华职业教育社在漕河泾所办的农学团派出52名学员来到颛桥,要试办“农村民众教育实验场”,带队的是上海县三林塘人姚惠泉。姚惠泉(1895—1988,字文达),江苏省立第二师范(前身是上海龙门书院)毕业,1921年担任闸北飞虹小学校长。1925年,调任上海县教育局课长兼督学。1929年,任中华职教社总务主任。后调任农村服务部主任,协助黄炎培在昆山徐公桥、苏州善人桥、镇江黄墟等地组建“农村改进区”“农学团”和农村改进试验学校,在上海办“漕河泾农学团”,主讲“农村改造”课程,提倡“野无旷土,村无游民,人无不学,事无不举”。他的弟弟姚惠滋当时是三林塘民众教育馆馆长,与张翼常有交往。

自1931年起,张翼与姚惠泉同为上海县教育局行政委员会委员,时有交往,但未曾相熟。这时见姚惠泉主动上门送经传宝,张翼自然大力支持,立即选定赵家塘为试点村宅,还亲自赶去观摩。他看到,经过职业教育的教员每晚组织赵家塘乡民学习2小时,先报告时事20分钟,后识字教学30分钟,指导常识20分钟,娱乐(开启留声器)20分钟。他们将时事形势宣传教育、生产生活常识教育和文化教育联结在一起,并辅以娱乐活动,以适应农民学习的需要和特点。张翼认为这样的教育生动活泼,就让农学团在这里设立“颛桥改进区”,并将这样的“民众教育场”扩大到10处。

这一成功的合作,使张翼与姚惠泉相熟相敬,深感彼此志同道合。姚惠泉年龄比张翼大5岁,经历也比他丰富,张翼自然尊其为自己的老师。而姚惠泉极为赞赏张翼诚朴的性格和火热的理想,拒绝称其为师长,定要以兄弟相称。他俩就此结为知己,互信互助,共襄事业。

张翼通过姚惠泉、施舍结识中华职业教育社的黄炎培(字任之)、江恒源(字问渔)等负责人,并与陆叔昂等建立起密切的业务联系,其视野随之大为扩展。

邀名家义诊

为推进乡村健康教育,农教馆每年5月15日至12月15日都要组织卫生运动,每年春秋两季组织学生团体施种牛痘。

农教馆与沪郊卫生委员会合作,在颛桥创设施医局,改善乡村医疗卫生条件。还定期举办农民运动会,组织传授中华武术,引导乡民注意增强体质。

当时,农教馆有一项颇具号召力的特色品牌活动,即邀请到中医名家秦伯未定期前来颛桥,为民众义务应诊。两年前,秦伯未在上海县教育局总务科担任文牍,因公务往来,对农教馆创建之初的情况非常了解,他对张翼有志以平民教育促进乡村建设的成效十分佩服,两人遂结为知己。1930年,秦伯未离开上海县教育局,在上海城区自建中医诊所,张翼便借助他的名望,诚邀其前来送医救治,壮大农教馆的社会影响。

彼时当地正流行血吸虫病,乡村丧失大量劳动力,人们吃足苦头,却束手无措。1935年,苏德隆(1906—1985)刚在国立上海医学院获得医学博士学位,张翼即邀请他来颛桥应诊。苏德隆对血吸虫病十分关注,即在颛桥地区开展医治研究工作,一边挽救病人,一边推广防治措施。

改良风俗

张翼熟悉乡民心理,又善解人意,头脑灵活,手法幽默,因此创新之举层出不断。短短几年内,农教馆创办两处农民茶园,备有书报以供阅览,定期派员演讲。还建立了婚嫁改进会制度,经常召开敬老会、主妇谈话会,每年评选模范家庭,从而使当地乡风日益清新,乡民素质得到持续提升。

为推进公民教育,张翼经常组织召开"乡村改进会",针对性地讨论乡村生活存在的问题和应对措施,整理村野容貌,改善人际关系。针对野外停柩现象,张翼决定筹设公墓,先由他每月捐4元,茹伯才每月捐2元,贮满200元后购地亩许,建立"便宜公墓"。

农教馆在第一推广区李家宅、庄家村、沈家堰组织了律和国乐社,凡遇农家喜事或公共集会,乐社即进行公益表演。馆内每两个月举行一次"同乐会",自演自乐。夏天举办"消夏会""啖瓜会""村友联欢会"。农教馆组建了一个青年业余剧团,取名光益社,排演文明戏《孔雀东南飞》《空门媳妇》和通俗曲艺,到乡村巡回演出,活跃乡民文化生活。还组建了颛溪联谊社、青年文学社,由张翼亲任社长。

1932年,张翼别出心裁地组织起"小村民康乐会",举办少儿健康比赛。据1935年《民众教育通讯》第9期《县立颛桥民教馆奖励健康小村民》记载,当年10月31日,"小村民康乐会"举行第四次大会时,"到男会员230名,女会员213名,来宾200多人,气象甚盛"。张翼邀请国立上海医学院苏德隆、中华职业教育社陆叔昂等9名专家担任体格检验员。朱瑾权、金剑获第1名,另有8名儿童被评为"标准儿童",获奖儿童甲组17名、乙组15名、丙组8名、丁组13名、戊组11名、己组17名、庚组7名。

1933年3月27日,上海《民报》报道称农教馆设农民图书馆,"馆址在沪闵路颛桥中山路畔贰贰居原址,备有适合农民阅读之图书报纸,并设馆外阅读处,供给一般人之需要;巡回文库四组,给农民茶园及农民学校,天心河各处,业务日见发展。该馆馆长张翼为利阅读者方便起见,经第 178 次馆务会议决议,将馆迁至西北偶茹姓民房,附设代书处,为农民服务”。

上海《妇女共鸣》杂志 1935 年第 11 期刊发《颛桥民教馆举行主妇谈话会》一文称:“颛桥民教馆桐桥办事处,(11 月)六日举行主妇谈话会,出席张(翼)、茹(伯才)氏等 70 余人,由金荣林主席报告谈话之意义,儿童年之意义,以及家庭教育之重要,整洁问题与主妇之责任。情词恳切,听者动容。末由各主妇互相猜谜,说笑话,吃糖果,尽欢而散。”

1936 年 10 月 2 日,上海《申报》报道《颛桥婚嫁改进会将举行示范婚礼》称:5 年前,张翼、茹伯才等发起建立“颛桥婚嫁改进会”,四乡婚嫁风气逐渐好转。“其所订规约,颇合新生活条件,而尤切于节约运动所注意之各项。近以国难严重,复兴民族之不遑,对于婚嫁之改进,认为关系重要。乡间习俗,秋冬春三季为婚嫁之季节,爰特征求会员,改订规约,在礼节中,除讲演总理遗教,宣读公民信条外,并由新郎新娘立誓,勉作新民。自本月份起,凡会员新婚者均已遵照实施。”

浊世怪人

经过张翼的不懈努力,短短五六年时间内,颛桥镇及其周围地区的面貌大变。中华职业教育社“漕河泾农学团”主持人、教育家黄齐生(王若飞的舅父)前来参观之后,感慨地说,“校长张凤三君朴实耐苦,以身作则,天未明,即起身”,“张君除小学校长外,尚兼农民教育馆馆长、颛桥镇镇长、区分部执行委员。所入薄而责任重,此以见人才之难”。

说起张翼的个性,确实与众不同。他文思敏捷,有一支雄健的笔。他有演讲天才,随时会使听众捧腹酸鼻。他每天天未明即起身,时常连续工作 20 小时以上,感到倦意时,便会跑到门外像黄牛吼道那样大声怪叫。他公正热情又善解人意,因此办公室里来人川流不息,甚至每天未到上班时间就有 10 多人等候他帮助调解或做出判断。他有远大的目标,却总是从最现实的小事着手做起,办事前先摸底调查,汇报工作绝不弄虚作假,一次颛桥联防会议上,他竟然一口气罗列了104条办事细则,令人叹为观止。他生活俭朴,不嗜烟酒,粗茶淡饭,常年一套土布中山装,一双旧皮鞋,短途出行安步当车,沪闵长途公交汽车公司经理李宗武曾送给他一张免费乘车证,而他始终放着不用,乘公交车时坚持购票。

流亡岁月

无奈迎战

1936 年本地农业丰收,乡人皆大欢喜,精心筹划了一次节庆活动。10 月 10 日上午,北桥各界联手在金山庙场大观楼前举行庆祝丰年大会,由张翼、顾增福等组成主席团,地方名流争相发表演讲,参会者达 2000 多人。同时,作为“县新治”的北桥地区到处张灯结彩,展示节庆盛况。据当时《民报》报道称:“各机关均扎制松柏牌楼,各商铺住户均悬旗挂灯庆贺,同日举行土货市场,召集同乡农民商卖陈列土产、廉价出售,借以流通农村金融。”土货市场按传统“庙会”格局分设“金山(庙)场”“明心(寺)场”“北桥园艺场”活动,并在鸣鹤桥畔搭台邀请名伶演出,观众上万。晚上,隆重举行“北桥灯会”,到处悬挂乡人自制的灯彩,以致集镇乡村均灯光灿烂,五彩纷呈。

然而,天有不测风云,侵华日军占据我国东北三省之后,疯狂南下,战争的烽火逐渐逼近江南地区。上海县原规划的民众教育工作遭遇冲击,只得转入壮丁集训,迎战救亡。

1937 年上半年,上海县组织北桥、颛桥地区的 1200 多名甲长参加军事训练,由顾振任总指挥。7 月 2 日,在县政府大操场举行颇具声势的训练成果检阅,激励乡人的抗战热情。

不久，八一三事变的战火笼罩上海滩，打破了市郊的安宁，也激怒了张翼。他满怀爱国热情，放下农教馆的一切事务，四处奔走呼号，紧急发起成立“上海县各界抗战后援会”，组织力量全力支援淞沪前线抗战将士。

8月21日上午7时，3架日军飞机突然闯到北桥镇上空，一阵轰炸。战争的烽火降临家门口，乡间顿时动荡不安。

8月24日夜间，日军飞机再次闯来，时而盘旋投弹，时而俯冲扫射，竟然闹腾了一个昼夜。

9月10日上午，5架日机再次疯狂地飞到北桥地区示威，北桥小学被炸毁。

10月16日，日军飞机在颛桥镇上空投弹3枚，炸死12人。

11月6日，颛桥镇又遭轰炸，7间瓦房被炸毁。

战火骤然逼近，本地各民众教育馆被迫闭馆，众多师生迎着战火，慷慨地走上抗日救亡最前线。

一路辗转

1937年11月6日，日军占领上海华界，租界成为孤岛。中华职教社领导人黄炎培等离开上海。

消息传来，张翼决定与一批同仁相伴行动，也立即撤离上海，转战内地。同仁之中，与张冀关系最亲近的是塘湾镇上的彭利人（1909—1951）。彭利人的叔父彭召棠（字荫乔，乡董）与张翼父亲知交。彭利人是上海政法学院法学士，为私立上海正德女子中学校长。1931年起，他与张翼一起出任上海县教育行政委员会委员，彼此相熟。张翼开展土布运动时，彭利人大力支持，出任上海土布商店股份有限公司董事。

于是，张翼挥泪告别故乡父老，告别母亲和妻子，踏上了流亡抗战的漫漫征途。好友茹伯才是张翼在农教馆最得力的助手，此刻他义无反顾地紧随而去。

张翼随同中华职业教育社的同仁离沪西撤，一路上坚持开展救济难民的工作。时局变幻莫测，他们途经南京、合肥等城市，一时难以确定目的地。一个月之后，到达武汉，决定就地立足。

这时，中华职业教育社已在武汉市东山设立武汉办事处，陆叔昂为主任。陆叔昂是黄炎培手下开展民众教育工作的先锋，前几年在颛桥乡村改进区工作时即与张翼相熟。如今，他俩为救亡工作又走到了一起。

各地流亡青年正如潮水般地涌入武汉。1938 年 3 月一个月内，仅汉口城内就聚集了数十万流亡青年。他们人地生疏，有力难使，投靠无门，饥寒交迫，急需予以生活接济和就业指导。

陆叔昂、张翼等日夜操劳，优先帮助江苏籍流亡青年，可是因人手有限、资源有限，一时应接不暇。

6 月，在中共地下党组织和中华职业教育社负责人黄炎培、江恒源和冷遹（字遇秋）的推动下，及时在汉口组建“江苏失学青年工读服务团”（以下简称“工读服务团”），由江恒源任团长。张翼在工读服务团担任社会服务部主任，负责组织接济工作。

这时，颛桥青年翁卓英、吴苇若、吴颂予（时年 18 岁）、康品兮（在读小学 5 年级）等匆匆离沪避难，一路流亡，终于到达武汉，找到张翼，加入了工读服务团。

经过一番努力，工读服务团在汉口收容 200 多个江苏籍失学失业青年。可是，刚刚择地准备开展工读活动，日军的战火已逼近武汉，这里不宜停留。6 月底，他们只得集体撤离武汉，一起转赴湘西地区，到偏僻的山区去寻找立足之地。

浦市办学

1938 年 8 月初，张翼随同工读服务团匆匆迁移到湖南省泸溪县浦市镇。

浦市是一个规模不大的古镇，居民大多是土家族、苗族农民，因地处湖南西北部的沅陵（沅水中游）畔，历来是兵家用兵不可忽视的水陆要津。

工读服务团来到这里，无处集体安身，只得商借与浦市镇隔江对望的江东寺(今属辰溪县孝坪镇)居住。

工读服务团就在江东寺内为失学青年创办了一所学校,设立初中班、高中班,有学员200多人,由陆叔昂担任校长。学员实行半工半读,自己种菜做饭,自我管理生活,还要主动到对岸浦市镇上去开展各项救亡宣传工作。

师生们在江东寺佛殿的外墙上绘制了《闻鸡起舞》和《卧薪尝胆》两幅画作,表达国难当头不甘沉沦、奋发图强的心声。江东寺65岁的老和尚被师生们的爱国激情所感染,天天赶到课堂来听课。

在这里,张翼负责带领服务队开展民众宣传,编演节目,编写墙报,为民众提供战时国际、国内信息。

每逢浦市镇的赶场日,张翼都会率队赶到犁头咀去做宣传。他时常亲自站在长凳上当众演讲,激发闭塞守旧、不闻世事的本地百姓的民族责任感。当地人对这位"一身土布长衫的上海人"印象极为深刻,后来在不少回忆录中都描述了张翼当时的风采。

时有中共党员程今吾(1908—1970)前来担任工读服务团副主任兼教导主任、中共地下党支部书记。有了地方力量的支持,工读服务团的影响日益扩大。

为了便于开展工作,张翼安排10多个青年学员在豫章小学设了一个办事处。他们运用多种形式宣传抗日救亡,一是办夜校,组织广大青年、市镇贫民、店员来夜校学习;二是成立青年学术研究会,组织有文化的青年阅读进步书刊,提高思想觉悟;三是举办民众座谈会,每星期一次;四是组织话剧团和歌咏队,在集市街头和下乡巡回演出;五是出墙报,办刊物《团结》;六是建立妇女会、少儿队,宣传抗日救亡。

在这里,张翼天天忙得团团转,无暇回复家人和亲友来信。好在来自颛桥的翁卓英、吴苇若、吴颂予、康品兮等在浦市参加半工半读,不时将信息传回家乡。

当年9月,江苏旅湘同乡通讯处在沅陵建立,彭利人担任理事。张翼惜别工读服务团,离开江东寺,到同乡通讯处工作,专事帮助上海同乡解决就业问题。

一年之后,因经费困难,工读服务团难以为继,只得停办,张翼又为学员们的生计四处奔波。

1940 年 3 月,张翼应彭利人的召唤,赶到衡阳来创建湘桂铁路职工教育实验区,担任湘桂铁路职工教育实验区主任,着手开办职工夜校和工人子弟学校等。

担任《苏讯》发行人

1938 年 8 月 13 日,中华职业教育社主办的《国讯》在重庆复刊。不久,江苏旅湘同乡通讯处仿效《国讯》,在沅陵创办《苏讯》,9 月 1 日出版了第一期,宣告办刊宗旨为“宣传抗战国策,坚定必胜信念,砥砺爱乡爱国之精神,发扬教忠教孝之正气,以及报道苏省情况,促进乡人互助”。张翼为《苏讯》编委会委员之一,时常撰写同乡动态,利用刊物为流亡青年提供指导。

1940 年秋,江苏旅湘同乡通讯处转移到衡阳城。

1941 年 2 月,张翼惜别湘桂铁路职工教育实验区,转战来到《苏讯》社工作。

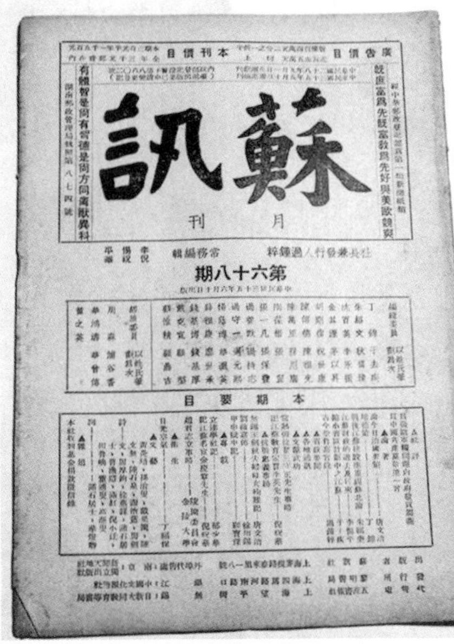

同年 3 月 19 日下午,江苏旅湘同乡通讯处在衡阳市内的天津馆召开临时会议,增补理事。彭利人仍为理事之一,他在第 24 期《苏讯》头版刊发《贡献流浪的同乡们》一文。

同年 7 月,彭利人到达重庆后,被重庆政府社会部留任为专员,专办民运设计事宜,兼任重庆市工人服务总队秘书。他多次召唤张翼转移到重庆去任职,而张翼不愿谋求官职,坚持留守在衡阳。

为扩大《苏讯》的影响力,江苏旅湘同乡通讯处建立发行人机制,并加紧向政府主管机关申请办理登记事宜,确立法人地位。经彭利人再三推荐,当年秋季《苏讯》社特聘张翼为法定发行人,负责刊物的出版和发行。

1942 年冬,《苏讯》终于成为正式的公开出版物,张翼主持的发行工作有了新的转机。在这几年里,张翼作为《苏讯》法定发行人,常年四处奔波,尽力筹募办刊经费,扩大社会效应。他动足脑筋,建立了基本会员联系网络和“征募队长”队伍,并尽心用好每一分钱,坚持在刊物上每月公布办刊收支细目,接受公众监督。同时,他坚持办刊宗旨,热情为基本会员服务,持续征集和刊发同乡通讯录,解决了大批流亡青年的就业问题。因此,《苏讯》的发行量持续增长,不仅传遍湖南各地,还行销至四川、湖北、云南、贵州、浙江、江西、广西各省,成为在抗战大后方具有重大影响的公众刊物。

守望衡阳

1944 年 5 月 18 日,日军攻占长沙后,剑锋直指衡阳城。张翼与江苏旅湘同乡通讯处同仁正在衡阳。抗战的局势已经到了最危险的时候。

孤军守卫衡阳城的第十军军长方先觉(1905—1983,字子珊)率 1.8 万名将士和 4000 多个衡阳民工,怀着“援军明日到达”的信念,决意为国洒尽热血。

张翼被方先觉军长的慷慨言行所震撼了,跑去面见方军长,请求直接参战。方军长善言劝告张翼不要滞留在战场上。张翼再三誓志,不肯撤退。方军长见张翼如此忠诚勇敢,便郑重地托其帮助护送家眷撤离衡阳。张翼身负如此重托,才改变了参战殉国的念头。方军长当即委派警卫员黄子敬一路护送。

于是,在张翼的照料下,方军长的家眷乘船冲出火线,西去东安县冷水滩。一路上,方军长的警卫员黄子敬成了张翼的贴身保镖。这段生死之情,使张翼与黄子敬结为知己。

脱险后,张翼与江苏旅湘同乡通讯处同仁会合,一起暂住在七郎庙乡间,后又转移到辰溪(湖南省西部,怀化市北部)地区。他们的生活极端艰难,全靠当地民众帮助度日,但仍坚持开展抗日救亡宣传工作。

在极其困难的处境中,《苏讯》在洪江县于1944年8月坚持出版了第55、56期合刊。1945年3月15日出版了第59、60期合刊后,因战火逼近洪江县,又迁到乾城县的所里(今吉首),半年内出版发行3次合刊。

5个月来,时局剧烈动荡,张翼历经艰险,无暇给亲友复信,以致亲友均以为其凶多吉少。

后来,张翼辗转到达重庆,与已在那里担任社会部专员的彭利人相会,并相助他开展工作,直至抗战胜利。

1946年3月,张翼匆匆离开了天天都在欢庆胜利的重庆市,赶赴他心中时刻惦记着的衡阳城。

衡阳保卫战打了整整47天,是中国抗战史上敌我双方伤亡最多、中国军队正面交战时间最长的城市攻防战。衡阳全城遭劫成为废墟,如今这里插上了胜利的旗帜,但是并没有充满胜利的阳光。

张翼将这惨景深深印入脑际,化作斗争的力量。虽说张翼只在衡阳生活了三四年时间,但这一段最为惨烈的人生经历震撼了他的心灵。张翼将这里当作自己的第二故乡,既然未能为其捐躯,就要为其重建而倾心效力。

在张翼的帮助下,本地流亡青年一个个返回了家乡。张翼安排了始终相伴自己的好友茹伯才返回上海。

但是,张翼自己却没有离开衡阳城,尽管他也想家,家人也一再来信催他返回上海,而他在家信中这样写道:“20年来,我以整个身心贡献国家”,“国难当头,匹夫有责,应为社会服务,以尽国民之天职”。他决定继续留在衡阳,是因为这里还有许多未完成的任务。

在衡阳,张翼更加繁忙了。他千方百计地白手起家,设法重建江苏旅湘同乡通讯处,帮助同乡及时返回家园。他四处寻觅为抗战而牺牲的烈士骸骨,营建起公墓,妥善收埋,以慰英灵。他与衡阳人一起谋划重建家园的途径,力尽所能,不愿留下任何遗憾。

重返家乡

直到1947年开春时节,因为家人每天不断地来信催促,声称母亲已经病危,只盼能见他一面,张翼方才将所承担的诸事料理定当,坐上火车,返回上海。

张翼终于回到了阔别近10年的颛桥镇上。乡亲们以为他在外为官数年,必然宦囊殷实,看到他只带回一只皮箱子,猜测箱内必有珍宝。张翼将皮箱放到空旷处曝晒,邻居闻讯齐来观看。谁知,箱子开启后,只见是一箱子小脚鞋子,小者3寸,大者不过5寸。众人不由称奇,又纷纷猜测其中的秘密。

张翼哈哈大笑,当众解开了谜底。原来,他在湖南做了许多好事,湘人受惠甚深,得知他要回归故里,就纷纷前来送礼辞别,但张翼一律婉言谢绝。有位寡妇别出心裁送来了1双3寸金莲鞋,精致美观,张翼很喜欢,就收下了。消息传开,送鞋者络绎不绝,有穿过的,也有祖传的,更有连夜赶制的,既开先例,只得笑纳,因此装了一皮箱。

方先觉军长的警卫员黄子敬,是山东益都(今属山东省青州市)人,生于1909年10月24日,比张翼年轻10岁。抗战胜利后,他年已36岁却无处可归,因为仰慕张翼的节操风骨,独身投奔来到颛桥,甘愿不计报酬,要求终身跟随张翼。

张翼不忘当年方先觉军长的壮烈义举和与黄子敬的生死之交,欣然收留了他,在自家客堂间内隔出一角让他居住下来,并将他的户口落实在自己家中。而黄子敬不愿意拖累张翼,长期甘心在颛桥镇上担当扫厕所、挑大粪的平凡工作,而且坚持在张家同灶不同锅,自己解决吃饭问题。镇上人知道,每当黄子敬看到学校的升旗仪式,都会立正行军礼,因此无人轻视他,老老少少知道他是湖南来的“抗战老兵”,做过张翼的“警卫兵”,都敬称他“老黄”。后来,黄子敬在颛桥镇上成了家。

艰难的流亡岁月，更加磨砺了张翼的斗志，也进一步形成了他的一系列“怪脾气”。他的生活更加简朴，一年四季都穿一身土布中山装，冬不穿棉，抗寒试志，食不择精细，时常以大饼、山芋充饥，居不嫌陋室，办公室只有一桌一椅，卧室只有一张板床一条被褥，出门安步当车，办事干净利索，乡人称其“东西南北一双脚，春夏秋冬两件衣”。他为人宽厚，以身作则，不畏势利，耿直敢言，始终坚持“不贪非分之财，不干法外之事”，凡有利公众之事，为人之所不敢为，在创办社会教育事业中功绩卓著。他家没有买过一亩田，也没新建一间屋，以致日后“家庭成分”被评为“贫农”。因此，人们赠给张翼一个“江苏怪人”的雅号。

重建家园

当选参议员

1947年年初，张翼匆匆返回家乡，正巧赶上本地各乡、镇和职业团体的代表选举县参议员。4月，上海县参议会在闵行镇正式成立。49岁的张翼德高望重，顺利当选县参议员。

就此，张翼以县参议员的身份，又在家乡的大地上四处奔波，热心支持地方办学、修桥铺路等公益事业。当时，颛桥地区还没有一所公立中学，本地民众强烈要求兴办中学，但是当局以经费不足为由久拖不决。张翼便立即发起社会募捐，借用庙宇余屋作校舍，亲自聘请教师，使颛桥职业中学（今颛桥中学前身）于1947年7月正式开学。

张翼对时任上海县妇女会理事长的凌其瑞女士深怀敬意。1937年11月12日，凌其瑞冲破日军阻挠，率领救护队义葬上松公路阻击战中牺牲的500多名国军勇士，在庙泾港边建"支那勇士之墓"，并冒险收容57名国军伤病员。为此，张翼郑重向议事会提交《嘉奖案》，叙列事实称：

凌女士其瑞，饱学爱群，诚心服务，嘉言懿行，为邑人称道。八一三淞沪一役，凌女士奔走沪郊，以普慈疗养院为据点为众服务，贤劳卓越。

迨上海被占，女士商承西教士疗治受伤病员及地方民众，问暖嘘寒，极尽其博爱能事。曾收埋忠骨于北桥，为后世留纪念，且收养妇孺，保护公职人员，同胞之得庆生免于侮辱者无数。女士德行不愧为万家生佛。战后农村破产失业纵横，女士翊赞实业界，荣君举办信大纱厂于黄浦右岸，借维生者又不知几何人。本议员闻忠必敬，疾恶如仇，关于凌其瑞女士抗战时期之行为，认为有呈请奖励之必要，特制议案提出核议。

每当上海县参议会召开会议，张翼总是挺身直言，一再呼吁当局兴利除弊，重视保障民众的生活和安全。仅 1947 年度，他先后提交了《提高公教人员待遇以期安定生活增加工作效率案》《确保本县教育经费独立以期广培人才案》《吾县中小学颇多在暑期举办暑期补习学校者，拟请酌拨经费以利教育案》《培养师资发展教育并以防制师荒案》等议案。在至今可查的参议会会议记录本上，记满了他的《刑警欺民案》《物价案》《教育经费案》等慷慨发言，句句都在为老百姓说话。

乡人只要得知张翼在家中，他家的厢房里总会挤满了人。他也乐意调解民事纠纷，因此乡人有了邻里纠纷、家庭纠纷就会赶来请他调停。张翼确实善解纠纷，说话管用，因此乡人都信服他的公正，认定唯有他是“众家老娘舅”。

创办《明心报》

为唤醒民众，汇集民声，关注民生，张翼根据在湖南流亡时发行《苏讯》的经验，决定着手创办一份地方报刊。

1947 年 12 月 1 日，《明心报》(半月一刊)在颛桥镇正式问世，面向江苏全省发行，张翼自任报社社长兼主编。“明心”一词取自本地名胜明心教寺，既强调“修身明心”，又暗合“民心”之意。他特邀钮永建题写报头，以壮声势。还特辟《苏讯》专版，延续当年风采。

张翼亲自为《明心报》撰写《创刊词》，以朴实的语言，倾述建设家乡的主

张和决心,全文如下:

"天下兴亡,匹夫有责。"我人于时代义务,都有我等负荷的责任。行宪在即,我人义务自更严重。本报创刊,正欲唤起民众,建乡建国接受民意,发扬民权以确立民主政治的基础。

盱衡世界大势,国际合作的需要,日以深重。中国立场自以促进国际合作,铲除世界和平的障碍的先题。我人欲达成任务,必须完成我们的革命建设,勉尽国际合作的中国义务,尚能捐弃小我,趋向大同,把天下为公,遵行不悖,当然需要我人的摇旗呐喊。

沦陷八年,我人得到战争的教训,与乎敌伪暴行,既深且巨,除了丧心病狂的以外,都深印脑际。胜利后,复兴大业,未易实行,遍地烽火,有多少是干净乐土。大憝小除,国无宁日,风雨鸣鼓,贵在报人。我人也不能辞其职责。

我人所顾虑的,为人心和风气。根据正诚修齐治平大道,社会风气,实为政治建设的基础,转移社会风气,推行四维八德,而收拾人心,实为当前的急务。目前要做到的,是节约消费,明白是非曲直,急切地准确国人人生观,发扬革命精神,创造时代环境以遵行宪法。本报虽不敢以社会导师自居,但于收拾人心转移风气的义务,我人实不愿放弃。

我县为苏省重地,海甸繁品,土地肥美,物产丰盛,公路交通,黄浦水利,瓶山袁迹,古庙道婆,足以自豪。又以紧接都市园林的地带,果能振兴耕作,工化农村,浚治河流,整修道路,再从文化教育,广培人材,而开启民智,那我邑上海,大有作为。今日满目疮痍,民生涂炭,不过是进入富强康乐的过程,树的以赴,持毅而行,又是我人的一重使命。

回观我北桥县治,残屋危垣,荒田寂市,我十二余万县民,谁也认为应行重建,渐临复兴。所幸迁复县治案,即经县参议会议决,业已呈省核准,招标建筑,正在进行。扩境划区以后的北桥,更具备其时代价值,本报自应听取县民意见,供县政府采纳。

青年是建国的骨干,人群精华,我邑青年也大有蒿目时艰,伤心世道，磨砺互助，准备为社会国家稍分任务，但也有随波逐浪，昏迷糊涂，把大好光阴消耗在毫无代价的地方，反而削弱了身躯，堕落了人格的，那是领导青年教育青年者所应负责任。同时是需要澄清社会的一个证子。创办本报的，很坚决地把青年问题引为己任。

我人遥望北桥古钟楼，犹仿佛听到清澈的钟声，会觉得时代的义务，工作的机会，一刻也不能放他过去。要使达成我人愿望，必先修身明心，格物而致知，从诚正而发展至世界观，把宇宙作我们大家的园地。由于各国人民的团结合作，自力更生，对着巩固国际联盟圈使力，推上世界于大同之道，岂仅合全国人心为一心，且使宇宙万象为一体。登高自卑，致远自迩，我人又何必自馁。本报也能登峰造极，为无冕之王，全仗大家的努力和社会的援助。

从中可以看到，张翼对家乡情意切切，尤其对“收拾人心，转移风气”和青年教育问题极为关注。

要学甘地精神

1948年1月4日，闵行镇上的广慈苦儿院新建校舍落成，准备复院招生，邀集地方名人参观座谈。张翼应邀出席，并对广慈苦儿院的发展方向发表了意见。院方即聘请张翼为改革设计委员。

1月6日和12日，张翼前去参加改革设计小组工作讨论，并应邀与姚惠泉一起草拟《章程》和《董事会简章》。

1月24日，在浦东同乡会大厦召开会议，讨论并通过了《上海广慈教养院章程》，重组董事会。董事会推选张翼和姚惠泉为董事会董事兼任副院长。

张翼欣然接受这项慈善事业，即刻投入工作。

1月30日，印度民族解放运动领导人莫罕达斯·卡拉姆昌德·甘地遇害身亡。张翼对“圣雄甘地”十分敬重，尤其是甘地也曾以“土布运动”为民众寻求生计而名声远扬,令张翼感叹不已。突然闻知甘地凶讯,张翼彻夜未眠,挥笔撰文。在2月1日出版的《明心报》上,即刊发专文介绍甘地生平事迹,发表社论《甘地精神》,并发出公告宣布"为圣哲甘地逝世哀恸社长张翼本日绝食志悼"。

为此,张翼深切地感叹道:

> 非常人的行动,不与常人苟同。非常人的精神,自必奇伟轶群,思想也一定出类拔萃,异乎寻常。无论古今中外,一般事业的创造和成功,需要非常人,国家建设,世界和平,更要顶天立地,继往开来的非常人,尤其在目前的非常人,实担负着转乾旋坤的责任。

张翼无疑决心学做甘地那样的"非常人",继往开来,担负起转乾旋坤的责任。

于是,有人就在《明心报》上刊发了一首俚句,以诗为张翼画像,诗云:"此翁真古怪,饥寒都不怕。力行新生活,节约示模楷。热心为地方,冷面见官衙。混混浊世中,突兀遂称怪。"由此,张翼的"江苏怪人"雅号在乡间越传越远。

主祭曹仁寿烈士

曹仁寿(1913—1945),出生于颛桥乡向阳村的一户农民家庭,父亲曹锡昌,母亲沈氏。他从小热爱学习,小学时每学期门门功课成绩都名列前茅。1933年,在江苏省立上海中学师范科毕业后,留校在实验小学任教。八一三淞沪会战爆发后,曹仁寿毅然放弃职教,决心投笔从戎。1937年11月9日,他告别家人,奔赴武汉。次年,考入中国空军飞行军士学校。毕业后成为空军飞行员。1944年8月,曹仁寿与本镇王素筠在重庆北碚举行结婚仪式。新婚不久,曹仁寿即投入衡阳空战和贵阳空战,屡立战功,荣获二等星序奖章和二等宣威奖章(击落敌机1.75架),擢升中尉。1945年6月5日,由恩施机场飞赴南京击敌,谁料刚起飞,发动机突然发生故障,战机失事,不幸殉职。时年仅 32 岁。因其生前有 22 次战绩,8 月 14 日荣获三等复兴荣誉勋章。9 月 15 日,国民政府颁发《勋章证书》,并追授其为空军上尉,奉颁佩剑,名列南京紫金山北麓“抗战航空烈士公墓”纪念碑。

1947 年 12 月,张翼联络多位参议员在上海县参议会第一次大会上,联合提交议案,要求为曹仁寿烈士在家乡建造纪念堂,举行公葬仪式。经决议,推举张翼等人筹办。12 月 6 日,张翼帮助曹仁寿妻子王素筠发函至南京空军总司令部,征询烈士遗骸入葬意见。18 日,张翼主持专题协商会议,决定立即发动各界募捐建造纪念堂经费,到会 40 余人。消息传来,群情奋发,各界人士纷纷热情捐款,王素筠将所收抚恤家属的 20 包面粉全部变卖捐出。至年底基本募集到账,便购备建材,雇定沈世荣为工头,张书耕为会计,专职负责建屋。12 月 20 日,王素筠收到南京复函,称同意颛桥民众的要求。

1948 年 3 月 28 日,曹仁寿灵柩由空军第四大队委派战友潘鹤龄护送,从南京运抵上海虹口民生码头。

3 月 29 日,恰逢“黄花节”(黄花岗革命烈士纪念日)。清晨,张翼陪烈士家属率队租专车前去迎柩。灵车特意走上中路,途经上海中学,让烈士魂归母校。午后,灵车抵达颛桥,沪闵路口已高悬“恭迎空军曹烈士仁寿灵柩大会”标语,6000 余人夹道相迎,庄严肃穆。张翼和颛桥镇长倪克孝等执绋牵引灵车继续向南缓行,行至闵行镇之后原道折回。经过北桥时,县政府官员列队迎送,沿途爆竹震天,观者如堵,气氛极为悲壮。

傍晚时分,灵车折回颛桥镇。张翼等抬着灵柩在老街上游行,众乡乐队奏乐陪伴,2000 余人随行。镇上家家户户亮灯照道,一路香花杂陈。随后,灵柩厝于颛桥中心小学内,灵前悬挂着张翼所撰的挽联“报国乐从戎,好显男儿身手;固空奋杀敌,长留烈士精神”。

晚上 9 时,公祭仪式在颛桥中心小学操场上隆重举行。张翼代表颛桥各界宣读祭文时,声泪俱下,哀慨动人。潘鹤龄和曹仁寿妻子王素筠致祭文时,会场内鸦雀无声,烈士的事迹震撼了每个人的心灵。

到俞塘挑重担

1947年11月,江苏省政府批准恢复俞塘民众教育馆。俞庆棠带动社会知名人士、钮长耀带动地方人士再次慷慨赞助。

12月22日,钮永建又重返俞塘,亲自协调、规划恢复民众教育馆建设。此时,钮长耀已在南京担有重任,钮永建特意指定由张翼出任俞塘民众教育馆馆长,并调任上海女子审美学校校长的侄女钮恂言返回俞塘,参与民众教育馆管理工作。

1948年2月15日下午,钮永建夫妇、钮长耀(前时江苏省政府社会处处长)等亲自在俞塘民众教育馆镕才堂为张翼召开就任欢迎会。在会上,张翼起立致辞说:"本人受任俞塘馆长,荷蒙长老欢迎,殊不敢当,益深慨愧。社会教育在今日,更重于战前,俞塘为社教发祥地,本人犹忆战前事业,辉煌海宇。原以俞塘具有故业,谁曰不宜,特以力薄能鲜,有赖于合作指导,庶于富强的组织的教育,循序展开,以为民治之根本。"

俞塘民众教育馆原有设施绝大部已毁于侵华日军之手,要在一片焦土上重新恢复当年风貌则困难重重。张翼不负众望,勇担重任,当即在俞塘实验小学租屋7间,作为临时办公点,筹措营建新馆;聘请董承千、孙健君、邹宗孟、刘平、许汉宾、瞿伯然、潘吾行等入馆任事。

3月,民众教育馆购买来大批苗木,发动植树运动,改善环境。

6月,民众教育馆以"美援"物资筹建了俞塘乡村卫生服务站(又称民众医院),有医师和助产士各一人,承理内、外科门诊及接生,日平均就诊10多人。村民前来医疗不收费,药品只收成本费。

9月18日,时逢中秋节,又是九一八事变17周年纪念日,俞塘民众教育馆召开大会,张翼发动师生参加"勤俭建国运动",并组织"力行团"。钮永建到会讲话,并为"力行团"题写祝词:"卧薪尝胆古有垂训,畏天者有其国,吾人其勉乎哉。"

11月,俞塘民众教育馆新落成了办公室7间、农舍2间、宿舍4间、大礼堂1所及厨房等附属设施。大礼堂取名为“永建堂”。为增添喜气,在其中为俞塘钮顺威和马桥邵顺芳举办了订婚礼。后来,还举办了一次全国美术展览会征集作品的预展。

颛桥新气象

步入1948年,颛桥地区好事连连。1月份,颛桥地区筹备隆重举行颛桥乡中心国民学校40周年纪念活动。为此,张翼在《明心报》上发表了一篇《母校长生》贺文:

> 诞生四十周年的颛桥中心国民学校,是我的母校,也是我们的生活园地,曾有人称他做众人之母,可谓恰当。
>
> 当我在母校生长时,厉行我所主张的“八强教育”。我所盼望和共同生活的,要脑力强,视力强,听觉强,呼吸也要强,说话要强,吃饭要强,手和脚也要强,非但要育成强有力的躯干,而且要发扬健全的精神,使各个体,结为一团。同时促进其道德生活,训练成良好国民,经过我们的奋斗努力,差幸有些效果。
>
> 上松颛桥合并后的母校,更肩担较大的使命,特别要注意群育,亲爱精诚,互相合作,是少年中国的国民所宜具备的。我们要造就建设自治的国民,运用宪法的国民,更要训练保卫疆土,和有世界眼光的国民。母校长生,便是颛桥和国家的长生。

6月,上海县颛桥乡和松江县颛桥镇正式合并为上海县颛桥镇,张翼即撰写《明心报》社论《颛桥命运》,提出自己的主张和希望。

7月,张翼看到本地少年小学毕业后升学十分困难,即与颛桥人士筹划、集资,着手创办了上海县私立颛桥职业学校,以颛桥镇西街福智庵为校舍,内设农、商(合作)两科,招收学生79名。次年2月,经张翼向省教育厅提出申请,将学校改为公立,称上海县立颛桥初级职业中学,下半年又改名为上海县立颛桥初级技术学校，在校学生总数达96名。此校的创建，不但造就了大批本地农、商专业人才，也为日后的颛桥中学奠定了基础。

素有“农民天堂”之称的颛桥农民教育馆因抗战爆发而停办，馆内物资被敌伪运走，片瓦无存。如今，张翼尽管很忙，但是仍一心想要恢复这块阵地。9月29日，张翼主持复馆工作座谈会，做了安排，并呈请县政府核夺。10月12日，颛桥农民教育馆停办10年之后，终于建立复馆委员会，乡人为之振奋。

10月1日，《明心报》报社正式成立，报纸即日起改为五日一期。

农历九月初九的重阳节又来到了，颛桥镇恢复了为期三天的庙会，百戏班子闻讯搭台开演，老街重现繁华气象。这时，张翼身在南京，特意写信叮嘱亲友不要大吃大喝，铺张浪费，要借重阳节宣传勤俭运动，“使得我们的地方纪念，成为有意义的纪念”。

11月10日，颛桥中心国民学校隆重举行40周年校庆大会。张翼以校友身份到会讲话，历述学校苦斗经历，强调“深信教育为革命事业，为精神事业，任何艰巨，均应忍受。颛桥小学既有今日，应不忘先贤”。当天，破土动工，建造先贤堂，修筑安生路（纪念首任校长施安生）。

紧急议案

近年来，每当上海县参议会召开会议，张翼总要呼吁当局兴利除弊，坚持为民生问题仗义呐喊。

1948年10月22日，上海县参议会第一届第七次大会开幕。第二天，听取县政府工作报告，随后讨论议案。当时上海实行币制改革，以致物价飞涨，社会动荡，不少公职人员倦勤而退，乡人身心不安。因此，好几个参议员借故缺席会议，而诸多民生问题亟待政府解决，政府报告只是官样文章，参议员们无精打采。张翼正在南京办事，便特意向大会发来电报，表述意见，强调“当今局势严重，民生凋敝，翼忝列议席，安敢缄默”。

第三天会议讨论议案时，张翼匆匆赶来参加会议。可是，参议长所列议案大多不痛不痒，参议员们继续昏昏欲睡。

张翼坐不住了，起身理直气壮地“开炮”质询，并提出4项紧急议案：（一）本县乡村新稻谷已经登场，而浦东浦西仍感粮食缺乏，形势严重，应当设法解救，以安定社会。（二）请精密调查不识字者人数，施行扫除文盲运动。（三）县政府教育科人手不足，过分疲劳，应补充人力，适应需要。（四）原属松江县的白场地区，已由曹行乡区接收，应及时征收田赋，以期开源。

张翼话毕，参议员们纷纷起立附议，4项紧急议案当场得以通过。

可是，决议案并未马上见效，物价仍在飞涨，各校教师饥饿难熬，纷纷向张翼诉苦。

11月8日，张翼向上海县县长俞秋月打电话，要求在两天之内解决公教人员薪给问题。俞县长支支吾吾，不肯当场承诺。张翼恼怒地丢下电话，立即向江苏省政府主席丁治磐发出急电，恳请其救难：“上海物价升腾亘古未有，商忧市尘，农叹田畴，公教人员更悚惶于生活煎熬，群谋所以安定，际此戡乱定邦安民为重，更生自力，必自今始，万祈钧座，急筹解救，以定人心。东南半壁，攸赖将军，驰电陈词，敬求垂照。”事后，他又致电南京总统府，为民请命。

于是，江苏省政府同意从当月起，平衡自治经费，调整公教人员待遇。可是，远水难救近火，各校教师连续不断地在《明心报》上诉述困境，官方依然行动迟缓。张翼召集好友多次讨论对策，最后决定还是依靠乡村农民，发动开展献米济时“一甲一斗”活动，还率先捐出自己家中的一石口粮，救济饥饿中的学校教师。

全力扫盲

1948年11月12日是孙中山先生诞辰纪念日，钮永建特意选这一天，在俞塘民众教育馆召开扩大民众教育动员大会。

在钮永建的倾力支持下，张翼借助当年办颛桥农民教育馆的实践经验，更大规模地组织起平民教育活动。他精心制订教学纲要，研究民众教育的途径和方法，大力培训师资人才，辅导邻近9个点的工作。

彼时中国时局更加动荡，钮永建谦辞考试院副院长之职，而醉心于民众教育，特“请假3个月”，坚持蹲点在俞塘。张翼反映江苏省级官员一再拖欠扫盲经费。钮永建闻讯当即亲自协调地方官员，要求尽快解决问题。眼看省里拨款未能及时下达，他就要求上海县参议会议长王益仁（字宗林）先出资借垫，确保张翼能够如期开展工作。

可王益仁却推托不办，故意为难张翼。这下钮永建大发怒火，立即向他致函，亲自为张翼做担保，王益仁只得听从。这才确保“扫盲干部特别训练班”的开办和识字班的推广。

在张翼的主持下，马桥镇各保民众学校相继成立，分设了青年班（136人）、少年班（66人）、成人班（38人）。11月27日上午，第二保师生们会集在俞塘民众教育馆礼堂内，举行开学典礼，钮永建夫妇亲临会场。下午，第一保妇女班学员也来举行开学典礼，钮永建夫妇又到场祝贺，直到散会后才赶往车站，搭“夜火车”赴南京出席重要会议。

俞塘民众教育馆内，新栽的大批菊花盛开，尽管新建的校舍大多只是茅屋竹篱，却依然充满着勃勃生机。钮永建对张翼极为信任，张翼也信心满怀，相信这里必定能重新成为苏、浙、沪地区平民教育的一面旗帜。

为了继续在乡村更广泛地开办识字班，张翼着手努力培养“小先生”。他决定开办“民众教育辅助人员（又称扫除文盲干部）特别训练班”，面向全县招生，12月25日开学。

训练班不久，按照要求招收了59名（含女性8人）学员，计划训练一个月。第一期的46名学员考试及格后，即分赴马桥乡各保开设识字班。

张翼的不懈努力很快产生了社会效应。不久，马桥地区建立起了32个识字班教学点，每处分别设3个班，每班每天授课50分钟，施教期为3个月。每个执教者每月津贴为白米4斗。所有识字班学员均不收任何费用，还给贫苦学员提供学习用品。仅这一轮工作，就有200多名农民走进识字班扫盲。

12月15日上午，张翼应县立初级中学校长薛惠康之邀，前去为师范班学生做演讲，题为《自救、救国与教育》。

1949 年 1 月 1 日，俞塘民众教育馆举行元旦庆祝会，张翼发表讲话，号召大家自强不息。

为了筹集发展资金，钮永建在《明心报》发了个广告，宣布由云林书画社代他面向南京、上海各界“鬻书”。后来又发起“春联运动”，以字换白米，为“小先生”们筹粮。

天寒地冻之际，颛桥青年翁卓英、茹伯才、倪克孝、李思逸等眼看恩师张翼年已 50 岁，依然一身单衣过冬，便悄悄为他定制了一件土布夹大衣，送给他御寒。张翼深表感谢，但坚持单衣过冬，慨然说道：“土布衣我所爱，诸君解衣为助，我德之，特以抗寒试志也。”大家虽为之遗憾，但再次被张翼的顽强意志所感动。

其实，张翼并非天生不怕寒冷，在严冬之中他也时常会搓手跺脚抖抖身，企图甩掉袭来的寒气。他是以抗寒试志，磨砺自己。

1 月 4 日，钮永建、张翼等在俞塘民众教育馆出席特训班学员座谈会，并做了报告。

“扫盲干部”下乡上课 3 周之后，钮永建和张翼为了摸清实情，于 1 月 13 日下午一起先后走访了马桥乡乡民朱全龙、周运浦、郭竹兴、翁达才、翁根良、陈恩德、孙启华等人的家庭，深入了解扫盲工作的实际状态和乡村生活的真实情况。

1 月 25 日，“民众教育辅助人员特别训练班”结业，学员们回乡走上扫盲讲台。

2 月 5 日下午，张翼陪同钮永建步行到马桥西贤乡劝学，并到荷巷桥镇视察。

2 月 17 日，张翼召开俞塘民众教育馆民教特训班学员第二次座谈会。19 日，又召开第三次座谈会，具体安排识字班教学工作。钮永建亲临指导。

2 月 24 日，风雨交加，道路泥泞，张翼陪同钮永建赶到溪南、沙西、必科、三余、青登等处识字班视察。每到一处，钮永建即席讲话，勉励学生们勤奋向学。张翼则强调“识字与生产”的关系，使大家知所进取。

2 月 26 日晚上，天寒风紧，钮永建不顾年迈，在张翼的陪同下，自带粽子当饭粮,从俞塘出发,步行30里,巡视察访了贺家宅、沈家村、紫藤、溪家达、汀漕、荷溪、吴会等地的识字班,实地督导扫盲工作。

2月27日下午,张翼召开俞塘民教特训班学员第四次座谈会。钮永建又赶来出席会议。

3月1日上午,颛桥农民教育馆召开第三次复馆筹备会议,张翼再度被推举出任馆长,会议决定3月12日举行复馆庆典活动。形成决议后,大家以植树的形式庆贺复馆在即,附近农民闻讯纷纷赶来,自愿挑土治基,争相为他们所向往的"农民乐园"效力。

当天下午,上海县基层教育推进委员会成立,钮永建、张翼等被特聘为委员。

1949年1月张翼(前排左一)在俞塘民教馆与学员合影

建成仁寿堂

在张翼和颛桥民众万众一心、勤俭奋斗的努力下,为纪念曹仁寿烈士而专建的仁寿堂终于在颛桥镇东(今沪闵路颛桥车站侧路口)建成了。整个建筑呈飞机形，槛门柱子用石头砌成，中为大堂，悬蒋介石题匾“仁寿堂”，堂内外可容纳三四百人，两侧有会客室、休息室等4间小厅，占地约90平方米。

1949年3月12日，春雨如烟。张翼率领700多名颛桥民众在仁寿堂及已确定的烈士墓地四周广植树木。现场歌声飞扬，群情振奋。就此，仁寿堂正门道路两侧栽下松树、冬青。西面草地竖起“空军上尉曹仁寿之墓”石碑，墓碑碑文由国民党元老钮永建亲笔题写。

3月29日下午2时，以张翼为主任的曹仁寿烈士公葬委员会在颛桥小学举行公葬仪式，2000余人出席。会场布置庄严肃穆，最显眼的是抗日爱国名将方先觉所致挽联：“铁血铸神州，铩羽长空光日月；精神开世界，捐躯高地丽山歌。”人们分组列队入场祭拜，第一组为筹备委员会，由彭利人主祭。第二组为颛桥镇各界，由镇长主祭。第三组为省立俞塘民众教育馆等团体，由张翼代表钮永建担任主祭。

当天晚上9时，又举行家奠。张翼任大宾，烈士遗孀王素筠抱着幼子行礼时，全场悲恸。钮永建因公未能到场，除发来唁电外，当天上午10时特意在南京登山远望，寄托哀思。

3月30日上午，移送曹仁寿烈士灵柩安葬入墓。以张翼为首，引灵柩再次巡游颛桥老街，万众悲送。当天，《明心报》刊发《公葬空军烈士曹仁寿特刊》，各界人士纷纷发表诗文，缅怀英烈。

1952年7月，中央人民政府追认曹仁寿为革命烈士。

矢志不改

上海解放前夕

解放前夕，钮永建托人为张翼买好了去台湾的飞机票，来信劝他尽快离开上海。张翼却毫无离乡流亡的念头，尽管深知政治争斗会你死我活，但他心中坦荡，满怀正义，认为只要与民众站在一起，便无所畏惧。于是，他给钮永建回信称："我对民众没有做过坏事，何必跑到台湾去。我年已五十岁，还是知天命吧。"

1949 年 5 月初，国民党军队从浙江经松江溃退上海，工兵连长接到任务，为阻拦解放军追击，沿途公路桥梁要全部炸毁。

颛桥镇上有 3 座环龙石桥，工兵连长率兵赶来时，张翼挡在桥头，抱拳说道："这镇内石桥，远距公路，解放军大队人马不可能走小路上石桥的，官长应手下留情，免了吧。"

连长恶狠狠地说："军令难违，谁敢不从，就地正法。"

张翼趁势说："既有军令，我愿到司令部当面问个明白。"说着就要坐上吉普军车，弄得连长十分尴尬，只得开车而退。

当时，松闵、闵沪公路沿线各镇无不受损，唯有颛桥镇太平无事，人们齐夸张翼有功。

5月14日,人民解放军第20军某部占领马桥地区,15日,人民解放军占领上海县治北桥镇,并派一个营的官兵进驻颛桥镇。次日,在颛桥中心小学操场上召开军民大会,颛桥人奔走相告"解放啦!"

5月27日,上海地区宣告解放。不久,俞塘民众教育馆奉命闭馆。

对于时局的巨变,张翼没有充分的思想准备,也没有真正了解共产党和解放军,只得待在家中观望。

上海县人民政府首任县长刘岳久闻并目睹过张翼的清廉公正,有一天派通讯员去请他来叙谈。而通讯员是个农民出身的粗汉,走进张家大门就高声呼唤:"哪个是张翼? 刘县长叫你去。"

张翼初次面对共产党干部,不动声色地轻声询问:"是县长大人叫我去,还是请我去?"

通讯员问:"叫又怎样,请又如何?"

张翼一屁股坐了下来说:"当然有区别。如果我犯了罪,那不仅是叫,还要捆上绳子;至于请么,则要下请帖的,至少应当写张便条。你说不清楚,我是不去的。"

通讯员气呼呼地回到县政府,向刘县长做了报告。

刘岳县长不由自责地说:"想不到张先生品质如此高尚。怪我疏忽不周,是应当发个请帖。现在既已如此,我亲自上门赔礼去吧。"他随即赶到颛桥北街,登门求教。

张翼深为感动,亲自出门迎接。两人执手登堂,坦然叙谈。

刘岳希望张翼以民主人士的身份出来参加革命工作,为人民服务,并对他说:"你的为人,我在苏北时就已了解。请你出来工作,是我党在渡江前就已经决定的。"

张翼关心的是社会民生,随即提出了一系列亟待解决的实际问题。刘岳极为诚恳地说:"人民政府正在解决这些问题,因此急需要你这样的地方贤达出山啊!"张翼听罢,当即提出自己的主张。刘岳认真听取,逐一记录。

不知不觉之中,两人成了知心朋友。

组织生产救灾

1949年7月24日,12级强台风、暴雨和特大潮汐同时袭击上海县和松江县地区,黄浦江邻松段、闸港段江堤突然溃决,洪水大肆施虐,大批房屋随之倒塌,数十万亩农田一夜被淹。

受灾地区措手不及,灾民身处危难之中。刚建立的各级人民政府紧急号召民众抗洪救灾,却一时组织乏力。

7月26日,洪水逐渐退去。本地农民损失惨重,饥寒交迫,必须立即组织救济。人民政府紧急建立生产救灾委员会,后又建立寒衣劝募委员会,动员社会各界参加赈灾行动,救济受灾农民。

灾情就是命令,农民的苦难深深地刺激了张翼。虽然他尚未真正弄明白政权更替后的诸多是非曲直,且感觉到地方官员对自己似乎有所提防,然而,神圣的使命感激励他挺身而出,无惧闲言碎语,坦然地走访当地政府,请命献策。

松江专署专员顾复生和刚刚到任的上海县县长史济中十分信任张翼,当即邀请他出任苏南行政公署生产救灾委员会委员、松江专署生产救灾委员会副主任、寒衣劝募委员会副主任和上海县生产救灾委员会副主任、寒衣劝募委员会副主任。

张翼再次在危难之中献忠诚,日日夜夜舍命忙碌,不肯歇脚。他跟随政府官员深入灾区慰问灾民,为各地生产救灾工作献计献策,到处奔走劝募寒衣,组织农民生产自救。

张翼火一般的工作热情和丰富的民众工作经验,受到人民政府各级领导的高度赞扬。

当选人民代表

1949年4月26日,苏南行政公署成立(1950年改称苏南人民行政公署,

1952 年恢复江苏省建制)，驻无锡市。辖无锡市和镇江、武进、苏州、松江 4 个行政分区。

张翼以无党派人士的身份，继续积极参加政务活动。在苏南人民行政公署任监察委员会委员(周恩来总理签名盖章的委任状)、宗教事务委员会委员兼秘书长等职；在松江专署，任水利委员会委员、血吸虫病防治委员会委员等职；在上海县，任水利委员会副主任、血吸虫病防治委员会副主任、烈军属委员会副主任、学习委员会委员、土改委员会委员、镇反案件审查委员会委员、抗美援朝支委副总干事等职。

1950 年 4 月 13—15 日，上海县第二届各界人民代表会议在闵行镇召开，张翼向与会代表传达了苏南生产救灾会议精神。11 月，张翼当选为上海县第三届各界人民代表会议常务委员会副主席，并在会上传达了苏南人民代表会议精神。

1951 年 4 月，张翼又当选为上海县第四届各界人民代表会议常务委员会副主席，并在会上作关于抗美援朝的报告。7 月，张翼再次当选为上海县第五届各界人民代表会议常务委员会副主席。

张翼还奉命担任上海县文化馆筹备处主任。1951 年春，上海县文化馆在闵行镇成立。俞塘民众教育馆随之正式撤销，部分人员和器材移交县文化馆。

1952 年 9 月，张翼继续当选为上海县第六届各界人民代表会议常务委员会副主席，并在会上作常务委员会工作报告。

1953 年 2 月，苏南人民行政公署与苏北人民行政公署合并成立江苏省人民政府，同时成立江苏省人民政府参事室。张翼即被任命为江苏省人民政府参事室参事。

依然是“江苏怪人”

张翼的“江苏怪人”脾气依然不变。他依然四季一套中山装，脚上一双旧皮鞋。年过五旬，外出办公事，依然喜爱自己迈开双腿安步当车，戏称“坐八路电车”。依然粗茶淡饭，常以大饼、山芋充饥，每月领取工资后，往家中只寄12元(6元给母亲养老,6元供妻子度日),其余均用于公事。其妻子庄爱芬依然长年在家纺纱织布,自谋生计。

1954年8月,江苏省人民代表大会宣告成立。张翼当选人大代表。在南京出席一次省人大会议时(省第一届人民代表大会第二次会议,1955年2月10日至13日在南京召开;省第一届人民代表大会第三次会议,1955年12月23日在南京召开),正值寒冬,黄炎培先生(1954年9月当选为全国人民代表大会常务委员会副委员长)见他仍不穿棉衣,只穿土布夹衣,特意脱下自己的羊皮大衣,朝他身上一披,并劝他保重身体。张翼只披了半天坚持奉还,说:"皮衣原璧,盛情多谢!"

黄炎培说:"这是我送给你的,不可推也!"

张翼却一本正经地答道:"本人平生立有信条:不受任何馈赠。今日您任老所赐,卖卖面子,才披上半天。"

黄炎培只得收起大衣,哈哈大笑,说:"如此说来,我怎敢有累怪人清德!"

20世纪50年代,张翼喜欢使用明信片通信联络,每份百余字,简单明了,光明磊落。他向政府有关部门反映民情民意,也用明信片,每周都会发出几张。

如今幸存两张由张翼撰写的明信片,一张是1954年写给中共华东局领导陈毅、饶漱石、谭震林的,另一张是1953年写给饶漱石和谭震林的,内容都是反映本地区社情民意。

1954年2月28日这张明信片,张翼书写时使用的是蘸水笔,因不时蘸墨水而造成字迹深浅不一。他的字体工工整整,毫不马虎,还盖上自己的印章。有趣的是,他在签上姓名"张翼"之后,还接着写上"字凤三,即戏以闻名江苏怪人,上海解放后,不用此名了"。他一向性格直爽,办事认真,积极参政议政,向领导机关反映地方情况不图形式,竟然使用方式便捷、内容透明的明信片,而且书写不讲究行文旧规,随心所欲,完全是他的个性表现。

张翼的"怪人"之举终生不改,令人惊叹。

他为人极为耿直:报国赤胆忠心,善恶是非分明,却不入政治党派,不求一官半职。不畏势利强权,不贪非分之财,不做法外之争,只为民众谋事。

他生活极为简朴：毕生辛劳，大有作为，却没有买过一亩田产，也没兴建一间私屋。“东西南北一双脚，春夏秋冬两件衣。”食不择精细，居不嫌陋室。

他办事极为踏实：有远大目标，却总是从身边实事着手，决不弄虚作假。精力旺盛，忘我工作，日夜不息，“学几声黄牛叫”即无倦意。

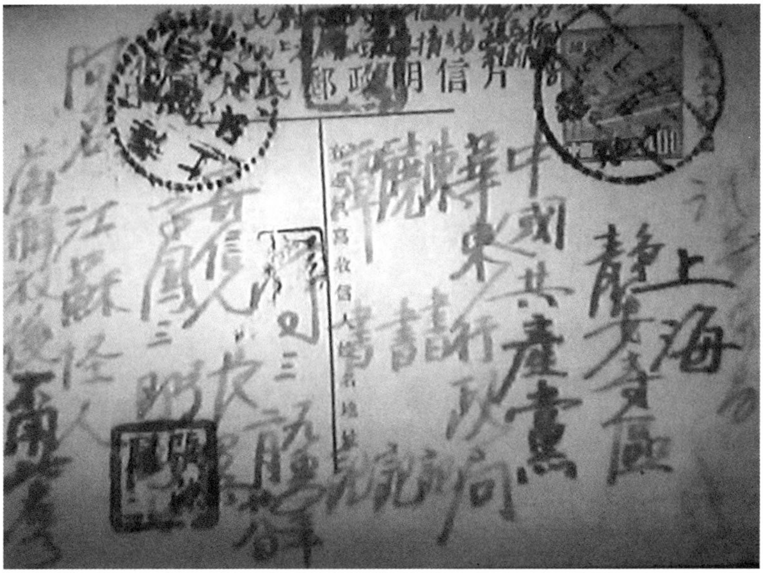

张翼明信片手迹

绝境心未绝

因张翼敢于直言，指责时弊，得罪了某些人。1958 年 4 月，在“反右运动”中，张翼遭到不公正的政治待遇，被下放到南京市西北部的江浦县瓦殿茶果场“劳动改造”。

1960 年冬季里，张翼在路边扫雪时不慎跌伤，下肢骨折，长期病休。

1961 年 10 月，张翼“右派分子”的政治帽子被摘除。

1962 年，张翼被聘为江苏省文史研究馆馆员，恢复应有的政治待遇。然而，由于旧伤复发，无法正常工作。于是，组织上安排他留职休养。

11 月 27 日，家人将张翼接回到颛桥镇北街老屋休养。母亲不由感叹：

"他总算可以安安逸逸了。"

然而,张翼的心依然是火热的,依然密切关注着国家大事和百姓民生,每日书报不离手,力图恢复健康后重返岗位,继续为人民奉献心力。他静心反思人生历程,总结经验教训,先后在笔记本上写下了 77 篇心得,其中有《三心》《三性》《三乐》等,以家训形式传给家人。

张翼眼中的"三乐"之一为"以读书为乐""以助人为乐""以创新为乐"。"三乐"之二为"乐莫乐于为人知""乐莫乐于为人重""乐莫乐于为人用"。这些朴实无华的语言,此时此地从身经千般磨难的张翼口中流出,字字闪烁出他的人格魅力。

最后的路程

1966 年 6 月"文化大革命"爆发后,社会发生动乱,颛桥镇上到处有人"大鸣大放",却没一个人贴张翼的"大字报",当地群众都认定他是"好人"。可是,随着"文化大革命"的步步深入,因所谓的"历史问题",张翼遭受无情"审查",被"红卫兵"抄家数次,他保存的所有历史文献被一把火烧毁,唯有那份由周恩来总理签署的任命书当场未烧而被"收缴"走了。

1967 年,张翼的母亲王绣征因在"运动"中受惊而去世,享年 93 岁。

一向斗志昂扬的张翼备受折磨,变得沉默寡言,身心遭到摧残,血压升高,下肢瘫痪。

1969 年,张翼的妻子庄爱芬在家逝世,终年 75 岁。

1975 年 11 月 12 日,张翼突发脑出血,被急送闵行区工农医院抢救。可惜,医治无效,他于 12 月 16 日晚上在医院逝世,终年 77 岁。

1979 年 5 月,经中共江苏省委统战部复查,确认张翼当年被错划为"右派",撤销了原结论和处分决定,予以平反昭雪。

尽管张翼在晚年未能有多大作为,但是他的美德和品格一直激励着后人奋发有为,造福于民。

秦之济

秦之济（1901—1970），字伯未，号谦斋，上海县陈行镇（今闵行区浦锦街道）人。曾任国家卫生部中医顾问、中华医学会副会长。出身儒医世家，自幼酷爱文学和医学。毕生致力于中医教育和临床实践。业医50余年，著述颇丰，推动当代中医学术的发展。经史子集无所不读，人称医诗酒文金石书画『八绝奇才』，有《谦斋诗词选》及《谦斋印谱》行世。

家学传承

中医泰斗秦之济(1901—1970),字伯未,号又辛、谦斋,1901 年 7 月 31 日(农历六月十六日),出生于上海县陈行镇(今闵行区浦锦街道)秦氏诒谷堂,为宋代词人秦观第 27 世孙。

祖父秦乃歌

祖父秦乃歌(1845—1915),字笛桥,号又词,生于道光二十五年(1845)五月二十五日。曾入京师的国子监读书,为贡生。因遭咸丰兵灾而废学,不再谋求仕途。

秦乃歌

秦乃歌天资颖慧,性格活跃,少年时代能读书,耽风雅,经史子集、琴棋书画,无所不涉。据《上海县志》记载,咸丰兵灾平息后,"里中少年争集丝竹、角棋、酒、六博以为乐,而公(秦乃歌)艺辄冠其曹耦。间又饲鸽、养金鱼,妙悟物情，独得蓄息，顾不留滞即弃去。性尤风雅，书法娟秀，画抚南田，活色生香，自然芳艳。间填小令，步武梦窗，诗则抒写性灵，深得渔洋法乳，篆刻不落浙徽窠臼，独取法宣和，而所作不自惜多散佚。盖公潇洒出尘之致，不凝滞于物，深得晋人名理云”。所著《瓶花馆诗乘》中，荡漾着他多才多艺的风采。

光绪六年(1880)左右，在父亲秦诵莪的帮助下，秦乃歌购得刘家厅宅地，自建“诒谷堂”，与兄长秦荣光的“养真堂”一起名震陈行镇。原室名“灵兰书室”，迁居“诒谷堂”后，在园中亲植一株奇花，宛如白玉花瓶，将西厢房定名为“玉瓶花馆”。

步入中年之后，秦乃歌突然放弃所有嗜好，而全力关注医术。只因光绪九年(1883)母亲病重时，他一边躬侍，一边留心医药。母亲医治未效而亡，更激发他研求医学的决心。

业医后，秦乃歌醉心于诸家医典，“上探灵素，下参修园、洄溪诸说，尝举《伤寒论》《温病条辨》两书，反复考索于其得失同异之理，豁然贯通。处方治病，辄应手奏效。乡里有乞诊者，公触寒暑、冒风雨，徒步往视之，效不索酬，酬亦不尽受”。他悬壶济世，致精于医20年如一日，深为乡人颂扬。著有《灵兰书室医案》。

父亲秦锡祺

秦之济的父亲秦锡祺(1874—1934)，字寿农，号庸庵。自幼多病，受父亲秦乃歌的家传，对医理颇有心得。成年后，跟随堂兄秦锡圭赴山西寿阳谋事，颇有长进。秦锡圭因施赈立功，获得抚院奖励，便给秦锡祺争取到赴省会候补谋职的机会。光绪二十八年(1902)，秦氏亲家、青浦胡祖谦(字端臣)出任吉安府知府，提携秦锡祺前去任襄理，学习吏事。不久，因母亲去世，秦锡祺只得返回家乡，守孝多年。后经族人相助，他于宣统元年(1909)出任江西饶州府经历，后赴江西省万安县任县丞。可惜，因万安遭受旱灾，饥民闹事，革命军兴起，时局日趋动荡，秦锡祺难以应对，无奈辞职返回故土。

秦锡祺刚回乡之际，正巧遭遇黄浦江边盗案迭发，乡人惊恐不安。他立即组织地方商团，购置枪械，彻夜巡守，家乡才保持平安。此举使他在乡人心中的地位骤升。

1913年春季，秦锡田带头推举秦锡祺出任陈行乡议事会议长。秦锡祺全力发展地方教育事务，增设学校，建筑校舍，成绩卓著。同时，为消除社会陋习，经上海县知事批准，还在陈行镇西市汇善堂内创设了戒烟分所。他以父亲秦乃歌晚年毅然戒烟的事例，劝说镇上那些“吃白粉”的人士自愿或被动地服用戒烟丸断瘾，取得了良好的社会反响。

秦锡祺着手整饬乡政，他不矫激亦不因循，不惹事亦不畏难，悉心处事，使地方安稳，乡民皆得安居乐业。他继续推进地方公益，看到题桥镇市中的跨塘大木桥已年久失修势将倾圮，便请秦锡田起草颁发《募建题桥市跨塘桥启》，发动地方各界募建，并诚请胡祖德出面主持改建工程。经各方努力，在周浦塘上建成又一座颇具气势跨塘环洞大石桥，取名裕民桥。不久，秦锡祺又与周承铭一起，筹资重建鹤寿桥。

秦锡祺充分认识到对后辈加强乡土教育的必要性。1921年2月，他将秦锡田早年编写的《陈行乡土志》交沈颂平校印，并请胡祖德亲自绘制插图。这一册独特的地方小志付印后，便成了陈行在学子弟的必读教材。该书由孔祥百撰写序言，他代表老一辈对子弟们发出忠告：“空谈爱国之士，读各国书，睥睨一世，问其本乡土一二掌故，则瞠目不能对。夫爱生于情，情生于知。不知其乡，何能爱乡；不爱其乡，何能爱国。”

1924年8月，陈行乡议会经重新选举，秦锡祺出任乡董，具体负责地方自治公务。

1930年，上海同仁辅元堂聘任秦锡祺为分堂事堂，在法租界内设验尸所，与法租界法院、工部局时有交涉，他不卑不亢，深得华商信用。

秦锡祺当初在浙江仙居供职时，因水土不服，两足生疡，不良行动，医治了3年才得以好转。到了晚年，他足病虽愈，但行步蹒跚，但他仍坚持在上海白克路(今凤阳路)524号坐堂施医，专治眼耳鼻咽喉科，享誉沪上。

从1934年7月起，秦锡祺足部突发浮肿，并延及腹部，经中西医医治均未奏效。农历八月二十四日(10月2日)下午8时，他在痛苦中离世，终年仅61岁。

自编第一部医著

1911年,秦之济10岁,就读于伯祖父秦荣光创办的上海县三林学堂,得到伯父秦锡田的热情关照。

1912年,父亲秦锡祺辞职返乡后,倾心关注儿子的成长。由于家学熏陶,耳濡目染,秦之济自幼即酷爱文典医籍。经祖父监督,他垂髫之年就熟读《脉经》《药性赋》等。

秦之济14岁,在三林学堂毕业后,就读于江苏省立第三中学(今松江二中前身),开始喜欢上写诗。

秦之济在祖父和父亲指导下,首先关注危害极大的儿科痘疹(因天花而出的疱疹),汇集中医理论和家传医方,编成《秦氏痘疹图说》3卷,上卷载《宝鉴验痘图》4幅、《秦氏痘疹图》36幅(逸3幅)和《痘原论》等18篇,附图2幅;中卷列痘症形状24种;下卷载医方63首。

1918年,《秦氏痘疹图说》由上海商务印书馆以铅印本出版发行。这一年,秦之济年仅17岁。

1934年秦锡祺全家合影

捍卫中医

在中医专门学校

1919年,秦之济18岁,考入丁甘仁(1865—1926,名泽周)创办的上海中医专门学校,为第3期学员。同窗学友有程门雪(1902—1972,字九如,号壶公)、章成之(1903—1959,字次公,号之庵)等。

秦之济

当时,江浙沪名医曹颖甫、谢利恒、夏应堂、丁仲英咸集任教,秦之济经常聆听名医教诲,切磋岐黄妙术。他勤奋好学,砥砺自强,奠定了坚实的中医理论基础。及至1923年毕业时,已蜚声医林。

1921年12月,上海中医学会成立,秦之济为第1期会员,并任编辑员,每期讨论会做记录和整理。学会创办上海中医书局,自编医书医刊,校订古籍,整理出版。不久,《中医杂志(季刊)》创刊(由王一仁、秦之济等主编,共出30期,行销国内外),秦之济连续刊发《讨论会纪要》《二兰室诗稿》和《诊余清话》等诗文，发表第1篇学术论文《唐容川以痨病脉浮大手足烦为阳虚辨》。

1923年6月，经预科2年本科3年学习，秦之济在上海中医专门学校毕业，即应聘为母校讲师。

自办诊所

秦之济重视中医理论研究，并坚持医诊实践，为民解忧，在校读书期间，挤出时间在上海同仁辅元堂坐堂应诊，以治内科杂病见长，对虚痨痼疾尤精。

1923年12月，秦之济自办的中医诊所在老城厢尚文路正式开业。

后来，秦之济在上海法租界恺自迩路（今金陵中路）振平里20号开业应诊。每天上午9时起门诊，下午2时后出诊。笺纸使用“谦斋医案门诊方”。他的处方自有格式，大多为11味左右，每张处方写4行，1至3行每行3味药，第4行1至2味药，按功效分类的君、臣、佐、使排序。

1928年，秦之济与医专同学王一仁、章次公、王慎轩、严苍山等创办上海中国医学院，亲任教务长、院长，教授《内经》及内科。

疾呼抢救祖国遗产

1929年2月，医学界发生一件震动全国的大事：有西医余岩等人向国民政府提出一项提案，谓中医“理论空洞玄虚，诊断无可靠依据，治法无一定标准”，“有碍保障人民健康”，建议取消中医药。国民政府卫生部召开第一届中央卫生委员会，围绕“废止中医”问题，全盘否定中医中药。

上海中医界闻讯，大为震惊，立即联名发表宣言，通电全国，并于3月17日在上海召开全国中医中药代表会议，群起抗争。当时，秦之济撰文《斥余云岫医校系统驳议案》，站在抵制废止中医药运动的最前列，率众大声疾呼“抢救祖国遗产”，并被推为赴（南）京请愿团的5人代表之一。

国民政府见中医界群情激愤，只得收回成命，撤销决议。为了纪念这一事件，后来中医界定每年 3 月 17 日为“中国国医节”。

传播中医药学

为了传播中医药学，抢救祖国遗产，秦之济刻苦钻研，勤于著书立说，每天清晨 6 时许起床，即伏案写作，将前一天临诊体验及阅览心得，写成短文或医话，持续编写中医教材，并不断进行充实加工。1928 年，他编著《清代名医医案精华》《清代名医医话精华》；1929 年，编著《百病通论》《内经类证》；。1930 年，编著《药性提要》《诊断大纲》《实用中医学》《痨病指南》《国医小史》，皆由上海中医书局出版。

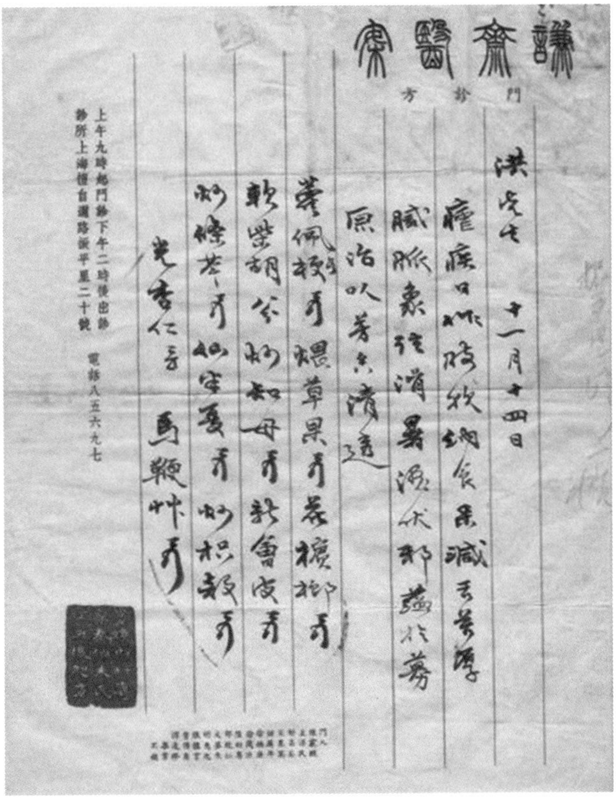

谦斋医案门诊处方

1930年1月,秦之济在南市车站路普益里2号创办“中医指导社”,自任社长,主编《中医指导丛书》,开展学术交流和社会咨询,社员遍及国内外。还创办《家庭医学杂志》(1931年11月停刊),为双月刊,主编秦之济、方公溥,发行者上海中医书局。6月,《中医指导录》创刊(1936年1月停刊),由秦之济、许半龙主持编辑工作,上海中医书局发行,利用函授方法为社会上中医从业人员和爱好者提供中医学习指导并交流学术见解和临床经验,社员遍及国内外。1932年,编著《内经病机十九条之研究》《(群经大旨)内经》《治疗新律》。1934年,编著《秦氏内经学》《医林初集》,均由上海中医书局出版。

故土情深

难忘蟹糊皮

黄浦江闵行以东至王家渡18里一段，清明前后数天出虱蟹，一时满江滩虱蟹。虱蟹大小如铜钱，色白。捣烂，置布袋挤出汁水与鸡蛋调匀，入锅油煤，烧成径尺许的薄饼，即为“蟹糊皮”。切成两三分宽、寸许长小条，拌以麻油、酱油、醋、姜、葱和新韭调料，味鲜美。每临清明节大多农家自制。闵行镇聚珍楼将其作为名菜，每逢时节当门安置大砧墩，厨师当众砧调制，招揽顾客。

秦之济必到闵行聚珍楼品尝：“虱蟹小如蜘蛛，为浦江特产，清明前捞取捣汁，和蛋摊衣，名蟹糊皮。剪新韭，调酱醋，清隽无匹。避乱以来，三载未尝此味，尊边言念，戏为咏之，非借物兴感，聊留故乡一段佳话云。”他特作《虱蟹十六韵》：

郭索复郭索，可怜具体微。时鲜居易咏，乡梦季鹰飞。细雨飘寒食，回潮没钓矶。尖团脐莫辨，黑白色俱非。藐矣琵琶样，俨然甲胄威。玄霜轻杵捣，青胥近依稀。亦有金膏溢，还如玉屑霏。杏花罨滴滴，韭叶剪颀颀。瑶桂应输隽，河豚却厌肥。苏髯笑无分，吕亢记相违。海曲遗噍类，江流隐杀机。枉存公子号，不避步兵讥。彭越终遭醢，田横未见归。正宜扪共语，奚用擘同围。盘荐奇馐美，杯浮宿酿緋。几人弹铗唱，回首一嘘唏。

到颛桥义诊

1927年夏，秦之济参加甲社上海县籍人士在豫园的聚会，与秦锡田、秦之衔、黄蕴深、李右之、丁仁科、施舍、姜利川、方友琴合影。

1928年，秦之济时任上海县教育局总务科文牍，因公务往来，对上海县农教馆创建之初的情况非常了解，对上海县农教馆馆长张翼有志以平民教育促进乡村建设的成效十分佩服，两人遂结为知己。

当时，上海县县治刚刚迁到北桥，秦之济游览了北桥地区的名胜，不由诗兴大发，撰有三首《北桥竹枝词》，清丽流畅，情景交融，堪称佳作：

三月俞塘春水生，春风吹起浪花轻。
乡居不识鸳鸯鸟，日日滩头打鸭行。

银杏枝头双鹁鸪，晴来相逐雨相呼。
年年啼到枝头秃，中有妾心心未枯。

瓶山春尽鹤坡秋，不及钟楼对我楼。
东海潮声喧日夜，钟声长在海西头。

1930年，秦之济离开县教育局，在上海城区自建中医诊所，倾心致力于医药事业。当年，乡村中有不少因生活艰难而久病失治者，张翼一边宣传健康理念，一边诚邀秦之济前来送医救治。

于是，秦之济每逢周六下午就赶到颛桥农民教育馆义务诊治，忙到傍晚才返回城区。每次来诊有数十人，大多为拖延失治的顽固宿疾。虽然有愈有不愈，但因此而获得救治的不在少数。他前后坚持了4年之久，令颛桥乡民极为感激，当他返城时常有人送来香烟和下酒菜，最后一年他有了自备车，人们便将时鲜蔬菜瓜果塞满他的车子。乡民们的盛情，使秦之济深受感动。

1932 年一·二八淞沪抗战爆发，张翼组织颛桥青年自费编印《民族之光》，记述十九军浴血奋战及人民群众同仇敌忾的史迹，由商务印书馆出版，约 4 万字，印 300 册，通过农民教育馆发给乡民。其中刊发了秦之济的一首诗：

五百田横士，八千项羽兵。
海涛吞落日，剑影压孤城。
华夏留名字，山河属主盟。
一篇青史在，付予敌人惊。

秦之济还为颛桥镇西汇通路顾家楼房题写“豳风里”门楣，留存至 1959 年。

回乡设诊所

1938 年，秦之济创办中医疗养院，设内、外、妇、幼等科，有病床百余张，作为学生实习基地。

1945 年抗战胜利前后，44 岁的秦之济深感心累，于是避开上海城区的繁华和纷扰，返回故土，在“诒谷堂”宅院门前搭建新屋，设立诊所，仍坚持上午门诊，下午出门巡诊的习惯。乡亲问诊，开方一般不超过 9 味药，价格便宜，且能药到病除，因此当地人称其“秦一帖”。他应用的民间偏方“癞蛤蟆塞蛋”，能治小儿支气管炎，乡人至今称奇。

秦之济祖屋

院内种了好多草药，有的病不用花钱也可治，例如金丝荷叶治疗中耳炎，麦冬治疗口干、口腔溃疡。他常以普通食品如山药、莲子、苡仁、芡实、乌梅、山楂、龙眼肉、冬公子等入药，淡化轻和，滋补肝肾，平和阴阳而收显效。

秦之济身居祖屋，静思人生过往，不由感慨万千，特意在故居楼梯头写了一句座右铭："无可无而不可无"。成语"无可无不可"，表示怎样办都行，没有主见。而秦之济认为："无可无"是指对待钱财等身外之物，不必患得患失；"不无可"是指道德、学问等是人生至关重要的东西，绝不能丢失。为陶冶心情，他在院内养了两缸荷花。墙边祖父种植的那棵玉瓶花，根茎有尺余，每年开花，宛如白玉花瓶，可惜花期仅有数天。

考证秦氏渊源

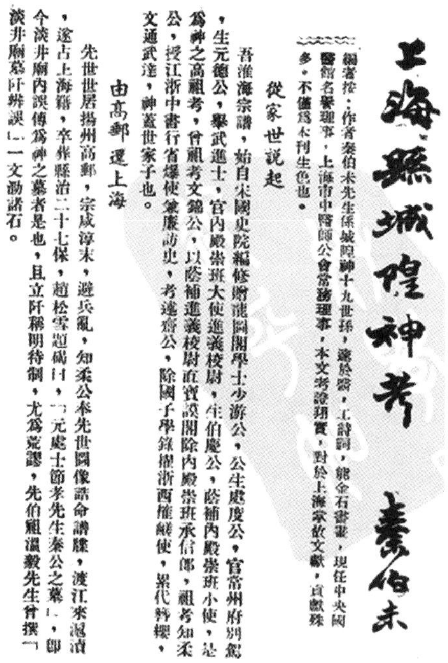
上海縣城隍神考　秦伯未

編者按：作者秦伯未先生係城隍神十九世孫，邃於醫，工詩詞，能金石書畫，現任中央國醫館名譽理事，上海市中醫師公會常務理事，本文考證翔實，對於上海掌故文獻，貢獻殊多，不僅爲本刊生色也。

從家世說起

吾淮海宗譜，始自宋國史院編修附龍圖閣學士少游公，公生處度公，官常州府別駕，生元德公，舉武進士，官內殿崇班大使進義校尉，生伯慶公，蔭補內殿崇班小使，是爲神之高祖考，曾祖考文錦公，以蔭補進義校尉直寶謨閣除內殿崇班承信郎，祖考知柔公，授江浙中書行省爆使兼廉訪史，考述齋公，除國子學錄擢浙西榷鹺使，累代簪纓，文通武達，蓋世家子也。

由高郵遷上海

先世世居揚州高郵，宋咸淳末，避兵亂，知柔公奉先世圖像誥命譜牒，渡江來滬瀆，遂占上海籍，卒葬縣治二十七保，趙松雪題碣曰「元處士節孝先生秦公之墓」，即今淡井廟內誤傳爲神之墓者是也，且立阡稱明待制，尤爲荒謬，先伯祖溫毅先生曾撰「淡井廟墓阡辨誤」一文勒諸石。

《上海县城隍神考》书影

秦之济继承父业，毕生注重地方文史研究，自然会继续为传扬秦裕伯的生平事迹而努力。他与伯父秦锡田、秦锡圭始终念念不忘秦氏家族的根脉，一起静心修订秦荣光整理的《陈行秦氏支谱》，撰写序言，告慰先祖前辈，传承家族风范。

1924 年 8 月，父亲秦锡祺任陈行乡乡董。12 月，秦之济专题考证题桥秦家堰等史迹，撰《秦家堰考》。

1936 年，大上海图书公司出版《邑庙风光》一书，醒目地刊发了秦之济的《上海县城隍神考》，以秦裕伯十九世孙的身份介绍秦公生平，并刊发了题桥秦公墓祠的 4 幅照片。

1946 年，重新修订的《陈行秦氏支谱》初稿正式刊行。

八绝奇才

秦之济多才多艺，医、诗、文、酒、金、石、书、画 8 项皆工，是风流潇洒的“八绝奇才”。

1928 年，27 岁的秦之济参加上海方壶酒家第 5 次雅集，柳亚子在座。之后，柳亚子即邮示方壶第 5 集诗一首，秦之济则步韵酬答，中有“幽怀赢得如丝乱，河水难期共酒清”句。这些诗句正如秦之济所谓“沉郁苍凉”，流露出他忧国忧民的情愫。

当时，秦之济在上海中医专门学校毕业后留校执教，正参与创办上海中国医学院。加入陈去病、柳亚子、高天梅发起创立的南社后，因其诗律之细，构思之速，常为友人所赞颂，有“南社题名最少年”之誉。

秦之济好酒，但不酗酒，每次饮量绍兴酒不过两斤。其饮时饮后神不改、智不乱。每饮后必撰文或作诗，文思诗思皆甚捷。他还喜欢抽烟，常留下烟盒作稿纸。

1931 年，秦之济 30 岁时出版了第一本诗词集《秦伯未诗》，收诗 130 首，词 16 首。他在该集自序中对自己的诗情词趣及诗风流变有如下的概述：“伯未诗一卷断自三十岁。溯操笔为音韵文字正十五年也。少作陶冶夜月晨风、春葩秋水，多闲逸之致；渐倾于儿女柔情，一变为绮丽绵邈；廿五后乱离哀乐相乘，又一变为沉郁苍凉，盖东山丝竹中散剑琴，离合悲欢不能自主，而吾诗遂入秋之境矣。”《秦伯未诗》仅是他15年来所作诗词的十之一、二。

1934年，秦之济刊印《谦斋诗余》。1941年，40岁时刊印《谦斋诗词集》7卷。后来，又辑41至50岁所作289首，刊印打字油印本《谦斋诗词二集》8卷。

秦之济生于农历六月十六日辰时，喜欢“六月荷花支支立”，在故居院中植两缸荷花，在他的诗、书、画中常有荷花。他欣赏荷花“出淤泥而不染，一身清净”的品格，常以之告诫学生：“做人要有人格，看病要有医德。贫莫贫于无才，贱莫贱于无志，缺此不可为良医。”曾以淡雅之荷花图作为再版《中医入门》之封面。

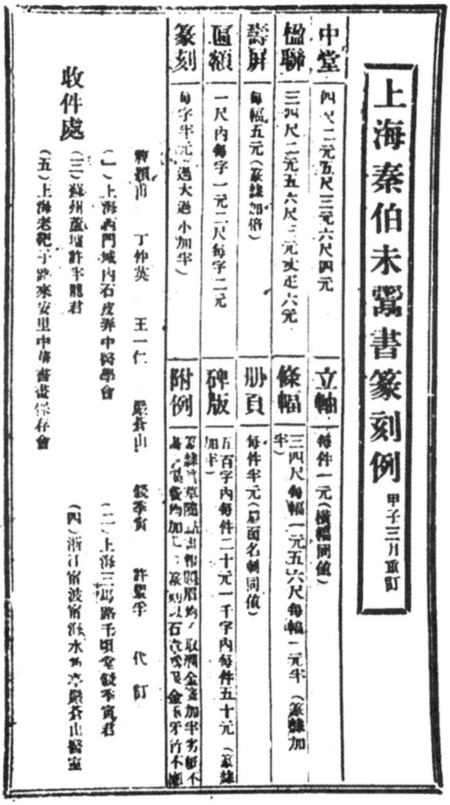
上海秦伯未鬻書篆刻例
甲子三月重訂
中堂 四尺二元五尺三元六尺四元
楹聯 三四尺二元五六尺三元丈疋六元
壽屏 每幅五元（篆隸加倍）
匾額 一尺内每字一元二尺每字二元
篆刻 每字半元（過大過小加半）
立軸 每件一元（横幅同值）
條幅 三四尺每幅一元五六尺每幅一元半（篆隸加半）
册頁 每件半元（扇面名刺同值）
碑版 五百字内每件二十元一千字内每件五十元（篆隸加半）
附例
丁仲英 王一仁 嚴蒼山 代訂
收件處
（一）上海西門城内石皮弄中醫學會
（三）蘇州盛塘許半龍君
（五）上海老靶子路來安里中国書畫保存會

报刊广告

秦之济书学道光年间碑帖一体的赵之谦，因以“谦斋”为号。一次与陈存仁共游龙华寺，见方丈以纸墨殷勤侍奉一文士模样的香客，后来知道此人是当局要人张继。香客书写一首龙华浮图诗，秦氏也以剩余白纸，以魏碑字体写上一首晚唐皮日休的《龙华夜泊》，片刻而就，观者皆赞不绝口。

秦氏有考古癖好，遇鼎彝碑帖，总要考据一番，津津乐道，如数家珍。一次与陈存仁在上海南市出游，专程踏访元代书法家赵孟頫的故居。每游寺庙，首务寻觅碑石遗墨。

秦之济临场应景作画最捷。曾画一扇，满幅皆果品，赠给号为果园的戴禹修。戴得扇后，作一首古风谢之，其后半首句云：“按图试举名，曰葡萄莲藕，谏果妙味回，佛手生香酒。樱桃小如珠，蟠桃大可斗。青梅宜止渴，杨梅宜醒酒。西瓜滚翠罂，蜀黍绽玉豆。石榴桃多子，我以赠新妇。枇杷珍晚翠，我以遗老叟。慈姑并老芋，祭灶饷邻右。殿以长生果，祝我无量寿。”亦列举果名，珍数画家心意。1963 年，人民卫生出版社出版的《黄帝内经素问》，其书封面的梅花，就是秦之济亲笔所画。

秦之济兼工画，尝云：“题画诗极不易作，题花卉尤难，既殊咏物，又别议事，在若即若离、有意无意间出之，饶有趣味，斯为上乘。冬心为此别辟蹊径，深得三昧。今之画人，不堪共一谙矣。”录其《题枇杷》云：“累累黄金丸，一梢堆满盘。只怜花似雪，谁向冷中看。”《蜡梅》云：“蜡分颜色梅分韵，最爱花开磬口时。”《玉簪花、黄菊》云：“搔首易生愁种种，秋来一例不胜簪。”《芭蕉、蔷薇》云：“芭蕉庭院宜听雨，我吾初晴坐绿天。读罢唐人诗一卷，日长风软众花眠。”又能篆刻，其印出入秦汉，著有《谦斋印谱》，有论印诗数绝，如云：“论印平生不敢私，缶庐野气未能辞。”又云：“恐见分庭相抗礼，皖江完白武陵丁。”又云：“二陈稳健钱苍莽，后起还当属次闲。”可知其向往。

秦之济书法魏碑，似赵子谦、杨见山，行笔工整，蝇头小楷亦浑匀流丽。

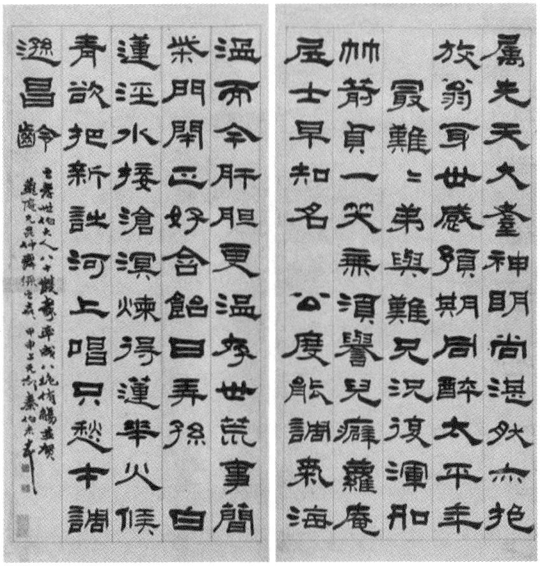

秦之济书法

秦之济隶书长联

魂归故里

1950年，秦之济在上海人民医院应诊。1951年，他担任上海市中医进修委员会委员。1954年9月6日，上海市立第十一人民医院（中医医院）开业，秦之济受聘任内科主任。

1955年8月，秦之济54岁任中华医学会副会长。11月，奉调北京，任国家卫生部中医顾问。后受聘兼任北京中医学院顾问、国家科委中药组组长、

秦之济工作照

全国药典编纂委员会委员。应邀赴苏联、蒙古国会诊、讲学。

秦之济毕生致力于中医教育和临床实践，业医50余年，著述颇丰，为当代中医学术的发展做出了贡献。

每一位中医从业人员，都希望学术经验日趋丰富。秦之济认为：要达到这个目的，应该重视“学习、钻研、积累、探索”这8个字，秦之济毕生就是这么要求自己的。

秦之济自1921年发表第一篇论文《唐容川以痨病脉浮大手足烦为阳虚辨》以来，至1949年前期，在上海24种中医药期刊刊登文章400多篇。这些论文反映了他中医学术思想演进的过程，记载了他大量学术研究成果和临床经验。

秦之济生平著作甚丰，达数百万字，较有影响的有《秦氏内经学》《内经类证》《内经知要浅解》《金匮要略浅释》《内经病机十九条之研究》《清代名医医案精华》《中医入门》《中医临证备要》《谦斋医学讲稿》等50余种。他尤其重视对《内经》的钻研，潜心撰写评述《内经》的专著，有《读内经纪》等5种，并将《内经》原文整理成生理学、解剖学、诊断学、方剂学等7章，病症则分为伤寒、湿暑、热病等37类，还剖析了《内经》与西方医学理论各自的特点和异同，独具见解。

然而，在“文化大革命”中，秦之济被冠以“反动学术权威”的帽子，在北京中医学院第一个被打倒，惨遭批判，家属被勒令返回原籍。1967年7月，秦之济突患大叶性肺炎，高烧咯血。1969年7月29日（农历六月十六日），时逢生日，他已被诊断为肺癌晚年，独自到北京鼓楼大街首都照相馆留影纪念。

1970年1月27日晚7时30分，秦之济在北京中医学院附属东直门医院内科病房逝世，享年69岁。

1976年4月30日，家属按其生前意愿，将其骨灰运回故乡，悄悄落葬于诒谷堂宅院隙地。

1978年8月，北京中医学院为秦之济恢复名誉。1978年9月8日下午3时，由国家卫生部、全国政协、中国农工民主党中央委员会为秦之济召开平反昭雪大会。装有其遗物的骨灰盒存放在北京八宝山革命公墓。

秦氏“诒谷堂”始建于光绪六年(1880)前后,宅院坐北面南,有面阔五间的二进建筑,天井内植有玉瓶花等名贵花木,西厢房定名为“玉瓶花馆”。一进为两层楼,底层正间为厅堂,堂门为彩色玻璃格子门窗。二进为一层平房。

2009年8月6日,秦氏诒谷堂旧址暨秦伯未故居被列为闵行区文物保护单位。

秦氏诒谷堂旧址

钱端升

钱端升（1900—1990），字寿朋，上海县十八保二十七图东钱家塘（今闵行区梅陇镇双溪村）人。1919年，清华大学毕业，赴美国留学。1922年6月获得哈佛大学文学硕士学位；1924年获得哈佛大学哲学博士学位。回国后，先后任教于清华大学、南京中央大学、北京大学、西南联合大学。1925年任清华大学教授。1927年任南京中央大学政治系副教授。1930—1934年任教于清华大学。1934年9月重返南京中央大学任教。1946年任教于北京大学。1948年当选为中央研究院院士。1949年任北京大学法学院院长。1952年任北京政法学院院长。1974年任中华人民共和国外交部国际问题研究所顾问。1981年任外交学院教授，同年加入中国共产党。1990年1月21日在北京逝世，享年90岁。

名医世家

双溪钱氏家族

“双溪”作为地名，宋代时就已出现，位于黄浦江西岸车沟渡之西，黄浦江支流六磊塘之南，自古属上海县十八保二十七图。

明末清初，有一户钱姓行医人家从松江来到黄浦江西岸“双溪”购田定居，堂号为“致和堂”，系吴越国太祖武肃王钱镠的后裔。致和堂子孙在这里有的行医，有的务农，渐成村落，称“北钱家塘”。随着人丁日益兴旺，后代在北钱家塘东面再建新宅，分户而居，自称“东阁”，将老宅称为“西阁”。后来，东阁人称“东钱家塘”，西阁人称“西钱家塘”。

这里，虽然地处乡野僻壤，但乡人乐耕勤织，农耕生活颇为安逸。因南面靠近塘湾乡，钱氏族人大多在塘湾镇上置业，故习惯自称是塘湾人。而这里的行政区划，随着时代的发展一再变更。20 世纪 50 年代，这里地属上海县曹行公社永新大队，西钱家塘为第四生产队，东钱家塘为第五生产队。1980 年春，改称曹行乡双溪村。1983 年 11 月，东钱家塘地块划归吴泾工业区，村民持城镇户口。1992 年，上海县与闵行区合并为新的闵行区。2000 年，曹行镇与梅陇镇合并新的梅陇镇。因此，这里今属上海市闵行区梅陇镇双溪村，建有双溪路。

钱氏家族在此安居乐业,繁衍子孙。清乾隆年间,族中有钱禹珍脱颖而出,为国学生,未走仕途而热衷从医,且三代相传,均以妇科知名。由此,钱氏成为本地望族。

祖辈荣耀

钱端升(1900—1990),字寿朋,1900 年 1 月 21 日(农历腊月廿一)出生于东钱家塘。

曾祖父钱若金(1805—1875),字静斋。其父亲钱鸿岩,英年早逝。祖父钱苍璧和伯父钱鹤山均为名医,十分喜爱钱若金,苦心培养他也成了名医。清道光年间,钱若金在上海老城厢开办恒裕堂药肆。恒裕堂热衷善举,每年农历十月,对无主浮厝、草包棺材施穴土埋,棺柩完好者发给石灰 300 斤;腐朽者发木匣一具,石灰 200 斤;尸骨甏发石灰 70 斤。同治五年(1866),已 60 岁出头的钱若金仍参加岁试,终于成为举人。光绪元年(1875),在家逝世,享年 71 岁。为此,民国《上海县续志》记载:

> 钱若金,号静斋,庠生,塘湾人。世业医,乾、嘉间国学生,禹珍、苍璧、鹤山三世相继以妇人科知名,投剂立验。若金,鹤山犹子也。得其传,尝言:良医比良相。业此以活人也。计较酬资厚薄,隘矣,性好善,贫病助以药资。道光时,举办本乡恒裕堂,施棺掩埋,殚竭心力,并周给亲族之无力者。卒,年七十有一。子长喆,字粹卿,诸生,绩学,早世。次维翰,字亮卿,诸生,亦明医理,著有《药性辨论》。

钱端升的祖父钱维翰(1845—1891),字亮卿。同治七年(1868),参加岁试考入上海县学,与马桥荷巷桥顾言(1844—1914,字丹泉,后为吴会书院创办人)、闵行镇李邦黻(1847—1912,字梯云,嘉庆元年进士李林松的孙儿,为饱学之士)为同学,交情笃深。而他笃信祖训"良医比良相",一心继承家学,结果也成为本地妇科名医。钱维翰娶金氏(1852—1892)为妻,生下钱桐、钱枚、钱楠三兄弟。光绪十六年(1890)农历十二月初七,钱维翰暴病去世,年仅45岁。好友李邦黻常年闭门读书,闻讯悲痛不止,特撰《诔钱亮卿兄》,字字泣血。

钱端升的父亲钱枚(1876—1917)继承家学,娶曹氏(1876—1927),家迁东钱家塘,除家务外,也操耕织。40岁去世。

钱端升的伯父钱桐(1874—1938),字孟材、孟禅,同治十二年(1874)十二月二十六日出生于西钱家塘老宅。早年入武昌自强学堂学习外语。光绪二十八年(1902)赴内蒙古喀喇沁旗任崇正学堂总教习。次年赴日本入东京成城学校骑兵科留学。归国后,在三林学堂执教,后再赴内蒙古在文武学校专任教习。父亲逝世后,母亲金氏卧床数月难起,全家度日如年。族中有人劝说不妨早日成亲,可以冲喜驱邪。于是,经媒妁牵线,族人相助,钱桐迎娶塘湾镇上大户人家李兰卿(祖居二十一保四十二图)的女儿李氏为妻。先后生下一子三女,不幸其中两人是哑巴。宣统元年(1909),钱桐不甘心,又娶钮爱华(1893—1974,后更名梦秋,钮永建侄女)为妻。宣统二年(1910),赴外蒙古库伦兵备处参与练兵事宜。次年春,赴中俄边境调研。民国初,任北京政府参谋部国防科科长。

双溪村钱氏祖屋

钱端升的从叔父钱椒(1856—?),字荫庭,号介福,居西钱家塘。生于咸丰六年(1856)。清末岁贡生,在钱氏家族中德高望重,人称“老先生”。父亲早逝,自幼孤单,为伴母亲而不肯远游,淡漠名利,热衷地方公益,大胆指责苛政。疏浚俞塘时,募资重建俞塘桥、祥云桥。光绪三十年(1904),带头集资在莺湖道院创办保节善会,任主任。光绪三十三年(1907),创办初级小学堂。宣统二年(1910)八月,任塘湾乡乡董。民国元年(1912)8月,当选为上海县议事会议员。先后参与创办双溪小学、塘湾小学。

留学前后

1905 年,是旧中国科举制废除和新学兴起的一年。钱端升随父亲和伯父们读书识字,后在家乡读私塾,直到 1910 年夏。钱端升 8 岁前就能背诵《四书》《史鉴节要》《诗经》《左传》《唐诗三百首》部分篇章。由于同族各家延聘了一位圣约翰毕业的先生当塾师,兼授国文、数学、英文、史地等科目,使他耳目一新,进步颇大。1910 年下半年,他随堂兄到上海城内就读于敬业学堂,一年后又转入养正学堂,至 1912 年冬小学毕业。

钱端升自幼勤奋好学,13 岁就学在家乡最好的江苏省立三中(松江中学),4 年后毕业。为了投考名声颇著的清华学堂,1916 年转到上海南洋中学,插入五年级。1917 年,考入一心所向往的北京清华学校(南洋中学前两名学生才能进入清华。钱端升是第 3 名,由于前两名中有一名不去,这才有幸进入),来到北京。

钱端升与伯父钱桐关系十分密切。1912 年 5 月 13 日,北京总统府成立参谋本部。钱桐是前清军谘府人员,懂日语、俄语,熟悉西北边关情况,又有钮永建直接举荐,便受到袁世凯的器重,被委任为参谋本部国防科科长,获上校军衔。于是,妻子钮爱华携尚不满 2 岁长女钱迪明来到北京,与钱桐相伴,居住在新购置的北京府右街盔头作 7 号。

钱端升来到北京,钱桐盛情邀其寄居在家中。此时,钱桐以新疆驻京代表的身份,专理新疆与内地一色政经文化交流工作,并有心收集各国兵备资料,在多年研究的基础上,倾心撰写长文《五十年来之世界军备》。钱端升欣赏钱桐的见多识广,身处乱世却能放眼全球,思考战争与和平。

钱家宅院的中院各房都为客房,南方亲友来到北京大多住这里,最多时家中主客合计住了 24 人。钱桐知道钱端升日常喜欢清静,特意给他单独安排了一间住房。他在钱桐家居住了 2 年,直到出国留学。

钱桐的二弟钱枚病故时年仅 40 岁。女儿钱允仪为遗腹女(1916 年 11 月 17 日出生),比哥哥钱端升小 16 岁,自幼孤单,便与钱端升一起寄居在钱桐家中。

钱桐的三弟钱楠(1888—1928),早年留学日本,主修机械设计,是火车头设计师。他常带儿子到钱桐家小住。

钱桐家中儿女成群,钱桐生怕钮爱华累坏了身体,特意从家乡选了个族人钱端泰前来担当管家。

钱端升居住在这里,得到周全的生活照料,而且社会信息灵通,但他更向往投身火热时代潮流。1919 年 5 月,五四运动爆发,他成为直接参与者。

钱端升 24 岁获哲学博士学位

不久,钱端升被选送至美国北达科他州立大学读政治学,后进入哈佛大学研究生院。1922 年 6 月获哈佛大学文学硕士学位。又入哈佛大学研究院深造,24 岁时荣获哲学博士学位。其博士论文《议会委员会》,是他终其一生纯学术层面的最高成就。

钱端升比预定时间提前半年完成了学业,校长介绍他利用剩余的费用和时间去欧洲游历,因此他有机会到英国、法国、德国等地去进修和游历。

1924 年 5 月,钱端升从美国留学归来。在短短 4 年之内,他能取得学士、硕士、博士学位,无疑是当时政法学界凤毛麟角的青年才俊。

教授风骨

自 1924 年起，钱端升先后在北京大学、清华大学任政治学、宪法学讲师。1927 年，转南京中央大学任教，在《现代评论》杂志连续发表论述。1930 年，重回清华大学任教，并在北京大学兼课。面对纷杂的乱世，钱端升一边教书育人、著书立说，一边寻求实现中国传统知识分子救世报国的政治理想。

1929 年，钱端升基于自己的研究，对国民党的立宪运动提出一系列批评意见："行政没有一定手续，而人民常遭压迫，那无论政体怎样规定，政治总不会怎样高明，令法律迁就事实易，令事实遵循法律难。""有法而不能实行，不被人所遵守，则离法治更远，不如无法。"

1934 年，东北沦陷，华北告急。在国家危难之际，钱端升兼任天津《益世报》主笔，以笔为刀枪，撰写社论。他不畏权势，秉笔直书，反对妥协，主张抗日。仅半年多时间即发表 217 篇社论，其中 104 篇文章都对执政的国民党当局进行政治批评。为此，柳亚子先生作《怀人》诗赞曰：

钱郎才气颇纵横，抵掌能谈政与兵，
揽辔澄清吾已倦，论坛一臂汝能撑。

1937年夏“卢沟桥事变”突发，8月13日日本又在上海挑起战事。南京国民政府特促钱端升和胡适、张忠绂北大三教授赴美、法、英等国宣传抗日，争取各方的援助，及至1938年归国参与筹建西南联大法学院。

在西南联大时，钱端升一家住在昆明东北郊区的龙头村，梁思成和林徽因夫妇同住在这里。

钱端升任国民政府参政员期间，多次在国民参政会议上起立质询，揭露政府腐败，政治不民主，致使多数国民陷于贫病交迫。他与张奚若、罗隆基、周炳琳一道，成为蒋介石最为头疼的参政员。当时报道载：“这4位教授，虽然政治立场不尽相同，但都痛恨腐败、独裁，力争民主，且皆熟悉西方民主程

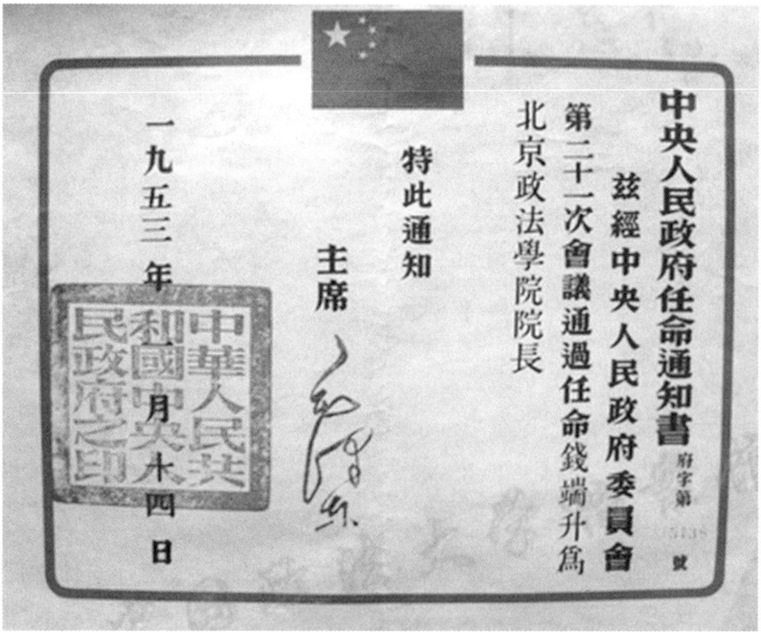
中央人民政府任命通知書 府字第5138號
茲經中央人民政府委員會
第二十一次會議通過任命錢端升爲
北京政法學院院長
特此通知
主席
一九五三年一月十四日
中華人民共和國中央人民政府之印

北京政法学院院长任命书

序，纵然蒋介石身居第二次世界大战中国战区总司令，依然不得不有所收敛。”

1945 年 11 月 25 日晚，钱端升在昆明西南联大做时事演讲，大声疾呼“内战必然毁灭中国”，“我们需要联合政府”。在听众掌声雷动之时，国民党当局出动军警，在围墙外鸣枪相威胁。子弹“啾啾”地飞过师生们的头顶，钱端升却仍然高声疾呼，与枪声相应和……在场学生事后叹曰：“这一幕，理应是联大校史上最令人神往的一夜，它让我们懂得了什么是人的尊严，什么是知识分子的尊严。”

1937 至 1949 年，钱端升 4 次应邀赴美国参加学术会议和讲学。1947 年应哈佛大学的邀请前去担任客座教授。他在哈佛讲学期间，用英文撰写了巨著《中国的政府与政治》。1948 年 11 月，他放弃哥伦比亚大学待遇优厚的邀请，毅然返回祖国，被推为北京大学法学院院长。北平解放不久，他以社会科学界代表的身份出席中国人民政治协商会议，与大家共商建国大计。1949 年 10 月 1 日，荣幸地登上天安门城楼参加新中国的开国大典。

献身法学

新中国成立后，钱端升历任北京政法学院院长、外交学会副会长、对外友协副会长、世界和平理事会理事、外交部顾问。钱端升受命于艰难之中，开始了新中国政法专门教育事业的拓荒工作。1952 年 10 月 12 日，钱端升写信给时任中央人民政府秘书长林伯渠，拟恳求毛泽东主席为学校题字。11 月，在北京政法学院的开学典礼上，学院挂起了毛主席题写的“北京政法学院”校匾。1953 年 1 月 14 日，毛主席亲自给钱端升签发了北京政法学院院长任命书。

1954 年，新中国启动第一部宪法起草工作。在宪法制定过程中，钱端升担任董必武领导的研究小组的法律顾问，就宪法草案的结构、原则及条款等方面内容，提出了自己的看法。作为宪法学家，他特别关注宪法文本中关于公民权利的规定。同时，对宪法草案中关于政府机构的组织、职权等方面规定，也提出了许多具有重要价值的意见。

1956 年 3 月 1 日，钱端升正式向组织提交了入党申请书。不料，“反右”斗争来了。钱端升被撤销除政协委员外的一切职务。1966 年，“文化大革命”爆发，钱端升再受严重冲击，以致他后半生的学术研究“几近空白”。

1974 年，经周总理力荐，钱端升出任外交部国际问题研究所顾问及法律顾问。

1978年，78岁的钱端升由于一只眼睛患静脉血栓，几近失明。1979年，又患上了结肠癌。好在这一年，钱端升被划分右派的问题得到纠正。

1981年，钱端升应聘任外交学院教授。同年，加入中国共产党。

1984年，钱端升不顾年迈体弱，以全国人大法律委员会副主任委员的身份参与宪法修订，参加或主持制定、修订多部重要法律。1985年，在85岁高龄时当选为中国法学会名誉会长。

1990年1月21日，钱端升在北京病逝，享年90岁。中国政法大学全体教职工暨校友挽以长联：

执教六十载，著作等身，诲人不倦，倾心育英才，师情似海，五洲桃李永怀钱翁；

参政大半生，风雨同舟，肝胆相照，一切为人民，望重如山，四海法曹同悼端公。

1962年钱端升与夫人、三子、长媳、长孙、次孙合影于北京

钱端升毕生笔耕不辍，著作等身。与王世杰合著之《比较宪法》、与楼邦彦合著之《资产阶级宪法的反动本质》，独著之《民国政制度》、《中国政府与政治》（英文版），以及译著之《英国史》《法国的政府》《德国的政府》《法国的政治组织》等皆为其代表。

1987 年，钱端升撰写了一篇《自述》，对自己的一生做了扼要叙述。他一直希望通过所学专业，在研究比较政治制度，比较宪法、国际关系和行政学方面拿出一些成果，同时也为国家培养出一批兴国安邦之才，体现出他的学者本色。但他的学问不是书斋的学问，其目的还是希望能为“救国”和“强国”做一些力所能及之事。他的人生先后跨越了 4 个不同的时代，而爱国之心始终如初。他的一生可概括为“学人本色、士人情怀”。

张充仁

张充仁（1907—1998），七宝镇喻家浪（今七宝镇联明村）人。比利时布鲁塞尔皇家美术学院毕业，与埃尔热合作所创《蓝莲花》连环画享誉欧洲。归国开办『充仁画室』，开拓中国雕塑、绘画艺术，桃李满天下。晚年赴欧传播中国传统文化，为法国总统密特朗塑像惊艳世界。一生创作200多件雕塑作品，被公认为『东方罗丹』『泥塑之神手』。享年91岁。

学　艺

张少圃落户土山湾

徐家汇土山湾，位于今日上海中心城区的西南角。徐家汇是明末礼部尚书、中西文化交流先驱徐光启的故乡。

清道光十六年(1836)，江苏巡抚林则徐前来上海，主持蒲汇塘疏浚工程。为了解决河道淤塞问题，林则徐有意将蒲汇塘的流向改道，在李漎泾(又名法华泾)、肇嘉浜拐弯，不再往东经龙华港，而往南经日晖港，进入黄浦江。挖出来的泥土均堆在拐弯处，从而形成“土山湾”。

同治三年(1864)秋，江南教区徐家汇耶稣会创办的孤儿院由董家渡迁入土山湾新址。

一条蒲汇塘连接了土山湾、漕河泾、七宝、泗泾等地区，沿途乡人交往频繁，人际关系密切。七宝老镇位于蒲汇塘中段，镇东过了横泾河便属上海县二十九保，土山湾属上海县二十六保，自古同为上海县高昌乡地界。

太平天国运动后期，兵荒马乱，不少人逃难到土山湾。耶稣会神父收容了一些6至10岁的难民家小孩，人称“堂团”。为使这些孩子拥有可安身立命的一技之长，耶稣会特委托一批有各种技艺的神父、相公前来创办“木、漆、雕花等作场”，规定“堂团”既学文化又学手艺，使他们“于学业上具有初中程度，工艺上获得灵巧之手腕”。因此，这里被称作土山湾孤儿工艺院，内设绘画、雕塑、印刷、木刻、金工、照相等工场，中西文化在这里交流融合，无意间为封闭的中国开辟了通往世界的渠道。

1890年，孤儿工艺院又来了个并非孤儿的新学徒，此人姓张名少圃。其父亲张朴良（1840—1919）在八仙桥药店坐堂行医，闻知土山湾孤儿工艺院的名声，就把已20岁出头而无心学医的儿子托付给工艺院的沈则宽（1838—1913）神父，希望儿子能在此学到些好手艺，日后好自立生活。

沈则宽为人厚道，长期从事孤儿院事业，其兄弟俩都是神父，他排行老二，因此本地人叫他沈二神父。张少圃在沈二神父的指导下，在此学绘画、习雕刻，几年后满师，成了工艺院木雕工匠，专事雕刻中式建筑用的装饰花板。虽说生活还得靠父母照顾，但他埋头于雕刻手艺，为人又朴实，沈二神父对其十分满意。

人称“苏州姑娘”的殷莲子，此时正在徐家汇圣母院女工作坊做刺绣工。工余时，她常去著名教育家马相伯家做帮佣。父亲殷子培是苏州城里的知名画家，母亲与马相伯哥哥马兆良（字建勋）沾点亲，因此名义上称外甥女。故此，沈二神父对她十分关心，还有意牵红线，使张少圃与殷莲子结下姻缘。

孤儿院南面的“教友村”房子刚由2排扩建为5排，专让土山湾做工的平民教友居住，人称五埭头，又称汇南街，位于今漕溪北路南丹路口。

张少圃租到了五埭头一套住房。房子并不大，是约7米深，约3米开阔的平房，但有客堂间、卧室、阁楼等，足以安家。五埭头最中间的三间正厅设有叙伦堂，专供婚丧集会使用，还拥有一整套婚丧典礼所需的物品。张少圃与殷莲子由父辈主持在此举办了婚礼，参拜耶稣像和诵读婚配祝文，正式在土山湾落户成家。

张少圃家住房紧靠肇嘉浜上的慈云桥。1903年2月，该桥改建为石桥堍、铁桥身，人们在桥座处淘米洗衣，沾慈云之气。

夫妻俩结婚多年却未孕，就在孤儿院领养了一个小男孩，取名张充嘉。不料2年后，殷莲子却怀孕了。小夫妻俩是虔诚的天主教信徒，忙为孩子取了个圣名，借《新约圣经》之一《玛窦福音》的书名为腹中的孩子取名为玛窦。

20世纪初,土山湾孤儿工艺院接连创造辉煌。出于张少圃这一代雕花木匠之手的作品,先后参展1900年巴黎世博会和1905年比利时列日世博会,并屡获金奖。1906年,耗时4年为布鲁塞尔北郊比利时国王御花园建造的中国宫和八角亭,终于全部建成,运往欧洲组装。

就在这个时候,张少圃家中也传出喜讯。

1907年9月25日(清光绪三十三年八月十八日),殷莲子终于产下了"玛窦",因出生时身材较小,乳名称阿小。后来,为其正式取名张充仁。只是当时谁也没想到,这个孩子日后会成为享誉世界的雕塑艺术大师。

七宝老家情缘

张少圃的祖父张慎斋(1806—1877),生于清嘉庆十一年。年少习医,自学成才,在七宝镇上驻堂行医,因擅长中医妇科而名显一方,广受敬仰。

张氏是中医世家,世居七宝镇西首的俞家巷(今闵行区七宝镇联明村)。嘉庆五年(1800),俞家巷建起天主教若望锒多莫堂。张氏家族笃信天主教。

相传,咸丰六年(1856)夏天,本地遭遇大旱,"蝗自北来,捕杀至数百斛",乡村夏熟全荒。一天,四乡饥民聚到七宝镇上,议论着要抢富户人家的食粮活命。

张慎斋闻讯到场,好言相劝乡亲们:"大家散去吧,免生祸事。"而此时,县衙门派出的七只催粮大船停靠在蒲汇塘桥桥堍,饥民顿时与收粮官冲撞起来,结果粮船被烧了。

张慎斋因在场而被诬为"烧船案"祸首。第二天,县衙即发出捉拿张慎斋的告示。灾祸临头,张慎斋只好出外避逃。但风声越来越紧,张家只得宣告"张慎斋已亡",还在俞家巷"出棺材",像模像样地办了丧事。县衙门听说张慎斋死了,案子便不了了之。

从此,张慎斋不敢再在七宝镇上挂牌行医,乡亲有急病求医,他只得避匿在网船上为病人治病,还改名为张在亡。如此熬过了三年多,案子终于平息,他才正名为张在王,公开露面行医。

后来，儿子张朴良虽继承祖业，但眼看守在俞家巷难以发展，就在光绪三年(1877)张慎斋去世后，将全家迁往上海闹市区的八仙桥，寄身于药房驻堂行医。

七宝毕竟是张氏老家，亲亲眷眷连着根，生老病死有照应。因此，张充仁出生后，父母忙于谋生，就将他送到俞家巷，托付亲友照料一阵。

年幼的张充仁喜欢待在母亲身边，时常细细观看母亲绣花时手指穿针的动作和绣出来的花卉、人物。然而不幸的是，张充仁才四岁半，年仅37岁的殷莲子就因病去世了。他永世难忘，母亲临终前还在灶火边为他煨糕饼。

虽说张少圃是个能干的木雕高手，但是随着时代变迁，上海人造屋都讲究洋派而不再用花板雕梁装饰，他的木雕手艺渐无用武之地，时常接不到活。

小家庭生活又陷入了困境。张少圃只得经常将儿子送到八仙桥住几天，又送回到俞家巷。但是，长期靠亲友照料儿子非长久之计，于是他就将张充仁带回土山湾，“寄身”在孤儿工艺院里。

孤儿院里寻乐趣

1912年春天，人们欢庆共和，告别封建帝制，走进了中华民国新生活。才五六岁的张充仁随父亲走进了土山湾孤儿院，找到了使他快乐的新天地。

被送进孤儿院的大多是7岁以上的男孩，满12岁后进入“作场”当学徒，同时每日有两小时学习语文(中、外文)、物理、数学、化学、地理等课程，两小时自修读《圣经》。两年后，被分派到工场学习手工技艺，晚上还得上文化课。

此时的张充仁，不是孤儿，又未满7岁，是这里最自由自在的人。他看到，这里有木工、五金、照相、印刷、绘画、彩绘玻璃等各种作场，人们在为各地教堂制作圣像、祭台和其他宗教用品，为社会各界制作浮雕、塑像、摆件、装饰屏及各种家具用品。

这里浓郁的艺术氛围和神奇的创新能力，将张充仁的艺术天性和创造欲望逐渐激发出来了。

他喜欢拿着铅笔到处作画，灰白的院墙成了他最大的绘画板，最喜欢画的是“关云长的青龙偃月刀”。

当时玩具极少。他发现附近有个工地，那里有小山一样高的黏土。他喜欢抓一把黏土搓成小条，再放在太阳下晒干，泥条变干粉碎了，就加水再捏。他在琢磨，为什么这土与水会粘在一起。

他还决定学做一个砚台，选了一块厚厚的青砖，蹲在水沟边将青砖在石头上磨扁磨薄，又找来了一个大铁钉，在砖上面挖出个坑。作品完成后，他正想拿给大人们去看，忽然又发现这个砚台不好用，因为砖太干，磨墨的水很快会吸走。但是他依然乐呵呵地，这毕竟是自己制作出的第一件“雕刻艺术作品”。

1914 年，张充仁 7 岁了，父亲将他送进了设在天文台的类思教会小学(今汇师小学前身)读书。类思，是天主教一个年轻圣人的名字。教会要求师生以类思为榜样，做到“抛弃俗世，安于神贫，绝对服从”，学习以读圣经为主，文化课为次。

比张充仁大 3 岁的张充嘉早在这里读书了，他贪玩不思上进，而张充仁好学好胜，尤其喜欢绘画艺术，一至三年级，他每次画图考试总是第一名。他的艺术天赋，引起了校长田中德修士的注意。田中德(1885—1978)生于日本，曾是土山湾画馆的学生，对同好者自然特别青睐，便专门为张充仁和其他七八个爱绘画的同学开设图画班，每天下午放学以后亲自传授美术知识，从最初的铅笔画线条入手，画眼、鼻、口、耳、须、手、足，然后是头像、人体像。

为了丰富自己的绘画资料，张充仁饶有兴趣地把一张张石印五彩的“香烟牌子”和印有西洋画的明信片收集起来。结果，他竟收了《行行出状元》360 张、全套《水浒传》108 张、全套《三国》100 多张。后来，他用所有的香烟牌子去换了一大堆欧洲邮票。一次，他走了 10 多里路，赶到市中心去买新邮票，但他并不觉得路远。

四年级年终考试之后，小学校长要给各科成绩优秀者召开授奖会。张充仁的图画成绩为全校第一名，校长为他准备了一只画箱、一套画笔和颜料。谁知，在同学们兴奋地搬运奖品时，一阵风将奖品上注明获奖者姓名的纸条都吹落了，大家手忙脚乱，偏偏将第一名与第二名奖品上的纸条给互相换错了。结果，张充仁领到的是第二名的奖品，那是一部《中华图画故事》。

第二天，校长碰到张充仁，笑眯眯地问："领到的奖品怎么样？"

张充仁伤心地说出真情。于是，校长给他补发了一段兰香墨和一盒铅笔。张充仁欢笑着奔回家去。

随佬佬学书画

张充仁因外婆与著名学者马相伯沾亲，当时又相处在一起，因此以曾外孙的身份称马相伯为外太公，自幼叫他"佬佬"。

马相伯(1840—1939)，1870 年获神学博士衔，加入耶稣会，授司铎神职。1874 年调任徐汇公学校长兼教务。1900 年将 3000 亩田产捐给天主教江南司教收管，作为创办中西大学堂的基金。1903 年，租用徐家汇老天文台余屋，创办震旦大学，自任院长。辛亥革命前后，闯荡南北。1917 年起隐居在土山湾著书谈道，不问世事。

张充仁从懂事起，就喜欢听老人们讲那些不知而想知的事情。自从佬佬隐居在土山湾孤儿院 3 楼，他就时常上佬佬家的绿野堂、乐善堂去。佬佬 70 岁起专攻书法，在家以写字为乐。张充仁进门，佬佬时常会拿出一本字帖，问他："这字好吗？"他点头说："好。"佬佬便问："好在哪里？"于是，他就认真地做一通"点评"，说得佬佬常会朗声大笑："奇怪，奇怪，你这小孩全晓得的。"

10 岁刚出头的张充仁感到，与年近 80 岁的佬佬相聚，是最有趣的事。

佬佬告诉他："画中国画，橙、黄、青、蓝色显得太俗，添上几点墨看上去就雅了。碰到生宣纸要化，你蘸点唾沫墨上去就不化了。"张充仁听了，去尝试，发现唾沫就如胶水，真灵。

说到慈禧太后作画，佬佬总要感叹一句："这种人享受是算得上享受的。”张充仁心里明白：“你慈禧太后虽享受，但也不能保证不死，你用宝石作颜料，也没有留下一张画，没有好画，颜料再好，也是白搭。”

佬佬还告诉他：“颜色想要用得像天然的一样，只要涂在那样东西上看看对不对。若画树叶调不好颜色，你只要采一片树叶来，将颜色调上去，没有差别就行了。”张充仁听了，当真去试了，把颜色调正了画到树叶上去，过一会一看又两样了。他心里想，那只是佬佬自己的想法，绘画世界里必然充满着神奇的奥秘。

佬佬又告诉他：“从前有人要画一匹奔马。他想把马画得毛发勃起，嘴里喷着唾沫。什么全画好了，就是画唾沫碰上了困难。其实，他用自己的唾沫拌点墨溅上去，不就像了？”张充仁发觉，佬佬的这个想法不对，溅上去的唾沫是平面的，只会是一沰水渍。但他心里明白，佬佬的话是想说明绘画要懂得使用技法。

佬佬是个学者，虽然不会绘画，但他见多识广。张充仁最喜欢听佬佬讲古今中外的奇闻轶事，听他描述他目睹名家作画的情景。佬佬告诉他：“一定要好好读点《庄子》。《庄子》意境大，对绘画帮助极大。”张充仁将这句话铭记了一生。

巧遇安相公

1919 年，张充仁的祖父张朴良逝世。张充仁与父亲相依为命，与小姑妈张龙秀时有来往，生活平静。

1921 年 8 月，14 岁的张充仁小学毕业后，麻烦来了。

同学们或升中学，或去学生意，各奔前程。而张充仁因家境贫困未能继续升学。父亲希望他去学生意，但是既无门路可走，又无人情可托。

张充仁希望父亲能让他到土山湾图画馆去学画。6 年来，他每次经过图画馆，都要设法进去看一下。因为那里藏有范相公的泥塑木雕，有田中德老师画的油画，还有许多许多西洋名画印刷品。那里，是张充仁心中的圣地。

父亲终于同意了。他带张充仁去见图画馆主任。父亲告诉主任：“我的小团从小就喜欢图画,在类思小学图画成绩考了第一名。这里能不能收他做个学生?”

主任客气地说:“图画馆的额子已经满了。”

张充仁脱口插嘴:“我自己搬只小凳子来就是了。”他不懂“额子”就是名额,误以为是杌子(坐凳)不够。主任摇头,也不懂这小团话中的意思。

父亲拖着儿子说:“走吧,此地人多了,不好再添了。”

到图画馆去学画的愿望落空了,张充仁失望而无奈。

眼看暑假结束了,天依然极为闷热,张充仁感到日子实在难熬。既不读书,又不学艺,整天蹲在五埭头家中,与那些老人和小孩闲谈玩耍。他时常独自走到肇嘉浜上的慈云桥头,看着流水行船,听着知了噪声,想着该怎么办呢?此刻,他不敢再去图画馆游玩,怕触景生情,但他心中始终认为,想学画不会只是一场梦,想圆梦不会只有一条路。

一天,张充仁正站在慈云桥头的树荫下发呆,土山湾照相制版部的安守约(1865—1939,字敬斋)相公正巧走过。安相公是一位气度安详、慈善温蔼的老人,来自爱尔兰,3 岁失去母亲,从小被寄养在孤儿院,7 岁时父亲调往日本税关,他不肯随父去日本而进入修道院,师从图画馆刘德斋先生。他与田中德老师相识,早已听说田老师有这样一位得意的学生。

安相公上前发问:“张充仁,你在这儿做啥?”

张充仁望着笑容可掬的安相公,木讷地说:“我不做啥。”

安相公像早已了解到他的窘况:“你现在想做啥职业?”

张充仁快要哭出来了:“现在我什么地方都去不成。”

安相公笑了:“我知道你想学画画。你喜欢学照相制版术吗?”

学照相制版术?张充仁感到茫然,这与画画有什么关联?

安相公告诉他:“你想学照相术,明天就到我那儿来。在那儿,你也可以学画图,每天早上我教你一个小时。”

听说学照相术的同时还能学绘画,张充仁连忙一口答应了。

安相公高兴地点着头说:“礼拜一早上 7 点钟,在土山湾印书馆大门口,我来接你。”

张充仁连奔带跑地回了家，把消息告诉了父亲。父亲却不太放心，跑去问一位叫许康德的邻居。许先生曾是安相公的学生，他介绍说，土山湾照相制版部是远东第一家制作新版的地方，从前他学的只是彩铜版，现在采用珂罗版。安相公做出的成绩，已刊登在法国照相制版杂志上。许先生还说："印有安相公制作的珂罗版照相插图的书籍传到法国，人家大为惊异。法国杂志来函，希望他介绍珂罗版的方子和整个制作过程。安相公还承接了他们印制上千张珂罗版照相的业务。"

父亲听许先生这么一说，心里十分踏实。

学会照相制版术

1921 年 9 月，张充仁进了照相制版部，主要工作是在暗室里用清水洗照片。

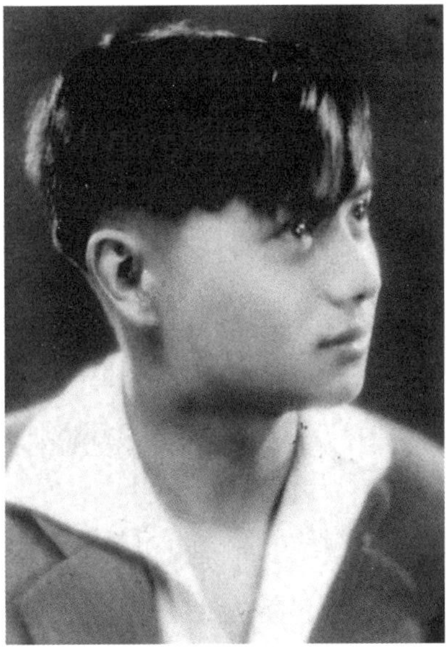
少年张充仁

为了把定影后照片上感光的硝酸银彻底洗尽，不致日后泛黄，必须在清水里不停地清洗 3 小时。这是制版部里最简单又最单调的工作，但他做得很认真。他才 14 岁，要从地上端起直径六七十厘米的盆子，将水倒进水斗里，感到十分吃力。他想起小时候常玩的一项游戏，把橡皮管插进痧药水的小瓷瓶，用嘴一吸，水会流个不停。于是马上找来一根橡皮管，一头插入盆子作进水，一头插入水斗作出水，如此"倒水自动化"果然应验了。

安相公看到此举，笑了："张充仁，你倒是花头大的。"

制版部药间里放着几百种化学药品，不少瓶上的标签因日久而变模糊了，张充仁就把标签重新抄写，全部换成新标签，使大家在配方、取药时方便多了。但大家没有察觉，张充仁趁着抄写，已把药物名称都默默地记在心里了。

每天早晨,张充仁按时赶到安相公住处,跟着他学习半小时法文、一个半小时绘画。最初,是捏着小狼毫笔在透明纸上,照着纸下的图样,白描出人物、花卉。勾勒了几十张图样之后,小狼毫已捏得见中锋,画稿上的线条也挺了,安相公就叫他扔开透明纸,在白纸上直接临摹图样。安相公虽作西画,但他从老师刘德斋那里学会了中国画,就将这套方法传授给张充仁。

张充仁捏着小狼毫临摹了几十张图样之后,安相公教他用铅笔临摹法国阿尔加什涅的铅笔画集。这套铅笔画,内容浩繁,人物、走兽、风景、花卉、图案分门别类有60册,张充仁甚为喜欢,默默地临摹了一张又一张。

然后,安相公教他写生,也学点水彩。除了室内静物写生,遇到星期天风和日煦,安相公就带他背上画夹,到郊外去画村落、农夫、耕耘、收获等田园风光。

而这一切,又是学习摄影制版术时,掌握照片构图、层次、深淡所必须具备的知识。

第二年,张充仁开始独立拍摄照片,并学习底片的整修技术。徐家汇博物馆在江南诸省捕捉到了几只世界上其他博物馆所没有的飞禽,他们把搜集的所有鸟类拍成照片,准备印成相册。张充仁负责此项拍摄、整修底片的工作。每张底片的背景都要虚掉,用小刀把鸟的轮廓、毫毛修出来。因为他已具有一定的素描功底,因此底片修得很成功,即使在放大镜下检查,也无人工雕凿之感。安相公对此非常满意。

照相制版部还负责为逝世的教友拍摄圣名单(即报丧单)。圣名单上有死者遗像和生平履历,以往文字都用“洪武体”(即仿宋体)排版,此时不少人希望改用书法体,而张充仁能书写一手漂亮的隶书,因此他为教友们制作的圣名单,广受赞扬。

干他人没有干过的事

在制版部里,安相公的配药方子是个秘密,他从来不告诉任何人。因为有的学生一懂配方，会做照相材料之后，就跑出去自找门路，使安相公很伤心。张充仁进制版部后，安相公同样也从未向他谈起过任何一种配方。可是，安相公并没想到，每次他把要洗的量杯交到张充仁手里，张充仁就记住了药名和配比容量。

一天，安相公得病了，要静卧一星期，临走时特意留了张纸条，连“最后走出门的人必须关紧水龙头”之类都做了关照。隔了三天，显影油没有了，张充仁跑去告诉他。安相公说，显影油的方子夹放在一本书里，叫张充仁替他配一配。张充仁笑笑，当场把显影油的配比报了一遍。安相公正好生奇怪，张充仁却走了。第四天，定影水又用完了，张充仁随即就配出了三纳定影水，同时还配了氯凡水和硝酸银液，分给大家使用。

一个星期后，安相公回到制版部，听说张充仁自己配了定影水，顿时急坏了，生怕搞错了药物和容量会使照片全部报废。他走进暗房，问摄影师这些药水好用吗，摄影师讲全好用的。他大为惊疑，药方未曾告诉张充仁，他怎么都配出来了？安相公哪里料到，药房里几百种化学药物，张充仁都已经悄悄配过了。

张充仁总想干一番他人没有干过的事。几年来，在学习照相制版术过程中，他跟各种化合物打交道，对化学的兴趣日趋浓厚。学徒第4年，他和一个摄影师在家里合办了一个小化学工业社，生产照相制版材料珂罗弟翁。这种材料过去都是从美国进口的。他从商务印书馆买来工业化学书籍，购置了烧杯、冷凝管等器皿，经过几番挫折，终于制出成品。他们用棉花在荷性纳溶液里热处理，脱脂去杂，然后浸入硫酸、硝酸溶液，使棉花变成可溶性的火棉。另将酒精经过硫酸处理变成依太，再与酒精溶和后将火棉溶解进去。这样的液体倒在玻璃上会结一层铂，这薄铂即是珂罗弟翁。将感光的硝酸银溶入珂罗弟翁，就能成功制成一张湿片。他们将生产的珂罗弟翁推销给商务印书馆、中华书局的制版部，每月供应几十加仑。他们见产品有销路，就一心想发展扩大。于是，到店里去订做了各种化学器皿。

可惜，天违人愿，三五个月之后，从美国进口的珂罗弟翁跌价六成，大批涌入市场，而且大大低于他们的制作成本。刚看到一丝希望的化学工业社，连本都未赚回来就夭折了,他只得将瓶瓶罐罐一股脑地送进了旧货店。父亲拼凑资助的几百元钱,一下子全没有了。更令张充仁不安的是,那位合作的摄影师,已有家室,经不起风浪,不久生痢疾去世了。

但是,张充仁并不肯退缩。他紧接着改行翻石膏,制作圣人像。中英药房出售的石膏价钱贵,他就借助书本知识,自制石膏。到豆腐店进了两担生石膏,自己动手敲碎,用大锅子炒,温度控制在110℃。然后将炒熟的石膏翻制圣像。翻好圣像,请来漆匠,描好漆之后,出去推销。结果一算,所花成本得不偿失,只得收场。

接连受挫,使张充仁重新做了一番思考,最终决定还是从自身所爱好的绘画艺术中去寻找前途。

求教徐咏清

张充仁已18岁了,他将"当个艺术家"作为自己为之奋发的人生目标。但是,家境贫困,他必须自食其力先设法填饱肚子;没有凭空飞来改变命运的机遇,他必须脚踏实地地学习再学习。心头的宏愿,对于年轻的他来说是那么渺茫,但他坚持不肯放弃。

春去秋来,年复一年,张充仁的画技有了显著进步。他已经不满足于安相公所教的美术基础知识,盼望能找到更加广阔的学习天地和发展机会。

20世纪初,在上海已涌现出徐咏清(1880—1953)、周湘(1871—1933)等擅长水彩画的画家,他们都是从土山湾画馆走出去的。张充仁盼望能与他们交流。

正巧有一天,知名画家徐咏清前来探访安相公。张充仁对他十分敬重,凡出版了他的画就会设法去买一张,知道他自幼失去父母,由土山湾孤儿院收养,9岁就随名师学西画,33岁起主持上海商务印书馆图画部工作。此时徐咏清已45岁,成了上海滩有较高成就的画家,一张铅笔画能值80块银圆,一张水彩画能卖上千元,还在四马路(今福州路)开设了"水彩画馆",教授学生。张充仁还知道,徐咏清与他同住在五埭头,生活比较富有。张充仁希望自己长大后也能像徐咏清一样。

徐咏清来到制版部，安相公命张充仁当场做一张铅笔画。徐咏清看着，对安相公说："这个小孩非常之聪明。"张充仁高兴地冲着徐咏清直笑。

由此，张充仁算是与徐咏清相识了。他极为兴奋，终于有更多机会求教水彩画、油画名师了。几天后，他精心画了一张小孩头像的素描，很想听听徐咏清的点评，并趁机求教色彩问题，就有意守在五埭头宅弄口等候。

见到徐咏清，张充仁忙呈上画稿让他过目。

徐咏清仔细一看，点头称赞他画得好。

张充仁急忙求教："这个小孩面孔的颜色，最好怎么配呢？"

徐咏清听了笑笑，说："你喜欢怎么配，就怎么配，黑的也蛮好么。"

张充仁一时不得要领，想了又想，才悟出其言真意：你还刚刚入门，应该注重的是基础素描，而不应该急于关注色彩。

聪明的张充仁更加用心地钻研水彩画和油画。他尽力收集外国明信片作参考资料，有米勒的《晚钟》、柯罗的《风景》、拉斐尔的《母与子》、达·芬奇的《蒙娜丽莎》以及希腊雕塑《维纳斯》等。听说城隍庙摊头上正贱卖一批俄国列宾、苏里科夫的画页，他当即冒雨从土山湾赶到城隍庙，一下买了几十张。

张充仁想尝试画张油画人物像，谁会愿意静坐半天给初学油画者当模特呢？他首先想到了佬佬。

他带着画具赶到佬佬的住处，见佬佬正坐着养神，便连忙画了起来。佬佬似睡似醒，一动不动。张充仁得意地匆匆作画，正在调色上彩，佬佬突然开口说："充仁，停下吧。"张充仁不知情由，手中的画笔竟发抖，颜色涂了又涂。

佬佬起身走上前，眯着眼睛看了看他的画稿，说："你自己看看，像吗？认为像，再画下去。不过，我看是不像，不像。"张充仁慌了，只好收起画具，恳切地说："佬佬，我回去再练练，一定会画得像的。"佬佬朗声一笑，又去养神了。

不久，安相公给张充仁拿来了徐家汇天主教堂历任院长的肖像，要他画成24英寸的油画。张充仁认认真真地完成了任务,通过这10多幅画像体验了意大利文艺复兴三杰之一拉斐尔的绘画风格。这些肖像画和他画的徐家汇老天文台台址等油画,悬挂在徐家汇天主堂,让世人瞻仰,一直挂到1966年“文化大革命”初期。

跨入20岁那年,张充仁终于结束了6年的学徒生涯,他正式满师了。几个月后,他没有按惯例留在照相制版部工作,决意走出土山湾。安相公也希望他走向社会,去寻找更广阔的天地。

闯 荡

踏上社会第一步

1927 年 7 月，上海滩改称为上海特别市，社会在激烈动荡之后逐渐平和。经朋友介绍，张充仁走进了位于斜桥的和合电影公司，以绘制布景谋生。

和合电影公司是老城厢西门方浜路上有名的金家开办的。老板原是个挂牌律师，“吃法律饭”赚了钱，见“拍电影”时髦，便想在上海滩显露一番。

张充仁对绘布景这一行挺感兴趣。他多才多艺，4 年前就绘过布景。那时江浙军阀混战，徐家汇青年组成地方保安团，一边防范，一边演些戏文。他去话剧社帮忙画舞台布景，在幕后看演出时，萌生了参演话剧的渴望，于是在《生死牌》《空谷兰》等剧目中演了个小角色。尽管只演了几场，但他感到非常自豪，走在路上常被人们认出来，成了一个“公众人物”。

可是，眼前这个“和合公司”内部人际纠纷复杂，实在“不和不合”，张充仁发现自己与它“难和难合”，干了两个月，他便找个借口离开了。

后经朋友介绍，张充仁在《时报》馆谋得了职位。

上海《时报》于 1904 年 6 月创刊，是戊戌政变后保皇党在国内创办的第一份报纸。1928 年 9 月，21 岁的张充仁进了《时报》报社，逐步担当起周二画刊版的选稿、剪裁、排版、编辑工作，不久画刊主编戈公振出国留学，他就代任画刊主编。

除每周出两版画刊之外，张充仁抓紧时间，开始攻读《大学》《中庸》《论语》《孟子》等国学经典，自修国语基础和古典文学，同时钻研法文，每个星期还保证抽出一天时间外出写生，还临摹15幅任伯年写生手稿（神态不同的鸭子、母鸡等），不致让自己的画技有所荒废。

迈出走向社会第一步的张充仁，想尽力地充实自己的心灵，然而此刻，他的心境如同自己拍摄的那幅取名为《寒意》的艺术照，天空凝结着冻云，像快下雪的样子，一枝脱了叶的树杈，远处小道上一个农人在匆匆行走。

他把这幅《寒意》送去参加"美社摄影会"展览。不久，这幅作品被一些报刊刊登了，有述评称"拍得很有意境"。可张充仁明白，他的前途不在摄影这一行，在美术上发奋努力才是自己性之所近，力之所能的。

走进谭家门

马相伯有个媳妇，名字叫马邱任我，张充仁叫她婆婆。张充仁在报社月薪仅有30元，因此想在工作之余再找份工作，马婆婆就介绍他到英国地产商莱斯德洋行管账谭容圃家去做家庭老师，教谭家的儿子图画。

谭家夫妇在社会上有点名望。谭容圃早年毕业于金陵大学，被《新闻报》社社长聘为私人秘书。后来又被介绍到英国建筑师莱斯德那里，做秘书兼会计。他的记忆力惊人，莱斯德洋行里所有的地产方位、面积与编号，他能倒背如流，因此地产买卖时，不必翻看档案。谭家太太洪璋，曾是虹口私立自力女子中学的校长，还自任国语教师。她父母早亡，由舅父母领养，但14岁时又成孤儿，于是吃素信佛，苦读奋斗，总算成才。谭家的儿子名官和，是领养的。谭太太亲自教他国语，聘一位英国人教英语，特请张充仁来担任图画老师。

几个月后，谭先生发觉，儿子对图画课已有兴趣，人也听话多了，说明张充仁的家教很有成效。谭家夫妇对张充仁极为满意，郑重提出要认他做过房儿子，与他儿子结拜成兄弟，带领他儿子走一条正当的路。

张充仁见谭家真心相待，也自认有教好这个特殊学生的责任，在征得父亲同意之后，就认谭家夫妇为寄父母。谭家高兴得特地为此办了二三十桌酒水。张充仁深深地感受到一股父母般的亲情暖意，他感觉到这个社会人际还是有爱在流动、在传播。

张充仁对美术的兴趣越加浓厚了，尤其对水彩画更为偏爱。他的作品已能在一些画廊里展出，还得到了“画面生动，色彩透明”的赞扬声。

第二年，谭家夫妇见张充仁特别喜爱钻研西洋画，为他的未来着想，就提议他“应该出去留学欧美，若有此打算，可以资助出洋路费”。

出国留学！张充仁想过，但一直不敢想下去。因为他没有出国留学的经济条件，而如今寄父母愿意资助，就着实叩响了他的心弦。

寻求出国留学

张充仁悄悄地开始选择出国留学的地方。

最后他选择了比利时布鲁塞尔皇家美术学院。他不选巴黎，是觉得那里的学风过于松散，而比利时要考试才能入学，因此学生成绩更好。而且他听人说，达官贵人的子弟大多喜欢在法国混，你若想混入政界，那你就到法国去结识他们，回来办事自会便当多了。而张充仁没有吃“政治饭”的打算，他只想将来能做个真正的艺术家。再说，比利时的生活费用要比巴黎节省两成。他心里很清楚，寄父母能资助的仅仅是出国的路费，对一个没有家底而完全要靠人资助的穷学生，谁的心里都会“寒丝丝”的。

凑巧，有一个中比庚款委员会可以资助赴比利时深造的中国留学生。张充仁从佬佬那儿打听到，中比庚款委员会的中方代表是国民党中央委员褚民谊(原名明遗，字重行)，而褚民谊喜欢照相术，摄影技巧也不错，张充仁在编辑时报画刊时，曾两次刊发他投寄来的风景照，应当算是有点交情。

张充仁设法找到褚民谊，和他谈了自己的打算，希望他能够给予帮助。褚民谊满口答应说：“你出国去吧，放心！将来你要份助学金总归好商量的。”

张充仁把此话回复给佬佬,佬佬说:“这蛮好,蛮好。”可是,张充仁心里仍没有底,褚民谊说的“将来”,要等多久呢?会不会夜长梦多?他希望佬佬能出面,与褚民谊谈妥。佬佬点了头,他便立即赶到褚民谊家,转告佬佬的邀请。褚民谊爽快地答应了。

第二天,佬佬设宴准备款待褚民谊,同时还邀请了担任过驻比利时大使、外交部顾问王景岐(字石荪,号流星)。谁料,褚民谊迟迟不到场。张充仁急了,忙与寄母谭太太商量,因为褚民谊的太太是广东人,而寄母也会广东话,打电话容易沟通。寄母马上接通褚家的电话。褚太太在电话里回答说:“褚先生正在复旦大学演讲,可能被留在那里吃饭了。”寄母告诉她:“马相伯老先生在此等得心烦了。”褚太太一听急了,答应马上催办。一小时后,褚民谊匆匆从江湾赶到徐家汇。

酒上来了,大家围坐一桌。张充仁属小辈,知趣地早已回避在外室。宴席上很热闹,笑语不绝。褚民谊说得来劲时,竟离开酒桌像孩子般踢起毽子、打起太极拳。酒后,佬佬还与大家在平台上留了影。

这时,王景岐抽身轻声对张充仁说:“留学之事,不要再与褚民谊讲了,你应该去找艾尔思,他是中比庚款委员会比国方面的委员。”张充仁从王景岐的脸色上看明白了,褚民谊对此事没有多大权力,虽不知其中有何曲折,但明白也许褚民谊真有为难之处。王景岐是个热心人,他把艾尔思的住宅地址告诉张充仁,并说:“你去找艾尔思,结果怎么样,回头再来找我。”

6月间的一个星期天早上,张充仁在普西路(今长乐路)找到艾尔思先生的住宅。他按了门铃,一位男仆领他走进会客室。只见身躯高大,满头白发,长着一对绿眼睛的艾尔思稳步走下楼梯。

张充仁忙起身用法文请安,自报姓名和职业,并拿出随身带来的水彩画和艺术照请他过目。

艾尔思揣摩片刻,颇有兴趣。一会儿,他蓦地站起身说:“请允许我也取些照片请你过目。”

张充仁接过艾尔思的艺术照,发现在剪裁上有些问题,出于职业习惯,便直言不讳地指了出来。艾尔思听了,连连点头。

两人从照片转到了画画上。艾尔思很欣赏张充仁的水彩画,连声赞叹:“啊,太清新了。”

张充仁趁势开口说道:“今天我来,是向您请求一件事。我要到贵国去学绘画,想从你那儿得到一份中比庚款奖学金。”

艾尔思惊奇地嚷道:“啊!你画得这样好,中国的美术比西洋的好,中国历史上有许多好画,西方人都喜欢东方的美术,你为何要到西方去呢?”

一听此话,张充仁不由露出失望的神情。

艾尔思笑着转回口气说:“你真要去比国留学,那也太早了,比国所有学校的暑假要到10月份才结束。”

张充仁顿时面露喜色。他感到去留学只是时间问题了。虽说领取助学金还得凭学生本人的优秀成绩,但他完全相信自己的实力。

艾尔思看到张充仁神采飞扬的样子,笑着发问:“你去过普陀山、杭州吗?”张充仁未曾去过,便敷衍了一句:“那里风景很好,不过,中国有很多这样的风景区。”艾尔思点点头,表示他很熟悉。他转身取来一张200元的支票,对张充仁说:“你到杭州、普陀山去,给我画几张水彩画。”

张充仁明白,艾尔思要考考自己,就说:“我去画可以,但这钱我不要。”艾尔思却执意要他收下。

首次闯杭州

7月间,张充仁带着画具颜料和替换衣服,前往杭州。

这是他第一次走出上海,第一次独自来到一个陌生的城市。生怕人地生疏不好办事,便托人在西湖栖霞岭下岳王墓附近的凤林寺预定膳宿。

张充仁按照事先了解的路径,沿着西湖,走过岳王墓,顺利地找到凤林寺。寺院门口两边是参天古树,大部分是香樟。进入大门,就看到了一尊弥勒佛雕像,东西两边有高大的香樟树和松树,喜鹊叽叽喳喳叫个不停。他没有进大雄宝殿,要紧找宝殿后面山坡上的僧房,急于求见住持和尚。

住持和尚面对这位手提皮箱,身着西装短衫裤,脚穿橘黄皮鞋的年轻人,知道不是来求神拜佛的,便随口问道:“你,啥地方来的?”

张充仁微笑着递上《时报》编辑的名片和一封书信。

因他所托之人很有声望,住持和尚见信后,脸色即刻缓过来,起身客气地问道:“先生,你预备住几时?”

张充仁谨慎地说:“至多两个星期,不会长住。”

住持和尚一口答应:“好好好,请请请。”

小和尚将张充仁领进房间。这里,蚊帐雪白,窗后山坡上有葱郁的芭蕉和层层松林,环境很清静。由于旅途乏力,张充仁便早早入睡了。

谁料睡到半夜,突然被声响惊醒。他发现,床底下、帐顶上有老鼠正成双作对地出动了,吓得他浑身惊起鸡皮疙瘩,再也无法安眠。

第二天起床,看到窗后松林里全是爬上翻下的小松鼠,这才恍然大悟,昨晚上来的竟是这些不速之客。他默默下决心,一定要把胆子练得再大些,不然,怎么出国留洋去?

杭州热得像只火炉。张充仁在灵隐寺、钱塘江畔等处画了五六张水彩画,无心多游玩,就动身返沪。途经嘉兴,他游了古城,被这里的方塔、石桥、乌篷船所吸引,情不自禁又支起画架画了几幅水彩风景画。

回来忙了两天,张充仁又搭乘轮船前往宁波,再乘小火轮到了普陀山。一见海滩,就兴奋地下水去游了一阵。回头上岸,他发傻了,四周竟找不到冲洗身体的淡水,只得无奈地回了住处。

第二天,他选取远山近景、梵宫僧庙,静心地画了几张水彩画。

启程放飞

两天后,张充仁将10多幅水彩画面交艾尔思。艾尔思看了,十分满意,说:“你放心,直接去比利时好了。只要你的图画成绩好,得到一份庚款是不难的。你临行前请再来一趟,顺便替我捎几封信。”

张充仁兴奋至极,从寄母处取得一张1000元的支票去买了船票,又遵照佬佬的指点，通过法国驻沪总领事馆华文首席秘书叶宇青等人的帮助，托“环球学生会”到南京外交部、教育部办了出国护照和证明书，又赶到印、英、法、意等国领事馆办了签证，到比利时领事馆办了入境证，贴了印花税。等他将一切准备停当，已经到了1931年8月中旬。

《时报》的朋友为他刊发了一条简讯《张充仁赴欧有期》，称“张充仁君青年绩学，邃于艺术，海上书画家多倾其名，为F Fnri(即安敬斋)之高足，张君就学数载，负出蓝之誉。尝主《图画时报》四年，成绩斐然。近由庚款委员会选派赴欧，研究美术，兼考察欧西新闻事业及经济状况等。闻张君定于本月18日离其亲友等。将于15日下午四时假慕尔堂饯行”。

此时，张充仁的水彩画新作《嘉兴风景》在《良友》画报第60期上发表，标志着他的水彩画技艺得到了更多行家的认可，更使他增添了向西洋绘画领域进军的信心。

8月31日，张充仁终于能够远行。父亲和寄父母都来送他。

父亲再三嘱咐：“伲张家祖孙三代都是单传，你没有叔叔伯伯，也没有兄弟姐妹，有了困难缺个依靠。你要争气噢，宁可少赚点铜钿，稳作点。赚得多，用得也多，败得也快。要省吃俭用，要有点积蓄，以防尴尬。吃东西不要讲究美味，穿衣服不要讲究漂亮，穿得朴素点，吃得粗淡点，只求温饱，就无碍大事。鸡鸭鱼肉，呢绒绸绣，人生的意义不在于此。”

寄父母再三嘱咐：“青年人光阴最要紧。古人说吃得苦中苦，方为人上人。你远涉重洋，凡是中国没有的好东西，你都要好好地学。若是失之交臂，等于身入宝山而空手而归。哪天你带着学问归来，方能说是不虚此行。”

张充仁一句句地都刻在心头。

他明白，到了比利时，就得靠自己的优良成绩去领取庚款奖学金。要不就无法在那里维持生活，尽管已懂法语，能去打工挣些钱，但是靠打工挣钱也许就永远返回不了上海，永远看不到父亲了。他不敢多想那些“万一”和“如果”，他深信，自己绝不会辜负所有长辈和恩师的期望。

船离岸的时候，他望见岸上父亲瘦小的身影，还在一边擦着泪水一边不停地在向他招手，他再也忍不住离别之痛，哭出了声。

开往法国港口城市马赛的邮船非常豪华、漂亮，奶油色的船身显得很高贵，黑色烟囱上缀着红色的波纹，桅杆上挂着的万国旗在微风中飘扬。

法国邮船长鸣着声声汽笛，渐渐地远离码头，在黄浦江中缓缓地移动，驶出吴淞口，渐渐地离开上海。

月儿宛如天灯一盏，洒得海面泛起点点银白。

张充仁伫立在船舷边，任海风吹拂起衣襟。凭栏眺望茫茫月色，他想起了临终前还在给自己喂饼吃的母亲，想起了过于善良而难以应对人世的父亲，想起了无所不知永不服老的佬佬，想起了心头交织着希冀与忧愁的寄父母，想起了田中德老师带着歉意送他的兰香墨，想起了安相公发现他早已熟知全部配方秘密时的惊讶，想起了合办小化学工业社的同事和《时报》馆的经理，想起了曾经为难过的褚民谊和热情帮忙的艾尔思……

面对波涛滚滚的大海，他又遐想着色彩斑斓充满希望的明天，久久地伫立在船舷边……

惊闻“九一八”

法国邮轮在香港停靠了 3 天，又破浪行进了。

张充仁住在三等舱。睡在他下铺的是一个埃及的历史教授，也会法语。那天张充仁拎着手提箱进舱，见下铺搁着根手杖，以为是谁粗心把它忘丢了。他把手杖搁在一边，将手提箱放到铺上，一屁股坐了下来。转眼，一位身材高大的外国人走进舱内，指着搁在一旁的手杖，很有礼貌地与张充仁打招呼：“这根‘司的克’是我搁在床上的，这床是我订的。”张充仁忙起身道歉，随即爬上上铺。

于是，他俩就成了上下铺邻居，语言又相通，自然而然有聊不完的话题。

张充仁从教授的嘴里得知，他写过一本《欧洲游记》，这次暑假特地游历了日本和中国，想写一本《亚洲游记》。

教授说：“日本人情风俗，可写的东西极为丰富。”

张充仁有了兴趣：“那你预备怎么写中国？写些什么？”

教授摇摇头,叹息道:“中国可写的东西极少。”

张充仁一愣,急忙地告诉他:“你可知道,我们中国是有四千多年文化的文明古国。日本的历史,乃至人情风俗几乎都打着中国文化的印记。”

教授却反驳道:“这不可能。日本人进步得很,是他们影响你们的。”

张充仁不由发笑:“教授,你到过我们中国几个地方?”

教授回答:“从北到南,我走遍了中国,天津、上海、广州我都到过。那里,与其说是中国的文化,还不如说是白种人的文化。你们中国人衣衫褴褛,蓬头垢面,非常贫苦,一切都显得乱纷纷的。”

张充仁忙说:“那是因为你走的只是中国沿海城市,看的都是外国租界地、外国的东西、外国的生意人。你若要真正了解中国的历史、中国的文化,你就应该到中国的内地去。”

教授从包里取出一个日本制作的算盘,赞叹地说:“这东西奇妙啊,能算加减乘除。在日本,所有的店都有出售。”

张充仁笑笑说:“这东西是中国的。”

教授深感疑惑,反驳道:“我是在日本买的,你怎么说是中国的?”

张充仁忙解释:“教授,你到过中国的那些商店吗?那里均有出售。”他顺手拿过教授的算盘,“啪啪啪”随便打了几位数给他看。

教授笑了,觉得很奇怪,说他怎么也学不会。

正好门外有位广东人走过,张充仁忙叫住他:“先生,请问你会打算盘吗?”广东人是去伦敦的,在那里开洗衣店,他接过算盘,手指拨动珠子,打得飞快。

张充仁告诉教授,这算盘在中国连小学生都会打的。他又拿出一张纸,随手写了“太”“月”“山”几个篆书,告诉教授:“今日日本外来的主要文字,都是中国的汉字。”

这时教授方才感到,他听日本人讲中国人,听欧洲人讲中国人的话,似乎是不太正确的。然而,教授还想显示他的见多识广,他对张充仁说:“你年轻,法文讲得这么好,看你的脸就知道你有西方人的血统。”

张充仁哈哈大笑,问教授:“此话怎么说?”

教授告诉他，在欧洲的不少书本里，中国人的形象尽是指甲长、胡子长、眼睛斜、有辫子的丑汉。

张充仁无语了，爬到上铺睡觉。可他睡不着，他埋怨埃及教授为什么不在中国多看看，多了解一下真实的中国。他发觉，外面的世界正斜着眼睛看中国人。

法国邮轮终于驶入印度洋。离开故土已经半个月了，张充仁每天看到的是蓝天，是大海，是极地处微微掀起的弧形的水平线，是一个个不了解真实中国的异国人。他渐渐感到自己很孤独，眼前的一切似乎都变得像海一样茫茫无边，像天一样空空如洗。

邮船上，突然传来了“九一八”的消息，一会儿说“日军飞机轰炸中国锦州”，一会儿又说日本关东军袭击沈阳，正以武力进攻中国东北三省。

张充仁闻讯惊呆了，心中担忧“国家不安定，家中也不会安定，个人也不要想安定”。

他独自走到邮轮甲板上，朝东望望，上海早已看不见了，他好似看到了漫天的战火；朝西看看，海空无边无际，前程茫然难测。

他的心碎了。这次出国留学真不容易啊，单程船费就要600块大洋。到了那里，还没有回来的钱，更不知道自己的学费在哪里。

他暗暗下了决心：此去一定努力学好本领，将来回去好好报效祖国，让自己的国家不再被人家斜着眼睛看！

海上起了大风浪，邮轮颠簸不止，旅客惊慌失措。眼看用餐的时候到了，张充仁摇摇晃晃地走进餐厅。餐厅服务员本以为不会有人在风浪中来用餐，却见这个小个子的中国人竟准时就餐，情不自禁地为他鼓掌。

世界真的很大

法国邮轮抵达了新加坡。

闷头睡了一整天的张充仁，随着旅客人流下船去散散心。

他们踏上了槟榔屿，听说这里有一个中国人建的蛇庙。张充仁一步跨入蛇庙，顿时惊得毛发倒竖，只见八仙桌台柱上、靠椅背座上、茶几花板上、墙头镜框上、屋顶栋梁上，全是倒悬着的或蠕动着的或忽闪着殷红舌信的蛇！

他急忙离开蛇庙，来到了一家福建人经营的南天旅馆就餐。

新加坡的华侨很多，张充仁遇见一位在此任教的江苏昆山人。他问道："你只身一人怎么老远来到此地？"昆山人率直地说，他喜欢这里。张充仁问他："你不怕这赤道的炎热？"昆山人摇摇头说："不怕，天热去学校可以穿木屐、短裤，要是白天下一场雨，夜晚还很风凉。这儿土地肥沃，你吃完菠萝把菠萝头扔在泥里，明年就会长出菠萝树，结出许多菠萝。这儿的东西很便宜。"

张充仁不相信，为了这些就值得你背井离乡，漂泊在陌生的国土上？

昆山人低下了头，半晌才回答他："国内战事纷乱，竟几十年无一息安存，叫人难以聊生啊！"

张充仁明白了，人们都向往安宁的环境、富有的生活、尊严的人格，这是所有中国人相通的。

次日，法国邮轮驶过马六甲海峡，来到锡兰的科伦坡。天气奇热，船将在此停泊一天，补给淡水和货物，旅客可以上岸。张充仁出示印度护照，与埃及教授、一对法国夫妇以及女仆（一位越南姑娘）一起搭小船上了岸。

岸边有几个新加坡人正踩着水，岸上有人向他们扔了钱币。钱币打着旋沉往海底，他们便一个猛子扎进海里，一会儿就钻出海面，捏着钱币示意。张充仁看到，其中有一位竟只有一条腿，听说另一条腿被鲨鱼吃了，人们扔给他的钱币自然最多。这些人每天都在这儿，以此营生。张充仁不忍再看下去，转身离开了海岸。

张充仁注意起同行的越南姑娘，她会几句法语，趁法国夫妇不在眼前，就悄悄问她："你为啥出来做女仆？你们越南不好吗？"姑娘不安地避开他的目光，喃喃地说："我没办法。"张充仁又问："你到法国还想回家吗？"姑娘淡然一笑，摇了摇头："我不知道。"出于礼貌，他没追问下去。其实他明白，叶落归根，世上谁都惦念自己的家。

法国夫妇提议租辆车子到椰子林去兜风,埃及教授连声赞许,为了不使同伴扫兴,张充仁跟着响应。

汽车在椰子林中飞驶。车窗外,起伏连绵的小丘,拔地而起的椰子树,攀援如飞的猴子。南国风光目不暇接。张充仁的心情随之轻松了许多。

法国邮轮穿过欧亚之间的红海,进了苏伊士运河。

邮轮在塞得港停靠时,下铺的埃及教授上岸走了。张充仁这才发觉,一路上与他的交流太少了,尽管他对中国有所误解,但不与他交流,他怎么可能了解真实的中国呢?

邮轮在地中海上航行,忽而凉风习习。地中海静静的海水是湛蓝的,船旁的鲨鱼不时翻身出水,甚是好看。船过意大利的西西里岛,在那不勒斯停泊加水。张充仁想起,意大利有个叫庞贝的地方,两千年前的火山爆发埋没了一座城市。100多年前,发掘这座古城时,人们在熔岩中发现了一些人的形体,把石膏灌注进去,得到了2000多年前的人体形象。眼看有一天的停泊时间,他就上岸找了一个年过半百的老人做向导,去寻找庞贝。

老人引张充仁来到一座古堡。只见古堡依山而立,占地很大,造型自由,巍峨森严。他拾级而上,穿过一处处抗击进犯之敌的壁角、台阶,细看石壁上罗马时代反映神话故事的装饰性浮雕。

别了古堡,他才得知离庞贝还有很远的路,需搭车才能往返,于是只得返身上邮轮。

张充仁情不自禁地喊了一声:“世界真大啊!”

马赛,我来了

9月21日早晨,法国邮轮终于停靠在马赛港口。

为期22天的海上生活结束了。旅客们纷纷把头上的凉帽扔进地中海,这里不再需要遮阳了。张充仁丢了凉帽,戴上呢帽,踏上马赛的土地。

吃了午餐,张充仁独自登上马赛附近的山头,俯瞰这个法国历史名城的景色。又浏览了马赛博物馆,逐一欣赏著名雕刻家的作品。他走进厕所,在墙角边发现了一张被人丢弃的报纸,上前拿起一看,一段醒目的新闻跳入眼帘,那报道说:“昨天,在荷兰某城市,中国人扛着个大木箱走过大街,被警察拦下查抄,木箱里竟是一具死尸。警察当即出动,连夜被查询的中国移民‘饼干’就有200余人。”他心头随之一紧。早就听人说过,按浙江青田的风俗,长子继承父业家产,其余弟兄都得自己去谋生。荷兰人到青田招工,不少青田人因此流落欧洲。他们做了穿心饼,喊着“饼干,饼干”沿街叫卖,久而久之,在一些北欧国家里“饼干”就成了中国人的代名词。那报道还说:“这些中国人没有职业,没有身份,他们面孔圆,眼睛小,眼珠黑,问问都是‘饼干’,名字都是一样。我们欧洲人是没法辨别的。”他忙扔下报纸,留在心头的却是阵阵的痛楚。

张充仁坐上火车前往巴黎。眼前来了3个法国士兵,一个坐在张充仁对面,两个坐在与他平行的隔壁座位上,又吵又闹。他们毫无礼貌地打量着张充仁,用轻蔑的口吻谈论着:“中国人……法属中国支那……”张充仁克制着闭上眼睛,他明白自己是难以应付这3个家伙的。

坐在对面的士兵将揉成一团的巧克力糖纸扔在张充仁的脸上。

张充仁忍着当作不知道。

那个士兵竟又将香蕉皮扔向张充仁,1次、2次、3次,还放荡得哈哈大笑起来。

张充仁真想按座位上的警钟,让火车停下。但他还是强忍住了。

法国士兵见他毫不理会,自觉无趣,就耸耸肩走开了。

张充仁的心再也没法平静,眼前随之涌出一幕幕情景:沿街叫卖“饼干”的青田人,越南姑娘淡然的微笑,新加坡街头孩童的塑像……

猛然,他想起小学国文课本上的一段话:

> 汝尝见为奴婢者乎,俯首乞怜,任人笞骂,残羹冷炙,不得一饱,汝必以为天下之至可悲矣。而熟知更有惨于是者,彼亡国之民为敌人之奴隶,强暴使之牛马用之,性命轻如草芥,自由全被剥夺,死则抛尸旷野,任鸢鸟啄食,呜呼,彼岂罪大恶极理应剿绝欤?是盖无国无家,无可

告诉已耳。慨自清廷不纲,割去边境。安南归法,缅甸归英,澳门让于葡,香港让于英,台湾澎湖则入于日本。我国人若不奋勉图强,其患恐未已也,嗟我国人其何日而始能光复旧物耶……

张充仁深感自己的责任重大。

留　学

处处靠竞争

1931 年 9 月 22 日中午，张充仁乘火车从巴黎到达比利时首都布鲁塞尔。

布鲁塞尔是个袖珍小城，有很多古老的建筑和著名的广场。皇家美术学院坐落在市中心，建于 1711 年，是欧洲规模最大，历史最悠久的美术学院之一。学院的教育理念是培养学生艺术的独创性。

张充仁寻找到位于布鲁塞尔路易大街 2 号的中比大学学生联合会，递上“中比庚款委员会上海办事处”信函。接待员很快召来中国留学生袁屠冰。袁同学以法语问候张充仁，见他能以法语应答如流，倍添好感。

张充仁在袁屠冰的帮助下，在皇家美术学院附近租到一间房子。想不到，在此一住就是 2 年，更想不到的是，袁屠冰因患肺结核病，不久就去世了。

安顿下来后，张充仁就投入了紧张的备考中。

9 月底，他顺利地完成了入学考试。

10 月 5 日，新生录取名单公布了。

张充仁匆匆赶到皇家美术学院，到公告栏前寻找自己的名字，然而他所报考的“头像素描初级班”名单中没有他。

他发急了,忙在其他班级的名单中寻找,结果竟然在“人体油画高级班”名单中发现了自己的名字。

入学就“跳级”了?他不敢相信,赶到学院招生办事处领取入学通知书。招生处告诉他,由于他的美术基础扎实,被教授们评定为“应当入油画高级班”。

张充仁兴奋地赶到中比大学学生联合会,提交了《庚子留学助学金申请报告》,并咨询相关要求。这时,他才明白,这项助学金不是用作“扶贫帮困”的,而是给留学成绩优秀者的奖励,要申请助学金,先得获得优秀的学习成绩。

留学的经济来源成了未知数,张充仁不由心急如焚。

此刻,张充仁在布鲁塞尔唯一的依靠是与马相伯相识的魏宸组(1885—1942,原名魏丰运,字注东)先生。魏宸组是民国初期外交界元老、前驻比国公使,1919年6月在巴黎和会上与陆徵祥、顾维钧等一起拒签“对德和约”,是中国外交史上的一位功臣。

张充仁到达这里后,魏家十分关照他的生活,魏夫人黄太素闲来也会去布鲁塞尔艺术学院学油画,算是他的学姐,因此使他心头平稳了许多。

10月底,油画高级班开学了。张充仁及时办理了皇家美术学院的入学手续,学号为21331。

油画高级班由院长阿尔弗雷德·巴斯天教授直接执教。巴斯天教授是比利时最负盛名的写实主义画家,他身材魁梧,胸怀宽广,浑身洋溢着艺术家的气质。他是比京艺术学院院长伯达尔(1818—1895)的传人,继承了弗拉芒画派的现实主义优良传统,并吸取浪漫派和印象派的优点,开创了后印象画派的画风。巴斯天教授对学生要求极为严格,从来容不得半点马虎与偷懒。他的油画班有60多位学生,来自11个国家,他对勤奋好学的中国学生尤其关心。

在这里,学习生活十分紧张,而且什么都要凭真本事,即便选一个模特的视角座位也得做一番竞争。

张充仁以前没有进过中学、大学,缺乏正规艺术院校的底子。于是,他加倍刻苦地弥补差距，将他人闲聊、喝咖啡的时间都用在人体解剖、禽兽解剖、素描、油画等课程上。课余，他还去参加英法文补习班学习。

通过刻苦的学习，张充仁大有收获。初次考试，他跟随康巴斯教授学习装饰构图，取得了第二名，在胡贝教授的动物解剖课中拿到了第一名。接着，在保罗·马栋和阿尔弗雷德·巴斯天教授的景物课上，他又毫无争议地拿到了第一名。

中国学友

在比利时皇家美术学院，张充仁遇到了在读油画高级班二年级的中国同学吕霞光和吴作人。

他俩是1930年冬从巴黎国立美术学校西蒙教授工作室转学过来的，都是安徽徽州人。他俩的绘画基础要比张充仁强，都曾读完大学课程，是徐悲鸿的学生，出国前与刘毅一起在上海举办过“三人联展”。

张充仁入学不久，就看到吕霞光在绘画竞赛中获得一等奖，吴作人在皇家美术学校油画会考中以油画《男人体》获得金质奖章和“桂冠生”的荣誉，因此都拿到了“庚子留学助学金”。尤其是吴作人，确有非凡的艺术才能，他已创作了一大批油画作品。巴斯天院长称赞他：“既不是弗拉芒画派，又不是中国传统，乃是充满个性的作者。”

这一切，强烈地激励着张充仁。

吴作人比张充仁大一岁，又高一年级。他出生在苏州，家境好，机遇也多，1930年赴欧留学，入巴黎高等美术学校。因此，他在中国同学中被称作“老资格”。

吕霞光比张充仁小一岁，他父亲不支持他学绘画，家里已断绝对他的经济支持。吕霞光忍受着艰难，坚持刻苦学习，成绩一直很优秀。他时常风趣地说：“越是穷，读书越用功，肚子越饿，感觉越敏锐。”

因此，张充仁更喜欢与吕霞光交朋友。吕霞光对他从来没有以学长自居，两人时常互相照应，一起参加学生会活动，一起外出考察。而暗地里，张充仁将吴作人作为追赶的目标,决心要在12月份的会考中获得优秀的成绩。他明白,只有在"选座位比赛"中取胜,才能落实自己继续留学的经济来源。

张充仁十分活跃,经常到布鲁塞尔自由大学去,又结识了童第周、艾毅根、高樨仲、方瑞兴等中国留学生。1933年4月15日,"比京中国留学生会"成立后,张充仁时常去参加交流活动,还演讲了《美术的鉴赏》,也先后听了吴作人演讲的《艺术漫谈》、童第周演讲的《性的形态》、方瑞兴演讲的《中国古代婚姻制》、高樨仲演讲的《中国政党史》和来自湖南长沙的姜冶方等的演讲。在布鲁塞尔,他还结识了1931年进皇家音乐学院留学的赵梅伯和萧淑娴,时常应邀前去参加他们的演唱活动。赵梅伯和萧淑娴也抽空来参观张充仁他们的作品展览。

丢不开的牵挂

助学金有了盼头,张充仁更努力地投入学习。但是,祖国不时传来的信息,使他不得不时常牵挂正处于危难之中的家乡。

张充仁在报社工作过,因此很喜欢与新闻界交朋友。在留学期间,张充仁仍然与天津天主教会雷鸣远办的《益世报》、上海天主教《圣教杂志》、新创办的上海《大晚报》、曾经工作过的上海《时报》、北平的《新晨报日曜画报》等报刊保持着密切的联系,持续为报社撰写这里留学生动态的新闻稿,并及时地翻拍欧洲美术名作供报纸刊用。《圣教杂志》主编徐宗泽、《时报》经理黄伯惠及编辑柴芷湘、《大晚报》编辑张若谷、《晨报画报》徐梦花等几位朋友也持续地将报纸寄来,并相告上海的时局变化。

时逢岁末年初,张充仁向那些新闻界朋友、教会神父和所有帮助自己出国留学并拿到助学金的长辈们分别寄发贺年片,除父亲、谭氏寄父母和马相伯全家外,还有田中德老师、安守约相公、王景岐、褚民谊、艾尔思、魏宸组公使以及上海文化界的张蓬舟、黄警顽等几十份。

更令张充仁久久不安的是,侵华日军于1932年初完全占领东三省,并拉来前清废帝溥仪建立傀儡的"伪满洲国"。日军还大举向上海进攻,爆发了一·二八事变。驻扎上海的第十九路军奋起反击，最终在签署了《淞沪停战协定》之后，战火暂息。

1932年4月，正巧油画班上要求命题作画《休战前夕》。对于张充仁来说，虽然从未经历过残酷的战争，但祖国正处于“烽火连三月，家书抵万金”之时，他对战争心怀切肤之痛。于是，他手持画笔，思绪纷飞；他热血沸腾，竟一气呵成——作品描绘一批伤兵步行撤离战区的情景：那个裸露上身抬着担架的士兵表情坚毅，哀伤的眼神直视前方，他带领着同伴想远离血与火。担架上的伤员望着炮火未息的天空，忧心忡忡。战友们身背重物，或扛着军旗，紧紧跟随……这一切，生动地表达了作品的主题，也表达了张充仁的心声——休战！他期盼家乡避免战火，他祝福世界平安和谐。

不久，张充仁如愿地领到了中比庚款委员会给他的第一份助学金。

沐浴在欧风里

张充仁从踏上比利时国土的第一天起，就感受到比利时人富有修养，为人热忱。

张充仁舒心地沐浴在欧风里，时时会触发艺术灵感。由此，他的美术作品一件件地诞生了，其中有素描《怎不回过头儿来》，油画《穿红衣的柯萨克》《做针线的老妇人》《比京风景》《倦意》《在山泉水清》《山泉戏泳》《清供》《叟》《魏夫人》《画室》《人体习作》《浴罢》《疏林烟雨》《锡瓶与柠檬》等。

学艺之余，他特意去补学了化学和生物课程，想更多地学到今后也能“实业救国”的本领。

中比庚款委员会的艾尔思回布鲁塞尔度假探亲时，去探望了张充仁。张充仁将新作的水彩画赠给他，并托他返回上海后向父亲和寄父母报个平安。

1932年6月，在第二学期6门学科中的期终考试中，张充仁获得油画风景、禽兽解剖、透视学3个第一名，人物油画构图、人体解剖、图案构成3个第二名。他高兴地选了8幅油画及人体禽兽解剖考卷、炭画、广告画等习作寄回上海,向家人和关心过自己的长辈做汇报。

10月22日,张充仁收到圣安德勒修道院修士陆徵祥的祝贺信。张充仁为此深受鼓舞。

步入1933年,张充仁更抓紧时间,争取拿出更多好作品。2月18日是狂欢节,晚上同学们大多跳舞去了,他赶到学院继续绘制自己的作品。

不久,又传来好消息,他的油画《休战前夕》在皇家美术学院举办的大赛中获了奖。颁奖会上,布鲁塞尔市市长亲自为他授奖。为此,比利时《晚报》于4月14日做了专题报道,并刊出张充仁手持画板的大幅照片。

4月19日早晨,张充仁接到中国驻比利时使馆寄来的邮件。他打开一看,欣喜若狂,那是一枚奖章和一张证书,证书上写着:"中华民国驻比利时公使馆为发给三育奖章证明书事照得中国上海青年艺术家张充仁现在比京皇家美术院研究成绩优异,屡获首奖,本馆特发给三育奖章一座,以资鼓励。"

张充仁忙穿戴整齐,赶到使馆去致谢。

此后,他又创作了油画《凉风动荡》,着力表现对光影的捕捉。这幅作品获得了广泛的好评,7月11日在学院风景绘画赛中获得第一名。当他前去学院书记处取画时,被告知此作还将参加1935年布鲁塞尔万国博览会展览。

可爱的隆波教授

在学期放暑假前夕,学院又举办了油画班学生习作展览。张充仁的静物写生油画习作《锡瓶与柠檬》参加展览。画中只是一个锡瓶和几个柠檬,然而这锡瓶看上去却像能够敲击出声音来,那柠檬新鲜得好似正散发着香味。如此质感强烈、造型结构严谨扎实的作品,引起了皇家美院雕刻系主任隆波教授的关注,认为在这幅油画中有着雕塑的味道。

隆波教授(1865—1942)是比利时享有盛名的雕刻家,他的作品如他的个性一样非常有力量。他已70多岁,身体健康,气宇轩昂,脸上一簇栗壳色的大胡子,只是头上浓密的头发稍有点白,每天早上骑马是他的习惯。

隆波教授停在《锡瓶与柠檬》画前仔细看了很久。张充仁站在他的身后,紧张地等待着教授的意见。

教授问张充仁:“你学过雕塑吗?”

张充仁红着脸摇摇头,直言相告:“没有学过。”又补上了一句,“我父亲是木雕艺人。”

教授顿时恍然大悟:“哦,这是受了你父亲的影响,所以能够比较理解立体。看! 你画的锡瓶如果用手指轻叩,就会发出清脆的金属声;如果用手握那柠檬,定能把汁水挤出来。”他兴奋地伸手按着张充仁的肩膀,朗声说道:“你学雕塑吧,你必将成为一名出色的雕刻家!”

张充仁还没有学过雕塑,但对古典希腊艺术很有兴趣,特别欣赏文艺复兴时期大师们留下的雕塑作品,尤其崇拜雕塑大师罗丹,因此听教授此言一出,顿时热血沸腾。

1932 年 9 月,雕刻高级班进行了 7 天的筛选考试,开始有 20 个人参加,最后只剩下了 8 个,张充仁就是其中的一个。

此后,他转入由隆波教授主持的雕刻高级班。学习的课程有塑模、古典头像、古典人像、静物塑模。

隆波教授心地正直善良,对学生的要求非常严格,要求塑像过程中的每一步都必须做得十分准确、到位。凡发现做得对的,他会兴奋地高喊“好啊!好啊!”发觉有错,他就对你表示出不满,如果你连应该懂的也不懂,那他就无法忍受了。

教授具有雕塑家特有的眼光,他一眼就能看出一座七八十厘米高的塑像在人体比例上误差了几个毫米。

一次,教授指出一位同学所作塑像的肚脐位置,比正确比例低了 5 个毫米。那同学面有难色,不太相信。教授马上叫人拿来比例尺,一量,果然是低了 5 毫米。那同学满脸通红,抬着塑像傻问:“教授,那他的膝盖也要往上提 5 毫米啰?”“当然,那当然!”教授大为生气地背过脸去,这样的废话他是不可能忍受的。

隆波教授每星期到班上来开两次课,每次先讲解雕塑技法,再解答学生提问,然后布置作业要求。在课上,他安排解答提问时间很短,因此学生的提问必须简单明了。教授对含糊其词不得要领的提问,极不耐烦。

而张充仁认为,当面聆听教授解答具体问题,是极为重要的。每次开课前,他都做好充分准备,因此他的提问每句都问在点子上。教授解答他的提问时,总是显得耐心而又热情。

为此,在同学们的眼里,张充仁是隆波教授最宠爱的学生。而在张充仁心中,隆波教授是最可敬可爱的导师。

这才叫动脑筋

皇家美院的雕塑骨架制扎工场高过三层楼,大似篮球场,旁有工具室、资料室,是学生的实践场所。

在雕刻班里,张充仁经常埋头习作,不随意与旁人谈笑。他与人为善,又不愿意有旁人干扰自己。北欧的冬日夜长日短,傍晚 4 点天就黑了,而早上 8 点还亮着灯。他每日早出晚归地往返于学校,犹如生活在黑夜之中。除了学习,他别无他求。

在隆波教授的指导下,学生每个星期要做一尊八九十厘米的全身人体雕像,后来又做相等真人身高的人体雕像,学习任务是很重的。而隆波教授又最讲究骨架的绑扎,他强调骨架的动态准确与否,直接关系到一尊雕像的成败。

张充仁明白这个道理。每次塑像,他用的骨架材料都是自己从外面买来的方铁条,用它弯骨架无疑比圆铁条费劲得多。不少同学以为他傻,费了精力又多花了钱。但他认为,方铁条比圆铁条绑扎要牢固得多。他觉得,钱花在这里是看得见的,力气花在这里亦是值得的。

当时,学生们都用 6 根铁条分两腿、两臂、躯干与肩胛绑扎成人体骨架。这样做,接点多,就有致命的弱点,一旦哪个接点的铅丝没扎紧,塑泥时稍有走动,就会影响整个塑像的姿态。而每次挫折,只是叫人把注意力更加集中于骨架接点的绑扎,企图一下子就扎得很牢固。而张充仁觉得,这绝不是好办法，关键是要设法减少骨架的绑扎支点。于是，他摸索出了一套行之有效的骨架绑扎方法。他用两根U字铁条拦腰绑扎，U字上方的弯势可任意伸延变形，作为骨架的两臂和两腿。这样，整个骨架加上颈部，只用了三根铁条，只有两个接点，共四五道铅丝。

隆波教授对张充仁的这个创造，大加赞赏。教授在课堂上面就大声地说："看看张，他是怎么做架子的。你们都应该向他学习，向中国人学习。"

然而，那些金发碧眼的学生依然没有听进去，骨架搭着搭着就走样了。

教授又指着张充仁高喊说："看看！学一学这位小个子中国人，他知道需要多少力量，就用多少力量。"

为了不断提高自己绑扎骨架的熟练程度，120厘米高的人体骨架，同学用4毫米方铁条或圆铁条弯制，可省点力。但张充仁全部用10毫米的方铁条，因为每次比赛规定，天然尺寸的人像骨架都得用10毫米方铁条绑扎。每次习作，他都制作新的架子，虽费了力，但骨架越做越上手。

有的同学笑他傻，还常捡他丢弃的旧骨架去改制利用。

而张充仁认识到，这是十分有害的。平时贪图省力，到比赛时必然会铸成大错。塑像是要讲究速度的，因为模特儿刚登上台时，精力充沛，神情姿态最动人，头、颈、臂、手、腿乃至脚，全身都是富有节奏的，只稍几分钟，甚至几十秒钟，模特儿就会感到疲倦而松弛下来，那迷人的神韵也就消失殆尽了。这时，你可以叫他（她）把手抬高点或腰部再扭一点，他（她）完全可以答应你的请求，但在这种规定下所完成的姿态，常常是做作的。对雕塑者来说，除了在那一瞬间脑子里所记下的模特儿迷人的神韵，确立下这尊未来塑像整体的构思外，还必须抓紧时机，尽快在模特儿还没有完全分心和感到无聊之前，完成自己的创作。如果这项工作要持续15天，那么尽管第1天和第15天，模特儿的神情是有极大差异的，但是你已经记住了他（她）的神韵，明确了塑像总计划，就能够不断加以修改与补充。

由于张充仁下功夫练出快速而灵巧地绑扎骨架的方法，碰到考试或比赛，他又预先准备好了泥，依照模特儿身材尺寸断好铁条，因此当同学们还在台虎钳上锯铁条时，他已经可以对着模特儿弯制骨架，可以在艺术上斟酌再三了。

张充仁上泥的速度十分缓慢。不少同学半天就上好泥,而他每一遍泥都上得很结实,不多加一块泥,一直保持在模特儿的轮廓线以内。他牢记着隆波教授的话,雕塑决不能让泥堆出来,堆出来就显得臃肿,而臃肿是会欺骗自己眼睛的。一旦塑像显得臃肿,你只要拿掉一点儿,就会觉得轻松。其实危害远远不止这些,塑像臃肿,是有的作者一生一世也难改的毛病。隆波教授还说过,泥塑是加法,雕刻是减法,泥塑时不能让泥加到轮廓线外,雕刻时则不能让泥减到轮廓线内。在轮廓线上过多地加加减减,几经往返,容易弄乱自己的脑子。在泥塑时,隆波教授喜欢用湿一点、烂一点的泥,他并不认为硬泥撳上去有力,会对雕像有好处,而觉得泥若烂一点,操作时要毛、要光更听使唤。

通过艺术实践,张充仁体会到隆波教授的这些主张是正确的。

我是中国人

上海一·二八事变爆发后,在欧洲的中国留学生印发传单,号召大家回国参加抗日战争。

有一位同学前来找张充仁,约他一同归国。他问同学:“像我们这样的学生,此时回国能干什么呢?”

那同学说:“我们可以去参军。”

张充仁问:“中国战场上,缺少像我们这样学画画的学生吗?”

“不管缺不缺,我总归要回去参军打仗。”

“若是我们每个在外留学的人都学好了本事,回国去就能派用场。有本事的中国人多了,国家一定会强大起来的。”

那同学说:“那我不勉强你。”

张充仁真想对他说:“你该明白,等你学好本事再回国出力,会比你去当一个兵要强得多!”

而这位同学不久还是回国去了。

此时回国的中国学生很少,吴作人、吕霞光和留比学生会会长都留了下来。

张充仁的心灵无法平静。他想,也许谁都没有错,那位同学可能会成为祖国战场上的一位青年猛将。但是,祖国的未来必定少了一位出色的艺术家。每天晚上,他伏在床头细看报刊上关于“中日冲突”的电讯,为遭受灾难的祖国而焦虑。

一次,同学们去布鲁塞尔医学院上医用人体解剖课。因上课钟点未到,大家都站在草坪上,有位异国同学笑着问张充仁:“中国怎么样啊?”

张充仁知道他要在众人面前羞辱他,便冷冷地反问:“你要问我中国什么事?”

那同学见他认真,忙改口说:“我问的有关生意的事情。”

张充仁追问:“请问你说的是哪一项生意?”

那同学应付他:“什么生意? 橡胶生意啊!”

张充仁提醒他:“我们中国现在是不做橡胶生意的。”

结果,周围的同学都笑他不懂常识,羞得那位同学窘态百出。

又有一次,有个南斯拉夫同学要找一把弯钢筋的活络扳头。活络扳头英国人称“钥匙”,在法文里则叫作“英国钥匙”。南斯拉夫同学用戏谑的口吻大声问道:“中国钥匙在哪里?”听了这句不礼貌的问话,比国同学们的脸都沉了下来,一声不响,因为他们从不挖苦人。南斯拉夫同学见无一人搭理,感到十分窘迫,自嘲说:“中国、英国都是一样的嘛!”张充仁便冷冷地告诉他:“你呀,人家会问你是否熟悉地理知识了。”比国同学们顿时哄堂大笑,这位南斯拉夫人脸涨得通红。

还有一天,张充仁正在杂货店用餐,饭桌边来了一位新客。那人很不友好地打量着张充仁,冷冷地问道:“你啥地方做事?”

张充仁坦然地告诉他:“皇家美术学院。”

“哪个国家人? 日本?”

“不! 我是中国人。”

那人轻蔑地笑了:“哼,支那人。”

张充仁大声地重新回了一句:“我是中国人。”说完,转身欲走。

那人仍挑衅地咒道："支那人，西挪哇（比国咒语：拉出来的屎是黑的），支那人，西挪哇。"

张充仁强按住自己的愤慨，哼唱着中国歌曲走了。他也有一腔热血，但他明白，当下最紧要的是学好本领，而不是与无赖相斗。

雕塑处女作

经过几个月的雕塑基础技能训练，隆波教授以《挂念》为题，给学生们布置了一项人物雕塑习作任务。

张充仁手里捏着泥团，心中思念远方的上海和年迈的父亲，眷恋青瓦白墙的江南小村，不由为灾难深重的祖国而焦虑不安。他又想起当初闻听九一八事变消息后，曾告诫自己"要是国家不安定，自己的家庭也不能安定，个人也不要想安定了。书，我要好好读，带些对国家有用的东西回来"。此刻，他内心深藏着的种种苦楚，如泉涌而出。

身边的同学发现他的眼中全是泪，吃惊地询问为什么。张充仁只是回答说："对不起，我头有些疼。"

其实，他仿佛看到比国的渔民去北海捕鱼，时隔一星期方能回来。渔船归来的这一天，渔夫的妻儿们就会聚到岸边，默默祈望丈夫逢凶化吉，满舱而归。直到船桅终于出现在海平线上……她们时而怀着希冀，探长脖子，时而又被梦魇压着透不过气来……等着她们的是一段较为宽裕的日子，还是哭别丈夫的亡灵……丈夫是否能够捕到鱼？有没有碰上风暴？在渔夫妻儿们的脸上流露着多么深切的挂念之情……她内心的苦楚令人震颤。

于是，张充仁的雕塑处女作《渔夫之妻》诞生了。他借用法国著名小说《冰岛渔夫》中一个经典的故事情景，塑造了一个比国穷渔夫的妻子，她正前倾着身子，伫立在礁石上。她是那样的焦虑，双手抓着胸襟，眺望着远方，任凭呼呼的海风吹起她的头巾和飘逸的衣裳。

隆波教授对这尊《渔夫之妻》的雕像大为赞赏。他认为，张充仁把人物的内心充分地表现了出来，作品含蓄、简练而笔酣墨饱，颇具雕塑大师罗丹的风范。

教授越加喜欢他了，在同学的面前常常说："小个子中国人做得道地。"教授对中国的传统泥塑钦佩之至，他不止一次地对张充仁说过："我晓得你们中国很道地，有人可以眼睛不看在袖管里捏出一只鸭来。"张充仁知道，教授说的是中国的民间艺人泥人张。

暑假游巴黎

1933 年暑假到了。8 月 9 日，张充仁带上奖学金，提着行李，赶往法国巴黎考察。他持有皇家美院领取的博物馆免费参观证明，又有吕霞光夫妇在巴黎的住处落脚，计划花一个月的时间，将巴黎的名胜和那些名画名作看个够。

11 日一早，张充仁与吕霞光一起登上被称为巴黎最高处的蒙马特高地。参观山顶的圣心教堂，又循梯登山巅，俯瞰巴黎城全境。在烟云朦胧中，张充仁对吕霞光说："巴黎空气究不及我国清洁，虽今日潮湿，略带雾意，然旷爽之感此处未觉。"

罗丹博物馆建在巴黎塞纳河南面幽静的梵伦纳小路旁。他俩在此细细欣赏了罗丹的《思想者》《吻》《地狱之门》《上帝之手》等雕塑作品。

他俩又走进了塞纳河边的卢浮宫博物馆。张充仁发现，这里不少风景画设色雄厚坚实，枝叶的绿色、枝干的紫栗色更显见。还有些画色调鲜洁，多用刀作画，而刀头甚是清洁。

张充仁走近意大利文艺复兴时期达·芬奇画的《蒙娜丽莎》，感受到了一片神秘的气息。他知道，这幅贵族之妻画像，作者摩研 3 年，于 1505 年画成。作画时，身旁置歌乐奏唱，以诙谐取悦，使其温柔愉悦之情自然表露。作者知晓化学，色料多半自制，又研究几何，因此物形描写和精神表现没有凝滞感。此画的绘画技巧，是极少见的。他感觉到，此画的阴阳层次及色调变化无穷，如临汪洋浩瀚滔天。再细察，发觉蒙娜丽莎的嘴唇间欲语未语，双眸凝视，庄重而动人；又发觉人物纤手轻放，一头美发丝丝飘逸，连袖间衣褶襟上的锦绣也描绘得极为逼真。此刻，他想起意大利画家瓦萨里说的一句话:“观此画之入神,超乎人情,方知艺术至何程度,能言描写为自然。”

张充仁又欣赏了卢浮宫所藏达·芬奇的其他作品,发现人物的嘴角都显现出娟秀的微笑,并非泥守成法,而是自创一种典型。他联想起,中国雕刻佛像画中的仕女和埃及的雕像,也都有表现微笑者,因种族、思想、技术的不同而表现各异,但是愉悦微笑是人类独具的美容,这是全世界艺人的共识。

在一座屋顶透光的圆厅内,断臂的维纳斯雕像沐浴在和煦的阳光下。通向圆厅的长廊两侧,立着一尊尊古希腊雕塑,在狩猎的,在运动的,各自摆着健美的姿态,好似引导人们去瞻仰宫殿深处天仙般的女皇。望着这尊比例尺寸匀称、动态婉转大方,充满艺术魅力的女像,张充仁发现她的肩部比一般女子的宽,而她的髋部却比一般女子的窄,既显示出女性的温柔,又具备了男子的尊严。

张充仁早已听说《维纳斯》女像的种种轶闻佳话。他感受到,女像不显轻佻,又不失妩媚,刚柔兼而有之。她已经不是希腊美女的本身,而是天然自成的女性美与雕塑巨匠的主观感受融为一体的化合物。她能够永远使人感动,具有超越时代的永恒价值。

卢浮宫建筑宏伟,收藏的各国美术品都分类陈列着。张充仁特意去三楼,观看陈列的中国瓷器、玉器、珐琅精品,发现大多是国内所难以看到的,占据了好几间展室。

他看到,埃及的花岗石刻十分坚实,波斯瓷砖镶嵌得极为精细。

他思考,自原始人类的初稚之作,渐及文化昌盛时的创造,或宣扬国家功绩,或描写社会生活,表达各自的审美观。天下古今艺人的才能,实在是令人叹为观止。这里层楼回抱,十天半月也不能全部仔细参观尽。

那天,张充仁与吕霞光到卢森堡公园去散步,看到有不少画师在卖作品。发现有一个俄国人的水彩画甚佳,画技成熟,张充仁上前与他交谈良久。得知他作画时,先局部润湿,再以色顺次渲绘,因此和谐,没有水渍硬口。在表示体积形态时,他抓住最重要的阴影简单描出,譬如他画的卧女的背影及背脊的凹处、人体与榻相关处的阴影,将部分肌肉省略,只将人体圆浑之形、舒服之态绘出来,更显转折简练,描绘从容。

午后，两人又来到凯旋门，仔细欣赏革命成功纪念碑、阿尔萨斯洛林二省复还法国纪念碑。上楼进陈列室，观看欧战照片和军官刻像。又登顶，俯瞰 12 条大道，发现凯旋门的布局实为 1 星 12 道光芒。

在波光粼粼的塞纳河南岸，两人走进巴黎荣军院，浏览拿破仑墓园。那建筑似一座圣堂，张充仁最留意的是，中堂的花窗尽是天蓝色的，因此堂内倍增哀悼之感。墓堂内，棺椁用肝色大理石制成，周围 12 个石雕胜利女神形象各异。

两人在塞纳河畔旧书摊上，用 5 个法郎选购了近百张关于纪念像的明信片。他们又去参观美术学校，看到了很多名家遗作的石膏翻像，流连忘返。

在巴黎的一个多月里，他们经常在塞纳河畔、卢森堡公园支起画夹写生，有时一画就是两三天。张充仁在此先后创作了《赤子》《塞纳河少女》等 10 幅油画和《塞纳河畔》等水彩画，成了他这一时期的代表作。

在这里，张充仁发现，雕塑中轮廓的起伏，线条的回旋，绝美的曲线，犹如乐曲中和谐的音律，诗词里对称、节奏多变的统一，绘画上明快的色彩、奔放流畅的笔法，都具有永恒的价值。离开了这些一般的艺术规律，美也就不存在了。他进一步认识到，并不是具备这些一般的艺术规律的作品就具有永恒的价值了，而是看其作者是否能成功借助这些一般的艺术规律充分地表现人的情感；看其对正在模仿的客观的自然美是否赋予他人的主观的有感于自然美的独特感受；看其是否能把蕴藏在自然美中本质的常常是瞬间即逝的东西，通过有别于他人的独特感受在与其相适应的独特艺术形式中得以强化和凝固化。

丰收之年

不久，皇家美院又一次雕塑比赛的成绩公布了，张充仁再次获得第一名。马栋教授高兴地赞叹："未料，我叨唠了一年，就这个东方人最解我语。"

1933 年年终考试，雕刻系有 6 门课程，张充仁连获 6 个奖项。他的学习成果，轰动了整个皇家美术学院。

比利时教育部长鲍文亲自给张充仁授奖，并称赞说："东方艺人之来欧，言语先受亏，实艺之外，更能以美术理论学竞争不让人者，以余所见，实为第一次。"上海《申报》得知这信息后，立即刊发了《教育部长鲍文亲授祝贺》的消息。

张充仁的《誓雪此耻》《凉风动荡》《渔夫之妻》《精神的痛苦》《秋风》等作品，先后在比利时《晚报》和《最新消息》报上发表。

张充仁越来越活跃。他凭着谦和好学的性格和一口流利的法语，经常出入于巴斯天院长、隆波教授、马林教授的创作室和奈叶艺术沙龙，虚心学习他们的艺术技法，回家后仔细地记下学习心得。还应比利时新任驻华大使的邀请，去向他介绍中国风情。他应新任驻比公使张乃燕所约，撰写了《卢浮宫馆藏杰作》，以艺术家的视角向他介绍法国艺术。

1931年张充仁在法国

他还创作了油画《怜其少子(三虎图)》、雕塑《秋》等。

1934年1月，他在美院人体雕塑系春赛中获第二名，他的仿古雕塑得了第一名。

他太忙了，以致疏忽了与父亲、马相伯、寄父母的联系。

2月10日，他突然收到马相伯媳妇马邱任我的来信，称上海已有传闻说他在比利时骄奢淫逸，又久未来信，感到担心。还叮嘱他，定要保持纯洁志趣和高尚品性。

张充仁急忙拿了信，赶到始终在关照他的魏宸组公使家中，声明不白之冤。

魏宸组看了此信，也急了，叫张充仁立刻给"马婆婆"写一封航空回信说明情况，汇报学习成果。他还亲自写了一份函作为证明："充仁在此认真学习，生活规律，学业成绩优良，上海误传纯属子虚乌有。"

挚友

诚访陆徵祥修士

1934 年年初,张充仁接到马相伯来信,要他利用寒假去探望曾是民国初期政界要人的陆徵祥。2 月 22 日,张充仁向陆徵祥寄去明信片。不几日便收到回信,还附有一份去布鲁日郊外圣安德勒隐修院的详细路线图。

陆徵祥(1871—1949),字子兴,上海人。1893 年担任中国驻俄罗斯大使馆翻译官。在俄结识比利时天主教女子培德,不顾使馆反对,于 1899 年结婚。1906 年升任中国驻荷兰特命全权大使。1912 年应总统袁世凯电命,返国出任外交总长,并短暂担任国务卿职务。1927 年 2 月,因其妻在瑞士病逝,他弃政进入比利时圣安德勒修道院为修士。

2 月 28 日午后,张充仁按约,前往百余公里外的布鲁日。沿道田畴与森林相间,林中别墅精舍红墙黑瓦。走出小小的火车站,步行一小时许,见路旁树上钉有“圣安德勒隐修院”木牌路标,转入小路行数百步,便看见几幢教堂建筑。

陆徵祥修士个子不高,留着光头,脸色红润。他接过张充仁递上的马相伯名片,如遇知己。

在这布鲁日郊外,两人用上海话交谈,备感亲近。张充仁欣然入住,在此度寒假。于是,每日中午和晚上,一老一少,或在院中小径间散步漫谈,或在书房里交流书籍文墨。

63 岁的陆修士向 27 岁的张充仁详述自己的人生经历。当年,陆徵祥被袁世凯调回时,曾推辞说:“你要我做外交总长,我不了解全部情况,不适宜担任的。我只知外国,不知内政,怎么好当国务总理。”袁世凯说:“我们现在就要学外国,你知道外国这最好了。”“这几年我每天只知道 8 点钟上班,5 点钟下班。”袁世凯叫了起来:“好! 了不起,中国官员没有这习惯,我要你当总长。上下官员都按时办公,外交内政都会好呀!”陆徵祥讲:“现在中国之外交最重要的是日本,而我对日本却一无所知。”袁世凯道:“日本外交我熟悉。”陆徵祥无奈只得受命。

张充仁询问他当初签订《二十一条》和遭遇“五四”之事。陆修士感叹声声。1919 年召开巴黎和会,作为一战战胜国之一的中国,在和会上反而成为被宰割的对象。中国要求索回被德国强占的山东半岛的主权,但英、美、法却将德国的利益转送给日本,因此引起中国人民的抗议,爆发了“五四运动”。中国代表团向和会提出两项提案,取消帝国主义在中国的特权;取消日本强迫中国承认的《二十一条》,收回山东的权益。但提案被否决了。时任中国外交团长的陆徵祥与驻比利时公使魏宸组、南方政府代表王正廷、驻英公使施肇基、驻美公使顾维钧一起拒绝在和约上签字。

此刻,这 5 个当事人中,竟有 2 个与张充仁在比利时相识,倾听他们讲述不堪回首的往事,他深深体验到国家处境之艰难、官场之腐败、仕途之凶险。他看到陆修士常用一小方印,刻有“万众一心”4 个字,四边刻有花卉,四角是“毋忘国耻”4 个小字。

按修道规则,修士身无分文财物。陆修士住室两间,一书房,一卧室。老人 21 年光阴就消磨在这两间斗室里。张充仁目睹陆修士如此恪守神贫,甘于青灯黄卷的生活,心中极为震撼。

陆修士关心张充仁的学习,勉励他:“你学雕塑,要好好地学,这是中国缺少的一门艺术。”他还告诫张充仁:青年人在一起,有时难免意见不合。这时不要当真,即使有人得罪了你,还要照样招呼,把过去的事情忘掉,要学小孩子。交朋友不在吃酒送礼，别人有难事相托，你要实实在在尽力而为。这样，你一生都不会缺少好朋友的。要敬重老人，老人有很多经验，要好好地借鉴。

一个星期后，张充仁拜别陆修士。陆修士赠送他一本精美的“自由日记”本，鼓励他把学习心得和生活中的自省记录下来。

从此，张充仁养成了记日记的习惯，几乎每天都用小楷字记下留比学习、生活和人际往来的事情。而且更加注意待人接物礼仪，在艺术创作或交际应酬时总是西装革履，衣着整齐。

不久，他创作了雕塑习作《磨砺以须》《觉醒》《醒悟》等。《觉醒》形象地再现了拿破仑的名言：“中国是一头沉睡的狮子，当它醒来时，将威猛无比”，表现了青年男子裸身披着斗篷，左拳紧握，仿佛从风雨中惊醒。青年身躯健硕，肌理结实，右腿大步跨出，与伸直的左腿几乎成 90 度角，呈奋力向前之势；头部又回望空中，如有重任寄托在身。身边狮子的目光与青年一致，仰天长吼，要将沉睡时遭欺侮的愤慨喷射八方，而尾巴的张力呈现出不屈的斗志。

结识埃尔热

离开圣安德勒隐修院没多久，张充仁收到鲁汶大学管理亚洲留学生忏祷操行生活的拉具·戈赛神父的来信，要他去见一见《二十世纪报》连环画周刊的主编埃尔热，介绍一些中国的情况。

1934 年 5 月 1 日，张充仁欣然前往，走进了布鲁塞尔的拉布拉多大街 26 号。埃尔热正在写字间里工作，特大的写字台上堆着纸稿、颜料、画笔。出乎张充仁的意料，这位在比利时享有盛名的漫画家很年轻，长着一张瘦长的脸，两只灵活的眼睛，态度极其和气诚恳，嘴唇干燥地打着皱，讲话显得有点吃力。

埃尔热热情地欢迎张充仁，说他正想写一本关于中国的书，希望了解一些中国的人情风俗和有趣味的故事。

张充仁得知,埃尔热本名叫乔治·普罗斯佩·雷米,擅长以画笔讲故事。18岁高中毕业就加入《二十世纪报》,担任征订工作。不久应征服兵役,退役后重回报社任摄影兼美工。报社新社长瓦莱主张创编一个连环画周刊,就将这项任务交给了埃尔热。每星期四出版的连环画周刊被称作“小二十世纪报”(占该报版面的四分之一)。埃尔热创作的第一部系列作品《冒失鬼巡逻队长托托》,就受到了读者的喜爱。后来,他把主人公改成记者,取名丁丁。当时,《丁丁历险记》正以15个月一本的周期快速创作,社会反响极为热烈。他在第4个故事《法老的雪茄》即将完成时,宣布丁丁下一个游历地将是远东。和当时的大部分欧洲人一样,埃尔热对中国抱有一些错误的成见。不久,他收到一封签名为戈赛神父的信,大致意思是:“我是鲁汶大学中国学生的指导神父。而丁丁刚好要去中国。如果您想采用西方人表现中国人的传统思路;如果您想给他们添上一条清朝时期的辫子,一条代表奴性的辫子;如果您把他们刻画得狡诈和凶残;如果您要展现中国的酷刑,那您将残酷地伤害我的学生们。所以,最好要谨慎一点:多了解情况。”他还提醒说,“你如果要将丁丁派往中国,得先认识中国,不要伤害中国人,不要得罪我的中国学生”。接到信,埃尔热随即去会见了戈赛神父。

戈赛神父向他推荐了张充仁,于是就有了这一次会面。两个年龄相近的年轻艺术家相识恨晚,从上午谈到傍晚,从傍晚谈到半夜。

埃尔热拿出准备制版开印的《丁丁在远东》画稿。他笔下的丁丁,是一个具有冒险精神的少年,永远穿着蓝布上装和绒色裤子,长着一张可爱的脸。丁丁带着他的小狗米路到过俄国,目睹了俄国革命后的种种情景;他也到过非洲刚果,见到过黑人的苦痛、白人的残暴;他又带着米路去过美国。埃尔热借丁丁及小草、小木、小狗、小人物之口,向少儿读者传播同情弱小民族,提倡和平的理念。1927年,埃尔热将《丁丁在俄国》讲完之后,为测验作品的影响,在报上登了一段启事,说丁丁将于某月某日从俄国乘国际列车回来,特意写明丁丁下车的地点和时间。这一天,埃尔热带着一位化装成丁丁的小孩,在离布鲁塞尔有三四十公里鲁汶车站,乘上了国际列车。半小时后,当埃尔热领着“丁丁”走出布鲁塞尔火车站时,看到这里已是人山人海,孩子们大声喊叫:“丁丁,回来了!”一辆敞篷汽车载着丁丁前行,几千个孩子追随着一直来到《二十世纪报》馆门口。

如今,丁丁要去中国,埃尔热渴望了解神秘的东方。

张充仁从院子里大树的生长说起,引申到中国的历史、哲学、文学、艺术,甚至如何做中国菜。他告诉埃尔热,中国文字并不复杂,元旦的旦字,就画地平线上太阳升起,水字就是三条波纹,汗字就是干活滴出了水。他把唐诗法译本给好友看,恳切地说:“能写出这样优美诗篇的民族,会是野蛮人吗?”

话题谈到中国的竹子。埃尔热问:中国人怎么烹饪这么坚硬的竹子?张充仁解说,竹中国人不食用,但笋却鲜美。竹是文人诗画的题材。他当场背诵、翻译了好多关于竹的诗词,还拿出纸笔,画起了竹节、竹枝、竹叶。并告诉他,这一笔竹叶竹枝,就是中国书法中的横舟笔、偃月笔、飞雁笔、金鱼尾笔,其交叉、安叶相映成趣,这是“生枝结头”,那是“垂梢新篁”……

埃尔热听得入了神,接过张充仁手中的毛笔看了又看,他感到东方的汉文化太神奇了。

张充仁取出一本《芥子园画谱》和一套文房四宝,赠送给埃尔热。他深情地对埃尔热说:“世上的一切都有灵魂,你家屋后的那棵大树也充满了诗意和生命。我们交个朋友吧!”

埃尔热兴奋难抑,发现过去自己对中国的认识那么“愚蠢透顶,荒唐可笑”。他决意请张充仁下个星期天下午再过来,再接着聊。

张充仁高兴地接受了邀请。

“中国张”诞生了

又一个星期日,张充仁赶来了。他向埃尔热讲述中国的历史、民族习惯、民俗风情,讲述日本侵略中国的事实。

张充仁告诉埃尔热,日本人早就垂涎中国东北三省,因为那里土地肥沃,盛产大豆。人们已发现大豆的蛋白质含量极高,仅次于肉类。东北大豆每年丰收,但大部分被日本弄走了。东三省督军张作霖组织船队与日本人竞争。日本人恨透了张作霖,就在皇姑屯炸了张作霖所乘的列车。不久又发生了“南满铁路”事件,日本人自己炸毁南满铁路,却倒打一耙诬赖是中国军队破坏的,遂于1931年9月18日半夜挑起战事。3个月后,东北三省200万平方千米领土、3000万同胞、4000千米铁路以及无穷无尽的宝藏,沦陷于日军的铁蹄之下。

张充仁与埃尔热

张充仁对埃尔热说,中国的《孙子兵法》上这样讲,要做到对方不想打你,攻心为上是上策;把旁边的国家都作朋友,赞成你去打,次之;在城门边动刀动枪,便是下策。因为就是胜利了,要牺牲许多人力、物力,杀伤许多生命。所以中国人不愿与人做冤家。中国是个大国,从来不想去侵占人家的利益,也不会容忍别人来侵略。中华民族是个追求和平的民族。所以,日本与中国的现实冲突,是日本人处心积虑要的手段。

张充仁对他说:“丁丁去中国,我们有许多画好画。”

埃尔热说:“你说的情况,我们欧洲人不知道。”

张充仁说:“无论描写哪个故事,都不能凭自己的幻想臆造,要有事实背景,从而加以美术化、艺术化。否则,当人们发觉这全是个人臆造的,那这书的价值就小了。”

于是,埃尔热产生了全新的想法,要让丁丁真正看到中国人的善良和友好,看到日本人的侵略行径。

两人商定,先由埃尔热编故事,再由张充仁修改,然后埃尔热起铅笔稿,张充仁再做修饰。

埃尔热每完成一批画稿，便来电相约张充仁。他是个十分认真的人，再小的问题未曾明白，决不动笔。尽管张充仁的学习很紧张，他们坚持一个星期相会一次，紧要时有约就碰头。

埃尔热已经结婚，太太是一个温柔美貌的女子。张充仁成了他家的常客。他们的谈话内容更广泛了，常常谈起庄子、老子、孙子等中国先秦哲学家和他们的著作。像“鱼乐也！”“子非鱼，安知鱼之乐？”“子非我，安知我不知鱼之乐？”这些寓意深刻、耐人寻味的哲学思想便是时常展开的话题。对于《孙子兵法》中的某些战略战术思想，讨论后埃尔热认为：“你们中国人的有些看法与我们是两样的。”对于老子“美之为美斯恶已，善之为善斯不善已”的教诲，埃尔热深有感慨。

有时，他们也会因彼此不同的艺术观展开争论。埃尔热认为，罗丹的晚期作品受到印象派的影响，而张充仁则认为，这没有根据。他认为，世界上一切东西的生存发展都有一定的自然规律，合乎自然规律的就生存，不合乎的就死灭。

张充仁指着院子里的一棵小树，对埃尔热说：“这棵小树这样长，而未那样长，都是因为院里的环境所决定的。这棵树为什么这儿有个枝丫，而那里不长枝丫？为什么这根枝条会这么弯曲而不是那么弯曲？就是由院子里光的强弱，风的大小，露水养分的多少所决定的。如果不是这样的环境，这棵树就不会生成这般模样，它是合乎自然的。而一切合乎自然的东西都是平衡的，我们搞画的就要追求一种合乎自然的美，若是勉强造作的便是不美的。”

张充仁的现实主义艺术观就此影响了埃尔热。埃尔热真诚地说：“从你的生活、思想和为人中，我看到了中国。”“我发现了从前根本不了解的文明和文化，同时开始意识到某种责任。”

两人决定，《丁丁在远东》的故事以中国南满铁路事件为历史背景，讲述善良、正直的丁丁与中国朋友“张”一起和罪恶集团斗争历险的过程。故事就从张充仁曾经初闻九一八事变消息的印度洋上说起。

埃尔热认真阅读了《芥子园画谱》，决定接受张充仁的建议，借鉴中国画言简意明的单线白描手法，改变连环画的绘制方式。

张充仁当即教授埃尔热用中国画技巧勾画和上色,就此《丁丁在远东》耳目一新。

埃尔热提出新的构想,他说:“张,到现在为止,我的画册中的全部人物都是虚构的,我现在要派一个真实的人物进入画册,这就是你,我希望你和丁丁一起斗争,你知道丁丁其实就是我的化身。”

张充仁认真地说:“可是我已经不是少年了,太大了。要么,我想办法变小。”于是,精通照相制版技术的张充仁将自己一张斜戴着帽子的学生照,经过6次渐变处理,化身为作品中与丁丁生死与共的朋友“中国张”。

在埃尔热编的故事中,丁丁救起落水的张,张也多次营救丁丁。当丁丁第一次见到张,张说义和团时期中国人以为所有的洋人都是坏蛋,他们杀害我们的祖父祖母。丁丁说许多欧洲人以为中国人野蛮好斗,男人脑后拖着长辫子,女人缠了小脚,而且有各种各样的刑罚。他们交谈后才悟然到“并不是所有的白人都是坏的,因为不同种族的人民之间互不了解”。

就此,埃尔热加强了对事件和活动预先调查研究,认真勾勒人物服装和中式建筑要素草图,细心刻画中国人的生活状态。张充仁逐张审看画面上的中式建筑、人物服装和家居摆设,对画中的每一个家具、屏风、床上用品、花瓶图案,都做了精心描绘,尽可能地展现背景的真实性。

1934年8月2日,《丁丁在远东》在《二十世纪报》上每周一版开始连载,至1935年10月7日,共刊出了52期。

随后,埃尔热将此作品单印成连环画册,定名为《蓝莲花》,还请中国驻比利时使馆公使魏宸组用恭楷汉字题写了书名。

连环画《蓝莲花》是丁丁历险系列中有史以来第一次让政治和时事在故事发展中扮演重要角色的作品。它的问世,讲出了当时欧洲舆论所不敢讲的话,第一次向欧洲人介绍了真实的中国。

毕业考试

1934年6月,张充仁参加皇家美院的毕业考试。

那一天,进行雕塑命题考试。考生们每人一间工作室,互不干扰。考试开始,从窗口传进去一张纸条,考生们方才知道考题是《圣经》上的一段话:“因为你真正的爱,他的罪过得以宽恕。”

张充仁自幼生活在天主教的氛围里,熟知《圣经》中的故事,对这段话自有自己的理解。他很快想到了玛特兰纳忏悔时的场面和人物神态,便动手塑了起来。

3 年苦学,他胸有成竹,技法熟练,仅花了一小时,一尊陶土的《玛特兰纳》就塑成了。

他的作品展现了玛特兰纳用香水、柔发为耶稣洗足的动人情景,虽然她跪在地上且埋着脸部,可是她背部那条深深的曲线,让人们感觉到她的悲恸,她正在痛哭。这件作品的人体表达、人体解剖都达了很高的水平。

当张充仁走出考场时,同学们看到他的作品,都惊叹这位中国学生怎么比他们更能领会《圣经》。张充仁说,他当时沉浸在悲恸之中,并没有想很多。虽然玛特兰纳曾是妓女,但她如此真诚地悔过,耶稣会宽恕她,我们更应该对她怀有同情心。

毕业考试成绩公布了,张充仁的雕塑《玛特兰纳》获人体雕塑第一名,并获隆波教授的雕塑构图课第一名(可获布鲁塞尔市政府奖章),静物雕塑课第一名(可获比利时国王亚尔培金奖),还在阿尔赛纳·马栋教授的古典雕塑课程中获得古典人像的第一名,在雅克·马林教授的实践及修正课上也获了奖,再加上皇家美术学院校友会颁给他的奖,其学业生涯堪称辉煌。

布鲁塞尔市政府向张充仁颁发了“比利时政府雕塑家”证书。这一证书比政府 3 年只颁发 1 张,仅授给 3 年内每次大赛都获首奖的最优秀者。由此,他可以担任学院的助理教师,获得享有个人画室的特殊待遇。

然而,张充仁没有因此而松懈,他尚未想好毕业之后的去向,只顾抓紧时间去办想办的事,一边与埃尔热持续地创作《蓝莲花》,一边继续他的艺术实习和考察。

有缘马修像

毕业考试结束后,张充仁选出近期所绘的5幅巴黎名胜、2幅人物作品,经中比庚款委员会转送给南京中央大学陈列。他利用假期,忙于实习和考察活动。

7月3日,张充仁与10余个同学一起去参观雅克·马林教授的工作室。布鲁塞尔市1935年要举办世界博览会,市政厅为了将纪念比利时独立100周年的百年宫建成世博会一景,招标要求以古希腊艺术精神为核心,以古典写实技法和造型为准绳,在此塑4座巨型雕像。经过竞争,马林教授获得了这个项目。此时,他正忙于搭建塑巨像所用木架,准备先塑躯干,待石膏像完成,再到室外去安装头部。同学们争相帮忙。

8月11日午后,张充仁特意赶到马林工作室,请求教授让他参与巨像塑制工作,以增加见识。马林教授一口应允,让他协助塑制其中的一座马修像。就此,张充仁在马林工作室忙开了。他在教授的指导下,很快掌握了好几种诀窍。他发现,人体以木料为泥塑间架,四肢及躯干部中柱用对径10厘米的方木条。臂弯膝屈,则将木条锯出相当角度接之,接连时以4厘米铁尺钻洞,用方头螺旋钉紧接之,或用厚铁皮条钉之。石膏模内衬8至10厘米对径铁杆,模壁纵横成15至20厘米的对径方钢已坚固。石膏像第一层在模内未凝结时,即用刷子刷匀,第二层石膏掺入少许明胶延长凝结时间,用麻布剪成小方块糊贴,片片相叠。凡两层已极坚固,而石膏像最薄处竟只有半厘米。

连续奋战到9月中旬,张充仁协助马林教授完成了《马修像》石膏模的塑制。石膏模像进了铸铜厂翻铸,他又多次赶去察看,了解翻铸技术。

他看到,石膏模像已分块放入沙模,烘烧了两昼夜。铸铜模工人对他说,着蜡应用黄蜡,加入些紫红色及其他杂料,其模烘烧3天变得通红,如果初着火由小而大渐暖至强热,则模就不会炸裂。模料中因此不需要加牛粪。雕刻结构复杂处应当用胶模,否则终以石膏模为宜。

不久，这尊巨雕《马修像》高高地耸立在百年宫额顶，在布鲁塞尔万国博览会上被万众瞩目，成为传世之作。

《蓝莲花》风波

张充仁协助埃尔热绘制的《蓝莲花》，在《二十世纪报》上连载，读者反响越来越强烈。

埃尔热请张充仁一起署名，张充仁拒绝了。他认为，埃尔热是主创者，何况自己是要回到祖国的。而埃尔热再三劝他署上名字，张充仁便巧妙地将“充仁”两个字签写在画面中的几处中文招牌和条幅上。

张充仁利用手头的资料，在《蓝莲花》中画了不少上海滩真实的街景。他写了画面中所有的汉字，通过画中的所有条幅和广告牌表明自己的愿望，其中有许多抗日标语和中国格言，丝丝入扣地倾注了他对受难同胞的关切，对邪恶势力的愤慨。

《蓝莲花》封面

《蓝莲花》的问世，率先在欧洲揭示了中日战争，使得日本人大为恼火。终于有一天，日本驻比利时公使提出抗议，他认为《二十世纪报》对日本不友好，破坏了日本的远东政策，要求对作者惩处。日本公使声称，日本人进入中国，是准备用大的力量，甚至宁可牺牲自己的精神去帮助中国“建设安定”“为东亚建设共荣秩序”，使中国人都有工作做，都有饭吃，尔后，世界各国都与中国做生意，从而达到繁荣世界经济的目的。

这些欺骗论调，当时欧洲人是相信的。当地许多报纸同情日本人，指责《二十世纪报》。

报社社长觉得事态难以太平，打算暂停刊发《蓝莲花》，劝埃尔热说：“这

《蓝莲花》的事情是不是可以结束了？否则，惹得日本人不开心，会产生不良后果。”

埃尔热也有些犹豫了，忙征求张充仁的意见。

张充仁坚定地说：“不要害怕，如果日本人生气了，就说明我们说出了事情的真相。你告诉社长，我们写的事情都是有事实根据的，我们并不是要破坏比利时与日本的关系，因为中国的情况就是这样。”还请他提醒社长，“比利时是一个独立国，比利时的文化政策是允许艺术家自由发挥他的艺术。文学家、画家都可以自由写和画，都可以自由发表独立见解，如果有错，也是作家自己负责。至于连环画内容，我们完全可以负责任，因为其中反映的都是事实，法律不能也决不会来干涉的。”埃尔热便将这些意见告诉了报社社长。

日本公使还不罢休，去找比利时的奉杰思将军论理。将军是个中国通，在比国赫赫有名，曾指挥比国军队参与了八国联军攻打过中国，所以凡是有关中国的事，比国都要找他决断。日本人也清楚这一点。而身为“中比友谊会”名誉会长，平常以中比友谊自吹的奉杰思将军，居然也把日本方面的抗议转给了《二十世纪报》社长。

报社社长向将军解释，艺术家有艺术的自由，报纸有言论的自由。我们要艺术家在报纸上发表文章，我们就要给他自由。而这个漫画周刊是给小孩消遣的东西，绝无政治意见。

日本公使进而威胁，扬言要将《蓝莲花》告到海牙国际法庭。

社长生怕事态复杂化，又劝埃尔热停止连载。

张充仁坚信正义在手，鼓励埃尔热顶住压力继续画下去。他安慰埃尔热说：“不要怕！比利时是一个独立国家，日本人没有权力也不可能把你引渡到东京去。即便到海牙法庭，我们也可以申辩，我们写的事情都有事实依据的，我们可以将采集的全部材料统统推出来。假如你到海牙法庭与日本人吵起来，就是全世界最出名的画家了。”

埃尔热还是有些顾虑。

张充仁忙劝说：“我们抓紧时间连载发表，等到他们搞出些什么名堂时，我们也已经刊登完了。”

到1935年底,未等日本公使做出实质性的举动,《蓝莲花》已全部刊发结束。《二十世纪报》在皇家马戏院开了一个“丁丁从远东归来”的欢迎会,比利时全国为之轰动。

日本公使只得无奈收场了。

毅然回国

1935年6月29日,圣安德勒隐修院要为陆徵祥举行晋升司铎(神父)大典。张充仁陪同陆徵祥当年的同僚魏宸组提前两天抵达修院,协助大典布置等准备事宜。事先他雕塑了一尊《圣方济各·沙勿略》铜像,以一个为传播真理而献身的“东方宗徒”形象,作为陆徵祥的晋铎纪念。

晋铎大典极为隆重。因张充仁懂弥撒仪式,故协助接待国人。当身着白长袍,左手托白绸祭披,右手执黄蜡烛的陆徵祥从祭台前的地上站起来时,他已成为中国公教史上的第一位在异邦享受教皇特典的司铎。张充仁目睹了昔日风云一时的外交总长,突然变成青衣修士,心灵感到了强烈的震撼。

大典后,张充仁与魏宸组一起同返布鲁塞尔。他告诉魏公使,毕业归国前准备赴邻近欧洲国家去写生考察,所需费用已向中比庚款委员会申请,一旦批下来即可动身。归国后,可能会去杭州西湖美专任教,他已经写信回家,正拜托蔡元培引荐。魏公使对他勉励有加。

第二天是星期日,张充仁又匆匆赶到意大利出腊铸铜能手所办的工厂去考察。

7月1日,张充仁又参加了皇家美院的装饰雕刻比赛,并获得第一名。

4日,张充仁去领取奖时,美院书记处却告诉他:“奖金为3000法郎,但外籍学员不能领取。”他忙争辩:“外籍学员不能得奖金的奖项,美院必定会先禁止参赛。这次比赛我已经获得第一而不能领奖,似甚奇怪。”他还提出应当还可以领取模特费(原先自行垫付)、布鲁塞尔市政府的鼓励金450法郎、留学生同学会的鼓励费250法郎以及比皇亚尔培金奖奖牌、毕业文凭。书记处的女书记员却坚持说:“必须照章领取。唯有雕刻家文凭,可以发给你。”张充仁与她难以沟通,转身走了。

第二天,张充仁急忙去找隆波教授,把情况细细地告诉他。教授闻知后,急忙告到院长那里。

6日上午,张充仁前去拜访皇家美院院长。院长立即叫秘书送来张充仁的雕刻家文凭,并认真地告诉他,由于他学习成绩斐然,可以留校担任助理教师,享有私人画室一间,但学院又有规定,助理教师的位子都要留给比利时籍的学生,除非张充仁立即入籍比利时。

张充仁听到这个意外的消息,心头好似被猛然一击。虽说他对这些特殊待遇是极为期待的,但他想到了更多的心愿,于是淡定地对院长说:“我到这里是来学习艺术的,不是为了赚钱、享受的。这3年多来,多亏各位教授,我学到了很多,我会永远记住这一切。我感谢比利时给我的艺术教育和赋予我的众多荣誉,然而,我应该回去报效自己的国家。助理教师的位子,就让给第二名的同学吧。”

院长再三劝说,张充仁还是微笑着告辞了。

隆波教授闻讯前来挽留他心爱的学生,张充仁再三表示感谢,并告诉他自己的归国计划。

学友们得知后,无不为他感到惋惜,甚至有人说他愚蠢,为什么不留下来成为欧洲知名的雕塑家。

张充仁坦然地回答他们:“中国没能给我所学,但我有责任回去教年轻的艺术家。因为我是中国人。”

陆徵祥修士闻讯,特来信表示赞许:“我兄牺牲精神又能如此,中国前途大有希望。”他将意大利著名雕塑家加比多勒的作品装订成4册,用红绿丝带结扎,赠送给张充仁。还特地写下赠言,希望张充仁回国后,大力提倡雕塑艺术。

张充仁深信,祖国正需要自己的才华,回国去必将能担当民族大厦的一根柱石,实现艺术报国的心愿。

为了尽可能多地把西方艺术的精华带回家，他整理了一箱又一箱书刊、画册、颜料，一次又一次地请比京同学会帮忙托运回国。

临行前，张充仁协助埃尔热完成了《蓝莲花》结尾部分的画稿，画的是，黄浦江上“张”送别丁丁，两人恋恋不舍。

埃尔热夫妇俩特意为张充仁设宴送行，并在家门口以及比国独立50周年纪念门前留下合影。埃尔热真诚地说，从你让我认识了你的祖国开始，我的思想已经不知不觉地产生了变化。你给我带来了“骨”和“风”。这“骨”是创作的结构，“风”是中国文化的风。以前，画丁丁连环画对我来说，全凭主观臆想，如同开一个个玩笑。而《蓝莲花》是我创作的转折点，使我的《丁丁历险记》从此开始成为一种严肃认真的创作。

张充仁又到魏宸组公使家去辞行，还为魏公子当场塑制了石膏手模。然后，赶到新任使馆代办的凌其翰家拜谢，赠给他一册《比国史》。凌其翰也是上海人，帮助张充仁办理了归国以及旅途中考察的相关手续，并相约到上海再见。

张充仁想起，就在距布鲁塞尔30公里外的滑铁卢他还没有去游览过，便于7月30日清晨出发，赶去考察了1815年拿破仑兵败之地，并仔细欣赏了那里油画馆内的一件件作品。

7月31日上午10时，张充仁提着两大箱行李，赶到布鲁塞尔北车站，寻找相约来送行的埃尔热。10时20分，火车启动了，还未见到埃尔热，他只得惆怅地告别这个生活、学习了3年的美丽城市。

就在火车鸣响汽笛、车轮启动的时刻，张充仁看到匆匆赶到的埃尔热冲进了车站。

埃尔热晃动着高举的手帕，哭喊着追赶火车，试图让火车慢下来。

可是，火车已轰隆隆地前行，无法停步。

两位好友没有互相说声“再见”，只能远远地挥手致意。他们更没有想到，就此匆匆一别，再相见竟然要等到半个世纪之后。

当火车驶过南火车站时，张充仁抬头看到了车站屋顶上一尊极为熟悉的铜像，那高举双手的姿态，仿佛就是好友埃尔热。他的心头涌起阵阵热浪，此情此景，他终生难忘。

暮色苍茫中，火车到达比利时西部城市昂图万，张充仁在这里登上了驶往英国的轮船。他凭借中比庚款委员会给他的5000法郎写生考察费用，动身前往邻近的欧洲国家。

1935年8月1日早晨，张充仁到达英国，即往民国驻英使馆联系，被介绍到了中国学院。晚餐时，他遇见来自国内交通部的钱其琛、苏州电话局的钮因楚及河南人林庆丰，饭后聚谈甚欢。

8月2日起，张充仁前往大英博物馆参观了3天，又赶去英国皇家美术院欣赏浮雕及素描。

8月中旬，张充仁离开英国，乘船到达荷兰，考察了鹿特丹、海牙、阿姆斯特丹和哈雷姆等地。

8月下旬，他又赶赴德国柏林考察普鲁士的文化艺术，随后沿莱茵河向南到达慕尼黑。停留几天后，他又转向奥地利。

9月下旬，张充仁抵达意大利，游览了玻洛那和威尼斯城之后，专程去佛罗伦萨参观了一个星期，一心想考察雕塑家米开朗琪罗的杰作真迹。

10月1日，他在梵蒂冈晋谒教宗庇护十一世。随后来到罗马古城，纵情浏览哥特艺术风格的文化遗存，对文艺复兴时期至巴洛克再至现代的各种雕塑、绘画、建筑尽可能深入地做了考察。

在意大利考察了近20天之后，张充仁于10月11日在威尼斯登上了意大利罗素伯爵号轮，奔向上海。

在这2个多月时间里，张充仁游历了6个欧洲国家，考察西方艺术经典，领悟艺术大师们留下的教诲，去寻找使艺术具有永恒价值的真谛。同时，他一路写生，创作了《楼影波光》《古堡夕照》《故国遗迹》《艺术荟萃处》《陋巷晨光》等一批水彩画。

欧洲六国之行，让他留下了终生难忘的记忆。

高　光

让中国人懂雕塑

张充仁

1935年11月4日，28岁的张充仁从比利时皇家美院学成归来，回到了阔别5年之久的上海。他带回自己创作的70余件绘画、10件雕塑和14箱西洋经典名画资料，可惜不少石膏像在运输途中被震碎了。

张充仁回到爱多亚路（今延安东路）1462弄150号谭氏寄父母家中。他天天忙着整理资料、修补作品，将东西摆满了屋子。寄母家人对其不理解，认为他“没多大出息”。

幸有马相伯出面安排，邀请中央研究院院长蔡元培、南京中央大学美术系主任徐悲鸿、京剧名角梅兰芳等在沪文化名流,以及比利时驻华大使纪佑穆等聚会,欢迎张充仁学成回国。大家欣赏了张充仁的几件作品,都鼓励他在上海办一个展览会。

当时,经过新文化运动的推动,外来文化艺术已经在上海产生了重大影响。西方新美术的理论正充实、发展着海派文化。上海,作为远东最具魅力的城市,作为中国商业经济的中心,正需要有这种前所未有的创造。前几年,留洋回来的李金发、江小鹣等利用报刊宣传西方造型艺术,在上海率先塑制成了一些人物肖像雕塑作品,然而由于缺乏规模效应,社会影响有限。刘开渠回国后,担任杭州艺术专科学校雕塑系主任。

如今,张充仁归来正遇上了好时机。

12月2日,张充仁整理出5幅油画作品,交给上海美专代理校长王远勃,送到在南京举行的"今代名画展览会"上展览,并标出售价,《祖母生活》200元、《霜晨》150元、《森林秋色》150元、《案头清供》50元、《人像》50元。结果,作品获得"形式出新,风格典雅"的赞誉,全被购走。

15日午后,张充仁赶赴中国殡仪馆,参加当年《时报》社工作时同事戈公振的追悼会,遇到了一批老朋友。

1936年1月8日,经马相伯介绍,张充仁带着雕塑、绘画作品照片前往白利南路(今长宁路)中央研究院,专程拜访蔡元培院长。

蔡元培对张充仁的作品十分赞赏。因有要事未能深谈,他告诉张充仁每日傍晚5时左右,可到他家中叙谈。

10天之后,张充仁赴静安寺路万国总会,参加蔡元培的祝寿会。蔡元培热情地嘉勉张充仁,希望他继续努力,设法让中国人了解雕塑艺术,为社会美学启蒙教育多做些贡献。

张充仁考察了上海画坛的状况,发现艺术界普遍存在浮躁而不深入研究的风气。于是,他与徐悲鸿,上海新华艺术专科学校的汪亚尘、周碧初和朱屺瞻,苏州美术专科学校的颜文樑,上海艺术专科学校的陈抱一等画坛好友商量后,共同发起成立了一个西洋画艺术团体,取名"默社"。默社规定,成员每隔两周聚会一次,每年夏秋之间举办成员新作品展览。他们以自己的行动力倡"沉着忍默,实际工作,不尚空谈"的艺术精神,意在通过严肃创作和宣传,使艺术界的风气焕然一新。

不久,默社第一届绘画新作品展览会举行了。张充仁的作品在展会上展现了油画艺术的独特个性,当即有评论称:“张充仁先生之《北风》渲以沉冷的调子,极能表现冬寒的内心。《古堡夕照》笔触构图均有所献贡,青蓝天空的调子,也是大胆之作。”

这些画坛名家的携手努力,给上海滩带来了一股别样的清风,为西洋绘画艺术在中国的传播产生重大影响。

在上海,西洋油画正被越来越多的人所欣赏,而西洋雕塑仍十分少见。张充仁决心担当中国现代雕塑艺术的开拓者。为了让中国人了解雕塑、绘画艺术,他整理了在欧洲考察时积累的大量资料和考察心得,并陆续在上海《时报》专刊《号外画报》上向世人做介绍。自 1936 年 1 月 13 日起,《号外画报》设专题介绍西欧雕塑、绘画名作,每周一期,每期刊登两件(幅)作品,并由张充仁点评解说其作者、内容、典藏场所、艺术技法和社会影响。至 8 月 3 日,共介绍了 58 件西欧雕塑、绘画名作。

张充仁对西洋经典作品的点评言简意赅,见解精湛,广受读者欢迎。他是这样介绍古希腊雕塑《掷铁饼者》的:“《掷铁饼者》为纪元前五世纪希腊大雕刻家亚尔加满之作,现藏于罗马梵蒂冈博物院。希腊文化最盛时代极注重体育,举行全国比赛获冠军者由名雕刻家为之造像。是像全身线条暗示重力分支两趾,左手略后藏,右手半伸作欲发未发之势,最多含蓄。相传雅典京中,当时曾立雕刻 11000 座之多,以供人民景仰则效云。去代徙瘗没于瓦砾之中,偶或出土,重与吾人相见得,赞叹其艺术之高,人体之美。温故知新,以 2500 年前艺术文化较之今日相去究何如乎。”寥寥数语,却极为到位。

为佬佬塑个像

张充仁回国后,日夜忙于整理从欧洲带回的雕塑和绘画作品。他请佬佬相助,计划筹办一个作品展览会。

已是97岁高龄的马相伯却提出，要为他也塑个像。

张充仁明白，佬佬也许是想存心考考自己。佬佬看着自己从小捏泥巴玩，在他身边长大，虽然镀“洋”5年，若是徒有虚名，岂不要被狠打四十大板？他心里不由有点紧张。

当张充仁正塑得七八分左右时，佬佬突然说：“充仁，停下来吧。”

张充仁感到有点奇怪。

佬佬走上前，眯起眼睛看看泥塑，说：“你自己看看像吗？认为像就做下去，但是，我看不像！”

张充仁大吃一惊，顿时想起15岁替他画像时，佬佬也曾问过这句话。

张充仁暗想，佬佬仍以为我是小孩子，就对佬佬说：“我还要把你衣服上的寿字也塑出来，如果不像，我从此就只捏弥陀佛谋生。”

“呵呵呵！”佬佬笑得连口水也流了出来。

张充仁为了显示雕塑才能，有意加快了速度。

等塑像完工后，佬佬走上前细细端详，见自己被刻画得须发毕现，容颜如生，微闭的双眼似能直透人心，含笑的口唇似有呼吸和言语，尽显其睿智、仁厚的风采，顿时仿佛年轻了几十岁，连声赞叹：“妙哉，妙哉！气韵生动也。”

张充仁见“大考”合格，笑出了声。

佬佬兴奋了，吩咐家人马上去请黄炎培、陈陶然诸位客人过来，一起分享快乐。

转眼，佬佬却提出了一个疑问：“充仁，你塑的头像，中国人会说是砍头；塑的胸像，会说是腰斩。人家看得懂吗？”

张充仁当即说：“中国人现在不懂雕塑艺术，我会努力，要让大家都懂。”

佬佬点头笑着说：“现在，中国雕塑人像的风气尚未开启，你先开一个展览会吧，我再介绍几个名人请你塑像，你会成就一番事业的。不过……”

张充仁正认真地听着，佬佬一声“不过”，立即使他怅然。佬佬认真地问他：“你读过《九辩》吗？食不媮而为饱兮，衣不苟而为温，是何意思？”

张充仁马上答道：“柔亦不茹，刚亦不吐。”佬佬喜形于色，大声称赞：“好一个软者不欺，强者不阿！充仁，你可以走你的路了。”

归国展览轰动上海滩

1936年初，由学术界和艺术界名流马相伯、蔡元培、徐朗西、徐悲鸿、汪亚尘、江小鹣、滕白也，以及比利时驻华公使纪佑穆等共同发起，组织举办“张充仁归国作品展览会”。

2月初出版的第114期《良友》画报，以两个整页篇幅刊登《张充仁氏的作品》，第25期《美术生活》杂志也刊发《张充仁美术览展》专页，介绍张充仁2件雕塑和8件油画作品。还做了这样一番点评：“张君充仁，游欧数载，钻研美术，遍历法、比、英、荷、德、意诸国，造诣甚深。曾获比皇雕刻首奖，及比政府雕塑家文凭，为我国艺术界有数人才。最近归国，出其海外诸作，公开展览，此为其出品之一部。”当月16日出版的第12期《唯美》月刊也做了专题介绍，还在封面上注明为“张充仁个展特辑”。为此，张充仁于2月19日在大雅楼设宴答谢新闻界的朋友。

2月22日，“张充仁归国作品展览会”开幕式隆重举行。展会选在环龙路11号上海法文协会（今上海科学会堂），这是一幢1917年始建，1926年才竣工的法国古典式两层花园楼房，拥有约6000平方米的花园，绿树成荫，碧草如茵，当时是法国夜总会所在地。

风格典雅的展厅内，展出了张充仁的绘画作品70多件和雕塑原作10多件，其中有油画《赤子》《穿红衣的柯萨克》《劳动者》《凉风动荡》《山泉戏泳》《桥下》《侧影》《倦意》《绿荫》《魏夫人像》《圣殿明光》《画室》《怎不回过脸儿来》等，水彩画有《楼影波光》《古堡夕照》《故国遗迹》《艺术荟萃处》《陋巷晨光》等以及多幅素描，雕塑有《渔夫之妻》《临风》《磨砺以须》《醒悟》《人体习作》《人像》等。

展览会说明书封面印着代表张充仁此刻心境的油画《赤子》，只见在暖暖的棕红色调中，一位穿着红衣的欧洲女孩，白皙的皮肤，大大的眼睛，胖乎乎、红彤彤的脸蛋，棕色的头发，观者人见人爱。

22日起，社会各界名流纷纷冒雨前来观展，他们临别留下的题词夺人眼球，其中有上海市市长吴铁城题词“光明之前程”，民国元老吴稚晖题词“表显国光”，蔡元培题词“精心果力”，徐悲鸿题词“后起之秀、希望无穷”，上海美术专科学校校长刘海粟题词“充仁兄能在大理石上表现人类的苦闷，在颜色里表现大自然的秘密”，新华艺术师范学校校长汪亚尘题词“充仁先生艺术有精致之技巧，捉住大自然之把握”，上海图画美术院教务长丁悚题词“张充仁作品，当然以雕塑为襟作，我以为油绘亦已登峰造极，观后钦佩之至”。

2月23日《申报》报道：“张充仁个展昨日开幕。虽风雨飘忽，然参观者异常踊跃，展览作品甚多精心结构，种类计分油画、水彩、木炭、塑像等。油画中有一教堂景题名《圣殿明光》色调庄重，望之顿生庄严之感。”

28日《申报》又报道称：“张充仁艺展盛况。中西仕女之往观者截至昨晚已达3000余人，沪上中、日、法、比、英、美、德、意、荷、俄等国爱好艺术者，咸感满意，叹美不止。来宾中颇多学术界及艺术界名人，如立法院长孙哲生（孙科）、中央研究院长蔡孑民（蔡元培）、前铁道部长叶誉虎（叶恭绰）、戏剧家梅畹华（梅兰芳）等。”

展览连展9天，参观者近2万人，轰动沪上。

孙科偕夫人以750元选购油画《凉风动荡》后，英国领事艾尔思愿以高价买走《楼影波光》《古堡夕照》《故国遗迹》《艺术荟萃处》《陋巷晨光》等5张水彩画，张充仁未舍得。至3月1日展会结束时，共售出绘画16幅、雕塑10件。张充仁还接到不少雕塑与油画的订单，并有许多人提出要拜他为师，学习西洋绘画雕塑。

张充仁谦虚地回应：“我一知半解，岂敢好为人师，只能说是亦师亦友，优游于艺，互相切磋而已。”

春风荡漾充仁画室

归国展览会结束后，张充仁有了新的发展计划，他要建立一个自己的艺术工作室，既可潜心创作，又可让那些要求拜师的学生有个学艺的场所。因此，他不想再借宿在谭家，就给了寄母 500 元，作为半年来的借宿费。

马相伯极为赞成，并为其物色了卢家湾劳神父路（今合肥路）608 号一幢法式连体洋房。

这里是上海法租界内新兴的宗教文化区，也是名人集聚、人文荟萃的艺术小区。震旦大学、广慈医院、法文学会等环列在周围，附近还有刘海粟办的上海美术专科学校和汪亚尘办的新华艺术专科学校。

在 4 月的春风里，张充仁创办的中国第一个私人绘画、雕塑教学机构诞生了，取名充仁画室。

美术爱好者闻讯纷纷前来报考充仁画室。有些张充仁的好友及艺术仰慕者，把子女送来拜师学艺。人们明白这里虽有学费的门槛，但不少美专毕业的学生也赶来深造，甚至有父子、兄弟、姐妹、姑嫂一起或先后成为同学，连已经在上海滩颇具名望的摄影家刘旭沧、书画家吴仲熊也赶来专学素描，以致充仁画室一直处于满员状态。

五月时节，充仁画室门前的小花园里开满了蔷薇花，花香四溢，飘洒在整条弄堂内。这是一座三层楼的洋房，除了二楼南间为办公室，二楼北间为卧室外，其他全部作为工作室和学生画室。底楼可容纳 10 多名学生上素描课。二楼办公室外的阳台学画铅笔画，后面的亭子间供 10 多名学生学水彩画或静物、人像写生。三楼画石膏素描和做雕塑，也是主人的雕塑创作室。整幢楼内布置着水彩画、油画和雕塑作品。

张充仁为学生制定详尽的教学计划，从线条练习开始——铅笔临摹——木炭素描写生几何形体——石膏像写生——人物写生——人体写生——水彩、油画写生——色彩创作。一般学员将素描作为基础课，从如何削铅笔开始学起，尤以木炭画为主。初学临摹《阿尔加什涅铅笔画集》，从几何图形开始，然后是瓶、罐、花卉，接下来才是树木、简单的风景。经过第一年的训练，第二年才能开始石膏模型写生，然后学画模特儿人物素描、建筑物，最后才画人物头像、半身像和全身像。专业课分水彩、油画、雕塑，水彩画为必修课。涉及西洋美术的人体解剖学、透视学、色彩学知识不设专科学习，而是融入在日常教学示范之中，结合学生特点逐个讲解，并补充其他内容,如书法、摄影,甚至暗房技术、修底片技术等。学制一般4至6年。每周两个半天,上午、下午分成两个班。学生平时可到画室自修。教学采用传习方式,因人施教,分别予以示范和讲解,不上大课,不印统一讲义。个别学生有特殊兴趣时,增加课余辅导,有问必答。

充仁画室的教材几乎全是张充仁从欧洲带回来的画册,其中作为素描教材的阿尔加什涅的系列铅笔画册就有60本之多。张充仁还将自己创作的作品当教材,供学生学习和参考。

张充仁对学生从来不装腔作势,不显示派头,“蛮好,蛮好,画下去”是他的口头禅。他像勤恳耕田的农夫,用真诚火热的心,把一批批美术爱好者领到欧洲文艺复兴时期世界顶级艺术大师的身边,使他们打开心灵的窗户,理解西洋绘画、雕塑经典作品的精致所在。学生都认为张老师讲的课深入细致,指导精确。张充仁对学生启蒙时必从最关键处讲解,示范时必再三强调要领,以利学生不走弯路。如铅笔画强调线条的组织,木炭画强调对象形体、明暗与投影,水彩画强调水分、时间和色彩,油画强调掌握明度与色调,雕塑强调抛开细节、动静呼应、形体重心等关键要素。

他常告诫学生:“学习绘画雕刻,要勤于练习,多画多作。多行动,记忆的东西就多,记忆的东西多就是经验多,谁经验多谁高明。”

这时,张充仁的水彩画在绘画界是独树一帜的。他一改西洋水彩画将四角填满的构图方法,颇似讲究“留白”的中国画,而且不用西洋画笔,专用鹿狼毫画笔,蘸上几种颜料即将偏锋“扫”在画纸上,如同墨分五色,落笔不改。他告诉学生,水彩画执笔不同的姿势,使水色落纸产生不同的痕迹,笔垂直水容易顺毛下滴,笔横平水比较难于落纸。笔虽饱湿但挥扫活捷,也能得到同样的效果。或先用较干的笔横扫成轻敷纸面的笔迹,乘其未干时,急蘸较多的水色轻滴在该笔迹之上,则水会在纸粒峰上流去留出凹下的空白细粒,较松而不干,润湿而多变,是水彩才能做到的美妙。

张充仁时常带领学生出去写生,好在顾家宅公园(俗称法国公园,今复兴公园)近在咫尺,是风景写生的好去处。他选定景色后,先画一张作示范(以水彩画居多,有时也画油画或铅笔画),接着让学生自己画,逐一做现场指导。

逢春秋佳日及星期日，张充仁会组织郊游写生活动。徐家汇已是上海城区的边缘，不远就处处可见农舍菜畦。学生们见张先生用速写方式画成铅笔画，景致更显隽永而有韵味，便纷纷打开画夹，各自选取角度画将起来。有时，还会乘小舢板到浦东，坐小火车到黄渡，坐公共汽车到远一点的佘山、昆山、苏州、嘉兴等地去写生。

早期学生中，有当时已成名的书画家吴仲熊和摄影家刘旭沧，有上海美专毕业生周如瑛和陈绍周、上海邮电局职工陈致通（即后来的著名电影演员陈述）、哈弼兴（即后来的著名水彩画家哈定）、简庆福、王珲、费声福、余克明，也有不少名家子弟，如前国务总理唐绍仪之子唐柱、著名医师陈琦之女陈培仪、著名泌尿科专家徐逸民之女徐爱贞、大成纱厂业主刘国钧之子刘汉良，还有孟慕颐、宋亦英、张乃雄、翁逸之等几名中共地下党员和左翼人士。学生中先后有 20 多名是聋哑青年，张充仁给了他们更多关怀。

名人塑像计划

开办充仁画室的第一年，张充仁忙透了。为了实现“名人塑像计划”，他奔走于上海、南京、北平之间。为工作方便，他在南京市鼓楼区大方巷 12 号设立联络点。

张充仁想选一位抗日爱国将领塑像，以一吐积郁多年的愤懑之气。在泰山厉兵秣马的冯玉祥，以蒋介石答应实行抗日为条件，于 1935 年 12 月毅然从泰山下金陵，出任国民政府军事委员会副委员长。张充仁对冯玉祥极为敬佩，经马相伯介绍，1936 年秋专程赴南京拜访冯玉祥将军，提出为其塑像。

冯将军看到过相伯老人的塑像，便欣然应允。他要求张充仁：“不要做穿军装和洋装的，就照我平常这个样子，塑一个老百姓。”

这更使张充仁对其敬仰倍增，创作激情迸发，眼前仿佛出现湍江急流中屹立的巨石，给人以力量和信心。他深感爱国将军站在百姓之中，百姓心中有爱国将军。自己手上塑的是全国人民寄以雪耻厚望的“战神”，而脚下踩的是被日军炮火震动的大地，每一块泥不仅是像罗丹那样充作肌肉，而是火药，既要塑出将军挺拔的身体、轩昂的神态，还要表现出他心中所埋壮怀激烈之情，双眼所迸射出的九州大好河山之光。

冯将军也深知张充仁的想法，两人谈得很是投缘。

冯将军问张充仁，回国后想雕塑哪些人物？

张充仁说，很希望塑孙中山像。

冯将军上前拍着张充仁肩膀说：“很好！到我们泰山去吧，那里也有艺术学校，你塑完了孙中山先生就留下教书！”

张充仁说：“目前想在家里办个画室，走不开。”

冯将军坦率地说：“张先生，你与有些留学生不同。去年，有个镀金回来的富贵子弟，一见我就拍马屁，‘啊，密斯特冯，你的皮靴很好看，我也要做一双。’我真想给他一脚，让他尝尝牛皮的滋味。”

吃饭时，冯将军叫人端上一碗冰糖白木耳，张充仁心中暗想，在此国难之际还吃这样贵重的东西？因有将军的姑妈在座，他未声张。但是，冯将军从他的眼神中觉察出来，马上解释：“这些东西都是亲戚送的，招待客人才吃呢。”说完，还询问姑妈：“对吗？”老太太点头称是。

张充仁深为感动，堂堂一国副委员长，为款请一个替他塑像的艺术家吃一点白木耳，还如此慎重说明，足见他的赤诚之怀，如镜之心。

第二天，冯将军还挥起大笔，书赠张充仁一幅字：“还我河山”，作为对青年人的勉励。

像塑成后，张充仁带回家中准备适时铸成铜像，可惜不久上海沦为孤岛，只得藏了起来。后在“文革”中被砸碎。

马相伯又介绍张充仁认识了国民党元老、国民政府监察院院长于右任。于老访问莫斯科之后刚回国，又到西安与共产党接触，声誉卓著。

1936 年深秋的一天，张充仁应约直赴南京于老府邸。他一眼就记住了于老相貌的特征，深目高额，五缕长髯，蓝袍布鞋。因于老身高腹广，不宜久坐，张充仁请他躺在藤榻上，便开始塑像。于老很健谈，一会儿慨谈国内外的时事见闻，预言中日必战，一会儿又吟起唐诗宋词，叹惜“文章千古事，得失寸心知”，“商女不知亡国恨，隔江犹唱后庭花”。

在于府的几天中，人来人往，张充仁难以静心雕塑。一天，于老的老部下杨虎城来访，大家一直聊到中午。于老请他与张充仁一起吃汤羊肉，把大饼撕碎了掺进去。张充仁是上海本地人，闻不惯羊膻气，但也吃得不亦乐乎，杨虎城更是吃得津津有味，以军人特有的速度“风卷残云”。

饭毕，于夫人端来一盆柿子。张充仁看去，柿子虽然小巧精致，但不及杭州盆柿鲜艳入画。于老说：“张先生你尝尝，这是我们陕西有名的三原鸡心黄。”杨虎城早已大口吞下。张充仁咬破一尝，果然“不同凡响”。

就在这不知不觉之中，张充仁对于老的个性、品行、才学有了深入的了解。因此，塑像时手到心到，格外成功。

铜像铸成后，即做公开展览。《申报》记者观后评述道：“于右任造像气度庄重，仪态潇洒，头部颈部镇静有力，与富于变化的长髯暗相反衬，可见其艺术技巧之精熟。”

1936 年这一年间，张充仁先后为艾尔思、马相伯、于右任、冯玉祥以及司法院院长居正、吴式太极拳创始人吴鉴泉等 6 位名人塑像。12 月，他曾赶赴北平，为河北省主席、北平警备司令冯治安的母亲袁氏塑像。

1937 年春夏，张充仁又为滞留上海的外交家唐绍仪（次年被刺身亡）、新华艺术专科学校校长徐朗西、工部局卸任董事范克林、在沪法国神父饶家驹等塑像。

张充仁的“名人塑像计划”硕果累累，由此声名鹊起。他苦心经营的雕塑工作室，不仅订单持续飞来，而且在商业浪潮和旋涡之中能够不为媚俗，不趋时尚，不图浮华，坚持忠诚于高品位的艺术追求。

遭遇“大亨”

然而，意气风发的张充仁刚在上海画坛上大显身手，麻烦事便找上门来了。

事情萌发在张充仁举办归国展览会期间。那一天，一个自称酷爱艺术品的上海滩“大亨”，带着几个随从，来到展览会场附庸风雅。他一眼看中了油画《赤子》，伸手拿了此画就扬长而去。张充仁见状上前理论。随从们把路一挡，说是“老头子看得起你，抬举你了”。

张充仁愤慨难忍，却束手无策。直到这“大亨”死后，才得知这幅画后来被国家收藏，今由中国美术馆珍藏。

充仁画室开业后，这“大亨”不停地派人来骚扰，要张充仁支付一笔一千美金的“保护费”，不然的话，就不能继续在他的地盘上办学。

张充仁拒绝给钱，于是警察局派人上门来，指控他偷窃他人财物，不容辩解就被抓进了警察局。张充仁莫名其妙地被关了半天，直至托人求情才放了出来。

不久，警察局又找上门来，张充仁被指控为一场交通事故的肇事者。他进了警察局，只见警察局的案情记录本上居然非常具体、完整地罗列着“犯罪事实”，某某时间，某某地点，他骑车将某某人撞倒在人行道上，某某人伤势严重，而他却逃走了……警察还向他出示了那辆自行车。

张充仁说，这车不是我的，我从来没用过这种自行车。

警察却强调人证物证俱在，除非罚款了事。

张充仁身陷虎口，又无法解释，只得用钱来打发警察。他心里明白，必定是那个“大亨”在作怪。朋友们为张充仁着急，劝他还是付了那笔“保护费”。尽管张充仁也害怕惹事，但是他咽不下这口窝囊气，他仍顶着。

过了一段时间，那“大亨”雇佣一个杀手躲在充仁画室外面，寻机作恶。有幸的是，杀手观察了几天，发现张充仁并不是“大亨”所说的“恶霸”，而是一个非常有修养，非常诚实的人，因此他不忍心朝这样一位青年艺术家开枪。

张充仁侥幸逃过一劫。

困在“孤岛”

1937 年 8 月 13 日，淞沪会战突然爆发。

张充仁的老同学吴作人、吕霞光、周方白、陆传纹等,回国后都在艺术学院执教,此时随学校迁至重庆、武汉等内地,参加抗日文化宣传活动。而张充仁因父亲年迈、画室初创,难以出走。

上海民众抗日情绪空前高涨。张充仁参加了中比友谊会饶家驹神父在南市慈安平民医院难民救济队,帮助救治伤兵与免费收容难民。他根据此番体验,后来创作了大型油画《恻隐之心》,在 1940 年 1 月第 150 期《良友》画报发表。

11 月中旬,上海城区沦陷后,唯有租界内稍为安宁,但如同孤岛,四面阻隔。

一直在为救亡呼号奔走的马相伯已 99 岁。冯玉祥将军劝他移居桂林风洞山。后应于右任之请,经云南、四川等地,路过越南谅山时,因病留居在那里。张充仁离了相伯老人,缺少人脉背景,无法外出实施"名人塑像计划",只得埋头在画室内教学生。甚至就此不再去苏州河北面,那里虽有亲友他也不去。因为去虹口要经过外白渡桥,要向日本兵脱帽,他不愿意折腰。他从此不再戴帽子,免得脱帽向日本兵致礼。

在"孤岛"内,抗日文化宣传活动此起彼伏。张充仁目睹耳闻日寇的暴行,愤然执笔作枪,创作以持棍壮士形象反映东北军民抗战决心的雕塑《干城》,以火光冲天民众逃难惨景控诉日寇暴行的油画《遗民》,反映日本人实行粮食封锁引发社会动荡的水彩画《户口米》、油画《逃难》等作品。他一直把《逃难》挂在画室墙上,让所有来到这里的人们记住这样的场面:沉沉黑夜中,背着铺盖的老汉惊恐奔走,怀抱婴儿的妇女失魂不安,路上的横尸触目惊心,远处的火光随风弥漫,民众在受难,国家将危亡……

张充仁困在家中实在烦闷了,就出门去画些水彩写生,琢磨新技法。在写生创作《上海城隍庙》时,觉得老建筑门楼上的斗拱,历来是表现的难点,画得太细碎会形同建筑图纸,而画得太虚就缺乏斗拱的实感,于是他尝试在底色上画若干曲线,粗看似乱,但朦胧间产生了效果。

此画一问世,赢得众口好评,称张充仁的水彩技法,为画坛表现中国传统建筑解决了一个的难题。

为了满足水彩画爱好者的要求，张充仁同意由著名的三一印刷公司彩印出版他的水彩画精品。《上海城隍庙》被做成日历底板，走入千家万户。

时而也有些社会名人找上门来，要求张充仁为其塑像，包括上海滩上的各色名流。为了生计，张充仁开价塑一尊像几根金条，先后为上海青帮的杜月笙和张啸林等塑像。

1939 年 8 月 2 日至 6 日，上海青年美术学会在南京路大新公司举办规模空前的“西洋名画精刊展览会”。张充仁是筹办人之一，他选送了大量自己珍藏的欧洲名画印刷品供展览。

喜结良缘

当初出国前夕，谭家寄母将一位姓欧阳的内侄女介绍给张充仁，说是人在广州，家中有洋房，陪嫁中会有一辆汽车。然而，张充仁怕热，不喜欢广州的气候，听说是“广州姑娘”就有点疙瘩。而且出国行期已定，他就对寄母说：“等回国再说吧。”

在欧洲留学期间，张充仁喜欢过一个异国女友。那女友钟情于他，其父母也十分赞赏他，时常款待他。每当张充仁获奖，女友全家都会赶到皇家美院来献花祝贺。女友一家的盛情，给孤身在异国的张充仁持续的温暖。

但是，因前程难卜，张充仁始终未敢主动与异国女友发展情感，以致内心愧疚。而寄母一再来信催问其对“广州姑娘”的婚事，令张充仁心烦意乱，一度懒得回复，加上学业繁忙，故未及时回复，以致寄母生了气。

归国之后，长辈们又一再撮合，连七宝老家亲友也为他介绍一户“好人家”的女子。但是，张充仁都不放在心上，全力忙于办展览、建画室。他认为，在当今社会离乱之际，唯有与善良、真诚的对象结缘，才能应对多变而不可预卜的时局。

此时，端庄秀美的“苏州姑娘”沈佩琴闯入了张充仁的视野，渐渐走进他的心灵。他便请寄母前去说媒。

一打听，沈姑娘出身于官宦望族，曾祖父做过甘肃藩台，祖母善于工笔，雅号心香老人，父亲在桃源县、宝山县、江南水利局担任过官职，是江南造船厂创办人之一。她生于 1919 年 11 月 7 日，比张充仁小 12 岁。两人都属羊，应了好口彩“男羊女羊，圆满成双”。张充仁很称心，可是沈家太太认为女儿读书不多，怕配不上外国留学生，而且张充仁虽有福相，但是个子不高，反比沈姑娘矮了，因此婉拒了这门亲事。

张充仁却坚持非沈姑娘不娶，一边再托人做媒，一边常邀沈姑娘来做他的模特儿，增进互相了解。

沈佩琴十分喜欢这位富有才气的画家，时常乐意到充仁画室去学画，还时常做模特儿。张充仁为她画了不少作品，其中最惹人注目的是水彩画《卖花女》。

沈家终于同意这门亲事。1939 年 2 月 12 日，32 岁的张充仁与 20 岁的沈佩琴在《新闻报》上公开刊登《订婚告亲友书》。张充仁特意用从欧洲返国时带回的意大利白色大理石，为新娘雕制了一尊头像志庆，并为夫人改名为佩瑾。

10 月 21 日是农历九月初九重阳节，张充仁与沈佩瑾在圣保罗天主堂签署结婚协议，举行结婚仪式。婚礼上，由钢琴音乐家丁善德和小提琴音乐家盛有信现场合奏助兴。当夜，在大西洋酒楼举办西式婚宴酬谢亲朋好友。

噩耗惊魂

新婚蜜月未满，时局的发展却搅乱了张充仁的心。

侵华日军打进上海地区之后，徐家汇土山湾的照相制版部也惨遭劫掠，只得停业。已 75 岁的安守约相公受此打击，一病不起。待张充仁抽空前去探望时，安相公刚刚去世。

张充仁自责未能及时赶来探视安相公，更怨恨日寇的暴行。他转身去《圣教杂志》社拜访主编徐宗泽（字润农，教名若瑟，徐光启裔孙）神父，却得知这份广泛传播于国内外各地教会的著名杂志竟然也被迫停刊了。近年，《圣教杂志》帮他刊发了为马相伯画的油画像和雕塑像，还报道了他在欧洲留学以及学成回国后的不少消息,他很想当面感谢主编,可是徐神父被混乱的时局气得躲进徐家汇天主堂藏书楼,不想见人了。

张充仁失魂落魄地回了家。

自幼生活在天主教氛围中的张充仁,笃信天主的力量,奉献爱心,忍受苦难。而如今,日寇将人世间的罪恶都带到这里,连教堂也失去安宁,神父也乱了心境。张充仁只觉得一片茫然,似乎世界末日即将来临。

谁知,他惊魂未定,噩耗竟又来了。

1939 年 11 月 5 日,他突然接到急电,得知马相伯于昨日在越南谅山辞世。他不禁泪流满面。

11 月 26 日,张充仁出席由复旦大学、复旦中学等五团体在浦东大厦六楼举行的“马师相伯追悼大会”。

因相伯老人家人还在越南,张充仁以马相伯曾外孙的身份代表家属在会上致答词。他说:“老公公自去年 11 月 20 日从汉口到桂林,再从桂林到谅山。一年中平均每月有一二封来信,命我代为采办西药数种。最近我结婚的一日,老人气质尚佳,有信来嘱咐我礼节不可疏忽,费用要节省。15 日接马太太来信,说最近老公公知觉失常,记忆衰弱,精神不佳,速即采购药带上。谁知药品还在途中,人已经溘逝了!至于老人逝世的详情,待谅山来信后,再来发表,告慰诸君。今天特地谢谢复旦五团体举行追悼外曾祖之盛意。”

我行我素

才几个月前,马相伯百岁寿辰时,重庆、上海都隆重举行寿庆活动,中共中央也电贺祝寿,称马老是“国家之光、人类之瑞”。张充仁参加了上海的庆典。

如今,坚持参与抗战救国活动的佬佬竟在避难途中辞世,一生善良的恩师安相公竟被入侵者的劫掠行为气死,张充仁越想越是愤恨难抑,一改明哲保身的书生气,激发出一声声呐喊。他针对时下艺术界的亡国奴思想,公开

发表了《艺术的使命》一文。在该文中,他借清末外交官薛福成《巴黎油画馆记》的观点,旗帜鲜明地提出:

作品的美不美,以技巧成熟与否为条件。要内容真实,必须作者本人具有高洁的人格,真诚的心地,光明磊落,毫无成见,不为逸欲所蔽,以冷静的眼光,作忠实的描写,天才的润泽,这样的艺术品,方足为时代的先导,文化的光芒,历史的佐证。

张充仁继续主动向社会推进美学启蒙教育。他去观看了著名摄影家郎静山的"集锦摄影"新作展览之后,即在1939年11月14日《大英夜报》中文版发表《郎静山影展杰作剖析》,以自己对郎静山作品及技法的理解,深入浅出地向摄影、美术爱好者做了解读,并将摄影和各类艺术文学意境哲理气贯一通,呼唤艺术的真善美。好友丁光燮要举办风景油画展览,他便撰写了一篇《艺术家之修养》刊在《展览特刊》上,再次强调"倘以三五年之学习时间,半在盲从,半在游混,遽尔自命画家,或拘泥于成法,食而不化;或标新立异,自欺欺人;或不过一知半解,三百六十五日中,无三天执笔之经验,徒借一支秃笔,动辄牵动时代政治潮流等大题,空言乱众,以图美名,既无裨益于社会,且害及民众审美教育,皆艺术前进之障碍。专志艺术者,修身养性,置名利于度外,与艺术技巧本身之练习,为同一重要。"

1940年5月,为支援反法西斯战争,张充仁发起募捐救济比利时国际红十字会医药费用,响应者殊为踊跃。他将大幅油画《恻隐之心》捐出拍卖,结果由上海中比镭锭治疗院收藏。23日下午4时,比利时驻华大使纪佑穆偕同夫人及随员亲临充仁画室向他致谢,并捐出千元,获得充仁画室所赠油画一幅。这次募捐活动,凡个人捐献数额较大者张充仁均赠予水彩画或油画一幅,以作答谢纪念。24日《申报》为此做了报道。

近几年来,张充仁的创作集中于本土题材,连续创作了油画《公园一角》,水彩画《户口米》《上海城隍庙》等作品。尤其《四川路桥》画中天空云彩极富变化,行人、黄包车夫依稀可见;《乍浦路桥》画中桥上桥下车水马龙,作者用笔轻松，结构严谨，将老上海的缤纷情景予以生动呈现。这些本土题材的作品，极受人们喜爱。

为了帮助上海市成人义务教育促进会、精武体育会、难童教养院筹募经费，上海30多位著名书画家捐出作品，自1940年11月16日至20日在南京路慈淑大楼(今东海大楼)三楼举办《现代名人书画展览会》，进行义卖筹款。张充仁向精武体育会捐赠了油画《四川路桥》《乍浦路桥》。这两幅画被人购走后，流到日本(2006年有人购回，在杭州拍卖)。

此后的两年里，张充仁更加倾心地研究西洋美术，全力培养充仁画室的学生。1941年6月15日，在静安寺路的上海“西侨青年会”展厅举办了“张充仁雕塑绘画展”，展出绘画、雕塑作品共100余件，同时展出的还有充仁画室学生作品20多件。

同时，张充仁继续接受一些特殊的塑像订单，先后为著名画家吴湖帆、刚移居上海的原皖系军阀首领段祺瑞、南京伪立法院长陈公博以及刘醇士等塑像。

其间，张充仁忍受了家庭波折。妻子龙年生下个儿子，张充仁欣喜地为他取名张见龙，而儿子却在8个月大时得了肠梗阻，不幸夭折。

直到1941年夏天，张充仁方才再次走出上海，到山东曲阜去做了一次水彩画写生旅行，带回了《曲阜孔庙》(又名《曲阜杏坛》)《曲阜之柏荫碑亭》等杰作。

1942年，张充仁应颜文樑的邀请，前往苏州美术专科学校讲学。并在上海艺术学会刚创办的《上海艺术》月刊分9次连载刊发《雕刻的必要因素》一文，着重分析雕塑与绘画的异同之处，具体讲述雕塑材料、设备与用具的技术问题。这是他西欧留学后对雕塑艺术的心得总结，又是他传播雕塑艺术所积累的教学讲义。

1943年春，上海三一印刷股份有限公司为其出版一套水彩画集，其中有《楼影波光》《古堡夕照》《故国遗迹》《艺术荟萃处》《陋巷晨光》等，深受美术爱好者的喜爱，流传甚广。

“孤岛”生活，使张充仁越来越感到愤懑，尤其是看到青年人的意志正在被情色和毒品腐蚀,搞得婚恋轻率,吸毒成风,他有感而发,决意创作一件令人深思的雕塑作品。

张充仁选了学生中体格健壮的费声福作模特儿,但塑到一半,他为难了,因为另一半应当是女性,于是改用学生余克明和黄素缦作双人组合模特儿。他俩是一对恋人,因此男女相拥含情脉脉的肢体动作十分自然,为导师的创作提供了真实的形象。

张充仁一边塑像,一边叮嘱这对恋人说,恋爱不是“白相”,一个人踏进社会就要负起责任,恋爱是组织一个家庭,从有家庭这天起,就应该承担起责任,不能因为恋爱而抛弃自己的工作和义务。

作品塑成后,学生们齐声叫好,取名却各有所好,当场有学生提议取名《青春万岁》,而张充仁说:“作品名字我早想好了,叫《恋爱与责任》。”有些学生认为这作品极有意境,名称应当更有情趣,然而张充仁笑笑,不再多做解释。

这件作品也成了张充仁夫妇结婚 5 周年的纪念品。

抗战胜利不久,这件作品在“纪念抗战胜利上海美术展”上亮相时,更显符合此展“春”的主题,充分表达了迎来大地回春的喜悦之情。人们清晰地看到,这一对情人热烈相拥时仍伸手紧捏犁把的艺术形象,是在告诫全社会,唤醒天下人,即使你在热恋之中,也不能忘却各自身负的责任。

扬眉吐气

1946 年春天,张充仁巧手推出一件令人惊叹的人体圆雕杰作,表现少女浴后出水时动人形象,取名《清溪》。10 年前,他在比利时留学时,有一件习作是 S 型裸体异国少女立像,作品抓住模特儿刚登上台时的迷人神韵,加以强化,使之凝固,而且塑制得比例匀称,肥瘦适度,体态优美,骨骼和肌肉造型精确,称之为《玉树临风》。这件作品在归国展览会上展出后,人们一致认为这是张充仁的代表作。时隔 10 年,张充仁又一件让自己也颇为满意的作品问世了,《清溪》典雅地表现出中国年轻女性的健康和柔美,人物婉约清

张充仁

纯,人见人爱。由于艺术手法细腻、逼真,这件仅60厘米高的架上作品一问世,就引起轰动,人称“东方维纳斯”。不少人发现,《清溪》的模特儿应是张先生的夫人。人们希望张充仁揭秘,而他总是笑笑,不做正面回应。

上海大成纱厂曾遭到日寇飞机轰炸,厂房被夷为平地。抗战胜利后,老板刘国钧要在厂房废墟上建新厂,特邀张充仁到场,请他用画笔记录下这段历史,让后人勿忘日寇侵华罪行。张充仁前去画了大量速写,随后创作了大幅油画《满目疮痍》(又名《从废墟上建设起来》,原件今存香港大成纱厂)。那画中的人物背影,犹如一个个惊叹号,令人震撼,模特之一就是他的学生陈致通,时任上海邮政管理局邮务员。

一天,国民党中央文化运动委员会主任委员张道藩邀集上海美术家到文艺会堂聚宴。文艺会堂在虹口,张充仁已8年没有跨过苏州河了,不禁满腹感慨。

充仁画室学生哈定陪他同去,进门在签到簿上刚签下名,办事人员叫他俩脱鞋上楼。张充仁问:“为啥要脱鞋子?”办事员回答说:“这里是日本馆子,上楼应按惯例。”张充仁脱口质问:“我8年不行日本礼,现在胜利了,反要行日本礼?”说罢转身欲走。办事员很吃惊,忙挡住说:“孔祥熙先生也在上面,也脱鞋的。”张道藩闻声赶来打圆场:“充仁先生,大家都脱了,看!我也脱了。”

可是,张充仁就是不脱鞋,大步上楼去。

此举引发一阵热议。这天在文艺会堂内,大家一致推举他为上海美术会理事,后又被推选为上海美术馆筹备处设计委员会委员。

就在这时节,吴作人、吕霞光、周方白、陆传纹等老同学先后从重庆来到上海。吴作人参与发起成立以左翼自许的上海美术家协会,意与有官方背景的上海美术会抗衡。张充仁与老同学之间的人生轨迹就此未能交会,甚至产生了认知上的某种纠结,成为又一个历史遗憾。

张充仁 40 岁了。9 月 25 日,充仁画室 50 多个学生假座青海路刘旭沧家,为恩师举行了祝寿聚会。当大家一起排排坐等待摄影留念时,陈致通突然拖住一个美丽的女同学,嚷嚷叫道:“让世界上最最漂亮的面孔和世界上最最难看的面孔一起拍张照吧!”引得大家哄然大笑。

幸会齐白石

1946 年 11 月,应中华全国美术会之邀,年已八旬重操卖画治印生涯的中国画大师齐白石携百件佳作与孙子齐佛赴南京、上海举办个人画展。身为上海美术会理事的张充仁,便带学生哈定、刘旭沧到北火车站迎候白石老人,并接到了沧州饭店。

上海美术界为表崇敬之心,特推举张充仁为白石老人塑个像。

张充仁深感自己与白石老人自有渊源。父亲与白石同是雕花匠出身;白石少时寒苦,自己童年清贫。白石曾在北京漂泊以寺庙栖身,自己负笈独往巴黎于途中受欺。两人皆自学绘画,后经名人指点,犹如两条发源于无名山涧的小溪,越苍山,穿峡谷,异途同归于艺术的大江之中。本来各居南北,互闻其名,难得相见。今日幸会,尽管年岁相差近半个世纪,两人交谈起来却别有兴味,从人生仕途到艺术求索,从王冕“对牛弹琴”到郑板桥挂印而去,从古人重德即使碑刻也不留名谈到今人图名连游览也大书“到此一游”。真可谓“心相近,习相近”,谈话间张充仁已捕捉到白石老人的神韵所在。

来访者不绝,求画者甚多,白石老人终日作画应客,忙忙碌碌,难以坐定身体作模特儿。

张充仁手捏泥巴,采用以塑为主、略加雕刻的手法,把泥巴捏成大小不一的泥丸子,然后锐眼捕捉白石老人的特征,在轮廓线内一点点加上去。

他边做边想,应先抓住整体庄重好思的头额,沧桑在额头刻下了深深的皱纹,脑后纷披的头发可衬托前面古朴仪容,处理应简洁。稍微隆起而紧锁的眉心,连接向上弯曲的额纹,可表达其久经阅历而容纳人世炎凉的变化。戴着的眼镜有些洋气,应当免除,而挖大瞳孔可射出老人钟爱自然的画家个性。双唇紧抿,胡须飘逸,用明暗对比强烈的粗犷线条,雕出朴实而灵黠的神韵,还略显其骄矜心态。

一件“急就章”式的肖像雕塑很快完成了,整座胸像都是大笔触,塑痕斑斑,十分写意而洒脱。张充仁请白石老人观看胸像。

白石老人一看,惊呼:“好,有神!”他像个孩子般一手提起袍角,一手竖起小拇指捋着胡须,哆嗦着嘴巴作不出声。他曾有名言:“不似欺世,太似则俗,妙在似与不似之间,是似也。”只见他兜了两个圈子后,拍一下画桌,朗声说:“请充仁小弟拿张纸来,我要写几个字赠给你呀。”说毕,挽袖挥笔大书:“泥塑之神手也。”

张充仁的“名人塑像计划”又大步推进了。

又来了洋模特儿

至1947年初,张充仁10年来已塑成人物肖像作品20多件。然而因工作劳累,他患了肩周炎,为早年留学德国的建筑师、充仁画室学生顾鹏程塑像,几度上手均半途停工。好友陶冷月得知,上门来帮他推拿了数次,才有好转。为表感谢,他为陶冷月也塑了尊胸像。

“名人塑像计划”大获丰收,张充仁却未感满足。正巧,燕京大学校友会前来邀请张充仁为美国驻华大使司徒雷登塑像。

张充仁很愿意结识他,便带学生陈绍周前往南京的美国大使馆。他以雕塑家的眼睛去观察司徒雷登,觉得这位出生在中国,又几十年把时光花在中国的美国人,没有一般洋人自以为高人一等的神气。以往张充仁替人塑像,都是请其坐着或躺着,不多时就动手塑像。而这一次,他认为应当摆出一点艺术家的“架势”,不马上开工。

第一天,张充仁与学生在大使馆内走走看看,拉拉窗帘,看看采光,说找一个最满意的塑像场所。他与司徒雷登聊了又聊,话题越说越多。

司徒雷登显得很休闲。他乐呵呵地向张充仁介绍纽约伯德罗埃岛上的巨型自由女神像,说那是一位法国艺术家根据古希腊雕刻而塑,在1876年美国独立一百周年时作为礼品相赠的。

张充仁笑着对他说:“新大陆上的美国,极大多数东西都是外来的。我们中国的悠久历史你很清楚,但提到雕刻,往往推崇意大利的米开朗琪罗、法国的罗丹、西班牙的毕加索,其实,中国在4000多年前就已有可观的艺术成就,殷商出土文物中的雕塑丰富多彩,西汉的铜器其造型之美和夸张手法之新奇,在今天看来都似乎是难以想象的。”

司徒雷登握起双拳笑了:“张先生,我知道中国的塑像并非来自西方,但请你不要在我的塑像上留一条辫子。”

张充仁说:“请放心,校长先生,那种愚昧封建的东西一去不复返了。”

第二天,张充仁动手塑像,不多时刻已初见雏形。

司徒雷登前来观看,又掏出随身携带的小镜子认真细察了半天。他按着张充仁的双肩,问其学历和留学情况,甚至想听一些课堂趣闻。

张充仁一面塑像,一面说,在欧洲艺术学院,凡新同学刚进教室,都先当一次模特儿,而且老同学会一齐围上去把他的衣服剥掉。等下一个新同学进门,他才有资格去脱人家衣服。

司徒雷登拍着手问道:“那你是否也曾脱光了做模特儿?”

张充仁机灵地回答:“在比利时艺院未曾见到过,就听说法国很疯狂。”

司徒雷登不禁叫出声:“啊! 上帝保佑你,否则你也会命令我把衣服脱掉的,是吗? 张先生!”

张充仁调皮地回应:“不,校长先生,师道尊严在我们中国是很重要的。不过,我可碰到了一位不懂礼貌的美国绅士。”

司徒雷登忙说:“啊,不会的,他一定不知道你的身份。”

张充仁仍不罢休:“可是,我希望他对每个中国百姓都表示友好啊。”

司徒雷登朗声大笑:“哈哈,张先生幽默! 你很有外交天才,留洋5年,不虚此行啊。”

张充仁得意地笑而不答。他不愿丢弃难得的“架势”,每天只动手塑2个小时,其余时间乐得轻松一下。

5天之后,塑像完成了。造型别致,虽是半身塑像,却横向展开,上半身躯前倾,右臂弯起,肘部搁在右腿的膝盖处,左手臂弯起向后支在左侧的腰部,并有一件大衣半披在肩部,仿佛其正在随意地与学生交谈着什么。

司徒雷登对作品甚为喜欢,兴奋地宴请张充仁。席间,张充仁谈起中国寺庙里的泥塑,说有个读书人替菩萨编了首顺口溜:“一声不响,二目无光,三餐不食,四体不勤,五谷不分,六亲不认,七窍生烟,八面威风,久坐不动,十分无用。”

司徒雷登听了,笑得把嘴里的牛奶喷了一地,乐了好半天才说:“张先生,你是在讽刺一个人!你们的总统大人除了‘一声不响’和‘久坐不动’,这两句不同之外,简直一模一样。”

张充仁心里一愣,以为失言了。司徒雷登替他斟满酒,意味深长地说:“我衷心希望你们不要亡国,睡狮也应该醒悟了。”

一心以艺术报国的张充仁向来不过问中国政坛的风云变幻,而此刻听到司徒雷登如此一点拨,他不由得也想关心中国时局的新变化了。

意外的波折

1946年5月,国民政府还都南京,举国欢庆。

当年10月中旬,上海市社会局及宁波同乡会发起要在大世界门前为蒋介石竖一座雕像,组织美术界开展图样设计比赛,并规定样稿必须赶在10月31日蒋介石生日之前送到。刘开渠、刘狮等20多名雕塑家都参加应征。

张充仁闻讯而动,一气呵成,塑制了一个40多厘米高的蒋介石戎装骑马像小样稿,取名《胜利而归》。图样设计比赛评选结果,这件颇具浪漫情怀的作品获得首奖。观者最欣赏的那匹动感十足的骏马更令人赞叹。也许,因为张充仁从未见到过总统的神韵,他心系的是中华民族不屈不挠的精神,所以那匹马塑得格外自然结实,马头微低向后紧缩,颈部隆起紧绷有力,左前脚成弧度提起而肌肉健壮，后脚蓄势待发充满力量。

没多久，国共两党的和谈起起伏伏，内战随时可能爆发。

当年在比利时皇家美院的老同学转眼间各奔东西。吴作人应徐悲鸿之聘，已经到北京去执教。周方白与夫人陆传纹由杭州国立艺专转到上海圣约翰大学建筑系执教。而吕霞光和他的法国夫人重返欧洲。

张充仁则乱中求静，为上海天主教教区圣伯多禄堂（位于今重庆南路）塑了一尊圣母像，祈求天下平安。他两耳不闻窗外事，为上海九福制药公司董事长臧伯庸、有上海“地皮大王”之称的犹太人哈同和妻子罗迦陵、富甲一方的薛祖恒（时任国民政府驻梵蒂冈宗教代表），以及自己的学生何振志、刘汉良等塑了像。他依然坚守着充仁画室，定期为学生们授课。1947 年出版的《中国美术年鉴》刊登了《充仁画室同门录》，计有 175 名学生，哈定、刘旭沧、梅开先、沈祖诒、周如瑛、陈致通、王珲、余克明等名列“美术家纪略”专栏。

为了生计，他兼任杭州之江大学建筑工程系（在上海南京路慈淑大楼 6 楼借房设课堂）毕业班水彩画教授。

1948 年 9 月，上海市文化运动委员会联合各美术团体，决定于 10 月中旬举办大型美术展览会，并选送作品参加全国美展。张充仁应邀参加筹备工作，并送去了自己的参展作品。

1949 年 4 月 15 日，上海市美术馆主办的第一届春季美术展览会在南昌路法文协会开幕。他与刘海粟、吴湖帆、刘开渠等都选送作品参展。

张充仁家中又发生了重大变故。8 年前张家第一个儿子 8 个月夭折后，妻子因悲伤长期不孕，经几番求医，8 年后终于有喜。然而，女儿张以芳生下不久，年迈而患有重症的父亲张少圃几度病危（1950 年逝世）。

国共两党和谈彻底破裂，随即内战烽火连天，社会时局发生着惊心动魄的巨变。上海滩不少知名艺术家生怕遭遇不测，打算流亡海外避难。

但张充仁不想离开上海，回答说：“共产党人不是不学无术的人。我看过他们的报纸，他们喜爱美术。另外，我有 30 多个学生在这里，他们需要一个老师。”一天上午，时任上海美术专科学校校长的刘海粟专程赶到张充仁家中叙谈，一起分析时事，两人都决定“留在上海”。

历 练

应征纪念塔设计

1949 年 10 月，新中国诞生了。

张充仁创作了雕塑《解放》，以劳动者挣脱锁链的豪迈形象，表达自己的兴奋之情，迎接新时代。

目睹沧桑巨变的张充仁，决心要为富有朝气的人民政府效力，希望国家在雕塑艺术上有所发展。

不久，陈毅市长提出“上海是一座有革命传统的光荣城市，应该搞点纪念碑雕塑来教育子孙万代”。

12 月 24 日，上海市人民政府发布《为建立人民英雄纪念塔征求图样公告》，决定在外滩建造上海人民英雄纪念塔，号召建筑界人士应征。

上海著名建筑师赵深、陈植都是美国宾夕法尼亚大学建筑系毕业生，合办了联合建筑师工程师事务所，他们决定应征，为设计好纪念雕塑，又决定邀请一个雕塑家合作。陈植（字直生）兴趣广泛，喜爱音乐和水彩画，曾在之江大学建筑系任教时，就与张充仁相识。于是，他们邀请张充仁合作设计应征方案。

不巧，张充仁手头有一批订单要赶制，有正为北京中央革命博物馆筹备处绘制的多幅中央领导人油画像，为上海鲁迅纪念馆创作油画《鲁迅像》，为上海土产展览会赶制纪念雕塑《丰年》，但他还是欣然应允了，挤出时间与他们一起设计人民英雄纪念塔图样。随后，又有人来邀他合作，他又参与了另一套方案的设计。

等到1950年5月5日，纪念塔图样征稿评判委员会召开首次会议，评出前3名。张充仁与赵深、陈植三人合作方案获得第2名，他参与的另一图样设计获得第4名。

5月28日，纪念上海解放一周年，市政府决定在外滩黄浦公园隆重举行"人民英雄纪念塔"奠基典礼。近中山东路一侧的基座上，洁白的大理石镌刻着陈毅市长的亲笔题词。

然而，此后数月不见动静了。11月中旬，《解放日报》连续三天刊登《上海市人民政府为建筑本市人民英雄纪念塔继续征求图样公告》，才知纪念塔塔址已更改，需要重新公开征求图样，为获得圆满效果还修订了应征条件。在杭州市副市长兼浙江美院雕塑系主任刘开渠的推动下，华东地区不少美术工作者要求上海市突破地域限制，让他们也参加纪念塔图样征求。上海市政府同意了他们的要求，应征范围扩大到华东地区，并听取杭州市应征者的意见，补充公告了相关设计要求。

张充仁满怀激情地决定再次主动应征。这次，他与谭垣、张智、黄毓麟等建筑师合作设计。经过昼夜工作，同时推出了两种纪念塔图样，均为屹立在塔基上的铜质雕塑。

再等到1951年3月，市政府两次召开审议委员会议，对应征图样做最后评选。经过长时间的讨论协商后，进行投票表决。表决结果，编号为32、33、37的3件图样分获前3名。遂拆封核对姓名。令评委们吃惊的是，第1、2名获得者竟然均为张充仁他们的纪念塔设计图样。

4月12日，上海市政府公告评选结果。中选的纪念塔图样所示，将由屹立在塔基上的铜质雕塑为主构成，雕塑取工、农、兵、学生、妇女5种形象共擎国旗的造型；塔顶有一颗硕大的红五星，下缀四颗小五星。塔身饰以云彩，塔基背面刻有花圈浮雕。周围置香炉，届时焚烟袅袅，以造成庄严、肃穆之氛围。

对雕塑的构思,张充仁的方案提出,“雕刻上切忌双数,比如两人并立,则人为一对,脚见两双,其数一望而尽,不耐寻味。今群像五人故得。由西望之见三人,东面望之见五人,北面见三人,南面见一人,均属单数。他如手足布局,四面亦皆见单数。且姿态皆参差有致,变化而统一调和而有力。将来塔成,由远望之,先见众擎一旗,紧张而努力;渐渐走近细视之,乃见农工兵等象征人物各有表情、各有意态”。雕塑取名《无产阶级革命创造中华人民共和国》。

永远的遗憾

按照预定方案,上海人民英雄纪念塔工程将于1951年6月间开工,预计10个月后完成。雕塑于1952年4月先制成石膏模型,“五一”节举行揭幕礼,铜质雕塑的最后完成期定为是年12月。然而实际的进展,却完全打破了预定计划。审议委员会连续召开了6次会议,反复讨论技术细节和雕塑设计的局部修改。

步入1952年8月,情况骤然发生了变化。

杭州市有一批“华东艺术群众”联名投书国家文化部,对上海市采用张充仁的设计方案提出异议。此信转到了上海市政府,不但对于张充仁的设计方案颇有争议,而且对于能否让张充仁这样的艺术家担当此任,也成了激辩的话题。

在审议委员会第7次会议上,有人对张充仁的设计提出了诘难:“雕塑图样与美国为纪念二次大战中登陆硫磺岛战役所发行的邮票图样相似,均为合擎国旗,有雷同之嫌。”还有人提出:“那个解放军扎的绑腿布是国民党式的,那只钢盔是日本式的。一座雕塑有5个人,不合规例。”而且有人火药味甚浓地强调:“雕塑的成功与否,在于能否表现出正确的政治内容,这是一个政治思想问题,而不单单是创作技巧问题。对于富有技巧的艺术家,虽要进行争取与团结,但不能以人民英雄纪念塔作为争取与团结之工具。”

既然政治上存在着歧见，艺术上当然也会发现许多闻所未闻的“谬误”。诸如雕塑的非民族化问题、新现实主义基调表现软弱问题，乃至群像中妇女在前，学生次之，工人竟然居后的排列次序也变得至关紧要，不容漠视。

在会上，张充仁虽竭力辩解，但显得力不从心。

上海市工务局局长赵祖康不得不在结语中尽力斡旋，重申讨论的目的完全是为了做好这项工作，艺无止境，并无其他用意，希望张充仁客观地听取意见，使作品日臻完美。

9月25日，工务局与张充仁签订了《上海人民英雄纪念塔雕刻委托塑制合约》，文化局受命为张充仁指派政治顾问，并要求他将原雕塑中解放军战士背负的枪支改为握在手中。

张充仁为难了，战士一手持枪，一手擎旗，似乎有点气力不支，况且古训以右为尊，让唯一的这只右手是擎旗好呢，还是持枪好？

12月13日，华东军政委员会明确批文：同意建立“上海人民英雄纪念塔”。随即华东财经委员会专门批给工程用铜23.5吨。

张充仁极为认真地赶紧塑制群像泥塑。他雕塑时有个习惯，凡塑制着衣人物先要塑裸体像，完成后再给它穿衣服，如果一时找不到模特儿，也会将骨骼和肌肉塑得和真人一模一样，然后裹上薄纱布，再在上面塑衣服。何况，这座纪念碑雕塑中的工人与农民都是光着上半身的，对肌肉的刻画更需要认真处理。于是，经上海警备区郭化若司令员批准，警卫连副排长祁光星被邀请到充仁画室来当模特儿。他特地订做了一个大型的铁制大转盘，搁到按圆周排列的6只方凳上，再在上面铺以厚板，并用木凳加高，铺上木板，在上面钉骨架做泥塑。在大转盘旁，还为模特儿准备了一个小型转盘，小转盘与大转盘同步转动，他就可以在同一的角度审视泥塑精样与模特儿，使作品塑得格外精确。为了塑制工作不受打扰，三楼雕塑室成了禁区。

为这件群雕，张充仁用尽智慧和情感。近3年来，他对人物布局、肢体语言做了反复推敲，做到如罗丹所说的“各个部分就是先后连续的时间内的姿态”。在张充仁的心目中，为人民英雄树立传世丰碑，应崇敬那些普通的工人、农民、士兵以及妇女、儿童，应铭记唯有无产者高举红旗前赴后继的浴血奋战，才迎来了中华民族的新生。

张充仁终于完成雕塑正样稿，恭敬地送审。同时，对于各方对设计方案提出的一系列疑问，他做了书面解释。

可是，纪念塔土建工程却突然下马了。

缺乏政治背景的张充仁无从得知，此时来自某方面的指示已下达到上海："资产阶级影响严重的张充仁所设计的图样是不妥当的……可以把报酬付给他，但需发动美术界和新闻界狠狠地批评他一下，此人在文艺整风以后尚如此毫无进步……"

华东文艺界也传出了怪声怪气，说："张充仁从来就没有政治头脑，一个没有政治理想的人怎么可以去造一个歌颂解放、反映革命的雕塑呢？"还有人指责张充仁"居然向人民政府开高价，索金条，伸手要巨额设计费"。

又听说，华东军政委员会主席饶漱石发了一道命令，说华东没有一个铜矿，却是消费铜的主要地区，应该尽可能地节约用铜。

华东地区众多艺术家联名写信给饶漱石，高调拥护"节约用铜"的命令，强烈要求"对不节约铜的行为应予制止"。

工务局赵祖康局长为难了。他请张充仁前去面谈，婉转地希望张充仁重新考虑方案，是否可不用铜改用铁？

张充仁回答说，这是不可能的，因为不可能用铁来做火炬，尖的地方会不牢固，随时会粉碎的。

又问：能否用混凝土来做？

他回答：混凝土不是永久性的，湿气进入雕塑就会损毁。

用铅行不行？

雕塑会变白的。

用石头行不行？

用石头必须改变整个造型。

没有其他办法？

除了用铜，没有其他办法。

赵局长也没有办法，此事只能"暂时搁置"了。

张充仁坚持自己的观点，宁愿暂时不建，等待国家有了铜材再把雕塑矗起来。

于是，根据有关方面“暂停”的指示精神，上海市政府于1953年3月6日正式发文宣布：本市人民英雄纪念塔工程停止进行。而不知内情的张充仁真以为是“因为缺乏铜材，工程暂停”。他无奈地说：“作为一个艺术家，我的责任已经尽了，至于雕像能否矗立起来，这不是我力所能及的事，我还是要做我力所能及的事，继续从事我心爱的雕塑艺术。”

张充仁费了3年心血塑制的《无产阶级革命创造中华人民共和国》石膏精样稿被人丢进中山公园农具房内。张充仁闻讯后，急忙致信工务局：“希望妥善保存”。但是，精样稿还是失踪了。

火红年代催人急

1954年2月，张充仁加入华东美术家协会(1955年改称中国美术家协会上海分会)，他这个“自由职业者”总算有个可依靠的单位了。

5月，由美协组织，张充仁与上海画家贺天健、唐云、吴青霞、江寒汀等一起去苏州旅行写生。

7月，张充仁当选为卢湾区第一届人民代表大会代表。

在美协的指导下，张充仁用自己的作品热情讴歌火热的新生活。他创作了雕塑《印尼英雄舞》《上海第三次工人武装起义》。还先后为李润之(上海美专教师)、费淑娟塑像。

高度不足20厘米的架上雕塑《印尼英雄舞》，是张充仁观摩印度尼西亚文艺代表团演出后的即兴作品。一位半裸体舞者双手紧握硬弓反弹，两脚半蹲侧身前视，让力量爆发的瞬间得以凝固。这是难得一见的精品。

然而此时，充仁画室的绘画雕塑订单越来越少。张充仁擅长人物肖像雕塑创作，但雕塑创作极为特殊，大多是以订单式进行的，尤其是大型作品，没有客户订单，就好似英雄缺少用武之地。

张充仁感到苦恼，却又无奈。他闷在家中，又画了一批水彩画，有《金色菊》《肥鸭》《菜花雏鸡》《葡萄莲蓬》等,都是静物写生,以白底为景,既是创意之举,也是心境所托。

1956年9月,张充仁迈上“五十知天命”的人生台阶。充仁画室的40多名在沪学生,假座宝庆路周淑芬同学的府邸,为恩师隆重举行了第二次祝寿聚会。

充仁画室在社会风雨中已经支撑20年了,张充仁始终放不下他的充仁画室和他的学生们。尽管他是依靠办学来维持生计的,但还是免收了生活困难学生的学费。尽管他时常心境不畅,但还会找几个知心学生聊天,海阔天空,无所不及。

1957年11月13日,张充仁与颜文樑、林风眠、王个簃、沈柔坚、程十发等30多人参加了“苏联造型艺术座谈会”。他着重分析苏联雕塑家穆希娜的《工人和集体农庄女庄员》《粮食》和托姆斯基的《基洛夫纪念像》等作品。

1958年9月26日起,“苏联美术家作品展览会”在上海展出。10月10日,上海美术界分油画、雕塑、版画3个组进行现场座谈会。张充仁率雕塑组成员采用边看边谈的形式开展讨论,他对《歌》《宁死不屈》《女工》等作品给予很高的评价。10月20日的《新民晚报》刊发了采访张充仁的报道,题为《畅谈苏联雕塑艺术》。

他还全身心地为全市的中学美术教师讲授《艺用人体解剖》。

1958年8月起,张充仁担任上海美术中专教师,而充仁画室的讲课活动日趋减少,他日后将自己“参加工作年月”定为“1958年8月”。

而在这一时期,全国上下正开展整风运动,并转为反对资产阶级右派分子斗争,无数知识分子被卷入其间。而张充仁为人一向低调,不过问政治动向,为艺孤独,因此幸免于难。

秋天,妻子又生了个儿子,张充仁乐在其中。

为工农兵立像

吃了数不尽的亏,张充仁终于弄明白,文艺为工农兵服务,为社会主义建设服务，是当今时代的主旋律，是艺术报国的新使命。他尽力适应时代要求，决心努力为工农兵立像，尤其是英雄人物、劳动模范。

1958 年，是国民经济建设发展第二个五年计划的第二年，全国上下热气腾腾，行行业业都在争取“大跃进”。

美术界也不例外。

当年 4 月，《美术》杂志刊登《在莫斯科举办社会主义国家造型艺术作品展览会组织条例》，为显示社会主义国家造型艺术的成就，通过艺术形象向广大观众介绍这些国家人民的生活，介绍他们在社会主义建设中、在争取世界和平的斗争中的成就，国家文化部组织“社会主义国家造型艺术展览会”征稿，要求是在战后年代里创作的年画、雕塑和版画。

张充仁闻讯奋起，立即投入了创作。去年，他为北京庆祝建军 30 周年举办的“军史美展”创作了雕塑《儿童哨》。他将一个机智的儿童团小哨兵站在高坡上，向乡亲们报信的动作表现得极为生动，被称为是“典型的社会主义革命的浪漫主义作品”。因此，他决定再次创作革命斗争题材，选中了报刊上正在宣传的山东省烟台地区“游击英雄孙玉敏”。他立即直奔山东去实地访问，得知海阳“地雷战”威震敌胆、名扬全国，在抗日斗争史上留下光辉的一页。

张充仁获得第一手宝贵资料和深切感受后，潜心创作雕塑《游击英雄孙玉敏》。经反复构图修稿，决定以青春健美的造型，表现这位游击女英雄的飒爽英姿，手握钢枪、蹲伏侦察、警觉勇敢、随时出击的神态。这件难得的创作性肖像雕塑成为他一生中自己最满意的作品之一。

6 月，上海美协举行第一次准备参展作品初稿观摩会。在 100 余件作品中，张充仁的作品脱颖而出，送往北京。

12 月 26 日起，雕塑《游击英雄孙玉敏》在莫斯科中央展览馆举行的第一届社会主义国家造型艺术展览会展出。参展作品共有 3000 件，其中中国参展作品 276 件，上海有张充仁的《游击英雄孙玉敏》和陈道坦的《少女头像》两座石膏雕塑。展期达 3 个月，在国内外产生了巨大影响。

张充仁信心倍增，又创作了《电焊工》《停航》等反映工人阶级形象的雕塑作品。

1958年8月,国内第一台1万伏高压电桥精密仪器诞生,上海劳动模范王林鹤的事迹感动了张充仁。他看到,只有初中文化程度的王林鹤,不畏艰难,经历了370次试验失败,终于获得成功。张充仁由衷地钦佩这位劳动模范,为他创作了一尊雕塑。

农村兴起养猪"大跃进"。张充仁下乡看到,已经达到一亩田一头猪,以猪多肥多,促进了农业连年丰收。他为此兴致大发,巧妙地吸收民间雕刻形式,创作出了人见人爱的雕塑《养猪姑娘》。

到工厂农村去

1960年4月,《张充仁雕塑选》由人民美术出版社出版发行。从此,张充仁雕塑创作的人物形象及艺术语言更加中国化,他探索用新的雕塑语言表现新的时代,在思想和艺术上形成了一个重要的转折。

5月以后,全国掀起新的社会主义建设热潮,上海艺坛显得更为活跃,一年内竟连办了两届上海市美术作品展览会。张充仁也极为兴奋,看了第一届美展就撰写了一篇观后感,以《从生活中来的雕塑作品》为题于6月10日在《新民晚报》上发表。他赶到松江县去体验生活,参观农民科学家陈永康水稻高产技术样板田后,又创作了雕塑《遍地黄金》。

7月22日至8月14日,张充仁赴北京出席全国文艺工作者第三次代表大会。在这次文代会的感召下,张充仁主动地要求上海美协安排他到工厂农村去体验火热的生活,他迸发着持续的热情为普通的工人农民塑像。

张充仁的雕塑艺术创作大步跃进而喜获丰收,仅1962年一年时间,他就创作了《以焦保钢》《炉前》《炉工》《汽锤声下(锻工)》《甘雨》《唯亭秋收》等表现工人形象和农村题材的雕塑作品。

1964年初夏,张充仁来到上海县马桥人民公社俞塘大队参加"清账目、清仓库、清财务、清工分"为内容的社会主义教育运动(俗称"小四清")。他与社员们同吃同住同劳动,体验了一个星期的农村生活。他在马桥,看到一望无际的秋田充满着勃勃生机，参观了电力灌溉设施、托儿所、敬老院、农具厂等，感受了男女老少一片欣喜的气象。一个星期后，他在赶往北松公路汽车站，准备回家的路上，见田埂上走来一位梳着辫子的女青年，肩背草篮，一手牵着小羊，一手挥动镰刀，嘴里哼着歌，形象朴实而动人。这一情景，顿时扣动了雕塑家的心弦。张充仁回到家，立即在雕塑工作架前动手塑捏起令他难忘的瞬间。于是，雕塑《田歌》诞生了。

这件70厘米高的雕塑作品，张充仁以朴素真挚的情感，刻画了一个身材丰满健美的农村姑娘劳作归来时的动人情景，只见她迈着轻盈的步伐，晃悠着镰刀，以心中流出的田歌伴行，浑身充满了自信、豪迈的活力。姑娘的头巾、发辫、衣衫和卷起的裤腿，都表现得细致而逼真，凸显了张充仁鲜明的现代写实主义艺术风格。

遨游水彩画世界

张充仁年轻时就喜爱水彩画，并得到安敬斋、徐咏清等名家的指点和艾尔思等爱好者的相助。赴欧留学时，虽未学过正规课程，但关注西洋经典绘画，勤奋地练习水彩画写生，收获颇丰。学成归来后，他结合充仁画室的教学实践，潜心研究19世纪末20世纪初法国最重要的水彩画家维涅尔的艺术风格，长期坚持艺术实践。他常对学生说："维涅尔是我国引进西方水彩画的主要源头，我们都是他的学生。"

数十年来，张充仁不断探究水彩画艺术的奥秘，不断积累传授水彩画的经验，探索将中国水墨画的意趣引入水彩画创作，决心要"在没有道路的地方踩出道路，插上路标，为后来者提供一个参考"。他尝试像国画那样，尽可能留出大块空白，不要求用颜色把纸面满满覆盖，或对对象的背景仅做淡淡的渲染，意在使主体更加突出。他的这种画法，是有着长期持续的实践和充分的理论思考的。因此他的水彩画，既有欧洲风格，又有中国气派，用水流畅，用色鲜明，对比强烈，透明轻快，画面饱和明亮。

张充仁的水彩画作品，已成为广大绘画爱好者临摹的首选教材。前由上海三一印刷公司,后由上海人民美术出版社彩印出版的单张散页式张充仁水彩画作品一版再版,此时总量已达数十万张,还时常销售一空。

张充仁最得意的学生之一哈定的水彩画、油画尤为出众,长期在充仁画室担任助教。此时,哈定已成为上海著名的肖像画职业画家,在余庆路创办了私人教学机构,称“哈定画室”,影响广泛。

1958 年 12 月,《张充仁水彩画选》由人民美术出版社出版后,他在上海人民广播电台主讲《水彩画技法风格》讲座,标志着他已形成了系统的水彩画艺术理论,他的艺术成果占据了国内领先地位。为此,《张充仁水彩画选》的编者在《序言》中称:“多年来的水彩画实践,使他的水彩画技艺达到异常纯熟的境地。他的水彩画能够充分运用水色的特具功能。画幅用笔简要,色彩丰盈,水分充润,给人以清新、爽朗之感。他的作品取材较广,静物画、风景画、肖像画无所不画,其中静物画尤为引人入胜。”

以后 3 年内,张充仁先后在上海、浙江、山东、安徽、江苏等地写生,创作了《黄浦码头》《方岩玉峰深处》《方岩涓涓流水》《青岛海滨松石岸》《永康灵岩山麓》《永康稻田》《合肥雪里红》《合肥写生》《苏州临水人家》《洞庭东山北望太湖》《洞庭东山遥望太湖归航》等一批风景水彩画和《梨、樱桃和杨桃》等静物水彩画。

充仁画室与哈定画室,逐渐成为上海水彩画爱好者经常相聚畅谈的两个艺术沙龙。

在张充仁、张眉孙、李咏森、哈定等水彩画家的引领下,上海的水彩画爱好者人数众多,上海已成为全国水彩画艺术的创作基地。

1962 年 8 月,京沪两地水彩画家分别举行座谈会,《美术》杂志当年第 5 期刊登了座谈纪要。张充仁在发言中指出,经过一个半世纪的追求,水彩画的特性大致已经明朗。正是因为水彩颜料画在纸上是透明的,这一特性导致一些负面影响,带来一些不便。首先,颜色的叠加会出现新的灰色,新灰色上再加新灰色就会变成混浊色,以致画家常常不能完全预料其效果,只能大略估计它倾向什么色。其次,由于色彩微妙,重叠染上去效果不对时,再加上白粉补救就会使颜色不再透明而且变脏。再者,虽然趁湿画会产生流动感，但水分太多颜色不易固定，会到处生水迹，即使开头用色干湿适当，但加上极湿的颜色，常开化很厉害，不易达到预期效果。这些都是不利的因素，令人望而生畏，但也是挑战和机遇。他认为，应对中基本功最为关键，“如果干湿掌握得好，就什么质感、趣味都可以出现。素描功夫好，色彩浓淡、冷暖，就处理得好”。总之，水彩画轻快、明朗的效果需要高度熟练的技巧来支撑，也就是说，难度大，这正是水彩画的魅力和价值所在。

张充仁的这次发言，涉及技法、材料、现状、前景等方面，古今中外，纵横开阖。他见多识广，既有充分的实践，又颇有研究心得，印证他已站在学科的最前沿。

1964 年，上海人民美术出版社出版《水彩画技法经验》一书，开卷就刊登了张充仁的《我对水彩画的见解》。他跨门类、跨时空的考察和研究，对我国水彩画艺术的发展产生了深远的影响。

此后，张充仁对水彩画在中国的发展历史和中国水彩画的主要技法，不断研究，逐渐形成了学术论文《中国水彩画》的初稿。

在美专讲坛上

1959 年 3 月起，张充仁在上海画院学馆(不久改称上海美术专科学校)担任解剖课教师。次年 9 月，美术专科学校成立大学部，由上海市高教局和市文化局双重领导。美术专科学校设立 5 年制本科教育后，招收首届雕塑系学生 10 名、油画系学生 15 名。

张充仁在美术专科学校担任雕塑系教授，直至 1965 年。他的同事有系主任涂克，雕塑教师徐勇良、王大进、李枫、胡博闻，油画教师吴大羽、周碧初、俞云阶、张隆基、颜文樑、周方白、孟光和等。

其间，他赴安徽省合肥市，为安徽艺术学院、合肥工学院讲授水彩、素描、雕塑课。

学生们看到，张充仁每次步履稳健地走上讲台，神情清新，略带微笑，回字形脸上戴着一副浅色眼镜，与众不同地穿一套淡棕色西装配以衬衫领带，颇具艺术家、留洋教授的派头。开学第一课，他以带有七宝乡音的上海方言关照大家："上我的课，请同学们准备好一本笔记簿。上课要用心听，记好笔记。因为我讲的，将来画图创作时都会有用场的，如果有听不明白或有听不懂的地方，可以当场或者课后来问我。"

在美专的讲坛上，学生们最赞赏的是张充仁的《艺用人体解剖学》课。他讲课极其认真且生动，没有一句废话，比书本还精辟、翔实。

张充仁平时话语并不多，而在课堂上，满腹经纶，滔滔不绝。他的医用人体解剖知识极为精到，记忆力惊人，对人身上的大小骨头了如指掌，可倒背如流，中英文读名丝毫不差。他让学生们真切地掌握人体结构的每一个部位。连每块骨头上的肌肉、筋腱，男性骨头与女性骨头的细微差别，骨骼和肌肉在活动时的相互关系，甚至于微小到拇指骨筋腱和掌骨连接处有一个不为人注意的细小凹陷，他都会做具体讲述，并说明出典。

他分析古希腊《掷铁饼》雕像时强调说，古希腊人非常喜爱运动，每年都举行运动比赛，因此体育项目大多源于古希腊，以致后来发展成为奥林匹克运动赛。而当时运动时基本处于裸体状态，全身肌肉的变化一览无遗，使古希腊雕塑的人体能精确地得以再现。

他还向学生们分析米开朗琪罗的《大卫》像。文艺复兴之前，人体裸露的部位不多，为了能在雕塑时依然塑造完美的人体，米开朗琪罗曾不顾宗教禁制，半夜潜入墓地将新入葬的尸体偷偷背回工作室，进行解剖研究。因此他的壁画和雕塑所表现的人物都栩栩如生，肌肉饱满，结构精美，对人体的理解和熟知程度，达到了惊人的地步。《大卫》像是他用整块大理石雕刻出来，如此完美，似乎只是将多余的石块琢去而已。

他告诫学生们，学雕塑先要熟悉人，平时注意观察，多看，多记，多默写，唯有充分理解，才能自由运用。

他又常对学生们说："不要以为只要技法娴熟就可以不懂古典诗词，假使没有东方的智慧，没有古文的涵养，侬的境界就永远上不去！经常看到手艺人头发雪白还在作坊里孜孜营营，不得正果，为啥？艺术修养不够呀！我的土山湾的师兄弟们，有的毕生只能做些天主教雕塑和教会绘画，啥道理？

没有国学修养就要被西学俘虏过去了。”

走自己的路

张充仁在长期从事西洋雕塑艺术的教学、研究和实践的同时，始终未忽略对中国传统雕塑艺术的研究。1958 年，他专程考察云冈石窟及汉武帝陵、茂陵、顺陵等古迹。1962 年，又专程考察敦煌莫高窟壁画和雕塑。

通过实地考察，他深切地感受到，雕塑是古老的造型艺术。中国自古就有灿烂的雕塑艺术。汉代的茂陵怪石散于山麓，略加雕琢，远远望去似怪石又似猛兽，胜如祁连旷野的气氛。魏文帝建云冈石窟，动用 2 万人凿了 100 年，工程未完，魏孝文帝又凿龙门石窟，堪称规模宏伟。石窟雕刻艺术是中国雕刻史上最绚烂的花朵，并且统治雕刻艺术主流达 1000 多年。无论是敦煌、龙门、云冈、麦积山、天龙山，还是炳灵寺、南北响堂山等石窟，不仅是我国雕刻艺术的宝库，在世界雕塑史上也占有重要的地位。

他塑制了两件《仿唐供养人石像》，研究古代雕像的奥秘。

他还于 1962 年 3 月 18 日在《新民晚报》发表了《在造型艺术的宝库里识宝》，向世人介绍他眼中的敦煌雕塑壁画。

他记得，当初留学时赴柏林走访一位著名雕塑家的工作室，出示几张自己的雕塑照片，请求指教。德国雕塑家看后很欢喜，忙从内室搬出两尊中国青陶汉俑立像，说：“虽说这汉俑量很小，才不到 15 厘米，但看上去却十分高大。”因此他一直注意向世人宣传中国传统雕塑的魅力。

他还记得，1954 年接待过几位苏联雕塑家，也拿出自己的作品及照片供他们览赏。苏联雕塑家边看边说：“我们进入中国大陆，自北南下，今到上海来才看到中国雕塑的水平。很奇怪，你们中国雕塑家好像不相互学习的。”张充仁回答：“中国好多雕塑家都有很好的作品，可能你们没有看到罢。”他由此想到应当扩大视野，关注着周边其他国家的雕塑艺术，及时吸取其经验。

1958 年 7 月，盛大的“1955—1957 年苏联美术家作品展览会”在北京展出。张充仁专程赶去观展。事后,在10月20日的《新民晚报》上发表了观后感。

1959年10月,德意志民主共和国建国十周年艺术展览会到上海巡展。他观看后在《文汇报》上发表《艺术的花朵》一文。

12月,《朝鲜民主主义人民共和国造型艺术展览会》在北京开幕后,移到上海续展。他观看后,又在次年2月3日的《文汇报》上发表《朝鲜的雕刻艺术》一文。

张充仁如此广泛地考察古今中外雕塑艺术历史及其发展趋势,脚踏实地地进行艺术实践,费尽心思地传播雕塑知识,为的是走出自己的路,创造出中国气派的现代雕塑艺术。

1962年5月,中国美协上海分会第二届会员大会召开,张充仁被推选为中国美术家协会上海分会常务理事兼副秘书长。

进入上海油雕室

1965年8月,上海油画雕塑创作室成立,隶属上海市文化局。成员由上海美专油画系、雕塑系师生、油画雕塑训练班和雕塑研究室合并而成,共有36人。

已是58岁的张充仁正式调入上海油画雕塑创作室,担任创作干部。长期身为“自由职业者”的他,终于也算是“国家单位”的人了,尽管要去上下班,听从领导的安排,但可享受“国家干部编制”的待遇,能按月领取一份“旱涝保收”的工资,更重要的是可以接受到更多油画、雕塑“重大任务”的订单。

这是中国第一个以油画、雕塑为主体的专业性创作和研究机构。上级调擅长中国画的富华前来担任党支部书记,陈必扬任副书记,主持行政和业务工作,管理这批才华横溢又个性独特的西洋艺术职业画家和一群刚走出校门的美专毕业生。室址设在上海文化广场内的大棚里,十分简陋。1966年11月迁移到淮海东路渔阳里,后又迁移到长乐路165号天主教教堂旧址。

油雕室成立后,年轻人大多被组织安排赴崇明县农村去参加以“清政治、清经济、清思想、清组织”为内容的社会主义教育运动(俗称“大四清”)。

而油雕室还没有办公室、工作室等设施,张充仁还是以待在家中为主,每逢星期六来参加一次“读文件”“读报纸”之类的学习活动,算是“报个到”。等到大家参加“大四清”之后回来,时光已经跨入1966年。

1966年6月,全中国突然卷起史无前例的“文化大革命”风暴。不久,风暴迅猛刮进上海文艺界,花甲之年的张充仁未能幸免被“炮轰”的命运。

办了30年的充仁画室就此结束。

儿女初长成

张充仁住了15个月的“牛棚”,终于可以回家了。

10多岁的子女们见到他,都不敢上前叫他爸爸。只因父亲瘦而老,人变形了。

妻子乍见丈夫,“哇”地一声哭着逃进了房间。

张充仁安慰家人说,同住“牛棚”的文艺界人士,有的自杀了,有的生病了,身边的床位经常会换人。而他认为自己没有犯错误,何况天主教徒有十诫信念,因此不想自杀,也不多生病,心安理得地过日子。被批斗时,“造反派”在他头颈上挂大木板,还不允许木板碰着地面。他咬咬牙,右手指一直在膝盖上练毛笔字,以此顶过了肉体上的折磨。

家人告诉张充仁,他最偏爱的小女儿萱萱因被逼参加父亲的批斗会而遭惊吓,精神失常,已经到处求医却总不见成效,近来时常犯病,难道她就此……

张家先后生了2个儿子3个女儿,大儿子仅8个月就夭折了,他等到48岁方才有个小儿子,如今小女儿69届初中毕业,正准备送她去“上山下乡”,竟然因为自己而精神失常了。

张充仁不禁心碎似裂,彻夜难眠,一病不起。

他长叹一声又一声,自己老老实实做人,始终辛劳又节俭地过日子,喝茶舍不得放茶叶,笺纸必定要两面用,子女理发由他动手,还自己为他们做衣服。并非他过于吝啬,而是因为子女还小,父亲长期患病,妻子体质不强,还有岳母需要照应,这个家实在经不起折腾,全靠他一个人熬辛吃苦地支撑着。他苦干30年才积蓄下来的300两黄金,竟然如一篷烟眨眼间就飞走了,这是全家七口人的命脉啊！为此,他悔恨交加,千错万错,最可恨的是自己为啥要保留那尊要命的“骑马像”呢!

他想起,大女儿芳芳二三岁时,不敢上三层楼的雕塑工作室去,一走进门就要哭。他发现,女儿是害怕那尊《渔夫之妻》雕塑,怕看见那焦虑、苦恼、恐慌的神态。他便抱起芳芳,走近《渔夫之妻》雕像,说:“看看,在像身后,有啥东西?”女儿看见是两粒最心爱的糖炒栗子,胆怯而好奇地问:“可以去拿吗?”他逗趣地对芳芳说:“拿呀,这个老夫人给你带来礼物了!”从此,芳芳不但不再怕这尊雕塑,而且看到此像就好像看到了一丝新的希望,现在甚至想学习雕塑了。如今,芳芳是66届初中早毕业了,动员她“上山下乡”到安徽去插队落户,她拖着不肯去,至今泡在家中,要是真的去了,她吃得了那些苦吗?

他又想起,小儿子初名叫以文,后来特意改成学仁,要求儿子活到老、学到老。学仁六七岁时,每天清晨就被叫起来读书,先学《千字文》,后来学唐诗。儿子不懂诗句,全靠他解释。他要求儿子成千上万遍地背熟唐诗三百首。家中的读书制度没有星期天,没有一天可以睡懒觉。到了早上5点钟,父子俩去附近的复兴公园锻炼身体,儿子学打少林拳,他自己打太极拳。学仁长得比较矮小,在班级里经常受大个子同学的欺负,每次挨了打,只能回家哭诉。因此他要求儿子学会打拳,以免再遭别人欺负。

他想到,二女儿张以菲初中也毕业了,但愿能够留在上海,进街道工厂也好的。她最喜欢读书,应当让她学点法文,伴随了自己30多年的那本原版《法文菁华》就是教材。当今学校里停课了,但小囡的青春不好耽误,他决定闲下来就教菲菲学些法文,多学点知识想必今后终归是有用的。

他又想到,妻子一手操劳家务,极辛苦。如今又为他提心吊胆,实在太作孽了。以往只顾绘画、雕塑创作,只跟学生、朋友聊天,今后应当多与妻子谈谈笑笑,共享天伦之乐。

他有两件棉袍，但新棉袍从来不穿，而旧棉袍已有了一个巴掌大的洞。晚上他抱着儿子讲故事，儿子睡着了，早晨醒来却发现拖鞋不见了，寻了半天，才发现鞋子塞在棉袍的窟窿里了。

妻子问他："新的棉袍为啥不穿？"

他说，"旧的还没有坏。省一点，小囡会长大的，今后钱有得要花呢。"

妻子责问他："眼门前这副样子，你还在想今后？"

他不由仰天自语："艺术家没有灵感做不成事，一年没有灵感一年不做，三年没有灵感就三年不做，因为没有灵感做出来的东西是不可能成功的。唉，已经三年没啥灵感了，还要等几年？"

枯木逢春

随着"文化大革命"政策的逐渐变化，油雕室内部的气氛也有所宽松。

为迎接建党 50 周年，油雕室全力投入集体创作规模宏大的大型群雕《井冈红旗》。1970 年 10 月起，张充仁获准参与这项重大任务，负责其中"建党"这一部分的塑制。因为所塑造党旗的尺度较高，他与年轻人一样上下登高。一次因垫脚方凳突然歪斜，他竟灵活地跳了下来。大家吓坏了。"勿碍，勿碍的。"他安慰大家，好似没有发生什么事一样。

此时，他的学生陈逸飞、应芊芊、邱瑞敏、赵志荣、吴慧明等都已成长为业务骨干。

这一时期，在张充仁心目中，天主教会已是只能放在心里而不能随意去的地方，神父们自己都难以抚平自己的心灵，眼下能理解自己的也许只有时任上海美协副主席的沈柔坚。

沈柔坚（1919—1998），福建人。自小爱好国画，后转学西画，在鲁迅倡导下又创作版画，成为中国新兴版画活动家。1938 年春，赴皖南前线参加新四军。1955 年起，长期担任中国美术家协会上海分会领导工作。他为人谦和真诚，善于团结老专家，又勇于保护留洋归来的知识分子，在美术界享有崇高威望。

张充仁长期没有“单位”，一直将美协视作自己的“组织领导”，沈柔坚自然成了他心中的“靠山”。前几年，造反派在国泰大戏院批斗沈柔坚，病中的张充仁被造反派用三轮车押去陪斗，他看到老领导坚持正义的行为，亲身感受了老领导临危不惧的精神。因此，每当社会有些动荡，他产生恐慌或苦闷，就会赶到华山路枕流公寓沈柔坚家里去倾诉，寻求帮助。

沈柔坚时常给他真诚的精神支持，帮助他解决了不少实际困难，并大胆地推荐他参与“外宾接待工作”。

1971 年 9 月发生林彪“九一三事件”后，张充仁闻讯一下子便“来了灵感”，忙拿起放下已有 5 年之久的雕塑工具，悄悄创作了雕塑小样《笑里藏刀》，将林彪在“文革”中的形象刻画得可笑又可怜，这是他一生中极少有的讽刺作品。

1972 年 4 月，为中山公园举办“阶级教育展览会”，张充仁参与复制大型泥塑群雕《收租院》的紧张工作。

不久，张充仁因高血压病发，获准在家休养。

1973 年，张充仁奉命赴上海历史上血吸虫病流行最为严重的青浦县任屯村体验生活，听了当地历史上血吸虫病流行造成灾难情况的介绍。当地领导希望艺术家为他们正在筹建的任屯血防陈列馆提供展品。

难得的“创作任务”终于等来了，张充仁异常振奋。在回家后一段日子里，积压在他心头的艺术冲动无声地爆发了。亲身经历了种种天灾人祸，目睹了种种生死离别，他那忧国忧民的一腔深情化作了艺术灵感，凝聚在一个祖孙逃难的悲惨情景之中。爷爷把孙儿放进挑担去逃荒，其双手担当着无尽的深情和责任。他为这件纪念性雕塑的小稿取名为《怜其少子》。

雕塑《怜其少子》送进青浦任屯血防陈列馆之后，震撼了每一个观众的心，人们公认这是张充仁的又一件传世杰作。

在艺术作品必须追求“高、大、全”的时代里，张充仁却顽强地坚持自己的艺术个性，倾心表达忧国忧民的情怀。雕塑《怜其少子》问世即引起轰动，在当时的画坛上几乎是一个奇迹。

1975 年 3 月，油画雕塑创作室接到任务，要为上海万人体育馆塑制以

“我们的朋友遍天下”为主题的3组大型体育雕塑。张充仁的任务是主雕其中的《友谊第一》。

《友谊第一》有3个运动员迈步向前的造型，体量很大，便在旧教堂的院子内搭起了脚手架。张充仁与同事一起“高空作业”，爬上爬下，一丝不苟。到了中午时分，大家都会休息一会，而他仍顶着炎日，去修整塑像的细部。

1976年10月，“文化大革命”终于宣告结束。张充仁的创作任务逐渐增多，雕塑《上海民兵》《老码头工人》《接班》《孩》《丁济南像》《毛泽东像》及雕塑小件《降龙》《伏虎》《航天》等一件件诞生了。

1977年，张充仁70岁了，喜事接踵而来。他被推荐为上海市第五届政协委员。8月12日，中共“十一大”在北京开幕，张充仁欣喜地绘制了一幅立轴，题名为《千年红万年青》，并写上“热烈欢呼中共中央十一大胜利开幕”。

沈默正在为音乐家贺绿汀塑像，恳请张充仁帮助修改，那天，他陪恩师前去拜访贺老，并看看所塑之像。塑像修改好后，贺绿汀请他们留下便餐。

不久，伊朗伊斯兰共和国首次在上海举办伊朗绘画展览，张充仁于1978年2月23日在《解放日报》上发表了“文革”后的第一篇文章《华美精致的伊朗画展》。

张充仁带着女儿菲菲和萱萱回到七宝老家小住。俞家巷的父老对他热情亲近，乡下的时鲜菜肴使他大饱口福。张充仁心情愉悦，便摆开油画架，为堂伯父张亦才和堂弟张菊贤各自画了一幅肖像画。经历了“文革”劫难的张充仁，对七宝老家的情缘越加难分难解，他与父老们一起追忆祖辈的故事。一天，曾祖父张在望的形象恍若就在眼前，他便挥笔画了一幅《张在望》肖像画，心头激起一股热血：我无论走到哪里，永远也不会忘却自己的根在这里。

初夏时节，小女儿萱萱的病情有所好转，张充仁望见她躺在床榻上可爱的身影，连画了两张速写，心头涌起一阵快意。

考察中国雕塑源流

自1977年起，上海油雕室的业务骨干投入重大任务，全力服务于北京毛主席纪念堂的室外雕塑和中国军事博物馆的油画、雕塑创作。张充仁继续被搁在一边，不过他有幸重新获得了外出考察和讲学的机会。于是，他静心对中国古代雕塑艺术进行了一番深入的课题研究。

张充仁对中国古代雕塑情有独钟。1958 年时专程考察了云冈石窟、汉武帝陵、茂陵、顺陵等古迹，并做了大量笔记。

如今，实地考察中国 4 大石窟的机遇又来了。

1978 年秋天，张充仁应邀赴西安讲学。他为西安美术学院作《水彩画讲座》之后，参观了西安博物馆，并专程赶赴洛阳考察龙门石窟。

已过七旬的张充仁，不顾年迈，游走在龙门石窟艺术宝库。他深感北魏中期营造的雕塑，艺术风格有了明显的转变，像龙门古阳洞四壁和洞顶的小龛雕刻就代表了这一时期的风格，比云冈石窟更丰富、更华美和细致，去掉了云冈的粗犷，技法进一步洗练成熟，佛像变得清癯秀美，服装则开始摆脱贴体的格局，而代之以长裙、宽袖、垂摆的衣服，表情由严峻变得温和。

他看到，龙门石窟中最大一窟的奉先寺大佛，雕琢得极为庄重典雅，安详仁慈。佛像的眉毛形同弯月，脸颊丰圆近方，嘴唇厚重，下巴饱满，眼角上弯，虽然如此巨大，却给人以亲切秀美之感。分立两面的二弟子和蔼圆通，神态恭敬虔诚，两位天王与两位武士肌肉暴凸，威武雄健。九尊大型雕像，手法不同，神态各异，却和谐统一，威严肃穆，确是不可多见的成功作品。

1979 年，应铁道部邀请，他沿成昆铁路做考察游览，画了 200 张速写，创作作品 10 幅。

1980 年春，张充仁与油雕室同事王志强、王大进、张一波组成 4 人小组，赴敦煌考察。乘了三天四夜火车，到达甘肃柳园，又乘四五个小时汽车，到达敦煌县，坐班车上山到达了敦煌莫高窟。敦煌文管所所长是老朋友，热情地接待张充仁一行，所有石窟均让他们观看，门打不开就从天窗爬进去。途中，张充仁遇见兰州舞蹈学校校长和舞剧《丝路花雨》编导、主要演员。他们希望张充仁做个讲座，谈谈“雕塑造型与舞蹈造型有哪些相似的契点”。张充仁谦逊地说：“我一辈子对舞蹈没有研究，所以不能信口开河。”同行的王志强劝说：“人家盛情邀请，您就随意谈谈个人看法吧。”张充仁顶真地说：

“这也是不可以的。因为我没研究过,所以不能乱说。”兰州舞校校长虽遭婉拒,但对张充仁实事求是的治学态度印象深刻,赞扬张充仁是一位令人尊重的艺术大师。

张充仁一行在敦煌考察、写生了五六天之后,赶赴青海西宁市塔尔寺等地考察。接着,又赶到甘肃天水市麦积山。在麦积山石窟,他们看到了极为丰富的泥塑,发现不少佛像的头颈显得短,肩部显得宽。王志强发问:“为什么这么样造型?”正在仔细观察的张充仁认定:“原先,这些佛像的比例是对的,颈不短,肩不宽。后来,佛像出现了裂纹,当地工匠去修补,可惜方法不对,只知道加泥,没有保留原有体形。这样乱加泥,非但没有起到修补作用,适得其反,破坏了塑像,真可惜啊。”

他们又赶到西安,拜访了西安美术学院雕塑系的老朋友,再次参观西安博物馆。在博物馆内,张充仁看到有几个小孩爬上石马石狮玩耍,感到非常心痛,就去找馆领导,建议他们加强管理。

他们又赶到咸阳,考察西汉霍去病将军墓区的《马踏匈奴》《跃马》《伏虎》等石雕。面对这些石雕,张充仁兴奋地连声感叹:“西汉石匠真伟大!能雕凿出如此浑厚、大气、精美的石刻来,伟大!以前,我们老说西方人敢于大胆夸张变形。今天看了霍去病墓区的石雕,佐证我们在西汉已有石刻高手,早就掌握了夸张变形的手法,创造出了世界一流的石雕瑰宝!”

他们又一次赶到龙门石窟,看到这里的石窟破损极为严重。张充仁告诉同事们,他在欧洲的好几家博物馆内看到了龙门石雕,看到一件心痛一次。此刻,他面对每一尊雕像都要观摩良久,脱口赞美:“了不起!了不起!”在一尊金刚石雕前,他分析说:“其实,古代石匠也研究人体解剖,你们看金刚的人体比例、结构、肌肉,都表现得很好,尤其是肌肉、骨骼,他们也大胆夸张,才把力士刻画得如此气吞山河,庄重威武!那力士的表情,极为生动,令人震撼。”

通过这次近一个月的西部考察之后,张充仁对中国古代雕刻艺术做了一番新的思考和总结。他认为,自从佛教传入中国,中国石雕艺术有了巨大变化。虽然墓前石雕仍在不断制作,并且亦有一定的气势与创新,但已经由主流退入支流。

他还认为,中国古代雕塑,随着历史的发展,随着政治、经济、文化与生活的变化而变化着。从汉浮雕的轮廓线明洁流畅,到北魏雕刻的大块面分切;从唐雕的丰满圆润,到五代与宋雕刻的富丽与纤细,有一个渐进的变化,也反映着时代精神。明清时期的雕刻,变得臃肿、呆滞。

张充仁这一时期对中国古代雕刻艺术的实地考察,为他日后的美术理论研究和艺术实践积累了丰富的资料和深切的感悟。

出任油雕室主任

1979 年 10 月,已经 72 岁的张充仁被任命为上海画院油画雕塑创作室主任,与他搭档的是也曾蹲过"牛棚"的老干部富华,任党支部书记。

支部书记富华希望张充仁发挥才干"掌好权",可张充仁说:"不要权。开个会,我不知道说什么好。"

其实,此时上级部门对张充仁的"内部定性"还是不可捉摸的"控制使用"。尽管如此,张充仁已被各种事务缠身,忙碌得筋疲力尽。

油雕室内部的人员流动非常频繁,他送走了一个又一个"出国热"的弄潮儿,又在全国范围内招收了一批批新生力量。

他要努力完成各项"重大任务",组织油雕室的艺术创作,使上海的雕塑实现更多的突破。

为推进停滞多年的现代艺术理论研究和交流活动,他撰写《关于雕塑创作中的若干问题》,供上海画院恢复学术理论研究活动讨论。他还在上海画院讲授《关于雕塑创作的若干问题》,在上海美专讲授《西洋美术史梗概》。

他又关心起年轻的美术爱好者。上海光明中学历史教师李育康因教学需要,自编古希腊雕塑艺术史讲稿,并配以大量幻灯图片。张充仁得知后,甚为关切,还邀请他到油雕室讲课。在张充仁的鼓励和指导下,李育康编成《古代希腊雕刻艺术史(图说本)》书稿。1980 年 6 月 29 日,张充仁欣然为书稿撰写了序文,言辞热切地鼓励美术初学者,推进雕塑艺术普及工作。

他又担当起社会美学启蒙教育的责任。1980 年 10 月，《法国 250 年绘画展览》以 77 幅卢浮宫博物馆和凡尔赛宫博物馆珍藏原作在上海展出，张充仁参观后兴奋异常，连夜撰写了《凭真迹重温法国绘画史》，发表于《解放日报》。

他还为徐家汇南丹公园（今光启公园）创作了大型浅浮雕《工农友谊》，抽空还雕塑了简庆福大理石胸像和叶汉像。

他应香港东南纺织公司的委托，设计了一枚直径 6 厘米的公司成立 30 周年纪念章，并亲自雕成浮雕，由上海造币厂制模铸造。这是新中国成立以后由国家造币厂铸造的第一枚大铜章，正面图案为东南纺织公司大楼，背面图案由棉花与标志组成，用黄铜铸造，共发行 1000 枚。

1980 年，中国美协上海分会第三届会员大会召开时，张充仁再次被推举为副秘书长。

结缘陈沂夫妇

1979 年春天，张充仁得知，上海市文化局负责落实文艺界知识分子政策工作的副局长是一位刚调来的女干部，叫马楠。他立即想起，20 年前曾与马楠打交道的情景。当时，马楠在哈尔滨市文化局工作，因要搞城市雕塑，专程来上海邀请张充仁前去担当重任。结果，由于上海有关部门没有同意，他没有去成。但他对马楠留有深刻的印象，因此就找到了市文化局。

马楠是时任上海市委副书记兼宣传部部长陈沂的夫人，夫妻俩历经磨难。陈沂在 1955 年被授予少将军衔，任总政治部文化部部长，1958 年被打成右派，发配到东北，直到 1979 年平反后由中央分配到了上海工作。马楠随之刚调到上海。她接待的第一位来访者就是张充仁。

张充仁见到马楠，第一句话就说："我很抱歉，当年未能接受邀请到哈尔滨去。"马楠想起当年到充仁画室去拜访他时，见到的是一位西装革履很有绅士风度的教授，而此刻再见面他竟成了一身布衣满面沧桑的老人。

张充仁以沉重的语调向她诉说："'文化大革命'把我抄得一干二净，我什么都没有了。”

马楠不知用什么话安慰他才是,深感应尽快落实党的知识分子政策。她让张充仁将“文革”抄家所受到的损失和遗留问题写个书面材料报上来,以便调查处置。

不久,张充仁就开出一张长长的抄家物资清单送到市文化局。可惜这些被抄物品大多流失,根本无法追回;只能对核实的300多两黄金作价3万元(十六两制,每两市价96元)做了补偿,其他“一切”作价3000元,合计为人民币3.3万元。

尽管损毁不可能补足,但张充仁拿到补偿款后,还是高高兴兴地给二女儿菲菲办了婚事,添置了一些家具。他还特意将3000元的存单交给小女儿萱萱保管,以弥补对她的歉疚。

而张充仁最急于解决的是住房问题。他要求迁回合肥路原住所,但要把占用的几户居民迁出去是件很难办的事,一时解决不了。

马楠随即亲自到合肥路旧宅查看实情,会同市、区房管部门,做了许多工作,才把占用户逐步迁出去,恢复了张充仁家原有的住房。她还通过地区办事机构,将张充仁正待业的女儿安排进了街道工厂工作。

合肥路旧宅的庭院内重新种了花草,棚架上还有扁豆、丝瓜之类,夏季餐桌上能吃到红烧扁豆、丝瓜炒蛋、榨菜丝瓜蛋汤,全家老少的心情更加舒展了。

张充仁十分感激马楠,而马楠也感到张充仁是一位应当敬重的大艺术家,因此他们成了无话不谈的朋友。

彼时,陈沂分管上海宣传、文化工作,他尊重知识分子,爱惜人才,将办公室和家中的电话告诉大家,以便沟通。张充仁也就成了陈沂家不时来访的客人。两人经常倾心交谈,不但谈论社会现实问题、文化界的现状,也谈外国文化、雕塑创作,谈罗丹,谈埃尔热。

由于“文革”留下的“裂痕”,上海油画雕塑创作室内部矛盾重重,身为主任的张充仁伤透脑筋。他几次向陈沂和马楠申诉,要求调动工作。

马楠当然不愿意将一位专家型名人调离本系统。她几次做思想工作,企望说服张充仁。而陈沂却表达了另外一种观点:“我们的工作做得人家不满意,换一个领导也不解决问题。如一时改变不了局面,条件允许,根据他本人的要求,考虑给他换一个环境也未尝不可。”

正巧,上海交通大学要建一个美术研究机构,筹办人聘张充仁去当教授、主任。经过沟通,最终以“借调”方式让张充仁去兼主任之职,换个环境。

老年张充仁

重 逢

埃尔热苦心寻友

1975 年 5 月的一天，张充仁意外地收到了埃尔热从比利时寄来的信件。

自从 1935 年匆匆一别，他们相互之间的联系已经中断了 40 年。

此刻，张充仁接到来信，尘封的回忆突然就被唤醒了。

没隔几日，张充仁又收到了埃尔热寄来的两册彩版画集，一册是《蓝莲花》，一册是《丁丁在西藏》。他百感交集，淌下泪来。

张充仁方才得知，埃尔热一直在急切地寻找自己的下落。

1936 年 2 月，张充仁曾收到埃尔热寄来的两份雕塑资料和他的文凭。张充仁抽空给埃尔热寄去了一个包裹，装的是品种最全、质量最好的中国毛笔。此后，数月不见来信，张充仁于 12 月 19 日又发出一信，将近况告诉埃尔热，并留下了上海充仁画室和南京大方巷办公室两处地址。可惜，久久没有回音。

当时的张充仁无法得知，在第二次世界大战的炮火中，埃尔热的日子过得越来越艰难。1940 年 5 月 10 日，德国军队闪电般地占领了荷兰、比利时。埃尔热难以割舍丁丁系列连环画的作品，在纳粹控制的《晚报》上继续刊发。1944 年布鲁塞尔解放后，他因此被逮捕 4 次。虽然没有受到有罪指控，但此事成了他一生都甩不掉的阴影。他找到中国驻比利时大使馆,询问张充仁姓名的中文写法,可惜由于误译,错写成了“张仲仁”,使他的寻找步入了一个盲区。

为了打听张充仁的信息,埃尔热走遍了布鲁塞尔所有的中国餐馆,几乎拜访遍了来到比利时的中国客人,其中唯独缺少西藏人。于是,他天真地以为“张”就躲在西藏广袤的土地上,或者是被雪人绑架了。1960 年他创作了《丁丁在西藏》,讲述丁丁得知“中国张”历经了一次空中灾难后,就勇敢地攀上喜马拉雅山前去营救。他特意把“张仲仁”3 字歪歪扭扭地写在了这一册书上。他以为,这样全世界都会帮助他找到“中国张”。但是,读者都以为“中国张”只存在于虚拟世界里,因为 30 多年过去了,而《丁丁在西藏》中“雪人”找到的“中国张”依然是个少年。

1973 年 4 月,埃尔热夫妇到了中国台湾,才听说张充仁还活着。他委托几位外交官和韩素音等著名人士打听张充仁的地址,结果还是没有着落。

1975 年春,埃尔热在布鲁塞尔认识了一家中餐馆女老板的丈夫。巧的是,此人即当年曾给予张充仁诸多帮助的驻比利时公使魏宸组的小儿子魏需卜,其兄长魏需孔曾在上海同济大学执教,认识也曾在那里执教的张充仁的老同学周方白。于是,尽管七转八弯,但自有情缘一线牵,埃尔热终于得到了张充仁在上海的住址。

埃尔热立即于 5 月 1 日给张充仁发出一封信:

> 这是怎样一种喜悦啊,在等了这么多年后能再次写下这几个字:我亲爱的张!
>
> 你无法想象我在布鲁塞尔,从你熟人的兄弟魏先生那里得知你现在生活在上海,还是一名著名的雕塑家时,我的心中是怎样一种感情!
>
> 当他几天前把写有你名字和地址的信封给我的时候,我感觉回到了四十年前,还是那样的熟悉。
>
> 四十年,是的,转瞬即逝。二次大战之前不久你就回到了祖国,我一会再告诉你,我们这发生的一切……

信末,埃尔热还特意加盖了当年张充仁为他刻制的“乔治赫尔”中式杨木印章。

张充仁捧着这封字字发烫的信件,心头无法平静。

他没想到,好友埃尔热自《蓝莲花》之后的创作,已使丁丁从单纯的“儿童情趣”提升为“有高度社会责任性”的大英雄,从而获得了整个法语地区乃至全欧洲三代人热爱。此刻,他多么想与老友重逢,畅叙当年的友情和别后的故事。

他从陈年旧物中找出那张当年与埃尔热的合影照,记忆的闸门再也无法关上。

然而,当时“文化大革命”尚未结束。张充仁提出了出国申请,但相关部门没有一个敢表态同意,于是出国手续一直拖着。

张充仁与埃尔热之间只能书信往来,耐心地等待机会。

为了加强与张充仁的联系,不再被“仲仁”之类的差错误事,埃尔热下定决心,开始学习中文。

《蓝莲花》作证

重逢的机会终于来到了。

1981 年 3 月初,张充仁接到比利时国家电视台及埃尔热工作室的联合邀请,希望他早日出访比利时。

油雕室党支部书记富华急忙帮助张充仁办理出国手续,可是相关部门仍然没有人敢批准。富华十分无奈,问张充仁:“你有没有什么材料,能说明你是爱国的。”

“爱国?还要证明?”张充仁苦恼了。

第二天,张充仁拿着埃尔热刚寄来的《蓝莲花》,找到富华,请他翻阅,并解释说:“书里画面的背景以及中文全是我画的,揭露了日本侵略中国的真相。”

这册《蓝莲花》是外文版的,富华看不懂,但发现书中有的画面上写着

“打倒日本帝国主义”之类中文字的抗日标语,在几个画面中还能找到“充仁”中文字样。富华顿时兴奋地说:“张先生,你肯定能算爱国者,这个就是证据!”

富华就拿着《蓝莲花》赶到上海市文化局,请有关领导审看这份“爱国证据”。

有关领导终于开了口子,同意先打个报告上来,再“研究研究”。

不久,张充仁出国的所有手续终于办妥了。

当此消息经层层下达,传到张充仁耳中时,反把他吓了一跳,弄得手忙脚乱。

3 月 17 日,张充仁带着儿子张学仁匆匆启程,飞往比利时布鲁塞尔。

巧的是,在这架国际航班上,同机的还有中国驻比利时大使郑为之,不过彼时互相都不认识。

18 日,飞机到达巴黎戴高乐机场,赴比利时旅客需要转机。

机舱门打开了,郑为之大使按惯例率先走出舱门。他突然发现,今天停机坪上情况异常,有名人迎候,记者围堵,而他们关注的却不是他。现场醒目的标语牌表明,他们等待的是郑大使还尚未认识的“中国张”。

比中友好协会秘书长、埃尔热的秘书、比利时电视台负责人等 8 人,专程从比利时赶来迎接张充仁,而且已有一架银色飞机停在附近等候,从这一刻起,记者们将持续追踪这位中国朋友的一举一动,让比利时人可不间断地从电视、广播中获得他的信息。

未等郑大使问清事情缘由,张充仁父子已被护送进那架私人飞机,直飞布鲁塞尔机场。

这一下,连见多识广的郑大使也吃惊了,这个一路上默不作声的老头,居然会受到如此高规格的礼遇。

半个世纪后的重逢

当张充仁走下飞机时,布鲁塞尔机场上有百余名新闻记者争相上前拍照,比利时电视台也开始了现场直播。比国三代人都熟悉埃尔热及“中国张”,因此人们争相赶来一睹这位中国人的风采。

在人们的簇拥下,张充仁走进候机大厅,与阔别近半个世纪的挚友埃尔热终于重逢了。

两位当初的风华少年如今都已白发苍苍,而且埃尔热已身患再生障碍性贫血症。他俩悲喜交加,像孩子般地紧紧拥抱在一起,令众人心碎,无不动容。

埃尔热流着热泪对记者们说:“我不能表达我在半个世纪之后的这种激动之情——向为我开启整个文化门户的朋友表示感谢,他使我认识了中国的艺术与思想。”

《布鲁塞尔晚报》记者写下现场报道:“这是一件独一无二的大喜事,两个朋友,相隔几千里,分别那么多年,而且两人都已暮年,他们的重逢,或许可以说是最后的一次会面。这种永别似的重逢,有着令人不可思议的感人之处。”

在机场出口处,一个12岁大的小男孩迟到了,他跑过来紧紧握住张充仁的手,却没有说出一个字。他爸爸激动地解释说:“我们来自阿登省的边远地方,我们为了见到您,赶了两百英里路。”

张充仁忙给这小男孩签名留念。

在布鲁塞尔,张充仁受到国宾般的欢迎。

当晚,比利时国家电视台为他们的重逢组织了电视晚会。在电视直播现场,特意悬挂了一副中文对联“胆大心细,智圆行方”。这是张充仁毕生追求的行为准则。

电视现场直播节目由当年反法西斯游击队员热拉·瓦莱主持。在埃尔热和张充仁中间,还坐着一位传奇人物,那就是促成了这段友谊的戈赛神父。他已有80多岁,患有严重的心脏病,此刻他却谈笑风生,充满生气,似乎又恢复了活力,而氧气瓶和抢救设备就放在他的背后。他坚持活着,好像就是为了等待这一天。会后一个月,他便离开了人世。

比利时此时正处于经济下滑的恐慌之中,“中国张”的消息似春风化雨。

当地人从小在《蓝莲花》里就认识了“中国张”，如今“中国张”突然降临，犹如给布鲁塞尔人带来了希望。

一位企业家欢呼：“今年春天是从3月18日开始的。”

一位学者说：“数千年智慧与静穆的继承者，你是友谊的象征，欢迎你在比国逗留。”

一位40岁的母亲说：“我5岁时就认识了你。你是个好孩子，专做好事，阻止坏事。我从小学习你的品行，到现在还是这样做人。我生平有3件大喜事，第一第二是我生了两个儿子，第三就是看到你在飞机场倒在埃尔热的怀里。”

一位70多岁的老太太坐在轮椅上，拉着张充仁的手说：“《蓝莲花》让我知道了友谊，知道了在遥远的东方有个迷人的中国，知道了什么是殖民主义。”

这场直播的电视晚会，足足持续了两个多小时。

几天后，中国驻比利时大使馆郑为之大使为张充仁设宴，致谢关心中比友谊的社会人士。席间，比利时文化部长表示：“张先生来到比利时，引起人们对中比关系的兴趣，唤起了我们的注意。我们预备拨两份助学金，给中国留学生学习法拉蒙语者。”

郑大使对张充仁说：“张先生你做得很好！这次你在比国掀起了比中友好热，我国对比国外交将方便得多——我们从来没有这样把比国上层社会的人吸引过来。你可不可以把他们的电话地址抄一份给我，让我们把关系巩固起来？”

张充仁即刻应允了郑大使。

3月23日下午，向来热爱艺术的比利时皇后法比奥拉，专程赶到埃尔热画室，要亲眼见一下“中国张”，亲问张充仁与埃尔热的工作及友谊。皇后与他们畅谈了两个多小时。

不久，比利时国王博杜安三世因即将要去中国访问，特意设家宴款待张充仁。张充仁见到国王后方才知道，国王当年也是皇家美术学院的学生，只是比他晚入学五六年。因此，国王高兴地称他为“学兄”。

重返母校

那天,张充仁带着儿子,再次走进了比利时皇家美术学院的校门。

在校门口迎接张充仁的院长,竟然是他的昔日同窗。两人倍感亲切,伸手紧紧相握。

一别近46年,今日张充仁以学子和贵宾的双重身份,在美术学院贵宾留言簿上签了名。

校长带着他重游母校,寻找当年留下的踪迹。

张充仁对儿子仔细讲述着当年留学的情景。

他们走进校长办公室,只见摆着一张19世纪70年代的高脚原木书桌,桌上摆着校长从档案中找出的学校注册登记本,心头不由一阵惊喜。

张充仁急忙上前细看,查到了自己当年的登记日期和注册号。

突然,他脱下头上的绒线帽子塞进口袋,从另一个口袋里拿出了一顶保存至今的“学生帽”。

73岁的张充仁当场戴上“学生帽”,端正地面对登记本,庄严地静默了片刻。

他这出人意外的举动,顿时引得四周响起一片热烈的掌声。

在欢迎仪式上,张充仁热泪纵流。

儿子代他向校长提出了一个请求,因当年毕业时所获的那枚奖章在“文革”抄家时流失了,这次赴欧希望能够得到它的复制品,它代表着在此4年多艺术学习生涯,可如今只存一张照片。

校长答应想尽办法帮张充仁弥补这个遗憾。他立即打电话联系,几经周折,终于在皇家铸币局中查到了这枚印有国王阿尔贝一世头像的奖章档案,铸币局也同意特为他再翻制一枚。

待等奖章翻制出来,正要交给张充仁时,校长发现复制品比原件大大缩小了。于是,校长再次与皇家铸币局交涉,要求必须按宽7厘米的原件复制。

张充仁再次被母校的深情所感动。

而校长一再强调，学院为能够培养出张充仁这样一位中国雕塑家而骄傲。

欧洲又见“中国张”

张充仁没有住进宾馆酒店，而是被埃尔热接到自己家中，一住就是3个多月。

“中国张”重返比利时的消息，没几天就传遍了欧洲。

欧洲人纷纷高价抢购三代人共同爱读的《蓝莲花》。几天内销量猛增，以致印刷厂日夜赶印。卡斯·丹尔曼印刷公司赶紧安装新型印刷机，以“张充仁”命名。

比利时大大小小的花店里，畅销着两种广受人们喜爱的玫瑰花新品种，一种叫“丁丁”，另一种叫“张”。

在布鲁塞尔，路人多半已经认识张充仁，遇见他就会致以微笑，甚至上前招呼，攀谈起来。他刚从汽车里出来，就会被人留住要求拍张照片。刚回家门，会有路过的汽车退回来，走出一个孩子提上一本簿子要他签个名字。

张充仁去参观国际书籍展览会，人们纷纷要他在书上签名，被围了3个多小时。埃尔热禁不住对他说：“亲爱的张，如果你是美国人，你一定会收取每个签名五美元的代价，这样你马上就是富翁了。”张充仁提了提自己发酸的手腕，静静地看了埃尔热一眼：“雷米，可惜我是中国人。”

不少华侨和热心社会事业的比国人士相约，要设宴招待他。有时情面难却，张充仁只好挥笔题赠，表示谢意。

张充仁心里想的是，要抓住难得的出访时机，更深入地了解西洋雕塑、绘画艺术的新变化。

他应邀参观重要文化机构，并在圣路克美术学院作了《中国绘画的传统风格与技巧》的学术报告。

4月中旬，他赶赴安特卫普，参观著名的露天雕刻馆。雕刻馆创建于1950年，是世界上第一座这一类型的博物馆，陈列着各国现代著名雕刻，内容很丰富。后来英国、日本也相继兴办。张充仁仔细做了考察,觉得回国后应当提议上海也建一个。

5月10日,有位比利时雕刻家陪张充仁,到荷兰首都阿姆斯特丹去参观雕刻展览会,两人一见如故。途中,张充仁想起,国内的雕塑浇铸技术尚未过关,而意大利佛罗伦萨的失蜡铸铜技术世界闻名,他就趁机提出希望能安排他去意大利著名的铸铜厂实习一段时期。比利时雕塑家说,埃尔热在比利时是"半个国王",你是他最好的朋友,铸铜厂必定会欢迎你。

张充仁创作埃尔热胸像

5月18日,张充仁又赶赴巴黎,参观博物馆,收集艺术材料。

两个月来,张充仁对老友埃尔热日趋恶化的病情深感忧虑,曾试图搬出他的寓所,但被执意挽留。

于是,张充仁就在埃尔热家中,满怀激情地为老友塑制了一座胸像,艺术地再现了埃尔热刚毅的形象和飘逸的风采。

埃尔热非常喜爱这件杰作,特地请人摄下他与作者、作品三位一体的场面。

埃尔热夫妇见张充仁的儿子张学仁学习法语进步甚快,十分欢喜他,提议要将他留在比利时深造,并由其负责栽培。张充仁忙向大使馆做了汇报,得到了大使馆的同意后,就将儿子托付给了埃尔热夫妇。

而当他准备去佛罗伦萨铸铜厂实习而申请再留比利时3个月时,国内的回应却是"有紧急任务",一再催他回国,连比利时外交部礼宾司帮他交涉也都无效。

回国时,张充仁途经北京,意外遇见了已移居香港昔日充仁画室学生简庆福,张充仁不禁泪流满面。他得知许多学生在海内外从事美术事业,并有所成就，深感欣慰。同时，他希望简庆福广泛联系，让上海雕塑艺术能够赴香港展出。

1983 年 3 月 3 日，埃尔热不幸病逝。张充仁无法前去悼念，只能遥寄哀思。

呼吁城市雕塑

张充仁心中满载着欧洲人民的友谊和当今世界的新气象，不声不响地返回了上海。等了两个月，不见“紧急任务”下达，就为大女儿办了婚事，并帮助大女婿办妥赴美国留学事宜。

张充仁特地赶到陈沂、马楠家中，兴高采烈地汇报在比利时所受到的礼遇，还将《蓝莲花》漫画集赠给他俩。

陈沂告诉他，上海改革开放的步伐在加快，文化事业又有新发展，城市雕塑已引起相关部门的重视，希望他为推动上海城市雕塑的大发展继续努力。

张充仁向马楠要了几张陈沂的照片，准备为他塑个胸像。

张充仁出国期间，始终与老领导沈柔坚保持着密切联系。沈柔坚为他重返欧洲所获得的礼遇深为感动，见他载誉归来，做了多次深谈，热情地激励他趁着改革开放大好形势，再攀艺术高峰。

张充仁信心十足地投入新的工作。

1982 年 7 月 12 日，中央宣传部批复同意成立全国城市雕塑管理机构。随即正式成立了全国城市雕塑规划组（全国城市雕塑建设指导委员会前身）。张充仁被任命为全国城市雕塑规划组艺术委员会委员。

张充仁及时撰写《美化环境，教育人民——浅谈城市雕塑的意义》一文，于 8 月 31 日在《解放日报》上发表。他呼吁说：“当今许多国家都以雕塑美化城市。行政中心、交通街衢、商埠车站、广场公园、学校医院、科学艺术院落、会堂戏院，以及运动场、游泳池，处处以雕塑点缀。歌颂为人民解决困难、付出力量、以至献出自己生命的英雄豪杰，塑造其精神面貌，为之立像纪念,作为后人楷模,使儿童、青年游于公园,出入于街头道旁,随时景仰模范人物,寓教育于美化城市之中。雕塑也是对一个国家政治社会生活,作形象的历史记录。参观一个国家,必先观光其主要城市。建筑雕塑容易先入来宾之眼,来宾也凭此认识和估计这个国家的政治经济生活的实际情况,以及文化艺术的水平。”

9月,市美术家协会举办“上海雕塑展”,展出的作品既有歌颂领袖人物、英雄人物和革命业绩的,也有表现生活情趣的,还有借鉴西方现代艺术流派的。张充仁的聂耳纪念碑设计稿获得首奖。

张充仁应邀多次开设《雕塑的审美》学术讲座,介绍城市雕塑创作。他还开始兼任新建立的交通大学美术研究室主任。

为动员全社会关注城市雕塑建设,张充仁应报社之约,撰写《雕塑艺术漫谈》一文,结合城市精神文明建设,漫谈雕塑艺术,内容涉及古今中外,叙述语言深入浅出,1982年12月19日在《解放日报》刊发。

这一年,他担任了第五届全国运动会巨型雕塑设计顾问。他带领赵志荣、严友人等完成了上海体育馆内《体育健儿》系列雕塑的创作任务。

他抽空沿长江三峡水路去采风,创作了《三游洞外山水绿》《绥江谣》《由奉节东望夔门》《自白帝城东望夔门》等水彩画。

他还担任上海市第六届政协委员。

这一年9月,在上海美术家协会召开的庆祝刘海粟从艺70周年学术座谈会上,张充仁发表了由衷的感叹:“刘老确实在艺术教育和艺术创作上取得重大成就,值得庆祝。刘老是画画的,我是搞雕塑的……庆祝刘老艺术活动70周年,我是非常之高兴。刘老身体健康,胸襟宽大,还有很长一段时间可以为社会主义美术事业做许多工作,这更使我们感到欣慰。”

1983年4月1日,张充仁应南京栖霞寺茗山上人(1914—2001,俗名钱延龄,中国佛教协会在南京栖霞山创办的僧伽培训班主任)之邀,商谈修复栖霞山千佛岭之事。

4月,市规划局、市文化局、市园林局、市美协又联合举办“上海城市雕塑设计观摩会”。为此,当《新民晚报》记者采访张充仁时,他兴奋地介绍了上海城市雕塑发展的前景，称“雕塑走向上海街头有日”。

他还撰写了《雕塑的审美》，推进美学启蒙教育，8月此文被上海人民出版社收入《美学与艺术讲演录》一书。

这时，同是上海人的中国美术家协会主席江丰通过上海美协沈柔坚，派新闻记者到上海来采访张充仁，希望他做一次对外广播。1981年4月，江丰访问法国时，在巴黎一个著名的艺术沙龙里，目睹了欧洲人热爱“中国张”的动人情景，并深思“为什么中国人都不知道张充仁？”因此，回国后他就一再主张“应当宣传张充仁”。

根据江丰的意见，上海加强了对张充仁事迹的宣传。7月26日至8月1日，上海《新民晚报》连载《捏泥巴的人》，首次详细介绍张充仁的艺术人生。不久，描写他人生的小说、剧本准备面世。张先生得知后，反感地对朋友说：“我还没死呢，何来一生，对我了解多少，能写出点什么？”

后来，以“丁丁迷”自称的香港女记者高洁看到《新民晚报》刊出的《捏泥巴的人》一文后，专程来沪采访了张充仁，并以笔名龙飞立在香港《新晚报》上以《中国雕塑家张充仁传奇》为题连续刊发了25篇专文。

此时，正巧上海油画雕塑创作室在香港三联书店支持下，首次赴港举办上海雕塑展售会。张充仁幸存的《齐白石》《渔夫之妻》和新创作的《怜其少子》3件雕塑代表作在香港亮相，引起轰动。

张充仁及其他的作品就此在港澳台地区产生了重大影响。可惜，他本人未能赴港出席，以致香港报刊连叹“遗憾”。

我要塑一个活的聂耳

自1980年起，上海市计划建立人民音乐家聂耳纪念碑，公开征集设计方案。至1983年5月，全市有17件聂耳雕塑设计在“上海城市雕塑设计观摩会”上公开展出，并先后组织召开了由音乐、美术、建筑等各界代表人士参加的5个座谈会。而5个座谈会一致举荐张充仁创作的聂耳塑像小样。与聂耳共过事的音乐家黄贻钧、黎锦光、王人艺等，在张充仁的作品前伫立良久，惊呼:“太像了!聂子就是这个样子。”

5月7日,张充仁的聂耳纪念雕塑设计稿与谭垣、张健行的《聂耳纪念园》环境布局方案一举中标,被确定为唯一方案。这是他们两人又一次成功的合作。

他们的方案与众不同,用了轻松活泼、不对称的手法。以一条曲线延缓的步行道作为主题,贯穿整片绿地,其曲线的幅值随基地的地形逐步增大。步行道引向以音乐喷泉为中心的圆形小广场,两旁采用条凳式的围栏,可供游人休息。处于步行道尽端的小广场,围以花岗石的弧形墙面与黄铜的聂耳塑像,作为全局的高潮。张充仁设计的塑像以聂耳奋臂而起、引吭高歌的造型,生动地表现了这位人民音乐家朝气蓬勃的气质。花岗石墙面采用传统的阴刻手法,刻上《义勇军进行曲》乐谱。圆形广场还配以音乐喷泉,形成上海街头的第一个露天音乐台。这完美的设计,获得了广泛的好评。

为此,《新民晚报》特发新闻称“聂耳塑像年内可望动工”。

张充仁需要尽快塑制出1米高的全身像正稿。他再三强调:“我要塑一个如同我见过的活的聂耳。”

张充仁曾见过聂耳,但毕竟是很久以前的事了。为了再现这位深受世人喜爱的人民音乐家的形象,他走访了多位音乐界前辈和聂耳的亲朋好友,还请音乐学院声乐系学生作模特,仔细琢磨人在唱歌时的肌肉动态。7月的一天,他专程赶到上海交响乐团排练房,参加马革顺教授指挥的《义勇军进行曲》合唱排练,再次体验了聂耳那豪迈的激情。

为了能早日将聂耳纪念碑竖起来,炎热的夏季里,他在家中的阳台上日夜琢磨,反复修改。

他急需找一位中等身材而且身体肌肉线条较好的男青年作人体模特。学生们帮他四处寻觅,后经从事体育工作又喜爱艺术的上海体育学院教师夏双喜推荐,最终选中了该校安徽籍学生赵光圣。

于是,赵光圣一周几次赶到油雕室。张充仁总是一边熟练地捏着手中的泥巴,一边谈笑风生地说:“我是上海七宝人,普通话常常要讲歪脱。你不要笑噢。”他口齿清楚,和蔼可亲,使赵光圣没有一点拘谨感,2个小时不动也不觉得时间长。

陪在一边的夏双喜问:“张老师,聂耳全身像是穿衣服的,现在为啥要雕裸体的呢?而且肌肉、块面都雕得那么仔细?”

张充仁说:“每一件作品都应当严格按照人体结构来塑造,不能有半点马虎,这是科学。然后才能按照人物的特点给他穿上衣服,只有这样,人物才能栩栩如生,会活起来。”

休息时,张充仁与他们继续聊天,突然他倏地站起来,围着夏双喜转了好几圈,开怀大笑:“哈哈!真是踏破铁鞋无觅处,得来全不费功夫。”

原来,张充仁曾经亲眼见过聂耳,脑海中保留着鲜明的印象,但为了更丰富、准确地掌握聂耳的形象,他到处寻找聂耳生前的照片,跑遍了上海的图书馆、档案室,可惜只觅到几张聂耳的正面照片,而雕塑需要四度空间,尤其是人物全身塑像,只凭照片难以全面重现人体的全貌。

张充仁高兴地说:“小夏,你太像聂耳了,我与聂耳生前有所相识,多次见过面,如果你们俩站在一起的话,就像兄弟一样,太好了!你就帮我做聂耳的模特,以你的头像为小样,怎么样?”

夏双喜自然满口应允。

张充仁捏着泥巴又忙开了。依然一点点地堆着泥,一句句地谈谈笑笑。看他好似十分随意,其实很是经心。有时仔细琢磨了10多分钟,才动一小块泥巴。

三四天后,又一尊聂耳头像稿完成了。张充仁坐在椅子上,双目微闭,静坐了许久,才拿起一把金属尖刀,在小样底座上镌刻了“充仁”二字。

1984年2月起,张充仁天天在油雕室三楼工作,到4月中旬,一尊1米高的聂耳全身像正稿基本完成。为避免有事外出而泥像干湿保持不当,不久就将这件作品翻制成了石膏像,取名《起来,不愿做奴隶的人们》,又名《聂耳》像。

4月27日,规模空前的首届全国城市雕塑设计方案展览会在北京中国美术馆揭幕,上海送展27件作品。张充仁的聂耳纪念雕像稿在参展中获得广泛的好评。为此,他无限感慨地又撰写了一篇《用雕塑装饰城市》,并在

《解放日报》上发表。

7 月 16 日，赶在第六届全国美展收件截止之前，上海美协将张充仁的《聂耳》石膏像正稿送达北京。10 月，《聂耳》像在第六届全国美展上正式展出。

国人初识雕塑大师

在 1984 至 1986 年这 3 年中，每年有 50 多件城市雕塑作品在上海落成，形势极为喜人，同时，中国雕塑艺术的发展也存在着种种问题急需探讨和解决。具有丰富艺术实践和广阔艺术视野的张充仁，心头憋了很多话，真想一吐为快。

1984 年 4 月 9 日，张充仁赴北京参加国家建设部召开的全国城雕委艺术委员会会议。返沪后，又为将于 5 月召开的“首届全国城市雕塑设计方案展览会”学术讨论会准备了发言要点，取名《为城市雕塑奠基》。5 月 5 日，他在会上明确提出：“城雕在中国，向写实发展是正确的道路。中国人向以像为原则，可以动人有感情，有血有肉，作者感情也易与观众共鸣。雕人物比雕别的东西多，以人来表现是最直接的，容易使人理解，使人了解内心。外表应有血肉，若不写实，因形象歪曲人家就会有别的解释，不能这样。创新是要的，但要符合时代。严格地说，雕塑家应当老老实实地表现情感，不可以没有时代气息。艺术家不一定要学讲漂亮的话，但要有情绪表露，单纯和天真些也是好的。”

9 月 15 日，上海油画雕塑创作室迁至虹桥路 1520 号。12 月，油雕室产生新的领导班子，由董莹任党支部书记，张充仁任名誉主任，邱瑞敏任常务副主任，章永浩任副主任。不久，张充仁还受聘为市美协和“上海艺苑”的顾问。

在这一年里，张充仁受著名书法篆刻家钱君匋的委托，为浙江省桐乡市乌镇正在筹建修复的茅盾故居纪念馆，创作了《茅盾》铜质半身塑像。

在国内外交往中，张充仁的雕塑作品受到人们关注，经常有人询问他这些杰作背后的故事。他感到有必要整理一下,并告诉世人,会起到推进雕塑艺术的作用。于是,他托人整理《归来兮美髯公铜像》《从塑像到做人》《为齐白石塑像》《塑像中的火药味》和《司徒雷登印象》等5篇文章。

文章送到《解放日报》社,《朝花》版主编大感兴趣。从1985年元旦起,《朝花》版开辟《佳作珍闻》专栏,连续刊出了这5篇文章,并在首篇卷头加了按语:"雕塑大师张充仁,曾为于右任等名人塑像,本篇是张充仁首次披露当年为于老塑像的经过,以及于老铜像的下落传闻。"文后还预告:"下期刊登张充仁为马相伯塑像的珍闻。"

5篇文章,引起读者热烈的反响。张充仁感慨地说:"总会有人记得我的,这些雕塑具有一定的历史意义和艺术价值,也是一个作者艺术人生中,花了心思和血汗创作的。"

充仁画室的创办至今已有半个世纪了,300多名学生大多已事业有成,张充仁桃李满天下。其中,沈默、严友人、赵志荣、应芊芊等继承了他鲜明的艺术风格,杰作频频,享誉国内外雕塑界;哈定、王玶和后起之秀徐元章的水彩画,簇拥张充仁雄踞于中国水彩画坛,形成了一道最亮丽的风景;刘旭沧、简庆福等先后成为中国摄影界的明星,名扬世界;还有一大批学生分别在连环画创作、艺术教育、环境景观设计、园林艺术、舞台美术等领域声名卓著,蜚声海内外,同时传扬着张充仁艺术教育的名师佳话。充仁画室50年来独特的教学形式和社会价值,也越来越引起各界的重视。大家都感到应该庆祝一下,并给予张充仁应有的评价。

2月3日迎春时节,充仁画室创办50周年纪念茶话会在上海音乐学院外宾接待室召开,上海市领导宋日昌、上海美协主席沈柔坚、上海画院领导和法国驻沪总领事蒲柏南及充仁画室学生等100余人赶来参加。

隆重热烈的纪念茶话会,使张充仁深切地感受到,又一个春天真的来临了。

1985年3月28日起,上海电视台组织拍摄电视专题片《老雕塑家张充仁》,并于5月13日在上海电视台"艺林·文化生活"栏目中正式播出。张充仁坎坷而辉煌的艺术人生,首次形象地被国内的电视观众所了解。

而张充仁又有新的思考和举动。他想起,1982 年 3 月在比利时圣路克美术院做学术报告时,受到了热烈欢迎。当地的高等汉学研究所希望他留下来做系列讲座,因为他们都不知道“中国画怎样才算好”,他们请张大千去示范,而张大千不懂外语,请本国的汉学家翻译,他们未学过美术,无法说清“气韵生动”之类的含义。

张充仁由此感到,欧洲人盼望了解中华文化,而自己熟悉法语,又搞绘画,应当担当起传播中华文化的崇高使命。要推进中西方文化交流,既应当向国人介绍西洋艺术,更应当系统地向西方介绍中国传统文化。同时又感到,自己长期忙于艺术实践,很多艺术主张没有深入地思考和整理,尽管已积累了大量的心得记载和相关资料,但若要与国内外同行进行更透彻的学术交流,要真正使中国人懂得雕塑艺术,使西方人理解中华文化,自己应当再下些功夫。

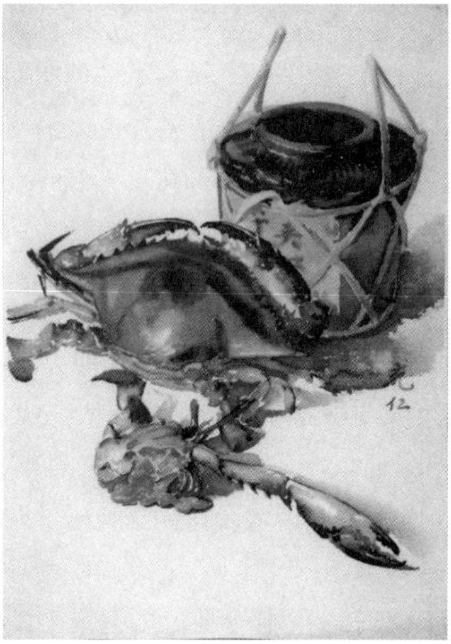

水彩《糟瓮梭蟹》

于是,张充仁请好友董兴茂作自己的助手,将他亲述的对于雕塑、绘画艺术的一系列主张,对中国古代雕塑发展史、中国水彩画历史和技法以及中国画发展历史、名家名作的剖析思考,一篇篇地整理成文。随后,广泛查阅资料,反复加以补充,再由张充仁自己审定。

经过 3 年努力,至 1985 年春张充仁在董兴茂的协助下,最终形成《中国古代雕塑》《中国水彩画》《中国画概述》《中国画技法》《中国名画家与名作》等系列性学术报告稿,总计达 30 多万字。

不久,张充仁接到法国文化部的邀请,但一时难以获得国内有关部门的批准。法国总统密特朗夫人达尼埃尔·密特朗此时正好来华访问,由于她的努力,张充仁终于获得再次赴欧的机会。

辉煌

使者情怀

张充仁做了精心准备，满怀担当中西文化交流使者的情怀，于 1985 年 6 月 14 日再次来到欧洲，应法国文化部的邀请，他将在巴黎进行讲学活动。

留在比利时读书的儿子张学仁在埃尔热夫妇的照顾下，已安顿好生活。4 月下旬，女儿张以菲夫妻俩也来到比利时寻求发展。这次，张充仁把刚发生婚变的女儿张以芳带到巴黎，希望她开始新的生活。

6 月 21 日，张充仁接到法国文化部通知，说星期五晚 17 点贾克 · 朗部长将在爱丽舍宫接见他。张充仁按时前去拜访，接待人员告知："部长马上就到，你有要求尽可提出，但谈话不要超过 5 分钟。"

随即他们一起走进画栋雕梁胜似宫殿的大客厅，贾克 · 朗部长等候在大写字台侧，微笑着迎接张充仁。部长热情地询问他来法国的经过以及近日的生活起居。

部长自已亲自动手，将 4 只路易式鎏金雕椅围排起来，宾主坐定，促膝而谈。

雕塑艺术，自然是他们交谈的中心话题。部长把张充仁引到两面大窗前，一起俯视广场。他指着东西相向的两处喷泉说："这些将拆除，换上两座雕塑,已有两位雕刻家承担创作任务。我也想委托您为巴黎留些作品,你有雕塑作品的照片吗?”

张充仁说:“有,但在旅馆里。”

部长立刻派人吩咐司机,送张充仁回去时务必将照片簿带回来,他当夜就想看到。

部长与张充仁交谈甚欢,话题不断,无意中竟已超过50分钟。张充仁忙起身告辞了。

7月,张充仁应瑞士丁丁协会的邀请,赶赴日内瓦。

刚到达日内瓦机场,张充仁就被记者们围住,要求解答种种读者关注的问题。瑞士报刊很快推出了相关报道,有的还称“一位大智者来到了”。

张充仁刚到达宾馆,当地艺术界人士已穿着丝绸彩衣,打扮成《蓝莲花》中的全部角色,赶到他下榻的宾馆前奏乐欢迎,簇拥着他前去会堂发表演讲。

整整一个星期,张充仁在此受到了几乎狂热的欢迎。

《巴黎晨报》主编看到瑞士报纸的消息后,当天一早就特派记者飞赴瑞士,中午找到张充仁,陪他共进午膳,边吃边采访,回头又立即发稿。

当张充仁返回巴黎后,次日晨报头版已经刊发他的大幅照片和报道,用特大字体作标题称“张在贾克·朗家”。

欧洲人关注的已不仅仅是“中国张”了,他们对中国的文化艺术产生了难以抑制的向往。

11月18日,法国文化部造型艺术评议会主任莫拉尔又给张充仁来信,邀请他再赴巴黎。来函称:“先生,法国欢迎你。首先因为你是巴黎突出的协作者,通过一件如此有趣的形象创作,提供中国文化于世界知识之中。今日在欧洲约为一亿人民所认识和重视。我们也同样没有遗漏你们主要的、恒常的艺术本质的渊源。为使你活跃创作活动,我高兴地告诉你,我已决定在1986年委托你完成一件为献给法国著名音乐家德彪西的雕塑。造型艺术委员会的负责人员将与你接洽,使这个决定具体化。先生,这是我最好的纪念。”

1986年1月底至2月6日,张充仁应邀再次来到巴黎,在吉美东方博物馆做了三次《谈雕塑之审美》和一次《中国的雕塑艺术》学术讲座。

大厅内,座无虚席,听众们为了得到一个座位,早在几个月前就来预订了。

每次开场,张充仁总是说:“我是中国雕塑家张充仁。今天很高兴与大家一起欣赏东方的中华文化。”

他的学术讲座,准备充分,深入浅出,而且他又十分熟悉法语和西方艺术,将中国绘画、雕塑艺术的特色及其与西方艺术的异同介绍得极为清晰,因此备受欧洲研究东方的学者、艺术家的赞誉。

八十感怀

1986年春,已过90岁的中国艺术大师刘海粟到达巴黎考察。4月25日,旅法画家、法中文化协会创办主席高醇芳邀请张充仁与刘海粟夫妇一起到她家作客。

两位艺术大师分别30多年后,在此重逢,都激动不已。

饭后,刘海粟挥毫留念“灵犀一点精神万古”。张充仁用隶书题孔子语“游于艺”,并用秀丽的小楷注明“百龄翁海粟先生重游巴黎,高醇芳女士邀余会于法中文化协会,席上有大头鱼佐酒,可谓兴尽有余,写此三字以纪之”。刘海粟夫人夏伊乔则为高醇芳题写了“真善美”3个大字。

6月1日,法中文化协会在巴黎百骏厅中餐馆组织午餐座谈会。法国朋友搬来电视录像机,播放了张充仁与埃尔热久别重逢的录像。张先生娓娓叙述这段友情,感动了在场的每一个人。

转眼间,张充仁已经迈入80岁的门槛。

布鲁塞尔比中文化协会和巴黎法中文化协会,先后为张充仁举办了八十寿诞庆祝活动。先是1986年10月6日,贺张充仁虚岁八十。次年9月25日,张充仁80岁生日那天,在天主教会昂如剧场为他献上了一台精彩的文艺表演,然后借座美丽酒家晚宴祝寿。因有一对法国双胞胎与他的生日同日，大家就请一老二小在点满80支蜡烛的三层蛋糕旁合影，全场为之高声喝彩。

当地《自由报》为此刊发文章称："张的吸引力何其强大，他无疑是在比国最著名的中国人。这个小个子的中国人有一种使人难以抗拒的气度，他的善良，他的微笑，他的温存，他的平易，他的谦逊，使人敬爱。通过他，就是整个中国的可爱。"

张充仁为此不禁感慨万千，久久难以平静。10月17日，他向上海的董兴茂致信感叹：

> 猥以八十贱辰，渥蒙诸领导、亲友，暨同学之垂注，自远则贺电纷来，邻近则珍品惠赠。高谊若天，拜领之余，惭感无地。益见不遗在远。隆情厚意，非笔墨所可形容于万一。
>
> 窃以浮生若梦，事半随缘，忆昔负笈比京，不自意中结识比人埃尔热。行年相若，亲如兄弟，邀与合作丁丁历险连环画《蓝莲花》。使丁丁去中国探索一番，如实反映抗战前夕远东之政治、军事、外交、社会及生活上许多不平之存在，公之于世。以童话故事体式叙述之。居然人手一册，家喻户晓，风行半世纪而不衰者，欧人认为是以中国文化引入世界知识之著作。及仁返国不久，中日果战起，继之以世界大战。嗣后中国内政治乱纷更，埃君怀念故人，多方设法觅仁踪迹。终于47年之后，1981年重逢于比京。惊喜交集，无能言喻。旋即言别，各以保重互勉，不幸其年高得病，于1983年逝世，曷胜宿草之伤。
>
> 仁此次来欧，触景生情，实深今昔之感。本是法国文化部之邀请，为作一系列审美讲座者，之后法国政府更以雕塑见委，欲仁在此世界美术中心留几处雪泥鸿爪。报章电视屡以播导，自愧饱经世变，才疏学浅，贡献之未遑。今惟以老当益壮自勉，期在余年，更求游艺之至境。试作抛砖引玉以导后之来者。亦时兴蒹葭之思，对我知音亲切者，乘此机缘，鞠诚远祝同登寿域，共勉各观其成，实所深祷。专此，谨抒谢悃。

定居巴黎

1987年2月21日下午,巴黎《龙报》在“牛车水饮食中心”举行“巴黎华人艺术家雅集”。张充仁做了发言,他说:“一个艺术家在创作一件作品表现自己的相思感情时,应该把所有的杂念抛弃,否则他将走入歧途。”

张充仁浓厚的上海口音和恳切的话语,使主持会议的记者陈湃十分感动。不久,陈湃专程赶到张充仁的工作室进行采访,并撰写了4000多字的长文,在巴黎的《欧洲日报》上连载了3天。

春季里的一天,张先生应邀到法国TOTAL石油公司员工委员会演讲,人们慕名而来,会场内人山人海。法国朋友排起了长队,恭恭敬敬地请他在《蓝莲花》和《丁丁在西藏》两本书上签名,张充仁满面笑容地给大家一一签名。

法国文化部长贾克·朗几次盛情接待张充仁,希望他定居巴黎。

9月24日,法国政府顾问约他见面,询及生活、工作情况,问道:“你是否思念家乡?太太为何不来?工作住所称心吗?如有所缺,随时告诉我。”关怀备至,令张充仁感动。

热情的巴黎人如此敬重他的雕塑艺术,使张充仁极为感动。他感到,生命留给自己的时间已不多了,而往返欧洲的次数日益增多,签证的麻烦,期限的难题,却时常困扰着他。如若不入法国籍,每次来巴黎都有限期,若到比利时还得回国再办签证,而每次签证必须等回国后时隔3个月以上才能办理。为了便于工作,他接受法国文化部的安排,办理了定居法国的手续。

从此,张充仁在巴黎东郊的诺让区奇依林荫大道8号的工作室成了他的定居地。工作室地处风景秀丽的马恩河畔,法国文化部为艺术家们在这里建造了带有玻璃天窗的新式别墅群。

张充仁所居住的工作室是一幢独门独户的木结构连体别墅,坐北朝南,门前一条通道,南面是一片树林。从外望去,褐红色的外墙与月季花相伴,东门南窗,简洁明亮。屋内有南北两间,南间是工作室兼接待室,约有两层楼高,南墙特大的玻璃窗让人感觉整个屋子通透明亮。北间分上下两层,下层是储藏室和卫生间。顺着木梯转上二楼,整个房间用板墙隔成内外两间,东外间是厨房加餐厅,西内间则是主人居室。打开北窗,外面是一个足球场般的大草坪院子,阳光充足,树木茂盛,百花争艳,景色如画,环境十分静逸。

张充仁在几位爱好雕塑的热心人帮助下,白手起家,就地取材,自己制作了工作台、画板与画桌等,还独自外出采集很多雕塑用的泥巴,而沙发等大都是旧物利用。

他仍然过着俭朴的生活,从不喝酒、品茶,喜欢素菜、泡饭,出门走路多,坐车少。—次,他去住处附近银行提取数千法郎,步行回家途中,有一地痞用报纸往他脸上一贴,抢了钱就跑。他立即飞奔追踪,被行人劝阻才作罢。他只能懊恼地自责一句:“银行出来,乘汽车就没事了。”

不时有些法籍华人和来巴黎参加画展的同乡到此拜访,也有许多慕名而来的年轻人登门求教。张充仁常说:“艺术是无价的,艺术是需要交流的,才能吸取别人之长,来提高自己。”他热心巴黎侨社事务,被《欧洲时报》聘请为首批顾问。

同窗相会共报国

皇家美院的老同学吕霞光与其法国妻子,1948 年就重返法国。张充仁定居巴黎后,常与吕霞光夫妇在旅法侨社欢聚,畅叙往事,共议夙愿。

吕霞光在法国文化部的支持下,举办盛大的个人画展,法国总统亲临参观并题词祝贺。后来,吕霞光在巴黎从事文物古董交易,家境比较富裕,但他一直思考着要为祖国做些贡献。这些年来,吕霞光还收藏了不少中国古代艺术珍品,有商朝、周朝、春秋战国的青铜器,有历代的名人字画,想捐献给祖国。

张充仁参观他的画室,又鉴赏他的收藏,深为感动,表示全力支持他的爱国之举。

1987 年 5 月 7 日,中国东北大兴安岭发生特大火灾后,张充仁前去参加巴黎华侨俱乐部举办的“救援中国北方火灾书画义卖”活动。

正巧，刚接受法国文化部授予“艺术与文学最高勋章”的吴作人，应法国外交部艺术活动协会的邀请，与夫人萧淑芳一起正在巴黎塞努希博物馆举办“吴作人萧淑芳画展”开幕式。他俩与张充仁联系相会叙旧，得知有此义卖活动，也就赶来参加了。

老同学历经风风雨雨，如今似双峰并列雄居画坛，在国内无暇经常相会交流，而此刻却能欢聚在巴黎，在场的华侨与他俩一样为之兴奋难抑。

两位中国艺术大师一起当场挥毫泼墨，将义卖所得全部捐给灾区，表达自己的赤子之情。

华侨们争相慷慨响应，并对张充仁、吴作人等老艺术家深表谢意。张充仁对他们说：“我们都一样，来世间不是为了取得，而是为了奉献。今日身在巴黎，心头绝不会忘却祖国。”

5 月 10 日下午，张充仁又参加了旅法华人书画家救灾义卖活动。在满屋子掌声中，他挥毫以隶书工整挺健的“既雕且琢复归于璞”条幅，为大会揭开序幕。

11 月 7 日起，李先念主席来到巴黎，这是中国国家元首首次访问法国。法国总统密特朗在爱丽舍宫宴会大厅举行欢迎宴会，张充仁和吕霞光等接到总统的请柬，兴奋地出席盛宴。

为老友塑像

1983 年 3 月，埃尔热辞世，留下了 24 部《丁丁历险记》。1986 年，《丁丁历险记》最后一部未完成作品《丁丁和字母艺术》出版。

张充仁从此只能与工作室内的老友头像相伴。

1987 年，法国文化部在法国南部夏朗德省首府昂古兰姆市新造了一个国家喜剧和绘画中心，其中设国际连环画博物馆，埃尔热是这里展示的最重要的艺术家，所以决定委托张充仁塑制埃尔热像。

这正巧与张充仁惦念老友的心境相吻合。与法国文化部委托塑制埃尔热像的合同签订后,张充仁赶赴历史名城昂古兰姆市。

张充仁翻阅了建筑设计图纸。该设计出自大建筑师之手,利用现有坚固的古建筑地基,建立一座高大宏伟的新型博物馆。法国文化部还计划将巴黎美术中心逐渐南移至此。因为这里气候干爽,有利于保藏珍品,又便于旅游。

张充仁实地查看后发现,新楼很高大,而塑像合同只要求塑一个60厘米高的胸像,分明太小了,至少应当放大一倍。他决定立即向法国文化部提出修改意见。而法国正在进行立法选举,各部工作暂停,一时无人能够做出改变合同的决定。

6月1日,文化部官员陪同建筑设计师来到张充仁工作室,听取他建议后,都感到完全正确合理。后来文化部来信,说同意更改塑像的尺寸,但不更改相关报酬。

张充仁同意了他们的意见。

不久,法国文化部艺术总监斯文格雷来到他的工作室访问,见埃尔热的泥塑巨像已经成形,近看远望,细细察看后说:“在法国,写实主义的雕塑家也不少,但没有一位能达到张充仁先生的高度。”

而张充仁却说:“我尚未称心,觉得还有许多地方要加工。而合同有期限,规定迟一天交件要赔两千元。我已经逾期多时,但我甘愿赔偿。”

官员忙解释:“那合同是按惯例定的条文,它不能约束您这样的大师。如果还要加工,按你所需时日,不限制。”

1988年7月,高达1.5米的埃尔热头像翻铸成铜像,运往昂古兰姆市。1989年初,昂古兰姆市国家喜剧和绘画中心落成开放,比利时菲利普王子和马蒂尔德公主亲临现场。矗立于广场上的埃尔热头像,赢得人们的阵阵欢呼。

同时,在布鲁塞尔地铁终点站,一幅长137.16米,根据埃尔热的手稿而创作的包括《丁丁历险记》中的所有角色的壁画也亮相了。

总统当了模特儿

1987 年 7 月 24 日,张充仁再次接到法国文化部长贾克·朗的邀请,到他的办公室去见他。会面时,张充仁展示他塑制的埃尔热头像的图片。部长仔细观看,惊叹不已,大呼:“太棒了!太出色了!我们看到了埃尔热的精神。”

贾克·朗热情地问张充仁:“如果你还需要什么东西的话,千万不要犹豫,跟我说,让我去办。”

张充仁以微笑作答。

贾克·朗突然问:“张先生,你愿意为共和国的总统塑雕像吗?”

张充仁依然微笑作答。

于是,贾克·朗将埃尔热头像图片转交给总统弗朗索瓦·密特朗。密特朗见后赞不绝口:“出色!这是一件非常突出的雕塑杰作。如此熟练完美的雕塑技法,罕见!”他崇尚现实主义艺术风格,而当今罗丹的故乡实在难觅如此超水准的雕塑大家,尽管这位雕塑家来自中国,他还是被张充仁的技艺征服了。

部长等人见总统如此赏识张充仁的才华,就决定请张充仁为密特朗总统塑像。

1988 年 3 月初的一天,法国总统府派汽车把张充仁和他的工具、材料接进了爱丽舍宫。

在总统私人套房的小会客室里,张充仁刚准备停当,密特朗便走了出来。

总统手握案卷,没有坐下当“模特儿”,笑着道歉说:“张先生,今天是我约你来雕像的工作时间,但是非常不凑巧,埃及总统穆巴拉克在外面等我,我们有事要谈,看来今天的工作是不行了,你不看见我,怎么做?”

张充仁回答说:“总统,我已经看见你了,材料也准备好了,我一个人做可以了,照我今天所看见的,先做一个大概。”说着,他便拿泥土慢慢地捏了起来。

总统“噢”的一声，摊开双手，耸耸双肩，笑笑走了。

张充仁要了几张总统的照片作参考。此后，他每天在工作室内研究密特朗的特征，每周抽一个下午踏进总统府去校正塑像。总统则在日理万机中抽身前来小坐。时下正在法国筹备7年一届总统大选，张充仁不指望总统能抽出整块的时间。但他早已注意到，总统经常手持一叠资料在阅读，沉静得像一座岩石。于是，总统的形与神在他手中再现了。

4月下旬的一个早晨，总统府工作人员纷纷前来观看总统泥塑像的初稿，一致惊叹其生动逼真。

总统夫人闻讯赶来，连声夸奖：“张先生，你做的塑像，非常像！不单像总统，还像他的哥哥。他们两兄弟很像，有几个角度看上去简直一模一样。我知道你不认识他哥哥，但这个泥塑像，有几个角度塑得与他哥哥贝尔很相像，说明你已掌握密特朗家族的共同特征。中国人聪明能干！”

张充仁说：“谢谢，谢谢夸奖，我还没有详细观察总统哩。”

这时，总统正好出来，一手拿着文件，一手拿着红铅笔，连声表示歉意：“张先生，我真想和你一起工作几个小时，这样你可以观察一些细节，但是没办法。我知道，模特儿应当坐在雕塑家边上，而我还没有为你而坐。现在我正忙，我会给你1个钟点、2个钟点、3个钟点，让这个雕塑变得更完美。”

张充仁赶忙说：“总统你很忙，我理解，你进进出出，我能看见你，就可以做。我已经捕捉到了您的神采。”

总统明白了：“噢，所以做得这样像。”说着又走了。

将近3个月后，密特朗铜像终于完成了。

总统兴奋地请记者拍下了自己当中国雕塑家模特的场景，并亲笔签名后印刷成明信片大量发售，充分表达其满意之情。

文化部长大喜过望，忙安排制模浇铸铜像。铜像铸成后，拍了张充仁与铜像的照片又印成明信片，广为宣传。

法国报刊惊叹：“以前都说中国丝、中国瓷，现在满街争说中国铜了。”

瑞士报纸以大字标题刊文称《张，一个变成真人的神话》。

这一年，历经磨难的张充仁被聘为法兰西艺术院院士，就此奠定了其世界级雕塑大师的地位。法国文化部长向他转告文化部的决定：“张先生，今后只要你有空，总归有工作给你做的。”如此待遇，在法国历史上只有罗丹获得过。

1988 年 8 月，新华社国际部主办的《环球》杂志纪念创刊 100 期专号，封面刊登张充仁为密特朗塑像的场景照，并刊专文介绍，题为《爱丽舍宫的中国老人》。

张充仁为密特朗塑像

情系北京天安门

张充仁在欧洲的艺术成就逐渐反馈到国内，引发了一连串感叹。

1989 年 5 月 9 日，中国美协上海分会召开第四届会员代表大会，一致推举张充仁为艺术顾问。

5 月 26 日，法国文化部长贾克·朗接待来访中国文化部部长王蒙，张充仁应邀作伴。

这一切,都牵动着张充仁的思乡之情。

7月初,上海美协主席沈柔坚夫妇应法中文化协会及法国上海联谊会的邀请访问法国,并在巴黎第卡丝蒂罗尼画廊举办个人画展。张充仁和吕霞光等旅法画家出席画展开幕式。张充仁还陪同沈柔坚夫妇四处考察,担当翻译。

老友在巴黎相聚,百感交集。张充仁仔细地向老领导汇报在欧洲的情况,并关切地打听近期北京、上海的真实情况。沈柔坚为张充仁在欧洲再现辉煌而欣慰,并详细地介绍了国内的情况。张充仁心里更踏实了。

7月14日晚上,张充仁应法国政府邀请,登上纪念法国革命200周年庆典的贵宾观礼台,观看国际表演队演出的取名为《马赛曲》的盛大游行。

事后他对朋友说:“我很骄傲,因为我在那里,所以我感到中国也在那里,虽然我不是政府任命的国家代表,但我是中国人,我为此感到自豪。”

充仁画室学生陈哲敬移居香港后,以雕塑为业,十分痴迷中国古代佛像,又去美国,广泛地收集了大量遗散在海外的珍物。他认为“把那流散在海外的雕像收集起来的价值,要大于做一个雕塑家的价值”。后来,他出版了《陈哲敬藏历代佛像图录》,张充仁欣然为该书撰写了序言和图版解说,向全世界宣传中国古代雕塑艺术的成就和价值。

1990年5月28日,张充仁接到上海市美术家协会朱国荣的来信后,立即回信称:“接读手书及上海城市雕塑委员会奖状,不胜荣幸,知上海对过去四十年之城市雕塑重作一次评议,拙作获得提拔,于以见公平常存,仁还可以有前途。早知如此,我何必远涉重洋。附在外拙作照片五张,其中三张请转交至上海城市雕塑委员会,并希指教是本。”

1991年4月,上海市长朱镕基访问法国,13日晚上在巴黎香榭丽舍田园大街福禄居酒家会见了上海侨胞俱乐部的70多位旅法侨胞,张充仁是其中之一。朱镕基市长热情介绍浦东大开发和上海开展三年基础设施重大建设的形势。会见时,张充仁握着朱镕基的手,兴奋地说:“久仰朱市长大名,今天见面,果然是个实干家。上海大有希望。”事后,上海《文汇报》特以《朱镕基会见旅法上海侨胞》为题做了报道。

这一年,张充仁被法国政府提名为文化骑士勋章候选人。

德彪西像活了

早在1988年,法国文化部长贾克·朗看到张充仁塑聂耳像的图片,就认定他是位十分理解音乐艺术的雕塑家,便与他签订为音乐家德彪西塑像的协议。完成密特朗雕像和埃尔热巨像之后,张充仁便着手这项法国文化部早就委托的创作。

为了具有充足的体力,保持身体的灵便,张充仁每天清晨起床之前,坚持做起卧操动作36次,使腰围控制在0.87米。

张充仁仔细琢磨着,阿希尔·克劳德·德彪西(1862—1918)究竟是怎样一位音乐家?张充仁专程去参观位于巴黎近郊圣日耳曼的德彪西故居。这是一幢17世纪的房子,朝向街道的是一个很窄的门。德彪西于1862年8月22日出生在这里。当时他父亲开了一家彩釉陶器店。在一位曾经做过肖邦学生的好心肠夫人的帮助下,他11岁就考上了巴黎音乐学院,是现代音乐的创始者。他从小就具有高尚品位,又是个天生叛逆者,他在30余年的创作生涯里,形成了一种被称为"印象主义"的音乐风格,对欧美各国的音乐产生深远的影响。50岁起,他被癌症所困,身体日渐衰弱。第一次大战爆发时,德彪西被炮弹炸死,享年56岁。

经过反复琢磨,张充仁手中的德彪西塑像渐渐成形。塑像表现的是一位不露先锋气质却开创现代音乐新形式的音乐家,他正以深邃的目光正视前方,充满激情,屈曲着的左手,似乎欲进行一项新的突破。德彪西肖像中的眼神尤为动人,张充仁将其虹膜作浅浅地凹入后,又在瞳孔处塑了凸出的竖形短线,显得特别有精神,透明而发亮,甚至带有淡淡的色彩感。

1990年初,法国政府将德彪西生前故居,改建为德彪西博物馆,永久纪念这位伟大的音乐家。这件将罗丹风格发挥得淋漓尽致的作品,成为张充仁晚年肖像雕塑创作中最为精彩的传世之作。

德彪西塑像刚翻制出石膏像,9月12日,即被借去作德彪西博物馆开幕仪式之用。

在傍晚的开幕典礼上,德彪西石膏像在灯光下“活”了起来,成为最惹人瞩目的展品,吸引了所有的来宾。

无怨无悔

张充仁经历了坎坷的人生,攀登上艺术的峰巅,生活在繁华的巴黎,却时时铭记着西汉《淮南子·主术训》中的古训:“故非淡薄无以明德,非宁静无以致远,非宽大无以兼覆,非慈厚无以怀众,非平正无以制断。”

出版过《罗丹雕塑论》的法国赛吉耶图书公司,派出著名作家席拉·雷恩前去采访张充仁,计划为他出版一本口述传记,让欧洲人进一步了解“中国张”生长的国度和他鲜为人知的人生故事。

张充仁也想回顾一下自己所走过的人生旅程,就与席拉·雷恩进行了10多次长谈。令席拉·雷恩吃惊的是,张充仁的人生极为坎坷,而他在具体讲述时,总是含着微笑,没有华丽的辞藻,没有长篇的议论,始终轻描淡写的叙述着自己过去所经历的种种甜酸苦辣,仿佛是在诉说别人的人生故事,在其淡淡的口吻之间,还不时冒出些幽默的词句,引出一番笑声。

席拉·雷恩不由为之感叹:真拿不准他是否真的如此无怨无悔,或者这是中国人的一种通性?

法文版传记体的《张在蓝莲花的故乡》出版了,全书以第一人称叙述,分为11章,第1章《一个上海的孩子》,第2章《演话剧》,第3章《一个在布鲁塞尔的中国人》,第4章《遇到埃尔热》,第5章《与黑帮的斗争》,第6章《在日军的铁蹄下》,第7章《与官僚主义的斗争》,第8章《文化大革命》,第9章《与埃尔热的重逢》,第10章《终于被他们认识》,第11章《在巴黎》。

1990年9月19日,出版社邀请电视、广播、报刊、文艺界头面人物及政府官员600人举行首发式,现场展出了张充仁的雕塑和水彩画作品,还将张充仁工作室内的一切陈设都搬到现场陈列。

法国总统密特朗夫人丹尼尔亲临现场,并热情地致贺词。

记者来访不绝,张充仁的大幅近影被印作杂志封面。

法国国家电视台文化台也找到张充仁,希望在他回国探亲时一起到中国,拍摄一部专辑,反映他当年生活的环境。张充仁欣然应允,他认为这样可以让他们多拍些中国改革开放后的真实情况。

张充仁及时向中国大使馆做了汇报,并又给沈柔坚写信,希望组织做好安排。他还详细提出让法电视记者拍摄婴儿乐园、中小学上课、大学生活动以及江南船厂为欧美造船、宝钢的规模等一连串内容。他还想到,合肥路的充仁画室旧址必定是个拍摄点,而由于"文化大革命"中被房管所的4家工友占住了10年,大门穿堂口砌了灶头,专烧松木刨花,熏得满屋乌黑。他出国前虽已雇工修房,但未曾粉饰。现在法国人要去专访拍电视,这可有关国家的体面,于是又提醒市美协,赶快通知房管部门早日去处理好。

老年张充仁

来巴黎5年了,张充仁的雕塑订单持续不断,尽管每年年终结账还不属于"纳税户",但其艺术成就得到公认,因此他十分知足。庆幸的是,儿子学仁已完成法语学习,逐步能自谋生计。大女儿芳芳经历一场婚姻波折后,结识了法国工程师高盖尔,重新建立了家庭。二女儿菲菲也总算在"丁丁商店"有了市场部经理的职位。1990年夏天,张充仁在儿女的陪伴下,一起到法国东部游览度假。

10月下旬,张充仁感觉右眼有些异常,进医院细查发现眼内有血管阻塞,只得住院治疗。

1991年2月28日(农历正月十四),旅法侨胞在巴黎第13区华人教堂地下大厅举行"华人书画摄影雕刻义展"。张充仁欣然与会,欢度春节。

魂归

好事总是多磨

张充仁的聂耳纪念雕像于 1983 年设计成功并评选获奖之后，聂耳纪念园工程却迟迟不见上马，他精心塑制的聂耳头像、雕像小样稿、精样稿全都被搁置在仓库里。

为自己的城市创作纪念性雕塑作品，是张充仁从赴欧留学起就为之不懈努力的奋斗目标。如今，张充仁的雕塑艺术早已名扬世界，而在国内他却长期“被边缘化”，以致至今还没有一件他的大型城市雕塑作品被庄重地竖立在故乡的大地上。张充仁雕塑艺术的爱好者们不甘心，一再为之呼吁。

中国不断深入的改革开放，终于唤来了又一次机遇。

1990 年，上海市市长朱镕基做出了“上海应发展城市雕塑”的批示。

于是，为纪念人民音乐家、《中华人民共和国国歌》的作曲者聂耳诞生 80 周年，上海市政府再次做出决定，计划于 1992 年 10 月之前在上海街头建成聂耳纪念园。

上海市城雕委员会随即重新启动聂耳纪念园建设工程。上海雕塑家个个摩拳擦掌，都想显示身手。

而大家又都知道，原先由张充仁与谭垣合作中标得奖的纪念园设计方案,无疑是现存的最佳方案。张充仁为塑制这尊聂耳雕像已经有了一系列成功的创作成果,他无疑是完成这件大型城雕作品的最佳人选。

然而,在这关键时刻又有些关键人士对此提出了异议。他们说,张充仁已经加入法国籍,再用他的作品不妥,聂耳塑像工程方案应当重新组稿。

上海市城雕委员会内部讨论,难免又是一番争辩。

上海油画雕塑院业务室副主任赵志荣,是张充仁认定的上海美专雕塑系"最好的学生"之一。他看到有人对自己的老师百般挑剔,貌似为公,实是另有企图。他当众为张充仁说了大实话:《聂耳》设计小稿当初征选时被评为第一,说明已经获得了权威认可,现在既然符合条件,就绝不能说改就改,虽然张充仁加入了法国籍,但是他永远是华夏儿女,并无不妥之处。所以,为了体现公正,为了确保艺术质量,应当选用张充仁的方案。

赵志荣如此不避嫌地发表了主张,是因为他明白,自己转达的是上海众多美术工作者的观点。

最终,城雕委员会做出了明智的选择。上海市副市长倪天增邀请城市雕塑专家到自己的办公室做具体商议,又协调理顺了纪念园建设的分工。在审定聂耳雕像筹建委员会人选时,他果断拍板,决定亲自特邀张充仁回国担此重任。

1992 年 2 月,张充仁接到上海城市雕塑委员会的通知,邀请他回国承担重任。张充仁欣然承命,但一时难以回国。赵志荣受托将他的聂耳像中样稿装箱运往法国,张充仁计划用欧洲最好的铸铜技术来塑制这件作品。

《起来》终于竖起来了

1992 年春末,张充仁返回上海。他依然不想住进宾馆,在合肥路居室内放下了行李。他首先去登门拜访了已离休在家的陈沂、马楠夫妇。

一转眼分别已 8 年,老朋友再度聚首,交谈甚欢。张充仁精神很好,畅谈了自己在国外的生活、工作情况和趣事。陈沂为他能在欧洲再现辉煌成就而连声赞叹。

转眼就入夏了,上海一下子酷热异常。张充仁全力投入聂耳纪念园雕像的放样工程。他指定由严友人担任他的助手,还特意将从法国带回的放样测量工具交给严友人,让他负责套圈制图。

严友人1960年考入上海美专雕塑系本科,由此师从张充仁30多年,善于理解恩师独特的艺术主张,创作风格和雕塑技巧与之"最像",因此被张充仁认定为"最得力"的学生。1985年,他辞去上海油雕院的稳定工作,走进社会独自创业,为成为"自己养活自己,自己支配自己"的职业雕塑家而拼搏。此时,为了支持恩师实现夙愿,他明知"这次工作没有任何报酬",依然全身心地投入其间。

在张充仁的主持下,严友人组织起工作班子,将1米高的聂耳雕像正样稿,水平切割成100片1厘米厚的切片,画出100个水平断面外轮廓的坐标图纸。再将这些坐标图纸放大三倍,做成每片厚度为3厘米先纸后木的样板。在主骨架焊接支撑牢固后,将那100片水平切面外轮廓样板,按坐标所示拼装成3米高的放大稿龙骨架。头部造型的骨架按比例做好后,张充仁带回家去亲自填泥塑造。其余部分让严友人负责填泥造形。

身体部分的泥塑完成后,与已翻成石膏像头部拼装合成。脚手架搭了近4米高。

张充仁已经86岁,双腿时常有些浮肿,对雕像放样的每个步骤都亲自过问,还在脚手架上爬上爬下,审视每一个细节。有人感觉聂耳像的头部好像太夸张了。严友人问张充仁:"大家都觉得聂耳像的头似乎大了点,比例动态会受影响吧?"张充仁说:"我与聂耳当年就认得,他本人的头还要大哩。这个像是按照我的小稿一比三放大的,我很满意。"

经张充仁全面审验后,才能作为定稿,翻制成石膏半成品样稿。

上海市城雕艺委会邀请相关方面领导以及聂耳家属前来进行评审。大家对张充仁的这件大作品一致予以肯定。

塑像大样完成后,张充仁从全国3家铜铸厂中,选定由南昌铸造厂翻铸成铜像。为了确保翻铸质量,在异常炎热的夏日里,他自己买了硬座火车票,赶往南昌去监制,直到雕像翻铸完成,运到上海安装。

1992年9月，恰逢上海建县700周年，上海县文化局正为本土文化名人建立资料档案，得知张充仁返沪在塑聂耳像，即派副局长郁贤镜一行登门祝贺并采访。张充仁见故乡来客，亲切地连称"我是七宝人，老乡来了，欢迎欢迎！"他兴奋不已地讲述了自己的艺术人生及其主要作品，表达对父老乡亲的感恩之情。他紧握着郁贤镜的手，深情地说："你是我见到的第一位家乡父母官，以后我还是要回国定居的。"

9月25日，上海美术馆举办张充仁85寿辰祝贺活动，还发行纪念封。

上海电视台拍摄并播出反映张充仁艺术人生的电视专题片《塑人塑己塑春秋》。

10月，聂耳雕像终于在上海淮海中路、复兴中路、乌鲁木齐中路街心花园竖起来了。但纪念园的布局与原先的设计方案全然不同，采用了对称布局。聂耳塑像安置在对称轴线的前端，面对道路的交叉口。它采用"起来"这两个字和聂耳昂扬亢奋地举手指挥群众高歌《义勇军进行曲》的瞬间造型，只见他的左脚跨前一步，身体前倾，右手正抬在恰当的高点，转眼就将顺势而下，左手随着音乐的起伏在挥动，这个造型，形象地展现了聂耳的个性，也体现了中国人民勇往直前的气概。它是聂耳，也是张充仁自己执着追求的目标。

从这里往西走大约200米，在淮海中路1494号（原为霞飞路1258号）的三楼，就是当年聂耳最后居住的地方。如今，仿佛聂耳又回到上海街头，带领人们高歌向前进。

10月28日，命名为《起来》的聂耳铜像正式落成，中国音乐家协会、上海市党政领导、文化界著名人士出席揭幕典礼。聂耳的兄长聂汝伦特意从昆明赶来了，聂耳的日本朋友也专程赶来了。

在雄壮的《毕业歌》音乐声中，陈沂与上海市委副书记陈至立一起揭开了大红帷幕，3.8米高的聂耳全身铜像耸立于绿树丛中。

聂耳塑像终于落成了，雕塑艺术大师张充仁终于挺直着腰板，开怀大笑。有关部门给了他2万元人民币作为补贴，还不及当时寺庙请匠人塑个泥菩萨的报酬，更不用说他多次往返上海、巴黎花费了多少钱，张充仁享受的是从未有过的痛快：夙愿终于变成了现实。

张充仁动情地对学生严友人说："世界优秀歌曲之中，听的人最多的有一歌三曲，即《国际歌》和《马赛曲》《英雄交响曲》《义勇军进行曲》。今天，我有幸在上海一吐心声，唱响《国歌》，证明我还可以'起来'为国家做贡献。"

此后，张充仁每次回到上海，都要到这个街心花园去看看，细细观察雕像的光影效果，默默地思考未竟的事业。

探望巴金

聂耳像落成几天后，卢湾区政协宴请张充仁，一为庆贺聂耳铜像落成，二为他即将返回巴黎饯行。

席间，区领导问及张充仁还有什么困难和要求。

张充仁说："困难倒没有啥，身在国外多年，家乡的政府、政协的领导和朋友们对我关怀备至，十分感谢。心事倒是有的。我曾塑制了不少知名人物的像，在有生之年，至少还想为中国的两位伟人塑个像，一位是中国改革开放的总设计师邓小平，另一位就是文学大师巴金。但是，邓小平远在北京，见不到面。巴老虽说就住在此地，但年事已高，去打扰他多有不便。"

区领导当即表示，此事一定设法帮助联系，请张充仁在上海多留几天，等候回音。

区领导及时联系巴金的胞弟李济生，请他向巴老转达张充仁的心愿。

巴金自然记得1970年在奉贤的"干校"，张充仁就提出要为他塑像的许诺。前几年，张充仁还来拜访过，重提此事。巴老允诺了，让女儿李小林选了几幅照片供张充仁参考。张充仁想去拜访，基本已不会客的巴金破例同意了。

张充仁一向敬仰比自己长4岁的巴金，视之为老师辈。塑像之事一直挂在他心头，曾几次与巴老相约待他一有空即去塑小祥。后来，听说北京、上海有好多位雕塑家抢着去为巴金塑像，他生怕惹事，便一拖再拖。

1992年11月12日上午。区政协秘书长和李济生陪同张充仁及其助手走进了巴老寓所。巴老已准时等候。大家握手问候致意,择位落座,无一句寒暄,即开始工作。

虽时值秋末冬初,长长的内阳台洒满阳光。巴老面对大院端坐着,时而注视远天,时而闭目沉思。

张充仁手捏一团团橡皮泥,聚精会神,动作敏捷,有条不紊。

工作人员送来一碗中药汤,让巴老自己端着慢慢地喝下去。这几天巴老患了感冒,为了配合塑像,他坚持着。

头像的轮廓,在张充仁手中渐渐显现了出来。当他捏完最后一团橡皮泥,站起身来,示意已经完成。

两位老人一起观赏。这是一件约25厘米高的小样稿,轮廓准确,特征鲜明。接着,张充仁用一把竹制卡尺,对巴老头型的尺寸进行实测和记录。

巴老随即轻声嘱咐李济生:“把我的那本画册送给张先生。”

张充仁喜出望外,连声道谢,并祝巴老健康长寿。

跨出巴老家门时,张充仁双手抱着画册,高兴得像孩子似的,说:“巴老一定想到我是非常需要的,所以特地送我一册!”

张充仁回到家,将画册从头至尾看了几遍,构想着巴金像的塑制方案。他想到,巴金是一位了不起的大文豪,他对社会的洞察极为深刻,他的书影响了几代人。巴金的塑像,不该仅仅是坐在藤椅上的一位老人。他准备待思考成熟后,抽空就干。

谁知,张充仁返回巴黎后,杂事缠身,又身体欠佳,此事又拖下了。

1993年7月15日,《新民晚报》发表了巴金《没有神》手迹。张充仁听人读完后,动情地说:“巴金在‘文革’中,遭受这么大的灾难,但是他对民族对国家的前途仍旧充满信心。他敢说真话,要建立‘文革博物馆’,要人们不要忘记历史。只有不忘记历史,才不会重演悲剧,才能搞好改革开放,这个主张是非常正确的。”

张先生决定也要写一些“文革”故事。几天后,他给巴老去信,并托人送去了两篇记载自己“文革”遭遇的文稿。信中写道:

尊敬的巴金老师:

刚刚从法国回家,就读到您在《新民晚报》发表的《没有神》,我一字一句地读了好几遍,十分兴奋!您倡导建立"文革博物馆",我从心底拥护。所有曾经做过噩梦的过来人,心中都有一份可提供博物馆的材料,有责任把它公开展示给后代,为的是今后不再做噩梦!老师毕生颂扬光明,揭露黑暗,一颗爱人之心献与大众,影响了我们一代,教育着世代青年。

充仁去年造府拜访,老师抱病支持我的工作,深为感动!有生之年,更当自勉。

谨祝

健康长寿,留给我们更多精神财富!

一九九三年八月二日张充仁于上海

巴老阅信后说:"啊!张先生称我为老师,太客气了!"

与伟人的心灵对话

张充仁由衷地敬佩邓小平的伟大,他把比自己仅大3岁而早10年赴欧洲留学的"邓公"当作"老学长"。他认为"邓小平非常坚强,一贯维护真理,敢说敢做。"他常对朋友说:"邓小平太英明伟大了,他实行改革开放,使我真切感到中国在各方面的巨大变化,特别是我这位搞艺术的人,由衷地感谢他,我们这些知识分子,也可以称作劳动者了。"

1993年初,在巴黎的著名华商陈克威来找张充仁,表示愿意出资,定制一尊邓小平塑像,并计划做好后要送到北京去,代表旅法华人赠给已近90岁的邓小平本人。张充仁欣然接受了华商代表的重托。中国驻法大使馆新闻处闻讯后,特地送来《邓小平》大型画册供他研究。

在巴黎人多事繁,张充仁家中平日来客多,还时常会有订单送来,难以专注地完成使命。因此于6月初夏时节,他特意赶回上海旧居,闭门不出,想静心地创作雕塑《邓小平》像。

不料,上海的报纸还是透露了张充仁返沪的消息,三天两头有朋友来拜访他,用去了许多时间。无奈之际,他只好在家门口挂出一块告示牌,写着:“张充仁先生年事已高,身体不佳,凡有来访请事先预约。”而有约的访客也被安排在下午4时之后,并限定谈话时间。

他在家中光线最佳的大阳台上,摆好木盘架,身边摊着《邓小平》画册,动手塑制泥像稿。

上海的七八月,正值盛夏,而阳台上没有空调,张充仁穿着圆领汗衫,手中一把蒲扇,不时地挥动以驱赶暑气。他屏息静气,一再仔细翻阅画册,捏着泥巴琢磨,做得很慢,而且翻阅画册的时间,要比动手做像的时间还多。他没有当面观察过邓公,只能更加用心地研究。他天天面对邓小平的图片,“不仅是为掌握人物的外形,更重要的是了解他的经历,在做像的过程中,深入到他的内心世界中去”。最终,他决定选取邓小平在70年代末80年代初的形象,这时期正是邓小平带领中国改革开放的起步阶段,年富力强,充满激情,是他心中最佳的形象。

木盘架上的塑像,一天天地成形了。然而,有时他却将一些已经相当精细的部位划去,想再做大笔删改。他感到,这尊像的分量实在太重了,在他的创作生涯中从来没有如此迟疑不决过。

眼睛是心灵的窗户。他反复琢磨肖像的一双眼睛,捕捉细微的特征,结果被刻画得极为有神,使塑像整体顿时灵动起来。

直到9月下旬,胸像才大体完成。而此时法国来电,有要事处理,张充仁不得不离开了上海。

张充仁匆匆返回巴黎,因劳累过度而病倒了,经体检发现得了糖尿病,而且发现右眼有血管阻塞。于是,他只得留在女儿家中调理休养了一段时间。

到了12月,张充仁体内的一条血管突然爆了。医生诊断为患了“小中风”。女儿张以芳急忙陪着他去比利时治病。

等他们几个月后回到巴黎,已是第二年的初春了。

一天晚上七八点钟,陈克威专程赶来拜访。他见张充仁气色不错,以为是康复的迹象,就对张以芳说:"芳芳,你陪父亲到上海去完成邓小平像。我在上海有一个公司,有人会及时来照顾你们的。你知道,邓小平是中国改革开放的导师,他现在病得很重,我们一定要抓紧完成此像,要趁他还健在,献给他是极有意义的。快点去上海,行吗?"

张以芳有些犹豫,而张充仁一口答应抓紧返沪完成使命。

陈克威高兴地走了。张以芳可急了,父亲这么重的病还没好,怎么能长途旅行,还要去工作呢?

张充仁对芳芳说:"邓小平是中国改革开放的总设计师,这尊像是有历史意义的。"

张以芳说:"你在巴黎也可以做么。"

张充仁却认定:"在巴黎做,今后的运输很困难。我一定要回到故乡去完成。"

张以芳插嘴说:"巴黎是你的第二故乡。"

张充仁生气了:"瞎说。对我来说,故乡只有一个,就是上海。这就像母亲一样,是不能选择的。这次,我一定要排除一切障碍,快点回上海完成这个铜像。"

张以芳也不让步:"那你也得先把身体养好,不然,怎么回上海?"

张充仁笑了:"好!养好身体上战场。"

1994年5月12日,一个花放叶萌的日子,陈克威派他儿子开车送张充仁和张以芳到达巴黎戴高乐机场。

张充仁为了完成历史使命,抱病直奔上海。他独自在家中静静地又忙了整整两个月,完成了塑像的创作。他告诉陈克威:"一桩心事了了,马上翻成铜像,送到北京去。"

张充仁为塑此像,前后实实足足花了7个月时间,用尽心思,注尽真情,终于了却夙愿。他说:"这尊铜像是按照邓公1979年时资料来做的,表现了邓小平同志拨乱反正,领导中国走向改革开放那种意气风发的精神状态。虽然我尽了最大的努力,但我如果能亲眼见到邓公,一定会做得更完美。不管怎样,我想小平同志能看到我为他做的像,会了解一位老艺术家对他的一片深情。”

7月19日,张充仁专程赶到华东医院,探望百岁老友刘海粟,并为其题词:“高古传统,传习无垠,学然后知不足。”刘海粟夫人题写“鹤寿”两字回赠。

7月30日,张充仁欣慰地离开上海,从此再也没有回来过。

不久,这一尊邓小平铜像送到北京,得到邓小平家属的一致好评,邓小平夫人卓琳特意托人转告张充仁:“雕塑塑得很像,非常传神,我们非常高兴。”

未了情

自20世纪80年代起,年轻时旅欧留学的中国美术家刘开渠、吴作人、张充仁、吕霞光等先后重返西方艺术之都巴黎。他们由此成为国内外媒体的焦点人物。

1984年,已身为中国美术家协会副主席的吴作人,接受了法国政府文化部授予的“艺术与文学最高勋章”。他学贯中西,大胆创新,因而在欧洲声名卓著。他早期的生活轨迹与张充仁极为相似,而后来差异很大。他在比利时皇家美院也曾学过雕塑,但他的艺术成就主要是油画和中国画。

1993年6月25日,中国美术家协会副主席、中国城市雕塑建设指导委员会主任、中国美术馆馆长、著名美术教育家、被国内美术界公认为现代雕塑艺术宗师的刘开渠在北京因病去世,享年89岁。可惜的是,他一直忙于行政公务,年近80岁之后就不再有杰出的雕塑作品传世。

而80岁之后的张充仁雄风犹存,大步登上了世界雕塑艺术的巅峰。张充仁的雕塑艺术风靡欧洲,又震撼着国内画坛,以致国内外的舆论反响举世瞩目。

刘开渠与张充仁,这两位为开拓中国现代雕塑艺术而成为奠基人的突出代表,在20世纪中国现代美术史上形成双峰并峙的雕塑大师,此时戏剧性地不约而至,一同被聚焦在国内外的报刊上。他俩有着不同的文化背景,促成了各有甘苦、各领风骚的艺术人生。有学者已经精辟地总结了他们艺术成就的特征,刘开渠“大开大阖,是博大”,张充仁“入骨入微,是精深”。

1994 年 9 月 9 日,张充仁应法国政府邀请,出席总统密特朗为欢迎中国国家主席江泽民举行的宴会。他兴奋地写信给在上海的妻子说:“国家主席江泽民访法,法国总统邀我做陪客共餐,是一件非常荣誉的事,是我一家的光荣,此间华侨都很高兴。”

11 月 18 日下午,张充仁又应邀参加巴黎《龙报》组织的“中国著名艺术家巴黎联展”。他精神矍铄,始终笑容可掬,成为人们关注的焦点人物,法国观众排起长队等候他的签名。在展览会上,他遇见从中国国内赶来参展的年轻国画家宋华,热情予以鼓励,并为其题词“业精于勤”。

晚年的张充仁从不服老,始终保持着旺盛的艺术创作热情,子女们都说他有“活到 120 岁”的创作计划。

张充仁在巴黎,先后为香港的好友董慕节、邓肇基、黄玉朗、陈仲卿等塑像,还为布鲁塞尔市市长埃迪蒙·勒布莱顿塑了浮雕像。

他还抽空塑了一件自塑像,希望能将自己与世无争的平和神态永远留在人们的心间。

他受在香港的学生董慕节的委托,仅凭着照片为著名画家吴湖帆重新塑了一尊铜像,寄托对好友的哀思。

他还精心塑制了一尊《丁丁头像》,给痴迷丁丁的欧洲人留下了永难忘却的纪念。

他为《比利时法文版雷鸣远画册》撰写序言,深切怀念矢志终身帮助中国,牺牲于抗日战争第一线的比利时人雷鸣远。

1996 年,为迎接香港回归祖国,年已 89 岁的张充仁潜心创作雕塑《完璧归赵》。为此,他在巴黎走访了数家博物馆、图书馆、古玩店,查考中国战国时代服饰和历代玉璧样式,并设计好整套放校图纸,至今存放在巴黎工作室内。

11 月 23 日,距离香港回归第 220 天,《完璧归赵》的模稿终于完成。他挥笔写下《致香港文艺界金融界爱国人士公开信》，希望香港各界合力筹款铸像立碑。信中写道：

香港被英国侵占150年，是炎黄子孙的耻辱，现将回归祖国，属全世界华人的喜事。是次中英外交的顺利成功皆是邓小平"一国两制"及主张和平协议订立基本法的明智策略的成果，香港回归中国是殖民主义的瓦解与末日。中国进入21世纪将主张凭协商以解决国际矛盾，而反对凭武力强权的战斗。英国能顺中国之协商解决是因中国改革开放巨大成就之结果。

香港回归中国之举属世界性大题材，宜用雕塑艺术塑造纪念碑，以纪念之，以昭于天下。雕塑之为艺术在西方称之谓"金石之历史"或谓之"形象的诗歌"，其实都说得不差。雕塑是以形状来表达作者的思想感情的。所以雕塑是一种语言，一种普世皆通，无国别乡音的世界语。雕塑是描述历史之最有力的工具，雕塑家关心身边事，家事、国事、天下事，从环境中产生创作题材，其用料坚实，故传世亦久。

我国历史上外交成功的美谈不少，而2400年前战国时代的"完璧归赵"闻名于世，传为美谈，以致传成谚语。充仁已凭此佳话设计了一个雕塑方案以象征香港回归。此间文艺界人士见之皆额首称绝，认为只有历史文化悠久，改革开放伟大的中国能出此隽永之设计方案，当先制出小铜像模样特请呈爱国君子斧政，以便计算造价及筹集资金等问题。欢迎所有文化界金融界爱国君子参与造碑合作，有力出力，有钱出钱，凡慷慨解囊襄成其事者之名单，将铭刻碑座，以传后代，使爱国之诚心传于后代、宣于人口，绵之日月、与金石存。

在香港通都达道中心或公园宽放地位建立大型铜雕纪念碑非常宏伟而有吸引力，故西欧大城市如巴黎、柏林、罗马、伦敦，先进国家都以雕塑艺术点缀市容并利用之以教育群众。

香港青年教育一个半世纪以来受英国主导，少谈中国历史、文化，致偶闻祖国历史佳话，无不欣然感慨自豪。雕塑纪念碑将起到民风教育的作用,此铜雕如果作为赠品献呈与香港新政府礼品,充仁以为新政府亦将乐于收受的。

可惜,此愿尚未了,张充仁就病倒在床了。

魂归处

张充仁在70多岁时,就得了早期前列腺癌,而当发现时病情已经稳定,他和家人也就没有多留意。

1997年,张充仁走到90岁的门槛前,身体明显衰弱了。

2月19日,93岁的邓小平在北京逝世。张充仁闻讯,茶饭不思,沉默了好几天。

4月3日,由旅法华侨界举办的《邓小平光辉生涯图片展》在巴黎开幕。张充仁在《欧洲时报》社长杨咏桔陪同下,兴致勃勃地参观了展览。

夏天,张充仁应邀前往摩纳哥,抱病为其国家元首雷纳三世亲王塑像。

此后,他再也没有体力塑像了。有人开价人民币100万元,恳请他为清末大学问家翁同龢塑个像,他也谢绝了。

他渐渐深居简出,心头越加思念多病的老妻和失踪的萱萱。

年底,在巴黎的一次宴会上,好友们见到精神矍铄的张充仁,都庆他长寿。他高兴地告诉大家,计划明年回上海定居养老,大有“青春做伴好还乡”之豪情。

1998年春季的一天,张充仁外出赴约,由于去得太早,等候在寒风中,站了1个多小时,便得了感冒。

谁知,高烧就此一直不退,家人只得将他送进了医院。

此时家人才发现,张充仁的体内癌症已经复发。他不适应医院的氛围,坚持要回到自己的工作室里养病。家人顺从了他。

谁料,5月间他病情日趋恶化,又无法再实施手术,一下子消瘦脱形,只能认出他的一双眼睛。

在张充仁最后的日子里，身边幸有大女儿张以芳及其丈夫奥里维日夜相伴。

奥里维是名门之后，1986 年与张充仁相识，即成为其艺术崇拜者。张充仁喜欢奥里维的真诚，就将芳芳托付于他，并教他学会烧中国“狮子头”，为他用法语翻译了不少中国诗词，陪他多次观看中国电影，给他讲述中国的历史。奥里维一再努力，想帮张充仁在法国隆重地办一次作品展，再出版《张充仁水彩画集》。张充仁极为兴奋，计划为每一幅水彩画配上中法双语的中国经典诗词，可惜刚着手准备，这病魔说来就来了。

张充仁连牛奶也难以咽下了，张以芳只能帮他一口口地饮茶水。他高兴地说：“中国的茶就是好，你毛病生得再重，茶水总是可以咽下去的。”

熬过夏季，秋风刮起。身处异国他乡，惜别艺术生涯，又没有爱妻相伴，走过了 90 多年漫漫人生旅途的张充仁，此刻难免深感孤独，忧虑魂归何处。

张充仁透过窗外的秋色，望见蓝天白云，不由得浮想联翩，恍若又带着妻子儿女从土山湾五埭头乘船到了七宝老街的蒲汇塘桥头；又叫了一辆黄包车，匆匆赶到联明村去；又正巧赶上了“吃蚕豆”的好时节，一饱口福；又跑到宅前村后，画了一幅又一幅速写，把乡情精致地印刻在心头；又为村中父老画几幅肖像油画，交流着说不尽的过去、现在、将来……

他一再叮嘱张以芳：“芳芳，我要回上海，到七宝去。”

他生怕事杂而忘却，在窗帘上、桌子上，甚至在卫生间的纸上写下了“七宝”两个字。

他每天坚持量血压，并记在本子里，同时反复地写上自己父母亲的名字以及他思念的家乡。

他知道芳芳胆小，因此病痛呻吟时，总叫芳芳关上房门，生怕女儿为他心痛。

他口中惦念最多的是至今未知下落的萱萱。

10 月初，张充仁日渐病危。家人要通知亲朋老友过来探望，他说：“不要麻烦人家了。”张以芳夫妇要将他送往医院抢救，他却坚持要再等几天。

屋外下起连绵不止的大雨，满地是秋风吹落的树叶。奥里维坚持要去叫救护车,张充仁却举手呼唤女儿:“芳芳,芳芳,你过来,我有非常重要的话,要对你说。”

芳芳忙上前问候,他却再也没有开口……

10 月 8 日早晨 5 时,张充仁带着未能叶落归根的遗憾,在巴黎的寓所溘逝,享年 91 岁。奇妙的是,他出生于中秋节之后的第三天,谢世时正巧又是中秋节后三天。

中国驻法国大使馆、中国美术家协会闻讯及时发来唁电。法国、比利时、瑞士、摩纳哥等国家报刊、电台、电视台发布讣告及新闻报道。

遵照张充仁生前的遗愿,丧事从简。10 月 12 日中午,举行庄重的遗体告别仪式,入殓后移柩于圣 · 珊图尔南教堂,在祈祷和安魂曲中举行葬礼。

中国驻法国使馆参赞和法国文化部、巴黎市政府官员等出席葬礼。众多中外报刊发表专讯,寄托哀思。

张充仁被安葬于巴黎东郊的诺象公墓。墓地简朴,大理石平碑似一本打开的书,上面镌刻着“张充仁　雕塑家 1907—1998 年”等字样。墓内棺木为深色柚木,盖着天蓝色缎子。他身穿黑色西装、蓝色衬衫,系着一根红色领带,身边相伴的是一把他生前常用的用筷子特制的雕塑刮刀。

令人欣慰的是,张充仁病重期间,他高兴地看到自己的长孙出生。已是 4 代单传的家中增添了活力,因此他特意为长孙取名其尧,希望中华民族的优良传统世代传承。

张充仁妻子沈佩瑾独守空房,病情加重,幸亏合肥路居委会金书记多方联系,把她送进卢湾区银海湾福利院。2004 年 2 月,经闵行区政府协调,沈佩瑾被接入闵行区福利院,得到妥善照顾。沈佩瑾于 2008 年 11 月 17 日病逝,享年 89 岁。子女将其骨灰带回法国,与张充仁合葬于诺象公墓。

大师精神永存

走过近一个世纪,享誉大半个地球的张充仁,始终不忘告诉人们“我是中国雕塑家”,始终保持着作为艺术家应有的良心和责任,保持着作为中华儿女应有的尊严。

2003年3月，张充仁纪念馆在古镇七宝建立。同年8月，又成立了上海张充仁艺术研究交流中心。2004年以来，闵行区每年举办张充仁艺术人生研讨会，已编辑出版《张充仁研究》三辑、《张充仁艺术研究系列》三卷、《张充仁传》和《艺术家张充仁》《张充仁纪念馆》等大型画册，拍摄电视专题片《泥塑神手张充仁》（五集）、《张充仁的爱国情怀》、《“中国张”的世博情缘》等，组织开展《纪念张充仁诞辰100周年》《纪念张充仁逝世十周年》等文化活动，持续地在国内外产生广泛的影响。

人们重新认识张充仁，对他的艺术人生和艺术成就给予了应有的评价：

张充仁是中国现代雕塑艺术的奠基人之一。他勇于开拓，率先将西方雕塑艺术引入中国画坛，他成功地将中国元素注入现代雕塑艺术，他努力使中国人真正懂得现实主义雕塑，他坚持艺术实践并留下了众多传世杰作。

张充仁一生创作了200多件雕塑作品，他的雕塑艺术享誉海内外，尤其是因为他坚持鲜明的现实主义创作题材和艺术风格，被公认为“东方罗丹”“泥塑之神手”。他用西方艺术的语言，表达中国人的价值取向，体现中国人的精神世界。他用自己的艺术语言，为时代、为国家表达中华民族的创造力。他不愧为世界级现实主义雕塑大师。

张充仁的油画和水彩画创作独领风骚，尤其在水彩画创作上既弘扬了西方水彩画巨匠维涅尔的画风，又注入了中国画的独特神韵，使这一西方艺术得以中国化。张充仁纪念馆内所展示的那些令人惊叹的张充仁作品，足以证实他是中国早期油画大家，他是中国水彩画大师。

张充仁是杰出的艺术教育家。1936年创办的充仁画室成为全国第一个私人绘画、雕塑教学工作室。尽管社会一再动荡，他却靠自己的力量坚持传授西方绘画艺术达30年之久，为社会培育了300多名美术人才。

张充仁与比利时埃尔热共同创作了不朽的《蓝莲花》，建立了跨越洲际又跨越世纪的崇高情谊。无数欧洲人因《蓝莲花》而真正了解近代中国，因热爱“中国张”而真诚关切中华民族。他是中国文化的使者，他为中外文化交流做出了巨大贡献。

张充仁多才多艺,从事艺术事业的时间之长,所涉及的艺术领域之广,研究美术理论之深,实属罕见。他不愧为中国近现代艺术家中的佼佼者。

张充仁是享誉世界的雕塑艺术大师,是上海这座城市的骄傲,是中国文化艺术的宝贵财富,是中国美术史不可或缺的光辉一页。

上海闵行地方文史丛书书目

第三辑（3卷）

《闵行历史名人传记》（上卷）
《闵行历史名人传记》（中卷）
《闵行历史名人传记》（下卷）

第二辑（11卷）

《浦江史话》
《吴泾史话》
《马桥史话》
《颛桥、莘庄工业区史话》
《梅陇、古美史话》
《莘庄史话》
《七宝史话》
《虹桥史话》
《华漕、新虹史话》
《江川史话》
《浦锦史话》

第一辑（10卷）

《闵行秀·老屋大观》
《闵行秀·古迹寻踪》
《闵行秀·乡土墨客》
《上海闵行英烈》
《上海闵行红色地图》
《百年沪闵路》（修订本）
《海派乡土文化》（修订本）
《20世纪上海乡土图像》
《上海闵行历代著姓望族》
《上海闵行地方古籍提要》